LA Guerre DE 1870-71

LES OPÉRATIONS AUTOUR DE METZ

Du 13 au 18 Août

II

Journées des 15 et 16 Août

BATAILLE DE REZONVILLE

PARIS

LIBRAIRIE MILITAIRE R. CHAPELOT ET Ce

IMPRIMEURS - ÉDITEURS

30, Rue et Passage Dauphine, 30

1904

LA

GUERRE DE 1870-71

LES OPÉRATIONS AUTOUR DE METZ

Du 13 au 18 Août

II

Journées des 15 et 16 Août

BATAILLE DE REZONVILLE

Publié par la **Revue d'Histoire**
rédigée à la Section historique de l'État-Major de l'Armée

LA

Guerre

DE

1870-71

LES OPÉRATIONS AUTOUR DE METZ

Du 13 au 18 Août

II

Journées des 15 et 16 Août

BATAILLE DE REZONVILLE

PARIS
LIBRAIRIE MILITAIRE R. CHAPELOT ET Cie
IMPRIMEURS - ÉDITEURS
30, Rue et Passage Dauphine, 30

1904

SOMMAIRE

La journée du 15 août en Lorraine.

La journée du 16 août.

ERRATA

Page 43, ligne 35, *au lieu de :* deux pelotons, *lire :* un peloton.

Page 138, ligne 9, *au lieu de :* 3e, *lire :* 2e.

SOMMAIRE

La journée du 15 août en Lorraine.

La journée du 16 août.

LA

GUERRE DE 1870-1871

La journée du 15 août en Lorraine

I. — Opérations de l'armée française pendant la nuit du 14 au 15 août (1).

On se rappelle que les éléments de l'armée qui n'avaient point pris part à la bataille de Borny n'avaient progressé que très lentement et au milieu de difficultés presque insurmontables dans la direction de Verdun. Certaines fractions, même, n'avaient pu se mettre en marche et se trouvaient encore, le 15 août, à la pointe du jour, sur les emplacements qu'elles occupaient la veille au soir.

La réserve de cavalerie (parvenue à Gravelotte et à la Malmaison) et le 2e corps (échelonné entre Rozérieulles et Longeville) avaient, seuls, pu s'engager sur la route de marche pendant le cours de l'après-midi du 14 et de la nuit du 14 au 15. Le 6e corps était resté sur place ou à peu près (2) : la 1re division entre la Seille

(1) Voir le croquis n° 5 de la Journée du 14 août.

(2) La 2e brigade de la 3e division, cependant, parvint à se faufiler au milieu des troupes du 2e corps et à atteindre Sainte-Ruffine. La 1re brigade de la même division avait été arrêtée à Longeville.

et la Moselle, le long et au Nord de la voie ferrée ; la 2e division (9e régiment) près de la Maison de Planches ; la 3e division à Sainte-Ruffine (2e brigade), Moulins (artillerie) et Longeville (1re brigade) ; enfin la 4e division près du Sansonnet.

Quant aux troupes d'infanterie qui avaient combattu sur les plateaux de la rive droite, elles formèrent — en général — les faisceaux sur les positions qu'elles occupaient au moment de la cessation du feu et attendirent là des ordres de retraite qui, pour certaines d'entre elles, ne parvinrent qu'au milieu de la nuit.

Bivouacs des troupes françaises dans la soirée du 14 août.

3e corps. — La 1re division continua à occuper le bois de Borny et le village de Grigy.

Le 95e, le IIe bataillon du 81e et le Ier bataillon du 62e ne quittèrent le bois de Borny qu'entre 10 h. 30 et 11 heures du soir pour rallier le reste de leur division. Le 95e se forma alors « sous le fort de Queuleu ».

Le IIe bataillon du 62e était près et au Nord de Grigy au moment de la cessation du feu ; c'est en ce point qu'il fut rejoint à 11 heures du soir par les deux autres bataillons du même régiment.

Après la fin du combat, le 51e occupait Grigy ; il évacua le village à partir de 11 heures pour suivre sa division sur Metz.

Les Ier et IIIe bataillons du 81e restèrent également formés à l'Est et à l'Ouest de Grigy jusqu'à 11 heures du soir (1).

(1) Rapports des colonels commandant les régiments sur la bataille du 14 août et Historiques des régiments. (Man. de 1871.)

Les 3e et 4e divisions du 3e corps restèrent sur place ; la 3e, à cheval sur le chemin de Borny à Colombey, à quelques centaines de mètres à l'Est de la ferme de Sébastopol ; la 4e, sur la croupe où elle avait combattu depuis le commencement de la lutte, c'est-à-dire à hauteur de Bellecroix et de la croisée des routes de Sarrebrück et de Sarrelouis. La 3e division commença son mouvement de retraite vers 11 heures ; la 4e entre 9 et 10 heures.

En se retirant des crêtes qui dominent le ravin de Colombey, la 2e division s'était quelque peu disloquée : le 69e avait gagné les glacis de la redoute des Bordes, à l'exception du IIe bataillon qui occupait la ferme de Bellecroix jusqu'à 10 h. 30 du soir ; le 15e bataillon de chasseurs et le 41e s'étaient reformés un peu à l'Est de la ferme de Sébastopol ; enfin, le 19e et le 90e étaient venus, depuis longtemps déjà, former les faisceaux près du village de Borny. Quand le feu se fut éteint sur toute la ligne, le général commandant la division rallia ses troupes et fit installer les bivouacs. Entre 10 heures et 11 heures du soir, la 1re brigade avec l'artillerie se forma entre Borny et Plantières ; la 2e brigade, sur les glacis du fort Bellecroix, près de la porte des Allemands.

La division de cavalerie vint, à la nuit, se rassembler à l'Ouest de Borny ; la réserve d'artillerie établit son parc en arrière de la ferme Bellecroix.

Le général Decaen ayant été grièvement blessé, le commandement du corps d'armée fut pris par le plus ancien divisionnaire après le général de Castagny, également blessé dans cette même journée, c'est-à-dire par le général Montaudon.

4e *corps*. — A la suite du retour offensif prononcé vers 8 h. 30 du soir par des fractions des 1re et 2e divisions, la division de Cissey installa ses bivouacs sur le champ de bataille même, entre le bois de Mey et la route de

Bouzonville (1); le 20e bataillon de chasseurs occupa Mey.

La division Grenier se retira à quelques centaines de mètres plus en arrière et s'établit sur les emplacements où elle campait avant la bataille, c'est-à-dire au Nord de Mey (2). L'artillerie de ces deux divisions cependant se retira jusque sur les glacis du fort de Saint-Julien, où elle forma le parc aux côtés de l'artillerie de la 3e division et de l'artillerie de réserve du 4e corps.

La 3e division, qui n'avait pris aucune part au combat, resta à hauteur de la ferme de Grimont et la division de cavalerie, arrivée très tard par le village de Vallières, attendit, à proximité et au Sud du fort de Saint-Julien, le moment de repasser à nouveau les ponts de la Moselle (3).

Garde. — La Garde, restée en réserve pendant toute la durée du combat, conserva sensiblement les positions qu'elle occupait à la nuit tombante :

A 9 heures, la 2e brigade de voltigeurs vint rejoindre la 1re brigade entre le fort de Queuleu et la route de Strasbourg ;

La 2e division resta échelonnée au Nord de Borny ;

La division de cavalerie conserva son bivouac au Sud-Ouest des Bordes ;

La réserve d'artillerie resta également sur le plateau des Bordes, à l'Est de la redoute.

Réserve générale d'artillerie. — On sait que les huit

---

(1) Journal de marche de la 1re division du 4e corps; Historiques des 1er, 57e et 73e régiments. (Man. de 1871.)

(2) Rapport du général Grenier sur le combat du 14 août et Journal de marche de la 2e division.

(3) Journaux de marche de la 3e division et de la division de cavalerie du 4e corps.

batteries du 18e régiment se portèrent, au cours de la bataille, à proximité de Bellecroix, où deux batteries (les 3e et 5e) eurent, seules, l'occasion de tirer quelques coups de canons. La nuit venue, le 18e régiment conserva l'emplacement qu'il occupait un peu à l'Ouest de Bellecroix, en attendant l'ordre de reprendre le mouvement interrompu par la bataille.

Les quatre batteries (9e, 10e, 11e, 12e) du 13e régiment restèrent pendant toute la durée du combat à leur bivouac des Bordes (1).

Réserve générale du génie. — La réserve générale du génie se trouvait avec son parc sur les glacis de la citadelle de Metz.

Retraite des troupes ayant pris part à la bataille de Borny. — Après la cessation du feu, c'est-à-dire vers 9 heures du soir, le maréchal Bazaine fit donner l'ordre aux troupes qui avaient pris part à la bataille de reprendre leur marche et de gagner les emplacements qui leur avaient été désignés antérieurement (2) « en occupant

---

(1) Les quatre premières batteries du régiment (5e, 6e, 7e, 8e) demeuraient réparties entre les forts Moselle et Bellecroix.

(2) D'après les *Souvenirs* du général Jarras, le 4e corps devait venir à Doncourt; le 3e, entre Saint-Marcel et Vernéville; la Garde, en avant de Longeville.

Il est à remarquer cependant que les *Instructions* du 13 août pour la marche du 14 n'indiquaient que des itinéraires et aucune désignation de lieu pour le stationnement. En outre :

Dans la journée du 14, le 4e corps avait reçu l'ordre de « s'établir sur la route de Conflans », ou bien sur une position plus en arrière, s'il ne pouvait le faire. (Dépêche du commandant en chef au général de Ladmirault).

Le même jour, à 3 h. 5 du soir, le Maréchal prescrivait à la Garde de venir bivouaquer « en arrière de Longeville, Devant-les-Ponts et le fort Moselle. » (Dépêche du 14 août, 3 h. 5 du soir).

Enfin, le 3e corps devait camper « en dehors de Metz, sur la route de Thionville, face au Nord, à cheval sur le chemin de fer, la droite à la

en échelons les dernières crêtes qui protègent les deux routes de Strasbourg et de Sarrelouis (1) ».

Le 2e corps fut prévenu « dans la soirée du 14 » d'avoir à se porter le lendemain à Mars-la-Tour, mais il reçut dans la nuit un nouvel ordre lui enjoignant de ne pas dépasser Rezonville (2).

Le 6e corps fut avisé, à 11 heures du soir, par un officier du grand quartier général, d'avoir à rompre, le lendemain, dès l'aube ; mais aucune direction précise ne lui fut assignée (3).

D'ailleurs, les ordres donnés par le maréchal Bazaine après la cessation du feu aux corps restés sur la rive droite paraissent n'avoir été qu'imparfaitement transmis ou exécutés.

La réserve générale d'artillerie ainsi que le 3e corps furent cependant prévenus de bonne heure, c'est-à-dire probablement vers 9 heures du soir. Mais c'est seulement vers 11 heures que le général Bourbaki apprit, par un des officiers de son état-major envoyé au grand quartier général, « que le mouvement ordonné le matin devait toujours être exécuté (4) ».

Enfin, les officiers envoyés auprès du général de Ladmirault par le chef d'état-major général n'arrivèrent point à destination (5). Vers 10 heures du soir, en effet,

---

Moselle. » (Note du général Decaen aux généraux commandant les divisions du 3e corps).

Il semble donc qu'en général, les objectifs cités par le général Jarras furent indiqués aux troupes seulement dans la matinée du 15, comme on le verra par la suite.

(1) Rapport du maréchal Bazaine sur le combat du 14 août.

(2) Déposition du général Frossard, procès Bazaine, page 235; et Rapport sur les opérations du 2e corps, par le général Frossard, page 81.

(3) Journal de marche du 6e corps.

(4) Déposition du général Bourbaki, procès Bazaine, page 233.

(5) Dans son *Mémoire justificatif*, le Maréchal dit avoir envoyé succes-

le commandant du 4e corps rendait sommairement compte des événements de la journée au commandant en chef et lui demandait s'il devait « repasser la Moselle ou rester en position sur les hauteurs de Grimont (1) ».

Deux officiers du 4e corps, le commandant de Polignac et le capitaine de la Tour du Pin, dépêchés au grand quartier général, ne purent rejoindre celui-ci, mais ils rencontrèrent un officier de l'état-major du Maréchal et apprirent ainsi que l'armée tout entière avait ordre de reprendre le mouvement de retraite sur la rive gauche de la Moselle.

Le général de Ladmirault ne fut ainsi prévenu que vers 11 heures de la décision prise par le commandant de l'armée et donna immédiatement l'ordre du départ.

Le passage des ponts de l'île Chambière, commencé en pleine nuit, se fit avec assez de lenteur et ne fut terminé que dans la matinée du lendemain (2).

---

sivement plusieurs officiers au général de Ladmirault pour lui prescrire de reprendre, sans retard, le passage de la Moselle. Cette affirmation paraît confirmée, au moins sur le point essentiel, par le général Jarras (*Souvenirs*, page 88) et par le colonel Fix (*Souvenirs d'un officier d'état-major*, page 22).

(1) Dépêche du général de Ladmirault au maréchal Bazaine, 14 août, 10 h. 5 du soir.

(2) On ne trouve aucune trace aux Archives des ordres donnés par le commandant du 4e corps, ni des dispositions prises pour le passage de la Moselle. D'après les heures fournies par les Journaux de marche et les Historiques des corps de troupe, il semble que l'artillerie du corps d'armée (réserve d'artillerie et artilleries divisionnaires) ait passé, la première, la Moselle entre 11 heures et minuit; la cavalerie dut suivre avec les deux batteries à cheval du 17e; puis les divisions d'infanterie vinrent ensuite et durent mélanger plus ou moins leurs éléments. Les troupes marquèrent sans doute le pas pendant de longues heures sur la route de Saint-Julien, car, si dans chacune des trois divisions d'infanterie les départs des régiments sont échelonnés, cet échelonnement se produit simultanément pour ces trois divisions pendant la même période de temps : entre 1 heure et 3 heures du matin.

Vers 10 heures du matin, tous les éléments du 4e corps étaient installés au bivouac sur la rive gauche de la Moselle; mais cette marche de nuit, faisant suite au combat, avait quelque peu diminué la cohésion de certains bataillons, de sorte que d'assez nombreux isolés continuèrent à arriver aux bivouacs jusque vers midi (1).

Les emplacements occupés par le 4e corps, dans la matinée du 15, étaient les suivants (2) :

Quartier général du 4e corps : château de Sansonnet ;

1re division : près de la Maison de Planches ;

2e division : entre la Maison de Planches et la Maison-Neuve ;

3e division : à la Maison-Neuve ;

Division de cavalerie : dans la plaine du Sansonnet ;

Réserve d'artillerie : entre Saint-Éloy et Maison-Neuve.

Parmi les troupes qui entreprirent le passage de la Moselle dans la nuit du 14 au 15, la *réserve générale d'artillerie* reprit la première son mouvement rétrograde — à 9 heures du soir (3) — et vint former le parc au Ban-Saint-Martin.

La *Garde*, réunie sur les emplacement indiqués plus haut, ne paraît pas avoir reçu les ordres que le Maréchal prétend avoir adressés à tous les corps.

« Vers 11 heures, dit en effet le général Bourbaki, ne sachant si nous devions toujours passer sur la rive gauche de la Moselle, ou si le Maréchal commandant en

(1) Dépêche du général de Ladmirault au maréchal Bazaine, château de Sansonnet, 15 août.

(2) Ces emplacements se rapportent au groupement principal de chaque division, car quelques régiments ou bataillons étaient assez éloignés et mélangés à d'autres troupes. Voir le croquis n° 1.

(3) Historique du 13e régiment d'artillerie. (Man. de 1871.)

chef avait changé d'idée, je lui envoyai un de mes aides de camp. Il me fit répondre que le mouvement exécuté le matin devait toujours être exécuté » (1) (2).

La retraite, interrompue par la bataille, reprit donc dans la nuit, et là, comme au 4e corps, les régiments paraissent avoir quitté leurs bivouacs sans grand ordre et à peu près simultanément dans toutes les divisions. Arrivées à la porte Mazelle après avoir subi de longs temps d'arrêt provenant de croisements de colonnes (3), les troupes s'entassèrent dans les rues étroites de la ville où elles ne progressèrent plus qu'avec une extrême lenteur. « Il est impossible de décrire cette marche où tout était pêle-mêle : bagages, infanterie, cavalerie, artillerie, convois de blessés..... (4) ». « Toute la nuit fut employée à ce mouvement de retraite à travers un encombrement considérable de troupes et de voitures, qui rendit surtout fort difficile la traversée de la ville » (5).

Quoi qu'il en soit, les troupes parvinrent à gagner la route de Moulins, sur la rive gauche, dans les premières heures de la matinée ; mais, se heurtant alors au 6e corps et au 2e, elles durent s'installer provisoirement au bivouac en attendant que le passage fût libre.

Les deux divisions d'infanterie et la réserve d'artillerie se formèrent dans la plaine qui s'étend, sur les bords de la Moselle, entre Longeville et Moulins. La division de cavalerie s'arrêta au Ban-Saint-Martin auprès

---

(1) Procès Bazaine, page 233.

(2) L'heure indiquée par le général Bourbaki est peut-être un peu tardive. Dans tous les cas, certains corps de troupes paraissent, d'après leurs Historiques, être partis vers 10 heures (et même 9 heures : réserve d'artillerie). D'ailleurs, le Journal de marche de la Garde indique 10 heures comme heure de départ.

(3) Journal de marche de la 2e brigade de la division de grenadiers.

(4) Journal de marche de la 2e brigade de voltigeurs.

(5) Journal de marche de la Garde.

de la réserve générale d'artillerie. Le quartier général s'installa à la Ronde, maison des jésuites (1).

D'ailleurs, le passage du fleuve et l'installation sur la rive gauche ne se firent pas sans qu'une grosse alerte vint encore en augmenter les difficultés.

La 1re division du 6e *corps* avait, en effet, quitté de grand matin les emplacements qu'elle occupait le long de la voie ferrée au Sud de Montigny; passant par le pont du chemin de fer de Longeville, elle s'était arrêtée aux côtés des troupes de la Garde.

D'autre part, un détachement de la 6e division de cavalerie allemande, comprenant deux escadrons du 3e hulans, un escadron du 6e cuirassiers et deux pièces d'artillerie, s'était avancé entre Seille et Moselle jusque sur le plateau de Frescaty, et poussait ses têtes de colonne jusqu'à Montigny, alors évacué (2).

Le gouverneur de Metz, avisé que cette pointe de cavalerie ennemie avait occasionné une sorte de panique chez les habitants des faubourgs, pria le général commandant la 2e brigade des grenadiers de la Garde de laisser provisoirement à sa disposition un bataillon (3); ce bataillon fut dirigé sur Montigny (4). En outre, quel-

---

(1) Le Journal de marche de la Garde indique des heures d'arrivée précises pour chacune des divisions : 5 heures du matin pour la cavalerie; 6 heures pour la division de voltigeurs; 10 heures pour celle des grenadiers. Peut-être s'agit-il là des quartiers généraux de ces divisions, car, dans chaque division, les troupes n'arrivèrent que successivement et, en raison des circonstances désastreuses dont il vient d'être question, à des intervalles de temps très considérables. Si l'on s'en rapporte aux Historiques des corps de troupe, la réserve d'artillerie serait arrivée vers 2 heures du matin; la 1re division, entre 3 heures et 7 heures; la 2e, entre 6 heures et 10 h. 30; la division de cavalerie, entre minuit et 10 h. 30.

(2) *Historique du Grand État-Major prussien.*

(3) Du 3e régiment de grenadiers.

(4) Journal du général Coffinières.

ques fractions de la garnison furent portées en hâte sur les glacis au Sud de la place (1).

Sur ces entrefaites, les deux pièces du détachement ennemi avaient été mises en batterie près de la ferme Bradin et ouvraient le feu sur les bivouacs qu'on découvrait à travers le brouillard dans la plaine de Moulins.

Les premiers obus vinrent sonner l'alarme dans les camps de la Garde et du 6e corps, non sans atteindre quelques hommes et quelques officiers, parmi lesquels se trouvait l'un des chefs les plus éminents de notre armée, le colonel Ardant du Picq, commandant le 10e régiment d'infanterie (2).

La 1re division de la Garde dirigeait aussitôt deux compagnies du bataillon de chasseurs et un bataillon du 4e voltigeurs sur le pont du chemin de fer pour en garder l'accès. L'artillerie montée de la Garde fut portée dans les vignes aux environs de Scy et au Nord de Longeville, pour protéger le défilé des troupes sur la route

---

(1) « Le colonel directeur du parc du génie de l'armée fit prendre les armes à 300 ouvriers de l'arsenal et se porta sur les glacis de la place, entre la redoute du Paté et la lunette d'Arçon, où il fut rejoint par une compagnie des petits dépôts de chasseurs à pied, envoyée par le gouverneur. » (Rapport sur les opérations du grand parc du génie.)

(2) Au moment où la canonnade se fait entendre, « le colonel, dit l'Historique du 10e de ligne, fait prendre les armes et dispose les hommes au Nord de la route, qui, étant en chaussée, procure un abri suffisant pour défiler les troupes. Lui-même reste debout sur la route, afin de raffermir les soldats un peu ébranlés par ce feu, qu'ils subissent pour la première fois. Tout à coup, un obus éclate à ses côtés et le blesse grièvement, en lui mutilant affreusement les deux jambes. Le colonel montre alors un courage admirable. Il fait demander le lieutenant-colonel Doléac, lui remet le commandement, puis exprime à tous ceux qui l'entourent le regret d'être ainsi frappé avant d'avoir pu conduire le régiment au feu. Transporté à l'hôpital, il y mourait le 19 août. » (Historique du 10e régiment d'infanterie. Man. de 1871).

dans le cas où la canonnade ennemie prendrait quelque importance (1).

Mais dès l'ouverture du feu, le commandant du fort Saint-Quentin avait répondu à l'artillerie de la ferme Bradin avec une pièce de 24 de siège et l'ennemi disparaissait aussitôt au milieu du brouillard, non sans avoir provoqué, cependant, un certain trouble qui marqua d'une manière saisissante l'insouciance avec laquelle l'armée française traitait alors le service de sécurité le plus élémentaire.

Le 3e *corps*, dont chacune des divisions paraît avoir reçu des ordres directs du grand quartier général (2), bien que le général Montaudon eût pris provisoirement le commandement du corps d'armée, commença son mouvement de retraite vers 10 heures du soir, et vint se heurter aux autres corps qui, comme lui, se disposaient à traverser la Moselle par les ponts fixes de la ville. Il stationna donc de longues heures aux portes de Metz, attendant que la voie fût libre. Les dernières fractions du 3e corps paraissent avoir quitté les environs de Borny entre 2 et 3 heures du matin. Chacun des éléments du corps d'armée vint alors s'installer dans la matinée sur la rive gauche (3) :

La 1re division quitta Grigy à partir de 11 heures

---

(1) L'Empereur, logé à Longeville, monta à cheval avec son fils et, dit le lieutenant-colonel de Montluisant, gagna Gravelotte par les vignes. « Les voitures (de la Maison impériale), fort nombreuses, partent sur la route de Verdun aux grandes allures; les chevaux de main, l'escorte, sont au galop; cette avalanche traverse mes batteries. » (Journal du lieutenant-colonel de Montluisant, commandant l'artillerie de la 1re division du 6e corps).

(2) Le commandant de l'Espée et le capitaine Fix, de l'état-major du Maréchal commandant en chef, furent respectivement envoyés auprès des généraux Metman et Castagny. (*Souvenirs* du colonel Fix, page 22.)

(3) Voir le croquis n° 1.

du soir et arrriva, entre le fort de Plappeville et le mont Saint-Quentin, de 7 heures à 9 heures du matin ;

La 2e division partit de Borny vers 11 heures également et s'arrêta sur les glacis du fort Moselle ;

La 3e division paraît avoir suivi la 2e division et arriva entre Plappeville et le Ban-Saint-Martin de 5 heures à 8 heures du matin ;

La 4e division commença son mouvement rétrograde entre 9 heures et 10 heures du soir ; elle atteignit la porte de Thionville et Devant-les-Ponts de minuit à 6 heures du matin ;

La division de cavalerie laissa défiler l'infanterie et se rendit entre la porte de Thionville et la Maison de Planches, où elle arriva de 4 heures à 7 heures du matin ;

Enfin la réserve d'artillerie établit son parc vers minuit au polygone (1).

Repliement des ponts construits sur la Moselle. — En quittant Metz dans la matinée du 15 août, le général commandant l'artillerie de l'armée avait prescrit de replier les ponts jetés sur la Moselle dès que le passage des troupes serait terminé.

Vers 8 heures du matin, la 4e compagnie de pontonniers du 3e corps, aidée par quelques hommes des corps francs, procéda au repliement des trois ponts d'amont jetés sur le grand bras et des trois autres jetés sur le petit bras qui sépare l'île Saint-Symphorien de l'île du

---

(1) Les Journaux de marche du corps d'armée et des divisions ne donnent que des indications excessivement sommaires sur le passage de la Moselle.

Les emplacements qu'on vient d'indiquer ne s'appliquent qu'au groupement principal de chaque division ; certains régiments en étaient certainement assez éloignés.

Les heures ont été relevées sur les Historiques des corps de troupe, faute de renseignements plus sûrs.

Saulcy. Le génie fut chargé de relever les ponts du bras mort.

En aval de la place, le travail ne commença qu'à midi. Les 2e et 8e compagnies de pontonniers chargèrent le matériel sur les haquets, qui furent dirigés, par ordre du Maréchal commandant en chef, sur Gravelotte par le col Lessy, où ils encombrèrent la route et contribuèrent à rendre tout mouvement impossible par cette voie.

II. — Le grand quartier général dans la matinée du 15 août.

Renseignements reçus par le grand quartier général dans la journée du 14 août. — Les renseignements parvenus au quartier général de l'armée pendant la journée du 13 août représentaient déjà la situation des armées allemandes comme singulièrement menaçante pour les corps français jusque-là immobilisés sous les murs de Metz (1).

Le combat du 14 ne pouvait évidemment que confirmer l'hypothèse faite par le Bulletin de renseignements du 13, savoir : que l'armée du général de Steinmetz paraissait devoir couvrir à droite le mouvement de « l'armée des Princes » en « faisant une démonstration sur les routes de Sarrebrück et de Boulay ».

En ce qui concerne l'armée du prince Frédéric-Charles, la supposition faite par le même Bulletin au sujet du débouché du gros des colonnes de cette armée devant Nancy et Pont-à-Mousson dans la journée du 14 dut paraître également confirmée par le rapport suivant du capitaine commandant la compagnie de francs-tireurs de Frouard (2) :

(1) Voir « Journée du 13 août », page 24.

(2) Arrivé de sa personne au grand quartier général à Metz, le 14, à 1 h. 30 de l'après-midi.

« Aussitôt après le départ des troupes françaises de Pont-à-Mousson, dit ce rapport, se sont montrées des masses prussiennes ; elles ont augmenté jusqu'à 4 h. 30 du soir, le 13. Le capitaine estime qu'il y a environ 100,000 hommes sur les deux rives. L'ennemi a passé la Moselle sur une foule de points à la fois (1). »

Un télégramme du préfet de la Meuse, expédié de Verdun le 14 à 4 heures du soir, devait même faire supposer que l'ennemi était déjà très avancé dans la direction de l'Ouest :

« On m'annonce que l'ennemi est à Vigneulles, dit ce télégramme ; il est en grande force et sera ce soir à Saint-Mihiel (2). »

D'autre part, le capitaine Vosseur, en mission à Toul, annonçait que la place venait d'être sommée de se rendre par une troupe de dragons et de cuirassiers estimée à 2,000 hommes ; qu'un régiment de hussards était arrivé à Nancy le 13 et en était reparti le 14 ; qu'enfin l'infanterie ennemie avait atteint Château-Salins, Vic et Dieuze dans la journée du 12 (3) (4).

Enfin le Bulletin de renseignements du 4e corps (daté du château de Grimont, 14 août, 7 heures du matin) relate que le 12 au soir le roi de Prusse était à Saint-Avold et que le gros de l'armée ennemie se dirigeait vers Nancy, Pont-à-Mousson et Frouard.

Bien que d'une manière générale ces renseignements

(1) Cette estimation était, en fait, très exagérée, puisque la *5e* division de cavalerie (deux brigades), les dragons de la Garde et la *19e* division d'infanterie avaient seules atteint la vallée de la Moselle ce jour-là.

(2) Renseignements erronés. Le 14 août, la *5e* division de cavalerie s'arrêta à Thiaucourt et Beney (10 kilomètres de Vigneulles).

(3) Ce dernier renseignement était erroné. Le IVe corps prussien n'atteignit la région de Château-Salins que le 14 août.

(4) Dépêche expédiée de Toul, le 14, à 5 h. 17 du soir.

fussent très pessimistes, il est à remarquer qu'ils ne faisaient qu'exagérer le degré d'avancement vers l'Ouest des armées allemandes, sans présenter entre eux des contradictions qui eussent pu faire douter de leur exactitude, et que certains d'entre eux, même, venaient confirmer les rapports parvenus au grand quartier général pendant le cours de la journée précédente.

D'ailleurs, de nombreux renseignements venaient s'ajouter à ceux de la veille pour montrer que l'adversaire resserrait de plus en plus son réseau de patrouilles et de détachements autour de la place et plus particulièrement au Sud de Metz :

Une note du général Letellier-Blanchard, commandant le grand quartier général, indique que 200 cavaliers seraient venus à Corny le 14 (1), et que, d'après des bruits qui circulaient, des troupes ennemies occupaient les hauteurs d'Arry, de Fey et les bois avoisinants sur la rive droite de la Moselle ; qu'enfin des éclaireurs avaient poussé dans la matinée jusque sur la côte de la Phraze entre Novéant et Dornot (rive gauche) (2).

Une dépêche de Verdun, expédiée à 2 h. 55 du soir par le commandant supérieur de la place, prévenait le Maréchal que « des coureurs avaient été vus passant la Moselle à Ars ».

Le sous-préfet de Briey annonçait qu'une « reconnaissance prussienne était à Mars-la-Tour » (3) et que l'ennemi occupait le bois de Saint-Marcel (?) (4) ».

---

(1) Un détachement de cavalerie avait déjà été signalé sur ce point la veille.

(2) Il est à remarquer que cette note ne présente aucune garantie d'exactitude au sujet des renseignements qu'elle donne, car elle n'indique la source d'aucun d'eux.

(3) Renseignements erronés. La cavalerie allemande ne parvint à Mars-la-Tour que le 15 août.

(4) Dépêche expédiée de Briey à 9 h. 55 du soir, le 14.

Le Bulletin de renseignements du 6e corps (daté du Petit Séminaire, — matinée du 14) présente comme certaine la présence de 500 à 600 cavaliers à Augny. Il ajoute que l'habitant d'Augny ayant rapporté ce fait, tient d'un autre habitant de Cuvry que 10,000 hommes d'infanterie prussienne sont campés auprès de ce village (1).

Enfin, un autre bulletin du 6e corps (daté de 5 heures du soir — 14 août) relate que trois régiments (hulans, dragons et hussards) sont campés entre Fey, Marly et les bois de la côte Saint-Blaise, bois dans lesquels se trouverait un gros d'infanterie (2).

En ce qui concerne les mouvements des troupes signalés les jours précédents dans le bassin de la Sarre, on n'apprit, le 14, rien de nouveau à leur sujet. L'agent de Thionville confirmait seulement par lettre que des troupes prussiennes assez importantes paraissaient se concentrer entre Sarrebourg, Merzig et Perl, qu'elles devaient atteindre le soir même l'effectif de 35,000 hommes et *qu'elles seraient destinées à opérer, dès le lendemain* 15 *août, entre Metz et Thionville.*

Cependant une dépêche du même agent, datée de Thionville, le 14, 7 heures du soir, atténuait l'effet de ces nouvelles alarmistes, sans toutefois les infirmer :

« Aucun mouvement aujourd'hui entre Trèves et Sarrebourg. Je crois exagéré le chiffre donné hier. »

Enfin, un télégramme du Ministre des affaires étrangères, parti de Paris à 1 heure de l'après-midi et adressé à l'Empereur, exprimait l'opinion que les masses prussiennes dirigées sur Nancy ne seraient chargées que d'un « simulacre d'attaque », et « que la grande

(1) La 6e division de cavalerie avait seule atteint cette région.

(2) Renseignement erroné en ce qui concerne l'infanterie. D'ailleurs, tous les renseignements contenus dans ce second bulletin du 6e corps étaient fournis par les habitants.

armée prussienne ne marchait pas dans la direction de Metz, mais tendait, en ce moment, venant de Merzig, à se créer un passage entre Thionville et Luxembourg, afin de se diriger directement sur Reims ».

Malgré l'invraisemblance de ce projet, prêté à notre adversaire « par quelques diplomates et attachés militaires des ambassades » (1), il est permis de se demander s'il ne trouva pas quelque créance auprès du haut commandement de l'armée du Rhin, déjà préparé, par les rapports venus de Thionville, à admettre la possibilité d'une action offensive partant de la basse Moselle, et si ce n'est pas là qu'il faut rechercher la raison pour laquelle le Maréchal refusa obstinément d'utiliser, pour la retraite, la route de Briey.

Il est à remarquer, en effet, que si le Maréchal a déclaré dans son interrogatoire devant le conseil de guerre de Trianon, qu'il ne fut jamais préoccupé d'un mouvement tournant par Thionville (2), il avait au moins avoué devant le *conseil d'enquête sur les capitulations* avoir été « prévenu qu'un corps ennemi opérait un mouvement tournant sur Thionville (3) ».

Cette déposition est faite, il est vrai, à propos des opérations du 17 août. Mais le Maréchal répondait trois mois plus tard à une question du rapporteur au conseil de guerre relative aux mouvements du 14 août : « Je ne voulais pas trop m'étendre sur ma droite, dit-il, *parce que j'ignorais s'il n'y avait pas quelque corps ennemi dans les environs de Briey* (4). »

D'ailleurs, le général Jarras est très affirmatif sur le point dont il est question :

---

(1) Télégramme du Ministre des affaires étrangères à l'Empereur.

(2) Procès Bazaine, page 163.

(3) Déposition du maréchal Bazaine; séance du 19 mars 1872.

(4) Instruction du procès Bazaine; séance du 20 juin 1872.

« Je ne sais ce que je vais répondre que par ce que j'en ai entendu dire par le Maréchal, dépose-t-il devant le *conseil d'enquête sur les capitulations*. Quand il s'est agi de faire revenir l'armée de Metz sur Verdun, tout d'abord, la pensée était de marcher par les deux routes, dont l'une passe par Briey, tandis que l'autre passe par Mars-la-Tour et se bifurque par deux routes à partir de Gravelotte. Or, on a appris par un rapport envoyé par le sous-préfet de Briey que des coureurs ennemis s'étaient avancés jusqu'à Briey, et alors, le maréchal Bazaine, d'après les conseils ou sur les ordres de l'Empereur, a dû renoncer à la route de Briey, et on a décidé de faire marcher toute l'armée sur l'unique route qui va jusqu'à Gravelotte et qui s'y bifurque (1). »

Il paraît donc établi que le maréchal Bazaine tenait pour admissible la présence dans les environs de Thionville d'un corps ennemi le menaçant par le Nord, et il semble résulter de tous les renseignements précédents que dans la nuit du 14 au 15 août, la situation générale de l'ennemi devait apparaître au commandant en chef de l'armée du Rhin comme étant la suivante :

A l'Est de Metz, une armée qu'on savait être commandée par le général de Steinmetz et qui devait comprendre au moins deux corps, venait d'attaquer l'armée française sous les forts de la place.

Plus au Sud, « les armées des Princes, peut-être formées de neuf corps », paraissaient avoir atteint la Moselle par leurs têtes de colonnes vers Pont-à-Mousson et Frouard. La cavalerie montrait de forts détachements au Sud et près de Metz ; ses reconnaissances

---

(1) Conseil d'enquête sur les capitulations ; séance du 17 février 1872. Dans ses *Souvenirs*, le général Jarras dit encore que la détermination fut prise de concert avec l'Empereur, sur des avis venus de Paris et de Briey. (Page 92.)

paraissaient s'être déjà répandues sur les plateaux de la rive gauche jusqu'à Briey, Vigneulles et même Mars-la-Tour.

Enfin, l'opération qui devait être prononcée par Thionville et dont on parlait depuis plusieurs jours, semblait confirmée par de nouveaux rapports, dont le dernier permettait seulement de douter que l'effectif des troupes chargées de l'exécuter pût atteindre le chiffre de 35,000 hommes.

Si le haut commandement se fit le tableau général qu'on vient d'indiquer et qui semble naturellement résulter des renseignements reçus, la situation de l'armée dut lui apparaître comme s'étant singulièrement aggravée depuis quarante-huit heures, et comme nécessitant de pressantes mesures si l'on voulait parer à un enveloppement complet par les deux ailes.

Ordres donnés dans la matinée du 15 par le grand quartier général. — Après avoir fait transmettre verbalement aux commandants de corps d'armée l'ordre de passer la Moselle au plus vite, le maréchal Bazaine quitta lui-même le champ de bataille à la nuit noire ; accompagné du général Jarras, il « traversa la ville avec la plus grande peine, les rues étant encombrées de voitures chargées de blessés, de matériel d'artillerie et d'administration, et de bagages des corps » (1), puis il se rendit à Moulins.

En passant à Longeville, vers minuit, le Maréchal entra chez l'Empereur pour lui rendre compte de la bataille (2).

---

(1) *Souvenirs* du général Jarras.

Le Maréchal se rendit donc compte par lui-même de l'encombrement qui régnait dans les rues de Metz.

(2) Le 14, à 2 h. 45 du soir, l'Empereur avait quitté la préfecture pour se rendre à Longeville. (Rapport du lieutenant-colonel Goulier. Poste d'observation de la cathédrale.)

Si l'on s'en rapporte à ses allégations, sans doute intéressées, le commandant en chef de l'armée aurait exprimé au Souverain « ses inquiétudes pour les journées suivantes, les Allemands ayant trouvé libres les routes qu'ils avaient à suivre pour prendre position entre Meuse et Moselle, et par conséquent, sur notre ligne de retraite » (1). Mais il ne semble pas que « les inquiétudes » du Maréchal eussent donné lieu à un échange de vues entre les deux interlocuteurs sur les mesures qu'il convenait de prendre dans une telle occurrence. La courte conversation resta sur le terrain des généralités et l'Empereur se contenta de recommander au Maréchal « d'agir avec la plus grande prudence dans les opérations, afin de ne rien livrer au hasard, et par suite, de ne donner aux puissances, qui lors du début des hostilités semblaient vouloir venir à nous, aucun prétexte de se retirer ».

A 1 heure du matin, le commandant en chef de l'armée du Rhin arrivait à son quartier général à Moulins et, dans des circonstances aussi graves et aussi pressantes, remettait au lendemain toute préoccupation d'ordre militaire (2).

Le 15 au matin, cependant, le chef d'état-major général forçait la porte du commandant en chef pour lui rendre compte de la lenteur du mouvement des 3e et 4e corps encore en partie stationnés sur la rive droite (3).

---

(1) *Episodes de la guerre de* 1870.

(2) Voir : *Episodes*, page 71.

Au conseil de guerre de Trianon (procès Bazaine, page 163), le Maréchal répond au président, qui lui demande s'il a pu donner des ordres le soir pour la marche de l'armée : « Non, pas le soir; j'étais fatigué. Il y avait trois ou quatre jours que j'étais à cheval et ma blessure me faisait souffrir. »

(3) Avant 7 heures du matin, car la visite du chef d'état-major général précéda la canonnade de Moulins.

« Immédiatement après, des officiers de l'état-major furent de nouveau envoyés vers les commandants de ces corps pour les inviter, d'une manière pressante, à activer leur mouvement, en leur recommandant d'être rendus le plus tôt possible sur les points qui leur avaient été assignés (1). »

Enfin, entre 9 heures et 10 heures du matin (2), de nouveaux ordres furent transmis verbalement qui peuvent se résumer ainsi (3) :

« Le 4e corps ira à Doncourt. Le 3e corps, derrière lui, s'arrêtera à hauteur de Vernéville, et campera, à cheval sur la route, le long de la ligne Vernéville, Saint-Marcel, pour faire face à droite (4). Il gardera le bois Doseuillons. Le 2e corps, dès qu'il verra la tête du 6e, continuera sa marche jusqu'à Mars-la-Tour et sera remplacé à Rezonville et Vionville par ce dernier corps. Une division de voltigeurs et deux batteries prendront position au Point-du-Jour pour couvrir au besoin la retraite ; le reste de la Garde s'établira à Gravelotte, laissant à Longeville un régiment jusqu'à ce que toute l'armée ait défilé. La cavalerie de Forton se placera à Tronville et éclairera l'armée à gauche et en avant sur la route de Saint-Mihiel ; la division du Barail fera le même service sur l'autre route de Verdun par Jarny. »

---

(1) *Souvenirs* du général Jarras, page 90.

(2) D'après la déposition du général Jarras. (Procès Bazaine, page 237.)

(3) D'après le *Journal d'un officier de l'armée du Rhin*, page 68, et le Procès Bazaine, page 163.

(4) Le général Fay, alors lieutenant-colonel au grand quartier général, fait remarquer à ce sujet, dans son *Journal*, qu'on redoutait une marche de l'armée de Steinmetz entre Metz et Thionville.

III. — Opérations de l'armée française pendant la journée du 15 août (1).

A la pointe du jour, c'est-à-dire avant la réception des ordres verbaux dont il vient d'être question, les troupes qui avaient passé la nuit sur la rive gauche de la Moselle s'étaient mises en marche conformément aux prescriptions que le Maréchal leur avait déjà fait parvenir.

La 3e division de la réserve de cavalerie quitta donc son bivouac de Gravelotte vers 4 h. 30 du matin et se dirigea sur Mars-la-Tour avec ses deux batteries à cheval, lesquelles venaient à peine de la rejoindre après une marche de nuit très lente et très pénible (2).

La 1re division de la réserve de cavalerie partit également vers 5 heures du matin pour Jarny avec ses deux batteries à cheval (3).

Marche du 2e corps. — La division de cavalerie du 2e corps n'avait pu franchir la porte de France qu'à 1 heure du matin. Elle marcha toute la nuit et sa tête de colonne n'arriva qu'à 5 heures sur le plateau du Point-du-Jour, où elle fit une grand'halte ; les hommes préparèrent la soupe et les chevaux « sellés et bridés depuis vingt-quatre heures mangèrent une poignée d'avoine » (4); encore, la brigade de chasseurs, coupée du reste de la colonne, n'arriva-t-elle que plusieurs heures après la

---

(1) Voir les croquis nos 1 et 2.

(2) Les 7e et 8e batteries du 20e régiment ne purent déboucher de la ville de Metz qu'à minuit et arrivèrent à Gravelotte à 3 heures du matin. (Historique du 20e régiment d'artillerie.)

(3) Le général du Barail reçut « au matin » seulement l'ordre de poursuivre sa marche jusqu'à Jarny. (Rapport du général commandant la 1re division de cavalerie sur les opérations du 15 août et *Souvenirs* du général du Barail.)

(4) Historique du 7e dragons.

brigade de dragons auprès de la ferme Saint-Hubert. Les dragons remontèrent à cheval vers 8 heures et gagnèrent Vionville où ils s'arrêtèrent vers 9 h. 30. Les chasseurs ne vinrent les rejoindre que trois heures plus tard alors que, déjà, les dragons s'étaient portés vers Mars-la-Tour où la canonnade venait de se faire entendre, ainsi qu'on le verra bientôt (1).

On sait qu'un contre-ordre reçu par le général Frossard dans le courant de la nuit prescrivait au 2e corps de s'arrêter à Rezonville (2). A 4 heures du matin, la brigade Lapasset quitta Sainte-Ruffine, prit la tête de la colonne et arriva vers 10 heures à Rezonville (12 kilomètres). La 1re division (Vergé) suivit immédiatement et atteignit la même localité à 11 heures.

La 2e division ne put se mettre en marche qu'à 7 heures (3), fit une grand'halte sur le plateau du Point-du-Jour et gagna ensuite Rezonville, suivie par la réserve d'artillerie du 2e corps qui avait quitté son bivouac de Moulins vers 6 heures du matin.

D'après les ordres du commandant en chef (ordres provoqués par le général Jarras dans la matinée du 15), le 2e corps devait, ainsi qu'il a été dit plus haut, gagner Rezonville, puis continuer sa marche jusqu'à Mars-la-Tour dès qu'il aurait été rejoint à hauteur de Rezonville par la tête du 6e corps.

---

(1) Dans la soirée, un escadron du 7e dragons et un autre du 5e chasseurs furent respectivement affectés aux divisions Vergé et Bataille, du 2e corps.

(2) Voir page 6.

(3) Les Historiques des 8e et 67e régiments donnent 4 heures et 5 heures comme heures de départ. Ce sont là des indications manifestement erronées, si l'on tient compte de la durée d'écoulement des troupes qui précédaient la 2e division. Il faut donc s'en tenir à l'heure indiquée par les Journaux de marche de la 2e division et de la 1re brigade de cette division, soit : 7 heures.

Il paraît difficile de trouver un motif plausible à une telle prescription, car le 6e corps devant suivre immédiatement le 2e, l'ordre donné avait pour seule conséquence de forcer le général Frossard à masser toutes ses troupes à Rezonville, pour les faire rompre ensuite par Mars-la-Tour après avoir perdu tout le temps correspondant à leur écoulement. Si ces dispositions avaient pour but d'assurer la sécurité du mouvement, il est à remarquer que ce procédé de marche par bonds successifs d'une amplitude de quelques kilomètres, appliqué à des unités aussi considérables que des corps d'armée, ne compensait nullement l'absence inexplicable d'une avant-garde et de flanc-gardes.

Au reste, les nouveaux ordres dont il est question (ordres qui furent transcrits par le général Jarras sur son carnet, sous la dictée du commandant en chef), ne paraissent pas avoir été transmis au 2e corps, de sorte que le général Frossard, s'en tenant à l'exécution des prescriptions reçues dans la nuit, forma les bivouacs près et au Sud-Ouest du village de Rezonville (1) :

---

(1) Dans ses *Souvenirs*, le général Jarras attribue à la rencontre de cavalerie qui eut lieu vers le milieu du jour, à Mars-la-Tour, le maintien du 2e corps à Rezonville (page 100). Mais il est à remarquer que le Maréchal déclare n'avoir jamais su pourquoi le 2e corps était resté à Rezonville. (Interrogatoire du maréchal Bazaine devant le conseil d'enquête sur les capitulations; séance du 19 mars 1872.)

D'autre part, le général Frossard est très explicite sur ce point :

« L'ordre était que le 2e corps prît position à Rezonville; cet ordre fut donné aussi au 6e corps et je regrettai qu'on eût modifié ainsi l'ordre primitif, qui était d'aller jusqu'à Mars-la-Tour, car il y avait encombrement à Rezonville, où je fus obligé d'établir le 2e corps tout entier à gauche de la route, pour laisser la droite au 6e, qui arrivait derrière moi..... »

Puis, à la lecture des notes prises par le général Jarras sur son carnet, le général Frossard répond :

« Comme je l'ai déjà dit, je n'ai reçu aucun ordre de ce genre et j'ai

Le quartier général à Rezonville;

La 2e division en tête — à 1500 mètres à l'Ouest du village, face à l'Ouest — la droite à la route (1), sur deux lignes distantes de 200 mètres par brigades accolées ; l'artillerie de la division et l'escadron du 3e chasseurs entre les deux lignes;

La 1re division en arrière de la 2e ; la 1re brigade en première ligne ; la 2e en seconde ligne (à une distance d'environ 200 mètres) ; le 77e régiment ayant deux bataillons placés en potence face au Sud pour surveiller la lisière des bois de Saint-Arnould et de Vionville ; l'artillerie entre les deux lignes d'infanterie ;

La brigade Lapasset, sur deux lignes au Sud de Rezonville, face au Sud-Est, surveillait le débouché de la vallée de Gorze et la lisière des bois de Saint-Arnould et des Ognons;

Enfin, la réserve d'artillerie bivouaquait avec son parc sur la lisière Sud-Ouest du village.

La 3e division était, comme on sait, restée à Metz. Les bataillons avaient rejoint dès la veille les emplacements qui leur avaient été désignés par le gouverneur de la place (2). Dès le matin du 15, le général de Laveau-

---

dû rester à Rezonville, bien que je sentisse vivement la nécessité d'aller jusqu'à Mars-la-Tour..... Ce qui est écrit sur le calepin du général Jarras peut indiquer des intentions d'ordres, mais ces ordres-là ne m'ont pas été donnés. » (Instruction du procès Bazaine; séance du 23 juillet 1872.)

Ces déclarations sont d'ailleurs implicitement confirmées par le Journal de marche du 2e corps et par la lettre écrite par le commandant du 2e corps au maréchal Bazaine, le 15 août, à minuit; lettre dans laquelle le général Frossard rend compte, sans autre explication, de l'installation de son quartier général à Rezonville. Il semble que, si l'ordre d'aller jusqu'à Mars-la-Tour lui fût parvenu, il eût au moins expliqué pourquoi il ne s'y était pas conformé.

(1) Le 12e bataillon de chasseurs était cependant campé au Nord et près de la route.

(2) Voir « Journée du 14 août », page 75.

coupet transporta son quartier général à Metz et l'artillerie fut répartie dans les forts :

La 7e batterie du 15e régiment au fort de Queuleu ;

La 8e batterie du 15e régiment au fort Bellecroix ;

La 11e batterie du 15e régiment au fort Saint-Julien (1).

Marche du 6e corps. — La marche du 2e corps, quoique très lente, s'effectua malgré tout avec une régularité relative. Mais les innombrables voitures de toute sorte qui s'étaient entassées la veille et pendant le cours de la nuit entre Moulins et les portes de la ville, se mirent également en marche dans la matinée du 15. Le désordre qui régnait parmi elles ne fit que s'accentuer davantage par l'effet de la canonnade partie de la ferme Bradin, de sorte que la route de Gravelotte fut bientôt encombrée de voitures marchant sur plusieurs files, ce qui rendit excessivement difficile la progression vers l'Ouest aux troupes du 6e corps.

La 2e brigade de la division La Font de Villiers qui, seule, était parvenue à se glisser la veille au soir jusqu'à Sainte-Ruffine, se mit en marche vers 6 heures du matin, suivie, à distance, par la 1re brigade, restée pendant la nuit aux environs de Longeville.

Dans l'impossibilité où l'on était de suivre la route, les troupes d'infanterie gagnèrent Saint-Hubert à travers champs par le plateau de Jussy et ne purent traverser le ravin de la Mance qu'après de longs temps d'arrêt (2). L'artillerie de la 3e division, partie de Moulins, suivit la route jusqu'à Rezonville.

---

(1) Journal de marche de la 3e division du 2e corps.

(2) Le ravin de la Mance, profondément encaissé et boisé sur ses deux versants, n'est franchissable que par la chaussée de Gravelotte ou son voisinage immédiat. D'après l'Historique du 93e régiment, la division se déploya, au sortir de Sainte-Ruffine, en ligne de bataille par bataillons en masse, et s'arrêta vers 11 heures à hauteur de la ferme Saint-Hubert. Après un repos de deux heures, on franchit le ravin de la

La 2e division (9e régiment; 9e et 10e batteries du 13e régiment d'artillerie) (1) quitta son bivouac de la Maison de Planches à peu près en même temps que la 4e division, c'est-à-dire vers 3 h. 30 (2). Mais à peine ces deux divisions avaient-elles fait quelques centaines de mètres, que toutes deux vinrent se heurter aux troupes du 3e corps qui, en ce moment même, franchissaient la Moselle, puis se rassemblaient aux abords du chemin de Lessy, entre Plappeville et Devant-les-Ponts.

Force fut donc aux divisions Bisson et Levassor-Sorval de s'arrêter à hauteur de la gare de Devant-les-Ponts, où elles stationnèrent pendant une grande partie de la matinée, ne se remettant en marche que par fractions successives au fur et à mesure qu'un vide se produisait sur la route de marche.

Le 9e régiment partit le premier, vers 8 heures (3), suivit la route de Lessy, rejoignit la grande route de Verdun à Longeau, prit à travers champs, « pour laisser la route libre aux convois de toute sorte qui l'obstruaient » et atteignit Gravelotte vers 2 h. 30. Là, il fit une halte de plusieurs heures, attendant, comme la

---

Mance, et l'on n'arriva à Rezonville qu'à 3 h. 30. D'après l'Historique du 94e, probablement attardé, la première halte aurait eu lieu avant 11 heures sur le plateau de Jussy. A 11 heures, la marche aurait été reprise puis interrompue à nouveau à 1 heure sur la lisière du bois des Ognons. Enfin, le régiment n'aurait rompu qu'à 4 heures pour aller camper au delà de Rezonville.

(1) Ces deux batteries, tirées de la réserve générale de l'armée, venaient d'être affectées provisoirement à la 2e division.

(2) Les 7e et 18e batteries du 18e régiment furent également affectées provisoirement à la 4e division.

(3) D'après l'Historique du régiment. Le Journal de marche de la division dit 10 heures. Mais cette heure paraît trop tardive, car le régiment de tête de la 4e division (le 25e) paraît être parti réellement lui-même vers 8 h. 30; or, il marchait *derrière* le 9e.

3e division qui marchait devant lui, que les emplacements des bivouacs fussent déterminés, puis il arriva vers 5 heures du soir à hauteur de Rezonville.

La 4e division suivit le même itinéraire, mais ses régiments ne se mirent en route qu'à de longs intervalles : le 25e à 8 h. 30 ; le 26e ensuite ; le 28e à 10 h. 45, et le 70e à 1 heure.

Les difficultés de la marche furent extrêmes ; la division dut d'abord se faufiler à travers les deux divisions du 3e corps arrêtées dans le vallon de Plappeville ; croiser à Lessy l'itinéraire de la division Tixier qui, sur ces entrefaites, s'était mise elle-même en marche par Scy, Lessy et Châtel ; couper la division de voltigeurs de la Garde, qui, faute de mieux, cherchait à gagner le Point-du-Jour par la voie romaine, et enfin se faire place, sur la grande route de Gravelotte, au milieu du torrent de voitures et d'isolés qui continuait à s'écouler de Metz vers Rezonville (1).

Enfin, la 1re division du 6e corps avait quitté les environs de Montigny « avant le jour » ; après avoir traversé la Moselle sur le pont du chemin de fer, elle avait dû se masser dans la plaine de Longeville, Moulins, dans l'angle formé par les voies ferrées de Thionville et de Verdun ; là, elle se trouva en but, ainsi qu'on l'a vu précédemment, à la canonnade partie de la ferme Bradin.

Vers 8 heures du matin, le général Tixier se mit en route par Scy, Lessy, Châtel-Saint-Germain et la ferme de Moscou où la division s'arrêta vers 2 heures de

---

(1) On peut se faire une idée de la lenteur et des difficultés de la marche d'après les heures suivantes, qui paraissent avoir été relevées avec exactitude par un officier du 25e régiment. Ce régiment quitta la Maison de Planches un peu après 3 heures du matin ; arrêt à la gare de Devant-les-Ponts jusqu'à 8 h. 30 ; passage à Lessy (5k,500) à 11 h. 35 ; arrivée à Gravelotte (8 kilomètres de Lessy) à 3 h. 40.

l'après-midi (7 kilomètres en 6 heures) (1), puis vint se rassembler à partir de 4 h. 30 au Nord de Rezonville.

Arrivé sur le plateau de Rezonville, le maréchal Canrobert fit la reconnaissance du terrain, « envoya des paysans aux renseignements dans les bois vers Ars et Gorze » et constatant que cette direction était pleine de menaces, il fit placer la division Levassor-Sorval au Nord-Est de Rezonville, en lui confiant la mission de surveiller les débouchés du bois des Ognons. Cette division s'installa donc le long et au Nord de la grande route, à un kilomètre du village, face au Sud-Est, sur deux lignes, par brigades accolées, l'artillerie entre les deux lignes.

La 3e division, arrivée la première, avait installé son bivouac vers 4 heures, à un kilomètre environ à l'Ouest de Rezonville, au Nord de la route et à hauteur des deux premières divisions du 2e corps (par brigades sur deux lignes, face à l'Ouest ; — l'artillerie au Nord-Ouest et à proximité de Rezonville).

La 2e division prit son bivouac au Nord de Rezonville, le long du chemin de Villers-aux-Bois et à 500 mètres du village ; l'artillerie en avant du 9e régiment.

Enfin, la 1re division, arrêtée d'abord entre la route et le bois Pierrot, fut portée ensuite — avec une batterie de 4 $\left(\frac{8}{8}\right)$ — au delà de cette voie, entre Saint-Marcel et le bois du même nom, où elle se forma sur deux lignes face au Sud-Ouest. Le village de Saint-Marcel fut occupé par un bataillon du 4e ; huit compagnies du 10e furent placées en grand'garde, sous le

(1) L'artillerie (y compris la 12e batterie du 8e, arrivée la veille par Thionville et provisoirement rattachée aux batteries de la 1re division) suivit la grande route ainsi que toutes les voitures de la division. Le 9e bataillon de chasseurs, d'après son Historique, paraît avoir suivi le même itinéraire que l'artillerie.

commandement du commandant Morin, dans le bois de Saint-Marcel (1); trois batteries de l'artillerie divisionnaire restèrent au Sud de la voie romaine, à hauteur de la division La Font de Villiers, avec une escorte formée des 3e, 4e et 6e compagnies du 9e bataillon de chasseurs à pied (2).

Le quartier général du 6e corps s'installa à Rezonville même.

Marche de la Garde. — A 11 heures du matin, la Garde était encore tout entière rassemblée entre Moulins et Longeville. A ce moment, la division de voltigeurs s'engagea sur la grande route avec l'ordre de gagner le plateau de la ferme de Moscou, en laissant un régiment d'arrière-garde à Châtel-Saint-Germain (3). A Longeau, les difficultés de la marche devinrent telles (4),

---

(1) Trois compagnies $\left(1, 2, 3 \frac{II}{10}\right)$ au point de croisement de la voie romaine avec le chemin Flavigny—Saint-Marcel; deux compagnies $\left(4, 5 \frac{II}{10}\right)$ sur la lisière Sud du bois de Saint-Marcel; trois compagnies $\left(6 \frac{II}{10} \text{ et } 1, 2 \frac{III}{10}\right)$ en réserve dans le rentrant Nord-Est du même bois.

(2) Rapport du colonel de Montluisant, commandant l'artillerie de la 1re division, sur le combat du 16 août.

(3) D'après une note du général Bourbaki et d'après le Journal de marche de la Garde, cet ordre paraît avoir été donné verbalement par le Maréchal, qui a d'ailleurs déclaré, au cours de son procès, qu'il entendait ainsi protéger le grand quartier général et les troupes installées à Rezonville. L'idée d'une arrière-garde laissée sur le plateau de Moscou semble évidemment logique en soi. Il y a seulement lieu de remarquer que le choix de la division de voltigeurs, pour cet objet, ne paraît avoir été motivé qu'à cause de son voisinage immédiat, à Moulins, avec le logement du maréchal Bazaine, qui s'adressa sans doute à la première troupe qui lui tomba sous la main sans réfléchir autrement à la situation générale de son armée.

(4) A partir de ce point, l'encombrement était encore augmenté par

que le général Deligny engagea ses troupes sur l'ancienne voie romaine, alors inutilisée, et parvint au Point-du-Jour dans le courant de l'après-midi (1). La 1re brigade avec les 1re et 5e batteries puis le régiment de chasseurs à cheval s'installaient entre Saint-Hubert et le Point-du-Jour; le bataillon de chasseurs, avec la 2e batterie, fut poussé jusqu'à Gravelotte et établi au Sud du village; là, il plaça les 1re, 2e et 3e compagnies en grand'-gardes pour surveiller le débouché de la vallée de la Mance venant d'Ars-sur-Moselle (2); à la nuit, le 4e voltigeurs, arrêté tout d'abord près de la 1re brigade, s'avança à 300 mètres au Sud de la route et plaça quelques grand'gardes face à la lisière du bois de Vaux; enfin le 3e régiment fut laissé comme extrême arrière-garde à Châtel-Saint-Germain; mais il se trouva, par suite des circonstances, camper face à face avec la 3e division du 4e corps qui n'avait pu dépasser Lessy, comme on le verra bientôt.

Pendant que la division de voltigeurs filait sur Saint-Hubert, le commandant de la Garde avait fait préparer un ordre de mouvement qui fut communiqué vers

---

les régiments de la 4e division du 6e corps qui débouchaient successivement du col de Lessy.

(1) A 1 heure, d'après le Journal de marche de la 2e brigade; entre 1 h. 30 et 4 heures, d'après les Historiques des régiments; toutes indications qui n'ont rien de contradictoire.

(2) L'ordre en fut donné au bataillon de chasseurs à 4 heures du soir. Il faut sans doute chercher la raison de cette prescription dans le retard considérable qu'éprouvèrent les autres troupes de la Garde à gagner Gravelotte; retard qui rendit flagrante la nécessité de surveiller le débouché d'Ars où l'on avait signalé la présence de l'ennemi.

Faute de mesures plus radicales dont l'initiative appartenait au commandant de l'armée, le détachement fait par les soins de la division de voltigeurs semble donc pleinement justifié, bien qu'il devint absolument inutile au bout de quelques heures, par suite de l'arrivée des grenadiers à Gravelotte.

1 heure de l'après-midi aux autres éléments du corps d'armée et qui fut exécuté à peu près normalement (1).

La division de cavalerie (2) quitta la plaine de Moulins-Longeville à 2 heures de l'après-midi, et vint camper entre 7 et 8 heures du soir au Nord de la route : la 2e brigade près de la bifurcation des deux chaussées de Doncourt et de Rezonville, la 3e brigade à hauteur de la Maison de Poste. La réserve d'artillerie suivit la cavalerie (départ à 3 heures) et vint former son parc à Gravelotte, dans l'angle Nord-Est des deux routes de Mars-la-Tour et de Conflans (3). Enfin la division de grenadiers quitta Longeville à 4 heures après-midi et n'atteignit Gravelotte avec sa tête de colonne qu'à 11 h. 30 du soir (4). La 1re brigade vint se former à hauteur de la Maison de Poste et au Sud de la route de marche avec les 4e et 6e batteries ; la 2e brigade, avec la 3e batterie, au Sud de Gravelotte, à cheval sur le chemin d'Ars-sur-Moselle, c'est-à-dire de part et d'autre de la position déjà occupée par le bataillon de chasseurs de la Garde.

Le quartier général fut installé à Gravelotte même.

Marche de la réserve générale d'artillerie et des équi-

(1) Voir, aux pièces annexes, l'ordre de la Garde, daté du 15 août.

(2) A l'exception des guides qui marchèrent à la queue de la division de grenadiers, et des chasseurs qui restèrent avec la division de voltigeurs.

(3) La réserve du génie, le quartier général, les ambulances, marchèrent entre les batteries de la réserve et le parc d'artillerie. La réserve du génie et le parc d'artillerie campèrent auprès de la réserve d'artillerie.

(4) L'artillerie fut répartie par batterie entre les régiments ; les ambulances et les bagages prirent place entre les deux brigades. La division était précédée d'une petite avant-garde formée d'un escadron des guides et d'une compagnie. L'arrière-garde comprenait le reste du régiment des guides, un régiment d'infanterie et une batterie. (V. le rapport de la 2e division.)

pages de pont. — La réserve générale d'artillerie avait reçu dans la journée du 15, — probablement dans la matinée —, l'ordre de « suivre le mouvement de la Garde pour se rendre à Gravelotte » (1).

Ce ne fut donc qu'après 4 heures du soir que les batteries, réunies au Ban-Saint-Martin, purent se mettre en marche (2). Encore vinrent-elles, au sortir de Longeville, se heurter aux troupes de la division de grenadiers qui commençaient à peine leur mouvement. D'après les heures fournies par les historiques, les deux batteries du 13e durent continuer leur marche côte à côte avec la tête de la division de grenadiers et arrivèrent à Gravelotte entre 10 et 11 heures du soir; les six batteries du 18e suivirent probablement cette même division, car elles n'arrivèrent au bivouac que vers minuit. Les deux premières batteries dont il vient d'être question formèrent le parc près de la Maison de Poste, au Nord de la route; les six autres, sur la lisière Nord de Gravelotte, à l'Est de la route de Conflans.

En ce qui concerne les équipages de pont, le général Soleille avait provoqué, dès le 14 août, des ordres à leur sujet auprès du Maréchal commandant en chef, et celui-ci avait d'abord décidé que l'équipage du 4e corps suivrait seul l'armée sur Verdun (3). Mais l'Empereur

---

(1) Lettre du général Soleille au général Canu.

(2) Ces batteries étaient réduites à huit $\left(\frac{11,\ 12}{13} \text{ et } \frac{1,\ 2,\ 3,\ 4,\ 5,\ 6}{18}\right)$, car les $\frac{5,\ 6,\ 7,\ 8}{13}$ étaient restées aux forts Bellecroix et Moselle, les $\frac{9,\ 10}{13}$ avaient rejoint la 2e division du 6e corps, et les $\frac{7,\ 8}{18}$ la 4e division du même corps d'armée.

(3) Lettre du général Soleille au maréchal Bazaine; Metz, 14 août; lettre portant en marge, de la main du Maréchal : « Amener le pont du 4e corps ».

intervint directement et prescrivit d'emmener les deux équipages (des 2e et 4e corps) dont disposait l'armée, de sorte que le général Soleille ordonna, dès le 14 août, aux compagnies de pontonniers et aux compagnies du train qui attelaient le parc, de suivre les mouvements de leurs corps respectifs dès que les ponts seraient repliés (1).

Le repliement des ponts commença dans la matinée du 15, aussitôt après le passage des dernières troupes. En amont, les trois ponts de chevalets du grand bras et les trois ponts de radeaux du petit bras furent relevés par la 4e compagnie de pontonniers aidée de quelques hommes des corps francs. Le travail, commencé à 8 heures du matin, fut terminé à 8 heures du soir. Les ponts du bras mort (ponts de bateaux et de radeaux) furent repliés par le génie.

En aval, le travail ne put commencer qu'à midi et fut exécuté par les 2e et 8e compagnies (2).

Le 15 août, probablement dans la seconde moitié de l'après-midi, le colonel Marion, directeur des ponts du 3e corps, écrivait au général Soleille : « Conformément à vos ordres, les ponts de bateaux, après avoir été repliés, ont été remis sur les voitures et les deux équipages ont rejoint les 2e et 4e corps auxquels ils sont attachés » (3).

On ne retrouve aucun document indiquant d'une manière précise les mouvements des équipages de pont dans la soirée du 15. Celui du 4e corps se rendit sans doute auprès des troupes de son corps d'armée, comme le dit le colonel Marion, c'est-à-dire aux environs de la

---

(1) Lettre du général Soleille au général de Mecquenem, commandant l'artillerie de la place de Metz ; datée du 14 août.

(2) Rapport sur le service des pontonniers ; daté du 15 août.

(3) Lettre du colonel Marion au général Soleille.

Maison de Planches. Mais il est hors de doute que l'équipage du 2e corps n'atteignit point Rezonville ; il s'engagea sur le chemin étroit et encaissé de Lessy, stationna pendant la nuit du 15 au 16 sur la chaussée même, entre cette dernière localité et Plappeville, et rendit presque impossible tout mouvement par cette voie.

Opérations de la réserve de cavalerie (1). — La 3e division de la réserve de cavalerie s'était mise en marche, ainsi qu'on l'a vu plus haut, vers 4 h. 30 du matin. Dès le 14 août, au moment de son arrivée à Gravelotte, le général de Forton avait été avisé par la gendarmerie et par des habitants du pays que l'ennemi occupait Chambley, et que des cuirassiers, des hussards et des hulans avec de l'artillerie étaient arrivés à Mars-la-Tour (2) (3). Cependant, les reconnaissances envoyées en avant et sur le flanc gauche ne dépassèrent pas le bois des Ognons, de sorte que le général resta sans contrôle au sujet des renseignements importants qu'il venait de recevoir.

Le 15 au matin, un escadron du 1er régiment de dragons devança la colonne en suivant la route de Mars-la-Tour, tandis qu'un escadron du 9e régiment de dragons la flanquait sur sa gauche, c'est-à-dire au Sud de la route. « Les habitants que je rencontrais, dit le général de Forton (4) m'assuraient que, dans la nuit, il était arrivé beaucoup de monde à Chambley et qu'il y avait toujours à Mars-la-Tour les mêmes cuirassiers, les mêmes hulans et les mêmes hussards avec de l'artillerie.

(1) Voir croquis n° 2.

(2) Renseignements d'ailleurs erronés.

(3) Déposition du général de Forton devant le conseil d'enquête sur les capitulations. Séance du 28 mars 1872.

(4) Déposition devant le conseil d'enquête sur les capitulations, *loc. cit.*

Arrivé à un endroit de la route d'où l'on aperçoit au loin le clocher de Mars-la-Tour et, au delà, une assez grande plaine qui sépare Mars-la-Tour de Puxieux, je vis dans cette plaine beaucoup de poussière ; j'envoyai les trois autres escadrons du 1er régiment de dragons pour appuyer celui qui était parti une demi-heure plus tôt, avec ordre de s'arrêter au delà de Mars-la-Tour et de pousser des reconnaissances dans les bois qui sont entre Mars-la-Tour, la route de Saint-Mihiel (1) et Puxieux. J'aperçus alors des mouvements et de la fumée ; j'envoyai alors le commandant de la 1re brigade avec les trois escadrons qui restaient du 9e régiment de dragons s'établir, en attendant le reste de la division, au delà de Mars-la-Tour..... »

Pendant que la 2e brigade continuait, avec les deux batteries d'artillerie de la division, à suivre la grande route de Mars-la-Tour, le 1er régiment de dragons qui formait, en réalité, l'avant-garde de la division, fut prévenu par les éclaireurs de son escadron de tête, arrivés à Vionville, de la présence de détachements ennemis dans la direction de Tronville. Aussi, les trois escadrons du gros, qui arrivaient sur ces entrefaites ayant à leur tête le colonel de Forceville, s'engagèrent-ils dans cette direction avec celui qui les précédait et refoulèrent-ils devant eux les patrouilles et les reconnaissances de l'adversaire. Bientôt, ils se trouvèrent en présence d'un régiment de cavalerie ennemie (2) qui céda peu à peu le terrain. Mais arrivé au delà de Puxieux, le 1er dragons tomba tout à

(1) Sans doute la route Chambley, Vigneulles, Saint-Mihiel.

(2) D'après l'Historique du 1er dragons. Il s'agit sans doute des deux escadrons du *11e* hussards qui, s'étant portés le matin de bonne heure jusqu'à l'Est de Rezonville, avaient rétrogradé par Vionville et Tronville sur Chambley devant la division de Forton. (Voir l'*Historique du Grand Etat-Major prussien*, page 507.)

coup sous le feu d'une batterie installée au Nord-Est de Xonville et accompagnée de plusieurs escadrons (1). Exposé en terrain découvert et n'ayant aucune nouvelle de l'autre régiment de la brigade encore très éloigné, le régiment du colonel de Forceville rétrograda au delà de Puxieux. Profitant de ce mouvement de recul, la brigade de Redern s'avançait bientôt jusque sur les hauteurs à l'Ouest de Puxieux où la batterie allemande prenait position face à Mars-la-Tour, village près duquel elle découvrit plusieurs régiments de cavalerie avec deux batteries (2).

Pendant que ces événements se déroulaient aux environs de Puxieux, le reste de la division de Forton était, en effet, arrivé vers 9 heures à Mars-la-Tour qu'il avait trouvé inoccupé.

Dès l'abord, les patrouilles de la brigade de dragons avaient chassé devant elles les partis ennemis qui s'étaient répandus dans la plaine entre Mars-la-Tour et Puxieux et avaient fait quelques prisonniers. « A la suite de ces engagements, tous les partis de cavalerie qui étaient entre Mars-la-Tour et Puxieux rejoignirent ce dernier village, dit le général de Forton (3). J'envoyai donner l'ordre au commandant de la 1re brigade de me rejoindre à Mars-la-Tour..... ». Malheureusement, le commandant de la 3e division de cavalerie n'indique pas la raison pour laquelle il se décidait à interrompre tout mouvement offensif et à retrancher ses régiments sous la protection de ses batteries, qu'il fit aussitôt placer près et au Sud-Ouest de Mars-la-Tour entre les deux régiments de cuirassiers de la 2e brigade.

Ces dispositions étaient à peine prises que déjà la bri-

---

(1) Quatre escadrons de la brigade Redern.
(2) Voir l'*Historique du Grand Etat-Major prussien*, page 506.
(3) Conseil d'enquête sur les capitulations. Séance du 28 mars 1872.

gade de dragons (1) apparaissait au Sud de Mars-la-Tour poursuivie par le feu de la batterie allemande (2). Cette brigade fut placée par le général de division au Sud de Mars-la-Tour, dans un pli de terrain qui la dissimulait en partie aux vues de l'artillerie adverse, et à quelque distance en arrière et à gauche des deux batteries à cheval (3). Alors s'engagea un duel d'artillerie auquel les deux cavaleries opposées assistèrent le sabre au fourreau. Les batteries françaises prirent très rapidement la supériorité du feu; plusieurs pièces prussiennes parurent avoir été mises hors de service (4), tandis que les projectiles allemands, ou trop longs ou trop courts, ne nous firent subir que des pertes insignifiantes (5).

Après une lutte d'une demi-heure environ, la batterie allemande disparut en arrière des bois, accompagnée par ses régiments d'escorte.

Peut-être était-ce le moment pour la cavalerie française d'accomplir la mission d'avant-garde qui lui était dévolue en poursuivant des escadrons dont elle venait de constater la timidité, et en déblayant les abords de la route que l'armée devait suivre le lendemain dans la direction de Verdun. Il semble que la tâche eût été d'au-

---

(1) Le 1er dragons ralliait le 9e en se dirigeant des environs de Puxieux sur Mars-la-Tour.

(2) Dans sa déposition, le général de Forton dit que l'artillerie ennemie tira d'abord sur la 1re brigade en retraite. Ce fait est confirmé par l'Historique du 1er dragons, qui dut prendre le trot pour échapper aux coups de la batterie.

(3) Pour lui faire place, le régiment de cuirassiers qui se trouvait de ce côté fut reporté à la droite des batteries.

(4) D'après le rapport du commandant de l'artillerie de la 3e division de cavalerie; daté du 16 août.

(5) Deux chevaux blessés.

D'après l'Historique allemand, la batterie de la 5e division de cavalerie subit des pertes sensibles.

tant plus aisée, que deux autres divisions de cavalerie attirées par la canonnade, débouchaient à peu de distance en arrière ainsi que le constate le commandant de la 3e division de cavalerie lui-même dans sa déposition devant le conseil d'enquête sur les capitulations : « ... Ce feu dura assez longtemps, dit-il, mais ne toucha ni un homme ni un cheval. Je restai là quelque temps ; je vis la division du Barail, qui suivait parallèlement à moi la route du Nord de Gravelotte à Verdun, arriver sur les hauteurs qui sont au Nord de Mars-la-Tour (1) et déployer un régiment pour me soutenir en cas de besoin (2) ; je vis la cavalerie du 2e corps envoyer un régiment de chasseurs sur la chaussée qui relie Vionville à Tronville (3). A ce

(1) Le manuscrit original porte Gravelotte. C'est évidemment une erreur matérielle.

(2) La 1re division de réserve de cavalerie avait quitté son bivouac de la Malmaison vers 4 heures du matin et arrivait à Jarny vers 10 heures du matin, après avoir fait passer le gros de sa colonne par Bruville, où l'on venait de signaler la présence de patrouilles de cavalerie ennemie.

« Au moment où j'allais m'établir au bivouac, dit le général du Barail, une assez vive canonnade, qui se faisait entendre du côté de Mars-la-Tour, attira mon attention. Je pris immédiatement la route de cette localité et je rencontrai en chemin un officier d'état-major, envoyé par M. le général de Forton, qui me demandait d'appuyer son mouvement offensif dirigé par lui contre la cavalerie ennemie. » (Rapport, daté du 15 août, sur les opérations de la 1re division de réserve de cavalerie.)

A 11 h. 30 la tête de la division débouchait avec ses deux batteries au Sud de la ferme La Grange et déployait en bataille le 2e régiment de chasseurs d'Afrique. Mais à ce moment, la canonnade avait cessé. Après entente avec le général de Forton, le général du Barail fit faire demi tour à ses escadrons et les ramena à l'Est de Jarny où il fit une halte de deux heures. Mais « ne voyant arriver aucune troupe d'infanterie et apprenant que la cavalerie ennemie avait réoccupé Mars-la-Tour », le général du Barail fit rétrograder sa division jusqu'à Doncourt en laissant toutefois une avant-garde à Jarny. (Rapport du général du Barail et Journal de marche de la division.)

(3) Il s'agit probablement du 7e dragons, car les deux pelotons de

moment-là, le feu des batteries prussiennes cessa complètement ; les cuirassiers et les hulans qui s'étaient déployés se retirèrent derrière les bois qui sont près de Puxieux (1). J'appris alors que le général commandant le 2e corps arrivait de sa personne par la route qui va de Gravelotte à Mars-la-Tour ; j'allai lui parler..... ».

En entendant la canonnade vers l'Ouest, en effet, le général Frossard, arrivé depuis peu de temps à Rezonville, était monté à cheval et avait gagné Mars-la-Tour avec deux pelotons du 3e escadron du 4e régiment de chasseurs, tandis que le 7e régiment de dragons suivait à quelque distance (2).

Les deux généraux se rencontrèrent à l'entrée du village et le commandant de la 3e division de cavalerie fit part au commandant du 2e corps des événements qui venaient de se passer.

« A Mars-la-Tour, dit le général de Forton, j'avais trouvé des habitants qui m'avaient confirmé l'occupation de Chambley par de très fortes troupes prussiennes et surtout par de l'artillerie. J'en fis part au général ; je lui dis que Puxieux était certainement occupé par un assez grand nombre d'escadrons, et qu'on me signalait également des hommes à pied, mais que je n'en étais pas sûr, parce que je ne les avais pas vus (3). Je lui demandai ce

---

chasseurs (escorte du général Frossard) ne purent être pris pour un régiment.

(1) 1 kilomètre à l'Ouest de cette localité.

(2) Quand le canon se fit entendre, la brigade Bachelier (7e et 12e dragons) n'était pas encore installée au bivouac près de Vionville, où elle stationnait la bride au bras. Vers 11 heures, le général Bachelier fit monter à cheval ; le 7e régiment de dragons prit les devants et s'avança jusqu'à mi-distance de Vionville et de Mars-la-Tour, tandis que le général commandant la brigade s'arrêtait plus en arrière (probablement sur la lisière Ouest de Vionville) avec le 12e dragons. (D'après le récit du colonel de la Boulinière, alors sous-lieutenant au 7e dragons.)

(3) Dans son rapport au maréchal Bazaine (daté du 16 août), le

que devenait son corps d'armée, en avant duquel je devais marcher, et s'il allait s'établir à Mars-la-Tour, parce que dans ce cas, je pourrais pousser sur Puxieux ; il me répondit que non, qu'il restait à Vionville (*sic*). Je lui dis : « Je dois venir à Mars-la-Tour, j'y suis et j'ai l'ordre de marcher à une certaine distance en avant de vous ; si vous restez à Vionville, je m'expose à être complètement coupé ; je ne puis pas aller au delà de Mars-la-Tour, ni même y rester, car je suis séparé de vous par tout ce qui est à Chambley (?) où on me signale l'arrivée de troupes nombreuses. » Il me dit : « Je dois rester à Vionville ». Je restai encore quelques heures après à Mars-la-Tour, et je revins à Vionville ; je fis prévenir le général du Barail, qui devait arriver vers Conflans, du mouvement que je faisais et des raisons pour lesquelles je le faisais (1) (2). »

D'autre part, le général Frossard, déclare dans son « Rapport sur les opérations du 2e corps » (3), que n'ayant pas sous ses ordres la 3e division de cavalerie, il se borna à engager le général de Forton, s'il se rapprochait de lui, « *à s'établir en une position qui lui permette de remplir son rôle de division d'avant-garde* ».

Cette dernière phrase laisse nettement entrevoir comment un commandant de corps d'armée entendait à cette époque l'emploi de la cavalerie dans une pareille occurrence. Le peu d'esprit d'entreprise qui régnait alors

---

général de Forton parle de tirailleurs d'infanterie assez nombreux et de la crainte qu'il avait de les voir suivre par leurs bataillons..... Rapport très pessimiste, car aucun fantassin allemand n'apparut dans cette région le 15 août.

(1) C'est peut-être cette communication qui décida le général du Barail à rétrograder jusqu'à Doncourt.

(2) Déposition du général de Forton devant la commission d'enquête sur les capitulations.

(3) Page 82.

chez le haut commandement de l'armée française n'inspira pas au commandant du 2e corps l'idée de représenter au commandant de la 3e division de cavalerie, qu'à cette heure peu avancée de la journée (environ midi), sa division avait autre chose à faire qu'à se fortifier dans un bivouac où elle eut l'assurance de n'être point « coupée » du reste de l'armée; que son rôle d'avant-garde, lui commandait d'autant plus impérieusement de pousser de l'avant et de dégager la zone de marche, qu'on venait d'y rencontrer des escadrons ennemis; qu'au reste, l'adversaire n'ayant manifesté aucun désir d'offensive, dans le courant de la matinée, il avait au moins quelques chances de réussir dans sa tentative; que d'ailleurs le 2e corps était en mesure de le soutenir immédiatement avec sa division de cavalerie et qu'on pouvait engager le général du Barail à en faire autant; qu'enfin, il importait de vérifier des renseignements qui n'avaient été fournis jusqu'ici que par des habitants et qui étaient, de ce fait, très sujets à caution.

Quoi qu'il en soit, la 3e division de cavalerie, après avoir stationné aux environs de Mars-la-Tour jusque vers 1 heure de l'après-midi, fit demi-tour et vint installer son bivouac près de Vionville aux côtés de la division de cavalerie du 2e corps.

La brigade Murat fut placée sur la lisière Ouest du village, au Sud de la route sur deux lignes, le 1er dragons ayant le 9e derrière lui. Les deux batteries d'artillerie formèrent leur parc entre la brigade de dragons et le village.

La brigade de Gramont s'établit au Nord du village et un peu en arrière de l'alignement de la brigade de dragons.

Dès son arrivée, la division plaça des avant-postes en avant et sur ses flancs :

Le 1er dragons fournit une grand'garde de deux pelotons placée au Sud du chemin de Tronville; cette grand'-garde poussa des vedettes « très loin en avant » (?) dans l'angle des deux routes;

Le 9e dragons plaça un peloton sur la hauteur du cimetière, au Sud de Vionville (peloton qui se relia par sa gauche avec une grand'garde de deux escadrons envoyée par la division Valabrègue plus au Sud encore et détachant ses vedettes sur le chemin direct de Chambley à Rezonville);

Au Nord de la route de Mars-la-Tour, trois grand'-gardes d'un peloton chacune et fournies par les 7e et 10e cuirassiers, furent installées entre les bivouacs et la lisière Est des bois de Tronville; un peu plus au Nord, cette ligne de surveillance fut prolongée par une grand'-garde appartenant au 4e chasseurs de la division Valabrègue.

Enfin, d'après le rapport du général de Forton (1), des patrouilles et des rondes faites par des officiers de l'état-major de la division furent poussées « à de grandes distances en avant » (2).

Pendant toute la soirée, il y eut des coups de feu échangés entre nos vedettes et les patrouilles prussiennes, tant par les dragons dans la direction de Tronville que par les cuirassiers au débouché des bois du même nom; un officier et quelques chevaux furent blessés. Aussi, les grand'gardes de cuirassiers furent-elles doublées à la nuit tombante par des pelotons de chasseurs (armés de la carabine) et un autre peloton de dragons à pied fut-il posté dans l'angle des deux routes

(1) Daté de Chambières, 9 septembre 1870.

(2) Il faut entendre par là tout au plus 1000 mètres, car c'est une reconnaissance d'infanterie commandée par le lieutenant Devaureix qui apprit, le lendemain matin seulement, au général de Forton ce qui s'était passé à Tronville. Or Tronville était à 1200 mètres des avant-postes de la division.

conduisant respectivement à Tronville et à Mars-la-Tour. Enfin, le général de Gramont, dont le bivouac était à peine à 700 mètres des bois occupés par des partis ennemis, fit lever le camp et reporta sa brigade à 800 mètres plus en arrière, c'est-à-dire à peu près à hauteur de la division Valabrègue.

Il a paru intéressant de relater tous ces détails d'installation du service de sûreté de la 3e division de cavalerie, parce qu'ils donnent une idée assez exacte des errements qu'on suivait alors et qu'ils permettront de mieux comprendre les raisons de la surprise dont cette cavalerie fut l'objet le lendemain matin de la part de la 5e division de cavalerie allemande.

Mouvements des 3e et 4e corps dans la soirée du 15 août. — On a vu précédemment (1) qu'après avoir traversé la Moselle, le 3e corps était venu se masser, dans la matinée du 15, partie sur les glacis du fort Moselle (2e et 4e division d'infanterie et division de cavalerie), partie dans l'île Chambière (réserve d'artillerie) et partie enfin dans le vallon de Plappeville au pied du mont Saint-Quentin (1re et 3e division d'infanterie).

A 9 heures du matin, le maréchal Lebœuf prenait le commandement du corps d'armée en remplacement du général Decaen blessé la veille.

Après s'être ravitaillées en munitions, les troupes recevaient l'ordre de reprendre la marche pour se conformer aux prescriptions qu'on venait de recevoir du grand quartier général et qui indiquaient de gagner le plateau de Doncourt par Lessy et Châtel-Saint-Germain *à la suite du 4e corps* (2).

Mais vers midi, le commandant du 3e corps apprit que

(1) Voir page 13.

(2) Papiers inédits du maréchal Lebœuf et lettre du colonel d'Ornant au maréchal Lebœuf; datée du 16 février 1872.

le 4e ne pourrait se mettre en route avant 2 heures de l'après-midi. Il prit donc sur lui d'intervertir l'ordre de marche des deux corps d'armée, et il fit rompre la 1re division par le chemin de Lessy.

Malheureusement, ce chemin, très étroit et souvent encaissé, était déjà lui-même encombré de troupes et de voitures (1), de sorte que le départ ne put se faire que tardivement et que la marche fut très lente (2). La division suivit le chemin, Lessy, Châtel-Saint-Germain, ferme de Leipzig.

Le commandant du corps d'armée marchait avec la 1re division et venait d'arriver sur le plateau de Leipzig (près de l'arbre-signal) lorsqu'il reçut (vers 5 heures du soir) l'ordre du grand quartier général relatif aux bivouacs.

Cet ordre prescrivait au 3e corps d'occuper les crêtes qui s'étendent d'Amanvillers à Saint-Marcel par Vernéville et d'établir son quartier général à la ferme de Bagneux; le 4e corps devait se trouver plus en avant à Doncourt « si le temps lui permettait de s'y rendre » (3).

Cet ordre verbal, apporté par le capitaine de Salles, n'était sans doute que l'extrait, relatif au 3e corps, de l'ordre général dont le résumé a été donné précédemment d'après l'ouvrage du colonel Fay; mais il y a lieu de remarquer que ce dernier indique positivement que le 3e corps devait camper sur la crête Amanvillers, Saint-Marcel « pour faire face à droite » en raison de la crainte qui régnait au grand quartier général de voir

(1) En particulier par la 4e division du 6e corps, ainsi qu'il a été dit plus haut, et par l'équipage de pont du 2e corps.

(2) Le Journal de marche de la division fixe le départ à 1 heure. Les Historiques des corps de troupe échelonnent les départs entre 2 et 3 heures.

(3) Notes inédites du maréchal Lebœuf.

déboucher une armée ennemie de la région de Thionville.

La 1re division vint, en effet, vers la fin de l'après-midi (1) installer ses bivouacs entre Montigny-la-Grange et Chantrenne, faisant face au Nord-Ouest (2).

La 2e division, suivant le mouvement de la 1re, avait rompu vers 2 heures de l'après-midi ; mais, à mesure que l'heure avançait, l'encombrement se faisait plus inextricable sur le chemin de Lessy où l'équipage de pont ne pouvait toujours avancer ni reculer. La 2e division se faufila au milieu de tous ces obstacles et n'arriva que fort tard dans la soirée (3) à Vernéville où elle prit son bivouac face au Nord-Ouest, la droite au village, la gauche dans la direction de Saint-Marcel, par brigades sur deux lignes.

La réserve d'artillerie qui s'était d'abord massée dans l'île Chambière, commença le passage du grand bras de la Moselle vers 10 heures du matin et s'engagea par les glacis du fort Moselle sur la grande route de Gravelotte, déjà suivie par le 6e corps et par la Garde « ..... Nous nous trouvons mêlés à la cohue de tous les corps qui remontaient la route de Metz à Gravelotte, dit le général Zurlinden. A Gravelotte, je suis laissé contre l'auberge, à l'embranchement des deux routes de Conflans et de Mars-la-Tour, pour tirer, dans la cohue, les troupes et le

(1) A *6 h. 30*, le maréchal Lebœuf rendait compte de l'arrivée de la 1re division à Montigny-la-Grange. D'après les Historiques du 62e et de l'artillerie, ces troupes seraient arrivées à 7 heures au bivouac.

(2) Le 18e bataillon de chasseurs, tenant la droite, au Sud de Montigny ; les régiments déployés à la gauche des chasseurs, sur la crête qui se dirige sur Chantrenne ; l'artillerie « près de Vernéville », et par suite probablement à la gauche de l'infanterie sur les bords du ruisseau de Chantrenne.

(3) L'artillerie arriva la première vers 9 heures du soir ; les régiments entre 10 heures et minuit ; encore le 69e, coupé du reste de la division, ne gagna-t-il Vernéville qu'à 5 heures du matin.

matériel appartenant au 3e corps, et pour les diriger, par la route de Conflans, vers notre bivouac de Saint-Marcel..... ». La réserve d'artillerie ne forma le parc que très tard dans la soirée (entre 9 heures et 10 heures d'après les Historiques des batteries) à l'Est de Saint-Marcel, c'est-à-dire en arrière du camp de la 1re division du 6e corps.

Quant aux autres divisions du 3e corps, elles furent dans la presque impossibilité de se mettre en route à cause de l'encombrement. La division de cavalerie passa la nuit près de la porte de Thionville, bien qu'elle eût reçu l'ordre de monter à cheval à 6 heures du soir. La 3e division, échelonnée entre Metz et Plappeville, ne put, non plus, quitter son bivouac : « Les bagages ne cessèrent de passer, et, à un moment donné, la route fut complètement obstruée ; la marche des colonnes de bagages fut arrêtée, et la 3e division fut immobilisée sur son camp parce que la route à suivre, qui passe par Châtel-Saint-Germain est profondément encaissée et ne donne passage qu'à une voiture à peine. » (1).

Enfin, la 4e division se mit en route vers 5 heures et quitta les environs de la Maison de Planches pour s'engager sur la route de Lessy ; mais à peine avait-elle fait 2 kilomètres et était-elle parvenue à hauteur de Ban-Saint-Martin, qu'elle dut s'arrêter et bivouaquer sur la route au contact avec la 3e division.

A son arrivée sur la rive gauche, au château du Sansonnet, le commandant du 4e corps retrouva quelques officiers de son état-major qui, partis la veille en reconnaissance dans la direction de Gravelotte, avaient passé toute la nuit à la recherche d'itinéraires praticables. Sur le rapport qu'on lui fit au sujet de l'encombrement des voies de communication, le général de Ladmirault fit

(1) Journal de marche de la 3e division du 3e corps.

reconnaître à nouveau le chemin de Lessy, en même temps qu'il rendit compte au Maréchal commandant en chef de la situation dans laquelle se trouvait son corps d'armée :

« J'ai dû garder les positions jusqu'à 1 heure de la nuit, dit-il, et diriger alors les troupes vers les ponts de la Moselle. A peine aurai-je pu rallier tout le monde aujourd'hui à midi. »

Cet extrait d'une lettre écrite par le général de Ladmirault au Maréchal (1) est complété par la déposition du commandant du 4e corps, devant le conseil d'enquête sur les capitulations (2) :

« Je faisais dire au Maréchal que, comme j'étais resté en l'air toute la journée du 14 et une grande partie de la nuit, il voulut bien me permettre de passer la journée du 15 dans les bivouacs et je lui promettais d'être à Doncourt le 16..... Le Maréchal me répondit avec raison qu'il avait donné l'ordre général de marcher et que je devais prendre la route de Lessy, pour rejoindre par Châtel-Saint-Germain (3) la route de Verdun. »

Le général de Ladmirault répondit immédiatement au général en chef que, conformément à ses prescriptions, il allait donner l'ordre du départ ; qu'il faisait distribuer des vivres et recompléter les munitions ; que le mouvement commencerait à 2 heures par la division de Lorencez (3e) et qu'il comptait avoir réuni, dans la matinée du lendemain, tout son corps d'armée autour de Doncourt (4).

---

(1) *L'armée du Rhin*, page 55.

(2) Séance du 23 février 1872.

(3) Le général veut sans doute dire Longeau.

D'après les *Souvenirs inédits* du capitaine La Tour du Pin (cités par le colonel Rousset), cet officier, envoyé au quartier général par le commandant du 4e corps, aurait objecté que le chemin de Lessy était beaucoup trop resserré. Mais le maréchal Bazaine maintint son ordre.

(4) Lettre du général de Ladmirault au maréchal Bazaine.

Cependant, le commandant du 4e corps se rendait bientôt compte de l'impossibilité où il serait d'exécuter complètement dans la soirée le mouvement projeté; il donnait alors l'ordre suivant (1) :

« Conformément aux ordres de M. le Maréchal commandant en chef, le 4e corps doit occuper aujourd'hui Doncourt-en-Jarnisy.

« A cet effet, la 3e division se mettra en route aujourd'hui à 3 heures, après avoir complété ses munitions d'artillerie et de fusil. Elle prendra la route qui se trouve derrière son emplacement actuel et au delà du chemin de fer qu'elle traversera au passage à niveau qui se trouve derrière elle (2). Elle suivra la route qui passe par l'extrémité du village de Woippy, puis celle dite du Coupillon, jusqu'à la route qui passe entre les forts de Saint-Quentin et de Plappeville. Elle s'engagera sur cette dernière pour gagner le village de Lessy et retomber sur la grande route de Conflans avant Rozérieulles, au moulin de Longeau, se dirigeant sur Gravelotte, où elle asseoira son bivouac *si elle ne peut arriver à Doncourt avant la nuit*.

« Les chevaux seront approvisionnés à deux jours de fourrages pour les journées des 16 et 17. Cette division n'emmènera que les bagages régimentaires et ne se fera suivre d'aucun convoi de vivres, si ce n'est de son troupeau.

« Les autres troupes du 4e corps continueront leur mouvement dans la même direction et partiront demain, 16, aux heures qui seront prescrites. »

Une seule division allait donc se mettre en route, et tout le reste du corps d'armée allait s'attarder jusqu'au lendemain matin dans la vallée de la Moselle, tandis que

(1) D'après le lieutenant-colonel Rousset.

(2) Celui du chemin de Woippy à la Maison-Neuve.

les routes de Lorry et de Saulny étaient libres et lui auraient permis de gagner le plateau d'Amanvillers, Saint-Privat, le soir même.

La division de Lorencez rompit vers 3 heures du soir, comme elle en avait reçu l'ordre. Mais elle fut longtemps arrêtée à hauteur de Plappeville, ne put dépasser qu'homme par homme les voitures qui stationnaient sur le chemin, et dut faire halte près de Lessy où elle passa la nuit, partie sur la route, partie sur la croupe située au Nord-Ouest de ce village; le 2e bataillon de chasseurs et deux bataillons du 15e de ligne campèrent sur la croupe du châlet Billaudel; le reste de la division s'arrêta entre Lessy et le col; la 9e batterie du 1er régiment ne put même dépasser Lorry.

Cependant, les bagages de la division étaient encore au bivouac de la Maison-Neuve à 10 heures du soir. En constatant le fait, le commandant du 4e corps envoya ses aides de camp sur la route de Lessy pour voir ce qui se passait (1), mais aucun d'eux ne put joindre la tête de colonne.

C'est alors que le général de Ladmirault se décida à suivre le lendemain, avec le reste de ses troupes, la grande route passant à Saint-Privat, puis à se rabattre ensuite sur Doncourt. C'est peut-être dans ce but et pour remettre un peu d'ordre dans les deux autres divisions que la 1re (de Cissey) fut portée auprès de Woippy et que la 2e (Grenier) fut rapprochée du Sansonnet; la division de cavalerie avait déjà quitté les abords de la porte de Thionville pour établir son camp près du Sansonnet. Dans tous les cas, le commandant du 4e corps prescrivit au général de Lorencez de gagner, si possible, Amanvillers et Vernéville, en suivant au besoin la nou-

(1) Déposition du général de Ladmirault devant le conseil d'enquête sur les capitulations. (Séance du 23 février 1872.)

velle voie ferrée et en appuyant vers le Nord pour se joindre au gros du corps d'armée qui devait déboucher le lendemain par Saint-Privat. On sait déjà que cet ordre resta complètement inexécuté jusqu'au lendemain 16 août.

Situation générale de l'armée le 15 au soir. — En résumé, on voit que dans la nuit du 15 au 16, trois corps d'armée (2e, 6e et Garde) campaient, avec la réserve générale d'artillerie, sur les plateaux de la rive gauche entre Saint-Marcel, Flavigny, Gravelotte et Saint-Hubert; en outre, une partie importante du 3e corps (deux divisions d'infanterie et la réserve d'artillerie) bivouaquait entre Saint-Marcel et Montigny-la-Grange.

A quelques kilomètres seulement en avant des bivouacs d'infanterie, trois divisions de cavalerie occupaient Doncourt (1re division) et Vionville (3e division et division du 2e corps).

Enfin, deux divisions du 3e corps étaient restées aux portes de Metz entre le fort Moselle et Plappeville, et le 4e corps presque tout entier était encore bivouaqué au Nord-Ouest de la place (1).

L'armée française réunie sous les murs de la place le 13 août au matin, n'avait donc gagné vers l'Ouest, pendant une période de plus de trente-six heures, qu'une quinzaine de kilomètres environ. Encore ne s'agit-il ici que des têtes de colonnes, puisque la queue de l'armée restait stationnée aux portes mêmes de la ville. Résultat déplorable, tant au point de vue des fatigues inutilement imposées aux troupes, qu'au point de vue de la situation stratégique, qui réclamait impérieusement une prompte retraite.

---

(1) Une division était parvenue à Lessy.

Il est d'ailleurs à remarquer que bien que les troupes du 4e corps eussent subi d'assez grandes fatigues, il eut été certainement possible de leur demander l'effort d'une marche, puisque la division Lorencez marcha pendant toute la soirée ; c'était, à la vérité, la division la moins éprouvée du 4e corps, mais au 3e, qui depuis la veille avait passé par les mêmes épreuves que le 4e, deux divisions et l'artillerie de réserve marchèrent jusqu'à la nuit.

La véritable raison du retard que subirent les 3e et 4e corps ne paraît donc nullement provenir, comme on l'a déjà fait remarquer, des fatigues imposées par le combat du 14, mais uniquement de la persistance du commandant en chef à vouloir faire passer toute son armée sur un seul et unique tronçon de route. Il est donc permis de douter que si, par hypothèse, le combat du 14 n'eût pas eu lieu, le mouvement rétrograde de l'armée française eût été accéléré en quoi que ce fût.....

IV. — Le grand quartier général pendant la soirée du 15 août.

Destruction du pont de Longeville. — Il était environ 7 heures du matin quand éclata la canonnade de Moulins.

A ce moment, le commandant Sers, aide de camp du général Soleille, entrait chez le Maréchal commandant en chef :

« Je rendis compte au Maréchal qu'en traversant Longeville, j'avais entendu des coups de canon tirés par les Prussiens, et qu'on les entendait encore au moment où j'entrais dans le jardin de son habitation. Le Maréchal sortit alors de son appartement pour s'assurer du fait, et l'ayant reconnu exact, il témoigna quelques craintes que les Prussiens ne tentassent un coup de main sur notre flanc par le pont du chemin de fer. Il me donna l'ordre, alors, de m'adresser à l'artillerie ou au génie pour faire sauter ce pont (1). »

Cet ordre fut transmis par le commandant Sers lui-même à la compagnie de réserve du génie du 3e corps (1re compagnie de sapeurs de chemins de fer du 1er régiment). Une section de cette compagnie partit immédiatement sous le commandement du capitaine Richard, procéda au chargement de la chambre établie sous la première arche de la rive gauche et mit le feu au dispositif vers 9 h. 30 (2).

Sur ces entrefaites, le colonel Petit avait également reçu du gouverneur de Metz l'ordre de détruire ce même pont de Longeville (3). Le capitaine Boyenval, qui avait été chargé de reconnaître les dispositifs de mines des ponts en amont de la place, fut envoyé aussitôt avec un détachement de sapeurs et une prolonge. Retardé par l'encombrement qui régnait encore dans les rues de la ville, le détachement n'arriva à destination qu'à 2 heures de l'après-midi. « Avant d'arriver à Longeville, dit le capitaine Boyenval (4), j'appris par un lieutenant du génie des divisions actives, qui se trouvait sur les lieux, qu'il venait de détruire une arche du pont. Je voulus néanmoins savoir si le travail qu'il venait d'exé-

---

(1) Instruction du procès Bazaine. Déposition du commandant Sers; séance du 10 juillet 1872.

(2) L'explosion détruisit la première travée et la voûte du chemin de halage; elle ébranla toutes les maçonneries de la culée. (Relation du lieutenant Compagnon sur la destruction des ponts de la Moselle.)

(3) D'après la Relation du colonel Petit, directeur des fortifications à Metz, le général gouverneur n'aurait fait que transmettre l'ordre du maréchal Bazaine. Les réponses assez dilatoires faites sur ce point par les principaux intéressés permettent d'adopter la thèse du colonel Petit. Après avoir dépêché le commandant Sers, le Maréchal aurait donc fait répéter le même ordre au général Coffinières.

(4) Relation du capitaine Boyenval sur la destruction des ponts de la Moselle.

cuter était le même que celui dont j'étais chargé moi-même, et je me rendis au grand quartier général. Je rendis compte au Maréchal de la mission que j'avais reçue et lui demandai s'il restait quelque chose à faire. Le Maréchal s'informa de l'état dans lequel la première explosion avait mis le pont et s'il était encore possible de passer. Je lui répondis que le lit de la Moselle, en dessous de l'arche rompue, était comblé par les débris de cette arche, et que les traverses du chemin de fer formaient une sorte d'échelle ayant les rails pour montants, grâce à laquelle les piétons pouvaient encore passer. » Le Maréchal donna alors l'ordre de faire sauter une seconde arche, ordre qui fut exécuté par le capitaine Boyenval entre 4 h. 30 et 5 heures du soir (1).

Ainsi fut détruite une communication que sa proximité des forts rendait évidemment inutilisable par l'adversaire et qui avait une importance de premier ordre pour les défenseurs de la place.

Licenciement des convois auxiliaires. — De son quartier général, à Moulins, le commandant en chef avait pu constater l'encombrement presque inextricable qui régnait sur la route de marche, surtout à cause des nombreuses voitures de réquisition conduites par des convoyeurs civils insuffisamment surveillés. Vers 11 heures du matin, le Maréchal résolut d'alléger les colonnes et prescrivit à l'intendant général de l'armée de faire décharger le convoi auxiliaire et de faire rétrograder toutes les voitures qui le composaient sur Metz, où elles devaient être licenciées ou utilisées pour les besoins de la place. Malgré les représentations de l'intendant de Préval, qui fit ressortir la difficulté d'exécuter un tel ordre, alors que les voitures étaient disséminées au milieu de la cohue des troupes, le com-

(1) Instruction du procès Bazaine ; séance du 20 juin 1872.

mandant en chef maintint sa décision. Mais il était déjà trop tard pour qu'on parvint à arrêter les convois du grand quartier général, des réserves de cavalerie et du 2e corps. Les convois auxiliaires des 3e et 4e corps et de la Garde furent seuls maintenus au Ban-Saint-Martin, sans être cependant licenciés ni même déchargés.

Mouvement du grand quartier général. — Le Maréchal quitta Moulins vers 3 heures de l'après-midi et arriva vers 5 heures à Gravelotte, où se trouvait déjà le quartier impérial.

Là, le Maréchal eut un court entretien avec l'Empereur qui aurait, paraît-il, conservé une réserve absolue au sujet des mesures générales qu'il convenait de prendre et de l'appréciation de la situation stratégique. « Il n'a pas été question de mouvements à faire, dit, en effet, le maréchal Bazaine, mais si l'Empereur devait partir le soir ou le lendemain. J'ai répondu à l'Empereur que n'ayant aucune donnée sur la sécurité des routes à suivre, je l'engageais à attendre le lendemain. C'est ce qui eut lieu effectivement (1). »

Le Maréchal se retira alors à la Maison de Poste sans prévenir son chef d'état-major qui resta à Gravelotte avec tout le quartier général.

Ordres du grand quartier général pour la journée du 16. — Dans le courant de l'après-midi, le Maréchal avait été informé par le général de Forton qu'à la suite d'une canonnade avec la cavalerie allemande, la 3e division de cavalerie n'avait pu rester à Mars-la-Tour et avait rétrogradé jusqu'à Vionville (2).

---

(1) Instruction du procès Bazaine; séance du 1er juillet 1872.

(2) Ce compte rendu fut porté au grand quartier général par le capitaine Lafouge, aide de camp du général de Forton, qui revint à Vionville, « annonçant que le mouvement de la 3e division de cavalerie était approuvé à l'état-major général ». (Commission d'enquête sur les capitulations. Déposition du général de Forton; séance du 28 mars 1872.)

Dans la soirée, il reçut également un rapport (daté de 6 h. 15) du commandant de la 1re division de cavalerie indiquant les opérations à laquelle cette troupe avait pris part et l'emplacement de son bivouac (1).

En ce qui concerne les corps d'armée, le grand quartier général avait été tenu au courant de leur situation d'ensemble : il savait que les 2e et 6e corps occupaient les abords de Rezonville (2) ; que la Garde atteignait Gravelotte (3) ; et que le 4e corps n'avait dû quitter ses bivouacs que dans le courant de l'après-midi et ne pourrait être réuni à Doncourt que le lendemain (4) ; seul, le commandant du 3e corps fit un compte rendu que les circonstances rendirent en partie inexact par la suite, en annonçant au Maréchal, à 6 h. 30 du soir, que la 1re division venait d'arriver à Vernéville et que le reste du corps d'armée rejoindrait entre 7 heures et 10 heures du soir (5).

D'autre part, le Maréchal avait été avisé par les généraux commandant les 2e et 6e corps « qu'ils avaient *devant eux* une force ennemie évaluée à 30,000 hommes et qu'ils s'attendaient à être attaqués le lendemain » (6).

---

(1) Rapport du général du Barail.

(2) Note non signée, trouvée aux archives du grand quartier général, et *Souvenirs* du général Jarras, page 101.

(3) Le Maréchal avait assisté au départ de la Garde à Moulins et l'avait dépassée en se rendant à Rezonville. (*Souvenirs* du général Jarras.)

(4) Lettre du général de Ladmirault au maréchal Bazaine.

(5) Lettre du maréchal Lebœuf au maréchal Bazaine.

Ce compte rendu fut rectifié par une lettre datée de 11 h. 5 du soir, mais postérieure par conséquent à l'expédition des ordres donnés pour le lendemain.

(6) Dans ses *Souvenirs*, le général Jarras fait observer que le général Frossard a commis une erreur en déclarant devant le conseil de guerre de Trianon qu'il avait rendu compte « pendant la nuit », au commandant de l'armée, de la présence *à Gorze* d'une force ennemie évaluée à

Ce renseignement visait probablement les troupes adverses au contact desquelles s'était trouvé dans la matinée la division de cavalerie Forton, ainsi que celles qui avaient été signalées par les habitants aux environs de Chambley.

Parmi les renseignements adressés le 15 août au

20,000 ou 25,000 hommes. Il semble bien, en effet, que le commandant du 2e corps ait fait une confusion d'heure à ce sujet, car, dans la lettre qu'il écrivit à minuit au maréchal Bazaine, il signale le passage *à Gorze*, vers 9 heures du soir, d'un détachement prussien fort de *deux régiments* et comprenant de la cavalerie; renseignement qui fut donné à nouveau au capitaine de France, du grand quartier général, le lendemain matin, ainsi que le dit le général Jarras.

Mais il paraît hors de doute que les commandants des 2e et 6e corps aient rendu compte, *dans la soirée*, du voisinage d'une troupe ennemie évaluée à 30,000 hommes, puisque l'ordre émané du grand quartier général relate formellement le fait. Seulement, il est probable qu'il ne s'agissait pas, dans ce renseignement, des troupes signalées à Gorze, mais plutôt de celles que la division de Forton avait rencontrées dans la matinée à l'Ouest de Mars-la-Tour et de celles dont on avait signalé la présence à *Chambley*. D'après le texte de l'ordre, il est, en effet, question de forces que les 2e et 6e corps ont *devant eux* et non sur leur flanc gauche.

Il y a toutefois lieu de remarquer que, dans sa première déposition, lors de l'instruction du procès Bazaine (séance du 24 juillet 1872), le général Frossard avait déclaré, contrairement à la déposition qu'il fit ultérieurement en séance du conseil de guerre, n'avoir pu apprécier en chiffres l'effectif du détachement prussien. Il avait affirmé, en outre, ne pas se souvenir d'avoir déclaré qu'il s'attendait à être attaqué le lendemain matin. Peut-être cette appréciation, si elle n'a pas trouvé son origine au grand état-major général lui-même, provient-elle du maréchal Canrobert.

Enfin, le général Jarras paraît commettre une omission en passant sous silence le renseignement relatif à la présence *devant* les 2e et 6e corps d'un corps de 30,000 hommes, alors qu'il parle de l'ordre de départ donné le 15 au soir pour le lendemain matin (page 101); omission qui se transforme en une erreur quand il fait allusion à ce même renseignement à propos de l'ordre de suspendre le départ donné le 16 au matin (page 103).

grand quartier général, il est assez difficile de déterminer ceux qui arrivèrent à destination avant la nuit, c'est-à-dire avant l'élaboration de l'ordre de départ du lendemain. D'ailleurs, ces renseignements n'apportent, en général, aucun éclaircissement bien nouveau, sur les mouvements de l'ennemi (1). Cependant, une dépêche expédiée par le Ministre à 9 h. 15 du matin, prévenait le Maréchal commandant en chef que les Prussiens étaient arrivés *en petit nombre* à Vigneulles, mais qu'on y attendait 20,000 hommes d'un moment à l'autre.

Cette dépêche ne porte pas mention de l'heure de la réception au grand quartier général, mais si elle parvint à destination avant la soirée du 15, comme il est vraisemblable de le supposer, elle dut confirmer le haut commandement dans cette idée que des masses impor-

(1) Une dépêche du Ministre de la guerre (expédiée de Paris à 3 h. 50 du soir) annonce que des dragons wurtembergeois et des hulans prussiens sont arrivés à Commercy.

Le gouverneur de Verdun confirme la même nouvelle par des dépêches expédiées à 5 h. 8 et à 6 h. 5 du soir. Il ajoute « qu'au dire d'habitants », les Prussiens sont arrivés « très nombreux » entre Nonsard, Pannes et Essey (5 kilomètres Sud-Ouest de Thiaucourt).

Une autre dépêche du Ministre de la guerre (datée de Paris, 8 h. 30 du soir) annonce « qu'un cultivateur arrivant de Bayon » a vu 1000 à 2,000 Prussiens construisant des ponts sur la Moselle.

Le préfet de la Moselle fait savoir qu'un corps de 35,000 hommes sera réuni le 14 au soir entre Perl, Merzig et Sarrebourg, « soit pour couvrir la retraite de l'armée prussienne en cas d'échec, soit pour appuyer son mouvement en avant en cas de victoire. » (Reçue au grand quartier général le 15 au matin).

Enfin, une dépêche du sous-préfet de Thionville, datée du 15, 8 h. 5 du matin, annonce la tentative faite contre cette place par la brigade Gneisenau (de la *16*e division du VIIIe corps) :

« L'ennemi est en vue de Thionville. Une brigade prussienne cherche à traverser la Moselle. Nous lui tirons des coups de canon. Les eaux de la Moselle sont très élevées. Passage difficile. Cette brigade vient du côté de Bouzonville. »

tantes ennemies avaient déjà devancé l'armée française dans la direction de Verdun et se trouvaient d'ores et déjà à proximité de ses lignes de retraite. La situation s'était donc encore sensiblement aggravée depuis le matin, et réclamait évidemment l'application immédiate de mesures énergiques. Il fallait, au plus vite, abandonner les pratiques qu'on mettait en œuvre depuis plusieurs jours, et qui, laissant à l'adversaire son entière liberté de mouvement réduisaient l'armée française à un rôle purement passif en ne lui laissant d'autre espoir d'échapper à l'étreinte qui la menaçait toujours davantage, que celui d'une faute commise par l'adversaire (1). Le moment était venu de déblayer au plus vite la zone de marche de l'armée par une action vigoureusement offensive de la cavalerie appuyée d'infanterie; il importait aussi au plus haut point d'explorer sans délai vers le Nord et vers le Sud-Ouest pour vérifier l'exactitude des renseignements reçus sur l'ennemi; enfin, il était urgent d'assurer au moyen de fortes flanc-gardes la sécurité des routes de Mars-la-Tour, de Conflans et de Briey, puis d'entreprendre immédiatement une retraite qu'on ajournait déjà depuis si longemps.

Malheureusement, au lieu d'un ordre *d'opérations*, comme on doit l'entendre au vrai sens du mot, le commandant en chef ne trouva d'autres prescriptions à donner que celles qui sont contenues dans l'ordre suivant expédié dans la soirée du 15 août (2) :

---

(1) Cette faute fut d'ailleurs commise, comme nous le verrons plus loin, par le commandant de la IIe armée, mais elle fut palliée par l'initiative de chefs en sous-ordre.

(2) Cet ordre fut reçu : avant minuit par le 2e corps; « dans la soirée » par le 6e corps; avant 11 heures du soir par le 3e corps (*en réponse*, dit le commandant du 3e corps, à sa lettre au Maréchal, datée de 6 h. 30 du soir).

L'ordre en question paraît donc avoir été rédigé entre 8 et 9 heures du soir.

Gravelotte, 15 août.

« Je vous prie de donner des ordres pour que vos troupes aient mangé la soupe demain à 4 heures et qu'elles se tiennent prêtes à se mettre en mouvement à 4 h. 30 ; les tentes seront abattues, les chevaux seront sellés et on ne les bridera qu'au moment de quitter le bivouac.

« Le général Frossard et le maréchal Canrobert m'informent que d'après les renseignements qu'ils ont recueillis, ils ont devant eux une force ennemie qu'ils évaluent à 30,000 hommes et ils s'attendent à être attaqués demain.

« Je vous prie de vouloir bien me faire connaître d'une manière précise où est installé votre quartier général, afin que mes ordres, si j'en ai à vous donner, puissent vous parvenir d'une manière certaine et le plus promptement possible. »

La seule lecture de cet ordre surprenant donne la mesure de l'aptitude du commandant en chef à manier une armée.

Non seulement cet ordre ne contient aucune prescription relative à la mission de la cavalerie ni aux mesures générales de sécurité à prendre en avant et sur les flancs de l'armée, mais l'organisation matérielle des colonnes y était complètement laissée de côté. Il est à remarquer, en effet, que le Maréchal ne se proposait pas simplement de prévenir les commandants de corps d'armée qu'on se mettrait en marche le lendemain, en attendant qu'il lui fût loisible de faire rédiger un ordre de mouvement complet, puisque, dans le dernier paragraphe, le commandant en chef demande quels sont les emplacements des quartiers généraux de corps d'armée pour le cas *éventuel* où il aurait à donner de nouveaux ordres.

On ne peut, non plus, manquer de relever cette phrase où le Maréchal annonce purement et simplement que les commandants des 2e et 6e corps « s'attendaient à être attaqués le lendemain ».

Non seulement, la présence supposée de forces importantes (environ 30,000 hommes) dans le voisinage de la route de marche, ne lui inspirait aucun désir de les attaquer lui-même avec les forces supérieures dont il disposait afin de rester libre d'exécuter la manœuvre qu'il était censé projeter, mais l'éventualité d'une attaque de l'ennemi ne lui dictait aucune mesure particulière à prendre, — bien décidé qu'il était, sans doute, à la subir passivement plutôt que de quitter le voisinage de la place forte.

V. — Le commandement des armées allemandes.

Ordre du grand quartier général, 6 heures du soir. — Avant qu'il eût connaissance de la lutte engagée devant Borny, le maréchal de Moltke adressait le 14 août, à 6 heures du soir, l'ordre suivant aux commandants des Ire et IIe armées (1) :

Quartier général à Herny, 14 août, 6 heures soir.

« Les reconnaissances de la Ire armée vers Metz n'ont donné aujourd'hui aucun renseignement certain sur la situation devant cette place. Il reste possible, par suite, que la majeure partie de l'armée ennemie se trouve encore en deçà de Metz.

« Étant donné qu'après les marches fatigantes exécu-

---

(1) L'ordre fut adressé directement aux commandants des IIIe, IXe et XIIe corps. Une copie fut également expédiée au commandant de la IIIe armée.

tées par les armées, un jour de repos leur est nécessaire, et comme d'autre part, ce jour de repos pris par un certain nombre de corps d'armée, peut s'allier avec des mesures de sécurité plus complètes contre les entreprises éventuellement tentées à Metz, Sa Majesté donne les ordres suivants :

« Les têtes des IIIe, IXe et XIIe corps demeureront en place demain ; ces corps serreront et feront la soupe de bonne heure.

« La Ire armée maintiendra de même les Ier et VIIe corps dans la position qu'ils occupent aujourd'hui ; le VIIIe corps, à l'exception des fractions détachées sur Boulay, sera porté vers Bazoncourt, Aube ; on assurera ainsi une liaison plus complète avec l'aile droite de la IIe armée, et en même temps l'on entamera le mouvement à gauche de la Ire armée, mouvement qui sera prochainement nécessaire. On est libre de continuer à pousser plus en avant la cavalerie et en particulier la 3e division.

« Pour fournir d'autre part des renseignements certains sur la situation, il est absolument indispensable de diriger des forces importantes sur la rive gauche de la Moselle, contre la ligne de communication de l'ennemi de Metz à Verdun.

« La IIe armée emploiera à cette mission toute la cavalerie disponible sur la rive gauche de la Moselle, en la faisant soutenir dans la direction de Gorze et de Thiaucourt par les corps d'armée qui auront franchi les premiers cette rivière.

« Le IIIe corps, par suite, préparera dès demain un passage en aval de Pont-à-Mousson.

« Le IIe corps continuera sa marche dans la direction précédemment indiquée (1). »

---

(1) *Correspondance militaire du maréchal de Moltke.*

Il est à remarquer qu'au moment où il donnait cet ordre — 6 heures du soir — le chef d'état-major général des armées allemandes ne possédait encore aucun renseignement, non seulement sur le combat déjà engagé depuis deux heures devant Borny, mais même sur la situation de l'armée française autour de la place de Metz. Or, on a vu précédemment (1) que des reconnaissances de toute nature exécutées par la Ire armée n'avaient point manqué de signaler au commandement subordonné le mouvement de retraite de l'armée du Rhin. Cet événement, d'une si haute importance au point de vue de la direction générale des opérations, était donc resté complètement ignoré du commandement en chef.

Il faut sans doute rechercher les causes de ce fait dans les deux raisons suivantes : la première est qu'aucun instrument d'exploration ne se trouvait au service propre du généralissime, de sorte que les renseignements ne lui parvenaient qu'avec un très long retard et après avoir remonté toute la série des divers échelons de la hiérarchie ; la seconde, est que le quartier général se trouvait complètement en arrière des corps d'armée, en une sorte de position centrale paraissant favoriser également ses communications avec les divers éléments des armées, mais ne répondant nullement à cette condition première de permettre au chef de se rendre compte, très rapidement et souvent par lui-même, de la situation de l'adversaire sur le point décisif. Or depuis plusieurs jours déjà, le point décisif était manifestement à Metz et la question primordiale était de savoir si l'armée française se maintiendrait sur la rive droite à l'abri des forts ou si, au contraire, elle abandonnerait la place pour gagner l'intérieur du pays.

Au reste, il serait presque permis de douter, à la lec-

(1) Tome I « Journée du 14 août », page 89 et suivantes.

ture de l'ordre précédent, que le chef du Grand État-Major allemand, eût été fermement convaincu, dès cet instant, qu'il touchait à la période décisive de sa manœuvre, et que, dans un très court espace de temps, allait se trancher la question de savoir s'il obtiendrait la bataille décisive qu'il désirait depuis son arrivée sur la Sarre, ou bien si, au contraire, l'armée de Lorraine allait lui échapper encore une fois pour se réunir aux forces rassemblées plus en arrière. Au moins, l'ordre pour le 15, laisse-t-il apparaître l'indécision du maréchal de Moltke et son attitude hésitante devant un adversaire dont il paraissait craindre, bien à tort hélas ! une offensive par la rive droite de la Moselle.

Loin de presser la manœuvre qui, seule, pouvait donner un résultat positif devant un ennemi quelque peu actif, il prescrit, en effet, à ses armées de ralentir leur mouvement en cédant à un besoin de repos qui existait peut-être réellement, mais dont elles purent se passer, ainsi qu'on le verra par la réalité des faits, et que, dans tous les cas, le général en chef avait peut-être le devoir de négliger dans une telle circonstance.

D'après les prescriptions de l'ordre du 14 août, la Ire armée conservait ses positions sur la Nied. Seul, le VIIIe corps était rapproché de l'aile gauche, répondant mieux ainsi à la conception que le grand quartier général avait exposée dans son ordre de la veille au sujet du rôle qu'il attribuait à la Ire armée et à l'aile droite de la IIe (1).

Les trois corps de l'aile droite de la IIe armée devaient se borner à serrer sur les têtes de colonnes ; le IIe corps, très en retard, devait continuer sa marche en avant.

Enfin, le prince Frédéric-Charles était invité à pousser sur les communications de l'armée française *toute* la cavalerie *disponible sur la rive gauche de la Moselle*, en

---

(1) Voir tome Ier, « Journée du 14 août », page 92.

la faisant soutenir par les corps d'armée qui franchiraient les premiers ce cours d'eau.

En fait, la plus grande masse des armées allemandes — six corps d'armée et quatre divisions de cavalerie — devait continuer à observer passivement, le 15 août, un adversaire qu'on savait avoir stationné antérieurement sous les murs de Metz, mais qui avait précisément commencé son mouvement de retraite depuis douze heures déjà et qui en réalité — malgré le combat de Borny — devait avoir complètement évacué la rive droite le lendemain matin...

Quant à l'aile gauche de la IIe armée — trois corps et deux divisions de cavalerie — qui, par suite de la décision prise de maintenir sur place les têtes des IIIe, IXe et XIIe corps, constituait la seule masse disponible pour une manœuvre éventuelle par la rive gauche de la Moselle, on lui recommandait seulement de pousser sa cavalerie vers le Nord-Ouest avec des soutiens d'infanterie ; mais aucune autre prescription particulière ne lui faisait entrevoir la nécessité d'agir sans délai ni ne lui indiquait nettement le but stratégique qu'elle devait poursuivre ; par suite, ce but ne pouvait différer, aux yeux du prince Frédéric-Charles, de celui qui lui avait été donné la veille, savoir : « continuer la marche vers le secteur de la Moselle : Pont-à-Mousson, Marbache (1) ».

Il est d'ailleurs à remarquer que le 13 au soir, le grand quartier général avait prescrit de « pousser la cavalerie des deux armées le plus possible en avant pour inquiéter éventuellement la retraite de l'ennemi sur la route Metz-Verdun » et que le 14 au soir, la IIe armée recevait l'ordre « de diriger des *forces importantes* (cavalerie et infanterie) contre les routes Metz-Verdun ». On peut donc se croire autorisé à conclure que si, dans cette période de vingt-quatre heures, les préoccupations du maréchal

(1) Ordre du 13 août, 9 heures du soir.

de Moltke deviennent plus vives au sujet de la retraite vers l'Ouest de l'armée française, il n'avait point encore nettement indiqué la manœuvre qui pouvait seule imposer la bataille à son adversaire.

Il semble que ce ne soit que plus tard — dans la journée du lendemain — que la conception du haut commandement allemand ait atteint son entier développement; conception tardive, que l'armée française eût eu le loisir de déjouer, si l'on eût su organiser une marche rapide et si le commandement eût été entre les mains d'un véritable chef.

Ordre du commandant de la IIe armée (14 août, 6 heures du soir). — Le prince Frédéric-Charles ignorait lui-même le combat de Borny, et n'avait pas encore reçu l'ordre dont il vient d'être question du grand quartier général, lorsqu'il prescrivit — vers 6 heures du soir — les mesures suivantes pour la journée du 15 :

« Le Xe corps se rassemblera à Pont-à-Mousson et sur la rive gauche de la Moselle, assurera le service de sécurité dans la vallée de la Moselle vers Metz et renforcera son avant-garde (1).

« La Garde se massera près de Dieulouard et poussera son avant-garde jusqu'aux Quatre-Vents (2); sa cavalerie, qui occupe Rogéville, se portera encore plus en avant, en se maintenant en liaison avec la 5e division de cavalerie.

« Le IVe corps marchera sur Custines, poussant son avant-garde et sa cavalerie à Marbache, et se reliera vers la gauche dans la direction de Nancy avec la IIIe armée.

---

(1) Cette avant-garde stationnait à l'embranchement de la route Pont-à-Mousson—Saint-Mihiel avec celle de Thiaucourt, c'est-à-dire à 5 kilomètres Ouest de Pont-à-Mousson.

(2) Près de Rosières-en-Haye.

« A l'aile droite de l'armée, le IIIe corps (avec la 6e division de cavalerie) marchera, le 15, sur Cheminot, en tant que cette marche n'a pas été exécutée le 14.

« Le IXe corps restera à Buchy, pour se trouver également sous la main, le 15, dans le cas d'une bataille sous les ouvrages de Metz.

« Le IIe corps portera sa tête jusqu'à Han-sur-Nied et s'échelonnera vers l'arrière suivant les circonstances jusqu'au delà de Faulquemont.

« Le XIIe corps (Royal-Saxon) atteindra, avec sa tête, Nomény, où il établira son quartier général et rapprochera sa queue jusqu'à hauteur de Solgne (1). »

On voit que le commandant de la IIe armée ne songeait en aucune manière à gagner, le 15 août, la ligne de retraite de l'armée française ; se conformant simplement aux directives contenues dans l'ordre du 13 août, — qui, seul, lui était parvenu jusqu'ici, — il envisageait seulement pour les corps de son aile droite l'éventualité d'un combat sous Metz, de concert avec la Ire armée, et se contentait de prescrire des marches fort courtes aux corps de son aile gauche. Le général v. der Goltz cherche à expliquer les mesures prises par le commandant de la IIe armée en disant que le Prince « avait l'intention de faire avancer toute l'armée *près de la Moselle* pour faire passer *ensuite* le fleuve à tous les corps, et *commencer les opérations vers le Nord-Ouest* avec toutes ses forces concentrées (2) ».

Bien que cette explication puisse paraître peu conciliable avec les décisions ultérieures du commandant de la IIe armée, ainsi qu'on le fera bientôt ressortir, on en devrait pour le moins conclure que jusqu'à cette date

(1) *Die Operationen der II. Armee.* S. 50.
(2) *Ibid.*

(14 août, 6 heures du soir), le prince Frédéric-Charles admettait encore la possibilité d'une bataille sous les ouvrages de Metz dans la journée du 15, et qu'il comptait utiliser cette même journée, si les événements le lui permettaient, pour mettre le gros de son armée en posture de franchir la Moselle le 16 août seulement.

C'est là une stratégie qu'un remarquable critique militaire a qualifié, non sans raison, de *stratégie du statu quo.* « Sans le combat de Borny, dit-il (1), qui se produisit comme Wœrth, comme Spicheren, en dehors de la haute direction des armées, les Allemands auraient maintenu le 15 la Ire armée et l'aile droite de la IIe sur leur vaste demi-cercle autour de Metz ; l'aile gauche atteignant seulement la Moselle de Pont-à-Mousson à Marbache. La souricière demeurait consciencieusement tendue, mais elle risquait fort de se refermer à vide... Est-il trop sévère de conclure que la direction stratégique, toujours préoccupée de ce que fait l'ennemi, modelant sur les siens ses mouvements et ses haltes, n'a pas ce caractère d'énergie qui commande aux événements. Eut-elle, même, le mérite d'en tirer parti et ce mérite ne revient-il pas au bon vouloir et à la merveilleuse entente des subordonnés ? N'est-on pas fondé, enfin, à soutenir que dans les brillants résultats obtenus sous Metz la part du hasard, celle de nos fautes, excèdent de beaucoup celle du Grand État-Major allemand ? »

La nouvelle de la bataille de Borny. — Après son retour à Varize, le général Steinmetz avait adressé au grand quartier général un rapport télégraphique (expédié à 1 h. 24 du matin) annonçant qu'un combat victorieux avait été livré sous Metz par les Ier et VIIe corps, mais que le commandant de l'armée avait ramené ses

(1) *Essais de critique militaire,* par G. Gilbert.

troupes sur leurs premiers emplacements en prescrivant seulement à la 3e division de cavalerie d'occuper le champ de bataille (1).

Ce rapport succinct n'était pas fait pour tirer le maréchal de Moltke de son indécision, ni pour le porter à rompre en visière avec l'espèce de compromis qu'il avait adopté et dont il poursuivait l'exécution depuis deux jours déjà.

Aussi, expédia-t-il le matin de bonne heure les ordres suivants :

Au Commandant en chef de la IIe armée (2).
(Télégramme).

Herny, 15 août au matin (3).

« Les Ier et VIIe corps ont, hier soir, après un combat sérieux, rejeté dans Metz des forces ennemies impor-

---

(1) On sait que le Ier corps regagna les bords de la Nied pendant la nuit du 14 au 15, mais que le commandant du VIIe corps fit savoir au général Steinmetz qu'il ne pouvait assurer l'exécution des ordres donnés que le lendemain 15 à la pointe du jour. D'après Cardinal von Widdern (*Kritische Tage. Band I*), le lieutenant-colonel de Brandenstein se trouvait auprès du général Zastrow au moment (10 h. 3/4) où celui-ci reçut l'ordre du commandant de la Ire armée. La décision de rester sur place fut corroborée par l'approbation de l'officier du grand quartier général, et par la perspective que grâce à l'intervention de ce dernier en haut lieu, on ordonnerait le lendemain matin de bonne heure aux troupes de rester sur leurs positions de combat. Le colonel de Brandenstein rentra, en effet, à Herny pendant la nuit, c'est-à-dire avant l'expédition des nouveaux ordres de Moltke.

Le général Verdy du Vernois dit que les premiers renseignements sur la bataille furent donnés au grand quartier général par le colonel de Brandenstein. (*Im Grossen Hauptquartier*, 1870-1871.)

(2) *Correspondance militaire du maréchal de Moltke.*

(3) Vraisemblablement 5 heures du matin. (D'après Fr. Hœnig, *Darstellung der Strategie.....* S. 16.)

D'après von der Goltz (*Die Operationen der II. Armee*, page 53), le télégramme fut reçu par le prince Frédéric Charles à 6 h. 45.

tantes. Des fractions de la *18*e division ont pris part au combat. Le IXe corps s'avancera aujourd'hui près du champ de bataille. L'emploi du IIIe corps restera provisoirement réservé.

« La poursuite sur la route Metz-Verdun est importante. »

Au Commandant du IXe corps d'armée (1).

Herny, 15 août (2).

« Le IXe corps portera immédiatement toutes se forces sur Peltre, Jury, pour se tenir prêt en cas d'offensive ennemie. Sa Majesté se rend à Pange. »

Au Commandant de la Ire armée (3). (Télégramme.)

Herny, 15 août au matin (4).

« Sa Majesté prescrit à la Ire armée de conserver le terrain conquis hier par elle, en tant qu'il ne s'étendra pas dans la zone d'action efficace de l'artillerie de la place. Amener immédiatement en avant le VIIIe corps en soutien des Ier et VIIe. Le IXe corps, déjà entré en ligne hier, sera amené près du champ de bataille. Le IIe corps atteindra aujourd'hui avec sa tête Han-sur-Nied. »

Cependant, le Roi et son état-major se rendirent de bonne heure sur le champ de bataille. Déjà, le quartier-maître général, Podbielski, avait pris les devants et avait aisément constaté « que l'ennemi ne pouvait plus

---

(1) *Correspondance militaire du maréchal de Moltke.*

(2) Reçu par le destinataire à 5 heures du matin.

(3) *Correspondance militaire du maréchal de Moltke.*

(4) Reçu à 6 heures du matin, d'après von Schell. (*Opérations de la Ire armée*, page 86.)

se trouver en forces considérables à l'Est de Metz ». Aussi, cet officier général, convaincu de la nécessité de faire passer le plus rapidement possible la Ire armée sur la rive gauche de la Moselle, ordonnait-il, sous sa propre responsabilité, au VIIIe corps de gagner Orny et non point l'embranchement des routes de Sarrebrück et de Sarrelouis ainsi que le lui avait prescrit le commandant de la Ire armée en exécution des dernières instructions du grand quartier général. D'ailleurs « le Roi, après avoir constaté par lui-même la justesse de cette appréciation, faisait prescrire également aux Ier et VIIe corps de suspendre leur marche vers le champ de bataille (1). » Cependant, vers 10 heures du matin, le Grand État-Major prussien arrivait à l'Est de Flanville d'où l'on découvrait tout le champ de bataille de la veille alors dégarni de troupes. « Sur plusieurs points au delà de Metz, on apercevait de longs nuages de poussière qui semblaient indiquer un mouvement rétrograde des Français vers l'Ouest (2). »

Cette fois, la situation pouvait paraître presque complètement éclaircie; l'abandon de la rive droite par les Français était un fait connu ; leur retraite vers l'Ouest était presque évidente, et le seul point qu'il restait à élucider était de savoir si ce mouvement rétrograde était déjà très avancé ou si, au contraire, il ne faisait que débuter.

Or, chose curieuse, le grand quartier général se borna, après cette constatation, à prescrire à la Ire armée de faire halte et d'observer la place avec sa cavalerie, alors que quelques instants auparavant — si l'on s'en rapporte à l'*Historique du Grand État-Major* — le Roi venait précisément de constater la justesse de l'appré-

(1) *Historique du Grand État-Major prussien*, page 497.
(2) *Ibid.*

ciation du général Podbielski, concernant la nécessité de pousser vivement la Ire armée vers la Moselle.

Un peu avant 11 heures l'ordre suivant était donc adressé au commandant de la Ire armée :

Au général Steinmetz.

Près de Flanville, 15 août, 10 h. 45 matin.

« Sa Majesté s'étant rendu compte par elle-même qu'il ne se trouve plus aujourd'hui d'ennemis en avant de Metz, la marche en avant de la Ire armée n'est plus nécessaire. Les Ier et VIIe corps ont été avisés directement de faire halte et d'envoyer seulement de la cavalerie en avant pour observer la place et protéger les blessés. Le VIIIe corps, s'il a déjà entamé sa marche, la dirigera sur Orny ; il recevra également des ordres directs à cet égard (1) (2). »

Quelques minutes plus tard, le télégramme suivant était adressé au commandant de la IIe armée :

Au Commandant en chef de la IIe armée.
(Télégramme.)

Près de Flanville, 15 août, 11 heures matin.

« Les Français sont complètement rejetés sur Metz et probablement dès maintenant en pleine retraite sur Verdun. Tous les trois corps de l'aile droite (IIIe, XIIe et IXe) sont dès maintenant à votre entière disposition. Le XIIe corps est déjà en marche sur Nomény (3). »

---

(1) L'ordre en question fut adressé directement au VIIIe corps à 10 h. 45 du matin.

(2) *Correspondance militaire du maréchal de Moltke.*

(3) *Ibid.*

La Ire armée tout entière — trois corps d'armée et deux divisions de cavalerie — allaient donc continuer à *observer* le plateau de Borny, naguère occupé par l'armée française, mais désormais évacué par un adversaire qu'on se flattait d'avoir *complètement rejeté sur Metz* et qui se trouvait *probablement déjà en pleine retraite sur Verdun.*

Quant à la IIe armée, on se contentait de lui rendre la libre disposition des trois corps de son aile droite, mais rien, dans les nouveaux ordres qu'elle recevait ne lui permettait de croire que la nouvelle attitude de l'armée française ait fait naître dans l'esprit du haut commandement l'idée d'une manœuvre rapide et décisive dont elle pourrait être chargée.

Pour elle, son but immédiat restait toujours de gagner la Moselle avec le gros de ses corps d'armée, sous la condition, il est vrai, de diriger des forces importantes (cavalerie soutenue par de l'infanterie), sur les communications de l'armée française; prescription datant déjà de la veille au soir, et sur laquelle la première dépêche du grand quartier général (de 5 heures du matin) avait seulement insisté en faisant remarquer que « la poursuite sur la route Metz-Verdun était importante ».

Le changement radical survenu dans la conduite de l'armée française, changement que le chef du grand quartier général put constater de sa personne, ne lui inspira donc, tout d'abord, aucune résolution nouvelle dans la direction, jusque-là hésitante, des armées qu'il commandait effectivement au nom du Roi.

VI. — Opérations de la Ire armée.

Conformément à la dépêche reçue du grand quartier général, à 6 heures du matin, le général Steinmetz avait prescrit aux Ier et VIIe corps (1) de s'avancer sur le champ de bataille et au VIIIe de se porter dans l'intervalle des routes de Sarrebrück et de Sarrelouis ; les deux divisions de cavalerie de la Ire armée recevaient l'ordre de « s'établir sur les flancs des deux corps de première ligne et de prolonger leurs ailes extérieures dans la direction de Metz (2) ».

Ces mouvements étaient déjà en voie d'exécution, quand le Roi arriva avec son état-major sur le champ de bataille.

On sait dans quelles circonstances les Ier et VIIe corps reçurent l'ordre de faire halte et comment aussi le VIIIe corps fut avisé de ne marcher sur Orny que s'il avait déjà commencé son mouvement.

Le VIIe corps d'armée reprenait donc sensiblement ses bivouacs de la veille : la *13e* division près de Pange, avec une avant-garde à Laquenexy; la *14e* division à Domangeville; l'artillerie de corps à Bazoncourt. Les avant-postes reprenaient également leurs positions précédentes entre Ogy et le bois d'Ars-Laquenexy ; des patrouilles de cavalerie s'avançaient dans la direction de Metz.

Le Ier corps avait déjà repris depuis plusieurs heures ses anciens bivouacs. A la réception du premier ordre du commandant de l'armée, la *1re* brigade s'était remise en marche vers le champ de bataille par la route de Sarrebrück, mais en exécution de l'ordre du Roi, elle rentra bientôt à Pont-à-Chaussy, auprès du reste de la *1re* division ; l'artillerie de corps continuait à stationner auprès de Courcelles-Chaussy, et dans le courant de

---

(1) Le VIIe corps avait déjà entamé partiellement le mouvement rétrograde prescrit la veille au soir par le général Steinmetz.

(2) *Historique du Grand Etat-Major prussien*, page 496, et *Opérations de la Ire armée*, par von Schell.

(3) Ordre du grand quartier général daté de 10 h. 45.

l'après-midi, la *2*e division quittait les Étangs pour venir bivouaquer aux environs de Courcelles-Chaussy, où était installé le quartier général.

Les avant-postes, fournis par la *1*re division, s'établissaient entre Vaudreville et Maizery, tandis qu'un escadron du *10*e régiment de dragons était laissé près de Noisseville.

Quant au VIIIe, l'exécution des ordres et contre-ordres qu'il reçut, ne laissa pas que de lui procurer de grosses difficultés. Il avait déjà atteint les Étangs et Pont-à-Chaussy quand il fut avisé d'interrompre son mouvement vers l'Ouest pour se diriger sur Orny. Il dut alors appuyer à gauche en passant par Colligny et Courcelles-sur-Nied. Mais en atteignant la route de Strasbourg, dans le courant de l'après-midi, il vint se heurter au IXe corps qui se portait lui-même vers le Nord dans la région Peltre-Jury. Le VIIIe corps subit, de ce fait, un très long retard, et n'arriva dans ses bivouacs ou cantonnements qu'à une heure fort avancée de l'après-midi : la *15*e division à Silly, Buchy et Basse-Beux ; la *16*e division (1) au bivouac, au Sud de Chesny et Frontigny qu'elle fit occuper ; le quartier général à Cherisey. Puis, une partie du IXe corps vint ensuite s'intercaler au milieu des cantonnements du VIIIe, par suite d'un contre-ordre qu'il reçut lui-même, ainsi qu'on le verra bientôt.

La *1*re division de cavalerie s'était d'abord rapprochée du champ de bataille et avait poussé jusqu'à Marsilly; puis elle était venue s'installer dans la soirée au bivouac près de Courcelles-sur-Nied, en arrière des avant-postes du VIIe corps.

Enfin, la *3*e division de cavalerie, pour laquelle on oublia, à tous les degrés du commandement, la mission

---

(1) Moins le détachement du général de Gneisenau.

d'exploration sur la rive gauche que lui avait tracée l'ordre du 13 août, fut seulement chargée, pendant la nuit du 14 au 15, d'assurer la surveillance du champ de bataille « jusqu'à ce que les ambulances et les blessés aient été ramenés » (1).

Elle se porta donc dès 4 heures du matin de Vry aux environs de Sainte-Barbe, point dominant d'où elle assista aux travaux des infirmiers, tout en faisant patrouiller sur l'ancien champ de bataille. Après quoi elle rentra purement et simplement vers 9 heures à son bivouac de Vry en faisant tenir Vigy et Avancy par le 7e régiment de hulans.

La cavalerie divisionnaire fit preuve d'un peu plus d'activité :

Le *1er* régiment de dragons lança des patrouilles vers Metz ; l'une d'elles arriva jusqu'à Bellecroix sans rencontrer personne ;

Une patrouille du *8e* hussards parvint jusqu'auprès des Bordes ;

Une autre, du *15e* hussards, s'avança jusque sous le fort de Queuleu et fit quelques prisonniers (2) ;

Enfin un officier du *15e* hussards arriva également jusqu'à l'ouvrage des Bordes sans rencontrer l'adversaire.

Le quartier général de la Ire armée s'était d'abord dirigé sur Pange. Puis trouvant cette localité encombrée de troupes et de blessés, il rétrograda sur Bazoncourt où il s'installa.

VII. — Opérations de la IIe armée.

Ordres du prince Frédéric-Charles. — Le prince Frédéric-Charles avait déjà arrêté ses dispositions pour la

---

(1) Ordre du général de Steinmetz à la *3e* division de cavalerie.

(2) Probablement quelques isolés restés sur le champ de bataille de la veille.

journée du 15 (1), quand le poste d'observation du château de Mousson lui fit savoir, vers 8 h. 30 du soir, qu'on apercevait depuis 7 heures, à l'Est de Metz, des nuages de poussière permettant de supposer qu'un combat très vif était engagé de ce côté.

Quelques heures plus tard, à minuit, le commandant de la IIe armée reçut, du grand quartier général, l'ordre daté du 14, 6 heures du soir.

L'*Historique du Grand État-Major prussien* reste muet sur les raisons pour lesquelles le prince Frédéric-Charles s'en tint exactement, sans aucune modification, à l'ordre qu'il avait lui-même donné six heures plus tôt. Le général de Woyde (2) fait remarquer, — à juste titre si l'on envisage seulement les corps d'armée, — que les mesures prescrites par le maréchal de Moltke ne différaient de celles du commandant de la IIe armée qu'en ce qui concerne les trois corps de l'aile droite, lesquels étaient prévenus directement des nouvelles dispositions, ce qui dispensait le Prince de leur adresser des instructions complémentaires.

Il ne faut pas oublier cependant, que l'un des points les plus importants de l'ordre du grand quartier général, visait l'emploi de toute la cavalerie disponible sur la rive gauche pour agir contre les communications de l'ennemi avec l'appui des corps d'armée qui devaient passer, les premiers, la Moselle, c'est-à-dire en réalité par la 5e division de cavalerie et le Xe corps.

Or, l'ordre du commandant de la IIe armée contenait cette unique phrase à l'adresse du Xe corps (et de la 5e division de cavalerie qui se trouvait être à la disposition de ce dernier) : « Le Xe corps se rassemblera sur la rive gauche de la Moselle et assurera le service de sécurité dans la vallée de la Moselle vers Metz. »

---

(1) Ordre du 14 août, 6 heures du soir. Voir page 67.

(2) *Causes des succès et des revers en* 1870, page 280.

L'importante prescription du grand quartier général restait donc à la fois incomprise et inexécutée.

Ce ne fut que dans la matinée du 15, à 7 heures du matin, c'est-à-dire après la réception du premier télégramme expédié d'Herny à 5 heures, que le commandant de la IIe armée, peut-être éclairé par la phrase : « La poursuite sur la route Metz-Verdun est importante », se décida à apporter — suivant l'expression de l'*Historique du Grand État-Major prussien* — « quelques modifications dans les dispositions adoptées ». Modifications peut-être encore insuffisantes à la vérité, mais qui cependant apportaient déjà, à elles seules, un changement complet dans l'attitude que le Prince avait cru devoir conserver jusque-là (1) :

Ordre du Commandant de la IIe armée au Commandant du Xe corps (2).

Pont-à-Mousson, 15 août, 7 heures du matin (3).

« Des fractions de la Ire armée ont repoussé, dans l'après-midi d'hier, avec l'aide de la division Wrangel, du IXe corps, d'importantes forces ennemies, principalement dans la direction de Jury, vers Metz.

« Sa Majesté le Roi ordonne avant tout de porter toutes les forces disponibles sur la rive gauche de la Moselle, vers la route Metz-Verdun, et vers Metz, afin

(1) D'après la 18e Monographie, le commandant de la IIe armée aurait également reçu avant 7 heures une lettre du Roi, disant : « Avant toutes choses, il faut savoir, en avançant sur la rive gauche de la Moselle *avec les forces disponibles* contre la route Metz-Verdun et contre Metz, si l'armée ennemie s'est déjà retirée en grande partie ou si elle est seulement en train de le faire. »

(2) *Die Thatigkeit des General Kommandos X. Armee Korps.* (*Loc. cit.*).

(3) Reçu à 9 heures par le commandant du Xe corps. (D'après von Lessing, *loc. cit.*)

de se rendre compte si l'armée ennemie a déjà quitté la place forte en grande partie, ou si elle est en train de se retirer.

« Je désigne pour cette mission le Xe corps, sous le commandement de Votre Excellence, ainsi que les deux brigades de la division de cavalerie Rheinbaben (1). La cavalerie devra gagner aussi vite que possible, avec l'artillerie à cheval, la route Metz-Verdun, puis suivre cette route vers Metz jusqu'à ce qu'elle ait nettement vu la situation.

« Il faudra chercher à se relier vers la gauche avec la cavalerie de la Ire armée.

« Votre Excellence disposera des divisions d'infanterie du Xe corps de façon :

« 1° A fournir à la cavalerie une position de repli;

« 2° A opérer des reconnaissances dans la vallée de la Moselle, sur la rive gauche, pour voir ce qui se passe dans la direction de Metz.

« La brigade de dragons de la cavalerie de la Garde, qui était cette nuit près de Rogéville, recevra l'ordre de marcher sur Thiaucourt. Votre Excellence pourra en disposer également.

« Si Votre Excellence le juge nécessaire, elle pourra, en vue d'assurer la sécurité de Pont-à-Mousson et des équipages du Xe corps qui y sont restés, faire venir d'abord une brigade, et, dans le courant de la journée, toute une division d'infanterie de la Garde, de Dieulouard à Pont-à-Mousson.

« L'aile droite de l'armée, les IIe, IIIe et XIIe corps sont retenus par Sa Majesté le Roi au Sud de Metz, jusqu'à ce que les événements s'éclaircissent.

« Le détachement de la rive droite de la Moselle,

---

(1) C'est-à-dire les *11e* et *13e*, car la *12e* (Bredow) était encore à Pont-à-Mousson dans la nuit du 14 au 15. La *12e* brigade rejoignit cependant les deux autres dans la journée du 15, devant Mars-la-Tour.

posté dans la vallée, demeurera sur cette rive, face à Metz. »

Quant aux autres corps laissés à la disposition du prince Frédéric-Charles, c'est-à-dire le IVe et la Garde, ils ne reçurent aucun autre avis et commencèrent simplement leur marche vers l'Ouest pour atteindre respectivement Marbache et Dieulouard.

Marche du IVe corps et de la Garde. — Le IVe corps s'échelonnait sur une profondeur d'environ 20 kilomètres entre Marbache et Bey ; il poussait une avant-garde jusqu'aux Saizerais (1).

La Garde ne faisait qu'une très courte étape ; la *2e* division venait à Villers-en-Haye et portait son avant-garde à Rosières-en-Haye ; l'artillerie de corps bivouaquait près de Griscourt ; la *1re* division occupait Dieulouard, Ville-au-Val et Landremont (2) ; les brigades de hulans et de cuirassiers gagnaient respectivement Ménil-la-Tour et Bernécourt à une quinzaine de kilomètres en avant du front de marche, c'est-à-dire dans la direction de l'Ouest ; celle de dragons était portée dans la direction du Nord-Ouest près de Thiaucourt.

Marche des IXe, XIIe et IIe corps. — A la suite de l'ordre qu'il reçut directement à 5 heures du matin du grand quartier général (3), le IXe corps s'était avancé vers le Nord et s'était rassemblé aux environs de Peltre et de Jury, non sans retarder les colonnes du VIIIe qui cherchaient à gagner les environs d'Orny (4).

---

(1) Si l'on s'en rapporte aux Historiques des régiments du IVe corps, il semble que l'*Historique du Grand État-Major prussien* (page 510 et planche IV) ait commis à ce sujet une erreur d'ailleurs en partie rectifiée par les *Heeresbewegungen* (*Karte* 1).

(2) Historiques des régiments de la Garde et *Heeresbewegungen* (*Karte* 1).

(3) Voir page 71.

(4) Voir page 76.

« Après être resté sous les armes jusque dans l'après-midi » le corps d'armée, ayant été replacé sous les ordres du prince Frédéric-Charles à la suite de la reconnaissance du Roi devant Borny, gagna les environs de Verny où il passa la nuit : la *18*e division à Pommerieux, Verny, Goin, Buchy et Silly (1) ; l'artillerie de corps à Liéhon ; la *25*e division à Pournoy-la-Grasse, Cherisey, Pontoy, Mécleuves et Orny (2).

Le XIIe corps, échelonné sur une profondeur totale d'environ 15 kilomètres, s'était tout d'abord conformé aux prescriptions de l'ordre de 6 heures du soir du grand quartier général (3) et avait serré sur sa tête à hauteur de Solgne pour être à même d'appuyer le IXe corps si c'était nécessaire. Mais, dans la matinée, il reçut l'ordre de continuer sa marche. La *23*e division et l'artillerie de corps gagnèrent alors Noméuy, sur la Seille (nouvelle étape de 10 kilomètres); la *24*e division s'établit près de Sécourt et Achatel, c'est-à-dire à hauteur de la tête des cantonnements occupés la veille par la *23*e division. La *12*e division de cavalerie bivouaqua près de Louvigny (4).

Enfin le IIe corps atteignait dans la journée du 15 la Nied française ; la *3*e division à Han-sur-Nied ; la *4*e division à Vatimont et Holacourt ; l'artillerie de corps près de Many (5).

Opérations du IIIe corps et initiative du général Alvensleben. — Le 14 août, le IIIe corps était resté jusqu'au

(1) Ces deux dernières localités étaient déjà occupées par la *15*e division.

(2) *Kritische Tage, Band II*, par Cardinal von Widdern, et *Die Theilnahme der 25. Division an dem Feldzug* 1870-1871, par von Scherf.

(3) Ordre qui lui avait été communiqué directement.

(4) *Das XII. Korps im Kriege* 1870-1871, par von Schimpff.

(5) Historiques des régiments du IIe corps et *Heeresbewegungen* (*Karte* 1).

soir en position d'attente : la *5*e division à Vigny; la *6*e à Louvigny, tandis que toute l'artillerie avait pris position, les avant-trains séparés, en avant de ces deux localités sur les hauteurs de Pagny-lès-Goin (1). Le quartier général était à Allémont.

La canonnade qu'on entendait vers le Nord détermina le général Alvensleben à envoyer deux officiers de son état-major sur le champ de bataille pour être renseigné sur ce qui s'y passait. D'autre part, ordre fut donné à la *6*e division de cavalerie de pousser ses reconnaissances vers Metz ; un détachement de toutes armes fut dirigé de Pagny-lès-Goin sur Fleury ; pendant ce temps, le général « se tint lui-même prêt à attaquer avec la *5*e division rassemblée à Vigny, jusqu'au moment où il reçut des nouvelles favorables de la *18*e division (2) (3) ».

Les rapports de la *6*e division de cavalerie, complétés par les renseignements fournis par les deux officiers d'état-major envoyés en reconnaissance, calmèrent les inquiétudes du général Alvensleben sur l'issue du combat. Les troupes reprirent donc leurs bivouacs, et le commandant du IIIe corps fit son rapport au prince Frédéric-Charles qui le reçut à 4 h. 45 du matin (4).

De nouveaux renseignements adressés par la *6*e division de cavalerie pendant la nuit, représentaient l'armée française comme ayant commencé le passage de la Moselle avec de fortes colonnes dès la journée du 14, ce

---

(1) *Die Thatigkeit des generals Bulow.* Hans Klæber. S. 8.

(2) Il est à remarquer que la *5*e division se trouvait à une quinzaine de kilomètres du champ de bataille et ne pouvait par conséquent songer à intervenir avant la nuit. Son attitude, en cette circonstance, avec son artillerie *en batterie* sur un point culminant, ne manque pas d'une certaine analogie avec celle de la division Montaudon le jour de la bataille de Forbach.

(3) *Kriegsgeschichtliche Einzelschriften, H. 18.*

(4) *Kritische Tage, Band I,* par Cardinal von Widdern.

qui fit naître au quartier général du IIIe corps la conviction que Bazaine était décidément en retraite sur Verdun.

Quand le chef d'état-major (colonel Voigts-Rhetz) entra à la pointe du jour dans l'appartement du général Alvensleben en lui rendant compte des nouvelles reçues pendant la nuit, ce dernier s'écria, paraît-il : « Nous marchons (1). »

C'était là, il faut bien le dire, l'étincelle géniale qui, malgré la timidité et le peu d'esprit de décision du grand quartier général, malgré aussi la lenteur et les erreurs de conception du commandant de la IIe armée, provoqua de la part d'un chef en sous-ordre un acte de haute initiative dont le résultat immédiat fut la bataille de Rezonville, bataille décisive qui ne fit que recevoir son achèvement deux jours plus tard à Saint-Privat.

Sans perdre un instant, le général Alvensleben mettait ses troupes en marche vers la Moselle et adressait à la fois au maréchal de Moltke et au prince Frédéric-Charles, la lettre suivante où le but stratégique des opérations est tracé de main de maître :

Allémont, 15 août, 6 h. 30 matin.

« Les motifs pour lesquels le IIIe corps, entre autres, devait rester aujourd'hui sur les emplacements d'hier étaient les suivants :

« 1° L'hypothèse que l'ennemi pût encore se trouver en force sur la rive droite de la Moselle et méditer un mouvement offensif ;

« 2° La nécessité d'accorder un jour de repos aux troupes à la suite des marches fatigantes de ces derniers jours.

« Or, d'après les résultats du combat d'hier, il est

(1) *Kriegsgeschichtliche Einzelschriften, H. 18.*

peu probable que l'ennemi songe encore à prendre l'offensive ; d'autre part, le corps d'armée n'a pas besoin d'un jour de repos, et l'idée fondamentale de la prochaine opération est d'appuyer à gauche, en franchissant la Moselle.

« *Je me propose donc de franchir la Moselle aujourd'hui même*, si du moins mes reconnaissances constatent l'existence d'un pont soit à Pagny, soit en amont, ou si je parviens à en construire un. »

ALVENSLEBEN.

En fait, le commandant du IIIe corps n'attendit nullement le résultat de ses reconnaissances pour se mettre en marche ; la 5e division, suivie par la 6e division de cavalerie, se dirigea immédiatement sur Corny et Novéant par Selligny ; la 6e division et l'artillerie de corps sur Champey par Bouxières-sous-Froidmont.

Deux compagnies du génie avec l'équipage de pont léger prirent les devants de la colonne de gauche pour aller construire un pont à Champey. Ce pont était terminé à 5 heures du soir, mais ne pouvait donner passage ni à la cavalerie ni à l'artillerie.

Le général Alvensleben, connaissait Metz et « demeurait convaincu, dit la 18e Monographie, que si l'ennemi avait combattu jusqu'à 10 heures du soir à l'Est de Metz, il ne pouvait être en masse importante le 15 à une grande distance dans la direction de Verdun après avoir eu à traverser la ville, la Moselle et à gravir les pentes de la rive gauche par d'étroits défilés ». Puis le général ajoute dans ses Mémoires particuliers : « Il me parut impossible que dans cet instant suprême on laissât à l'ennemi un jour de répit qu'on ne pourrait peut-être pas regagner plus tard. Le corps d'armée se mit en marche de lui-même, convaincu que le grand quartier général ne pouvait qu'approuver la décision qu'il avait prise. »

Le général Alvensleben se trompait cependant, puisqu'à peu près au même instant le maréchal de Moltke prescrivait, comme on sait, à cinq corps d'armée — dont le IIIe — de rester en observation devant Metz.

Aussi, après la réception de la première dépêche du grand quartier général (celle de 5 heures, arrivée à Pont-à-Mousson à 6 h. 45), le prince Frédéric-Charles, qui n'avait d'ailleurs pas encore reçu la lettre précitée du général Alvensleben, expédia-t-il à ce dernier (à 7 heures) l'ordre de suspendre la marche sur Cheminot prescrite depuis la veille, et de faire faire la soupe à ses troupes.

Deux heures plus tard, à peu près, le prince Frédéric-Charles recevait enfin la lettre du commandant du IIIe corps, mais il ne fut cependant point touché par les arguments de ce dernier; il lui répondait, en effet, à 9 h. 30 du matin :

« Le rapport de Votre Excellence m'arrive à l'instant, au sujet du projet de faire passer la Moselle aujourd'hui même au IIIe corps, à Pagny.

« Sa Majesté le Roi ne m'a pas autorisé à prendre une telle disposition, qui doit être ajournée; mais je loue Votre Excellence du sentiment qui la pousse à agir. Les préparatifs du passage de la Moselle en avant de Pont-à-Mousson devront être continués pour être utilisés quand on en donnera l'ordre. »

Quand cet ordre parvint au commandant du IIIe corps, la 5e division atteignait Selligny et la 6e arrivait à Bouxières-sous-Froidmont (1).

(1) La 18e Monographie fait remarquer avec juste raison, que dès lors et grâce à l'énergique décision du général Alvensleben, la plus grande partie du corps d'armée n'en était pas moins arrivée déjà à proximité de la Moselle et se trouvait à même par conséquent de franchir le cours d'eau au premier signal.

Force fut de s'arrêter et d'installer les troupes au bivouac. Le général Alvensleben ne désarma point encore cependant car, à une nouvelle demande d'autorisation de poursuivre la marche vers l'Ouest, il joignait une lettre personnelle qu'il fit porter au prince Frédéric-Charles par son chef d'état-major lui-même.

Peut-être est-ce cette nouvelle et pressante démarche qui provoqua la demande que le Prince adressa à midi au grand quartier général à l'effet d'être autorisé à faire franchir la Moselle aux IIIe, IVe, XIIe corps et à la Garde *le 16 août* (1).

Mais, sur ces entrefaites, arriva à Pont-à-Mousson le second télégramme du maréchal de Moltke, rendant au Prince la libre disposition des IIIe, IXe et XIIe corps. Aussi, à 2 heures du soir, le commandant de la IIe armée autorisait-il enfin le général Alvensleben à continuer sa route. Cependant, les troupes du IIIe corps ne purent se mettre en marche avant 6 heures du soir. La 5e division passa la Moselle sur le pont de Novéant, resté intact par la coupable négligence du commandement français. L'infanterie de la 6e division utilisa le pont construit à Champey ; la cavalerie, l'artillerie et les convois firent un long détour par Pont-à-Mousson (2). La 5e division ne s'établit au bivouac, à Novéant, que vers minuit, après avoir poussé deux détachements comprenant chacun un bataillon et un escadron jusqu'à Gorze et Dornot (3) ; la 6e division arriva à Pagny vers 1 heure du

(1) La 18e Monographie indique comme raison déterminante de cette demande la conviction acquise par le Prince que l'armée française « était en train de quitter Metz ».

(2) On ne put construire à Champey qu'un pont étroit, praticable à l'infanterie seule. Un gué de trois pieds de profondeur et voisin du pont fut utilisé par quelques escadrons.

(3) Le détachement de Lynker, du Xe corps, arrivé de Vandières, passait également la nuit à Novéant. C'était donc un détachement inutile.

matin seulement, « après une marche des plus pénibles ». L'artillerie de corps s'arrêta à Vandières.

Opérations de la 6e division de cavalerie. — Quant à la *6*e division de cavalerie, elle était restée une grande partie de la journée en observation devant Metz et avait patrouillé jusqu'aux faubourgs de la place en se reliant à l'Est avec la brigade de cavalerie hessoise.

Dès 1 heure du matin (le 15 août), le grand-duc Guillaume, commandant la *6*e division de cavalerie, avait ordonné deux grandes reconnaissances : l'une de trois escadrons et d'une section d'artillerie, partant de Pournoy-la-Chétive à 4 heures du matin, devait gagner par Augny la route de Nancy et, si possible, la rive gauche de la Moselle, vers la route de Verdun ; l'autre, également de trois escadrons, partant de même à 4 heures du matin, devait se diriger sur Saint-Privat (1) par Pouilly ; enfin un escadron du *15*e hulans était chargé d'établir la liaison avec la *18*e division par Chesny.

Le première de ces reconnaissances (2) ne partit de Pournoy qu'à 4 h. 30 et se dirigea vers Metz par Augny avec une flanc-garde par Cuvry, Marly et Magny ; un escadron prit les devants, gagna Augny et envoya un peloton vers Metz par Corny. A partir d'Augny, quatre pelotons se dirigèrent sur Metz par la route, tandis que le reste de la reconnaissance avec la section d'artillerie se portait sur la ferme Bradin. De là, on « reconnaissait, dit le colonel de Grœben (3), un grand camp ennemi établi sur la rive gauche de la Moselle, entre Longeville et Moulins-lès-Metz et dans lequel régnait encore un

(1) Au Sud de Metz.

(2) Sous le commandement du colonel de Grœben ; deux escadrons du *3*e hulans, un escadron du *6*e cuirassiers et une section de la 2e batterie à cheval du *3*e régiment.

(3) Rapport du colonel de Grœben, publié par Pelet-Narbonne : *La cavalerie des Ire et IIe armées allemandes.*

profond silence. D'après le dire des habitants, les camps de la rive droite avaient été tous évacués pendant la nuit et les troupes devaient avoir, en grande partie, marché sur Verdun. Un mouvement en avant de l'autre côté de la Moselle était inexécutable, et la reconnaissance sur la rive gauche était confiée à l'escadron de Corny ; sur la rive droite, la reconnaissance avait atteint son but. Le soussigné ne put cependant se refuser le plaisir de troubler dans sa quiétude le camp de Longeville..... »

La section d'artillerie ouvrit donc le feu et surprit, comme on l'a relaté plus haut (1), les troupes arrêtées près de Moulins ; puis, quand le fort Saint-Quentin entra en jeu, l'artillerie allemande amena les avant-trains « et le gros du détachement se retira dans la direction d'Augny, derrière un bois qui le couvrit (2) ».

Vers le Nord, les pelotons d'avant-garde poussèrent jusqu'à Montigny, détériorèrent la bifurcation des voies ferrées et provoquèrent la petite alerte dont il a été question précédemment (3).

A 9 h. 45 du matin, le colonel de Grœben adressait au commandant de la 6e division de cavalerie un rapport sommaire sur ces événements en faisant remarquer que « l'ennemi était tout à fait passif ». Un peu plus tard (l'heure manque), il rendait compte de ce que tous les camps au Sud de Montigny avaient été évacués pendant la nuit et qu'au dire des habitants, les troupes françaises marchaient sur Verdun. Tous renseignements précieux qui eussent intéressé au plus haut point le grand quartier général, mais qui — pour des raisons déjà indiquées

---

(1) Voir page 10.

(2) Rapport du colonel de Grœben, publié par Pelet-Narbonne : *La cavalerie des Ire et IIe armées allemandes.*

(3) Voir page 10.

— ne furent point expédiés dès l'abord vers l'autorité à qui il importait le plus de les connaître.

Un escadron du *3*e hulans occupait Fey et Corny depuis la veille et avait patrouillé vers Metz par Ars-sur-Moselle dans la journée du 14. Le 15, une reconnaissance de sous-officier remontait par Onville jusqu'à Chambley, où elle entrait en relation avec la *5*e division de cavalerie sans rencontrer de troupes ennemies ; mais, en revenant par les Baraques, elle se heurta à des patrouilles françaises et essuya des coups de feu. D'autres patrouilles du même escadron poussèrent jusqu'à Jouy et essuyèrent également des feux de mousqueterie. Enfin, plus en avant et près du chemin de fer, des patrouilles découvrirent un camp important d'environ quatre régiments et un escadron (1).

Quant à la seconde reconnaissance prescrite par le grand-duc Guillaume, elle avait quitté Verny à 5 heures du matin sous le commandement du major Hessberg, du *6*e cuirassiers (2).

Elle suivit la route de Magny, précédée d'un des escadrons de cuirassiers et flanquée d'un peloton sur sa droite pour chercher la liaison avec la 1re armée. Après avoir traversé la Seille à Magny, le gros s'établit à couvert sur le plateau de Saint-Privat, pendant que l'escadron d'avant-garde se dirigeait sur le Sablon. D'après von Pelet-Narbonne, des fractions de cet escadron traversèrent la voie ferrée, malgré le feu de mousqueterie qu'elles essuyèrent, poussèrent jusque près de la gare, puis furent forcées de se replier sous la protection de deux pièces qui lancèrent quelques obus sur les petits

---

(1) Le compte rendu du capitaine commandant est daté de 8 heures du soir seulement. Pendant que les reconnaissances avaient lieu, l'escadron continua à garder le pont de Corny.

(2) Deux escadrons du *6*e cuirassiers, un escadron du *15*e hulans et une section de la batterie à cheval de la *6*e division de cavalerie.

postes français et sur la ville. D'autre part, un peloton de la reconnaissance avait continué à suivre, à partir de Marly, la grande route jusqu'au Sablon. Repoussé à coups de fusil, il revint en arrière jusqu'au passage du chemin de fer.

« Lorsque le détachement eut acquis la certitude que les troupes ennemies ne s'avançaient pas au delà de la voie ferrée, dit von Pelet-Narbonne, il revint sur Verny et s'y établit au bivouac à 1 heure de l'après-midi (1). »

Or, d'après le même auteur, le major Hessberg ne fit son rapport qu'à 7 h. 30 du soir ; ce rapport parvint à 9 heures au commandant de la 6e division de cavalerie et seulement le lendemain 16, à 7 h. 30 du matin, au commandant du IIIe corps..... Il est permis de se demander à quelle date éloignée il parvint au commandant de la IIe armée, puis au généralissime.....

Enfin, la 6e division de cavalerie se mit en marche — par ordre du commandant du IIIe corps — vers midi, pour se diriger sur Corny. Mais arrêtée bientôt, ainsi que tout le IIIe corps, elle passa la nuit au bivouac près de Coin-sur-Seille en ne laissant que deux escadrons aux avant-postes dans la direction de Metz.

Opérations du Xe corps et de la 5e division de cavalerie. — On se rappelle que le général Voigts-Rhetz avait reçu à 9 heures du matin l'ordre de l'armée lui prescrivant de disposer ses divisions de manière qu'elles puissent à la fois reconnaître la rive gauche par la vallée de la Moselle, et soutenir la 5e division de cavalerie qui devait elle-même gagner la route Metz-Verdun, puis se rabattre ensuite sur Metz..... (2).

Mais déjà à ce moment, les opérations ordonnées la veille par le commandant du Xe corps étaient en voie

(1) *La cavalerie des Ire et IIe armées allemandes* (*loc. cit.*).

(2) Voir page 79 et suivantes.

d'exécution, — opérations bien restreintes, puisque tout le corps d'armée, [sauf la *38*e brigade établie à la bifurcation des routes de Thiaucourt et de Flirey et le détachement de Vandières] devait simplement se rassembler à Pont-à-Mousson et *assurer la sécurité de la vallée de la Moselle vers Metz.* En fait, « la *19*e division d'infanterie se tenait prête, depuis 4 heures du matin, à défendre une position retranchée, improvisée sur la rive gauche de la Moselle, à Pont-à-Mousson, au moyen de travaux de campagne. La *20*e division formait réserve, en partie dans la ville même, en partie à l'Est (1). »

On voit de quelle manière se trouvait exécutée jusqu'ici la prescription du maréchal de Moltke datant de la veille. Le Xe corps, qui avait franchi le premier la Moselle et qui, par cela même, était désigné comme devant faire partie « des forces importantes » destinées à soutenir l'action de toute la cavalerie disponible de la rive gauche contre les lignes de communications de l'ennemi, avait, en réalité, *pris position* derrière des retranchements et attendait qu'on vînt l'attaquer.....

Quant à la *5*e division de cavalerie (2), elle avait seulement reçu l'ordre dans la nuit « de pousser de fortes fractions vers la route Metz-Verdun » (3). Ce ne fut qu'à 8 heures du matin, c'est-à-dire après la réception au quartier général du Xe corps de nouvelles « indiquant que les troupes ennemies abandonnaient Metz et étaient en retraite sur Verdun », mais aussi avant qu'on eût connaissance des nouvelles prescriptions du commandant de la IIe armée, que le général Voigts-Rhetz

(1) *Historique du Grand État-Major prussien*, page 305.

(2) Brigade Redern à Beney ; brigade Barby à Thiaucourt ; brigade Bredow à Pont-à-Mousson.

(3) Ordre du général commandant le Xe corps pour le 15 — daté du 14, 9 h. 30 du soir. *Die Thatigkeit des Generalkommandos X. Armeekorps*, par v. Lessing.

ordonna au général de Rheinbaben « de se porter immédiatement avec des forces importantes sur Fresnes-en-Woëvre et de chercher à arrêter l'ennemi » (1) (2). Thiaucourt devait être occupé comme position de repli par un régiment armé de carabines.

D'après v. Pelet-Narbonne (3) et d'après v. Lessing (4), cet ordre fut provoqué par le rapport suivant (5), dont des copies furent communiquées au commandant de la *5*e division de cavalerie et au commandant de la IIe armée :

« Corny est occupé par un escadron du *3*e hulans..... D'après le dire du capitaine de Leipziger, un violent combat a été livré hier après-midi à l'Est de Metz. Les Français ont été refoulés vers Metz. Général de Wrangel, arrivé avec la *18*e division sur leur ligne de retraite; information fournie par le général de Gruter. Pendant la nuit, depuis 11 heures, on a entendu un grand bruit de voitures. Une patrouille d'officier qui est parvenue jusque devant Gravelotte s'est heurtée aujourd'hui, vers 2 heures du matin, à des avant-postes ennemis, et l'officier a entendu des bruits de troupes en marche dans la direction de Verdun. Une patrouille a essuyé vers 4 h. 30, au Nord d'Ancy, le feu d'un peloton d'infanterie. En ce moment même, le *3*e hulans est en reconnaissance au delà d'Augny, vers Metz » (6).

---

(1) Le commandant de la 5e division de cavalerie dut recevoir cet ordre à Thiaucourt, car il était encore sur ce point à 10 heures du matin.

(2) Ordre du commandant du Xe corps au commandant de la *5*e division de cavalerie, 15 août, 8 heures du matin. D'après v. Lessing (*loc. cit.*).

(3) *La cavalerie des Ire et IIe armées allemandes* (*loc. cit.*).

(4) *Die Thatigkeit des Generalkommandos X. Armeekorps.*

(5) Du lieutenant Willich, envoyé en reconnaissance par le commandant du Xe corps.

(6) *Die Thatigkeit des Generalskommandos X. Armeekorps* (*loc. cit.*).

Le nouvel ordre du commandant de la IIe armée étant parvenu sur ces entrefaites (vers 9 heures) au quartier général du Xe corps, le général Voigts-Rhetz prit de nouvelles dispositions :

Ordre du Commandant du Xe corps pour la journée du 15 août (1).

Pont-à-Mousson, 15 août, 9 h. 30 du matin (2).

« Des fractions de la Ire armée ont repoussé, dans l'après-midi d'hier, avec l'aide de la division Wrangel, d'importantes forces ennemies vers Metz.

« La *5e* division de cavalerie, la brigade de dragons de la Garde et la *19e* division d'infanterie se porteront aujourd'hui vers la route Metz-Verdun. Le général de Rheinbaben marchera sur Fresnes-en-Woëvre. Le régiment qu'il a laissé à Thiaucourt lui sera envoyé dès que d'autres troupes auront atteint cette localité. Il se dirigera de Fresnes sur Metz et suivra la route de Verdun vers Metz jusqu'à ce qu'il ait vu nettement la situation. Il cherchera à se relier à gauche avec la cavalerie de la Ire armée. Il me fera savoir ce soir où il passera la nuit et disposera des relais pour se relier à moi.

« Le général v. Wedell partira immédiatement avec l'avant-garde de la *19e* division d'infanterie, marchera sur Thiaucourt et installera des avant-postes au delà de cette localité. Il rassemblera des voitures, de manière à pouvoir envoyer un bataillon jusqu'à Saint-Benoît aussitôt que j'en donnerai l'ordre.

« L'artillerie de corps enverra promptement en avant les batteries à cheval. Elles rallieront le général v. Wedell.

---

(1) *Die Thatigkeit des Generalkommandos X. Armée korps* (*loc. cit.*).
(2) La 18e Monographie indique 9 h. 50.

« Le colonel de Lyncker partira à l'instant avec le détachement et marchera sur Novéant-aux-Prés. Il prendra là une position de défense et reconnaîtra la direction de Metz. Un second escadron de dragons lui sera adjoint dans ce but.

« Le reste de la *19*e division d'infanterie fera la soupe et ira ensuite bivouaquer à l'Est de Thiaucourt.

« La *20*e division d'infanterie laissera un bataillon à Pont-à-Mousson, fera rentrer ses postes du mont Mousson, maintiendra son détachement de Champey et gardera tout le reste au bivouac avec l'artillerie de corps.

« Le major Strackerjan (1) enverra immédiatement une colonne d'approvisionnements et une ambulance à Thiaucourt, à la disposition du quartier général.

« Je quitterai Pont-à-Mousson à 11 heures et établirai mon quartier général à Thiaucourt.

Opérations de la 5e division de cavalerie, le 15 août. — Depuis la journée de la veille, la 5e division de cavalerie était, en réalité, passablement disséminée et affaiblie :

Les trois brigades, en effet, avaient bivouaqué respectivement à Pont-à-Mousson, Thiaucourt et Beney (2). En outre, les avant-postes avaient été poussés, le 14 au soir, jusqu'à Saint-Benoît-en-Woëvre; deux escadrons du *11*e hussards avaient déjà gagné, dans la matinée du 14, le plateau de Gorze; deux escadrons du *13*e hulans avaient été envoyés sur Flirey; enfin, un autre escadron du même régiment s'était porté, le 14, jusqu'à Dornot,

(1) Commandant le Ier échelon du train.

(2) La brigade Bredow avait quitté Pont-à-Mousson à 5 heures du matin pour se rendre à Thiaucourt.

puis avait rétrogradé jusqu'à Pagny où il avait passé la nuit.

La 5e division de cavalerie était donc en assez mauvaise situation, — avec ses gros et nombreux détachements, — pour entreprendre une reconnaissance vigoureuse qui, dans les circonstances où elle était tentée, devait faire prévoir l'emploi de la force.

Or, tout en se conformant aux ordres du commandant du Xe corps (1), c'est-à-dire en restant de sa personne à Thiaucourt avec une partie de ses escadrons, le général de Rheinbaben fractionna encore les « forces importantes » qu'il devait pousser vers la route Metz-Verdun, ainsi qu'il ressort du compte rendu (2) adressé par lui au général Voigts-Rhetz à 10 h. 5 du matin :

« .....Le général Redern, avec deux régiments de hussards et une batterie, s'est porté sur Lachaussée à 4 heures du matin (3); le *4e* cuirassiers a poussé jusqu'à Dommartin..... Le capitaine Brauns, du *17e* hussards, est parvenu jusqu'au delà de Latour-en-Woëvre; le capitaine von Knobelsdorf, du *11e* hussards, jusqu'au delà d'Hannonville, sans voir l'ennemi. Le *19e* dragons doit suivre immédiatement. Je reste encore en arrière de ma personne pour rassembler les escadrons détachés vers Pagny et Flirey. A l'instant (9 h. 45) arrive un rapport du *4e* cuirassiers faisant savoir qu'un régiment de dragons français se trouve près de Puxieux ; dans ces circonstances, je me porte moi-même en avant pour prendre de nouvelles mesures. »

Il n'en est pas moins vrai qu'au moment où le général se décidait (à 10 heures) à marcher de l'avant, il eût été

(1) Ordre du 14 août, 9 h. 30 du soir.

(2) Rapport adressé à 10 h. 5 au commandant du Xe corps (publié par von Pelet-Narbonne et par von Lessing).

(3) L'un des régiments de la brigade Redern était maintenu à Beney.

fort empêché de se servir de sa division qui se trouvait excessivement morcelée et dont les fractions les plus importantes ne comprenaient que quelques escadrons (sauf cependant la brigade de Bredow qui marchait la dernière, venant de Pont-à-Mousson, mais qui avait échappé jusque-là à l'action du commandant de la division).

Le *10*e hussards était resté à Beney (1). Le général de Redern se porta donc avec les *11*e (2) et *17*e hussards et la 2e batterie à cheval du *10*e régiment, sur Lachaussée, d'où il détacha aussitôt deux escadrons : l'un du *17*e hussards sur Latour-en-Woëvre ; l'autre du *11*e sur Sponville. Ces escadrons parvinrent jusqu'à la route de Verdun sans rencontrer personne, mais des rapports provenant du *4*e régiment de cuirassiers (3) firent savoir bientôt que des coups de feu avaient été échangés dans la direction de Mars-la-Tour, et que s'avançait sur Puxieux de la cavalerie française (brigade Murat de la division Forton), devant laquelle se repliaient les 1er et 4e escadrons du *11*e hussards (4).

Le général de Redern se porta immédiatement dans cette nouvelle direction avec les quatre seuls escadrons (trois du *17*e et un du *11*e) qui lui restaient sur les neuf qu'il commandait. Le hasard le servit cependant dans cette circonstance en lui faisant rencontrer près de Puxieux les deux escadrons du *11*e hussards qui battaient en retraite devant la brigade Murat.

Arrivé au Nord-Est de Xonville, il se trouva face à face avec le 1er régiment de dragons français qui débouchait en cet instant de Puxieux. La batterie allemande

---

(1) Un escadron du *10*e était détaché sur Nancy.

(2) Deux escadrons du *11*e étaient sur le plateau de Gorze, les Baraques.

(3) D'après le compte rendu du général de Rheinbaben (*loc. cit.*).

(4) Voir page 36 et suivantes.

ouvrit le feu et força la cavalerie française à se replier vers Mars-la-Tour où elle rallia, comme on sait, le reste de la division Forton qui, sur ces entrefaites, avait gagné cette localité par la grande route. Le général de Redern s'avança alors jusque sur les pentes situées à l'Ouest de Puxieux et au Sud de la ferme Mariaville. Là, il fut encore renforcé par l'escadron que le 4e régiment de cuirassiers avait envoyé, de Dommartin, en reconnaissance vers le Nord. Dès lors, le général de Redern disposait de sept escadrons et d'une batterie; mais se jugeant trop inférieur en nombre pour tenter une action de vive force contre la cavalerie française réunie autour de Mars-la-Tour (1), il se décida à abandonner la partie après une canonnade, d'ailleurs fort inutile, où sa batterie subit des pertes sensibles; il se retira alors à un kilomètre plus au Sud, pour s'abriter derrière la crête qui descend de la côte 256 vers l'Ouest.

Sur ces entrefaites, le 4e régiment de cuirassiers, prévenu que son escadron d'avant-garde avait rencontré de la cavalerie ennemie aux environs de Tronville (2), s'était mis en marche sur Puxieux par Chambley, et rejoignait la brigade Redern un peu après la cessation de la canonnade. D'autre part, les trois escadrons du 10e hussards laissés provisoirement à Beney, arrivaient également à hauteur de Xonville, ainsi que l'escadron du 11e qui, quelques heures plus tôt, avait été envoyé en reconnaissance de Lachaussée sur Sponville et Mars-la-Tour.

Dès lors, le général de Redern disposait immédiatement de onze escadrons et d'une batterie. « Les régiments avaient ainsi, de leur propre initiative, dit le

---

(1) Le général de Forton disposait, en effet, d'un nombre double d'escadrons.

(2) Le rapport de l'escadron d'avant-garde est daté de 9 h. 15.

général von Pelet-Narbonne, en partie réparé les fautes du général de division. »

Pendant que la cavalerie française restait inactive autour de Mars-la-Tour malgré l'arrivée de renforts importants par la route de Jarny (1re division de cavalerie) et par celle de Vionville (fractions de la division de cavalerie du 2e corps), le général de Redern tenta un effort par l'Ouest en gagnant la grande route par la ferme de Mariaville. Précédé du *10e* régiment de hussards, les onze escadrons se portèrent en avant. Mais bientôt l'avant-garde fut reçue par une fusillade des escadrons de la division Forton. Déjà, la batterie allemande allait ouvrir le feu quand survint le général de Rheinbaben qui « défendit de pousser plus loin, la supériorité évidente de l'adversaire ne permettant pas d'espérer le succès » (1).

Cependant, les deux régiments de la brigade Barby venaient d'arriver à Puxieux et quelques instants après la brigade Bredow atteignait Xonville. Il était alors 2 heures de l'après-midi et la *5e* division de cavalerie comptait maintenant 34 escadrons et 2 batteries. Le général de Rheinbaben n'en donna pas moins l'ordre de gagner les bivouacs : la brigade Redern à Xonville, la brigade Barby à Puxieux (2) et la brigade Bredow à Suzémont.

On a déjà fait ressortir la timidité de la cavalerie française en cette occasion, timidité qui s'accusa surtout au premier moment de la rencontre où elle avait une supériorité très marquée sur son adversaire. Il

(1) *Historique du Grand État-Major prussien*, page 508.

(2) « Constamment inquiétée dans ses campements de Puxieux par les carabines à longue portée de l'adversaire, la brigade Barby se reportait plus en arrière. » (*Historique du Grand État-Major prussien*, page 509).

n'est pas sans intérêt d'indiquer comment un général allemand apprécie l'attitude du commandant de la 5e division de cavalerie prussienne dans les mêmes circonstances. Faisant allusion au moment où les trente-quatre escadrons allemands étaient rassemblés dans la main du général de Rheinbaben, devant une cavalerie qui se dérobait : « C'était le moment, dit le général von Pelet-Narbonne, de frapper un grand coup, de bousculer la cavalerie française, de fournir ces éclaircissements que souhaitait si vivement le commandant en chef; mais ces superbes régiments, si ardents au combat, manquaient d'un chef, et la cavalerie prussienne s'établit au bivouac après avoir vu l'ennemi se retirer sur Vionville..... On a invoqué la « fatigue des chevaux » comme motif de cette piteuse attitude; il faut pourtant remarquer que ceux de l'ennemi, eux aussi, n'étaient rien moins que frais. Mais c'est la perpétuelle et séculaire excuse de l'inaction de la cavalerie..... Ce n'est que grâce à la contenance défectueuse de la cavalerie française que la démonstration du général de Rheinbaben pût avoir pour résultat d'arrêter la retraite de l'ennemi. Par sa « démonstration », car ce ne fut pas autre chose, le général de Rheinbaben avait sans doute obtenu le résultat d'arrêter la retraite des Français (1) ; mais la seule présence de la cavalerie, si complètement inerte qu'elle fût, l'empêchait de voir l'armée française et de faire la lumière sur sa situation. *L'exploration nécessite absolument, en dernière analyse, le combat,* auquel par conséquent il faut être constamment prêt, même par la formation qu'on adopte pour marcher en avant (2). »

---

(1) La retraite ne fut pas *arrêtée* par la cavalerie allemande puisque, par ordre du maréchal Bazaine, on ne devait pas dépasser Mars-la-Tour.

(2) *La cavalerie des Ire et IIe armées allemandes*, page 223.

Exploration de la 5e division de cavalerie dans la soirée du 15. — La 5e division de cavalerie fit cependant quelques tentatives d'exploration dans la soirée du 15 août, tentatives dont l'une fut couronnée d'un plein succès grâce à l'extrême défectuosité du service de sécurité de l'armée française :

Deux escadrons du *19e* dragons fournirent les avant-postes de la brigade Barby vers Tronville et échangèrent des coups de feu avec les vedettes françaises.

Un escadron du *10e* hussards tenait la ferme de Mariaville d'où partirent, vers 5 heures, deux patrouilles ; l'une d'elles, passant par Puxieux, découvrait sur les hauteurs de Rezonville « de nombreuses troupes de toutes armes, campées sous la tente et occupées à préparer leur repas ; elle les évaluait à 20,000 hommes environ » (1).

Pour chercher la liaison avec la cavalerie de la Ire armée, un escadron du *16e* hussards (de la brigade Bredow) fut dirigé sur Jarny. Il poussa jusqu'au village, vint se heurter à quelques partis de la division du Barail, se jeta en hâte sur la rive gauche de l'Yron, se retira sur Hannonville et rentra au bivouac à 9 heures du soir sans autres renseignements.

Un autre escadron du même régiment de hulans fut envoyé vers 7 heures du soir à Tronville pour recueillir le premier dont on n'avait pas de nouvelles récentes. Ses patrouilles parcoururent librement les bois de Tronville et essuyèrent des coups de feu partis des environs de Vionville.

Pendant le cours de l'après-midi, le commandant de la 5e division de cavalerie avait adressé les rapports suivants au général commandant le Xe corps (2).

---

(1) *Historique du Grand État-Major prussien*, page 509.
(2) D'après von Lessing (*loc. cit.*).

Tronville, 1 heure de l'après-midi.

« Suis arrivé à midi avec cinq régiments et une batterie à Tronville ; je me suis heurté à la cavalerie ennemie et à une artillerie supérieure, qui se retire en ce moment sur Metz. La cavalerie légère se rapproche de Metz en cet instant même. La brigade Bredow me rejoindra sans doute bientôt. J'ai l'intention de rester à Tronville ou un peu plus en avant vers Metz. La liaison avec la Ire armée n'est pas encore établie » (1).

Puxieux, 3 heures du soir.

« Six régiments de cavalerie et trois batteries se sont trouvés devant mon front tout à l'heure et sont maintenant refoulés vers Metz.

J'établis des avant-postes à l'Ouest du Bois-la-Dame (2) face à Metz, l'aile droite poussée en avant vers Puxieux, l'aile gauche au delà de la route Metz-Verdun ; je ne puis me porter plus loin à cause du manque d'eau. Je reste à Xonville. On cherche la liaison avec la Ire armée. Pertes faibles. »

Xonville, 15 août, 5 heures du soir.

« D'après un rapport reçu à l'instant, de l'infanterie ennemie se porte en avant, dans la direction de Tronville et de Puxieux. Il est à désirer que de l'infanterie soit envoyée de Thiaucourt à Dommartin (3).

(1) D'après von Lessing, ce rapport aurait été le seul qu'on retrouva par la suite dans les archives de la IIe armée.

(2) Von Lessing fait remarquer que le Bois-la-Dame n'existait plus en 1870, mais que le général de Rheinbaben fit probablement son rapport d'après une vieille carte.

(3) C'est pour cette raison que le commandant du Xe corps ordonna au détachement Lehmann, de la *37e* brigade, de se porter le lendemain matin sur Dommartin et Chambley.

« Une reconnaissance a montré que des vedettes ennemies sont près de Vionville et qu'aux environs de Rezonville se trouve un grand camp de toutes armes » (1).

(Reçu à 5 h. 30 par le commandant du Xe corps) (2).

(Sans lieu ni date).

« Mars-la-Tour est occupé par nous; un escadron a été envoyé sur Jarny pour chercher la liaison avec la Ire armée. D'après un rapport du capitaine de Rosenberg, il y a de l'infanterie et de l'artillerie ennemies à Ancy-sur-Moselle. Je demande de l'artillerie et une ambulance, car les neuf régiments n'ont ni ambulance ni médecin divisionnaire. Sur la ligne de Metz on ne voit pas d'ennemis pour le moment. Troupes très épuisées. »

(Reçu à 8 heures du soir par le commandant du Xe corps) (3).

Xonville, 7 h. 45 du soir.

« On a cherché la liaison avec la Ire armée, mais on s'est heurté à quatre escadrons ennemis et à un bataillon d'infanterie (4). Les avant-postes reçoivent, sans inter-

(1) Ce rapport, de la plus haute importance, avait été fourni par le major Heister, de l'état-major de la 5e division de cavalerie. L'état-major du Xe corps négligea de le communiquer au commandant de l'armée, ainsi qu'au commandant du IIIe corps. (*Kriegsgeschichtliche Einzelschriften, H. 25, S. 1 und Anhang Nr. 1.*)

(2) Cette inscription, faite par le capitaine von Lessing dans la soirée du 15, sur le compte rendu original, est considérée par lui-même comme erronée, parce que le rapport n'a pu être apporté en une demi-heure de Xonville à Thiaucourt.

(3) Von Lessing conclut, des indications contenues dans ce rapport, qu'il a dû être expédié entre 3 heures et 5 heures de l'après-midi.

(4) En réalité, deux escadrons de chasseurs d'Afrique, escorte du train régimentaire de la division du Barail.

ruption, des coups de feu de l'infanterie, de sorte que j'ai l'intention, en cas de besoin, de me retirer dans la direction de Verdun. »

(Reçu le lendemain matin à Woël par le commandant du Xe corps.)

Ce dernier rapport semble indiquer que les mêmes sentiments qu'avait exprimés le général de Forton au général Frossard, animaient aussi le commandant de la 5e division de cavalerie, de sorte que ces deux masses d'escadrons, auxquelles leurs missions paraissaient imposer cependant à chacune le devoir de se jeter sur l'autre, restèrent face à face jusqu'au lendemain, sans rien tenter (1).

Enfin, pour terminer ce qui est relatif aux opérations du Xe corps, il est à noter que le détachement de Lyncker, parvenu à Novéant, avait fait explorer ses deux escadrons (du 9e dragons) dans la direction de Metz et que les deux rapports suivants furent rédigés dans la soirée par le colonel de Lyncker :

L'un, daté de 8 h. 45 :

. . . .

« Un maître d'école arrivant à l'instant de Metz dit que l'armée française, forte de 50,000 hommes, a marché hier au soir de Metz par Longeville, Moulins, Sainte-Ruf-

---

(1) Dans la soirée, le capitaine Kotze, du *10e* hussards, recueillit encore un renseignement très important en constatant la présence autour de Rezonville de nombreuses troupes de toutes armes, dont il évalua l'effectif à 20,000 hommes. Mais ce rapport ne parvint point au commandant de l'armée. (*Kriegsgeschichtliche Einzelschriften, H. 18.*) D'après von Lessing, ce rapport n'aurait même pas été reçu par le commandant du Xe corps, qui n'aurait eu ainsi connaissance des rassemblements de Rezonville que par le rapport Heister. (*Die Thatigkeit des Generalkommandos X. Armée korps. S. 19 und Anhang, note* 13.)

fine et la route impériale sur Gravelotte, Rezonville, Vionville, Mars-la-Tour. ».....

L'autre, daté de 10 heures du soir :

« Deux pelotons commandés par le major von Studnitz, ont été dans la vallée de la Moselle jusqu'à Vaux et ont observé la marche de troupes françaises, par Moulins sur la route de Metz-Verdun. Infanterie ennemie près de Jarny. »..... (1).

Résumé des renseignements fournis par l'exploration.— En résumé, les renseignements réellement recueillis dans la journée du 15 août par la cavalerie allemande — renseignements dont on a cité les principaux — eussent permis, s'ils avaient été réunis et examinés par un même état-major, de se faire une idée, sinon complète, au moins approximative des mouvements de l'armée française :

Sur la rive droite, le doute n'était plus permis; les reconnaissances du grand quartier général, celles de la cavalerie divisionnaire de la Ire armée et celles de la 6e division de cavalerie (2), établissaient d'une manière certaine que l'ennemi avait évacué les abords immédiats de la place du côté de l'Est; ces mêmes reconnaissances signalaient, en outre, la marche de colonnes françaises vers l'Ouest. (Observations du grand quartier général et rapports de la 6e division de cavalerie.)

Sur la rive gauche on serait resté plus indécis sur la situation : cependant, le 9e dragons signalait à deux reprises différentes la marche de troupes françaises par

(1) En publiant ces deux extraits de rapports, le général von Pelet-Narbonne ajoute :

« Ces rapports se trouvent dans les archives du Xe corps, mais on ne peut savoir s'ils ont été transmis au général en chef. »

(2) Car les 1re et 3e divisions de cavalerie restèrent à peu près inactives.

Longeville sur Gravelotte; en outre, la 5e division de cavalerie découvrait aux environs de Rezonville *un camp estimé à* 20,000 *hommes* et constatait la présence de masses de cavalerie autour de Mars-la-Tour et de Vionville. On pouvait donc être amené à supposer qu'une grosse fraction de l'armée française occupait la route Sud de Verdun et n'avait pas encore dépassé Vionville le 15 au soir.

Mais c'était sans doute là tout ce qu'on pouvait tirer des renseignements recueillis. Le doute subsistait toujours sur les emplacements réels du gros de l'armée française; ce gros était-il encore à proximité de la place, ou bien au contraire avait-il déjà gagné une étape vers l'Ouest par les routes de Conflans et de Briey, en laissant une forte flanc-garde sur la route du Sud?

L'inaction de la 3e division de cavalerie, qui d'après les ordres donnés eût dû explorer depuis deux jours déjà sur la rive gauche en aval de Metz, aussi bien que la timidité de la 5e division de cavalerie, laissaient la question en suspens.

VII. — Ordres pour la journée du 16 août.

D'après la 18e Monographie du *Grand État-Major prussien*, les nouvelles parvenues au quartier général de la IIe armée jusqu'à midi, étaient les suivantes :

« 1° Avis du 2e dragons que l'ennemi avait quitté Metz avec une partie de ses forces et que, depuis deux jours, des mouvements de troupes importants avaient eu lieu dans la direction de Paris ;

« 2° Avis de la 6e division de cavalerie : Les retranchements au Sud de Metz ont été abandonnés par l'ennemi ; à Longeville et Moulins, camps ennemis sur lesquels on a tiré 40 obus; à la suite de quoi le camp de Moulins a été abandonné par l'ennemi dans une déroute complète ;

« 3° De la 5e division de cavalerie : Dans la matinée, un escadron s'est avancé de Chambley sur Mars-la-Tour ; il a reçu des coups de fusil de l'infanterie, postée à Rezonville, et il a détaché un peloton vers Bruville. A son retour, il retrouve Mars-la-Tour — libre jusqu'alors, — occupé. Des fractions d'infanterie ennemie, couvertes par de la cavalerie, ont été remarquées sur la route de Metz-Étain ;

« Dans la matinée, Corny a été également trouvé occupé. Nos patrouilles sont tombées à Gravelotte sur des avant-postes ennemis. Dans la nuit, on entendait beaucoup de bruits de voitures sur la chaussée de Verdun. »

« Ces rapports, ajoute la 18e Monographie, avaient donné au prince Frédéric-Charles la conviction *que l'armée ennemie était en train de quitter Metz.....* », et c'est à la suite de cette appréciation que le commandant de la IIe armée aurait demandé par télégramme au grand quartier général l'autorisation de faire franchir la Moselle, *le lendemain 16 août*, à la Garde et aux IIIe, XIIe et IVe corps, puis de faire serrer dans cette direction les IIe et IXe corps (1).

La demande du prince resta sans réponse, mais elle se croisa avec la dépêche du maréchal de Moltke, datée de 11 heures et représentant les Français comme « complètement rejetés sur Metz et probablement, dès maintenant, en pleine retraite sur Verdun », dépêche, dit la

(1) D'après la 18e Monographie, qui autant qu'il est permis d'en juger, rectifie sur ce point le texte de l'*Historique du Grand État-Major*. D'après ce dernier, le commandant de la IIe armée aurait fait part à 11 heures, au maréchal de Moltke, de son projet de franchir, le 16, la Moselle avec le gros de la IIe armée, pour suivre sans retard l'armée française qui, faisant diligence, était déjà en pleine retraite vers la Meuse. La 18e Monographie ne revient en aucune façon sur l'appréciation du Prince en ce qui concerne la situation de l'adversaire.

18e Monographie, où « tout était conforme à la conception du prince Frédéric-Charles »......

Malheureusement, la Monographie du Grand État-Major prussien ne fixe pas d'une manière très précise quelles étaient, en ce moment, les vues du Prince, et l'on reste dans le doute sur la question de savoir s'il admettait simplement que l'armée française « fût en train de quitter Metz », ou si, au contraire, il avait déjà exprimé au grand quartier général l'idée très différente et beaucoup plus précise que cette même armée « faisant diligence, était déjà en pleine retraite vers la Meuse et qu'il y avait urgence à la suivre sans retard » (1).

Fr. Hœnig (2) admet, non sans quelque vraisemblance, que le commandant de la IIe armée, ne tenant pas un compte suffisant de la forme dubitative employée par le maréchal de Moltke, fut porté, à partir de cet instant, à considérer l'armée de Bazaine comme étant déjà très avancée vers l'Ouest et, par suite, à peu près hors d'une atteinte immédiate des corps allemands.

Peut-être cependant ne faudrait-il pas prêter au Prince une conviction trop absolue sur ce dernier point, car, si cette conviction paraît résulter des dispositions qu'il prit pour le lendemain, on doit remarquer qu'il s'exprima à ce sujet de manières différentes et quelque peu contradictoires. C'est ainsi qu'au bivouac de Bouxières, il dit, en s'adressant aux hommes : « Si vous marchez bien aujourd'hui et demain, vous pourrez peut-être encore les attraper. » Dans la soirée, il ordonnait au commandant de la *6e* division, au pont de Champey, « de se mettre en marche le lendemain directement sur Gorze, pour atteindre encore les bagages de l'ennemi, qui s'était retiré ».

---

(1) *Historique du Grand État-Major prussien*, page 517.

(2) *Darstellung der Strategie fur die Schlacht von Vionville-Mars-la-Tour*. Berlin, 1899.

Il subsiste donc sur cette question un doute que les nombreuses polémiques engagées à ce propos de l'autre côté du Rhin ne sont pas encore parvenues à dissiper.

La plus récente publication du Grand État-Major prussien cherche à concilier les diverses opinions et s'exprime ainsi (1):

« Les rapports et les renseignements parvenus jusqu'alors au prince Frédéric-Charles l'avaient conduit à admettre que les forces principales de l'ennemi étaient en retraite au delà de la Meuse, mais que la fraction de l'armée française qui avait combattu, le 14, à l'Est de Metz, était encore plus en arrière et seulement sur la route de Metz à la Meuse. Le prince évaluait cette fraction à quatre divisions. Par suite de cette interprétation, il se proposait de franchir la Meuse les jours suivants en amont de Verdun avec toute son armée et de tenter en même temps d'atteindre les fractions de l'adversaire restées en arrière. Bien qu'on dût supposer que l'ennemi ferait tous ses efforts pour se mettre en sûreté derrière la Meuse avec toute la célérité possible et pour rejoindre les forces principales parties en avant, il ne parut pas tout à fait impossible au prince Frédéric-Charles que l'ennemi se trouvât encore de ce côté-ci de la Meuse et qu'il lui fût possible de le rejeter vers le Nord. D'ailleurs, un télégramme adressé par le grand quartier général à celui de la IIe armée, avait indiqué la poursuite de l'ennemi sur la route de Metz-Verdun comme importante. On se conforma à cette indication en dirigeant une partie des troupes vers la route précitée. »

La dépêche du grand quartier général, expédiée d'Herny à midi, pouvait, sans doute, porter le prince

(1) *Heeresbewegungen im Kriege* 1870-71. S. 2.

Frédéric-Charles à *supposer* que l'armée française avait franchement entamé sa retraite vers l'Ouest. Von Scherff (1) fait d'ailleurs très justement remarquer que rien n'avait clairement démontré la présence de *toute l'armée française* sur le plateau de Borny, le 14 au soir, et qu'il n'était par conséquent pas inadmissible qu'une partie de cette armée eût déjà gagné du terrain vers l'Ouest dans cette même journée du 14. Cette manière de voir était, à la vérité, d'autant plus vraisemblable qu'on constata *de visu*, le 15 au matin, l'évacuation complète de la rive droite.

D'autre part, les rapports de la cavalerie, dont quelques-uns étaient d'ailleurs contradictoires, ne parvinrent pas tous au quartier général de la IIe armée. Les importants rapports Heister et Kotze, en particulier, ne furent pas transmis jusqu'à Pont-à-Mousson.

Enfin, peut-être le Prince, en prêtant au maréchal Bazaine le projet de gagner la Meuse par trois bonnes routes, et au moyen de procédés de marche rationnels, était-il arrivé à cette conclusion qu'il pourrait à peine atteindre avec le IIIe corps une arrière-garde française et que le gros de l'armée du Rhin ne pouvait plus être rejoint sur la rive droite de la Meuse par la totalité de son armée, encore très dispersée.

Il n'en apparaît pas moins cependant que le commandant de la IIe armée s'est formé une opinion sur des données assez incertaines et que — chose plus grave — il n'a pas su donner à temps à sa cavalerie l'impulsion vigoureuse nécessitée par les circonstances.

Quoi qu'il en soit, il rédigeait, à 7 heures du soir, l'ordre suivant pour la journée du 16 (2) :

---

(1) *Kriegsleheren.* Zweites Heft.

(2) D'après von Lessing, cet ordre fut reçu par le Xe corps à Thiaucourt avant 11 heures.

Pont-à-Mousson, 15 août, 7 heures du soir.

« Hier soir, l'ennemi a été attaqué par des fractions de la Ire armée et de la *18*e division d'infanterie devant Metz et rejeté dans la place. L'armée française bat en retraite vers la Meuse. En conséquence, la IIe armée suivra immédiatement l'ennemi dans la direction de cette rivière.

« Le IIIe corps franchira la Moselle en aval de Pont-à-Mousson, suivant les préparatifs qu'il a déjà faits, et atteindra demain, par Novéant et Gorze, la grande route de Metz à Verdun, à Mars-la-Tour et Vionville. Il établira, si possible, son quartier général à Mars-la-Tour.

« La *6*e division de cavalerie, partant de Pagny et passant par Prény et Thiaucourt, pourra précéder le IIIe corps vers cette route. Si les trains ne peuvent pas passer sur le pont qu'on est en train de construire, ils pourront utiliser demain matin, à 7 heures au plus tard, le pont de pierre de Pont-à-Mousson, d'où ils prendront la route qui conduit en aval sur Novéant.

« Le pont de campagne du IIIe corps restera provisoirement en place, avec une protection convenable, pour être utilisé tant par le IXe corps que pour l'investissement de la place.

« Le Xe corps, précédé aujourd'hui de la *5*e division de cavalerie, s'est déjà porté en partie sur Thiaucourt. Il continuera demain son mouvement vers la route de Verdun jusqu'à Saint-Hilaire, Maizeray, et fera rejoindre autant que possible les fractions qui sont encore à Pont-à-Mousson ou dans la vallée de la Moselle. Son quartier général ira, si possible, à Saint-Hilaire. La cavalerie fera passer ses reconnaissances par Haudiomont et Vigneulles.

« Le XIIe corps se portera demain de Nomény au delà de Pont-à-Mousson; son avant-garde ira jusqu'à Régnéville-en-Haye; sa queue serrera jusqu'à Pont-à-Mousson, qui sera fortement occupé et où s'établira le quartier général du corps d'armée; la division de cavalerie sera poussée sur Vigneulles, vers la Meuse; au Sud, elle ne dépassera pas Buxérulles; à droite, elle se reliera à la division de cavalerie de la Garde. A partir de 7 heures du matin, le XIIe corps pourra passer sur le pont de pierre de Pont-à-Mousson et même, avant cette heure, utiliser le pont militaire.

« La Garde poussera demain son avant-garde jusqu'à Rambucourt; son gros ira avec le quartier général (par la route de Villers-en-Haye et Rogéville) du côté de Bernécourt. Sa cavalerie, poussée en avant, se reliera à droite, par Buxerulles, à la division de cavalerie saxonne.

« Le IVe corps d'armée poussera son avant-garde de Marbache sur Jaillon, par les Saizerais. La queue du corps d'armée serrera jusqu'à Marbache. Son quartier général ira aux Saizerais. Il se reliera à la IIIe armée du côté de Nancy.

« Le IXe corps d'armée ira demain du côté de Selligny, où il établira son quartier général. Le lendemain, il suivra le IIIe corps sur Gorze, par le pont de campagne construit par ce dernier, puis par Novéant.

« Le IIe corps d'armée atteindra demain Buchy-lès-Solgne avec sa tête. Le quartier général de Sa Majesté le roi (Herny) aura une garnison d'infanterie. Les troupes serreront le plus possible sur la tête, pour que, le lendemain, le IIe corps puisse commencer son passage à Pont-à-Mousson.

« Au fur et à mesure que la cavalerie envoyée en avant progressera, elle reconnaîtra les chemins vers la Meuse et les passages de cette rivière. Ainsi, la 5e division de cavalerie reconnaîtra, pour les Xe, IIIe et IXe corps, les passages de Dieue-sur-Meuse et Génicourt; la division de cavalerie saxonne, celui de Bannoncourt, pour le XIIe corps; la division de cavalerie de la

Garde, ceux de Saint-Mihiel, Pont-sur-Meuse et Commercy, pour le corps de la Garde et les IVe et IIe corps. Les comptes rendus de la cavalerie me seront adressés le plus rapidement possible par les corps d'armée qui les auront reçus.

. . . .

L'ordre précédent avait déjà été expédié aux commandants de corps d'armée quand parvint (vers 10 h. 30) à Pont-à-Mousson, la directive suivante émanée du grand quartier général :

Aux Commandants des Ire, IIe et IIIe armées (1).

Quartier général, Herny, 15 août, 6 h. 30 soir.

« Jusqu'à ce que l'on sache nettement s'il reste dans Metz plus que la garnison du pied de guerre, il sera indispensable de laisser en arrière dans la région de Courcelles, un corps de la Ire armée. Ce corps sera, à bref délai, relevé par les troupes du général de Kümmer venant de Sarrelouis (2). Les deux autres corps de l'armée précitée s'établiront demain 16 entre Seille et Moselle, à peu près sur la ligne Arry, Pommérieux. Il y aura lieu de reconnaître immédiatement et de faire préparer un passage sur la Moselle, à moins que le IIIe corps n'en ait déjà établi un dans la même région; dans ce cas, le pont serait laissé en place pour la Ire armée.

« La IIe armée, par télégramme d'aujourd'hui daté de 11 heures du matin, a reçu pleine disposition de tous ses corps d'armée. On attend des renseignements immé-

(1) *Correspondance du maréchal de Moltke.*

(2) 3e division de landwehr, chargée, au début de la campagne, de la garde des lignes de transport de la IIe armée, puis renforcée, le 6 août, par deux régiments de ligne et par quelques batteries et régiments de cavalerie de la réserve.

diats sur ses mouvements et l'on fait, au point de vue général, les remarques suivantes :

« Les conditions dans lesquelles les Ier et VIIe corps ainsi que des fractions de la *18e* division ont remporté hier une victoire excluent toute poursuite. Les fruits de cette victoire ne peuvent être recueillis que par une vigoureuse offensive de la IIe armée contre les routes de Metz à Verdun par Fresnes et Étain. Il appartient au commandant en chef de cette armée de l'exécuter d'après sa propre initiative, avec tous les moyens disponibles. S'il en résultait que la IIe armée dût momentanément se trouver en avant de la Ire, on y aurait égard ici pour les dispositions à prendre en vue de la continuation de la marche vers l'Ouest, dispositions qu'on ne peut encore prévoir, et pour assurer aux troupes, dans une large mesure, le repos nécessaire.

« Les têtes de la IIIe armée ont atteint aujourd'hui la ligne Nancy-Dombasle-Bayon ; sa cavalerie opère vers Toul et au Sud.

« Le grand quartier général de Sa Majesté sera demain à Pont-à-Mousson à partir de 5 heures de l'après-midi.

« Envoyer les comptes rendus ici jusqu'à 1 heure. »

L'ordre du grand quartier général développe l'idée, antérieurement exprimée déjà, de pousser des forces importantes sur les communications de l'armée française (1), mais il paraît abandonner le projet d'une poursuite directe sur la route Metz-Verdun (2). Dès lors, le commandant de la IIe armée est invité à prononcer « une vigoureuse offensive » par Fresnes et Étain avec « tous les moyens disponibles ».

---

(1) Ordre du 14 août, 6 heures du soir.

(2) Dépêche du 15 août, 5 heures du matin.

De Moltke appréciait certainement la situation générale de l'armée française d'une autre manière que le prince Frédéric-Charles, car il espérait encore que des fractions importantes de cette armée ne seraient pas encore assez éloignées, le 16, pour qu'on ne pût les atteindre dans la région Fresnes, Étain.

« Le général de Moltke, dit à ce sujet le général de Woyde, estimait que les Français n'avaient pas pu s'éloigner à une distance aussi considérable de Metz, et par suite, il considérait comme tout à fait possible d'arriver à les joindre encore en deçà de la Meuse. Les faits lui donnèrent raison et se prononcèrent contre l'hypothèse admise par le prince Frédéric-Charles. Mais faut-il en conclure que l'appréciation du premier de ces deux généraux était la vraie dans toutes les circonstances et que celle du Prince était fausse? Pas le moins du monde. Les appréciations de ces deux chefs reposaient sur des conjectures. Aucun d'eux n'avait, à proprement parler, raison; en revanche, tous deux (quoiqu'à un degré différent) avaient commis une faute, par le fait qu'ils n'avaient pas songé, en temps opportun, à se renseigner clairement sur la situation au delà de Metz, en utilisant les moyens, en nombre plus que suffisant, qu'ils avaient à leur disposition. »

On doit, en effet, remarquer que les renseignements parvenus au grand quartier général dans la journée du 15 ne paraissent légitimer qu'imparfaitement l'espoir de joindre une fraction importante de l'armée française, non seulement avec la masse totale de la IIe armée — ce dont de Moltke n'eut sans doute pas l'idée, irréalisable à ce moment — mais même avec « toutes les forces disponibles » de cette armée, c'est-à-dire peut-être avec la presque totalité de la cavalerie et trois ou quatre corps d'armée. Si le maréchal de Moltke eût prêté, comme il eût été inexact mais sage de le faire, des projets raisonnables à son adversaire, il eût été sans doute conduit à supposer que, dans la soirée du 15, l'armée du Rhin, s'écoulant en trois colonnes, avait déjà gagné, pour le moins, et malgré son peu d'aptitude à la marche, une petite étape vers l'Ouest.

Quoi qu'il en soit, on ne saurait trop faire remarquer qu'il existe une différence essentielle entre les dispositions prises par le prince Frédéric-Charles et celles qui paraissent aujourd'hui avoir été indiquées par le chef du Grand État-Major général ; alors que le gros de la IIe armée était acheminé directement vers l'Ouest, sur les points de passage de la Meuse en amont de Verdun, et que deux corps de cette armée étaient portés dans une direction excentrique vers la région traversée par les routes où le Prince espérait à peine rencontrer une arrière-garde française, le grand quartier général faisait allusion à une « vigoureuse offensive » dans cette dernière direction avec « toutes les forces disponibles », — sinon avec la totalité des corps de la IIe armée, ce qui eût été alors impossible.

On a vivement reproché au commandant de la IIe armée, non seulement d'avoir donné aux renseignements venus d'Herny un crédit qu'ils ne pouvaient avoir, mais encore d'avoir purement et simplement maintenu ses ordres de 7 heures du soir après qu'il eût pris connaissance de l'ordre du maréchal de Moltke. Il semble, en effet, assez difficile d'admettre que le prince Frédéric-Charles « eût suffisamment répondu au désir du grand quartier général par l'envoi de deux corps d'armée et de deux divisions de cavalerie dans la direction indiquée » (1).

Il serait cependant injuste de reprocher au commandant de la IIe armée de ne s'être pas rigoureusement conformé à la lettre d'une prescription qui, dans l'es-

---

(1) *Kriegsgeschichtliche Einzelschriften.* Heft 18.

prit même de celui qui la donnait, paraît avoir été beaucoup plus une simple indication qu'un ordre formel. On ne saurait, en effet, trop insister sur ce point, que la « pleine retraite » sur Verdun n'était considérée par le grand quartier général que comme une probabilité. Or, il semble être résulté de ce fait, pour le chef du grand quartier général qui n'aimait rien laisser au hasard, une indécision au-dessus de laquelle il ne sut pas s'élever pour imposer une manœuvre qu'il venait cependant de concevoir et qui, de fait, eût été riche en résultats. Il se borna donc à faire quelques « remarques » sur la situation générale, s'en rapporta à l'initiative de l'un de ses commandants d'armée au moment même où l'on parvenait à une période décisive des opérations et finalement ne fut pas entièrement compris par son subordonné.

Grâce aux déplorables mesures adoptées par le commandement en chef français cependant, grâce aussi à des actes remarquables d'initiative de la part de chefs allemands en sous-ordre, l'espoir du maréchal de Moltke se réalisa le lendemain, mais dans des conditions telles que l'avant-garde allemande eût été infailliblement écrasée par tout autre que le maréchal Bazaine.

La journée du 16 août en Lorraine

I. — Les Ire et IIe armées allemandes.

Ordres du commandant de la Ire armée. — L'ordre du grand quartier général pour la journée du 16 août était parvenu à Bazoncourt à 11 heures du soir. Le général Steinmetz expédia alors ses ordres aux corps de la Ire armée (1) :

Le VIIIe corps devait se porter le 16 août sur Arry et Lorry ; le VIIe, sur Pommérieux et la *1re* division de cavalerie sur Fey, par Pouilly. Le Ier corps avait pour mission d'occuper Courcelles-sur-Nied, tandis que la *3e* division de cavalerie s'établirait entre cette dernière localité et Mécleuves, de manière à assurer la liaison entre le Ier corps et le reste de l'armée.

D'après l'*Historique du Grand État-Major prussien*, le voisinage de Metz d'une part, et la zone de marche de la IIe armée, d'autre part, rendaient difficile la fixation d'itinéraires pour chacun des corps de la Ire armée. On recommanda donc seulement « d'utiliser pour le mieux les chemins disponibles et de tracer la marche des trains par le côté extérieur à Metz..... »

Enfin, le commandant de la Ire armée adressait une dépêche particulière au général de Manteuffel pour l'aviser qu'il serait bientôt remplacé, pour l'occupation

---

(1) D'après l'*Historique du Grand État-Major prussien*, pages 513 et suivantes.

de Courcelles, par la division du général de Kummer et qu'il eût, alors, à suivre le mouvement de l'armée sur la rive gauche de la Moselle. En outre, le commandant du Ier corps était invité à rappeler la brigade Gneisenau, détachée sur Thionville, et dont on était sans nouvelles au quartier général de la Ire armée.

Mouvements des corps de la Ire armée le 16 *août* (1). — Le 16 au matin, le VIIIe corps quittait les abords de la route de Strasbourg où il avait passé la nuit et se dirigeait vers Arry; la *16e* division par Chesny, Fleury, Coin-lès-Cuvry et Marieulles; la *15e*, avec l'artillerie de corps, par Liéhon, Verny et Sillegny. Il était midi quand la *16e* division arrivait près d'Arry, alors que le canon tonnait déjà depuis plusieurs heures sur le plateau de Rezonville. On verra plus loin comment certaines fractions de cette division furent appelées à intervenir dans la lutte. Quant à la *15e* division, partie seulement vers 8 heures de Liéhon, elle se heurtait à Cherisey aux colonnes du IXe corps alors en marche sur Sillegny (2), et dut attendre qu'elles fussent écoulées. Elle ne reprit sa marche qu'à 1 heure de l'après-midi et vint bivouaquer à Marieulles en jetant une avant-garde à Vezon. Mais comme dans le courant de l'après-midi les têtes de colonnes du VIIe corps débouchaient également à Cherisey, les convois du VIIIe ne purent rejoindre les troupes que très avant dans la nuit.

Le corps du général de Zastrow, en effet, avait rompu en trois colonnes vers 8 heures du matin :

L'avant-garde du général de Goltz (*26e* brigade) prit

---

(1) Croquis no 3. Journée du 15 août. (Itinéraires suivis pendant la journée du 16.)

(2) Le IXe corps avait reçu l'ordre, dans la matinée, de gagner la Moselle au plus vite en prenant le pas sur les colonnes de la Ire armée, s'il venait à en rencontrer.

par Jury et Chesny, tandis que le reste de la *13*e division passait par Mécleuves; puis, les deux colonnes s'arrêtèrent entre Pommérieux et Cherisey, c'est-à-dire sur l'itinéraire même de la *15*e division qu'elles durent, par conséquent, laisser en partie défiler au milieu de leurs bivouacs.

Le reste du VIIe corps (*14*e division et artillerie de corps) passait par Aube, Basse-Beux et Goin; la *14*e division franchissait seule la Seille et s'installait au bivouac à Sillegny avec le quartier général du corps d'armée; l'artillerie de corps formait le parc à Louvigny.

La *1*re division de cavalerie, quittant Courcelles-sur-Nied à 7 heures du matin, passait par Mécleuves et Fleury et venait bivouaquer au Sud de Fey en se couvrant, du côté de Metz, par des avant-postes (*9*e régiment de hulans) entre Augny et Jouy-aux-Arches.

Le Ier corps se dirigeait, dans la matinée, de Courcelles-Chaussy sur Courcelles-sur-Nied; la *1*re division s'arrêtait aux environs de Laquenexy avec une avant-garde près d'Ars-Laquenexy, tandis que le *1*er régiment de dragons couvrait le flanc droit de la marche en passant la journée à Montoy, d'où il dirigeait des patrouilles vers la place; l'artillerie de corps et la *2*e division bivouaquaient à Courcelles-sur-Nied; l'avant-garde de cette dernière poussait jusque près de Frontigny et établissait des avant-postes qui se reliaient à Grigy avec ceux de la *1*re division.

Enfin, la *3*e division de cavalerie ne quittait Vry qu'à midi et, prenant par Sainte-Barbe, Colligny et Courcelles-sur-Nied, s'installait à la nuit tombante au bivouac près de Mécleuves.

Quant à la brigade Gneisenau, rappelée de son expédition infructueuse sur Thionville, elle arrivait à Courcelles-sur-Nied, d'où elle devait continuer le lendemain sur Arry pour rejoindre son corps d'armée.

Le quartier général de la Ire armée s'installait, le 16 août, à Coin-sur-Seille.

*
* *

Mouvements des corps de l'aile gauche de la IIe armée pendant la journée du 16 août. — A l'exception des corps de la IIe armée qui prirent part à la bataille de Rezonville, tous les autres exécutèrent, dans le courant de la journée, les marches prescrites par l'ordre de l'armée du 15 au soir :

Le IIe corps gagnait la route de Strasbourg : la *3e* division près de Buchy, la *4e* près de Solgne, l'artillerie de corps à Luppy;

La division de cavalerie saxonne, qui n'avait accompli jusqu'ici aucune mission d'exploration, quittait Louvigny vers 5 heures du matin et arrivait à Pont-à-Mousson alors que le pont était encore occupé par la *40e* brigade. Elle dut donc s'arrêter pour ne se remettre en marche qu'à la suite du Xe corps. Passant alors par Régnéville-en-Haye, elle arriva à Nonsard vers 2 heures de l'après-midi et plaça ses avant-postes dans la direction de l'Ouest;

Le corps saxon, dont la plus grande partie (*23e* division et artillerie de corps) n'avait pris ses bivouacs autour de Nomény que fort avant dans la soirée du 15, se remit en route de bonne heure le 16 et gagna Pont-à-Mousson. Bien qu'on eût jeté un pont militaire à Atton pour doubler le pont de pierre de Pont-à-Mousson, l'encombrement fut considérable aux abords de la Moselle. Outre les éléments des Xe et XIIe corps qui se présentaient simultanément pour franchir la rivière, de nombreux états-majors et convois produisirent plus d'un à-coup dans la marche;

La *23*e division arrivait cependant à Régnéville-en-Haye dans le courant de l'après-midi; l'artillerie de corps s'arrêtait à Montauville et enfin la *24*e division, partie le matin de Secourt et Achatel, atteignait Pont-à-Mousson vers 6 heures du soir. Le quartier général du XIIe corps s'installait également à Pont-à-Mousson;

La cavalerie de la Garde (1) était arrivée de bonne heure à Apremont et plaçait ses avant-postes devant la portion de la Meuse comprise entre Saint-Mihiel et Commercy en se reliant avec la cavalerie saxonne par Buxerulles;

La *2*e division d'infanterie de la Garde bivouaquait près de l'étang de Maux-la-Chère (Sud-Est de Bouconville) avec son avant-garde à Bouconville; l'artillerie de corps venait à Beaumont et la *1*re division à Bernécourt avec l'état-major du corps d'armée;

Enfin le IVe corps, formant l'extrême gauche de la IIe armée, ne gagnait que fort peu de terrain en avant. La 7e division atteignait seulement Rozières-en-Haye et poussait l'une de ses brigades vers Toul (2); l'artillerie de corps formait le parc aux Saizerais et la *8*e division ne faisait que passer d'une rive de la Moselle sur l'autre en venant bivouaquer partie à Marbache, partie à Belleville.

---

(1) D'après l'*Historique du Grand État-Major prussien*. Il ne s'agit évidemment que des brigades de cuirassiers et de hulans, puisque les dragons étaient à Thiaucourt.

(2) La *14*e brigade — renforcée du 7e dragons et de deux batteries $\left(\frac{1}{4} \text{ et } \frac{2}{4}\right)$ — vint bivouaquer sur les hauteurs de Francheville, avec son avant-garde (*93*e, *7*e dragons, Ire batterie), et sur la rive gauche du Terrouin, à hauteur de Jaillon, avec le reste de ses troupes.

Le quartier général de la IIe armée pendant la matinée du 16. — La nuit du 15 au 16 se passa au quartier général sans qu'on jugeât opportun de modifier les ordres de la veille.

Cependant le maréchal de Moltke expédiait d'Herny, le 16, à 7 h. 15 du matin, un *ordre pour les fractions intéressées des deux armées :*

Quartier général à Herny, 16 août, 7 h. 15 matin (1).

« Le IXe corps doit si possible franchir aujourd'hui le pont préparé sur la Moselle aux environs d'Arry pour le IIIe corps, ou tout au moins s'avancer tout près de la rivière. Il y a donc lieu, pour la Ire armée, de laisser passer ce corps, et l'on modifiera en conséquence les bivouacs du VIIIe corps (2). »

De son côté, l'état-major de la IIe armée adressait la lettre suivante au commandant du IXe corps :

Pont-à-Mousson, 15 août, 8 heures matin.

« Il est nécessaire que le IXe corps se mette en marche immédiatement à la suite du IIIe et passe la Moselle dans les environs de Pagny.

« Votre Excellence voudra bien mettre en marche le IXe corps et le rapprocher de la Moselle.

---

(1) *Correspondance militaire du maréchal de Moltke.*

(2) D'après Cardinal von Widdern, cet ordre fut communiqué directement par un officier du grand quartier général : à 9 heures du matin, à Cherisey, au commandant de la *15e* division; ensuite à Verny, au chef d'état-major du IXe corps; enfin, à 1 heure, à Lorry, au commandant du VIIIe corps. (*La crise de Vionville*, page 138.)

Il y a lieu de remarquer, toutefois, que la 18e Monographie fait le silence sur ce point et qu'en outre, le texte de l'ordre daté de 7 h. 15 et expédié d'Herny à Pont-à-Mousson ne porte pas la mention : « Télégramme ».

« Si cela est possible, une partie du corps d'armée passera la Moselle dans la matinée et suivra le IIIe sur Mars-la-Tour..... »

En même temps, le commandant de la IIe armée adressait au Xe corps une instruction complémentaire en lui recommandant de pousser sa cavalerie (à laquelle il avait ordonné la veille de diriger ses reconnaissances par Vigneulles et Haudiomont) sur la route d'Étain qui, « d'après les renseignements reçus », était « principalement » suivie par l'armée française en retraite (1).

Bien que le prince Frédéric-Charles crût devoir préciser le rôle qu'il désirait voir jouer à la cavalerie du Xe corps, il n'en apparaît pas moins qu'il persista dans l'hypothèse que l'armée française était déjà très avancée vers la Meuse, car, dans la matinée, alors que la bataille battait déjà son plein à 20 kilomètres de là, on s'occupait, au quartier général de la IIe armée, à rédiger un ordre (daté du 16 août à midi) pour la journée du 17, ordre qui débutait ainsi :

« La IIe armée continuera demain sa marche vers la Meuse..... (2). »

---

(1) *Au général Voigts-Rhetz.*

Pont-à-Mousson, 16 août, 8 heures matin.

« Sa Majesté transporte aujourd'hui son quartier général à Pont-à-Mousson. Mon quartier général sera aujourd'hui à Thiaucourt, où j'ai prescrit directement au général de Kraatz de laisser un bataillon de la *20e* division. D'après les renseignements reçus, la retraite de l'ennemi s'effectue principalement par la route qui conduit de Metz à Verdun par Étain. En conséquence, Votre Excellence voudra bien pousser sa cavalerie sur cette route. » (*Die Thatigkeit des general kommandos X. Armee korps*, von Lessing. S. 51.)

FR.-CHARLES.

(2) *Historique du Grand État-Major prussien*, supplément XX, page 159.

Mise en marche des IIIe, IXe et Xe corps. — Cependant, tous les commandants de corps d'armée n'envisageaient pas la situation de la même manière que le prince Frédéric-Charles.

Le 15 août, à 11 h. 30 du soir, en effet, le commandant du Xe corps avait donné l'ordre suivant, qu'il est intéressant de reproduire intégralement :

Ordre du Xe corps pour le 16 *août* (1).

Thiaucourt, 15 août, 11 h. 30 soir.

« La retraite de l'armée ennemie vers la Meuse est commencée. La IIe armée la suivra dans cette direction.

« Le IIIe corps traversera demain la Moselle en aval de Pont-à-Mousson (2) et marchera par Novéant et Gorze, autant que possible jusqu'à Mars-la-Tour.

« Le XIIe corps marchera par Pont-à-Mousson jusqu'à Régniéville. Il poussera sa cavalerie jusqu'à Buxerulles et Vigneulles. Le corps de la Garde suivra jusqu'à Bernécourt. Le prince Frédéric-Charles restera à Pont-à-Mousson. Le Xe corps continuera sa marche sur Verdun.

« Le lieutenant général von Rheinbaben, devant lequel une division de cavalerie ennemie s'est retirée aujourd'hui sur Metz et en face duquel se trouve un camp ennemi de toutes armes à Rezonville (3), s'avancera demain contre le camp et cherchera en même temps à

---

(1) Traduction de l'expédition adressée au colonel de Lyncker. Cette expédition, signée *v. Caprivi*, a été trouvée sur le champ de bataille et fut communiquée à l'état-major du maréchal Bazaine après la bataille.

(2) On ignorait encore, au Xe corps, que le IIIe traversait en ce moment même la Moselle. On ne le sut que le 16 au matin, par un compte rendu du colonel de Lyncker.

(3) Renseignement fourni par le rapport Heister. (Voir « Journée du 15 août », page 102.)

prendre des vues sur la route de Metz à Conflans. Il profitera de toute occasion favorable pour attaquer l'ennemi.

« Le *13*e régiment de dragons et deux batteries à cheval du *10*e régiment d'artillerie ont directement reçu l'ordre, d'ici, de quitter leur bivouac de Thiaucourt à 4 h. 30 du matin et de joindre le général von Rheinbaben à Xonville (1).

« Pour soutenir le général von Rheinbaben et pour faciliter sa réunion avec le colonel von Lyncker, qui se trouve à Novéant, le colonel Lehmann se rendra de Thiaucourt par Dommartin à Chambley demain matin à 4 h. 30, avec quatre bataillons, une batterie et deux escadrons. Il restera là jusqu'à l'accomplissement de sa mission et se rendra ensuite au bivouac près de Doncourt-aux-Templiers (2).

« Le colonel von Lyncker se rendra à 4 h. 30 de Novéant par Gorze dans les environs de Chambley, où il passera sous les ordres du colonel Lehmann.

« La *19*e division d'infanterie lui fera parvenir cet ordre par une voie sûre.

« Le général von Schwartzkoppen (*19*e division) quittera Thiaucourt, à 4 h. 30, avec la brigade de dragons de la Garde et avec le reste de sa division ; il se rendra par Saint-Benoît à Saint-Hilaire, où il prendra une position d'avant-garde, en poussant de la cavalerie vers Fresnes et Lachaussée. Une partie de son infanterie pourra suivre sur des voitures de la brigade de dragons. Il poussera des reconnaissances vers Vigneulles et vers la route de Vigneulles à Fresnes. Il se tiendra,

(1) Le *13*e dragons était resté à Thiaucourt, mais il rejoignit, dans la soirée du 15, sa brigade à Hannonville ; les deux batteries à cheval partirent donc le lendemain matin sous l'escorte du 2e escadron du *2*e dragons de la Garde.

(2) Deux kilomètres Nord-Ouest de Woël.

à droite, en communication avec le général von Rheinbaben et le colonel Lehmann, et gardera Thiaucourt avec deux compagnies jusqu'à ce qu'il ait été remplacé par la *20*e division d'infanterie.

« Le général von Kraatz rompra à 4 h. 30 du matin avec la *20*e division d'infanterie et l'artillerie de corps après avoir fait rentrer son détachement de Champey ; il passera la Moselle sur les deux ponts et se rendra par Thiaucourt à son bivouac entre Beney et Thiaucourt. Il occupera Saint-Benoît et poussera les avant-postes à Xammes et Vigneulles.

« Le major Strakerjau, avec le premier convoi du train et avec tout ce qu'il trouvera à proximité du deuxième convoi et des voitures, suivra immédiatement la *20*e division et parquera au Sud-Est de Thiaucourt.

« Je me rendrai à 4 h. 30 avec une escorte d'un escadron du *13*e dragons auprès du général Rheinbaben et pense, ensuite, prendre mon quartier général à Saint-Hilaire.

« Les bagages du quartier général marcheront sous la protection du général von Schwartzkoppen. Le colonel Cordemann suivra jusqu'à Thiaucourt où on pourra laisser en arrière les malades et les maraudeurs sous la direction d'officiers. »

VOIGTS-RHETZ.

Pour ampliation :
CAPRIVI.

Si donc le général Voigts-Rhetz dirigeait, conformément à des ordres supérieurs, son corps d'armée vers le Nord-Ouest avec l'intention de *continuer la marche sur Verdun*, il paraît manifestement préoccupé de la présence du camp important signalé aux environs de Rezonville par le major Heister.

La *5*e division de cavalerie devait d'abord éclairer la

situation sur le flanc droit et, en particulier « prendre des vues sur la route de Metz à Conflans », ce qu'elle avait négligé de faire la veille (1). Enfin, point important à noter : le général de Rheinbaben devait *profiter de toute occasion favorable pour attaquer l'ennemi*, ce qu'il exécuta, à la lettre, le lendemain matin, au grand dommage du IIIe corps.

Les mouvements prescrits par le commandant du Xe corps furent entamés dans la matinée du 16. Le colonel de Caprivi, chef d'état-major du Xe corps, partit en personne, de grand matin, avec le 2e escadron du 2e dragons de la Garde et deux batteries à cheval, pour rejoindre le général de Rheinbaben.

Le colonel Lehmann avec son détachement (4 bataillons, 1 batterie lourde et 2 escadrons) quitta Thiaucourt vers 5 heures du matin et se dirigea sur Chambley par Dommartin.

Le reste de la *19*^e^ division, précédé de la brigade de dragons de la Garde, rompit vers Saint-Hilaire par Saint-Benoît et Woël; la *20*^e^ division et l'artillerie de corps commencèrent l'étape qui devait les conduire à Thiaucourt.

On se rappelle que d'après l'ordre de l'armée, le IXe corps devait seulement gagner les environs de Sillegny et se préparer à suivre le lendemain (c'est-à-dire le 17 août) le IIIe corps sur Gorze (2).

Le général de Manstein prescrivit donc les mesures suivantes :

---

(1) Il est à remarquer que, sur ce point, le commandant du Xe corps était allé au-devant du désir exprimé seulement le lendemain matin à 8 heures par le prince Frédéric-Charles.

(2) L'ordre de l'armée fut reçu par le IXe corps à 3 heures du matin à Verny.

Verny, 16 août, 6 h. 45 matin (1).

« Le corps d'armée se portera vers la Moselle :

« 1° La *18*e division partira à 9 heures du matin et passera par Pommerieux et Sillegny. Elle cantonnera à Arry, Lorry, Mardigny, Sillegny, Marieulles; état-major de la division à Lorry;

« 2° L'artillerie de corps suivra la *18*e division à 10 heures du matin à Pommérieux, où elle bivouaquera (une partie sera cantonnée dans cette localité);

« 3° La *25*e division franchira, à partir de 10 heures du matin la Seille sur le pont jeté au Nord de Pommérieux en face de la ferme Loiville; elle cantonnera à Corny, Fey, Vezon, Coin-les-Cuvry, Cuvry, Pournoy-la-Chétive, Coin-sur-Seille, Loiville; état-major de la division à Coin-sur-Seille;

« 4° et 5°..... (Relatifs aux trains);

« 6° Toutes les compagnies de pionniers avec l'équipage de pont léger et les voitures d'outils, seront mis à la disposition du major Hutier (2).

« Mon quartier général ira à Sillegny. »

On voit, par ce qui précède, que le général de Manstein était préoccupé de se rapprocher le plus possible de la Moselle. Bien qu'il lui eût été prescrit seulement de s'avancer *du côté de Sillegny*, il crut bon de pousser la tête de son corps d'armée jusque dans la vallée même de la Moselle (à Arry).

La *18*e division traversa la Seille à Pommérieux (suivie par l'artillerie de corps qui s'arrêta à hauteur de cette localité) et atteignit Arry avec la tête de colonne vers midi (3).

---

(1) D'après Cardinal von Widdern. (*Die Krisis von Vionville*. S. 125).

(2) Chargé de reconnaître un emplacement de pont vers Arry.

(3) Il est à remarquer que, dans son *Journal*, le général de

La *25*e division ne reçut l'ordre de mouvement qu'à 8 h. 10; elle ne put donc se mettre en route que tardivement. D'ailleurs, comme elle dut céder le pas à la *18*e division sur la section de chemin Verny, Pommérieux; qu'en outre elle se heurta à des fractions du VIIIe corps et qu'enfin ses pionniers n'eurent achevé le pont sur la Seille devant Loiville que vers midi, la division éprouva un retard considérable et ne termina pas le passage de la rivière avant 6 h. 30 du soir.

Cependant, le maréchal de Moltke ayant reçu communication dans la matinée de l'ordre de mouvement de la Ire armée et ayant constaté que des croisements de colonnes ne pouvaient manquer de se produire avec le IXe corps, avait expédié, vers 7 heures du matin, l'un des officiers de son état-major avec ordre à la Ire armée de céder le pas au IXe corps qui devait, ce même jour, pousser jusqu'à la Moselle *et la franchir si possible* (1).

L'officier d'état-major rencontra à Cherisey, vers 9 heures du matin, la *15*e division à laquelle il fit ajourner son départ; mais la *16*e division, déjà engagée sur Sillegny ne put être arrêtée pour livrer passage au IXe corps. Enfin, l'ordre ouvert du grand quartier général parvint vers 1 heure à Verny au général de Manstein, qui cependant ne crut pas devoir modifier ses prescriptions antérieures, bien qu'il lui fût recommandé de franchir la Moselle, autant que possible, le jour même..... Il ne jugea même pas opportun de rapprocher immédiatement son quartier général (alors à Sillegny) de la Moselle, de manière à se trouver à portée des éléments de tête de son corps d'armée,

---

Wittich dit avoir reçu à 2 heures seulement l'ordre de se diriger sur Corny. (Il était alors arrêté à Fey, « où la brigade devait cantonner. »)

(1) Ordre ouvert du grand quartier général, daté du 16 août, 7 h. 15 du matin. Voir page 124.

car il ne se décida à prendre cette mesure que dans la soirée du 16 août, alors que les premières troupes arrivées sur la Moselle avaient déjà échappé à son action pour marcher au canon (1).

On verra plus tard comment de nouveaux et pressants ordres du commandant de la IIe armée décidèrent enfin le IXe corps à se rapprocher de la Moselle dans la soirée.

Le général Alvensleben qui, suivant l'expression de la 18e Monographie, « avait outrepassé les ordres qu'il avait reçus » en portant tout son corps d'armée sur la rive gauche de la Moselle dans la nuit du 15 au 16, était resté sans nouvelles de l'armée française (2). Il n'en conservait pas moins l'espoir de l'atteindre le lendemain.

« Si cette dernière était encore à l'Ouest et dans le voisinage de Metz, dit la 18e Monographie, on pouvait la dépasser en rejoignant obliquement la route Metz-Verdun; si elle était déjà en marche sur Verdun, on pouvait l'attaquer de flanc; enfin, si, contre toute attente, elle avait déjà atteint Verdun, on pouvait toujours espérer joindre une partie de l'armée ennemie et la forcer à s'arrêter pour combattre, jusqu'à ce que les autres corps de la IIe armée fussent arrivés. » (3)

Le 15 au soir, le commandant du IIIe corps donnait l'ordre suivant :

---

(1) Le commandant du IXe corps dut recevoir, aux environs de midi, l'ordre du prince Frédéric-Charles (de 8 heures du matin, page 195); ordre qui n'était d'ailleurs à peu de chose près que la paraphrase de celui du grand quartier général.

Le général de Manstein ne tint pas plus compte de l'un que de l'autre.

(2) En particulier, il ignorait absolument la présence d'un grand camp à Rezonville. Il ignorait également que la 5e division de cavalerie fût arrivée aux environs de Mars-la-Tour et y eût rencontré l'ennemi.

(3) *Kriegsgeschichtliche Einzelschriften*. H. 18.S. 537.

Pagny, 15 août, 10 h. 30 soir (1).

« D'après les ordres supérieurs, le IIIe corps devra se placer demain matin, à la pointe du jour, à cheval sur la route Metz-Verdun.

« En conséquence :

« La *6e* division rompra à 5 heures et marchera sur Mars-la-Tour par Arnaville et Onville; la division se fera renseigner par un officier envoyé à l'avance au sujet de la viabilité de cette route dont nous n'avons connaissance que par les cartes;

« L'artillerie de corps suivra la division à 7 heures;

« La *6e* division de cavalerie passera le pont de Novéant demain matin à 5 h. 30 et se mettra en marche sur Vionville par Gorze;

« La *5e* division suivra la *6e* division de cavalerie;

« Toutes les troupes qui atteindront la route de Metz à Verdun feront tout d'abord face à la place..... »

La *6e* division de cavalerie avait reçu l'ordre précédent à Coin-sur-Seille vers 2 heures du matin. Bien que le commandant de cette division eût aussitôt prescrit de monter à cheval, on eut terminé le passage du pont suspendu de Corny — sur lequel les cavaliers durent défiler un par un — qu'à 7 heures du matin.

A 7 h. 30, la *6e* division de cavalerie se mettait en marche sur Gorze dans l'ordre suivant : le *3e* régiment de hussards ayant derrière lui le *16e* régiment de la même arme avec la batterie à cheval; en queue, la brigade Grüter (*6e* cuirassiers, *3e* et *15e* hulans) moins deux escadrons du *3e* hulans « laissés sur la rive droite de la Moselle, jusqu'au moment où ils seraient relevés par les troupes du Ier corps (2) ».

---

(1) *Einzelschriften.* Heft 18. S. 538.

(2) *Historique du Grand État-Major prussien*, page 525.

A la suite de la cavalerie, la 5e division d'infanterie s'engagea dans le défilé de Gorze après avoir laissé deux bataillons et un escadron de dragons à Dornot et Corny pour couvrir son flanc droit dans la direction de Metz.

Enfin, la 6e division d'infanterie quittait Arnaville à 5 h. 30 du matin et suivait la route de Mars-la-Tour par Onville et Buxières, ayant à sa suite l'artillerie de corps.

La 6e division avait à peine fait quelques kilomètres et arrivait à Onville quand parvint le premier renseignement de la journée sur l'ennemi. Une reconnaissance du 2e régiment de dragons annonçait de Tronville (5 h. 15 du matin) que des avant-postes d'infanterie s'étendaient sur le plateau de Rezonville entre Vionville et le bois du même nom.

« Ce rapport fut transmis vers l'arrière au commandant du IIIe corps qui se félicita vivement de la ténacité qu'il avait déployée pour continuer la marche pendant la journée de la veille (1). »

Résolu à attaquer, le général Alvensleben continua sa marche tandis que l'autre division de son corps d'armée venait se heurter, au sortir de Gorze, au corps du général Frossard déjà mis en éveil par la canonnade des 5e et 6e divisions de cavalerie.....

II. — L'armée française pendant la matinée du 16 août (jusqu'à 9 heures).

Le grand quartier général. — L'ordre du commandant en chef, pour la journée du 16 août (2), ne fut pas sans provoquer des demandes d'explications de la part de certains commandants de corps d'armée.

---

(1) *Einzelschriften.* Heft 18. S. 541.
(2) Voir « Journée du 15 août », page 61.

C'est ainsi qu'à minuit le général Frossard, en rendant sommairement compte de la situation de ses troupes, priait le Maréchal de lui faire connaître en temps opportun, la direction et l'ordre de la marche projetée (1).

De son côté, le commandant du 3e corps était inquiet de n'avoir encore vu arriver entre Montigny et Vernéville, dans la soirée du 15, que deux de ses divisions d'infanterie au lieu de la totalité de son corps d'armée, ainsi qu'il l'avait annoncé au commandant en chef à 6 h. 30 du soir; il rendit compte à 11 h. 5 du soir au maréchal Bazaine de ce que les divisions Montaudon et Castagny, ainsi que la réserve d'artillerie (et le parc) étaient seules parvenues à Montigny et Vernéville, à cause du retard produit par l'encombrement sur le mauvais chemin de Plappeville à Châtel-Saint-Germain. Puis il ajoutait : « Je donne des ordres pour que l'on se conforme, autant que possible, aux ordres de Votre Excellence en ce qui concerne l'heure de la soupe et celle à laquelle on doit se tenir prêt à partir. Mais si l'on doit combattre, il serait vivement à désirer que mon corps d'armée fût réuni avant de s'ébranler. Votre Excellence n'ignore pas que le 4e corps tout entier, qui devait me précéder, n'a pas fait le mouvement hier et qu'il est encore, à l'heure où j'écris, sous ou même dans Metz. Dans ces conditions de dispersion, Votre Excellence

(1) Voir aux documents annexes la lettre du général Frossard au maréchal Bazaine, datée du 15 août, minuit.

C'est en *post-scriptum* de cette lettre que se trouve le renseignement suivant auquel on a déjà fait allusion : « Un détachement prussien fort d'environ deux régiments (infanterie et cavalerie), commandé par un général et venant par la route de Novéant, est passé à Gorze vers 9 heures du soir, s'enquérant de la distance qu'il y aurait de là à la route de Verdun. Ils ont ensuite rétrogradé précipitamment par la même route. »

appréciera s'il ne serait pas plus utile d'attendre l'ennemi plutôt que d'aller à lui jusqu'au moment où tout le 3e corps sera réuni (1)..... »

Entre 4 et 5 heures du matin, le commandant en chef fut appelé auprès de l'Empereur qui se préparait à gagner Verdun. Quand le Maréchal arriva à Gravelotte, le Souverain lui fit part de la détermination qu'il avait prise de ne pas différer plus longtemps son départ pour le camp de Châlons. Il lui recommanda de se mettre en marche sur Verdun, mais, si l'on s'en rapporte aux déclarations, sans doute intéressées, du Maréchal, l'Empereur n'insista pas sur la nécessité de commencer immédiatement le mouvement (2).

Quoi qu'il en soit, l'Empereur était à peine parti (3)

---

(1) Lettre du maréchal Lebœuf au maréchal Bazaine.

(2) Extrait de l'interrogatoire du maréchal Bazaine par le général rapporteur du conseil de guerre (*Instruction du procès Bazaine*) :

Le Maréchal. — L'Empereur m'envoya chercher vers 5 heures du matin (*). Je le trouvai en voiture avec le Prince impérial. Il me fit part de sa détermination de se rendre à Verdun par la route d'Étain.

D. — Vous a-t-il donné des instructions particulières au moment de partir?

R. — Oui, l'Empereur me dit verbalement : « Dès que votre armée sera réunie et que vous pourrez vous mettre en marche dans de bonnes conditions, dirigez-vous sur Verdun. »

D. — Il n'a pas insisté sur votre départ immédiat?

R. — Non, il m'a laissé, comme commandant en chef, le loisir de choisir le moment opportun.

Il est cependant à noter que, d'après les *Épisodes*, page 77, et contrairement à cette dernière assertion, l'Empereur aurait dit au Maréchal : « Mettez-vous en route dès que vous le pourrez. »

(3) Napoléon III, accompagné de son fils, partit de Gravelotte entre 4 et 5 heures du matin, sous l'escorte de la 2e brigade de cavalerie de la Garde, qui fut désignée le matin même pour ce service, tandis que

(*) Cette heure est évidemment trop tardive, car l'ordre que le Maréchal donna après le départ de l'Empereur est lui-même daté de 5 heures du matin.

que le commandant en chef prescrivait de suspendre le mouvement ordonné la veille, profitant ainsi de la lettre que lui avait adressée le commandant du 3e corps, (lettre dont il ne prit connaissance que le 16 au matin) pour satisfaire sans doute à un secret désir d'ajourner une opération qu'il se sentait incapable de conduire à bonne fin.

A 5 h. 15 du matin il adressait, en effet, au maréchal Lebœuf la lettre suivante :

Monsieur le Maréchal,

« D'après les considérations exposées dans votre lettre de ce matin (1), je suspends jusqu'à cet après-midi la marche de l'armée. Veuillez envoyer les ordres les plus impératifs pour que les divisions en retard vous rallient, et sermonner les commandants des divisions en retard, et particulièrement le général de Clérembault dont la division était encore sous Metz cette nuit.

« L'intendant général Wolff, qui revient de la ligne

---

les voitures du quartier impérial suivaient à distance avec un détachement de Cent-gardes, un escadron des guides et le IIIe bataillon du 3e régiment des grenadiers.

Cependant, l'Empereur, trouvant son escorte un peu lourde, se fit devancer par un officier qui alla prévenir le général du Barail, alors à Doncourt, de tenir l'une de ses brigades de cavalerie légère prête à remplacer celle de la Garde. La 1re brigade (Margueritte) de la 1re division de cavalerie fut désignée à cet effet, et arriva avec l'Empereur à Verdun à 2 heures de l'après-midi.

La brigade de la Garde gagna Conflans avec le reste de la division du Barail et s'arrêta un peu au delà de cette localité pour attendre des ordres qui ne lui parvinrent d'ailleurs pas, parce que le général Desvaux la croyait à Verdun. Elle prit part à la bataille, ainsi qu'on le verra plus loin, de concert avec le 2e régiment de chasseurs d'Afrique, qui restait seul sous les ordres du général du Barail.

(1) Le commandant en chef ne prit donc connaissance de la lettre du commandant du 3e corps (datée du 15 août, 11 h. 5 du soir) que le 16 au matin.

du Nord par Longuyon, affirme qu'il n'y a pas un seul ennemi sur notre droite; il n'y aurait qu'un parti de 200 hulans devant vous sur la route d'Étain. Le général du Barail les a pourchassés hier et leur a fait sept prisonniers.

« Le danger pour vous est du côté de Gorze, sur la gauche du 2e et du 6e corps. Faites donc reconnaître tous les chemins que vous auriez à suivre pour venir vous mettre en seconde ligne derrière les 3e et 6e corps dans le cas d'un combat aujourd'hui. C'est, du reste, une précaution que vous devez toujours observer pendant votre marche sur Verdun. Vous devez également envoyer sur votre flanc gauche, pour vous tenir en communication avec nous, des détachements de cavalerie légère. »

En même temps, le commandant en chef signait les *Instructions* suivantes qui venaient d'être rédigées sur son ordre :

Instructions du Commandant en chef pour la matinée du 16 août.

Grand quartier général, Gravelotte, 16 août, 5 heures du matin.

« Faites faire de suite les distributions selon les ressources qui vous sont envoyées par l'intendant général.

« Toutes les voitures *civiles* employées sous la dénomination de train auxiliaire devront être envoyées en arrière de Gravelotte; on devra en profiter pour renvoyer sur Metz les malades qui ont besoin d'être hospitalisés.

« S'assurer que tous les hommes ont leur complet de cartouches; dans le cas contraire en faire distribuer immédiatement et faire remplacer dans les parcs divisionnaires ce qui aurait été consommé.

« Dès que les reconnaissances seront rentrées et que tout indiquera que l'ennemi n'est pas en force à proximité, on pourra retendre les tentes, mais les hommes ne devront aller à l'eau que par corvées. Défendre que l'on s'éloigne des camps. Des postes de cavalerie devront être adjoints aux grand'gardes afin de fournir des vedettes (par deux) aussi loin que possible afin d'être prévenu à temps de l'approche de l'ennemi.

« Les routes doivent rester libres. Tous les bagages ou services administratifs doivent rester en arrière du front par lequel l'ennemi pourrait venir attaquer.

« Nous partirons probablement dans l'après-midi dès que je saurai que les 3e et 4e corps seront arrivés à notre hauteur en totalité. Les ordres, du reste, seront donnés ultérieurement.

« Les routes étant très bonnes à partir de nos bivouacs, il n'y a aucun inconvénient à charger un peu plus les voitures militaires du train auxiliaire. Il y aura donc lieu de prescrire que ces voitures reçoivent le plus de vivres possible aujourd'hui. »

Enfin, le Maréchal faisait parvenir un peu plus tard aux commandants de corps d'armée la lettre suivante relative au service des renseignements :

Le Maréchal commandant en chef aux commandants de corps.

Gravelotte, 16 août.

« Il est indispensable que je sois renseigné très vite et exactement sur la position et le nombre des forces ennemies qui se trouvent dans nos environs.

« Je vous prie de donner les ordres les plus formels à votre cavalerie pour qu'elle s'éclaire avec soin très au loin avec de très petites fractions pour ménager les chevaux. En outre, vous avez dû recevoir du Cabinet de Sa Majesté une note faisant connaître les instructions données aux maires et aux agents forestiers pour qu'ils soient à la disposition de l'autorité militaire afin de lui fournir des informations.

« Je vous prie, en conséquence, de vous servir des agents civils et d'envoyer sans cesse en avant et sur les flancs des hommes du pays pour recueillir des renseignements. Toutes les nouvelles qui vous parviendront devront m'être transmises sans aucun retard, afin que je puisse prendre en temps utile les mesures que comporteraient les circonstances.

« Vous mettrez quelques fonds secrets à la disposition du général qui commande votre cavalerie afin qu'il ait le moyen de payer les agents civils ; qu'on ne s'arrête pas devant les dépenses, nous sommes en mesure d'y pourvoir. Demandez-moi de l'argent quand vous en aurez besoin. »

Prescriptions bien tardives, mais qui montrent cependant que l'incertitude commençait à peser au commandant en chef.

Le Maréchal a déclaré au cours de son procès (1) qu'il tenait à laisser aux divisions attardées sous Metz le temps de rejoindre, afin « d'avoir tout son monde dans la main avant d'entreprendre la marche sur Verdun ». Le commandant en chef entendait donc réunir préalablement son armée tout entière sur l'étroit espace compris entre Doncourt, Vionville, Gravelotte et Verneville, pour rompre ensuite dans la direction de l'Ouest, en appliquant ainsi à une armée de plus de 150,000 hommes des procédés de marche qui étaient déjà rationnellement

(1) Procès Bazaine, page 164.

injustifiables pour des unités telles que les corps d'armée et les divisions, mais qui, malheureusement, étaient les seuls en usage à cet époque. Il est à remarquer, en effet que, l'armée devant rompre en deux colonnes par les routes de Conflans et de Mars-la-Tour, la durée d'écoulement sur ces deux routes des dix divisions d'infanterie, déjà réunies sur le plateau Rezonville-Vernéville, était plus que suffisante pour donner aux têtes de colonnes des divisions restées en arrière le temps de venir prendre place à la suite des premières (1).

La raison invoquée par le Maréchal est donc, en fait, de nulle valeur, aussi bien le motif qu'il allègue naïvement pour expliquer l'ordre de dresser les tentes : « Ce n'était qu'une ruse, dit-il, pour faire croire à l'ennemi que notre intention n'était pas d'aller à Verdun, mais de manœuvrer dans les environs, en un mot, de lui donner le change sur notre direction de retraite (2). »

Pendant les premières heures de la matinée, quelques renseignements parvinrent au grand quartier général.

Le capitaine de France fut envoyé à 6 heures du matin auprès des commandants des 2e et 6e corps pour recueillir les nouvelles de la nuit, puis il rentra au grand quartier général en rapportant les renseignements suivants :

« La division du général de Forton, qui est en avant

---

(1) La 2e division du 6e corps ne comprenait qu'un régiment, mais en revanche le 2e corps comprenait une brigade mixte. En outre, quatre divisions de cavalerie, trois réserves d'artillerie de corps d'armée et la réserve générale d'artillerie de l'armée étaient également sur le plateau.

(2) Lettre du maréchal Bazaine au maréchal Baraguey d'Hilliers, datée du 16 mars 1872.

de Vionville, n'a pas été inquiétée cette nuit. Le village de Tronville (1) a été occupé hier par les Prussiens, mais *on dit* que, depuis, ils se sont repliés sur Gorze. Deux hommes venant de Gorze annoncent qu'il y a dans ce village 2,000 ou 3,000 hommes qui y ont passé la nuit; on n'a pas vu d'artillerie. Le chemin de fer du camp de Châlons est, dit-on, menacé d'être coupé à Clermont-en-Argonne (2). »

D'autre part, le capitaine Arnous-Rivière, commandant de la compagnie des éclaireurs volontaires, « chargé de fouiller les ravins qui, du plateau de Gravelotte et de Rezonville, descendent à travers les bois jusqu'à la Moselle, » rendit compte, le 16 au matin, au général Jarras, « que ses éclaireurs n'avaient pas vu un seul soldat allemand, bien qu'ils fussent descendus pendant la nuit jusqu'à Gorze (3) (4). »

Faire abstraction de la connaissance générale qu'on avait acquise les jours précédents sur la situation d'ensemble des armées ennemies (5) au point de suspendre sans aucune nécessité un mouvement de retraite dont

---

(1) Tronville était à 1800 mètres des avant-postes de la division de Forton.

(2) D'après les *Épisodes*, page 93. Extrait du carnet de notes du capitaine de France. En partie confirmé par le général Jarras : *Souvenirs*, page 103.

(3) La reconnaissance fut sans doute incomplètement exécutée, car Gorze était occupé depuis la veille par un bataillon du IIIe corps prussien.

(4) *Souvenirs* du général Jarras, page 104.

(5) On a vu précédemment que l'ensemble des renseignements parvenus au grand quartier général permettait d'apprécier le danger que courait l'armée française d'être coupée du camp de Châlons, et que même ces renseignements, généralement très pessimistes, devaient représenter ce danger comme plus menaçant qu'il ne l'était en réalité. (Voir « Journée du 15 août », page 60.)

l'urgence s'imposait, au contraire, manifeste, paraît une chose si invraisemblable qu'elle doit être considérée comme la preuve que le commandant en chef avait dès ce moment l'idée arrêtée de ne pas conduire son armée jusqu'au camp de Châlons.

Dans sa déposition devant le conseil de guerre de Trianon, le commandant Sers a d'ailleurs déclaré que, dans la matinée du 15, le Maréchal lui « parla des embarras que lui causait l'indécision de l'Empereur, des ordres et des contre-ordres qui en étaient la conséquence, et il en donna pour preuve l'ordre de faire partir un équipage de pont de bateaux pour passer la Meuse. Il blâmait vertement cette opération, ajoutant que, s'il était libre, il ne passerait pas la Meuse..... Tout en blâmant ce projet, le Maréchal a ajouté qu'il était lié par ses instructions. »

D'autre part, le Maréchal prétend avoir répondu à l'intendant Wolff, qui vint lui demander des ordres le 16, à 4 heures du matin, qu'il ne serait fixé que dans la matinée sur le mouvement à exécuter (1) (2) : « Si j'avais tout mon monde réuni, dit-il, je serais disposé à me jeter sur l'ennemi pour le refouler vers Pont-à-Mousson. Dans le cas contraire, nous devons aller sur *Verdun, qui deviendra notre nouvelle base d'opérations, restant prêts à donner la main à Metz au besoin* (3). »

Enfin, dans son interrogatoire par le président du conseil de guerre de Trianon, le maréchal Bazaine affirma que, « d'après les instructions générales de l'Empereur », il avait été convenu que l'armée ne

(1) Procès Bazaine, page 255.

(2) Il prescrivit cependant un peu plus tard à l'intendant Wolff de retourner à Verdun pour continuer à y accumuler des ressources en vivres et en moyens de transport. (Enquête sur les capitulations. Déposition de l'intendant Wolff. Séance du 17 février 1872.)

(3) *Épisodes*, page 77.

passerait pas la Meuse et resterait sur la *position de Fresne*, d'où on *s'appuierait sur Verdun* (1), tout *en veillant sur Metz* et en *couvrant les réunions du camp de Châlons* (2).

Il semble donc bien que le commandant en chef fût peu disposé à battre franchement en retraite vers l'Ouest et surtout à franchir la Meuse. Mais les nombreuses contradictions qu'on relève dans ses divers interrogatoires et dans ses ouvrages font apparaître l'indécision de son esprit et l'insuffisance de son sens stratégique aussi bien que le parti pris de rester lié à la place forte. La vérité ne serait-elle pas que, dominé par les événements, le Maréchal, qui n'avait aucune des qualités d'un commandant en chef, resta hésitant entre plusieurs projets qu'il abandonna presque immédiatement après les avoir conçus et sans même les avoir étudiés sérieusement ? La nature même des ordres ou des « instructions » qui émanent de lui démontrent d'une manière irréfutable que depuis sa prise de possession du commandement supérieur, aucun de ses actes ne fut celui d'un commandant en chef. Son activité s'exerce presque uniquement sur des détails touchant à la police ou à la discipline ; nulle part n'apparaît l'*idée* du chef qui doit donner des ordres généraux ou indiquer des directives et le but à atteindre en provoquant l'intelligente initiative des sous-ordres et en adoucissant les frottements inévitables entre les rouages si compliqués d'une armée. Bien plus — et c'est là qu'apparaît clairement l'état d'âme du général en chef — aucune des prescriptions d'ailleurs très insuffi-

(1) Voir les pièces annexes de la journée du 14 août ; dépêche de l'Empereur à l'Impératrice, 14 août, 5 h. 55 du matin :

« ..... Nous allons passer sur la rive gauche de la Moselle ; Verdun sera notre point d'appui. »

(2) Procès Bazaine, page 164.

santes qu'il donne pour l'exécution d'un mouvement quelconque ne revêt une forme impérative et définitive; l'exécution des quelques ordres émanant de lui demeure presque toujours subordonnée à certaines circonstances vagues, ou bien à une désignation d'heure qu'il se réserve de faire connaître plus tard, remettant ainsi à une date ultérieure l'exécution d'une mesure qu'il paraît inquiet d'avoir prise de lui-même.

A une question du président du conseil de guerre, question relative, précisément, au mouvement offensif vers le Sud dont il parla à l'intendant Wolff, le Maréchal répondit (1) :

« Vous savez, Monsieur le Président, qu'à la guerre, les idées se modifient suivant les temps et les circonstances, toutes les demi-heures, tous les quarts d'heure..... »

Présentée ainsi sous une forme générale et impersonnelle, cette phrase contient à la fois une pointe de vérité et une grosse exagération. Mais elle apparaît rigoureusement exacte en tous ses points si l'on en réserve l'application à son auteur lui-même. Incapable de toute conception stratégique, il restait flottant entre des projets à peine entrevus et nullement étudiés. Brave et valeureux soldat, il ne possédait en aucune façon cette fermeté de caractère — plus indispensable encore au général en chef qu'à tout autre — qui fait accepter les plus grosses responsabilités et sans laquelle les meilleures conceptions restent stériles.

Débarrassé de la présence de l'Empereur, le maréchal Bazaine fit suspendre le départ sans doute parce qu'il trouvait là un moyen d'échapper à la pressante obligation d'entamer une manœuvre qu'il se sentait incapable de mener à bien. Certes, la place de Metz dut

(1) Procès Bazaine, page 164.

produire une grande attraction sur son esprit, de même qu'elle en avait produit une quelques jours auparavant sur celui du souverain. Mais on ne saurait trouver dans ce fait le motif exclusif de la désastreuse décision du 16 août; l'impéritie du commandant en chef dut saisir avec empressement le premier prétexte venu pour *attendre, différer et ne rien faire.....*, tandis qu'au contraire la remarquable initiative d'un commandant de corps d'armée allemand allait — malgré son chef supérieur — amener sous Metz la décision de la première partie de la campagne.

Les opérations de l'armée française jusqu'à 9 *heures du matin* (1). — L'ordre du grand quartier général parvint de bonne heure (à 6 heures) au 2e corps, dont les troupes étaient prêtes à partir depuis plus d'une heure déjà. On attendit l'arme au pied que les reconnaissances du matin fussent rentrées et comme celles-ci revinrent vers 8 heures sans rien signaler de particulier, on dressa à nouveau les tentes ainsi que le Maréchal l'avait prescrit.

L'une de ces reconnaissances cependant fit un compte rendu des plus important mais dont on ne tint malheureusement pas compte.

Le lieutenant Devaureix du 66e régiment d'infanterie avait, en effet, obtenu, dans la soirée du 15, l'autorisation du général commandant la 2e division, de faire une pointe en avant des bivouacs. Parti vers minuit avec une section franche de 30 hommes, le chef de la reconnaissance gagna le ravin qui descend de Vionville vers le bois de la côte Fuzée où il stationna jusqu'aux premières lueurs du jour. Ayant atteint la crête qui se trouve au Sud de la ferme du Saulcy, il aperçut une ligne de cavalerie sur la route de Buxières à Mars-la-Tour.

(1) Croquis n° 1. Journée du 16 août.

La reconnaissance se rabattit alors sur Tronville où les habitants annoncèrent que le village avait été occupé pendant la nuit par des cavaliers allemands et que des forces relativement considérables étaient bivouaquées entre Buxières, Puxieux et Bois-la-Dame (1). Quelques cavaliers qui se trouvaient encore à l'extrémité Ouest du village s'enfuirent à l'approche de la reconnaissance française, et le lieutenant Devaureix put alors découvrir un camp ennemi à 1200 ou 1500 mètres de Tronville, puis deux batteries attelées et stationnées à une distance plus rapprochée, sur le chemin de Mars-la-Tour. Un peloton de cavalerie ennemie s'avançait bientôt vers Tronville; mais, comme le chef de la reconnaissance avait reçu l'ordre formel de rentrer de très bonne heure, il regagna le camp de sa division en passant près de Vionville, où il fit prévenir le général Murat de ce qu'il venait de voir.

A 8 heures du matin, le lieutenant Devaureix fit son compte rendu verbal au commandant de la 2e division du 2e corps, mais celui-ci n'ajouta qu'une foi très médiocre au rapport du lieutenant qu'il accusa « d'être de ceux qui voient des Prussiens partout (2) ».

Au 6e corps, les troupes étaient également prêtes depuis 4 h. 30 du matin à se mettre en route; mais le maréchal Canrobert ne reçut l'ordre de surseoir au départ que vers 8 heures, au moment même où il venait de prescrire à un officier d'aller s'enquérir auprès du grand quartier général de la cause de ce retard insolite.

En attendant un signal de départ qui n'arrivait pas, le général Bourbaki avait jugé prudent de rassembler son

(1) 5e division de cavalerie allemande.

(2) Note inédite du général Devaureix.

corps d'armée. Il avait donc prescrit à 5 h. 45 au commandant de la 1re division de rallier la 2e à Gravelotte (1). La division Deligny laissée, comme on sait, sur le plateau du Point-du-Jour (avec un régiment dans le ravin de Châtel-Saint-Germain) traversa le ravin de la Mance et vint s'établir à partir de 8 heures du matin à l'Est du village de Gravelotte et au Sud de la grande route.

Dès que l'ordre de rester sur place fut connu, les distributions de vivres commencèrent, au moins dans la plupart des corps de troupe qui stationnaient déjà depuis la veille sur le plateau Vionville, Doncourt et Gravelotte, mais elles furent, en général, très incomplètes : en particulier au 2e corps, où elles furent interrompues par la canonnade qui éclata un peu après 9 heures, et au 6e corps, dépourvu de convois. Au total, les vivres ne manquaient pas cependant, mais le désordre et la confusion des jours précédents subsistaient encore parmi les innombrables voitures dont aucune n'était à la place qui lui convenait.

Le maréchal Bazaine avait réitéré l'ordre déjà donné la veille de faire refluer sur Metz toutes les voitures civiles des convois auxiliaires (2), mais le désordre même dont il vient d'être question s'opposa encore une fois à l'exécution de cette mesure.

Pendant la nuit du 15 au 16, le général de Clérembault, dont la division était restée à la porte de Thionville, envoya un officier au grand quartier général pour rendre compte de sa situation et demander des ordres. Autorisée à changer d'itinéraire et à passer par Mon-

---

(1) Ordre du général Bourbaki au général Deligny. Compte rendu du commandant de la Garde au maréchal Bazaine.

(2) *Instructions* de 5 heures du matin.

lins, la division de cavalerie partit de très bonne heure après avoir passé la nuit la bride au bras ; elle arriva vers 8 heures du matin au château de Vernéville où elle établit son bivouac et mangea la soupe (1).

On se rappelle que la 4e division du 3e corps (Aymard) avait dû s'arrêter sur la route de Lessy à hauteur du Ban-Saint-Martin devant l'impossibilité absolue de pousser plus loin. « Toute la nuit se passa ainsi ; tous les officiers envoyés en avant constatèrent qu'il était impossible d'avancer. » Au petit jour, cependant, le général ayant fait reconnaître la route de Moulins apprit qu'elle était libre désormais. Immédiatement (vers 4 heures du matin) il fit faire demi-tour à sa division et l'engagea sur la route de Gravelotte. Arrivée à hauteur de Longeau, la division reçut l'ordre de suivre le chemin de Châtel-Saint-Germain, Vernéville, pour gagner la ferme de Caulre (sur la route de Doncourt). A 9 heures du matin, la tête de la division arrivait en vue de cette ferme, quand le canon se fit entendre du côté de Vionville (2).

Quant à la 3e division du 3e corps, elle ne sut malheureusement pas se dégager immédiatement, malgré les invitations pressantes du commandant de corps d'armée, des voies étroites et encombrées où elle avait passé la nuit.

A 8 h. 30 du matin le maréchal Lebœuf avait, en effet, expédié au général Metman une lettre par laquelle il lui faisait sentir toute l'importance qu'il attachait à sa

(1) Au cours de la marche, le 2e régiment de chasseurs reçut l'ordre de se mettre à la disposition du maréchal Canrobert qui se trouvait sans cavalerie. Le régiment arriva à Rezonville à 7 h. 30 et forma son bivouac à hauteur du village au Nord de la route.

(2) La 1re brigade marchait en tête. L'artillerie suivait à distance. La 2e brigade ayant fait une halte sur le plateau de Leipzig, était un peu en retard.

prompte arrivée à Vernéville « malgré toutes les difficultés qu'il pourrait rencontrer (1) (2) ».

Mais pendant ce temps, le général Metman rendait compte lui-même au commandant du 3e corps de l'encombrement de la route de Lessy : « A l'entrée de Lessy se trouve la réserve d'artillerie du 4e corps (3), 17 voitures d'artillerie, 30 de pontonniers, qui ont reçu l'ordre de ne se mettre en route qu'à 11 heures. De ce point jusqu'à nous, il y a 258 voitures de tout genre, sans compter les deux rampes de Plappeville. D'après cette situation, il ne me paraît pas probable que je puisse commencer mon mouvement avant 1 heure ou 2 de l'après-midi..... ».

Toutefois, le général Metman ayant reçu un peu plus tard (sans doute entre 9 et 10 heures) la lettre précitée du commandant du 3e corps, mit en route sa division pour suivre le même itinéraire que le général Aymard, c'est-à-dire la grande route de Moulins, alors complètement débarrassée. Malheureusement, la marche était à peine commencée qu'un officier de l'état-major du 3e corps arrivait auprès de la division pour la guider sur un itinéraire qu'il venait de reconnaître. « Cet officier fit prendre un chemin conduisant au village de Devant-les-Ponts, fit ensuite tourner à gauche, passer à Lorry et traverser le bois de Lorry. Après avoir traversé le bois de Lorry et le ravin de Châtel, la 3e division déboucha sur le plateau à l'Ouest de Châtel et se dirigea sur la

(1) Le Maréchal avait d'ailleurs envoyé précédemment un officier dans le même but auprès du général commandant la 3e division.

(2) Lettre du maréchal Lebœuf au général Metman.

(3) Il s'agit sans doute de l'artillerie de la 3e division du 4e corps qui, en effet, passa la nuit sur la route à l'entrée de Lessy. La réserve du 4e corps était près de Maison-Neuve. D'ailleurs, l'artillerie de la 3e division était elle-même sur la route au col de Lessy depuis la veille, ainsi que l'équipage de ponts du 2e corps.

ferme de Saint-Hubert et le village de Gravelotte. Il était nuit lorsque la colonne put déboucher de Gravelotte sur le champ de bataille et l'on marchait depuis 11 heures du matin ! (1) (2) ».

On sait qu'à la suite de rapports faits par des officiers de son état-major sur l'encombrement de la route de Lessy, le général de Ladmirault s'était décidé fort tard dans la soirée à engager son corps d'armée, dès le lendemain matin, sur la route de Saint-Privat au lieu de suivre le chemin de Lessy comme il en avait reçu l'ordre (3). La 3e division, seule, devait chercher à rejoindre le reste du 4e corps en se dirigeant vers le Nord-Ouest et en suivant au besoin la voie ferrée du ravin de Châtel.

Précédé de la division de cavalerie Legrand, qui quitta son bivouac vers 4 heures du matin, le 4e corps rompit vers 5 heures (4).

La division de cavalerie, accompagnée des deux batteries à cheval de la réserve, était déjà arrivée sur le plateau de Saint-Privat quand on entendit les premiers

(1) La division avait donc mis neuf heures pour faire une étape d'une vingtaine de kilomètres.

(2) Journal de marche de la 3e division du 3e corps.

(3) Voir page 51.

(4) Le tableau suivant donne à la fois l'ordre de marche et les heures de passage à Woippy (d'après le rapport du général de Ladmirault, daté du 3 septembre 1870) :

2e division (l'artillerie entre les deux brigades).	5 heures.
Réserve d'artillerie	6 h. 25.
Bagages de la 2e division et du quartier général	7 heures.
Parc du corps d'armée	7 h. 5.
Ambulance du quartier général	7 h. 38.
Tête de la 1re division	7 h. 45.
Queue de la 1re division	9 heures.

coups de canon vers le Sud. Elle continua jusqu'à Sainte-Marie-aux-Chênes, où elle venait de s'arrêter lorsqu'un officier de l'état-major du 4e corps d'armée lui apporta l'ordre de se rabattre sur Doncourt, ce qu'elle fit immédiatement en prenant à travers champs.

Un peu après 9 heures du matin, la tête de la 2e division (Grenier), c'est-à-dire la 1re brigade avec la batterie de canons à balles, avait déjà dépassé Amanvillers et continuait sa route par Vernéville sur Jouaville. La 2e brigade avait suivi la 1re jusqu'à Amanvillers; là, elle fut séparée de celle-ci « *pour éviter l'encombrement* » et dirigée, avec les deux autres batteries de la division, sur Jérusalem, Sainte-Marie, puis Batilly (1) (2).

Vers 9 heures du matin, le reste de la réserve d'artillerie du 4e corps (quatre batteries) atteignait le plateau de Saint-Privat à la lisière des bois, et la 1re division, séparée du reste de la colonne par des convois et le parc d'artillerie, arrivait seulement, à ce moment, à hauteur de Saulny, tandis que la queue de cette même division sortait de Woippy.

Quant à la division Lorencez, elle se borna, dans la matinée, à mettre un peu d'ordre parmi ses divers éléments, et se groupa au Nord de Lessy le long du chemin qui gravit le contrefort du Châlet Billaudel. D'ailleurs, la 2e brigade, encore enchevêtrée au milieu des voitures qui encombraient le chemin, eut toutes les peines du monde à se dégager et arriva exténuée auprès de la 1re. « Les hommes firent la soupe ; ils étaient telle-

(1) Il paraît probable que la marche fut très ralentie dès le moment où l'on s'engagea sur le mauvais chemin qui, de la lisière Nord du bois de Saulny, conduit à Amanvillers et Vernéville. Ordre fut alors donné à la 2e brigade de faire un détour par le Nord pour gagner la région de Doncourt par un chemin plus praticable.

(2) Rapport du général commandant la 2e brigade de la 2e division, daté du 18 août.

ment exténués par la fatigue causée par la marche de nuit qu'on dut leur accorder quelques heures de repos (1). »

Malgré les ordres pressants du commandant de corps d'armée, la division Lorencez ne put partir qu'à 2 heures de l'après-midi. Elle s'engagea sur le chemin qui suit la crête des bois de Lorry, traversa Amanvillers, Habonville, Jouaville, et n'arriva à Doncourt qu'à 6 heures du soir.

Situation générale de l'armée vers 9 *heures du matin* (2). — On voit qu'au moment où la bataille allait s'engager devant Vionville, c'est-à-dire un peu après 9 heures du matin, la situation générale de l'armée française était la suivante :

Entre Saint-Marcel et Flavigny, sur un front de 4 kilomètres, trois divisions étaient déployées en première ligne face à l'Ouest (3), ayant à courte distance en avant d'elles deux divisions de cavalerie groupées autour de Vionville (4), mais n'exerçant aucune autre surveillance que celle qui était du ressort d'une ligne d'avant-postes placée à quelques centaines de mètres en avant des bivouacs. A l'exception d'une reconnaissance d'infanterie qui s'avança jusqu'à hauteur de Tronville et qui signala dans les premières heures de la matinée de la cavalerie ennemie, avec de l'artillerie, dans la direction de Puxieux, aucune tentative n'avait été faite par la cavalerie française pour chercher à savoir ce qu'étaient devenus les escadrons devant lesquels elle avait cru devoir se retirer la veille après une courte canonnade.

---

(1) Rapport du général commandant la 2e brigade de la 3e division, daté du 16 août.

(2) Croquis n° 1. Journée du 16 août.

(3) $\frac{1\ D}{6}$, $\frac{3\ D}{6}$, $\frac{2\ D}{2}$.

(4) 3 D.C, $\frac{D.C}{2}$.

Enfin, plus au Nord, à Conflans, une autre division de cavalerie (à ce moment réduite à un seul régiment, mais renforcée d'une brigade de cavalerie de la Garde) (1) précédait de quelques kilomètres la tête de colonne d'infanterie qui devait s'engager plus tard sur la route d'Étain. Quelques prisonniers avaient été faits par cette division de cavalerie dans la matinée de la veille, mais depuis, aucun renseignement n'était parvenu de sa part au grand quartier général.

En arrière des trois divisions d'infanterie dont il a été question plus haut, cinq autres divisions (2), avec les réserves d'artillerie de trois corps d'armée, la réserve générale d'artillerie de l'armée et une division de cavalerie, étaient échelonnées sur une profondeur de 5 kilomètres (jusqu'à Gravelotte) (3). Malgré les bruits qui circulaient sur la présence de forces importantes au Sud de Metz, et dans les environs de Gorze et de Chambley, la surveillance de ce côté fut limitée à celle d'avant-postes qui *observaient* la lisière des bois des Ognons et de Saint-Arnould. Une reconnaissance paraît avoir été faite sur Gorze par les éclaireurs volontaires du grand quartier général, mais elle rentra sans avoir rien vu, alors que cette localité était cependant occupée par un bataillon allemand.

Plus au Nord, quatre divisions d'infanterie avec une division de cavalerie se trouvaient à 9 heures du matin échelonnées sur le flanc droit de l'armée entre la ferme

---

(1) 1 D.C, 2 Br. $\frac{\text{D.C}}{\text{G}}$.

(2) En ne comptant que pour une seule la 2e division du 6e corps et la brigade mixte Lapasset.

(3) $\frac{\text{1 D}}{2}$, Br. Lap., $\frac{\text{2 D}}{6}$, $\frac{\text{4 D}}{6}$, $\frac{\text{1 D}}{\text{G}}$, $\frac{\text{2 D}}{\text{G}}$, $\frac{\text{R.A}}{2}$, $\frac{\text{R.A}}{3}$, $\frac{\text{R.A}}{\text{G}}$, $\frac{\text{R.G}}{\text{A}}$, $\frac{\text{D.C}}{\text{G}}$.

de Caulre et Amanvillers sur une profondeur d'environ 7 kilomètres (1). Une division de cavalerie (2) avait dépassé Saint-Privat et une autre division d'infanterie, précédée d'une réserve d'artillerie de corps d'armée (3), suivait la route de Briey et débouchait déjà des bois en vue d'Amanvilliers. Enfin, deux autres divisions d'infanterie stationnaient encore respectivement à Lessy et Devant-les-Ponts (4), mais ne se trouvaient pas, en somme, à plus d'une demi-étape de Rezonville, et pouvaient être en mesure, par conséquent, d'intervenir efficacement dans une lutte qui s'engagerait sur le plateau.

Là, bien moins encore qu'à Borny, les emplacements des différents bivouacs n'avaient été choisis d'après des considérations d'ordre tactique.

Non seulement, aucune vue d'ensemble n'avait présidé à la désignation des positions générales réservées à chaque corps d'armée, soit en vue de la résistance à une attaque possible, soit même simplement dans le but de rendre coulant le départ projeté pour le lendemain, mais la plupart des corps d'armée s'installèrent sur des positions où ils s'étalaient aux regards des patrouilles adverses sans penser à se protéger par un système d'avant-postes à grande distance occupant, en principe, les crêtes opposées. C'est ainsi que les 2e et 6e corps s'établirent en amphithéâtre sur les pentes qui descendent vers l'Ouest au delà de Rezonville, s'offrant aux investigations de la cavalerie ennemie, qui ne se fit pas

---

(1) $\frac{1\ D}{3}$, $\frac{2\ D}{3}$, $\frac{4\ D}{3}$, $\frac{2\ D}{4}$, $\frac{D.C}{3}$.

(2) $\frac{D.C}{4}$.

(3) $\frac{1\ D}{4}$, $\frac{R.A}{4}$.

(4) $\frac{3\ D}{4}$, $\frac{3\ D}{3}$.

faute de reconnaître leur présence dès la soirée du 15; et que, chose plus grave encore au point de vue du combat, la ligne des crêtes qui s'étend en demi-cercle entre Vionville et le bois du même nom resta inoccupée (1); aussi, le combat se trouva-t-il engagé dès l'abord entre notre infanterie surprise dans ses bivouacs et une artillerie qui put s'installer sans coup férir sur une position qu'à son grand étonnement sans doute elle trouva inoccupée.

A un point de vue plus général, il y a lieu de remarquer que l'entassement de cinq divisions d'infanterie autour du village de Rezonville dans l'étroit espace (2,300 mètres) qui sépare le bois Pierrot du mamelon 331 était à la fois inutile et dangereux (2); mais on doit reconnaître d'autre part qu'au point de vue de la répartition générale des forces de l'armée, le hasard n'avait pas trop maltraité le commandant en chef, en échelonnant ses forces en profondeur et en les répartissant en largeur, ce qui lui eût permis, s'il en eût eu la notion, de manœuvrer sur le champ de bataille qui lui était imposé. A Frœschwiller, ainsi qu'on l'a déjà vu et à Saint-Privat, comme on s'en rendra compte plus tard, l'armée française avait été *déployée tout entière* sur une position de combat choisie à l'avance; toutes les unités qui la composaient se trouvaient pour ainsi dire coude à coude dans un entassement qui s'opposait *a priori* à l'emploi rationnel de réserves qui, pour mieux dire, n'existaient pas.

---

(1) Si ce n'est par quelques grand'gardes de cavalerie aux environs de Vionville seulement. Le général Frossard, cependant, avait prescrit le 15, dans l'après-midi, au commandant de la 2e division d'occuper ces crêtes, mais l'ordre resta inexécuté. (Voir aux documents annexe la lettre du général de Geslin au Ministre de la guerre.)

(2) $\frac{2\ D}{2}$, $\frac{1\ D}{2}$, Br. Lap., $\frac{3\ D}{6}$, $\frac{2\ D}{6}$, $\frac{4\ D}{6}$.

A Rezonville, les 2e et 6e corps se trouvaient dans des conditions analogues et presque aussi désavantageuses, mais, au moins, les autres fractions de l'armée se trouvaient-elles, sans qu'on l'ait prémédité il est vrai, dans des situations respectives qui ne s'opposaient pas à leur utilisation judicieuse sur le champ de bataille.

Le matin du 16 août, rien n'empêchait le commandant en chef français, après qu'il se fût rendu compte de la tournure que prenaient les événements devant le front des 2e et 6e corps, soit de se rabattre vers le Nord-Ouest sous la protection d'une forte arrière-garde, soit au contraire d'utiliser dans de bonnes conditions ses corps de seconde ligne pour accabler les faibles forces de l'adversaire.

L'échelonnement des divers éléments de l'armée et leur répartition occasionnelle dans une zone dont la profondeur extrême ne dépassait pas 20 kilomètres, étaient donc, à tout prendre, moins désavantageux que les dispositions adoptées délibérément par le commandement en chef le 18 août.

LA BATAILLE DE REZONVILLE

III. — La canonnade des 5e et 6e divisions de cavalerie allemandes. — La déploiement des divisions Bataille et La Font de Villiers.

La nuit du 15 au 16 s'était passée tranquillement sur le front des avant-postes d'infanterie du 2e corps, c'est-à-dire sur la ligne qui s'étend des environs de la grande route au Nord de Flavigny, jusqu'auprès de la Maison-Blanche, en passant par la hauteur 317 et le mamelon 312 (1).

---

(1) Il est impossible de déterminer d'une manière absolument pré-

Les avant-postes des divisions de cavalerie Forton et Valabrègue, au contraire, avaient continué par intermittence à tirailler avec les vedettes ou les patrouilles de la 5e division de cavalerie prussienne (1). Dès la pointe du jour, les grand'gardes des 1er, 7e et 9e dragons signalaient la présence de cavaliers isolés dans la région située au Sud de Tronville. Un peu plus tard, ces cavaliers, s'étant rapprochés, engageaient un feu de mousqueterie avec les vedettes françaises, que le général de Forton faisait aussitôt renforcer par quelques hommes à pied du 1er dragons (2).

Vers 6 heures du matin, une petite reconnaissance

---

cise les emplacements de *toutes* les grand'gardes du 2e corps. On trouve cependant des indications assez complètes pour permettre de tracer la ligne générale des avant-postes :

Le 23e avait placé deux grand'gardes : l'une, la compagnie Hocquiné, près de Flavigny ; l'autre, la compagnie Schæffer, dans la direction de Vionville et près de la grande route ;

Le 12e bataillon de chasseurs avait une grand'garde postée vraisemblablement au Nord de la route, c'est-à-dire en avant de son bivouac ;

Le 55e avait également deux compagnies aux avant-postes : la compagnie Pardieu tenait la croisée des chemins 317, sur la route de Flavigny à Gorze ; la compagnie Albessard, les pentes qui descendent de la cote 309 vers la pointe Nord-Ouest du bois de Vionville ;

Le 66e avait *plusieurs* grand'gardes placées sur la gauche du camp ; l'une d'elles était sur la crête qui suit le chemin de Rezonville à Chambley et surveillait de là la lisière des bois de Vionville ;

Le 77e avait des grand'gardes installées face au bois de Vionville, c'est-à-dire en avant du front de bandière des IIe et IIIe bataillons et vraisemblablement sur la hauteur 312.

Enfin, le 84e avait également *plusieurs* grand'gardes, dont l'une occupait la Maison-Blanche ou ses abords et dont une autre $\left(1\ \frac{1}{84}\right)$ surveillait la lisière du bois de Vionville d'un point situé sur les pentes occidentales du ruisseau de Gorze, c'est-à-dire *probablement* entre la Maison-Blanche et le mamelon 312.

(1) Voir page 44 et suivantes.

(2) Rapport du général de Forton, daté du 9 septembre 1870.

commandée par le capitaine Arnous-Rivière (1), des éclaireurs volontaires du grand quartier général, arrivait à Vionville ; elle faisait savoir au commandant de la 3e division de cavalerie que Mars-la-Tour ne *paraissait* occupé que par peu de monde et que le village de Tronville avait eu ses débouchés barricadés pendant la nuit par l'ennemi, mais était inoccupé pour le moment.

Le général de Forton envoyait aussitôt le capitaine Lafouge, son aide de camp, à Gravelotte pour rendre compte de ces faits au grand quartier général.

Vers 6 heures du matin également, les grand'gardes du 66e régiment d'infanterie constataient la présence de cavaliers ennemis sur la lisière des bois de Vionville et sur les crêtes qui s'étendent à l'Ouest de ce dernier (2) ; les mêmes observations étaient faites par les avant-postes de la division Vergé (3). Cependant, chose curieuse, les reconnaissances matinales qu'il était alors de règle d'envoyer en avant de la ligne des grand'-gardes, rentrèrent dans leurs bivouacs vers 8 heures du matin sans rien signaler de particulier (4).

Inquiet des incursions que les patrouilles ennemies effectuaient en avant de ses bivouacs, le général de

---

(1) En rentrant de sa reconnaissance vers Gorze (voir page 142), le capitaine Arnous-Rivière avait reçu l'ordre du commandant en chef de se mettre à la disposition du général Frossard. Ce dernier lui prescrivit, vers minuit, de se porter en avant et d'éclairer la route de Verdun et la direction de Chambley, puis de se mettre en relation avec le commandant de la 3e division de cavalerie. (Instruction du procès Bazaine. Déposition n° 329 du capitaine Arnous-Rivière). On ne retrouve rien sur les détails de cette reconnaissance.

(2) Rapport du colonel Ameller, commandant le 66e régiment, sur la bataille de Rezonville. (Daté du 18 août.)

(3) Journal de marche de la division Vergé. Rapport du général Jolivet sur la bataille de Rezonville. (Non daté.)

(4) Journal de marche du 2e corps.

Forton se porta personnellement à plusieurs reprises sur le mamelon 297 à l'Ouest de Vionville. Mais jusqu'à près de 9 heures du matin, il ne put constater autre chose que la présence de cavaliers isolés, appuyés à très grande distance par un peloton qui se montrait dans la direction de Puxieux (1) (2). Il ne crut donc pas utile de prendre d'autres mesures particulières que celle qui consistait à renforcer ses vedettes par quelques dragons à pied, ainsi qu'il a été dit plus haut. Son chef d'état-major, toutefois, envoya le capitaine Saint-Arroman en reconnaissance dans la direction de Tronville, puis le commandant de la 3e division de cavalerie rentra à son quartier général à Vionville.

Il était à peu près 9 heures, quand les grand'gardes le firent prévenir « que des forces plus nombreuses semblaient vouloir déboucher des bois de Tronville et que la cavalerie se montrait dans la plaine du côté de Mars-la-Tour » (3). De son côté, le capitaine Saint-Arroman « rendait compte de l'arrivée de colonnes prussiennes sur notre gauche et au delà de Tronville ».

Il s'agissait de celles de la 5e division de cavalerie prussienne qui débouchaient en ce moment par Puxieux et Mars-la-Tour et se dirigeaient sur Vionville.

Canonnade de la 5e division de cavalerie prussienne. — On se rappelle (4), en effet, que la 5e division de cavalerie

---

(1) Rapport du 9 septembre 1870. *Loc. cit.*

(2) On se rappelle (voir page 147) qu'en passant près de Vionville un peu avant 8 heures du matin, le lieutenant Devaureix du 66e avait fait part des résultats de sa reconnaissance sur Tronville à des officiers de dragons de la brigade Murat. Le général de Forton ne paraît pas, d'après son rapport du 9 septembre, avoir reçu communication de ces importants renseignements.

(3) Rapport du 9 septembre. *Loc. cit.*

(4) Voir l'ordre du Xe corps pour la journée du 16 août. (Page 126.) Cet ordre parvint au général de Rheinbaben à 3 heures du matin.

avait reçu l'ordre de s'avancer, le 16 au matin, contre le camp français de Rezonville et de « profiter de toute occasion favorable pour attaquer l'ennemi ».

La brigade Redern, chargée de tâter le terrain, était rassemblée, dès 6 heures du matin, à l'Ouest du ravin de Puxieux. Peu après, arrivèrent auprès d'elle les deux batteries à cheval que le colonel de Caprivi amenait de Thiaucourt avec le 2e escadron du 2e régiment de dragons de la Garde. La division de cavalerie disposait dès lors de quatre batteries (1), qui furent placées sous les ordres du major Korber et attachées provisoirement à la brigade Redern.

Il paraît hors de doute que le chef d'état-major du Xe corps fut bien réellement envoyé auprès du général Rheinbaben pour stimuler son zèle, pour le pousser à prendre le contact de l'ennemi sur les routes conduisant à Verdun et pour le presser d'attaquer l'armée française si l'occasion s'en présentait. Cardinal von Widdern (2) fait cependant remarquer que le commandant de la 5e division de cavalerie montra, à plusieurs reprises, quelque résistance à se soumettre aux exhortations que lui présentait le colonel de Caprivi de la part du général Voigts-Rhetz.

Tout d'abord, la brigade Redern, rassemblée depuis 6 heures du matin, ne se mit en marche sur Vionville qu'à 8 h. 30 en passant par le Sud de Tronville (3). En même temps, la brigade Bredow, partant de Suzémont, se dirigeait sur Mars-la-Tour et la brigade Barby venant de Xonville, formait réserve derrière la brigade Redern.

---

(1) $\frac{1\ c}{4}$, $\frac{1\ c,\ 2\ c,\ 3\ c}{10}$.

(2) *La crise de Vionville*, par Cardinal v. Widdern.

(3) Sans doute après que les avant-postes eurent fait connaître que le camp de cavalerie de Vionville était toujours là. (*Historique du Grand-État Major prussien*, page 522.)

Cette dernière s'était fait précéder à courte distance d'une avant-garde comprenant trois escadrons du *10*e hussards (1) et une batterie (2). En arrière, venaient les *11*e et *17*e hussards (3), marchant déployés en ligne de colonne et séparés par les trois autres batteries de la division.

Bientôt, l'avant-garde arrivait à hauteur de Tronville et la batterie à cheval, s'établissant sur la hauteur 286-288 au Sud-Est du village, ouvrait le feu (9 h. 15) sur les bivouacs de la brigade Murat (4). Quelques minutes plus tard, les trois autres batteries à cheval se formaient à hauteur de la première pendant que les trois régiments de hussards encadraient leur artillerie : le *10*e hussards à droite dans le ravin qui descend de Flavigny ; le *17*e à gauche ; le *11*e en arrière, près de Tronville.

Retraite des divisions de cavalerie Forton et Valabrègue. — Bien que l'approche de la cavalerie allemande eût été signalée par les avant-postes un peu avant l'ouverture du feu, la canonnade partie de Tronville jeta un grand trouble parmi les escadrons de la brigade Murat absolument surpris dans leurs bivouacs (5).

Entre 8 heures et 8 h. 30, en effet, ordre avait été donné de desseller et de conduire les chevaux à l'abreuvoir par escadron ; l'artillerie avait dételé les siens en les laissant garnis.

---

(1) Le 1er escadron, envoyé depuis plusieurs jours en exploration sur Nancy, n'avait pas encore rejoint.

(2) $\frac{2\ c}{10}$.

(3) Un escadron du *17*e hussards, détaché dans la direction de Maizeray, avait été remplacé par le 2e escadron du *2*e dragons de la Garde.

(4) De la hauteur 286-288, on ne découvre pas la lisière du village, masquée par le mamelon 297. Mais on pouvait certainement apercevoir la gauche des bivouacs des 1er et 9e dragons.

(5) Il n'est pas sans intérêt de remarquer que, dans son rapport du 9 septembre, le général de Forton fait observer qu'au sujet des mesures de sécurité, « les prescriptions du titre VIII du *Service en*

Vers la même heure, le convoi de la division, formé de voitures conduites pour la plupart par des convoyeurs civils, atteignait Vionville par la route de Rezonville et encombrait déjà la grande rue du village (1). Quelques minutes plus tard, la sonnerie de la distribution se faisait entendre.

Un instant avant que le premier coup de canon fut tiré, des officiers et des cavaliers venant des avant-postes avaient donné l'alarme à quelques fractions de la brigade de dragons Murat. Un certain nombre d'hommes, parmi ceux qui étaient alors présents au bivouac, sellèrent précipitamment leurs chevaux, et l'adjudant Le Flem, du 9e dragons, découvrant de la crête de Vionville « des colonnes épaisses » (2) qui s'approchaient en passant par le Sud-Est de Tronville, courut prévenir le colonel Reboul, du 9e régiment de dragons, qui se trouvait alors sur la grande route à la droite de son bivouac (3). A peine l'avait-il rejoint qu'un projectile tombait sur l'une des premières maisons du village en arrière du bivouac de l'artillerie.

Les deux batteries à cheval attelèrent aussitôt et reçurent l'ordre du général de Forton, qui se rendait en hâte sur la hauteur à l'Ouest de Vionville, de le rejoindre au plus tôt. Une section de la 7e batterie du 18e, prête la première, « gravit la côte à plein galop, se frayant un

---

campagne avaient été minutieusement exécutées » par sa division. Il ajoute qu'ayant été prévenu de l'approche de colonnes de cavalerie ennemie (alors que celles-ci se trouvaient en vue des avant-postes), « il lui semble difficile de trouver dans les événements du 16 au matin, la trace d'une surprise que sa division serait censée avoir subie ». Ce plaidoyer, évidemment fait de très bonne foi, est très caractéristique.

(1) Le convoi de la division était escorté par le 5e escadron du 10e cuirassiers.

(2) La brigade Redern.

(3) Relation du chef d'escadron Le Flem, alors adjudant au 9e régiment de dragons.

passage au milieu des cavaliers, qui traversaient déjà la route et se retiraient en désordre. » (1) Elle se mit en batterie derrière l'épaulement naturel formé par le talus de la route près de la cote 297 et ouvrit le feu sur l'artillerie de Tronville. Quelques instants plus tard, trois autres pièces réussirent également à se mettre en batterie, grâce à l'énergie des lieutenants Marquet, Liénard, Vuillin et Hummel, qui les servirent eux-mêmes (2).

Sur ces entrefaites, les colonels des 1er et 9e dragons étaient parvenus, avec l'aide de leurs officiers, à rallier autour d'eux une partie de leurs hommes. Malheureusement, le feu de l'artillerie ennemie redoubla bientôt d'intensité (3) et il devint alors manifestement impossible d'accepter la lutte dans des conditions aussi désavantageuses. Le général de Forton donna donc l'ordre de la retraite qui s'exécuta dans le plus grand ordre, sinon sans difficulté, pour les fractions restées à l'Ouest de Vionville sous le commandement de leurs officiers. Les quelques pièces venues sur le mamelon 297 avec des attelages et un personnel très incomplets, eurent beaucoup de peine à se retirer, sous le feu d'une artillerie très supérieure en nombre. Sur l'appel des officiers des batteries, des hommes du 1er régiment de dragons se portèrent au secours de leurs frères d'armes et aidèrent les quelques servants présents à ramener les pièces à bras jusqu'au bivouac de l'artillerie où on put enfin les atteler.

Les fractions intactes des deux régiments de dragons se retirèrent au pas en passant par le Nord de Vionville (4) et retrouvèrent bientôt les isolés de la première

---

(1) Commandant Le Flem. *Loc. cit.*

(2) Historique des 7e et 8e batteries du 20e.

(3) Au moment de l'arrivée des trois dernières batteries de la 5e division de cavalerie.

(4) A ce moment, un régiment de hulans (de la brigade Bredow)

heure qui s'étaient repliés en désordre et que des officiers, et en particulier le capitaine Leplus, aide de camp du général Murat (1), avaient pu arrêter et conduire sur le plateau compris entre la grande route et la voie romaine, derrière la première ligne de la division La Font de Villiers.

Pour la brigade de cuirassiers campée plus en arrière, au Nord-Est de Vionville, la surprise avait été moins vive. En quelques minutes les chevaux furent sellés et les escadrons rassemblés. Il était alors 9 h. 30 et les isolés de la brigade Murat traversaient déjà le bivouac des cuirassiers pendant que les voitures du convoi refluaient précipitamment vers Rezonville. Le général de Gramont fit faire demi-tour par peloton (2) et gagna quelques centaines de mètres vers l'arrière pour se soustraire au feu de l'artillerie adverse; puis il se conforma au mouvement de retraite des dragons qui vinrent, comme on sait, se reformer un peu en arrière de la première ligne de la division La Font de Villiers.

C'est un peu plus tard que le maréchal Bazaine, s'adressant en personne au général Murat, fit donner l'ordre au commandant de la 3e division de cavalerie de se retirer plus en arrière (3), ce qu'il fit en allant

---

débouchait au trot entre la route de Mars-la-Tour et les bois de Tronville, précédé d'une ligne de fourrageurs. (Commandant Le Flem. *Loc. cit.*).

(1) Le capitaine Leplus avait été envoyé auprès du général Valabrègue pour le prévenir de l'attaque qui se dessinait. Après avoir rempli sa mission, il assista à la débandade d'importantes fractions du 1er dragons. Une partie des fuyards fut ralliée par lui en arrière de Flavigny. Le reste ne s'arrêta qu'à Gravelotte et ne rejoignit pas le régiment de la journée. (Récit de M. le général Leplus.)

(2) Relation du commandant Le Flem. *Loc. cit.*

(3) Enquête sur les capitulations. Déposition du général de Forton. Séance du 28 mars 1872.

former ses escadrons sur deux lignes déployées face à l'Ouest dans le vallon de Rezonville, entre cette localité et le bois Pierrot (1).

De son côté, la division Valabrègue, du 2e corps, était montée à cheval avec le plus grand calme, pendant que les grand'gardes se repliaient au pas et en bon ordre (2). Elle se retira ensuite par le Nord de la grande route « en exécutant des passages de lignes » qui la conduisirent en arrière de la division La Font de Villiers, puis elle vint se former en colonnes de demi-régiment face à l'Ouest, au Nord de Rezonville, c'est-à-dire en arrière de la division Forton (3).

Toutefois, la 7e batterie du 17e régiment, qui bivouaquait en arrière de la division, près de Vionville, n'eut pas le temps, pour suivre le mouvement de la cavalerie, d'atteler complètement ses pièces. Elle tira quelques coups de canon pendant que les conducteurs garnissaient ; puis, les escadrons s'étant retirés en traversant son bivouac, elle les suivit avec des voitures attelées pour la plupart à deux chevaux. Pendant ce mouvement, les deux demi-batteries de droite et de gauche se trouvèrent séparées, mais toutes deux ne se replièrent que

(1) Commandant Le Flem. *Loc. cit.*

Dans sa déposition du 28 mars 1872, le général de Forton dit que sa division vint s'adosser au bois de Villers (lire Pierrot). Il y a évidemment là une confusion d'heure. La division ne prit cette position que vers 1 heure de l'après-midi, ainsi que cela résulte du rapport du général de Forton lui-même, daté du 24 octobre, et de la relation si précise du commandant Le Flem.

(2) Comme dans la division de Forton, quelques escadrons étaient à l'abreuvoir, d'autres procédaient aux distributions.

Deux escadrons du 4e chasseurs allaient partir en reconnaissance au moment où éclata la canonnade.

(3) Rapport du général de Valabrègue daté du 20 août et Historiques des régiments (Man. de 1871).

lentement, en faisant un feu en retraite à la prolonge dans lequel elles consommèrent toutes les munitions de leurs avant-trains et des quelques caissons qui les accompagnaient (1). Elles se retirèrent au delà de Rezonville.

Bond en avant de l'artillerie de la 5e division de cavalerie. — Dès lors, les abords de Vionville étaient momentanément évacués par les troupes françaises. Aussi, le major Korber portait-il successivement trois de ses batteries (2) sur la hauteur 297, à l'Ouest de Vionville, tandis que la quatrième (3) restait provisoirement près de Tronville. Il était alors 9 h. 30 et toutes ces batteries dirigèrent leurs feux contre les troupes d'infanterie qu'on apercevait sur les pentes remontant doucement de Vionville et de Flavigny vers Rezonville, c'est-à-dire sur celles du 2e corps.

En même temps, le *10e* hussards paraît s'être avancé vers la droite, jusque dans le ravin venant de Flavigny, tandis que les *11e* et *17e* hussards gagnaient une position défilée à la lisière Sud des bois de Tronville. La brigade Bredow s'avançait jusque vers la gauche de l'artillerie, au nord de la grande route; et enfin la brigade Barby, obliquant à gauche, traversait la chaussée de Mars-la-Tour et observait la direction du Nord à l'Ouest des bois de Tronville.

Débouché de la 6e division de cavalerie sur le plateau de Rezonville. — Pendant que se déroulaient ces événements aux environs de Vionville, une autre alerte, moins vive il est vrai, se produisait vers le Sud-Est au

(1) Rapport du général Gagneur, commandant l'artillerie du 2e corps, et Historique de la 7e batterie du 17e.

(2) $\frac{1\,c}{4}$, $\frac{1\,c,\ 3\,c}{10}$.

(3) $\frac{2\,c}{10}$.

débouché, sur le plateau, de la route conduisant de Gorze à Flavigny.

Déjà dans la matinée, ainsi qu'on l'a dit précédemment, quelques reconnaissances s'étaient montrées dans cette direction aux grand'gardes des divisions Vergé et Bataille.

Un peu avant 9 heures, la 6e division de cavalerie débouchait de Gorze, et tandis que la brigade Grüter, qui marchait en seconde ligne, était acheminée sur Buxières pour établir la liaison avec la 5e division de cavalerie, la brigade Rauch continuait sa route vers Vionville par le chemin qui suit la lisière occidentale du bois de Vionville. A peine son escadron de tête apparaissait-il sur le mamelon 329 qu'il était accueilli par un feu violent des grand'gardes Pardieu et Abbessard, du 55e régiment. Au bout de peu d'instants, toute la brigade faisait demi-tour et se retirait précipitamment dans le ravin de Gorze, où elle se reformait de part et d'autre du chemin conduisant à Vionville (1).

Mais sur ces entrefaites (vers 9 heures), un ordre du commandant du IIIe corps parvenait au duc Guillaume, lui enjoignant « de porter toute sa division sur le plateau » (2).

La batterie à cheval, qui avait été tout d'abord maintenue à Gorze pendant que les deux brigades se portaient en avant, chacune dans une direction différente, reçut donc l'ordre de rejoindre la brigade Grüter pour appuyer la tentative que celle-ci allait faire par le Nord des bois de Gaumont. Pendant que la brigade de cavalerie se portait vers la crête Sainte-Marie, la batterie

---

(1) La brigade Rauch ne rejoignit la brigade Grüter, au delà des bois de Gaumont que vers 11 heures (*Geschichte des Zietenschen Husaren Regiments*).

(2) On verra bientôt dans quelles circonstances le général Alvensleben donna cet ordre.

ouvrait le feu, un peu à l'Est de la statue de la Vierge, sur les bivouacs du 2e corps.

Mais la brigade Grüter ne fut pas plus heureuse que la brigade Rauch. Se présentant sur un terrain découvert, battu par le feu des avant-postes établis entre Flavigny et la croisée des chemins 317, elle dut se replier vivement sur la lisière Nord du bois Brûlé, où la batterie à cheval vint la rejoindre après un court engagement.

A l'aile gauche allemande, la 5e division de cavalerie allait bientôt subir un échec plus important encore.

Déploiement de l'artillerie française devant Vionville et Flavigny. — Pendant que l'infanterie de la 2e division du 2e corps prenait les armes pour se porter en avant sur le front Vionville-Flavigny, ainsi qu'il sera dit bientôt, l'artillerie de la division Bataille et celle de la division La Font de Villiers entraient rapidement en action, de part et d'autre de la route.

A la 2e division du 2e corps, la 8e batterie du 5e régiment « amenant ses pièces qu'elle attelle en moins de 5 minutes, se met en batterie sur un petit mamelon, au Sud de la route, à 300 mètres environ de l'emplacement de son parc » (1), c'est-à-dire sur la croupe 296.

Bientôt après, la 7e batterie venait la rejoindre et se plaçait en avant d'elle et sur sa gauche. Quant à la 9e batterie (mitrailleuses), ses chevaux étaient à l'abreuvoir quand le signal de la bataille partit de Tronville. En attendant qu'on pût les ramener au bivouac, le capitaine Dupré fit mettre ses pièces en batterie sur l'emplacement même de son parc et tenta d'agir sur l'artillerie ennemie qui garnissait à ce moment la crête de Vionville ; mais à une distance aussi grande (envi-

(1) Rapport du général Gagneur, commandant l'artillerie du 2e corps.

ron 2,800 m.), il ne dut obtenir qu'un mince résultat, bien qu'il fît usage d'un tir progressif à 2,500 mètres (1). Quand elle fut ralliée par ses attelages, la batterie de mitrailleuses put se porter à peu près à la même hauteur que les autres batteries divisionnaires et prendre, plus efficacement, part à la lutte.

Dès le premier coup de canon, la réserve et le parc d'artillerie du 2e corps avaient également attelé très vivement. Le parc, sous le commandement du colonel Brady, et d'après les prescriptions du général commandant l'artillerie du corps d'armée, se repliait en bon ordre « dans un pli de terrain à l'Est de Rezonville », c'est-à-dire, probablement, dans le ravin qui coupe la grande route à mi-distance de Rezonville et de Gravelotte.

En même temps, les cinq batteries de la réserve, restées sous le commandement du colonel Baudoin (2), se formaient en bataille face à l'Ouest, un peu en avant de leurs bivouacs, c'est-à-dire au Sud de la route et à quelques centaines de mètres à l'Ouest de Rezonville, « pour être prêtes à agir où besoin serait » (3) (4).

Au Nord de la grande route, l'artillerie de la divi-

---

(1) Dans son rapport, le général Gagneur dit que, de sa première position, la batterie de mitrailleuses « jeta de l'hésitation dans les rangs ennemis ». Il est permis de se demander s'il n'y a pas là une erreur d'appréciation.

(2) $\frac{10, 11}{5}$, $\frac{6, 10}{15}$, $\frac{8}{17}$. La 7e batterie à cheval du 17e régiment se trouvait, comme on sait, avec la division de cavalerie Valabrègue.

(3) Bien qu'il soit difficile de déterminer l'heure précise à partir d laquelle les batteries de la réserve ouvrirent le feu (ce qu'elles firent d'ailleurs successivement et sur des points très différents du champ de bataille) il n'apparaît pas qu'elles furent utilisées avant que l'infanterie du 2e corps eût atteint Vionville et Flavigny, c'est-à-dire avant 10 heures au plus tôt.

(4) Rapport du général Gagneur. *Loc. cit.*

sion La Font de Villiers avait été très vite prête, malgré l'absence d'une partie de ses servants, alors aux distributions, et malgré le léger trouble provoqué par les isolés de la brigade de cavalerie surprise à Vionville. « En dix minutes, *les batteries de combat* furent mises en mouvement et vinrent s'établir à 150 mètres en avant des intervalles de la ligne d'infanterie : la batterie Grimard $\left(\frac{5}{14}\right)$ au centre ; la batterie Heintz $\left(\frac{6}{14}\right)$ à gauche ; et la batterie Delabrousse $\left(\frac{7}{14}\right)$ à droite » (1).

En même temps, les batteries de la division Tixier bivouaquées au Sud et près de la voie romaine, attelaient rapidement, pendant que le lieutenant-colonel de Montluisant reconnaissait, d'un temps de galop, les positions qu'il convenait de leur faire occuper pour faire face à la direction de Tronville, dans laquelle il entendait alors la canonnade des batteries allemandes. Avant que celles-ci ne se fussent portées en avant, la batterie Abord $\left(\frac{5}{8}\right)$ était installée au saillant du plateau 312, ayant à sa droite la batterie Blondel $\left(\frac{12}{8}\right)$ (2). Enfin, la batterie Oster $\left(\frac{7}{8}\right)$ fut placée plus près de la voie romaine pour surveiller les plis de terrain qui bordent les bois (3).

---

(1) Rapport du lieutenant-colonel Jamet, commandant l'artillerie de la 3e division du 6e corps (daté du 18 août).

(2) Dans les deux batteries, les pièces étaient échelonnées à 30 mètres, l'aile droite en arrière, « pour se soustraire à la puissance et à la justesse de l'artillerie prussienne », dit le lieutenant-colonel de Montluisant. Ces deux batteries se trouvèrent ainsi à la droite de la batterie $\frac{5}{14}$ de la division La Font de Villiers.

(3) La batterie $\frac{8}{8}$ était détachée depuis la veille auprès de la brigade Péchot.

Dès que la première pièce prussienne arriva sur le mamelon 297 à l'Ouest de Vionville, l'artillerie de la division Tixier ouvrit le feu sur elle (1), de sorte que bientôt, les trois batteries à cheval que le major Korber amena successivement sur ce point, se trouvèrent en but au tir de neuf batteries des divisions Bataille, La Font de Villiers et Tixier. Les trois batteries allemandes furent donc placées, dès l'abord, dans une situation difficile qui allait bientôt devenir intenable par suite de l'intervention de l'infanterie française débouchant de Vionville.

Déploiement de la 2e division du 2e corps et de la 3e division du 6e. — Le 2e corps, en effet, mis en alerte par le canon de Tronville, avait pris les armes aussitôt, c'est-à-dire à 9 h. 15.

Seules, certaines fractions bivouaquées à proximité de la route, manifestèrent quelque inquiétude à la vue des cavaliers refluant de Vionville et surtout des convoyeurs civils fuyant vers Metz. Sauf ce moment d'une hésitation d'ailleurs bien vite réprimée, toutes les troupes se rassemblèrent dans le plus grand ordre. Les tentes furent vivement abattues et malgré quelques obus arrivant jusqu'aux bivouacs, l'infanterie rompit les faisceaux avec calme, attendant l'ordre de se porter en avant.

Malheureusement, aucun plan d'ensemble ne paraît avoir présidé au déploiement des troupes du 2e corps. Le canon ennemi tonnait à la fois au delà de Vionville, et dans la direction des bois de Gaumont, tandis que la fusillade éclatait dans celle des bois de Vionville (2), de

---

(1) Rapport du lieutenant-colonel de Montluisant commandant l'artillerie de la 1re division du 6e corps.

(2) Entre 9 h. 15 et 9 h. 30 : fusillade des avant-postes du 55e contre la brigade Rauch.

sorte que toutes les fractions du corps Frossard se portèrent successivement, mais instinctivement, vers les points menacés sans même savoir si elles rencontreraient, chemin faisant, une position de combat qu'on avait négligé de reconnaître à l'avance. La brigade Mangin fit face à la première attaque, pendant que la brigade Fauvart-Bastoul, la division Vergé puis la brigade Lapasset s'opposaient successivement à celles qui se dessinaient vers le Sud.

Il est assez difficile de déterminer d'une manière absolument précise les heures auxquelles les diverses unités du 2e corps se portèrent en avant. Il est probable que certaines fractions ne commencèrent pas leur mouvement avant 9 h. 45. Mais il paraît incontestable que d'autres rompirent les faisceaux beaucoup plus tôt et sans doute peu après 9 h. 15.

Avant que la canonnade éclatât, en effet, le général Bataille avait été prévenu par le lieutenant-colonel de Cools, chef d'état-major de la division Valabrègue, « que l'on apercevait au loin des troupes s'avançant du côté de Mars-la-Tour » (1). Pendant que le colonel de Cools poursuivait jusqu'à Rezonville pour faire son rapport au commandant du 2e corps, le général Bataille ordonnait au général Mangin « de diriger immédiatement sur Vionville son bataillon de chasseurs pour parer aux premiers moments, pendant que sa brigade, toute prête, attendrait les événements ». Ce n'est qu'après l'expédition de ces ordres que le canon se fit entendre.

Le 12e bataillon de chasseurs, qui formait l'extrême droite du 2e corps, aux abords de la grande route, put

(1) Notes ajoutées par le général Bataille au rapport du général Fauvart-Bastoul : (le général Bataille ayant été blessé dans cette journée, le rapport de la 2e division du 2e corps fut signé, le 21 août, par le général Fauvart-Bastoul, commandant provisoirement cette division. Ce rapport fut ensuite annoté par le général Bataille).

donc, précédé de sa compagnie de grand'garde, se porter, dès les premiers instants du combat, sur le village de Vionville, qu'il occupa sans coup férir. Le reste de la brigade Mangin suivit de très près : le 23e régiment forma ses trois bataillons en première ligne et se porta en avant sur le front Vionville-Flavigny, pendant que les grand'gardes Schæffer et Hocquiné, déployées en tirailleurs, dirigeaient leurs feux sur les batteries allemandes aussitôt que celles-ci apparurent sur le mamelon 297. Le 8e marcha d'abord derrière le 23e, mais se déploya bientôt, sans s'être arrêté, à hauteur de la première ligne en occupant la ferme de Flavigny avec son bataillon de droite (le Ier) (1).

Pendant ce temps, le général Bataille s'était placé à la tête de la 2e brigade qu'il fit appuyer vers la gauche de la 1re en faisant face à la direction d'où venait la canonnade de la *6e* division de cavalerie allemande, c'est-à-dire vers le Sud. Le colonel Ameller, commandant le 66e, fit donc converser son régiment vers la gauche et le porta tout d'abord à hauteur de la grand'-garde « la plus avancée vers les bois », c'est-à-dire sur la crête qui suit le chemin conduisant de Rezonville à Chambley (2). Il était alors 9 h 45, et déjà les premiers tirailleurs de la *5e* division apparaissaient sur le mamelon 329, ainsi qu'on le verra plus tard.

Le 67e (colonel Thibaudin) suivait le 66e et restait tout d'abord en seconde ligne.

A la droite de la division Bataille, la division La Font de Villiers du 6e corps avait pris les armes en même temps que la première. Mais, moins directement menacée que sa voisine, elle ne fut point entraînée à

---

(1) Rapport du général Mangin et Historique du 8e régiment. (Man. de 1871.)

(2) Rapport du colonel Ameller, daté du 18 août.

s'engager dès le début. Pendant que son artillerie occupait, concurremment avec celle de la division Tixier, la crête brisée qui remonte des environs de Rezonville vers le Nord-Est puis vers le Nord, l'infanterie rompait les faisceaux et « rectifiait ses positions », suivant l'expression du rapport du général de division. La 1re brigade (75e et 91e) se forma en échelons le centre en avant, ceux de gauche (bataillons du 91e) voyant le terrain qui s'infléchit vers la route de Verdun, et ceux de droite (bataillons du 75e) celui qui descend vers la voie romaine. Les six batteries des divisions Tixier et La Font de Villiers étaient établies à 150 mètres environ en avant de la ligne d'infanterie.

La 2e brigade laissa le 93e régiment en seconde ligne sur l'emplacement de son bivouac (1), tandis que le 94e prolongeait la gauche du 91e jusqu'auprès de la grande route (2).

Enfin, en arrière de la division La Font de Villiers, le 9e régiment (2e division du 6e corps) prit également les armes et resta, avec ses deux batteries, sur l'emplacement même de son bivouac.

Dès le premier coup de canon, et avant même qu'un seul fantassin ennemi se fût montré sur cette partie du champ de bataille, la 2e division du 2e corps s'était donc déployée tout entière sur une seule ligne de

(1) Les trois premières compagnies du IIIe bataillon du 93e furent détachées comme soutien auprès des batteries divisionnaires.

(2) Il semblerait résulter du rapport du général La Font de Villiers que la 2e brigade tout entière resta provisoirement en seconde ligne ; peut-être l'ordre en fut-il donné par le général de division, mais cet ordre ne fut, en tous cas, pas exécuté, car des renseignements très précis, fournis par le général de Geslin (ancien colonel du 94e) établissent que ce dernier régiment fut placé dès le début de l'action à la gauche du 91e. (Lettre du général de Geslin datée du 6 juillet 1903.)

3,000 mètres d'étendue et ne possédait plus que de faibles réserves partielles, en admettant que l'on puisse considérer comme telles le Ier bataillon du 23e et le 67e, qui étaient tous si rapprochés de la première ligne qu'ils allaient prendre part d'eux-mêmes à la lutte. Les neuf autres bataillons de la division avaient été formés, côte à côte, en bataille devant tout le front sur lequel se présentaient quelques batteries à cheval simplement escortées par une cavalerie au reste fort peu entreprenante.

Peut-être, le commandant de la division, laissé sans ordre supérieur au moment de la surprise, crut-il pouvoir compter sur les troupes qu'il avait derrière lui pour constituer une réserve et crut-il devoir, dans une circonstance qui lui paraissait fort pressante, faire face, à la fois, sur tous les points menacés. Peut-être, aussi, ne fit-il qu'obéir, sans autre réflexion, à des habitudes qui n'étaient que trop répandues à cette époque et dont la pratique était la négation même de tout art et de toute combinaison. Comme les funestes errements qu'on vient de signaler ne se trouvèrent point limités au déploiement de la division Bataille, mais que le même principe présida à l'engagement du 2e corps tout entier, le général Frossard fut, dès le début de la lutte, aussi empêché de soutenir ses divisionnaires que ceux-ci l'étaient de renforcer leur ligne de combat. Que celle-ci, trop vivement pressée, fût obligée de céder sur un point, ce qui précisément se présenta un peu plus tard, et toute la mince ligne du 2e corps était presque fatalement entraînée vers l'arrière. Toutefois, cet échec, facile à prévoir dès la première heure du combat, ne se produisit pas immédiatement par la raison que l'artillerie ennemie était encore

---

(1) La division Vergé et la brigade Lapasset se déployaient *en même temps* que la division Bataille, face au Sud, en occupant les bois de Viouville, ainsi que nous le verrons plus loin quand nous étudierons la lutte qui s'est déroulée à l'aile gauche du 2e corps.

seule en cause pour l'instant. Même, celle-ci, presque complètement isolée, eut fort à souffrir dans l'accomplissement de sa dure mission.

Les trois batteries à cheval que le major Korber avait amenées à 9 h. 30 sur le mamelon 297 à l'Ouest de Vionville et qui se trouvaient, depuis leur mise en batterie, en but au tir de l'artillerie des divisions Bataille, La Font de Villiers et Tixier, eurent presque immédiatement affaire aux tirailleurs du 12e bataillon de chasseurs qui, poussant au delà de la lisière occidentale du village de Vionville, les fusillèrent presque à bout portant. Seule, la batterie Bode (1), partiellement protégée sur ses deux flancs par les arbres bordant les deux routes de Mars-la-Tour et de Tronville, put soutenir la lutte ; les deux autres (2) durent se replier jusqu'au fond du vallon dans la direction de Tronville (3). En même temps, les brigades Redern et Bredow qui avaient appuyé le mouvement en avant des batteries, rétrogradèrent un peu vers l'Ouest pour chercher un abri contre les feux d'infanterie et d'artillerie de leur adversaire. A ce moment même débouchaient vers Tronville les deux premières batteries montées de la 6e division d'infanterie que le général Alvensleben avait fait diriger sur ce point, ainsi qu'on le verra bientôt.

Jusqu'alors, la canonnade intempestive des deux divisions de cavalerie allemandes n'avait donc obtenu d'autre résultat que de donner l'alarme au camp français. Une brigade de cavalerie, cependant, la brigade

---

(1) $\frac{1\ c}{4}$.

(2) $\frac{1\ c,\ 3\ c}{10}$.

(3) *Die Thätigkeit des generals Bulow*, Hans Klæber, et *Geschichte des Feld-artillerie-regiments*, Nr. *10*.

Murat, avait été quelque peu débandée au moment de la surprise, mais comme, finalement, les escadrons prussiens se contentèrent uniquement d'escorter leurs batteries et se cantonnèrent dans une attitude purement passive, les dragons de la 3e division de cavalerie ne subirent qu'une désorganisation tout à fait passagère et se reformèrent en bon ordre au Nord de Rezonville avec le reste de leur division (1).

Quant à l'infanterie française, nullement désorganisée ni même impressionnée par un tir d'artillerie, à cette époque impuissant contre une aussi longue ligne, elle avait pris les armes et s'était déployée bien avant que les deux colonnes d'infanterie du IIIe corps prussien fussent en mesure de profiter de la surprise provoquée par les deux divisions de cavalerie allemandes.

Cette surprise tourna donc, en fait, au détriment de ceux qui en étaient les auteurs : les batteries à cheval, intempestivement engagées, subissaient presque immédiatement un échec sérieux, et, conséquence plus grave encore, les têtes de colonnes des 5e et 6e divisions d'infanterie allaient éprouver de grosses difficultés pour déboucher sur le plateau devant un adversaire prévenu.

La 18e monographie signale avec une grande impartialité la faute commise, en cette circonstance, par la cavalerie allemande, et cite les propres paroles du général Alvensleben sur ce sujet : « Je subis les conséquences de la violente reconnaissance que fit la 5e division de cavalerie par le feu de ses canons. Elle donna l'alerte à l'adversaire, et ce que celui-ci n'avait pu savoir par ses propres patrouilles, il l'apprit du fait des mesures prises de notre côté ! Hélas ! »

Il semble bien, en effet, qu'aucune nécessité pressante

---

(1) Il est juste d'ajouter cependant qu'une fraction du 1er dragons fut entraînée jusqu'à Gravelotte et ne reparut plus de la journée.

n'imposait à la cavalerie allemande la conduite qu'elle tint en réalité, et que, bien au contraire, une juste appréciation de la situation eût dû lui faire ajourner une attaque qui ne pouvait lui fournir d'autres renseignements que ceux qu'elle aurait recueillis par de simples patrouilles devant un adversaire qui se gardait d'une manière aussi insuffisante que l'armée française. A la vérité, la 5e division de cavalerie avait reçu l'ordre du commandant du Xe corps de reconnaître le camp observé la veille à Rezonville et « de profiter de toute occasion pour attaquer l'ennemi ». Mais cette prescription du général Voigts-Rhetz n'était susceptible de recevoir une application utile que s'il eût été nécessaire soit de percer un rideau de couverture, soit de retarder, dans la limite du possible, une fraction importante de l'armée française en retraite vers l'Ouest. Aucune de ces circonstances ne se présentait le 16 au matin, et il est permis de s'étonner que le chef d'état-major du général Voigts-Rhetz ait incité le général Rheinbaben à exécuter ponctuellement un ordre manifestement inutile et dont les conséquences pouvaient être — et furent en réalité — désastreuses par la suite.

Enfin, il n'est pas sans intérêt de faire observer, tout en approuvant la justesse des paroles du général Alvensleben précédemment citées, que ce dernier avait lui-même prescrit à la 6e division de cavalerie de déboucher sur le plateau au Sud de Rezonville ; cet ordre, reçu à 9 heures du matin par le duc Guillaume, avait eu pour résultat de faire porter la batterie à cheval, laissée jusque-là en réserve à Gorze, sur la hauteur Sainte-Marie, et finalement cette batterie ouvrit le feu sur les bivouacs du 2e corps à peu près au même instant où l'artillerie du major Korber canonnait la brigade Murat de la hauteur de Tronville. En admettant donc que le colonel de Caprivi se fût maintenu sur une réserve prudente, l'alarme n'en eût pas moins été donnée aux troupes du général Frossard du fait même de l'exécution des ordres du général Alvensleben.

IV. — Engagement de l'artillerie de la 6ᵉ division prussienne. — Déploiement de l'artillerie française, attaque de la brigade Mangin et échec de l'artillerie prussienne.

Conformément aux prescriptions du général Alvensleben, la *6*ᵉ division d'infanterie avait quitté Arnaville vers 5 h. 30 du matin et s'était engagée sur la route de Mars-la-Tour par Onville et Buxières (1).

L'artillerie de corps quitta Vandières à 7 heures et vint se heurter, à Arnaville, aux bagages de la *6*ᵉ division, de sorte qu'elle subit, à partir de cet instant, un ralentissement considérable dans sa marche (2).

On a déjà fait remarquer (3) qu'au moment du départ de la colonne avec laquelle il devait marcher, le commandant du IIIᵉ corps ignorait absolument la présence de nombreuses troupes françaises aux environs de Rezonville et que, même, il n'avait point été avisé de l'arrivée de la 5ᵉ division de cavalerie auprès de Mars-la-Tour.

Le premier renseignement sur l'ennemi parvint au général de Buddenbrock au moment où celui-ci arrivait à Bayonville (6 h. 30). Le rapport, fourni par une reconnaissance du *2*ᵉ régiment de dragons, fut immédiatement transmis au général Alvensleben alors en route de

---

(1) Ordre de marche de la *6*ᵉ division d'infanterie :

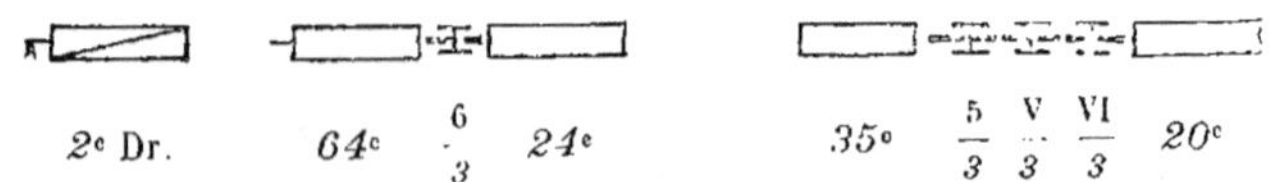

(*Das* 3. *Brandenburgische Infanterie-Regiment*, Nr. 20.)

(2) *Geschichte des Feld-Artillerie-Regiments*, Nr. 3.

(3) Voir page 132.

Pagny sur Bayonville. C'est donc vers 7 heures seulement que le commandant du IIIe corps apprit que des avant-postes français se trouvaient entre Vionville et Tronville et s'étendaient vers le bois de Vionville (1) (2).

Le général se félicita vivement, et à juste titre, de la ténacité qu'il avait déployée la veille pour obtenir l'autorisation de continuer sa marche vers la Moselle.

« Comme avant tout il fallait arrêter l'ennemi, le général Alvensleben résolut d'attaquer dès que la 5e division, précédée de la 6e division de cavalerie, aurait débouché du ravin de Gorze (3). »

Cette manœuvre n'était certes pas sans danger. Les deux colonnes du IIIe corps, séparées par un intervalle de 4 kilomètres, pouvaient déboucher en plaine devant des forces très supérieures (ce qui précisément se réalisa) et risquer ainsi de se faire écraser isolément avant que d'autres corps d'armée fussent en mesure d'intervenir. On ne doit pas oublier, cependant, qu'à cette époque des opérations, le moral des armées allemandes et la confiance en soi de certains de ses chefs, — parmi lesquels il convient de placer en première ligne le général Alvensleben, — avaient été singulièrement rehaussés par leurs premiers succès sur un adversaire dont le haut commandement avait déjà laissé, en maintes circonstances, percer son irrésolution et sa timidité. La décision du commandant du IIIe corps, qui eût pu passer pour téméraire en d'autres occasions, n'était donc en réalité qu'une preuve d'audace parfaitement légitime. Que l'armée française fût tout entière encore à proximité de Metz, ce que le général Alvens-

---

(1) Le rapport de la reconnaissance du 2e dragons était daté de Tronville, 5 h. 30 du matin.

(2) *Kriegsgeschichtliche Einzelschriften. Herausgegeben vom Grossen Generalstabe.* Heft 18.

(3) *Ibid.*

leben ignorait en fait, ou bien qu'il n'y eût plus, aux environs de Rezonville, qu'une fraction plus ou moins considérable de cette armée, ce que le commandant du IIIe corps inclinait certainement à penser dès maintenant, le seul moyen qui fût à la disposition du corps brandebourgeois, sinon pour *arrêter* l'armée de Bazaine, au moins pour la *retarder* le plus possible dans sa marche, consistait évidemment à l'attaquer. C'est ce qu'exprime, fort justement, le colonel Voigts-Rhetz, chef d'état-major du IIIe corps, lorsqu'il écrit: « La pensée offensive, *quand même*, avait été posée en principe dans la résolution qu'on avait prise la veille de marcher en avant. *Attaquer était le cas puisqu'on avait atteint l'armée française* tout entière ou au moins une fraction de cette armée, *et que plus cette fraction serait importante, meilleur cela serait.* »

D'ailleurs, le général Alvensleben paraît s'être fort bien rendu compte du danger que pouvait lui faire courir la trop grande séparation de ses forces. Il chercha donc, sinon à réduire l'intervalle de ses deux colonnes — ce qui était dès lors impossible, — au moins à assurer la simultanéité de leur débouché sur le plateau de Vionville.

Dès qu'il eut reçu le rapport dont il vient d'être question, il expédia, en effet, l'ordre suivant au commandant de la 6e division (1) :

En marche, près de Pagny.

16 août, 7 h. 15 matin.

« Sur le rapport que des avant-postes ennemis se trouvent près de Vionville, j'ordonne à la 6e division

---

(1) Il prescrivait en même temps au duc Guillaume de Mecklembourg de gagner avec sa division de cavalerie le plateau de Rezonville.

d'infanterie de ne pas s'engager, — et si possible de ne pas se montrer, — avant que la *6*e division de cavalerie ait atteint le plateau et soit en mesure de prendre part au combat. »

Cet ordre parvint au général de Buddenbrock à 8 heures, c'est-à-dire au moment où la tête de sa division traversait les Gros-Bois (1). La colonne continua sa marche pendant quelques instants encore, puis elle prit, un peu avant d'arriver à la crête que suit la route des Baraques à Gorze, une formation de rassemblement sur quatre lignes (2).

Pendant que la division serrait sur sa tête, le général Alvensleben arrivait lui-même aux Baraques. De là, on ne pouvait découvrir aucun des camps français, masqués par les hauteurs de la statue Sainte-Marie, et du cimetière au Sud de Vionville (3). Aussi, le commandant du IIIe corps fit-il partir en reconnaissance deux escadrons du *2*e régiment de dragons et se porta-t-il lui-même, avec tout son état-major, sur les hauteurs de la statue Sainte-Marie. Chemin faisant, les premiers coups de canon (9 h. 15) se firent entendre vers le Nord (*5*e division de cavalerie), puis, un peu plus tard, vers l'Est (*6*e division de cavalerie).

Lorsque le général arriva à la statue de Sainte-Marie, il aperçut, au delà de Vionville, une colonne de cava-

---

(1) *Geschichte des 8. Brandenburgischen Infanterie-Regiments*, Nr. *64*.

(2) Formation de rassemblement de la *6*e division :

*12*e brigade...	*64*e régiment.
	*24*e —
*11*e brigade...	*35*e —
	*20*e —

(3) La 18e Monographie rectifie à ce sujet la première rédaction du Grand État-Major prussien.

lerie qui lui parut se retirer vers Saint-Marcel (1). Or, il est à remarquer que, faute de gagner la crête située à 300 mètres au Nord-Est de la statue, les vues du général Alvensleben ne s'étendaient que dans la direction du Nord, de sorte que les camps du 2e corps et de la division La Font de Villiers échappèrent complètement tout d'abord à ses investigations (2).

Sur ces entrefaites, il reçut le rapport suivant envoyé par la *5e* division d'infanterie et daté de 8 h. 35 du matin :

« Une colonne ennemie est en marche de Rezonville sur Verdun; une troupe de toutes armes, sans doute destinée à couvrir la retraite, paraît avoir pris position à un kilomètre au Sud-Est de Tronville. La *5e* division continue sa marche et se porte à l'attaque (3). »

Des observations personnelles incomplètes et des renseignements entachés d'erreurs laissèrent donc croire au général Alvensleben que son adversaire était en retraite sur Verdun et qu'il importait, par suite, de lui fermer toute issue vers la région de la Meuse en se portant rapidement vers le Nord dans la direction générale de Jarny.

A 9 h. 30, en effet, le commandant du IIIe corps

---

(1) Fractions de la 3e division de cavalerie (de Forton).

(2) De la statue Sainte-Marie on aperçoit le terrain au Nord de Vionville jusqu'à la lisière du bois de Saint-Marcel, mais les bivouacs français continuaient à être dérobés aux vues par la crête 302-303.

(3) Les renseignements contenus dans ce rapport avaient été fournis par la *6e* division de cavalerie. La colonne en marche de Rezonville sur Verdun ne pouvait être que celle des convoyeurs civils de la 3e division de cavalerie qui, en effet, allait atteindre Vionville. Aucune troupe de toutes armes ne se trouvait alors au Sud-Est de Tronville. Le rapport vise peut-être les troupes du 2e corps, auxquelles il donne un emplacement défectueux.

ordonnait à la 6e division de poursuivre sa marche sur Jarny par Mars-la-Tour.

S'étant enfin porté un peu plus vers le Nord, le général Alvensleben découvrit les troupes du 2e corps qui, en ce moment même, commençaient leur déploiement face au Sud et face à l'Ouest. D'après la 18e Monographie, le général paraît n'avoir évalué qu'à un chiffre relativement très inférieur l'effectif des troupes françaises réunies à l'Ouest de Rezonville, mais la nécessité de couvrir la marche de flanc de la 6e division ne lui en apparut cependant pas moins pressante.

Le général de Bulow, qui accompagnait le commandant de corps d'armée, reçut donc l'ordre (à 9 h. 45) de faire avancer toute l'artillerie dont il pouvait disposer et d'ouvrir le feu aussi rapidement que possible sur l'infanterie qui se déployait entre Vionville et Flavigny.

Bien que le général Alvensleben n'eût encore à ce moment qu'une connaissance très incomplète de la situation réelle de l'armée française et qu'il fût porté à ne considérer les fractions qu'il avait devant lui que comme faisant partie d'une arrière-garde destinée à protéger la retraite sur Verdun, on ne peut s'empêcher de remarquer combien était aventurée la mission qu'il confiait à ses batteries qui, seules, ou avec une escorte insignifiante, allaient se lancer au trot, très en avant de leur infanterie, à la rencontre d'un adversaire déjà déployé qui menaçait de les écraser, — ce qui précisément eut lieu, — avant qu'elles fussent en mesure d'être efficacement soutenues.

Quoi qu'il en soit, le général de Bulow donna les ordres nécessaires à l'artillerie divisionnaire, dont la batterie de tête (1) devait alors se trouver à peu près à

(1) $\frac{6}{3}$.

hauteur du bois de la Côte; il fit prescrire à l'artillerie de corps de prendre le trot, puis il se porta personnellement en reconnaissance pour rechercher les positions les plus favorables à ses batteries.

Sous l'escorte du *2*e régiment de dragons, les batteries divisionnaires s'avancèrent au trot, en bataille, à intervalles ouverts, et obliquèrent dans la direction de Vionville. Pendant leur marche à travers champs, elles aperçurent sur leur droite les escadrons de la *6*e division de cavalerie, alors rassemblés à proximité du bois de Gaumont. Croyant être menacées par une masse de cavalerie française, elles s'arrêtèrent un instant, pour ne reprendre leur marche que quand elles eurent reconnu leur erreur (1).

La batterie d'avant-garde arriva la première en raison de l'avance qu'elle avait primitivement sur les autres, et se mit en batterie sur le mamelon 288, à l'Est de Tronville, où se trouvait encore la 2e batterie à cheval du *10*e régiment (2). Elle fut rejointe quelques instants plus tard par la *5*e légère, puis le général de Bulow prescrivit aux deux batteries montées de se rapprocher de Vionville en se portant à hauteur de la batterie à cheval restée seule en position sur le mamelon 297 (3). La 2e batterie à cheval suivit le mouvement des deux

(1) Ces détails sont empruntés à l'ouvrage de Hans Klæber : *Die Thatigkeit des generals Bulow in der Schlacht bei Vionville*, qui les a puisés lui-même dans la Relation et les notes personnelles du général Bulow, ainsi que dans les notes de l'ancien adjudant-major d'un des groupes de l'artillerie divisionnaire. Cependant le major Kunz met en doute que l'artillerie divisionnaire se soit portée à travers champs sur ses positions de combat.

(2) Les trois autres batteries à cheval de la *5*e division de cavalerie s'étaient déjà portées, comme on l'a vu plus haut, sur le mamelon 297 à l'Ouest de Vionville.

(3) $\frac{1\text{ c}}{4}$.

batteries montées et toutes trois se déployèrent, tant sur la hauteur du cimetière (6e légère et 2e à cheval) que dans le léger vallonnement qui la sépare de Vionville (5e légère). Il était alors un peu plus de 10 heures (1), et quatre batteries se trouvaient ainsi disposées devant le front de la brigade Mangin, qui venait de se déployer entre Vionville et Flavigny.

Pendant que les deux batteries légères gagnaient, comme on vient de le voir, les environs de Vionville, les deux batteries lourdes de la *6e* division, sous les ordres du lieutenant-colonel Beck, obliquaient à droite pour venir s'établir sur la hauteur de la statue Sainte-Marie et relier ainsi entre elles, quoique d'une façon bien précaire, les deux divisions du IIIe corps, d'ores et déjà séparées par un intervalle de plusieurs kilomètres. Les deux batteries lourdes (Ve et VIe) de la *6e* division ouvrirent donc le feu, un peu après 10 heures, d'une position située au Nord-Ouest de la Statue (2), sous la seule protection de deux escadrons du *2e* dragons et d'un escadron du *10e* hussards, détaché par la *5e* division de cavalerie.

Cependant, le 12e bataillon de chasseurs à pied, qui avait occupé Vionville et avait déployé, ainsi qu'il a déjà été dit, deux de ses compagnies au delà de la lisière occidentale du village, fusillait maintenant à très courte distance la 5e batterie légère du *3e* (3).

Le 23e régiment prenait également part à l'attaque

---

(1) Entre 10 h. 5 et 10 h. 10, d'après le major Kunz.

(2) La VIe batterie, arrivée la première, et accueillie par un feu meurtrier d'obus, prit d'abord une position provisoire qu'elle abandonna presque aussitôt pour se porter en avant avec la Ve batterie. La mise en batterie se fit sous le feu de l'infanterie francaise qui venait d'atteindre, comme on le verra bientôt, le chemin de Vionville à Gorze, en avant de Flavigny.

(3) Rapport du général Mangin, daté du 21 août.

contre l'artillerie prussienne : le Ier bataillon, qui s'était tout d'abord placé en soutien du 12e bataillon de chasseurs près de l'Abreuvoir, déployait en tirailleurs ses 4e et 6e compagnies ; le IIe bataillon, qui avait un instant occupé Flavigny, déployait ses tirailleurs au centre, entre ce hameau et Vionville, tandis que le IIIe bataillon restait près de Flavigny. Pendant la première partie du déploiement, le 8e régiment avait suivi le 23e. Mais le général Mangin, croyant peut-être pouvoir compter sur la division Vergé, qu'il avait laissée derrière lui, avait prescrit au 8e d'appuyer vers Flavigny et de se déployer à la gauche du 23e. Le Ier bataillon occupa le hameau précédemment tenu par le IIe bataillon du 23e et déploya immédiatement ses 4e et 6e compagnies en tirailleurs derrière les haies garnissant le fond du vallon, à 200 mètres en avant de la lisière ; ces tirailleurs dirigèrent, à 800 ou 900 mètres, un feu très efficace contre les batteries allemandes du mamelon du cimetière.

Dès que les IIe et IIIe bataillons du 8e, portés vers la gauche du Ier, c'est-à-dire vers le Sud de Flavigny, arrivèrent à hauteur de la ligne de combat, le général Mangin fit sonner la charge, après avoir donné l'ordre à ses deux régiments « de se porter résolument sur la crête » (1), et après avoir prescrit au colonel Haca, commandant le 8e régiment, de rester personnellement avec une fraction de ses troupes auprès de Flavigny pour constituer la réserve de la brigade (2). Le IIe bataillon du 8e déploya rapidement la 6e compagnie en tirailleurs, puis les cinq bataillons de la brigade Mangin firent un bond en avant et gagnèrent la crête du léger mouve-

(1) Rapport du général Mangin. *Loc. cit.*

(2) Rapport du général Mangin (*loc. cit.*) et Historique du 8e régiment. (Man. de 1871.)

ment de terrain qui descend de Vionville vers le Sud-Est (1). De là, et de concert avec l'artillerie établie plus en arrière sur la croupe 296 (2), elles couvrirent de balles et d'obus les batteries prussiennes. Malheureusement, l'offensive de la brigade Mangin ne fut pas poussée plus loin, et le résultat obtenu fut seulement celui qu'on est en droit d'attendre de l'emploi exclusif des feux. Les batteries déployées à l'Ouest et au Sud de Vionville subirent en quelques instants de telles pertes en hommes et surtout en chevaux que le général de Buddenbrock leur prescrivit d'amener les avant-trains et de se retirer dans le vallon qui les séparait de Tronville ; ce que certaines d'entre elles firent à très vive allure (3), sans que les nombreux escadrons prussiens fissent la moindre tentative pour les dégager d'une étreinte qui ne pouvait que leur paraître très menaçante, mais que, malheureusement, nous perdîmes l'occasion de pousser jusqu'au bout.

Des hauteurs de la statue Sainte-Marie, le général de Bulow assistait à cette débandade générale des batteries. « Il se portait au-devant de l'artillerie de corps, dit Hans Klaeber (4), pour lui indiquer la position à occuper...., quand il vit tout à coup la ligne d'artillerie déployée vers Vionville exécuter un mouvement de retraite. Cela produisit une très fâcheuse impression, d'autant plus que plusieurs batteries à cheval se retiraient à une allure très vive (5). Le général de Bulow courut en toute

(1) Crête 287-290. Le IIe bataillon du 8e (moins la 6e compagnie) resta à Flavigny.

(2) $\frac{7,\ 8,\ 9}{5}$ — de la division Bataille.

(3) Colonel Hans Klaeber (*loc. cit.*). D'après les notes personnelles du général de Bulow.

(4) *Die Thatigkeit des generals Bulow* (*loc. cit.*).

(5) Notes personnelles du général Bulow. (*Note de l'auteur.*)

hâte vers la batterie divisionnaire la plus proche, la VIe lourde, et y apprit que le général de division avait ordonné aux batteries de le rallier. Ce mouvement pouvait s'appeler battre en retraite, car l'infanterie de la division n'était pas encore arrivée à hauteur de l'artillerie. Un tel emploi n'était pas dans les intentions du général en chef, intentions bien connues du général Bulow, et était encore moins en concordance avec ses ordres, puisqu'on devait attaquer l'ennemi avec toute l'artillerie. Le général de Bulow fit donc aussitôt arrêter toutes les batteries qu'il pût rattraper et leur fit séparer les trains. »

La VIe lourde, prête à rompre, dut se remettre en batterie, mais la Ve était déjà hors de portée dans le fond du vallon au Nord-Ouest de la statue..... Les deux batteries du cimetière (1) s'étaient déjà mises à l'abri sur les pentes Ouest du mamelon et y restèrent ; mais le général put arrêter la *5*[e] légère et lui faire ouvrir à nouveau le feu après qu'elle eut reculé de 200 à 300 mètres. Enfin la 1re batterie à cheval du *4*[e] continua à occuper la croisée des routes où elle se trouvait, comme on sait, assez efficacement dérobée aux vues des tirailleurs du 12e bataillon de chasseurs à pied, par les arbres bordant les deux chaussées (2).

Il était alors 10 h. 15. Sur les huit batteries déjà engagées, trois seulement continuaient le tir (3), dans des conditions d'ailleurs très précaires, sous le feu d'une infanterie distante, sur certains points, de quelques centaines de mètres à peine, tandis que les bataillons de la *6*[e] division prussienne étaient encore en marche à

(1) $\frac{2\,c}{10}$, $\frac{6}{3}$.

(2) *Die Thätigkeit des generals Bulow* (*loc. cit.*).

(3) $\frac{VI}{3}$, $\frac{5}{3}$, $\frac{1\,c}{4}$.

travers champs sur Mars-la-Tour, à 3 kilomètres en arrière des positions de combat de l'artillerie (1).

L'artillerie allemande venait donc de subir un nouvel et grave échec et se retirait, désemparée, de la lutte qu'elle avait si audacieusement engagée. Heureusement pour elle, le mouvement offensif de la brigade Mangin fut de très faible envergure. Débarrassée de la plupart des batteries qui étaient venues l'insulter dans son bivouac, l'infanterie française, se contenta de ce succès, à la vérité incontestable, et ne songea pas à pousser plus loin, laissant ainsi aux régiments de la 6e division allemande le temps d'intervenir à leur tour.....

Mais pendant que ces événements se déroulaient aux environs de Vionville et de Flavigny, la 5e division prussienne attaquait elle-même très vivement par le Sud le flanc gauche du 2e corps.

V. — Attaque de la 5e division prussienne. — Combat à l'aile gauche du 2e corps jusqu'à midi.

On sait que la tête de la 5e division n'avait quitté Novéant qu'après 7 h. 30 du matin et qu'elle s'était alors engagée sur la route de Gorze, à la suite de la 6e division de cavalerie.

Les premiers bataillons des 8e et 12e régiments et le 3e escadron du 12e dragons avaient été laissés à Dornot et à Corny pour garder les ponts et surveiller la vallée de la Moselle dans la direction de Metz. En outre le IIe bataillon du 8e régiment et le 4e escadron du 12e dragons occupaient le village de Gorze depuis la veille au soir.

La colonne de la 5e division ne comprenait donc plus

(1) 25e *Monographie*, croquis 1.

que deux escadrons, dix bataillons et quatre batteries (1).

D'après le major Kunz (2), l'avant-garde de la colonne apprit bientôt que des vedettes de cavalerie française se trouvaient sur les hauteurs en avant de Rezonville et que des détachements d'infanterie avaient pénétré dans les bois situés au Nord de Gorze (3).

Il était 8 h. 45 quand la tête de colonne prussienne arriva à la ferme Sainte-Catherine, où elle se heurta à la queue de la *6*e division de cavalerie arrêtée sur la route.

Quand, conformément à l'ordre du général Alvensleben, la division de cavalerie du duc Guillaume de Mecklembourg eut dégagé le terrain pour gagner le plateau de Rezonville (4), la *5*e division put reprendre le mouvement interrompu, non sans avoir perdu, de ce fait, une demi-heure environ ; à peu près au même instant, les batteries des *5*e et *6*e divisions de cavalerie ouvraient simultanément le feu de la hauteur de Tronville d'une part, et de la hauteur Sainte-Marie d'autre part (5).

---

(1) Ordre de marche de la *5*e division :

Pointe d'avant-garde.		Gros de l'avant-garde.				Gros de la colonne.							
1, 2	I, II	F	1		F	I	2	I	II	II	F	II	F
12e Dr.	48	48	3	3e Ch.	8	52	3	3	3	52	52	12	12

(2) *Kriegsgeschichtliche Beispiele*. H. 8 und 9.

(3) Peut-être s'agit-il ici des éclaireurs volontaires du capitaine Arnous-Rivière, qui avaient, en effet, exécuté une reconnaissance de ce côté au commencement de la nuit précédente, ou bien des patrouilles envoyées par le 2e corps pendant les premières heures du jour.

(4) Voir page 168.

(5) L'*Historique du Grand État-Major prussien* dit que la tête de la *5*e division atteignit Gorze vers 9 heures et que là, ses avant-postes et

Pendant que la colonne s'engageait dans les rues du village, le général de Dœring, commandant l'avant-garde, fit occuper la côte Moussa et l'Ermitage de Saint-Thiébault par le bataillon qui avait passé la nuit à Gorze, afin « de pouvoir s'opposer au débouché éventuel de l'ennemi (1) ».

Il était près de 9 h. 45, quand les deux escadrons du régiment divisionnaire (*12*e dragons), formant la pointe d'avant-garde, débouchèrent sur le plateau 329 à l'Ouest des bois de Vionville. A peine s'étaient-ils montrés sur la crête, qu'ils furent fusillés à 700 ou 800 mètres, ainsi que les cavaliers de la brigade Rauch l'avaient été précédemment, vers 9 h. 20, par les grand'-gardes du 55e dont l'une occupait la croisée des chemins cotée 317, et l'autre les pentes qui descendent de la cote 309 vers la pointe Nord-Ouest du bois de Vionville. Les deux escadrons se replièrent précipitamment vers la ferme d'Anconville, ferme que dépassaient, en cet instant, les deux bataillons d'avant-garde de la *5*e division (2). Mais pendant que ces bataillons continuaient leur marche en avant dans une zone complètement défilée aux vues de leur adversaire par la crête 321-329,

---

la *6*e division de cavalerie firent connaître que des masses ennemies étaient en mouvement sur le plateau et marchaient sur Gorze. Il paraît difficile d'admettre cette dernière affirmation. A 9 heures, la *5*e division n'avait dépassé Gorze que dans la personne de son chef qui, en effet, rencontra le commandant de la *6*e division de cavalerie, à ce moment, un peu au delà du village.

Il est impossible, d'autre part, qu'on ait signalé à 9 heures au général de Stulpnagel des mouvements de masses ennemies vers Gorze, par la raison que la division Vergé ne fut mise en alerte que par la fusillade des avant-postes, et ne se porta vers le Sud qu'un peu plus tard encore. Du moins le renseignement, s'il fut reçu, était-il erroné.

(1) *Geschichte des Leib-Grenadier Regiments.* (8e régiment.)

(2) $\frac{\text{I, II}}{48}$.

les troupes de la division Vergé prenaient pied sur les hauteurs situées au Nord-Ouest du bois de Vionville, puis, un peu plus tard, dans ce bois lui-même.

Déploiement du 2e corps au Sud de Rezonville. — Dès que la fusillade eût éclaté sur la ligne des grand'gardes du 55e, en effet, c'est-à-dire dès l'instant où la cavalerie allemande se fut présentée sur la crête 329, le général Vergé fit prendre les armes à toute sa division. Il était alors un peu plus de 9 h. 15. L'escadron divisionnaire (3e escadron du 7e dragons) se porta vivement sur la ligne des avant-postes où il déploya un peloton en tirailleurs (1), mais il ne semble pas que l'infanterie le suivit immédiatement.

Les 76e et 77e régiments de la brigade Jolivet ne reçurent qu'un peu plus tard l'ordre de se porter, face au Sud, vers la lisière Nord du bois de Vionville, tandis que la 1re brigade (32e, 55e et 3e B. Ch.) se déploierait entre ces bois et le chemin de Rezonville à Chambley.

Le 77e régiment, dont les deux derniers bataillons bivouaquaient sur le flanc gauche de la division, se trouvait ainsi être le plus rapproché du bois de Vionville. Le colonel Février, commandant le régiment, déploya rapidement les IIe et IIIe bataillons en bataille, et fit placer le Ier en réserve, un peu en arrière de la crête 311-312 où l'artillerie divisionnaire allait se mettre en batterie quelques instants plus tard. L'autre régiment de la brigade — le 76e — reçut l'ordre du général de brigade de suivre, en seconde ligne, le 77e (2).

A l'aile droite de la division, le 55e avait été fractionné

(1) Cet escadron se retira dès l'arrivée de l'infanterie et ne fut plus employé pendant le cours de la journée. (Lettre du commandant Le Flem; d'après le récit du commandant Kessler, alors maréchal des logis chef au 3e escadron du 7e dragons.)

(2) Rapport du général Jolivet sur la bataille de Rezonville; non daté.

dès le principe : le IIIe bataillon s'était porté au débouché du ravin de Rezonville à Gorze puis occupait les abords de la Maison-Blanche (1) ; les deux autres bataillons s'avancèrent en échelons de divisions, l'aile gauche en avant, dans l'intervalle compris entre le bois de Vionville et la grand'garde Pardieu (cote 317). En même temps, le 32e régiment se déployait en bataille et suivait en seconde ligne. Enfin, le 3e bataillon de chasseurs, légèrement désuni par la retraite précipitée des convoyeurs civils sur la route de Metz, se ralliait bientôt sous les ordres du commandant Petit qui le rassemblait à quelque distance en avant vers Vionville, et l'abritait dans un pli de terrain contre les obus allemands.

Sur l'ordre du général Vergé, l'artillerie de la 1re division (2) gagna successivement les crêtes du mamelon 311. La 5e batterie, arrivée la première, fut bientôt encadrée par les 12e et 6e, qui, toutes, firent face aux crêtes s'étendant à l'Ouest du bois de Vionville, et sur lesquelles l'artillerie prussienne allait bientôt se montrer.

Quant à la brigade Lapasset, mise en éveil dès le matin par les rapports de ses grand'gardes qui signalaient la présence des patrouilles de la cavalerie ennemie du côté du bois de Vionville, elle avait reçu les ordres de son chef pour se tenir prête à prendre les armes au premier signal. Le général avait réuni tous ses officiers à 8 heures, leur avait fait part de la proximité de l'ennemi, avait indiqué les premières dispositions à prendre

(1) Les bois de Vionville et des Ognons sont séparés par deux ravins parallèles ayant une direction générale Nord-Sud ; le plus occidental passe par Gorze : on le désignera désormais sous le nom de *ravin de Gorze ;* le plus oriental rejoint le premier près de la ferme Sainte-Catherine : on l'appellera *ravin de Sainte-Catherine.*

(2) $\frac{5,\ 6,\ 12}{5}$.

en cas d'attaque, et, dans une allocution chaleureuse avait « fait passer dans l'âme et le cœur de chacun les sentiments dont il était animé » (1).

Lorsque le canon gronda dans la direction de Vionville, les hommes mangeaient la soupe. Toute la brigade prit aussitôt les armes, puis, exécutant une légère conversion vers la droite, gagna les environs de la Maison-Blanche et fit face à la fois aux bois de Saint-Arnould et à ceux des Ognons qui, pour le commandant de la brigade laissé sans nouveaux ordres, constituaient toujours l'objectif qu'il avait pour mission de surveiller plus particulièrement.

La batterie Dulon, escortée par la 2e compagnie du 14e bataillon de chasseurs, gagnait presque immédiatement la croupe 308 où elle s'établissait face au Sud (2).

Le Ier bataillon du 84e conversait à droite et se portait sur les pentes occidentales du ravin de Gorze en soutien de sa grand'garde. Les deux autres bataillons du même régiment se conformant au mouvement de conversion du Ier, franchirent le ravin de Gorze et arrivèrent bientôt devant le ravin de Sainte-Catherine. Le IIIe bataillon, à la droite duquel arriva bientôt le IIIe bataillon du 55e dont il a déjà été question, fit occuper par sa 1re compagnie le saillant du bois des Ognons situé à hauteur de la Maison-Blanche ; le IIe bataillon s'étendit plus à gauche, face au Sud-Est. Le 97e fut maintenu en seconde ligne avec les détachements des 11e, 46e, 49e, 68e et 88e régiments, tandis que le 3e lanciers se formait à l'extrême gauche, surveillant les débouchés du bois des Ognons.

Combat du bois de Vionville et du plateau 329-317. — Au moment où les éclaireurs du *12e* régiment de dragons

---

(1) Historique du 97e régiment. (Man. de 1871.)

(2) La compagnie de chasseurs se fractionnait en trois sections placées respectivement à droite, à gauche et en arrière de la batterie.

allemands étaient accueillis sur la crête 329 par le feu violent des grand'gardes du 55e régiment, c'est-à-dire vers 9 h. 45, le général de Dœring, qui les avait suivis de très près, put observer le déploiement du 2e corps et constater l'absence de réserves en arrière de la longue ligne que formaient dès maintenant la brigade Fauvart-Bastoul et la division Vergé. D'après le major Kunz, le général de Dœring aurait alors fait transmettre au commandant de la *5e* division d'infanterie le compte rendu verbal suivant :

« Dites au général que les Français s'avancent ; ils sont plus forts que nous, mais ils n'ont pas d'échelons derrière leur aile droite. Si la *10e* brigade tourne derrière mon aile gauche, et les prend à revers, alors nous les repousserons. Que le général m'envoie aussitôt l'artillerie. »

En même temps, il prescrivait aux deux bataillons de tête de l'avant-garde (1) de continuer leur marche. Ces deux bataillons, déployant chacun deux compagnies sur la ligne de combat, se portèrent côte à côte sur la crête 329, où ils débouchèrent devant les tirailleurs des Ier et IIe bataillons du 55e qui se déployaient eux-mêmes à quelques centaines de mètres plus au Nord. Les deux adversaires s'arrêtèrent face à face et échangèrent un feu nourri. Mais bientôt apparurent, à la droite du 55e, les tirailleurs du IIIe bataillon du 66e. Ce dernier régiment s'était arrêté, comme on sait, à hauteur de sa grand'garde, sur le chemin de Chambley ; le colonel, « pressentant que le premier et le plus sérieux effort de l'ennemi serait tenté vers les bois », avait prescrit au commandant Tertian de se porter en avant jusque sur les hauteurs (322-329), qui se garnis-

(1) $\frac{\text{I, II}}{48}$.

saient d'infanterie prussienne. En descendant dans la large et profonde dépression formant le ravin qui aboutit à la pointe Nord-Ouest du bois de Vionville, le bataillon Tertian, accompagné de la section franche du lieutenant Devaureix (1), échappa un instant aux feux d'artillerie de l'adversaire, puis gagna vivement la croupe 322. Mais, arrivés là, les tirailleurs du 66e tombèrent sous les feux rapides de ceux du *48*e prussien et se couchèrent à terre.

Sur ces entrefaites, le colonel Février, qui marchait vers le Sud avec les IIe et IIIe bataillons du 77e, avait poussé l'un d'eux (le IIe) jusqu'à la corne Nord-Ouest du bois de Vionville dans lequel il pénétrait. Le 76e régiment avait tout d'abord suivi en seconde ligne, mais le général Jolivet lui avait prescrit presque aussitôt de renforcer le 77e ; de sorte que le Ier bataillon et une partie du IIe s'avancèrent sur les pentes occidentales du ravin de Gorze, puis s'engagèrent sous bois, tandis que le reste du régiment se déploya entre le bois et la gauche du 55e faisant face aux tirailleurs du IIe bataillon du *48*e régiment prussien qui garnissait alors l'intervalle compris entre le taillis et le sommet 329. Devant ce nouvel adversaire, le bataillon allemand appuya vers sa droite et pénétra partiellement dans le bois. Mais pendant ce temps, les fractions de la brigade Jolivet, qui avaient atteint la lisière septentrionale, avaient continué leur marche en avant (2). Elles ne tardèrent pas à déboucher à courte distance en présence des tirailleurs ennemis qui se trouvaient ainsi à la fois surpris et menacés par une attaque débordante sur leur flanc droit. Deux compagnies prussiennes, puis successivement les deux autres, firent face à la nouvelle direction et s'éten-

---

(1) *Souvenirs* du général Devaureix, *loc. cit.*

(2) $\frac{\text{I}}{76}$, fr. $\frac{\text{II}}{76}$, $\frac{\text{II}}{77}$.

dirent peu à peu vers l'Est dans l'intérieur du fourré, où s'engagea alors un combat de feu très rapproché.

Devant l'attaque de la brigade Jolivet, le Ier bataillon du *48*[e] avait déployé vers sa droite, c'est-à-dire sur le revers oriental du mamelon 329, les deux compagnies maintenues jusque-là en réserve ; mais ces deux compagnies durent bientôt s'arrêter sous le feu très meurtrier que dirigeait sur elles l'aile droite du 76e (1). Même, quelques fractions de ce dernier régiment se jetèrent à la baïonnette sur les compagnies prussiennes dont la situation devenait très critique, menacées qu'elles étaient par des forces très supérieures, à la fois sur leur front et sur leur flanc gauche à peu près dégarni.

Le gros de l'avant-garde prussienne avait cependant pressé le pas derrière les deux bataillons de tête. Le bataillon de fusiliers du *48*[e] se déployait sur deux lignes à hauteur de la ferme d'Anconville et continuait sa marche en avant pendant que la batterie de l'avant-garde (2) le dépassait et gagnait la crête 329. Le *3*[e] bataillon de chasseurs, qui suivait immédiatement, jetait une compagnie dans la ferme et dirigeait les trois autres sur le saillant occidental du bois de Vionville.

Vers 10 heures (3) la batterie d'avant-garde se mettait en batterie sur la hauteur 329 ; mais, criblée de balles par les tirailleurs du 55e et du IIIe bataillon du 66e avant qu'elle ait pu séparer les trains, trois de ses pièces seulement parvinrent à ouvrir le feu contre l'infanterie française (4). Cependant, les trois autres batteries

---

(1) fr. $\frac{II}{76}$ et $\frac{III}{76}$.

(2) $\frac{1}{3}$.

(3) A 10 h. 10 d'après Kunz : *Kriegsgeschichtliche Beispiele*, *H.* 8, n. 9.

(4) Hoffbauer, *La bataille de Vionville.*

de la *5*e division, poussées en avant sur la demande du général de Dœring (1), arrivaient successivement, et à de courts intervalles, sur la hauteur 329 (2). Malgré les pertes sensibles que leur infligèrent les tirailleurs des 55e, 76e et 66e régiments, les batteries prussiennes gardèrent vaillamment leurs positions et ne contribuèrent pas peu à couvrir, dans une certaine mesure, le pénible déploiement de la *11*e brigade prussienne.

Le bataillon de fusiliers du *48*e avait gagné pendant ce temps la gauche de l'artillerie divisionnaire. Ses tirailleurs étaient déjà sur la crête 329-321 au moment où la batterie d'avant-garde entrait en action, mais le reste du bataillon gravissait, plus en arrière, les pentes de la ferme d'Anconville. Une compagnie, arrivée la première à la croisée des chemins de Vionville et de Flavigny, fut reçue par un feu très violent des tirailleurs du 55e et se trouva, dès le début, séparée des trois autres compagnies qui s'étendirent plus à gauche (3). Enlevées par le lieutenant-colonel qui commandait le gros de l'avant-garde, ces trois dernières compagnies dépassèrent les batteries et s'avancèrent résolument dans la direction de la crête 322-317, où le IIIe bataillon du 66e devenait très menaçant pour l'aile gauche de la division. Mais dès qu'elles apparurent sur la croupe 312-322 qui descend vers l'extrémité Nord des bois de Gaumont, les trois compagnies de fusiliers prussiens subirent, en quelques instants, de lourdes pertes (4). Presque tous leurs officiers étaient déjà hors de combat,

---

(1) Voir page 197.

(2) A 10 h. 15, d'après le major Kunz, *loc. cit.*

(3) Cette compagnie agit alors de concert avec quelques faibles fractions du Ier bataillon du *48*e restées, aux côtés de l'artillerie, sur le mamelon 329.

(4) D'après Kunz, *loc. cit.* : 173 hommes, soit 31 p. 100 de leur effectif total.

lorsque le bataillon du commandant Tertian prononça une énergique contre-attaque. « J'aperçus le lieutenant-colonel Ropper accourir vers nous au galop, sans doute pour nous transmettre un ordre du colonel, dit le général Devaureix. Mais au milieu de sa course, il tombe mortellement blessé..... Enfin le colonel Ameller accourt lui-même derrière le bataillon et commande, d'une voix vibrante : « En avant! » Toute la ligne se relève et se jette à la baïonnette sur l'ennemi. Devant notre élan, celui-ci fait demi-tour, et recule de 300 ou 400 mètres en courant (1). » En quelques minutes, en effet, les débris des compagnies prussiennes se débandèrent vers le Sud-Ouest et disparurent derrière la lisière des bois de Gaumont.

D'ailleurs, la brigade Fauvart-Bastoul entrait à ce moment à peu près tout entière en ligne. Les Ier et IIe bataillons du 66e s'échelonnaient sur la crête à la droite du IIIe bataillon et le colonel Thibaudin déployait les IIe et IIIe bataillons du 67e plus à droite encore, c'est-à-dire aux environs de la cote 314. Le Ier bataillon du 67e était seul maintenu en réserve face à la large trouée qui s'était formée entre les deux brigades de la division Bataille.

A ce moment, la situation de la 5e division prussienne était fort précaire. L'artillerie divisionnaire, soumise à un feu d'infanterie très vif de la part des tirailleurs du 55e et de l'aile droite du 76e (IIIe bataillon et moitié du IIe), puis battue par les batteries de la division Vergé installées à 1800 mètres environ sur le mamelon 311, était à peine protégée sur son front par quelques sections d'infanterie et avait son flanc gauche absolument découvert à la suite de l'échec complet que venaient de subir

(1) Extrait des *Souvenirs* du général Devaureix (*loc. cit.*).

les fusiliers du *48*e. En face, l'infanterie française avait une supériorité numérique écrasante et aurait pu, d'un moment à l'autre, se précipiter sur les positions même qu'occupait l'artillerie prussienne. Entre la crête suivie par le chemin Rezonville—Chambley et le bois de Vionville, en effet, huit bataillons et demi étaient déployés sur un front de 1500 mètres à faible portée des batteries allemandes (1). En arrière du 66e, le 32e régiment formait une réserve importante qui, toutefois, se trouvait très rapprochée de la ligne de combat et supportait déjà le feu des pièces prussiennes en terrain absolument découvert. Malheureusement, le même fait qu'on a déjà signalé pour la brigade Mangin à la suite de la débandade de l'artillerie allemande postée sur les crêtes de Vionville, se produisit ici, dans des conditions analogues, puisque après une contre-attaque couronnée de succès, toute l'infanterie française s'arrêta sur ses positions sans chercher à profiter de l'avantage qu'elle venait d'obtenir.

Pendant que la *5*e division prussienne subissait, à son aile gauche, l'échec sérieux qu'on vient de relater, de nouvelles forces apparaissaient dans le bois de Vionville en arrière de son aile droite : les trois compagnies du *3*e bataillon de chasseurs à pied, suivant la lisière Ouest du bois de Vionville, traversèrent, en effet, le saillant de ce bois situé à hauteur des batteries, et débouchèrent, quelque peu éparpillées il est vrai, sur le terrain où combattait déjà la partie la plus importante du IIe bataillon du *48*e. C'est alors que des fractions du IIIe bataillon du 76e de ligne prononcèrent trois attaques successives. Chaque fois, l'infanterie française s'élança au pas gymnastique sur les tirailleurs qui occupaient, en terrain découvert, le revers oriental du mamelon 329.

(1) Distances variant de 500 à 1000 mètres.

Mais dès qu'elle arrivait à proximité de son objectif, elle était fusillée sur son flanc gauche par les compagnies prussiennes embusquées sur la lisière du taillis et se voyait contrainte de se retirer sur la position d'où elle s'était élancée à l'attaque, c'est-à-dire à hauteur de la pointe Nord-Ouest du bois.

Dans l'intérieur du fourré, la lutte continuait traînante et indécise entre les mousquetaires du *48*e et les compagnies du 76e et du 77e engagées sur ce point.

Après l'échec des fusiliers du *48*e, le Ier bataillon du *52*e régiment, qui formait la tête du gros de la *10*e brigade, apparut à son tour sur la crête 329-321. Bien que la contre-attaque du 66e n'eût pas été poussée à fond, la situation n'en était pas moins toujours très critique pour l'artillerie de la *5*e division (1). Il importait de parer au plus vite à un danger qui ne pouvait que paraître très menaçant.

Aussi, le Ier bataillon du *52*e reçut-il l'ordre de déposer ses sacs à terre et d'attaquer vivement par la gauche des batteries dans la même direction que les fusiliers du *48*e. De même que ceux-ci, le bataillon du *52*e, déployé en colonnes de compagnie, dépassa donc la crête 329-321.

Mais, sur ces entrefaites, la 8e batterie du 17e de la réserve du 2e corps s'était mise à la disposition du général Fauvart-Bastoul, qui la fit placer tout d'abord sur le revers de la crête qui suit le chemin de Chambley à Rezonville, c'est-à-dire sans doute près de la cote 317. Ainsi protégée contre les coups de l'artillerie allemande

(1) Quand les fusiliers du *48*e prirent la fuite vers les bois de Gaumont, la 10e compagnie de ce bataillon qui combattait en avant des batteries fut amenée par son capitaine sur la gauche de l'artillerie. Mais c'était là un soutien bien insuffisant.

de la crête Sainte-Marie, la 8e batterie put diriger son feu sur les fusiliers du *48*e rejetés sur les bois de Gaumont. On reconnut bientôt cependant que le point important était d'arrêter les colonnes ennemies qui progressaient plus à l'Est en terrain découvert (1), de sorte qu'après avoir tiré quelques coups, la batterie se porta à 200 ou 300 mètres vers la gauche, c'est-à-dire derrière le bataillon Tertian du 66e (2).

Telle était la situation, lorsque le Ier bataillon du *52*e prussien déboucha en terrain complètement découvert devant les tirailleurs des trois bataillons du 66e et des IIe et IIIe bataillons du 67e (3), qui l'accablèrent d'un feu terrible. Conduites par le colonel commandant le *52*e, les quatre compagnies allemandes continuèrent cependant leur marche en avant, qui fut grandement facilitée d'ailleurs pendant la première partie du parcours par le défilement que leur procura le vallon 304, où l'on échappait complètement au feu des tirailleurs de la brigade Fauvart-Bastoul. Mais quand les compagnies prussiennes surgirent à nouveau à courte distance des tirailleurs du 66e et du 67e sur la croupe 312, elles durent s'arrêter épuisées. A ce moment même, d'ailleurs, le colonel Thibaudin amenait en personne son dernier bataillon, maintenu jusque-là au Sud-Est de Flavigny (4). Ce bataillon s'avança en bataille dans l'ordre le plus parfait, sous un feu violent d'artillerie et de mousqueterie. « Il aborde les hauteurs derrière lesquelles

(1) $\frac{I}{52}$.

(2) Rapport du capitaine commandant la 8e batterie du 17e régiment (cité *in extenso* par l'Historique) et Rapport du colonel Ameller.

(3) Non compris quelques fractions de la droite du 55e qui, d'ailleurs, ne prirent qu'une très faible part à ce combat.

(4) $\frac{I}{67}$.

s'abritait l'ennemi sans tirer un coup de fusil et la baïonnette au canon. Le silence et l'ordre qui régnaient pendant la marche étaient le présage du succès. Aucun tirailleur devant le bataillon; le colonel seul marchait en avant pour juger du moment opportun d'ouvrir le feu et de charger à la baïonnette (1). » Arrivé sur la crête que suit le chemin de Rezonville à Chambley, le bataillon déboucha « à portée de pistolet » sur le flanc gauche du Ier bataillon du *52e* et exécuta sur lui un feu de bataillon au commandement qui disloqua la mince ligne prussienne : en quelques minutes, celle-ci se rejeta sur la crête 312. Là, elle fit tête un instant puis « se précipita follement vers l'arrière (2) » et gagna les bois de Gaumont, pendant que le 67e s'avançait jusque sur les positions que venait d'abandonner son adversaire. Le régiment du colonel Thibaudin se trouva dès lors en but au feu que les débris des deux bataillons prussiens dirigeaient sur lui depuis la lisière du bois. C'est alors que le IIIe bataillon prononça une attaque vigoureuse qui le conduisit jusqu'au taillis. « Les 5e et 6e compagnies poursuivirent cet avantage et s'avancèrent dans l'intérieur. Mais elles se trouvèrent tout à coup sur la limite d'une clairière parsemée de tas de bois, derrière lesquels étaient embusqués les Prussiens. Accueillies par une grêle de balles, ces deux compagnies reculèrent en désordre jusqu'à la lisière du taillis. Au même moment, les Prussiens, qui avaient reçu du renfort, reprenaient l'offensive (3). Le 67e régiment, décimé par le feu, fatigué de cette lutte violente et n'étant pas soutenu, ne put résister à cette attaque.

(1) Rapport du colonel Thibaudin sur la bataille de Rezonville, daté du 19 août.

(2) Kunz, *loc. cit.*

(3) Allusion à l'attaque des quatre bataillons du *12e* et du *52e* qui sera relatée un peu plus loin.

Il se replia lentement d'abord..... (1). » Bien que l'Historique qu'on vient de citer ne donne aucun détail sur cette retraite, il est permis de supposer que le IIIe bataillon regagna d'abord les deux autres sur la crête 312, puis que tout le régiment reprit ses anciennes positions près du chemin de Chambley, dans les conditions qu'on indiquera bientôt.

Il était 10 h. 45 lorsque le 67e poursuivit le Ier bataillon du *52*e jusque dans les bois de Gaumont. Un second et sanglant échec venait d'être infligé à la *5*e division prussienne, dont la gauche restait toujours très en l'air ou pour mieux dire complètement découverte. Il y a toutefois lieu de remarquer que dès lors, la situation des brigades Valazé et Fauvart-Bastoul n'était déjà plus aussi avantageuse qu'elle l'était après l'échec des fusiliers du *48*e. L'artillerie prussienne de la crête Sainte-Marie, qui se trouvait en effet renforcée en cet instant par les batteries à cheval du IIIe corps, avait déjà fait subir des pertes très sensibles aux deux régiments de la brigade Fauvart-Bastoul, exposés à son feu sur un terrain complètement découvert. Le 32e régiment, bien qu'il n'eût point été encore engagé, avait également souffert du tir des batteries allemandes et ne parvenait à en atténuer les effets qu'en changeant fréquemment de position. D'autre part, l'artillerie de la *5*e division paraît en avoir imposé par son attitude énergique aux deux bataillons du 55e qui, bien que défilés aux vues de la crête Sainte-Marie, n'en subissaient pas moins les effets de l'artillerie du mamelon 329 toutes les fois qu'ils se montraient sur le rebord du plateau. Les trois batteries de la division Vergé, postées sur la crête 311, à 1800 mètres environ de l'artillerie allemande, ne causaient que peu de dom-

(1) Historique du 67e. (Man. de 1871.)

mage à celle-ci et se trouvaient bientôt réduites à deux batteries seulement par la retraite de la batterie de mitrailleuses (1) dont l'action avait été reconnue absolument inefficace à cette distance.

C'est sur ces entrefaites que débouchèrent aux environs de la ferme d'Anconville les quatre bataillons qui formaient la queue de la *10*e brigade (2). D'après le major Kunz, le commandant de cette brigade — général de Schwerin — aurait formé le projet de se porter à l'attaque avec toute sa brigade réunie. Mais déjà le Ier bataillon du *52*e avait été engagé inopinément et sous la pression des événements, avant que les troupes qui le suivaient fussent en mesure de l'appuyer. Quand le général arriva sur le lieu du combat, ce fut pour constater que son Ier bataillon pliait devant l'infanterie française. A peine eut-il le temps d'appeler à lui le IIe bataillon du *12*e qui se formait en ce moment en seconde ligne avec les fusiliers du même régiment, derrière les deux derniers bataillons du *52*e, lesquels s'avançaient eux-mêmes côte à côte, entre le bois de Gaumont et le sommet 329. Le général appela le IIe bataillon du *12*e vers le Nord-Ouest et lui prescrivit d'occuper la lisière du bois. C'est au moment même où s'exécuta cet ordre que les débris du Ier bataillon du *52*e refluaient en complet désordre vers le bois. Les officiers du IIe bataillon du *12*e ne réussirent qu'à grand'peine à empêcher leurs hommes, démoralisés par le spectacle de la débandade de leurs frères d'armes, à prendre la fuite avec ceux-ci (3); ce qui explique sans doute le fait, relaté plus haut, que le

---

(1) $\frac{12}{5}$.

(2) $\frac{\text{II, F}}{52}$, $\frac{\text{II, F}}{12}$.

(3) Major Kunz, *loc. cit.*

IIIe bataillon du 67e, profitant de cet instant de trouble profond, put pénétrer dans le bois et poursuivre les fuyards dans l'intérieur. Mais l'arrivée sur son flanc gauche du nouveau bataillon prussien (1) ne tarda pas à faire sentir son influence, et le bataillon français regagna bientôt le reste du régiment. Ce ne fut qu'après cette retraite que le IIe bataillon du *12e* put dépasser le bois et marcher vers la gauche du 67e, qui voyait en même temps s'avancer devant son front les deux derniers bataillons du *52e*.

Pendant ce temps, en effet, et malgré les projets que le major Kunz prête au général de Schwerin, les deux bataillons (II et F) du *52e* avaient échappé à l'action du commandant de la *10e* brigade. Formés sur la même ligne (les fusiliers à droite en ligne de colonne de compagnie, les mousquetaires à gauche en colonne double), ils prononcèrent leur attaque exactement sur le même terrain que les deux bataillons précédents (2). Conduits par le colonel de Wulffen, ils déployèrent leurs tirailleurs et prirent le pas gymnastique. Menacé de front et sur son flanc droit « par des forces considérables » (3), le 67e quitta la crête 312, non sans qu'une contre-attaque, malheureusement trop peu importante, fut tentée sur la droite par une petite fraction du Ier bataillon. Le rapport du colonel Thibaudin paraît indiquer qu'à la suite d'un premier désordre, les hommes furent ralliés et ramenés au combat, — sans doute sur la crête 314 ; — mais bientôt apparut, sur le flanc droit du 67e, le IIe bataillon du *12e*, qui, des abords du bois de Gaumont, marchait vers le Nord. Un nouveau recul du 67e, puis de la

(1) $\frac{\text{II}}{\mathit{12}}$.

(2) $\frac{\text{F}}{\mathit{48}}$ et $\frac{\text{I}}{\mathit{52}}$.

(3) Rapport du colonel Thibaudin (*loc. cit.*).

brigade Fauvart-Bastoul tout entière, allait en résulter.

Depuis 10 h. 45, en effet, c'est-à-dire depuis l'échec infligé aux fusiliers du *48*e, la situation était devenue presque intenable pour les masses françaises complètement découvertes.

La brigade Fauvart-Bastoul, en particulier, occupant le dos de terrain battu à la fois par l'artillerie de la *5*e division et par celle que le général de Bulow avait fait déployer au Sud de Vionville, subissait des pertes considérables. On verra dans le prochain chapitre que c'est vers 10 h. 45 que la *6*e division d'infanterie prononça son attaque sur Vionville et Flavigny et qu'à la même heure les batteries mises hors de combat trois quarts d'heure auparavant (1) purent toutes rentrer en action sur les crêtes s'étendant de Vionville au bois de Gaumont. En même temps, la batterie à cheval de la *6*e division de cavalerie (2) se remettait en batterie à l'Est de la statue Sainte-Marie, avec deux autres batteries à cheval de l'artillerie de corps, et toutes canonnaient, à 1500 mètres, les rangs épais de la brigade Fauvart-Bastoul, se profilant en bataille sur la crête.

Enfin, au moment où les deux bataillons du colonel de Wulffen prononcèrent leur attaque, les quatre batteries de la *5*e division concentrèrent également leurs feux sur nos malheureux bataillons, dans les rangs desquels ils ouvraient de véritables brèches (3).

L'état détaillé des pertes du 67e régiment ne laisse aucun doute à cet égard, car sur 411 blessures d'origine

---

(1) Voir plus haut, page 189.

(2) $\frac{2\ c}{3}$.

(3) Pertes du 66e : officiers tués 7, blessés 9 ; hommes tués 6 blessés 277, disparus 292.

Pertes du 67e : officiers tués 8, blessés 18 ; hommes tués 54, blessés 426, disparus 296.

connue, 315 proviennent de l'artillerie et 96 seulement du fusil. C'est là un fait absolument anormal et caractéristique si on le rapproche de tous les faits semblables sur lesquels on possède une statistique complète (1).

Bien que l'état détaillé du 66e par nature de blessures fasse défaut, il est très probable que ce régiment, placé à peu près dans les mêmes conditions que le 67e, subit des effets analogues.

Quant aux deux premiers bataillons du 55e régiment, placés à la gauche du 66e, ils durent reculer quelque peu sur les pentes, sans doute pour se mettre à l'abri du feu de l'artillerie de la 5e division prussienne (2).

Quel que soit le motif réel de ce léger mouvement de recul du 55e, il paraît avoir produit une impression fâcheuse sur les hommes du 66e « qui prirent ce mouvement pour un commencement de retraite rendue nécessaire par un mouvement tournant de l'ennemi ou par l'apparition de fortes colonnes. D'ailleurs, ajoute le colonel Ameller, les forces qui nous étaient opposées augmentaient ou se renouvelaient sans cesse (3) ; l'audace de l'ennemi s'était accrue de la cessation du feu de notre

---

(1) Les états de pertes détaillés de 26 régiments engagés dans ses grandes batailles autour de Metz, indiquent, sur un total de 1129 blessures de nature connue : 938 blessures provenant du fusil et 191 seulement provenant de l'artillerie. Pour le cas qu'on vient de citer, la proportion est absolument renversée.

(2) Ces deux bataillons ne furent cependant pas très éprouvés, car les pertes totales du régiment se réduisent, pour toute la journée du 16, à : officiers tués 2, blessés 6 ; hommes tués 6, blessés 36, disparus 153.

(État nominatif des tués et blessés daté du 29 août : matricule du 55e en ce qui concerne les disparus).

(3) Allusion probable à l'arrivée des deux bataillons prussiens du 52e $\left(\frac{\text{II, F}}{52}\right)$.

artillerie (1) qui, faisant demi-tour, avait cru devoir se mettre en batterie en arrière de ma gauche (2). »

La 8e batterie du 17e, à laquelle le colonel Ameller fait allusion, commençait elle-même à souffrir beaucoup du feu de l'adversaire sur sa nouvelle position. En quelques minutes elle perdit 16 canonniers et 22 chevaux.

D'autre part, le mouvement de retraite des fractions de la brigade Mangin qui combattaient à Vionville et dont il sera question plus loin, paraît également avoir hâté le dénouement de la lutte soutenue par la brigade Fauvart-Bastoul sur le mamelon 317. « La situation devenait critique, dit le colonel Ameller; depuis deux heures nous nous battions sans pouvoir avancer; le mouvement de retraite de nos troupes (2e division) se dessinait depuis un instant par notre droite; il fallait me décider moi-même à battre enfin en retraite; vous m'en donnâtes d'ailleurs l'ordre vous même..... »

De son côté, le 67e, très durement éprouvé, commençait à manquer de munitions (3). Le feu écrasant d'artillerie que supportait maintenant la brigade, sans que le moindre abri lui permit d'en atténuer les effets, la conduisit bien vite à sa limite de résistance. L'attaque des deux bataillons du colonel de Wullfen et du IIe bataillon du *12e* vers la droite, ainsi que le mouvement de recul de la brigade Mangin, ne paraissent avoir été, pour le général Fauvart-Bastoul, que l'occasion déterminante d'un ordre de retraite rendu nécessaire par l'épuisement dont ses troupes donnaient déjà des signes manifestes.

Le mouvement s'exécuta d'abord en bon ordre; le colonel Ameller, en particulier, rompit par échelons, et parvint à maintenir la cohésion dans les rangs du 66e,

(1) 8e batterie du 17e.

(2) Rapport du colonel Ameller, commandant le 66e, daté du 18 août.

(3) Rapport du colonel Thibaudin, commandant le 67e.

malgré les difficultés que lui firent éprouver les bataillons du 32e lorsqu'il fallut les dépasser (1). Le Ier bataillon de ce dernier régiment fut entraîné avec le 66e vers Rezonville, mais les deux autres restèrent sur place et firent face aux deux bataillons prussiens qui venaient de prendre pied sur la hauteur 314. La 8e batterie du 17e régiment se retira lentement avec l'infanterie en exécutant un feu en retraite. Le colonel Thibaudin repliait également les troupes du 67e auxquelles vinrent se joindre une partie des deux bataillons du 55e qui avaient jusqu'ici combattu plus à gauche. Poursuivis par les feux de l'infanterie prussienne, les bataillons reculèrent d'abord sans précipitation, emmenant avec eux les généraux Bataille et Valazé qui venaient d'être blessés à leur tête. Mais bientôt le colonel Thibaudin qui se multipliait pour maintenir le bon ordre est frappé à son tour, et la retraite s'accélère pour se terminer à Rezonville où le 67e se rallie en même temps que le 66e, le Ier bataillon du 32e et les deux premiers bataillons du 55e (2).

Dès lors, la place était libre pour les IIe et IIIe bataillons du *52*e, qui, malgré les pertes importantes qu'ils avaient subies, poussèrent jusqu'au chemin de Chambley à Rezonville, aux environs de la cote 314.

Malgré le décousu qui présida depuis le début de l'engagement aux efforts successifs de l'aile gauche de la *5*e division, celle-ci venait donc de remporter un important succès en prenant définitivement pied sur la croupe 314. Désormais l'artillerie divisionnaire se trouvait solidement encadrée et les troupes de la *5*e division entraient en liaison avec celles de la *6*e divi-

---

(1) Rapport du colonel Ameller, daté du 18 août.

(2) Rapport du colonel Thibaudin, daté du 19 août, et Journal de marche de la 1re division du 2e corps.

sion qui prononçaient à cette même heure un énergique effort sur Vionville et Flavigny.

A la gauche de la division Vergé, c'est-à-dire devant le front de la brigade Jolivet, le combat traînait en longueur et restait sans décision.

Plus à gauche encore, l'infanterie de la brigade mixte n'avait point encore engagé le combat, mais l'intensité de la lutte qui se déroulait aux abords du bois de Vionville avait augmenté les craintes du général Lapasset au sujet d'un mouvement tournant que pourrait tenter l'ennemi par le bois des Ognons.

Tandis qu'il faisait déployer ses tirailleurs à 400 mètres en avant du front des Ier et IIIe bataillons du 84e, il crut devoir pénétrer dans le bois des Ognons lui-même pour en surveiller les avenues. Le lieutenant-colonel Charmes fut chargé de cette opération avec quatre compagnies du 84e (1) qui furent postées dans l'intérieur du bois, parallèlement au ravin. Un peu plus tard, les trois dernières compagnies du IIe bataillon furent envoyées en soutien des quatre premières puis déployées sur la lisière d'une clairière (2) d'où l'on apercevait, par-dessus la cime des arbres, les terrains découverts avoisinant le bois Saint-Arnould et le bois de Vionville. Enfin, les détachements d'autres corps qui accompagnaient jusqu'ici le 97e étaient formés en soutien sur le bord même du ravin Sainte-Catherine.

En mettant en marche sur Rezonville l'avant-garde qu'il commandait, le général de Dœring avait ordonné au bataillon de fusiliers du 8e, de rester à Gorze pour doubler le IIe bataillon du même régiment, déjà installé à

(1) La moitié du IIe bataillon du 84e et une compagnie du IIIe bataillon.

(2) D'après le récit du colonel Clerc, alors sous-lieutenant à la 6e compagnie du IIe bataillon.

Saint-Thiébault et sur la côte Mousa, et constituer ainsi une réserve susceptible de recueillir l'avant-garde en cas d'échec (1). Il est difficile, sinon d'expliquer la préoccupation fort légitime du commandant de l'avant-garde allemande, du moins de justifier les dispositions qu'il adopta dans cette circonstance, car on doit remarquer qu'il se privait ainsi d'une fraction très importante de ses forces au moment même où il se préparait à une vigoureuse offensive, et qu'en outre les fonctions qu'il attribuait aux deux bataillons précités auraient été, le cas échéant, fort bien remplies par les bataillons de la *10*e brigade constituant le gros de la colonne.

Quoi qu'il en soit, ces deux bataillons ne restèrent pas longtemps à Gorze, car pendant que le général déployait son infanterie à hauteur de la ferme d'Anconville, il ordonnait au bataillon laissé à la côte Mousa de flanquer l'avant-garde sur sa droite en se portant directement sur Rezonville par le bois de Saint-Arnould (2). Les deux compagnies de la côte Mousa descendirent les premières (vers 9 h. 45), s'enfoncèrent dans le bois Saint-Arnould entre les deux ravins de Gorze et de Sainte-Catherine et engagèrent bientôt le combat avec des tirailleurs du Ier bataillon du 76e qui s'étaient avancés au delà du ravin de Gorze menaçant les compagnies prussiennes

(1) Cette version est conforme à celle de l'*Historique du Grand État-Major prussien* et se trouve confirmée par v. Scherff. L'Historique du *8*e régiment dit positivement que les fusiliers furent laissés en arrière *pour occuper Gorze* (page 192); cet ordre fut *exécuté* au moment où les 5e et 8e compagnies quittaient la côte Mousa et disparaissaient dans le bois, au Nord, à 9 h. 45 (page 195). Cependant, le major Kunz nie que le général de Dœring ait jamais eu l'idée de laisser deux bataillons de repli à Gorze et affirme que le commandant de l'avant-garde ordonna au IIe bataillon, dès 9 h. 15, de gagner le bois Saint-Arnould. Dans tous les cas, il semble que l'objection du major Kunz ne porte que sur la question de savoir si le général de Dœring tenait à faire occuper Gorze par *deux bataillons à la fois* ou par un seul.

(2) *Geschichte des Leib-Regiments.* (S. 192.)

sur leur flanc gauche. Bientôt arrivèrent les deux dernières compagnies du bataillon prussien qui se déployèrent à l'Est du chemin de Rezonville, mais il était cependant devenu impossible à la mince ligne allemande de pousser plus loin vers le Nord.

Pendant que la lutte restait traînante et indécise dans le bois de Saint-Arnould, la brigade Jolivet se voyait contrainte à céder peu à peu du terrain dans l'intérieur du bois de Vionville. Là, comme dans le bois de Saint-Arnould, les tirailleurs des deux partis se trouvaient face à face à très courte distance et des contre-attaques répétées furent tentées par les fractions du 76e et du 77e, qui combattaient sur ce terrain (1). Malheureusement, la difficulté de conduire avec ensemble un combat qui se déroulait sous d'épais taillis rendit infructueuses la plupart de ces tentatives isolées. Bien que les compagnies prussiennes du IIe bataillon du *48*e et du *3*e bataillon de chasseurs fussent elles-mêmes très mélangées, elles parvenaient, sur plusieurs points, et particulièrement à leur aile droite à se rapprocher peu à peu de la lisière.

D'ailleurs, immédiatement à l'Ouest du bois, l'aile droite du 76e (1/2 II et III) était dès lors dans une situation fort critique ; complètement découverte sur sa droite par la retraite du 55e, menacée d'être enveloppée par les bataillons qui venaient de prendre pied sur les hauteurs 314 et qui la dominaient de ce côté, battue de front par une artillerie supérieure et par le Ier bataillon du *48*e, elle dut se reporter plus en arrière sur le rebord de la croupe 311-312, au Nord du vallon 289. C'est alors que le Ier bataillon du *48*e, éparpillé par petites fractions sur le sommet 329 et la lisière du bois, et d'ailleurs très éprouvé par la lutte meurtrière qu'il

(1) $\frac{\text{II}}{77}$ et $\frac{\text{I et 1/2 II}}{76}$.

venait de soutenir, fut rallié derrière les positions d'artillerie.

Vers midi, la situation sur cette partie du champ de bataille était la suivante : la plus grande partie de la brigade Jolivet s'était retirée sur la croupe qui domine au Nord la lisière du bois de Vionville; elle était prolongée sur sa gauche par le Ier bataillon du 84e, le IIIe bataillon du 55e, puis le IIIe bataillon du 84e, qui venait d'exécuter une nouvelle conversion à droite pour faire face au bois de Saint-Arnould, dans lequel la fusillade s'accentuait.

Quelques fractions du *3e* bataillon de chasseurs prussien avaient atteint également la lisière du bois de Vionville dans la partie qui avoisine le ravin de Gorze, mais la corne Nord-Ouest du bois était encore occupée par des compagnies mélangées appartenant au IIe bataillon du 76e et au IIe bataillon du 77e ; quant au Ier bataillon du 76e, encore engagé avec les deux bataillons du *8e* régiment prussien, il se retirait peu à peu vers les positions occupées par la brigade Lapasset (1).

Jusque-là, les deux batteries de 4 de la division Vergé (2) étaient toujours restées en position sur la hauteur 311 et continuaient à tirer sur l'artillerie du mamelon 329. Plus à l'Est, la batterie de la brigade Lapasset $\left(\frac{7}{2}\right)$ avait ouvert le feu dès le début sur le même objectif. Mais bientôt, le Maréchal commandant en chef, qui s'appliquait tout particulièrement à donner

---

(1) Quand il dut céder du terrain, il se retira sur la brigade Lapasset avec laquelle il combattit à partir de cet instant.

(2) $\frac{5,\ 6}{5}$. On a vu précédemment que la batterie de mitrailleuse $\left(\frac{12}{5}\right)$, impuissante, avait été mise à l'abri derrière la crête.

des ordres à des commandants de batterie, apparut aux environs de la Maison-Blanche ; il prescrivit au capitaine Dulon de pousser à 400 mètres en avant l'une de ses sections ; bientôt les deux autres sections rejoignirent la première sur cette position avancée, où arrivèrent également la 6e batterie du 15e et la 11e du 5e de la réserve du 2e corps. Les trois batteries concentrèrent leurs feux sur l'artillerie de la *5e* division, avec une hausse un peu supérieure à 2,000 mètres (1). Mais elles restèrent à peu près impuissantes à une distance qui ne convenait nullement à leur tir fusant. Les deux batteries de la réserve durent bientôt se retirer un peu plus en arrière (vers 11 heures) en laissant sur le terrain une pièce, quatre caissons et un avant-train, tandis que la batterie de la brigade Lapasset ne put se maintenir sur ses positions qu'en appuyant à gauche sur la déclivité du terrain qui la mettait hors des vues du mamelon 329 (2).

A l'extrême gauche de la *5e* division prussienne, les deux bataillons du *52e*, qui venaient de prendre pied sur le chemin Rezonville-Chambley étaient presque à bout de forces (3) et s'étaient arrêtés tout d'abord sur le revers de la croupe 314 (4). Mais, sur ces entrefaites, le général Schwerin avait rallié les débris du Ier bataillon du *52e* et des fusiliers du *48e* autour des compagnies intactes du IIe bataillon du *12e*. Les fusiliers du *12e*, arrivés près du bois de Gaumont, à la suite du IIe, avaient traversé le bois et s'étaient dirigés vers la

(1) Le chiffre de 2,800 mètres donné par l'Historique de la 7e batterie du 7e régiment est manifestement beaucoup trop fort.

(2) Historique de la 7e batterie du 2e régiment, confirmé en partie par le rapport du général Gagneur, commandant l'artillerie du 2e corps.

(3) Ou tout au moins le bataillon de fusiliers qui avait subi des pertes sensiblement plus importantes que le IIe.

(4) Peu d'instants après (11 h. 15), le général de Dœring était blessé.

crête directement au Nord de celui-ci, pendant que les IIe et IIIe bataillons du 52e prononçaient leur attaque ; découvrant alors vis-à-vis d'eux le petit village de Flavigny déjà menacé par l'Ouest, ils se portèrent résolument à l'attaque de cette localité par le Sud. Un peu plus tard, le IIe bataillon du 52e quittait les hauteurs 314 et joignait ses efforts à ceux des fusiliers en se déployant à leur droite. Mais cette attaque de Flavigny se déroulant sur un théâtre tout différent de celui qu'on considère ici, on en rapprochera la relation de celle qui aura pour objet la lutte de la division Bataille contre la 6e division prussienne.

Les opérations de la 5e division prussienne dans cette prise de possession du plateau et des bois de Vionville—Saint-Arnould avaient présenté, comme on peut s'en rendre compte, un caractère tout particulier.

Entre Novéant et Gorze, la division était engagée, en colonne de route, dans un long défilé où il lui eût été difficile de se déployer et de combattre avec tous ses moyens. Sous peine de laisser surprendre sa colonne dans le ravin de Gorze où elle eût été paralysée, le général de Stulpnagel poussa donc le plus vivement possible son avant-garde dans la direction de Flavigny. D'ailleurs, l'ordre du général Alvensleben au commandant de la 6e division de cavalerie (1) de gagner rapidement le plateau pour favoriser l'action du reste du corps d'armée par Buxières, ne pouvait qu'affermir le général

(1) Ordre parvenu au duc Guillaume à 9 heures à Gorze. A cette même heure, le général de Stulpnagel rencontrait, ainsi qu'on l'a dit, le duc Guillaume.

de Stulpnagel dans sa détermination. A ce moment toutefois, on n'était encore, du côté prussien comme du côté français, que très incomplètement renseigné sur l'importance des forces opposées. Le commandant de la 6e division, en particulier, ne pensait, vraisemblablement, trouver devant lui qu'une arrière-garde française plus ou moins forte et, à ce point de vue, l'engagement prit, dès le début, le caractère d'une rencontre imprévue.

Il s'agissait évidemment, pour l'avant-garde, de prendre pied sur le plateau au delà de la ferme d'Anconville, qui marque la sortie du défilé ; mais, sur un terrain aussi défavorable et devant un adversaire si inopportunément mis en éveil par le canon de la cavalerie allemande, la mission qui incombait à cette avant-garde, réduite par le général de Dœring lui-même à quatre bataillons (1), dépassa la limite de ses moyens. Grâce au défilement complet fourni par la crête 329-321 cependant, les deux bataillons de tête parvinrent à gagner le point culminant du plateau ; mais, très vivement battus par une infanterie supérieure, ils durent se rejeter vers les bois, dont ils occupèrent le saillant occidental, tenant ainsi accidentellement un point d'appui à la droite de la position probable de l'artillerie ; sur la gauche, en terrain presque complètement découvert, la situation devint si rapidement grosse de péril, que les bataillons prussiens furent lancés précipitamment à l'attaque, sans préparation, et au fur et à mesure de leur arrivée sur le champ de bataille. Aussi, les échecs se succédèrent-ils jusqu'au moment où une masse un peu plus importante de trois bataillons vint produire un effort plus sérieux

(1) Par suite du maintien de $\frac{II}{8}$ à Gorze et de l'ordre donné à $\frac{F}{8}$ de s'arrêter sur ce même point.

sur la gauche de la brigade Fauvart-Bastoul. Encore, faut-il faire observer que la plus grande part du succès remporté par les Allemands sur cette partie du champ de bataille doit être attribuée à l'artillerie allemande, qui sut, dans cette circonstance, préparer très efficacement l'action de son infanterie par un tir violent dirigé contre des bataillons malheureusement très exposés. On a fait ressortir plus haut combien les brigades Fauvart-Bastoul et Valazé avaient eu à souffrir des feux convergents de l'artillerie prussienne; l'une des raisons de ce fait réside dans l'absence presque complète de couverts naturels, qui eussent permis aux troupes engagées de s'abriter, au moins partiellement, pendant qu'elles faisaient feu; mais il faut bien reconnaître aussi que les dispositions prises dans les grandes unités, régiments ou brigades, contribuèrent dans une large mesure à ce désastreux résultat. On a pu voir que, dès le début de l'action, presque tous les bataillons furent déployés côte à côte en bataille et exposés ainsi au feu de l'adversaire avant qu'on se fût rendu compte si ce dispositif était réellement nécessaire. Seul, sur l'ensemble des deux brigades, le 32e régiment fut maintenu en réserve; mais, également formé en bataille sur le revers occidental de la crête que suit le chemin de Chambley à Rezonville, il souffrit beaucoup du feu de l'artillerie postée sur les mamelons Sainte-Marie et du cimetière. En somme, huit bataillons sur onze furent presque immédiatement déployés, en une sorte de muraille très vulnérable, sur la ligne même de combat, et commencèrent à s'user tous à la fois dès le début de l'engagement, alors que quelques-uns d'entre eux seulement eussent sans doute suffi à tenir en respect un adversaire qui n'agissait que par bataillons isolés et engagés successivement. Avant même d'avoir tiré un coup de fusil, les trois derniers bataillons du 32e formant soutien étaient déjà eux-mêmes très éprouvés. Il en résulta, comme on a pu le voir, que toute cette longue ligne de bataillons atteignit à peu près en même temps dans toutes ses parties sa limite de résistance et qu'il suffit de l'effort convergent de trois bataillons ennemis pour provoquer un mouvement de retraite que la brigade Mangin entamait d'ailleurs à peu près en même temps vers la droite dans la plaine de Vionville.

On doit ajouter que si les dispositions prises au point de vue de la résistance paraissent défectueuses, on ne put constater à aucun moment le projet d'agir offensivement sur les masses relativement inférieures de l'adversaire. Dans la division Vergé, comme dans la division Bataille, le déploiement fut très rapide. Presque partout, les troupes firent preuve du plus grand calme et eurent une très belle contenance. A quelques bataillons près (1), tous se déployèrent *en éventail* et marchèrent en avant jusqu'à ce qu'ils fussent en situation de commencer le feu. Mais alors, toute la longue ligne française *prit position* là où elle se trouvait et combattit sur place, comme si le but final de cette manœuvre improvisée eût été atteint par le fait même de l'ouverture du combat de feux. Dans les unités inférieures, bataillons et compagnies, on trouve cependant de très beaux actes d'offensive partielle, dus à l'initiative de chefs en sous-ordre ayant su tirer parti des précieuses qualités de leurs troupes; mais partout ailleurs, la résistance passive, le combat de mousqueterie, préoccupent seuls le commandement à l'exclusion de toute combinaison et de toute action offensive d'ensemble.

Jusqu'à 11 heures, les pentes découvertes qui s'étendent à la gauche de l'artillerie de la 5e division prussienne ne sont traversées, — successivement, —

(1) Le 32e régiment, déjà cité; le Ier bataillon du 77e, maintenu en réserve, et le IIIe du 55e, envoyé à la Maison-Blanche.

que par deux bataillons ennemis engagés à la hâte et qui, tous deux sombrent bravement dans une terrible catastrophe.

Cependant, à l'exception de deux bataillons français qui se lancent instinctivement à l'attaque à des moments différents de la lutte, aucune disposition d'ensemble n'est prise par le haut commandement pour profiter de ces succès répétés et pour rejeter définitivement ces batteries, audacieuses mais non soutenues, dans le ravin de Gorze d'où elles n'auraient jamais dû sortir. A ce moment, cependant, la brigade Fauvart-Bastoul était à peu près intacte, n'ayant encore que très faiblement souffert du feu de l'artillerie prussienne du Sud de Vionville, laquelle ne devint très menaçante qu'après le déploiement de la *6*e division d'infanterie, c'est-à-dire un peu avant 11 heures ; une offensive vigoureuse de la brigade française ne pouvait manquer son but et eût eu des conséquences les plus funestes pour la *5*e division prussienne rejetée dans le ravin au Sud d'Anconville et mise dès lors dans l'impossibilité de joindre ses efforts à ceux de la *6*e division.

Du côté allemand, l'engagement hâtif et successif des bataillons contre un adversaire sur le compte duquel on n'avait encore que des renseignements très incertains, conduisit à une usure rapide de la presque totalité des forces de la colonne. Dès le début, l'insuffisance de l'avant-garde apparut manifeste pour assurer sur le plateau le débouché du gros ; de sorte que celui-ci vit se fondre très rapidement tous ses bataillons sur la ligne de combat. Après le succès de l'aile gauche, c'est-à-dire un peu après 11 heures, cinq bataillons prussiens sont déployés entre l'artillerie et le ravin de Sainte-Catherine (1), et conduisent dans les bois un combat traî-

(1) $\frac{F}{8}$, $\frac{II}{8}$, *3* B. Ch., $\frac{I, F}{48}$.

nant en ne progressant que très lentement et avec de grandes difficultés ; à l'autre extrémité de la ligne de combat, deux des bataillons qui s'y trouvent, vont bientôt s'engager dans une offensive dirigée sur Flavigny (1) ; deux autres (2) vont se déployer sur la crête 317-329 qu'on vient de conquérir au prix de si lourds sacrifices, de sorte qu'il ne restera pour toute réserve au général de Stulpnagel que les débris des deux seuls bataillons (3) qui ont éprouvé une si dure catastrophe dans la matinée.

Dès les premières heures de la bataille, la 5e division était donc déployée tout entière, n'ayant plus rien derrière elle, ou à peu près (4).

Si donc on doit rendre hommage à l'esprit offensif qui anima notre adversaire dans cette circonstance, et à la ténacité dont il fit preuve pour atteindre, coûte que coûte, le but tactique qu'il s'était légitimement imposé, on doit remarquer en même temps que l'initiative des chefs en sous-ordre, insuffisamment coordonnée par le commandement supérieur, provoqua une série d'échecs successifs (5) qui eussent pu gravement compromettre le succès final.

Les règles d'une stricte impartialité obligent donc à constater que ce succès définitif, c'est-à-dire la prise de possession du plateau au Sud de Rezonville, ne fut

(1) $\frac{II}{52}$ et $\frac{F}{12}$.

(2) $\frac{II}{12}$ et $\frac{F}{52}$.

(3) $\frac{I}{52}$ et $\frac{F}{48}$.

(4) On verra plus loin que, vers midi, elle fut renforcée par le faible détachement de Lyncker, du Xe corps.

(5) De la *6e* division de cavalerie, de la cavalerie divisionnaire, puis des deux bataillons $\frac{F}{48}$ et $\frac{I}{52}$.

rendu possible, à la suite des erreurs du commandement prussien, que par la passivité du commandement français, passivité qui constitue peut-être la plus lourde de toutes les fautes qui aient été commises.

VI. — Attaque de la 6e division prussienne. — Retraite de la brigade Mangin. — Contre-attaque du 6e corps. — Développement du combat entre Flavigny et la voie romaine (jusqu'à midi et demi) (1).

Après avoir ordonné au général de Bulow de faire avancer le plus grand nombre de batteries possible sur les crêtes qui s'étendent au Sud de Vionville pour couvrir la marche de la 6e division sur Mars-la-Tour et Jarny (2), le général Alvensleben se dirigea, de la hauteur Sainte-Marie, vers Tronville. Jusqu'à ce moment, le commandant du IIIe corps d'armée n'était encore que très incomplètement renseigné sur l'effectif des troupes auxquelles il venait de se heurter. Bien que décidé à s'engager avec ce qu'il inclinait à considérer comme une arrière-garde française, il avait conçu le simple projet de barrer la route à son adversaire en occupant la ligne des crêtes s'étendant de Mars-la-Tour à Jarny, entre les deux ravins de l'Yron et de la ferme Greyère.

Mais en se rendant à Tronville, le général Alvensleben rencontra le commandant de la 5e division de cavalerie dans le vallon de Flavigny. Après un échange de vues sur la situation, le commandant du IIIe corps se convainquit enfin « qu'on se trouvait en présence de forces considérables et peut-être même de l'armée française tout entière (3) ».

---

(1) Voir le croquis n° 3.

(2) Voir page 185. Il était alors 9 h. 45.

(1) *Einzelschriften*, Heft 18. — Le général de Rheinbaben déclara

Dès lors, le projet de continuer la marche sur Jarny lui apparut inexécutable, car il devenait manifestement impossible de faire défiler la *6*e division, par une marche de flanc très périlleuse, devant un adversaire ayant une telle supériorité numérique ; il eût été d'ailleurs dangereux d'abandonner à son sort la *5*e division déjà vivement engagée vers les bois de Vionville et enfin, l'artillerie allemande déployée devant le village de Vionville et devant Flavigny était, à l'heure actuelle, très menacée et demandait à être rapidement soutenue.

Le général Alvensleben prescrivit donc à la division de Buddenbrock de suspendre sa marche vers le Nord et de converser immédiatement vers la droite pour venir aux environs de Tronville. Cet ordre fut adressé personnellement au général de Buddenbrock par le chef d'état-major du IIIe corps. Il était alors 10 h. 15 et, à ce moment même, l'artillerie allemande subissait le grave échec dont il a déjà été question (1).

Le mouvement de conversion de la *6*e division commença à 10 h. 30. Elle quitta les abords de la route de Buxières à Mars-la-Tour et marcha par brigades accolées sur deux lignes ; la *11*e brigade (*20*e et *35*e) fut dirigée vers la hauteur de Tronville, tandis que la *12*e brigade (*24*e et *64*e) prenant plus au Nord, vint se placer à cheval sur la grande route de Metz face à Vionville.

Mais pendant que ces mouvements s'effectuaient, aux environs de Tronville, le combat s'engageait, très vif, sur le front de la *5*e division prussienne, dont l'aile gauche éprouvait les échecs répétés que l'on sait devant les troupes de la brigade Fauvart-Bastoul. Le fait n'échappa point au général Alvensleben posté sur la

---

au général Alvensleben « qu'il avait toujours prétendu avoir devant lui *toute* l'armée française et que, maintenant, il en était sûr ».

(1) Voir page 189.

hauteur 297 à l'Ouest de Vionville, et le danger qui menaçait la droite du IIIe corps lui parut exiger l'intervention immédiate et énergique de la *6e* division dans la direction Vionville, Flavigny.

Vers 11 heures, c'est-à-dire au moment où la *11e* brigade arrivait dans le voisinage de Tronville, le commandant du IIIe corps adressa donc l'ordre suivant au général de Buddenbrock :

« L'ennemi paraît attaquer très vivement le général de Stulpnagel. Le général de Buddenbrock doit se porter en avant avec toutes ses forces en ligne (1). »

Guidé par la même idée stratégique qui lui dictait toutes ses résolutions depuis plus de vingt-quatre heures déjà, le commandant du IIIe corps venait de prendre, de sa propre initiative, une décision de la plus haute importance ; décision qui allait, en fait, décider du succès d'une manœuvre jusque-là faiblement esquissée par le haut commandement prussien.

« Si je n'avais pas devant moi *toute* l'armée française, dit le général Alvensleben, dans ses mémoires (2), j'en avais au moins une grosse fraction, et le violent feu d'artillerie qui gagnait tout le front de combat vint confirmer l'affirmation du général de Rheinbaben.

« Comme le 15, le but stratégique des opérations me parut clairement justifier l'intervention de mon corps d'armée. Je ne pensai au Xe corps qu'avec l'idée que je pourrais toujours me replier sur lui si je risquais le combat sur un front inversé contre des forces supérieures. Si le Xe corps devait, — voulait ou pouvait, je ne savais au juste, — me donner son appui, il était indifférent pour nous que le but, — c'est-à-dire la ligne

---

(1) *Einzelschriften*. Heft 18.
(2) Citation extraite de la 18e Monographie. S. 547.

de retraite des Français, — fut atteint deux milles plus en avant ou plus en arrière ; d'ailleurs, chaque pas que je ferais en arrière me procurerait un gain de temps et de forces précisément égal à celui que perdrait l'ennemi. A tout prendre, l'enjeu n'était donc ni bien gros ni bien dangereux. Il eût été évidemment très regrettable d'abandonner à l'ennemi le champ de bataille avec nos blessés, mais ceci n'aurait eu aucune influence sur le résultat stratégique de la journée.

« Ordre fut donc donné à la 6e division, d'abandonner sa marche sur Jarny et de converser sur Vionville ; non pas que j'eusse changé d'avis au sujet de la position qu'elle devait atteindre, — ligne des hauteurs entre Mars-la-Tour et Jarny, — position que je considérais alors et que je considère encore aujourd'hui comme excellente aux points de vue stratégique et tactique, mais bien parce que je n'osais pas, dans les circonstances présentes, étendre mes forces aussi loin, alors que la 5e division était déjà vivement engagée et que la période des manœuvres préparatoires avait pris fin. Il me fallait accepter le terrain bon ou mauvais et l'utiliser le mieux possible. *Or, ce terrain m'obligeait à contre-balancer la disproportion des forces matérielles par la force morale de l'offensive.* ».....

Ainsi se trouve synthétisée, en une courte phrase, l'histoire de cette malheureuse journée, par l'expression de l'idée maîtresse qui présida à toutes les manœuvres allemandes ; c'est, en effet, à force de ténacité et d'audace, à coups d'offensive répétés, que les armées prussiennes parvinrent à se maintenir sur le champ de bataille et à frapper d'immobilité leur adversaire, cependant très supérieur en nombre. Certes, la situation des troupes de l'assaillant fut souvent très précaire et quelquefois même désespérée. L'arme redoutable dont parle le général Alvensleben, ne va pas sans faire courir à celui qui l'emploie des risques proportionnés aux succès qu'elle promet, et l'on pourra constater par la suite, qu'en maintes circonstances, durant le cours de la bataille, un effort énergique de l'armée française eût pu ramener à elle la victoire hésitante. Mais on ne doit manquer, en même temps, de se souvenir que, dans la réalité des faits, le défenseur ne poussa jamais jusqu'au bout les efforts qu'il avait commencé d'entreprendre, et qu'en dernière analyse, c'est précisément la force morale de l'offensive allemande qui fit sentir son action toute-puissante, non seulement sur l'esprit timoré et indécis du commandant en chef, mais même sur celles des fractions de l'armée qui échappèrent à son commandement hésitant.

Déploiement de la 6e division d'infanterie. — En exécution de l'ordre d'attaque qu'on vient de reproduire, la 6e division d'infanterie accéléra son mouvement vers l'Est (1).

A la gauche de la division, le 64e régiment s'avançait par les abords de la grande route : le Ier bataillon à cheval sur la chaussée ; le IIe au Sud près du chemin de Tronville ; le IIIe en réserve derrière l'aile gauche du régiment (2). Quand les deux premiers bataillons appro-

---

(1) La Relation du combat de la 6e division donnée par l'*Historique du Grand État-Major prussien* présente un assez grand nombre de points obscurs que la 18e Monographie n'a malheureusement pas fait disparaître. Dans ses *Kriegslehren*, et bien qu'il suive, en général, pas à pas, le récit de l'Historique officiel, von Scherff a cependant précisé certaines parties de cette lutte d'ailleurs très confuse. Il est à remarquer, toutefois, que cet auteur n'a pas toujours pu se mettre d'accord avec les Historiques des régiments qui, d'ailleurs, diffèrent souvent entre eux, surtout en ce qui concerne les heures. Tant que la question n'aura pas été éclaircie définitivement à l'aide des documents authentiques — s'ils existent et s'ils sont suffisamment précis — on ne pourra donner de ce combat qu'une relation assez sujette à caution.

(2) Dans chaque bataillon, deux compagnies formaient la ligne de combat.

chèrent de la crête 297, les fusiliers gagnèrent la gauche de la ligne de combat, puis, se rabattant ensuite vers leur droite, progressèrent vers Vionville par le Nord-Ouest du village, après avoir jeté une compagnie sur leur flanc gauche dans les bois de Tronville (1).

Le *24*ᵉ régiment, massé entre la route et le bois de Tronville, suivait en seconde ligne.

Quand la *11*ᵉ brigade eut atteint Tronville, les trois bataillons du *35*ᵉ régiment furent déployés en première ligne, tandis que le *20*ᵉ suivait par bataillons à intervalles de déploiement.

A la gauche de la première ligne, le Iᵉʳ bataillon du *35*ᵉ, avec deux compagnies sur la ligne de combat (2), prit tout d'abord pour objectif, la partie Sud-Ouest du village de Vionville ; mais bientôt, les deux compagnies de soutien furent dirigées sur le cimetière. Au centre, le IIᵉ bataillon était également porté sur la partie Sud de Vionville, tandis que le IIIᵉ progressait vers Flavigny par les pentes Nord du vallon 269 (3).

L'artillerie pendant l'attaque de la 6ᵉ division. — Pendant que l'infanterie prussienne se portait ainsi à l'attaque, toutes les batteries qui avaient abandonné momentanément la lutte rentraient successivement en ligne :

Les trois batteries à cheval de la *5*ᵉ division de cavalerie vinrent, les premières, reprendre position, partie sur le mamelon du cimetière, partie à la droite de la 1ʳᵉ batterie à cheval du *4*ᵉ régiment, laquelle était toujours dans l'angle formé par les deux routes de Mars-la-

---

(1) $\frac{12}{64}$.

(2) $\frac{1, 2}{35}$.

(3) *Das Brandenburgische Fusilier-Regiment* Nr. *35*. Berlin 1897.

Tour et de Tronville (1). Ces quatre batteries, agissant de concert avec la 5e batterie légère du *3e* régiment, restée dans le vallon au Sud-Ouest de Vionville, appuyèrent très efficacement l'infanterie de la *6e* division en dirigeant leurs feux sur l'artillerie française du 6e corps déployée entre la grande route et la voie romaine.

De son côté, le général de Bulow ramenait au combat les batteries montées qui avaient précédemment lâché pied : la 6e batterie légère reçut d'abord l'ordre de rejoindre, sur le mamelon de Sainte-Marie, la VIe lourde, qui souffrait beaucoup du tir des batteries françaises de la division Bataille (2).

Pendant que ce mouvement s'exécutait, le major Lenz amenait sur la hauteur Sainte-Marie, à la droite de la VIe lourde, les 1re et 3e batteries à cheval de l'artillerie de corps. Il était alors 11 heures. En même temps, la batterie à cheval de la *6e* division de cavalerie (3) venait se joindre aux précédentes et s'installait à leur droite. Cinq batteries se trouvèrent donc un instant réunies sur les pentes qui descendent de la cote 302 vers l'Ouest (4).

Cependant, le général de Buddenbrock, particulièrement préoccupé de l'attaque qu'il dirigeait sur Vionville, avait réclamé au général de Bulow les batteries de sa division, batteries qui se trouvaient, par suite des circonstances, employées sur d'autres points du champ de

---

(1) $\frac{1\ c}{4}$ et $\frac{1\ c}{10}$ sur le mamelon 297, au Sud de la grande route ; $\frac{2\ c,\ 3\ c}{10}$ sur le mamelon du cimetière (cote 294).

(2) $\frac{7,\ 8,\ 9}{5}$, sur la croupe, 296.

(3) $\frac{2\ c}{3}$.

(4) *Geschichte des Feldartillerie-Regiments* Nr. *3*. Berlin 1900.

bataille ; la VIe batterie quitta donc bientôt la crête Sainte-Marie, et vint occuper, avec la 5e légère et la Ve lourde, l'extrême gauche de la ligne d'artillerie au Nord-Ouest de la croisée des routes 297. Ces trois batteries s'attaquèrent alors, de concert avec les batteries à cheval du major Korber, à l'infanterie de la division La Font de Villiers déployée à découvert sur le revers occidental du plateau 312.

Un peu après 11 heures, l'artillerie du IIIe corps était donc répartie de la manière suivante : cinq batteries sur le mamelon 297 à l'Ouest de Vionville (1) ; deux batteries sur la hauteur du cimetière (2) ; quatre batteries au Nord-Ouest de la statue Sainte-Marie (3) ; quatre batteries sur la hauteur 329, à l'Ouest des bois de Vionville (4).

Soit un total de quinze batteries devant lesquelles les batteries françaises, disséminées sur la convexité d'un arc de cercle s'étendant de la voie romaine au bois des Ognons, commencèrent à subir les effets meurtriers d'un tir sensiblement plus efficace que le leur.

Au début de la lutte, l'artillerie du 6e corps avait peu souffert du tir des batteries allemandes. Les pièces, échelonnées à de grandes distances les unes des autres (5) rendaient sans doute le réglage assez difficile à l'artillerie ennemie, et d'ailleurs, les terres, très meubles, se laissaient pénétrer profondément

---

(1) De la droite à la gauche : $\frac{1\text{ c}}{10}$, $\frac{1\text{ c}}{4}$, $\frac{\text{VI, V. 5}}{3}$.

(2) $\frac{2\text{ c, } 3\text{ c}}{10}$.

(3) $\frac{2\text{ c, } 3\text{ c, } 1\text{ c, } 6}{3}$.

(4) $\frac{2\text{, I, } 1\text{, II}}{3}$.

(5) Voir page 171.

par les projectiles qui n'éclataient pas ou faisaient fougasse (1).

La 5e batterie du 14e (Grimard) s'était, sur l'ordre du général de division, retirée un peu en arrière de la crête après un tir de quelques coups « pour éviter une trop grande dépense de munitions » (2) ; elle était rentrée en position vers 11 heures, au moment même où l'artillerie allemande revenait au combat (3), mais elle ne tira plus.

Au Sud de la grande route, la situation des batteries françaises devenait beaucoup plus difficile :

Déjà, la 7e batterie du 5e (division Bataille) avait tenté de gagner quelques centaines de mètres sur la longue croupe 296-291, afin de soutenir de plus près l'infanterie de la brigade Mangin. Mais placée ainsi sur un terrain incliné vers l'ennemi et par conséquent très découvert, elle ne put tenir et reprit sa position primitive (4). D'ailleurs les munitions lui manquèrent bientôt et elle se reporta vers l'emplacement de son ancien bivouac pour se réapprovisionner auprès de sa réserve et pour compléter son personnel resté très insuffisant à la suite de la surprise du matin. La 8e batterie du 5e, également à bout de munitions, procéda à la même opération, puis les deux batteries revinrent au combat : la 7e au Nord de la grande route auprès des 5e et 6e batteries du 14e ; la 8e sur son ancienne position (5). Quant

---

(1) Rapport du colonel de Montluisant, commandant l'artillerie de la division Tixier, sur la bataille de Rezonville.

(2) Rapport du lieutenant-colonel Jamet, commandant l'artillerie de la 3e division (daté du 18 août).

(3) Voir le rapport du lieutenant-colonel Jamet, commandant l'artillerie de la division La Font de Villiers, sur la bataille de Rezonville (daté du 18 août).

(4) Pertes totales de la batterie : 2 hommes blessés; 6 chevaux hors de combat.....

(5) Il convient dès maintenant d'attirer l'attention sur le procédé de

à la 9e batterie du 5e (mitrailleuses), elle continua à tirer de l'emplacement qu'elle occupait sur la croupe 296 et à répondre « au feu violent que deux batteries prussiennes de fort calibre ouvrirent sur elle (1) ».

On sait que la réserve d'artillerie du 2e corps s'était formée en bataille, dès la première heure de l'engagement, au Sud-Ouest de Rezonville (2). Quand les trois batteries de la division Bataille apparurent manifestement impuissantes devant la longue ligne des pièces prussiennes (3), on les fit « tout d'abord » soutenir par la 8e batterie du 17e, puis « successivement » par la 10e

---

ravitaillement mis en pratique par les deux batteries en question, car c'est lui qui, sauf de rares exceptions, fut appliqué sur le champ de bataille.

Les *Observations sur le service de l'artillerie en campagne*, parues en 1869, restent muettes, il est vrai, sur le mécanisme qui doit présider au jeu des divers échelons de munitions d'artillerie pendant le combat. Mais cette omission paraît impuissante à légitimer les errements suivis, car les détails d'exécution du service du remplacement des munitions avaient été très nettement formulés par l'*Aide-mémoire de campagne* de 1864, qui, bien que n'ayant pas un caractère officiel, avait cependant reçu l'approbation ministérielle. « La réserve de chaque batterie, dit cette publication,..... suit le mouvement des troupes sans les gêner, en se tenant à l'abri des coups de l'ennemi, de manière que ses communications avec la batterie soient toujours sûres et faciles. Un sous-officier ou brigadier de la réserve suit la batterie et, *à mesure des besoins*, va chercher à la réserve les caissons, affûts, servants et attelages nécessaires. Il emmène les voitures vides ou démontées, les hommes et les chevaux blessés et les harnais des chevaux tués. Le commandant de la réserve (capitaine en second de la batterie) doit connaître la position du parc de son corps d'armée ; il y fait conduire les caissons vides pour qu'ils soient remplacés par des caissons pleins..... »

(1) Rapport du chef d'escadron Collangettes, commandant l'artillerie de la 2e division du 2e corps (daté du 20 août).

(2) Voir page 170.

(3) Ceci se passait vers 10 heures, alors que les batteries de la 6e division s'étaient jointes aux batteries à cheval de la 5e division de cavalerie.

du 5e et la 10e du 15e (1). La 8e batterie à cheval du 17e avait primitivement reçu l'ordre du colonel Baudoin de se mettre à la disposition du général Vergé ; mais ce dernier, jugeant peut-être que ce renfort serait plus utile sur sa droite où l'artillerie allemande paraissait plus menaçante, avait ordonné au capitaine commandant de se mettre à la disposition du général Bataille. Retenue, comme on sait, par le général Fauvart-Bastoul, la batterie combattit alors sur la croupe 317-322 auprès des 66e et 67e régiments. Quant aux deux autres batteries de la réserve (2) elles vinrent se placer à la gauche de l'artillerie de la division Bataille et dirigèrent tout d'abord leur tir sur les pièces du mamelon de Vionville. Vers 11 heures, c'est-à-dire au moment où l'artillerie ennemie rentra en masse dans la lutte, les deux batteries françaises éprouvèrent des pertes sensibles ; la 10e batterie du 15e, en particulier, avait alors perdu 10 hommes et 13 chevaux (3); toutes deux continuèrent cependant à combattre sur leurs positions.

Enfin, la réserve générale d'artillerie de l'armée venait d'apporter l'appoint bien faible, il est vrai, de quelques batteries aux troupes engagées sur cette partie du champ de bataille :

Les six batteries du 18e régiment s'étaient rapprochées du théâtre du combat et s'étaient formées en bataille, vers 10 h. 30, au Nord-Est de Rezonville, parallèlement à la grande route. Quelques instants plus tard, les deux batteries du 13e régiment (11e et 12e) venaient les rejoindre. Sur l'ordre du maréchal Bazaine, ces deux dernières batteries se portèrent bientôt en avant pour

---

(1) Rapport du général Gagneur (*loc. cit.*).

(2) $\frac{10}{5}$ et $\frac{10}{15}$.

(3) Historiques des 5e et 15e régiments d'artillerie.

aller soutenir la brigade Mangin, engagée entre Vionville et Flavigny : la 12e batterie s'installa au Nord de la route, sur la longue croupe qui descend vers le Sud-Ouest en passant un peu à l'Est de l'Abreuvoir ; la 11e vint se former à la gauche des batteries de la division Bataille, sur la croupe 296 où se trouva dès lors installé un groupe de cinq batteries. Avec la 12e batterie postée plus en avant, on voit qu'entre 11 heures et 11 h. 30, on disposait aux abords de la chaussée de six batteries, qui jointes aux six batteries du 6e corps et à la 7e batterie du 5e déployées au Nord de la route, formaient un total de treize batteries.

Depuis le début du combat, malheureusement, les batteries françaises n'arrivaient en ligne que successivement et s'installaient en terrain découvert sous les coups d'une artillerie beaucoup mieux dissimulée et dont le tir, surtout, acquérait très rapidement une grande rectitude. C'est ainsi qu'on a vu un peu plus haut la 10e batterie du 15e, « essuyer *dès le début* un feu très vif d'artillerie et d'infanterie (1) ». De même, les deux batteries de la réserve générale, dont il vient d'être question (2), se trouvèrent exposées à un « tir déjà réglé » et souffrirent beaucoup. Après un feu qui ne dura pas plus d'une demi-heure, « elles durent se porter en arrière pour reformer, à l'aide de leurs réserves, les batteries de combat qui avaient consommé une grande quantité de munitions (?) et subi de nombreuses pertes en hommes et en chevaux (3) (4) ».

---

(1) Rapport du capitaine commandant (*loc. cit.*).

(2) $\frac{11,\ 12}{13}$.

(3) Rapport du colonel Salvador, commandant le 13e régiment d'artillerie.

(4) Pertes totales de la journée : 11e batterie : 11 hommes, 14 chevaux ; 86 coups tirés sur la croupe 296 ; 12e batterie : 20 hommes, 23 chevaux ; 48 coups tires sur la croupe 300.

On voit donc que malgré l'échec momentané que l'infanterie du général Mangin infligea aux batteries prussiennes dans la matinée, l'artillerie française ne parvint point à empêcher l'artillerie ennemie de prendre la supériorité du feu.

Les batteries engagés du 2e et du 6e corps allaient, il est vrai, se trouver bientôt très inférieures en nombre, par suite de l'entrée en ligne de nouvelles batteries prussiennes; mais on ne saurait oublier que cette infériorité ne tenait nullement à la faiblesse des ressources disponibles, puisque de nombreuses batteries, présentes auprès de Rezonville et appartenant au 2e corps et à la réserve générale, restèrent inutilisées à ce moment ou bien furent appelées par le commandant en chef sur une partie du champ de bataille où leur action était beaucoup moins nécessaire. L'artillerie française resta donc dans une situation subordonnée, qui permit à la *6*e division prussienne de conduire avec succès l'attaque qu'elle dirigeait contre la brigade Mangin, trop tardivement soutenue, comme on le verra bientôt, par la division La Font de Villiers.

En attendant, l'infanterie prussienne n'allait pas laisser échapper l'occasion de s'emparer d'un important point d'appui.

Prise de Vionville. — Le *64*e régiment, en effet, s'était déployé tout entier devant la lisière du village de Vionville en prononçant un mouvement enveloppant par le Nord (1). Dès que la ligne de combat déboucha sur la crête 287-297 en vue de la lisière de Vionville, le feu du 12e bataillon de chasseurs « commença à devenir très

(1) A l'exception cependant de la compagnie $\left(\frac{12}{64}\right)$ jetée dans la pointe Sud-Est du bois de Tronville.

gênant » (1) pour l'assaillant; aussi, le Ier bataillon, qui occupait le centre de la ligne, reçut-il l'ordre de s'arrêter à hauteur de la bifurcation des routes pour soutenir par le feu de ses tirailleurs la marche en avant des deux autres.

Pendant ce temps, les Ier et IIIe bataillons du *24e* s'étaient avancés jusqu'auprès de la corne Sud-Est des bois de Tronville et le IIe bataillon avait été jeté dans l'intérieur même de ces bois.

Enfin, à la droite de la *12e* brigade, les deux premières compagnies du *35e* joignaient directement leurs efforts à ceux du *64e* en se portant à l'attaque de la pointe Sud-Ouest du village.

Il était près de 11 h. 30, et les défenseurs de Vionville se trouvaient dès lors enveloppés par les tirailleurs de douze compagnies (2) soutenues à courte distance par plusieurs autres bataillons. Or, bien que le village eût été occupé par les troupes françaises depuis près de deux heures déjà, le 12e bataillon de chasseurs à pied avait continué, seul, à tenir la lisière occidentale, d'où il avait pu fusiller, avec le succès que l'on sait, les batteries à cheval allemandes, tandis que le Ier bataillon du 23e restait déployé près et au Sud-Est de la localité. Ce faible effectif constituait, à lui seul, l'extrême droite de la brigade Mangin, dont tous les bataillons étaient depuis longtemps engagés plus au Sud ; le point d'appui de Vionville, insuffisamment défendu, se trouvait donc être à l'aile très avancée d'une ligne de bataille fort mince et n'ayant aucune réserve derrière elle (3).

---

(1) *Geschichte des Brandenburgischen Infanterie-Regiments Nr. 64*. Berlin, 1878.

(2) Dix compagnies du *64e* (la 6e n'ayant pas encore rejoint. *Geschichte des 8 Brandenburgischen-Infanterie Regiments Nr. 64*) et deux compagnies du *35e*.

(3) La division La Font de Villiers, restée sur le mamelon 312, à

« Dans cette situation, dit le général Mangin (1), le 12e bataillon de chasseurs, *qui avait compté sur l'appui de la brigade du 6e corps* (brigade de Sonnay), se trouva tout à fait en l'air, ayant devant lui des forces très considérables, qui cherchaient à le tourner sur sa droite. Il dut alors abandonner le village et se porter en arrière sur une nouvelle crête, d'où il dirigea un feu très nourri sur des masses prussiennes qui s'avançaient en colonnes profondes..... »

A la suite de ce mouvement de recul, c'est-à-dire vers 11 h. 30, le *64e* régiment prussien atteignit Vionville par le Nord et par l'Ouest, en même temps que les deux premières compagnies du *35e* y pénétraient par le Sud-Ouest. Toutes ces troupes traversèrent ensuite la localité et s'établirent successivement sur la lisière orientale, de part et d'autre de la grande route.

Engagement de la 11e brigade devant Flavigny et l'Abreuvoir. — Pendant que ces événements se déroulaient autour de Vionville, la *11e* brigade avait poursuivi sa marche vers l'Est :

Le IIe bataillon du *35e* s'était tout d'abord dirigé sur Vionville, à la droite des deux premières compagnies de ce régiment (2); mais lorsque la lisière du village fut tombée au pouvoir du *64e*, le IIe bataillon du *35e* obliqua vers la droite, puis déboucha peu d'instants après sur le revers septentrional du mamelon du cimetière ; en même temps, trois compagnies du IIIe bataillon du même régiment continuaient à s'avancer plus au Sud sur les

---

1500 mètres en arrière de Vionville, n'intervint sur ce dernier point qu'après qu'il fut tombé aux mains des troupes prussiennes, ainsi qu'on le verra plus loin.

(1) Rapport du général Mangin sur la bataille de Rezonville (daté du 21 août).

(2) *Das Brandenburgische Fusilier-Regiment* Nr. *35*. Berlin, 1897.

pentes du vallon 269 (1). Enfin, trois compagnies (2) formaient un groupement tout fortuit sur la hauteur même du cimetière, par suite de circonstances qu'il est difficile de préciser.

Lorsque l'infanterie prussienne apparut à découvert, les IIe et IIIe bataillons du 23e régiment, déployés en avant de Flavigny sur la crête 280, ouvrirent un feu rapide très meurtrier. « En quelques minutes, dit l'historique du *35*^e^, toutes les fractions qui s'avançaient subirent des pertes des plus pénibles. En cet instant se trancha la question des formations tactiques habituelles. .....Comme la plupart des officiers ne connaissaient pas l'objectif à assigner à leur bataillon, une partie d'entre eux se dirigea sur Flavigny, une autre vers le petit bois de l'Abreuvoir, et une autre enfin obliqua à gauche vers la chaussée d'où le feu arrivait le plus intense (3) (4) ».

C'est ainsi que dans les trois compagnies parvenues sur la hauteur du cimetière (5), des fractions de chacune d'elles obliquèrent vers Flavigny et se rapprochèrent ainsi des 9e, 10e et 12e compagnies qui marchaient directement sur ce hameau par le vallon 269, tandis que d'autres fractions poussaient, les unes vers l'Abreuvoir, les autres vers la chaussée de Metz (4) (6).

---

(1) $\frac{9,\ 10,\ 12}{35}$.

(2) $\frac{3,\ 4,\ 11}{35}$.

(3) Feux du 12e bataillon de chasseurs et du Ier bataillon du 23e postés sur la croupe 292.

(4) *Das Brandenburgische Fusilier-Regiment* Nr. *35*, *loc. cit.*

(5) $\frac{3,\ 4,\ 11}{35}$.

(6) Le croquis n° 3 ne représente que la fraction principale de chaque compagnie.

Quant au IIe bataillon, à peine avait-il franchi le chemin conduisant de Vionville à la statue Sainte-Marie, qu'il se trouva très morcelé : la 6e compagnie, tournant à droite, gagna quelque terrain dans la direction de Flavigny et se joignit à la 3e compagnie venue du cimetière ; la 7e compagnie suivit d'abord la 6e, puis s'avança vers l'Abreuvoir au prix de pertes énormes ; les 5e et 8e compagnies, enfin, subirent en quelques minutes des pertes telles, qu'elles tourbillonnèrent sous le feu, firent demi-tour et vinrent se blottir derrière les murs du cimetière (1).

Pendant que le *35e* s'engageait ainsi devant Flavigny et l'Abreuvoir, le régiment de seconde ligne de la *11e* brigade intervenait à son tour et ne tardait pas à augmenter la confusion qui régnait déjà entre toutes les compagnies et fractions de compagnies de l'autre régiment.

Le *20e*, en effet, avait suivi le *35e* et avait déployé, dès l'abord, deux compagnies de chacun de ses bataillons. En quittant la hauteur de Tronville, le colonel assigna pour objectifs : le cimetière au bataillon de fusiliers (aile droite) ; la 3e batterie du *3e* régiment (qui venait de s'installer dans le vallon 291) au Ier bataillon (centre) ; le village de Vionville, enfin, au IIe bataillon. Mais bientôt, le général de Buddenbrock fit prescrire au colonel du *20e* de maintenir rassemblés les deux bataillons de mousquetaires (I et II) pour servir de réserve générale à la division (2). Les compagnies déployées en tirailleurs furent donc rappelées, à l'exception cependant de la 3e, déjà très avancée dans la direction de Vionville et toutes les autres compagnies des

(1) Ces deux compagnies perdirent en moins de cinq minutes 8 officiers et 185 hommes, c'est-à-dire plus du tiers de leur effectif.

(2) *Einzelschriften, Heft* 18. *und : Das 3. Brandenburgische Infanterie-Regiment Nr. 20*. Berlin, 1881.

deux premiers bataillons furent arrêtées dans le vallon 278. Pendant ce temps, les fusiliers avaient continué à s'avancer vers le cimetière. Mais il semble qu'ayant trop obliqué vers la gauche, ils redescendirent tout d'abord quelque peu sur les pentes du vallon 281 et échappèrent ainsi un instant au feu de l'ennemi (1). Mais, lorsqu'un peu plus tard, s'étant rapprochés de Vionville, ils arrivèrent en vue des tirailleurs du 23e et du 12e bataillon de chasseurs qui tenaient encore la croupe 292 au Nord de l'Abreuvoir, ils furent assaillis par une grêle de projectiles. La 11e compagnie s'aperçut alors qu'elle avait perdu la direction indiquée, tourna vers la droite pour rectifier son erreur et vint rejoindre des fractions du *35*e abritées derrière le mur du cimetière, c'est-à-dire les 5e et 8e compagnies. Un instant plus tard, elle poussait de l'avant et gagnait un vide de la ligne de combat du *35*e. Les trois autres compagnies de fusiliers du *20*e ne s'étaient pas aperçu du mouvement de la 11e ; elles continuèrent donc vers Vionville en passant aux environs du ponceau 281 et rejoignirent auprès de l'église, les fractions du *35*e qui s'y trouvaient déjà et marchaient vers la lisière orientale du village (2).

Les Ier et IIe bataillons du *20*e ne stationnèrent que peu de temps dans le vallon 278; le IIe bataillon s'avança jusqu'à 200 mètres de Vionville, point où il reçut une mission particulière dont il sera question plus loin ; le Ier bataillon se porta dans une direction intermédiaire entre celles de Vionville et du cimetière :

---

(1) L'Historique du *20*e dit : « In dieser Formation ging es hinunter in die Mulde, welche sich sudostlich am Dorfe Vionville vorbeizieht. » Il semble qu'une erreur d'impression ait fait dire : *sudostlich*, au lieu de : *sudwestlich*, sans quoi les derniers alinéas des pages 87 et 88 et les deux premiers alinéas de la page 89 seraient incompréhensibles.

(2) *Das 3. Brandenburgische Infanterie-Regiment Nr. 20, loc cit.*

la 3e compagnie poursuivit sa marche droit sur l'Abreuvoir, tandis que les trois autres, arrivées en vue de leur adversaire, se joignirent, — avec les 9e, 10e et 11e compagnies de fusiliers venues de Vionville, — aux fractions du *35e* engagées entre l'Abreuvoir et Flavigny.

Mais avant de continuer à suivre la lutte, — d'ailleurs excessivement confuse à partir de cet instant, — de la *6e* division sur ce point du champ de bataille, il est nécessaire de se reporter d'abord aux opérations du défenseur qui prononçait, à ce moment même, une vigoureuse contre-attaque.

Retraite de la brigade Mangin et entrée en ligne de la division La Font de Villiers. — En quittant Vionville avant d'être joints par l'adversaire, les chasseurs de la brigade Mangin avaient entraîné avec eux le Ier bataillon du 23e, qui se voyait d'ailleurs menacé sur sa gauche par les premières fractions du *35e* apparaissant aux environs du cimetière. Le 12e bataillon de chasseurs et le Ier bataillon du 23e avaient donc rétrogradé en combattant jusque sur la croupe 292 où ils brûlèrent leurs dernières cartouches contre les tirailleurs prussiens. Ce mouvement de recul découvrait complètement la droite de la brigade accablée en cet instant par un feu d'artillerie très meurtrier et menacée par une nombreuse infanterie. Le général Mangin se vit donc bientôt forcé d'ordonner la retraite dans la direction de Gravelotte, retraite qu'il fit soutenir par le Ier bataillon du 8e régiment laissé dans le hameau de Flavigny, pendant que les deux derniers bataillons des 8e et 23e rétrogradaient successivement vers le même point. Cependant, le lieutenant-colonel de Linière, du 23e, frappé du danger qui menaçait la droite de la brigade battant en retraite sur un terrain découvert devant les assaillants toujours plus nombreux qui débouchaient de Vionville et de la hauteur du cimetière, rallia vivement trois compagnies (1) qui se trouvaient près de lui ; gagnant alors le Nord de la grande route, il prononça une énergique contre-attaque qui marqua un temps d'arrêt dans la marche des troupes allemandes et permit à des fractions de la division La Font de Villiers d'intervenir à leur tour.

Lorsqu'un peu avant 11 h. 30, en effet, la *12*e brigade prussienne déboucha de la crête 297 devant la lisière occidentale de Vionville, l'infanterie du 6e corps se décida enfin à entrer en ligne.

Il est difficile de préciser d'une manière absolument exacte l'instant où la décision fut prise d'engager la division La Font de Villiers, restée jusque-là spectatrice du combat qui se développait depuis deux heures déjà à 1500 mètres en avant d'elle. Le 91e régiment, toutefois étant arrivé à quelques centaines de mètres de Vionville alors que l'infanterie prussienne en occupait la lisière orientale, ce régiment dut certainement rompre dans la direction de Vionville un peu avant 11 h. 30.

Le 94e s'ébranla en même temps, et n'arriva par conséquent à Flavigny qu'un peu après 11 h. 45, alors que cette localité n'était plus tenue que par un seul bataillon du 8e ; à ce moment, les deux derniers bataillons du 8e et du 23e (2) évacuaient la place et des fractions des fusiliers du *12*e régiment prussien atteignaient la ferme pour quelques instants.

Il semble par suite que l'ordre donné à la division La Font de Villiers de se porter en avant, fût provoqué par la retraite du 12e bataillon de chasseurs et par la marche convergente des bataillons du *64*e sur Vionville.

---

(1) Du IIe ou du IIIe bataillon.

(2) $\frac{\text{II, III}}{8}$, $\frac{\text{II, III}}{23}$.

Il paraît hors de doute, dans tous les cas, qu'en fait, l'entrée en ligne de l'infanterie du 6e corps n'eut pas pour résultat de renforcer la brigade Mangin, vivement menacée sur une position d'ailleurs peu favorable à la résistance, mais simplement de protéger par une contre-attaque une retraite déjà entamée aux abords de Vionville.

Pendant que le 75e régiment conservait ses positions sur la crête 307-312 (1) et que le 93e était laissé en réserve sur l'emplacement de son ancien bivouac, les 91e et 94e étaient portés, le premier sur Vionville, le second sur Flavigny.

Le 94e régiment conversait légèrement à gauche, traversait la grande route et se dirigeait ensuite, après s'être redressé vers la droite, sur le hameau de Flavigny (2). « Le mouvement s'exécuta en bataille pour offrir le moins de profondeur possible au tir de l'artillerie ennemie qui couronnait la crête de Vionville (3). » Chaque bataillon était précédé de deux compagnies dont l'une

(1) Deux compagnies par bataillon furent déployées en tirailleurs à 400 mètres en avant du régiment, lequel était, comme on sait, formé un peu en arrière des batteries.

(2) D'après la situation initiale du 94e, entre le 91e (première position) et la grande route, — situation précisée par le général de Geslin dans sa lettre du 6 juillet 1903, — la marche sur Flavigny dut s'exécuter dans l'axe du ravin qui s'étend au Nord-Nord-Est du hameau, ainsi que l'a fait remarquer M. le général Bonnal. Le front du régiment en bataille étant d'environ 700 mètres, les deux ailes durent s'étendre sur les croupes 289 et 291 et se trouver ainsi à découvert sous le feu des batteries de Vionville et du cimetière. En revanche, le centre du régiment et une notable portion de l'aile droite étaient parfaitement défilés aux vues de ces mêmes batteries et ne pouvaient être battus que par l'artillerie du mamelon Sainte-Marie.

(3) Lettre du général de Geslin, ancien colonel du 94e, au Ministre de la guerre (datée de janvier 1900).

fournissait les tirailleurs et l'autre le soutien (1). A peine le régiment avait-il parcouru 50 mètres (2) qu'une grêle de projectiles s'abattit sur lui sans cependant lui faire éprouver des pertes très sensibles (3). Les tirailleurs ouvrirent immédiatement le feu, mais la marche reprit bientôt, d'abord très lente puis de plus en plus vive pour se transformer ensuite en une véritable course vers la ferme de Flavigny que les fusilliers du *12*e régiment prussien venaient d'atteindre.

Pendant que le 94e marchait sur Flavigny, en effet, le hameau tombait, en partie et pour quelques instants seulement, aux mains des troupes prussiennes.

On se souvient (4), qu'en arrivant sur le chemin de Rezonville à Chambley au Nord des bois de Gaumont, le bataillon de fusiliers du *12*e régiment prussien s'était résolument porté à l'attaque de Flavigny. A peine ce bataillon s'était-il montré sur les pentes descendant vers le village qu'il fut pris d'écharpe par les feux à grande distance du 32e régiment dont les IIe et IIIe bataillons rétrogradaient lentement, de la crête 317, vers l'ancien emplacement de leur bivouac et protégeaient ainsi la retraite de la brigade Fauvart-Bastoul (5). En même temps, le bataillon prussien était couvert de balles par

---

(1) Une fraction du IIe bataillon paraît avoir été laissée en réserve dès cet instant « derrière une haie épaisse coupant le ravin », haie qui, d'après les renseignements pris sur place, ne peut être que celle qui existe encore aux abords de la chaussée, à 1200 mètres à l'Ouest de la sortie de Rezonville.

(2) Sans doute après le franchissement de la chaussée, qui jusque-là lui avait procuré un abri efficace.

(3) Rapport du colonel de Geslin, daté du 18 août. (Voir la note 2, page 244.)

(4) Voir page 218.

(5) Le Ier bataillon du 32e avait été entraîné dans la retraite des 66e et 67e. Voir page 211.

l'aile gauche du 8e, encore déployé, à ce moment, en avant de Flavigny, et recevait, de la droite, une grêle d'obus, sans doute envoyés par les batteries de la 1re division postées sur la hauteur 311. Les fusiliers du *12e*, précédés d'une compagnie (la 12e) en tirailleurs, se trouvaient donc dans une situation très pénible. Deux faits, cependant, se produisirent presque simultanément qui leur permirent de continuer à progresser vers leur objectif : ce fut d'abord l'intervention, très opportune, du IIe bataillon du *52e* qui, malgré le désordre inévitable que le combat venait d'apporter dans ses rangs à hauteur des bois de Gaumont, s'ébranla à son tour vers Flavigny, en prenant la droite des fusiliers et en protégeant par conséquent ceux-ci dans une certaine mesure contre l'action du 32e régiment français ; en second lieu, ce fut à peu près au même instant que commença le mouvement de retraite du 8e vers Flavigny. Toutefois le tir à longue portée du Ier bataillon du 8e produisit encore, de la lisière du village, un effet très meurtrier sur l'assaillant. Trop éloigné pour pouvoir répondre au tir qu'on dirigeait sur lui (environ 1000 mètres, au début), le bataillon de fusiliers du *12e* gagna néanmoins du terrain vers le hameau, non sans être très efficacement soutenu par l'artillerie de la crête Sainte-Marie qui, sur ces entrefaites, mit le feu aux fermes de Flavigny (1).

(1) D'ailleurs, il est à noter que les pentes descendant de la crête 314 vers Flavigny échappaient en plusieurs points aux vues des bataillons du 32e postés au Nord-Est du chemin conduisant à Gorze, et qu'en outre, les fusiliers du *12e* ont trouvé sur leur route certaines zones complètement défilées de la lisière du hameau. C'est ainsi qu'entre les deux chemins conduisant de Gorze à Vionville d'une part, et à Flavigny d'autre part, une sorte de plate-forme avoisinant la tombe n° 227, et située à 400 ou 500 mètres de Flavigny, dérobe des hommes debout aux défenseurs de ce hameau.

D'après le major Kunz (1) la 12e compagnie se serait avancée jusqu'à 400 mètres du hameau, c'est-à-dire sans doute sur le rebord septentrional d'une sorte de plate-forme située entre les deux chemins conduisant respectivement à Vionville et à Flavigny (2). Là, elle se coucha à terre, ouvrit le feu et fut successivement rejointe par les tirailleurs des trois dernières compagnies du bataillon qui se déployèrent à sa gauche, puis par ceux des 5e et 8e compagnies du *52e* qui se déployèrent à sa droite, c'est-à-dire dans le voisinage du chemin de Flavigny.

Avant même que ces renforcements de la ligne de combat fussent achevés, et lorsque les flammes s'élevèrent au-dessus des fermes du hameau, le commandant des fusiliers du *12e* avait ordonné l'attaque. « Mais, dit le major Kunz, sa voix ne fut entendue que dans son voisinage immédiat, et ce n'est que lorsque les officiers furent devant le front qu'il réussit à entraîner la masse des tirailleurs (3). »

C'est à ce moment qu'apparut, au delà de Flavigny, le 94e profilant ses ailes sur les deux croupes 289 et 291 et que le colonel de Geslin fit, comme on sait, ouvrir le feu de ses tirailleurs (4).

« L'impression causée par la supériorité des forces françaises fut grande, dit encore le major Kunz, et les fusiliers cédèrent ; ils se replièrent au pas de course, mais les officiers surmontèrent heureusement ce moment

---

(1) *Kriegsgeschichtliche Beispiele. Heft* 8 *und* 9.

(2) Plate-forme dont il a été question dans la note de la page précédente.

(3) *Kriegsgeschichtliche Beispiele. Heft* 8 *und* 9.

(4) Le major Kunz émet l'hypothèse qu'il s'agit du 3e bataillon de chasseurs à pied. Ce bataillon n'a combattu qu'avec le 32e, à l'Est de Flavigny et n'a prononcé aucune contre-attaque, non plus que le 32e.

critique. Le major de la Chevallerie réussit à arrêter la masse de son bataillon dans un pli de terrain (1) et à le faire tirer à nouveau. Les Français les pressaient violemment ; mais alors le feu rapide des Prussiens agit d'une façon meurtrière ; bientôt, les Français s'arrêtèrent, se couchèrent à terre et recommencèrent le feu..... (2) ».

Cependant, le 8e régiment continuait son mouvement vers l'Est et avait complètement abandonné maintenant les abords de Flavigny où ne se trouvait plus que le Ier bataillon écrasé par un feu terrible d'artillerie.

L'arrêt du 94e et l'abandon de Flavigny par la plus grande partie du 8e, déterminèrent sans doute les tirailleurs prussiens à reprendre leur mouvement offensif vers le hameau. D'après le major Kunz, les tirailleurs de la 11e compagnie du *12e* s'élancèrent les premiers, mais ils furent arrêtés net à 100 mètres de la lisière par un feu très meurtrier, exécuté par la garnison du point d'appui. Bientôt arrivèrent des détachements des 9e, 10e et 11e compagnies du *12e*, puis des 5e et 8e du *52e* ; ce renforcement provoqua un nouveau bond en avant de toute la ligne de combat qui atteignit la ferme principale et y pénétra (3).

L'occupation de Flavigny par les troupes prussiennes ne dura que quelques minutes ; les fractions qui y avaient pénétré l'abandonnèrent presque immédiatement et rallièrent vraisemblablement les trois autres

---

(1) Sans doute la plate-forme dont il a été plusieurs fois question déjà (400 à 500 mètres Sud de Flavigny).

(2) Cette période du combat correspond sans doute à la marche « d'abord très lente » du 94e. (Historique du régiment. Manuscrit de 1871.)

(3) D'après la 18e Monographie, les cinq compagnies auraient atteint le hameau. Si l'on s'en rapporte aux *Kriegsgeschichtliche Biespiele*, la ligne de combat seule serait arrivée jusque-là.

compagnies du *12*ᵉ et du *52*ᵉ (1), sur la plate-forme environnant la tombe 227. La 18ᵉ Monographie n'indique d'autre motif à cette retraite que la difficulté de stationner dans une localité incendiée et soumise à un feu violent d'artillerie. Il est cependant à remarquer que le Iᵉʳ bataillon du 8ᵉ l'occupait encore et que presque au même moment, — ou tout au moins peu d'instants après, — le colonel de Geslin faisait irruption dans le village. Il est donc permis de croire que la retraite des premiers occupants de Flavigny fut surtout due à l'apparition dans le hameau du 94ᵉ de ligne (2).

---

(1) $\frac{12}{12}$ et $\frac{6, 7}{52}$.

(2) L'*Historique du Grand État-Major prussien* n'avait donné, du combat autour de Flavigny, qu'un récit très sujet à caution, « les différences de versions et les contradictions partielles des divers rapports » (*Historique du Grand État-Major prussien*, page 545) ne permettant pas de faire mieux à cette époque. La nouvelle publication officielle allemande fait observer (*Kriegsgeschichtliche Einzelschriften. Heft* 18. *Anlage*) que « les récits du général Alvensleben et du colonel Voigts-Rhetz, ainsi que des communications ultérieures de quelques officiers d'état-major et d'autres officiers qui avaient pris part au combat, rendirent vraisemblable une réoccupation de Flavigny par les Français et une prise distincte du village, à trois quarts d'heure d'intervalle, d'abord par les *12*ᵉ et *52*ᵉ, puis ensuite par le *35*ᵉ. » Il paraît, en effet, hors de doute que des fractions des 9ᵉ, 10ᵉ et 11ᵉ compagnies du *12*ᵉ ainsi que des 5ᵉ et 8ᵉ compagnies du *52*ᵉ atteignirent la localité dès 11 h. 45, tandis que d'autres fractions de ces mêmes bataillons $\left(\frac{12}{12} \text{ et } \frac{6, 7}{52}\right)$, groupées sous le commandement du capitaine Hildebrand, ne prenaient pas part à cette attaque. Les détachements prussiens qui occupèrent ainsi la partie Sud du hameau n'y restèrent que quelques minutes et se replièrent non seulement, semble-t-il, parce qu'ils s'y trouvaient sous un feu violent d'artillerie, ainsi que l'indique la 18ᵉ Monographie, mais surtout parce que le 94ᵉ y faisait irruption par le Nord; d'après cette même monographie les détachements en question auraient alors suivi les compagnies du capitaine Hildebrand qui, reconnaissant que l'adversaire *évacuait le village*, aurait conversé

Dès l'arrivée du régiment du colonel de Geslin, plusieurs compagnies de son Ier bataillon furent déployées en tirailleurs au Nord de la ferme et prirent pour

---

aussitôt vers le Nord-Est et aurait poursuivi, par un feu rapide, l'ennemi en fuite puis l'aurait pressé dans la direction de Rezonville; le reste du bataillon de fusiliers du *12*e, prenant part à ce mouvement offensif, se serait avancé vers la grande route par les pentes méridionales de la croupe 291 ; ceci se serait passé vers midi.

Il convient de faire dès maintenant, à ce sujet, une réserve importante, bien qu'il faille, pour cela, anticiper un peu sur les événements. La 18e Monographie (*Anlage*) cherche à expliquer cette situation surprenante de troupes s'avançant au delà d'un point d'appui fortement occupé par l'adversaire, en faisant valoir la forme du terrain, et « l'ardeur de la poursuite » chez les hommes du capitaine Hildebrand. Il sera cependant permis de remarquer, au moins en ce qui concerne le premier point, qu'une enquête, faite sur place, a démontré qu'une fraction importante du 94e (sans doute les compagnies de soutien du IIIe bataillon) était abritée derrière le mur en pierres sèches de l'enclos Cordier, sur la moitié Sud de la lisière orientale de Flavigny. (Ce sont les hommes tombés derrière ce mur qui sont ensevelis, avec un seul guerrier allemand, dans la tombe n° 238 à l'Est de la maison Hocquard; tous appartenaient au 94e.) Or, de ce mur, on découvre, non seulement le fond du vallon remontant vers Rezonville, mais aussi la croupe 291 jusqu'auprès de la tombe n° 243, à 700 mètres environ du hameau. Il paraît donc tout à fait inadmissible que « l'ardeur » des troupes prussiennes ait suffi à leur faire négliger la présence de plusieurs compagnies françaises placées sur leurs derrières, en même temps qu'il peut sembler douteux que ces dernières compagnies, certainement alors en position de soutien, aient été assez absorbées par ce qui se passait en avant, pour laisser deux bataillons ennemis progresser tranquillement à quelques centaines de mètres d'elles, tant dans le vallon que sur la croupe 291.

On est ainsi amené à conclure que le capitaine Hildebrand n'a pu entreprendre sa marche au delà de Flavigny vers Rezonville, qu'après l'évacuation de la première de ces localités par le 94e, c'est-à-dire vers midi 15.

Les Historiques des *12*e et *52*e régiments prussiens se ressentent naturellement du défaut de précision des rapports dont parle l'*Historique du Grand État-Major prussien.* Le major Kunz déplore le fait dans les 8e et 9e fascicules de ses *Kriegsgeschichtliche Beispiele* en

ENVIRONS DE FLAVIGNY.

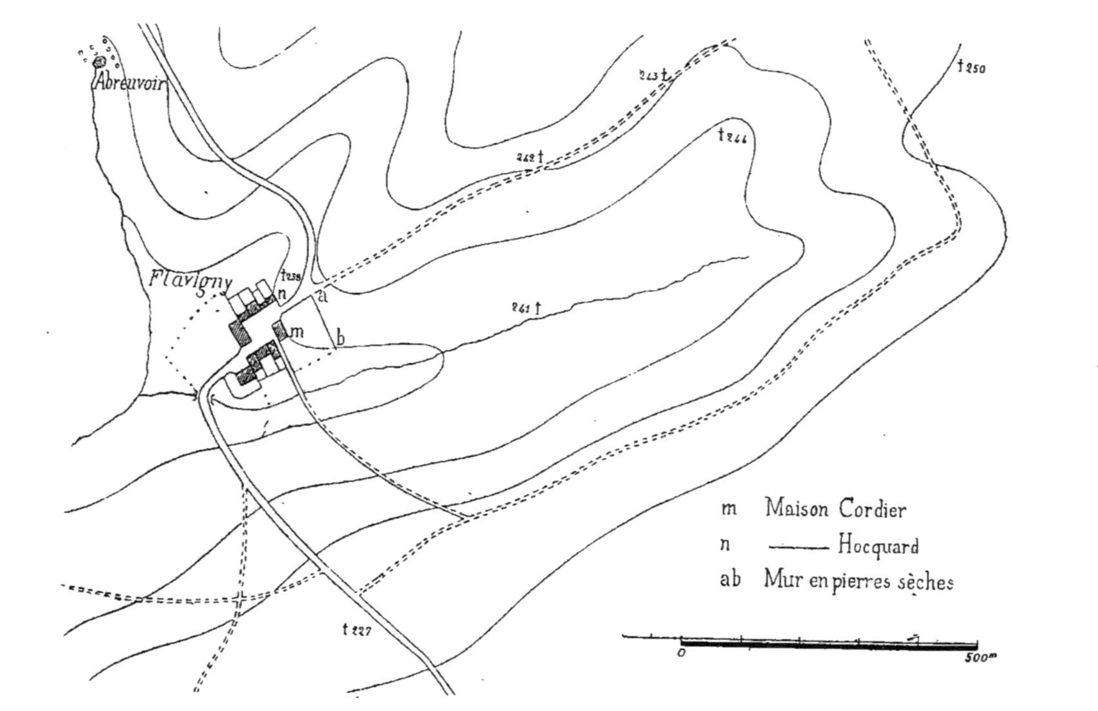

objectif les batteries de la hauteur du cimetière (900 à 1000 mètres).

La plus grande partie du IIe bataillon, — c'est-à-dire

---

faisant remarquer qu'il est impossible de préciser nettement les faits et gestes du IIe bataillon du *52*[e] depuis le moment où il arriva sur le chemin de Rezonville à Chambley, jusqu'au moment de la charge des cuirassiers de la Garde, c'est-à-dire jusque vers midi 30. On doit cependant noter que l'Historique du *52*[e] (édition de 1899), s'il n'éclaircit pas complètement la question, laisse au moins entendre assez nettement (page 64) que le mouvement du capitaine Hildebrand à l'Est de Flavigny ne précéda que de peu de temps la charge des cuirassiers de la Garde, puisque aussitôt son arrivée à 900 mètres de Flavigny, on découvrit vers Rezonville un nuage de poussière et l'on entendit le sol trembler sous les pieds des chevaux (*). Ce fait est d'ailleurs confirmé par le colonel Sainte-Chapelle, qui faisait alors partie des cuirassiers de la Garde et a très nettement observé, en débouchant de la crête de Rezonville, des fractions d'infanterie *encore en marche* vers l'Est.

Si donc le capitaine Hildebrand n'a dépassé Flavigny qu'après la retraite du 94e, il faut que les fractions qui avaient atteint le hameau à 11 h. 45 se soient rejetées sur leurs soutiens et soient restées stationnaires pendant tout le temps de l'occupation du point d'appui par le colonel de Geslin. Peut-être ces fractions se sont-elles retirées, comme cela paraît vraisemblable, sur la plate-forme avoisinant la tombe n° 227, plate-forme où l'on était complètement défilé aux vues des tirailleurs garnissant la lisière de Flavigny (voir page 246, note 1), et constituant ainsi une excellente place de ralliement. Il est à noter d'ailleurs que cette hypothèse n'a rien de gratuit, car si l'Historique du *12*[e] (édition de 1875), se conformant au récit de l'Historique officiel, passe sous silence le mouvement de recul dont il s'agit, l'Historique du *35*[e] signale avec beaucoup d'impartialité le bond en arrière des premiers occupants du village : « ..... De même, dit-il page 25, les fractions de la 5e division auprès de Flavigny se retirèrent *de nouveau sur les pentes des hauteurs situées au Sud.....* »

En résumé, la version de la 18e Monographie paraît admissible dans chacune de ses parties, mais à la condition qu'on sépare par

(*) Cette distance de 900 mètres paraît d'ailleurs trop considérable. Le bataillon du *52*[e] semble s'être arrêté où se trouve aujourd'hui la tombe 244, soit à 700 mètres de Flavigny; les fusiliers du *12*[e], — face au Nord, — entre les tombes 242 et 243, c'est-à-dire à une distance moyenne de 500 mètres du même hameau. (*Das Fusilier-Bataillon vom 12. Grenadier-Regiment.* — H. Burck. Berlin, 1900.)

les compagnies qui n'avaient pas été laissées en réserve derrière la haie coupant le ravin, — paraît être restée en soutien dans l'intérieur même du village. Le IIIe bataillon, enfin, déployait au Sud de la localité, plusieurs compagnies qui ouvrirent le feu sur l'artillerie du mamelon Sainte-Marie (environ 1000 mètres) (1).

Mais pendant que ces événements se déroulaient autour de Flavigny, le 91e intervenait vigoureusement aux abords de la grande route. « Les bouquets de bois situés au Nord-Est de Vionville, dit l'Historique du 91e, constituaient une position excellente pour battre les débouchés du village ; en conséquence, le colonel du 91e donna l'ordre au Ier bataillon (commandant de Hay-Durand) d'occuper ces bois, pendant que le IIe (commandant Gay) devait se déployer à sa gauche ; le IIIe bataillon (commandant de Blondeau) fut d'abord maintenu en réserve. »

Pendant sa marche en avant sur les pentes aboutissant à Vionville, le Ier bataillon se couvrit par une compagnie (la 1re) déployée en tirailleurs, puis prit le pas gymnastique. La 1re compagnie atteignit ainsi le petit bouquet de bois situé à 300 mètres au Nord-Est du village, refoulant devant elle les tirailleurs prussiens du *64e*, qui, ayant déjà dépassé les clôtures des jardins, regagnèrent précipitamment la lisière du village. Bientôt, d'ailleurs, la 2e compagnie du même bataillon entra également en ligne auprès de la 1re, puis ce fut le tour de la 3e, qui occupa un autre petit bouquet de bois

---

un laps de temps d'environ une demi-heure le moment où les tirailleurs du *12e* et du *52e* abandonnèrent Flavigny, de celui où le capitaine Hildebrand entreprit sa marche vers Rezonville. C'est cette version, ainsi modifiée, qu'on admettra ici jusqu'à nouvel et plus ample informé.

(1) Rapport du colonel de Geslin (daté du 18 août).

situé un peu au Sud du précédent, vis-à-vis de l'entrée du village. Avec les trois dernières compagnies du bataillon, le commandant de Hay-Durand se porta en avant en ligne déployée pour se tenir prêt à soutenir la ligne de combat et s'embusqua, — probablement, — sur le chemin de Saint-Marcel à Flavigny. « La 1re compagnie gagna encore du terrain à droite, débusqua partout les tirailleurs ennemis, leur fit beaucoup de mal et, par des feux bien dirigés, arrêta court la marche de leurs soutiens (1). »

Le IIe bataillon s'étendait en même temps à la gauche du Ier par le Sud de la grande route, occupait le bouquet de bois de l'Abreuvoir et maintenait, par les feux rapides des compagnies voisines de la chaussée, l'adversaire sur la lisière du village (2), tandis que le IIIe bataillon restait provisoirement en réserve.

L'offensive bien tardive du 91e permit néanmoins au 12e bataillon de chasseurs et au Ier bataillon du 23e, tous deux très éprouvés (3), de se replier, de la croupe 292, jusqu'à hauteur de la croupe 300, où ils rallièrent ultérieurement les IIe et IIIe bataillons du 23e venus sur ces entrefaites, des environs de Flavigny.

Sur cette partie du champ de bataille, l'offensive allemande était donc, pour l'instant, complètement enrayée. Devant Flavigny, l'infanterie de la *6e* division était encore peu menaçante, ou tout au moins peu visible, pour les nouveaux occupants du village. La plupart des compagnies des *35e* et *64e* régiments étaient, en effet, déployées, soit sur la lisière de Vionville, soit vis-à-vis de l'Abreuvoir aux abords du chemin Vionville–Gorze,

---

(1) Historique du 91e. (Man. de 1871.)

(2) De l'Abreuvoir même, en effet, les vues sont masquées à 150 ou 200 mètres de distance par la croupe 280–287.

(3) Pertes du 12e bataillon de chasseurs : 11 officiers, 216 hommes.

d'où elles échappaient aux vues des tirailleurs du 94e, postés dans un fond. Quant aux trois compagnies du IIIe bataillon du *35e* (1), elles avaient pu arriver jusqu'au ponceau 269 sur le chemin conduisant de la statue Sainte-Marie à Vionville, sans être vues de la garnison de Flavigny. Au delà, elles purent profiter du couvert que leur offrait un terrain coupé de haies et de vergers sur un parcours d'environ 300 mètres et ne furent rejointes qu'un peu plus tard par les 3e et 6e compagnies descendant de la hauteur du cimetière.

Si d'ailleurs on s'en rapporte à l'Historique du *35e* régiment (2), l'apparition de troupes fraîches sur le terrain que venait d'évacuer la brigade Mangin ne fut pas sans produire une fâcheuse impression sur l'assaillant. En franchissant la crête de la hauteur 294 — *un peu après* 11 h. 30 — ce dernier avait pu constater que des troupes françaises battaient en retraite de la crête 322-317-314 vers le Nord et vers le Nord-Est (3). « Mais *bientôt*, dit l'Historique du *35e*, des troupes fraîches ennemies s'avancèrent au Sud de la chaussée. Les unes, brigade Pouget (Mangin) (4), se dirigèrent, par une marche vers l'Ouest, sur le petit bois de peupliers (5) au Sud de la grande route. Les autres, brigade Fauvart-

---

(1) $\frac{9, 10, 12}{35}$.

(2) *Das Brandenburgische Fusilier-Regiment*, Nr. *35* (*loc. cit.*), page 25.

(3) Il s'agit évidemment de la brigade Fauvart-Bastoul (66e et 67e) et d'une partie de la brigade Valazé (12e chasseurs et 32e) laquelle rétrograda en combattant jusqu'à l'emplacement de son ancien bivouac, c'est-à-dire directement vers le Nord.

(4) Confusion évidente. *Lire :* le 91e. La *6e* division tout entière était encore très loin du champ de bataille lorsque les deux brigades de la division Bataille se déployèrent. Il ne peut donc être question, à ce moment du combat, que du 91e régiment.

(5) C'est-à-dire l'Abreuvoir.

Bastoul (1), marchèrent dans la direction du Sud contre la *5*e division en passant tout près et à l'Est de Flavigny. Dans les deux directions, les faibles troupes prussiennes qui furent atteintes par cette attaque *se replièrent vers l'arrière.* » Les faibles troupes en question étaient : d'abord des fractions de la *5*e division qui se retirèrent de Flavigny vers le Sud (2) ; puis la 7e compagnie du *35*e, qui s'était avancée vers l'Abreuvoir et dut se replier vivement après avoir perdu les deux tiers environ de son effectif ; ce fut encore la 3e compagnie du *20*e (3) qui, arrivée devant l'Abreuvoir avant qu'il fut réoccupé par le 91e, s'était élancée sur le point d'appui et en avait été délogée presque aussitôt par les nouveaux arrivants. Plus au Nord, enfin, les compagnies qui combattaient à Vionville durent replier leurs tirailleurs derrière la lisière du village et suspendre le mouvement offensif qu'elles avaient essayé de prononcer vers l'Est, ainsi qu'on l'a déjà relaté.

Vers midi, toutes les fractions de la *6*e division, engagées entre Flavigny et Vionville, c'est-à-dire les *35*e et *64*e régiments, plus les Ier et IIIe bataillons du *20*e qui avaient rejoint la ligne de combat, étaient donc arrêtées un peu à l'Est du chemin de Vionville à Gorze, se couchaient à terre et dirigeaient, pour la plupart, leurs feux sur les fractions visibles du 91e régiment déployé entre l'Abreuvoir et le bouquet de bois situé à 300 mètres au Nord de la chaussée.

---

(1) Confusion évidente. *Lire :* le 94e

(2) Fractions de $\frac{F}{12}$ et $\frac{II}{52}$ qui, d'après ce récit, rétrogradèrent bien de Flavigny sur les pentes des hauteurs situées au Sud, et ceci sous la pression des nouvelles troupes françaises, c'est-à-dire du 94e.

(3) *Das Brandenburgische Infanterie-Regiment*, Nr. *27*, *loc. cit.* Cet historique commet la même erreur (page 90) que celui du *35*e en faisant arriver en cet instant la brigade Pouget (Mangin) près de l'Abreuvoir. Il faut évidemment lire : le 91e régiment.

Déploiement du 24e et engagement des avant-postes de la division Tixier. — Mais sur ces entrefaites, le 24e régiment prussien se déployait à son tour par fractions successives au Nord-Ouest de Vionville :

Le IIe bataillon, qui s'était déjà avancé à travers les bois de Tronville et en avait atteint la lisière orientale, apparut le premier sur les pentes découvertes du vallon 260. Une compagnie fut provisoirement laissée en réserve sur la lisière même du taillis, tandis que les trois autres débouchèrent du bois en formation de combat. Ces dernières tombèrent bientôt sous les feux à longue portée des six compagnies du 75e, postées sur les pentes occidentales du plateau 312, et des huit compagnies du 10e, déployées sur la voie romaine.

En constatant la vive tournure que prenaient les événements devant Vionville, en effet, le général Péchot avait fait renforcer ses cinq compagnies de grand'-garde (1) par les trois compagnies (2) maintenues jusque-là en réserve dans l'intérieur du taillis, et avait, en même temps, prescrit au reste du 10e régiment (3) de s'avancer jusque dans le bois de Saint-Marcel. Peu de temps après, la batterie affectée à la 1re brigade (4) était appelée sur la croupe 266, où elle était bientôt rejointe par les deux batteries de 4 (5) de la division Aymard, division dont les premiers éléments venaient d'atteindre les abords de Saint-Marcel.

---

(1) 1, 2, 3, 4, 5 $\frac{II}{10}$.

(2) 6 $\frac{II}{10}$ et 1, 2 $\frac{III}{10}$.

(3) $\frac{I}{10}$, 3, 4, 5, 6 $\frac{III}{10}$.

(4) $\frac{8}{8}$.

(5) $\frac{9,\ 10}{11}$.

Bien que la ligne de combat de la brigade Péchot eût exactement en avant d'elle des vues très limitées par la longue croupe 290-280 qui lui masquait tout le terrain s'étendant dans la direction de Vionville, elle découvrait bien, en oblique, les pentes avoisinant les bois de Tronville.

La fusillade prit donc très rapidement une grande intensité, qui eut pour conséquence, du côté prussien, de faire appeler presque immédiatement en ligne les deux derniers bataillons du *24*e régiment, afin de soutenir celui qui se trouvait engagé à l'extrême gauche et de le relier au reste de la *6*e division. Les fusiliers à droite, le Ier bataillon à gauche, franchirent donc la crête 282-287 occupée par les batteries de la *6*e division, entre la grande route et les bois, et descendirent dans le vallon 270 sans avoir tout d'abord à essuyer le feu des tirailleurs du 75e encore trop éloignés (1).

Cependant, le renforcement des avant-postes de la brigade Péchot et l'arrivée des batteries françaises sur la croupe 266 n'avaient point échappé au commandant de la *6*e division. S'apercevant du danger qui menaçait son aile gauche, le général Buddenbrock rappela le IIe bataillon du *20*e, qui s'était avancé jusqu'auprès de Vionville, au Nord de la grande route. Ce bataillon défila derrière l'artillerie, traversa les bois de Tronville et vint se déployer entre les Ier et IIe bataillons du *24*e.

La longue ligne d'infanterie prussienne, qui se développait maintenant au Nord-Ouest de Vionville, gagna le fond du vallon 260-270, où à l'exception du bataillon d'extrême gauche, elle fut soustraite pour un temps aux vues de l'infanterie et de l'artillerie françaises.

Renforcement des batteries allemandes. — Mais sur ces

(1) 1500 à 2,000 mètres.

entrefaites, l'artillerie allemande s'était renforcée de nouvelles batteries (1).

On se rappelle (2) que, sur la demande du général commandant la 6e division, les 5e, Ve et VIe batteries du 3e régiment avaient été ramenées auprès de la grande route et qu'elles avaient pris position à la gauche des batteries à cheval du major Korber, entamant, de concert avec ces dernières, une lutte à outrance avec les batteries françaises du 6e corps. Ces trois batteries allemandes avaient, à la vérité, dégarni une partie des crêtes du cimetière et de Sainte-Marie, mais elles furent bientôt remplacées sur ce point par les batteries montées de l'artillerie de corps, savoir : la IIIe batterie qui vint s'installer à la gauche du groupe de la crête Sainte-Marie, lequel venait lui-même de s'avancer de quelques centaines de mètres et accablait sous un feu terrible les défenseurs de Flavigny ; la IVe lourde et la 4e légère qui ouvrirent le feu de la hauteur du cimetière ; enfin, la 3e légère qui vint se mettre en batterie dans le vallon 291, à la droite du groupe Korber.

---

(1) L'ordre de gagner le champ de bataille envoyé à l'artillerie de corps par le général de Bulow était parvenu à destination alors que les batteries se trouvaient près de Bayonville. Les batteries à cheval prirent le trot, mais les batteries montées ne purent, à cause de la raideur des pentes, faire monter les servants sur les coffres, de sorte qu'elles durent conserver l'allure du pas pendant une grande partie du trajet. La tête de colonne (3e batterie) conversa à droite de sa propre initiative, en arrivant à hauteur de la ferme du Saulcy; mais dès qu'on eut quitté la route, « les chevaux, éreintés, ne purent que marcher au pas ». Dès que les nouvelles batteries furent en position, elles concentrèrent leurs feux, avec les batteries voisines, principalement sur les défenseurs du petit bois et de Flavigny. « Ce petit village, canonné par neuf ou dix batteries, près de 60 pièces, fut bientôt en flammes et n'offrit plus à ses défenseurs d'abris contre les obus prussiens qui y tombaient en masse d'une façon incessante. » (*Die Thätigkeit des generals von Bulow*)..... (*loc. cit.*).

(2) Voir page 232.

Prise de l'Abreuvoir et de Flavigny. — Malgré ce renforcement important de l'artillerie prussienne, celle-ci n'en subissait pas moins des pertes sérieuses du fait des 11 batteries françaises déployées entre la voie romaine et Flavigny (1) et des trois autres postées à l'Ouest du bois de Saint-Marcel (2). En outre, elle se trouvait également en but au feu de mousqueterie des tirailleurs du 94e.

Les possesseurs de Vionville, de leur côté, étaient eux-mêmes criblés de projectiles d'artillerie et d'infanterie. « La nombreuse artillerie française en position sur les hauteurs de la voie romaine, dit *l'Historique du Grand État-Major prussien*, écrasait ce village sous un feu si terrible, que le seul moyen de s'y maintenir était de pousser plus avant. »

Aussi, la seule réserve qui restait à la *6e* division fut-elle envoyée, à son tour, sur la ligne de combat : les trois compagnies du Ier bataillon du *20e* (3), passant par le Sud de Vionville, se dirigèrent, conjointement avec les fusiliers du même régiment, dans l'intervalle qui séparait les fusiliers du *35e*, — déployés devant Flavigny, — des autres compagnies prussiennes groupées aux abords de Vionville (4).

En même temps, le *64e* parvenait à gagner quelque terrain à l'Est du village : le Ier bataillon à cheval sur la grande route; les fusiliers au Nord. Le IIe bataillon,

---

(1) De la droite à la gauche : $\frac{7}{8}$, $\frac{7}{14}$, $\frac{12}{8}$, $\frac{5}{8}$, $\frac{6}{14}$, $\frac{7}{5}$, $\frac{5}{14}$, $\frac{8}{5}$, $\frac{9}{5}$, $\frac{10}{16}$, $\frac{10}{5}$. Il est vrai que $\frac{5}{14}$ ne tira pas.

(2) De la droite à la gauche : $\frac{8}{8}$, $\frac{9, 10}{11}$.

(3) La 3e compagnie était déjà engagée entre Vionville et Flavigny.

(4) Le IIe bataillon du *20e* régiment avait été déjà dirigé au Nord de Vionville et combattait avec le *24e*. (Page 257.)

partant de la pointe Sud-Est de Vionville se portait, de concert avec plusieurs compagnies du *35*ᵉ, dans la direction du bouquet de bois de l'Abreuvoir.

Alors, s'engagea sur ce dernier point un combat fort confus où « toute direction d'ensemble ne tarda pas à disparaître..... Selon que se comportent et la configuration du sol et la direction des feux de l'ennemi et l'inspiration du moment, la ligne fractionnée en colonnes de compagnie, gagne çà et là du terrain ; les compagnies se confondent ; leurs débris se ralliant à d'autres débris, se groupent et rentrent de leur mieux dans la lutte (1) ».

Au Nord de la grande route, le Iᵉʳ bataillon du 91ᵉ n'avait cessé de lutter, — avec succès jusque-là, — contre les fractions des fusiliers du *64*ᵉ qui occupaient la lisière de Vionville. Les deux compagnies de droite (1ʳᵉ et 2ᵉ) étaient même parvenues à dépasser le bouquet de bois qu'elles occupaient et à maintenir ainsi, par un feu très efficace, les compagnies prussiennes derrière les enclos du village. Près de la grande route, la 3ᵉ compagnie s'était également approchée de la localité, mais se trouvait maintenant arrêtée par un feu très violent qui lui fit perdre son chef, le capitaine Guillemaut. Le commandant de Hay-Durand la fit alors soutenir par la 4ᵉ compagnie ; puis, comme certaines fractions de la garnison de Vionville tentaient de déboucher de la lisière, les deux dernières compagnies du bataillon (5ᵉ et 6ᵉ) furent déployées à la droite des précédentes et rejetèrent encore une fois l'assaillant derrière ses couverts.

Mais apparurent bientôt au Nord de Vionville, les deux bataillons du *24*ᵉ (2) qui garnissaient maintenant la

---

(1) *Historique du Grand État-Major prussien.*

(2) $\frac{\text{F, I}}{24}$.

croupe 286. Les fusiliers prussiens paraissent avoir, par leur situation même, plus particulièrement menacé l'aile droite du 91e, de sorte que les compagnies voisines du bouquet de bois plièrent sous la menace d'un mouvement débordant. Découvertes sur leur droite, et d'ailleurs écrasées par un feu terrible d'artillerie, les compagnies qui luttaient près de la grande route rétrogradèrent peu à peu en combattant vers la croupe 292.

Les compagnies prussiennes qui occupaient Vionville ne semblent pas cependant avoir tout d'abord poursuivi le bataillon Hay-Durand sur un glacis très découvert, où le feu du chassepot acquérait toute son efficacité.

Le terrain situé au Sud de la chaussée présentait, au contraire, aux fractions mélangées des *20*^{e} et *35*^{e} régiments des conditions beaucoup plus favorables pour approcher à courte distance de l'Abreuvoir, placé dans le fond d'un vallon et ayant à 150 ou 200 mètres en avant de lui une crête très accusée (287-280), derrière laquelle dix ou douze compagnies se trouvaient désormais déployées à courte distance de leur objectif (1).

Sous l'opiniâtre effort de ces compagnies, la ligne de combat s'avança donc tout d'abord comme un coin vers l'Abreuvoir, dont les défenseurs n'avaient qu'un champ de tir très réduit et qui, seuls, établissaient une liaison, bien précaire, entre les 91e et 94e régiments.

(1) Toute la partie du vallon comprise entre l'Abreuvoir et Flavigny est absolument invisible, tant de la lisière de Vionville que des abords du chemin conduisant de cette dernière localité à Gorze. On s'explique donc facilement : d'une part, l'affluence des compagnies prussiennes entre ce chemin et la crête 280-287, derrière laquelle elles vinrent chercher un abri à la suite de la marche pénible qu'elles avaient exécutée sous le feu entre Vionville et le cimetière ; d'autre part, l'impossibilité où se trouvaient les faibles défenseurs de l'Abreuvoir de résister à une attaque très supérieure qui débouchait à si courte distance d'un point d'appui plus indéfendable encore que Flavigny.

D'ailleurs, le IIe bataillon du 91e, influencé par la retraite du Ier bataillon au Nord de la route, ne tardait pas à suivre le mouvement rétrograde vers l'Est. L'Abreuvoir tomba donc bientôt aux mains de l'assaillant, et tandis que le défenseur se retirait vers la croupe 300 par les pentes découvertes du Sud de la grande route, le colonel de Voigts-Rhetz, croyant sans doute pouvoir profiter de ce premier succès pour donner le coup de grâce à la résistance des troupes voisines, lança deux escadrons (1) à la charge. Mais celle-ci échoua complètement sous le feu de l'infanterie française et les deux escadrons prussiens durent se replier après avoir subi de lourdes pertes (2).

Après le recul du 91e, la situation du régiment du colonel de Geslin devenait excessivement pénible. Ses tirailleurs étaient exposés, en terrain presque complètement découvert, à un feu d'artillerie d'une violence extrême ; les compagnies qui occupaient le village avec le Ier bataillon du 8e se trouvaient au milieu de décombres fumants et criblés d'obus. Le 94e restait, d'ailleurs, absolument isolé du reste des troupes françaises ; à sa droite, l'adversaire venait de mettre la main sur l'Abreuvoir et menaçait ainsi de couper la ligne de retraite du régiment ; enfin, les pertes subies en moins d'une heure étaient déjà très considérables (3). Le général Colin, qui se tenait bravement au milieu de son régiment de première ligne, estima qu'on

(1) $\frac{2}{\textit{2} \text{ Dr. G.}}$, $\frac{1}{\textit{17} \text{ Huss.}}$.

(2) Il semble que ces deux escadrons vinrent se rallier dans le vallon de Flavigny auprès des 2e et 4e escadrons du *17*^e^ régiment de hussards et du *11*^e^ régiment de la même arme.

(3) 24 officiers et 540 hommes; ce sont, il est vrai, les pertes totales de la journée; mais, à la suite de la défense de Flavigny, le 94e ne fut plus engagé que partiellement et dans un combat peu violent.

ne pouvait résister plus longtemps sans s'exposer à une perte certaine. Il dut ordonner la retraite qui, insuffisamment préparée sans doute, dégénéra bientôt en « un sauve-qui-peut général » (1). Cependant, le colonel de Geslin, secondé par le lieutenant-colonel Hochstetter, avait groupé autour de lui une quarantaine d'hommes qui, arrêtés derrière une haie, continuèrent pendant quelques instants encore à faire tête à l'assaillant et à protéger ainsi la retraite du reste du régiment. Cette petite arrière-garde dut, à son tour, battre en retraite et gagner la grande route, puis les abords de Rezonville, où elle se joignit à un groupe de 600 hommes du régiment, tandis qu'un groupe de 400 autres s'était rallié auprès du général Bisson et combattit par la suite avec le 9e régiment d'infanterie.

Après l'évacuation de Flavigny par le 94e, l'aile droite du *35*e régiment prussien pénétra dans le hameau.

« La possession de Flavigny, dit la Relation allemande, assurait au front d'attaque, tourné vers l'Est, sa première base sérieuse. Occupé par le IIIe bataillon du *35*e et par quelques fractions séparées de leurs régiments, cette localité devenait, à partir de ce moment, le centre de la ligne de bataille du IIIe corps et surtout un appui précieux pour la droite de la *6*e division. »

C'est sans doute alors que les fusiliers du *12*e et le IIe bataillon du *52*e, dépassant Flavigny, se portèrent en avant vers Rezonville à la suite des fractions du 94e, qui se repliaient sur ce point (2).

Mais déjà les batteries en position sur la croupe 296 avaient entamé un mouvement rétrograde.

On sait que les 11e et 12e batteries du 13e n'avaient pu

---

(1) Rapport du colonel de Geslin, daté du 18 août.
(2) Voir page 249, note 2.

rester en position qu'une demi-heure (1). Elles se reportèrent jusqu'à la Maison de Poste, où elles se retirent auprès de leurs réserves. Les 8e, 9e et 10e batteries du 5e ne tardèrent pas à amener également les avant-trains et se rapprochèrent de Rezonville pour prendre une position moins exposée ; la 10e batterie du 15e enfin, menacée par l'infanterie du capitaine Hildebrand, dut, pour ne pas laisser tomber ses pièces aux mains de l'ennemi, dédoubler les attelages des caissons ; la batterie gagna alors la crête au Sud-Ouest de Rezonville et reprit le feu dans la direction de Vionville.

Combat du 6e corps jusqu'à midi et demi. — A l'aile gauche de la division Buddenbrock, l'infanterie avait également gagné du terrain au delà du vallon de Vionville et se trouvait maintenant sous le feu du 75e régiment. Mais ce dernier, soumis depuis de longues heures déjà au tir de l'artillerie prussienne, subissait des pertes de plus en plus sensibles.

Le général de Sonnay fit alors renforcer la ligne des tirailleurs du 75e par deux nouvelles compagnies du IIe bataillon ; mais, bien que tout le monde fût couché à terre, les faibles abris fournis par les sillons de labour se trouvaient être tout à fait insuffisants pour protéger le personnel contre un feu d'artillerie aussi violent (2).

Avant d'ordonner la retraite, le général exécuta une contre-attaque dans la direction de Vionville : les quatre dernières compagnies du IIIe bataillon du 75e, déboîtèrent vers la gauche, descendirent les pentes en se por-

---

(1) Pertes totales : 11e batterie : 2 tués, 9 blessés, 14 chevaux hors de combat, 378 coups tirés (dont 86 sur la croupe 296) ; 12e batterie : 4 tués, 16 blessés, 23 chevaux hors de combat, 147 coups tirés (dont 48 sur la croupe 300).

(2) Le 75e perdit, dans la journée, 24 officiers (dont le colonel Amadieu) et 369 hommes.

tant directement sur Vionville, tandis que le IIIe bataillon du 91e, laissé jusque-là en réserve près de la grande route, se portait lui-même vivement en avant contre le front du *64*[e] régiment prussien (1).

Bien que cette contre-attaque ne paraisse pas avoir été poussée jusqu'aux baïonnettes de l'adversaire, l'intervention inopinée de troupes fraîches sur cette partie du champ de bataille permit cependant aux deux premiers bataillons du 91e, déjà très éprouvés, de se retirer jusqu'au de la crête 306-312, pendant que les dix compagnies dont il vient d'être question se repliaient à leur suite en combattant.

Le 94e à Flavigny et le 91e aux abords de la grande route avaient donc été obligés de battre en retraite presque simultanément, vers midi 15. Le 75e, très éprouvé et d'ailleurs complètement découvert sur sa gauche, ne pouvait plus lui-même résister bien longtemps.

Le général La Font de Villiers se rendant compte de la situation, prescrivait au seul régiment qu'il eût encore disponible de se porter en avant pour tenir tête aux quatre bataillons prussiens (2) qui s'avançaient maintenant en une ligne presque continue sur les pentes remontant vers le chemin de Flavigny à Saint-Marcel.

En exécution de cet ordre, neuf compagnies du 93e se déployèrent en avant du front occupé par le 75e (3), tandis que six autres compagnies (4) se portèrent plus

(1) La réserve avec laquelle cette contre-attaque est relatée par les Rapports et Historiques laisse soupçonner qu'elle ne fut pas poussée à fond et se réduisit à un bond en avant, suivi d'un feu rapide.

(2) $\frac{\text{F, I}}{24}$, $\frac{\text{II}}{20}$, $\frac{\text{II}}{24}$.

(3) De la droite à la gauche : 1, 2, 3 $\frac{\text{I}}{93}$ et $\frac{\text{II}}{93}$.

(4) De la droite à la gauche : 4, 5, 6 $\frac{\text{I}}{93}$, 4, 5, 6 $\frac{\text{III}}{93}$. Les trois pre-

au Sud sur la croupe 300 de manière à barrer la trouée laissée libre par la retraite du 91ᵉ.

Dès lors la résistance se trouva rétablie pour un temps au Nord de la grande route où les tirailleurs du 93ᵉ engagèrent une lutte très vive avec la ligne de combat prussienne qui allait être bientôt forcée de reculer à son tour.

Aux abords de la voie romaine, en effet, le combat avait repris avec une plus grande violence lorsque le IIᵉ bataillon du *24*ᵉ régiment prussien avait débouché du vallon de Vionville et était apparu sur la croupe 272 en vue de l'aile droite du 10ᵉ de ligne. Devant les progrès de la longue ligne d'infanterie adverse qu'on avait vue se déployer au Nord de Vionville, le général Péchot fit déployer les dix dernières compagnies du 10ᵉ, venues, sur son ordre, se masser dans l'intérieur du bois de Saint-Marcel : les quatre dernières compagnies du IIIᵉ bataillon rejoignirent les deux premières, au centre de la ligne du combat, tandis que le Iᵉʳ bataillon tout entier prolongea l'aile gauche du régiment, dépassa la voie romaine et fit face au Sud-Ouest en se reliant aux tirailleurs du 75ᵉ encore en position à ce moment. Un peu plus tard, les trois dernières compagnies du 9ᵉ bataillon de chasseurs (1), furent rappelées de Villers-aux-Bois par le général Péchot pour assurer la protection des batteries postées sur la croupe 266 (2).

---

mières compagnies du IIIᵉ bataillon restèrent sur la crête en soutien de l'artillerie.

(1) $\frac{1,\ 2,\ 5}{9\ \text{Ch.}}$. On sait que les trois autres étaient déjà déployées sur la lisière Sud-Ouest du bois Pierrot, comme soutien de l'artillerie divisionnaire.

(2) $\frac{8}{8}$, $\frac{9,\ 10}{11}$.

Cependant, le général Péchot avait rendu compte à son chef direct de l'importance qu'avait prise le combat entre Vionville et la voie romaine, et lui avait fait part de la situation dans laquelle se trouvaient les quatre seuls bataillons dont il disposait immédiatement pour l'instant.

Inquiet du sort de son aile gauche, le général Tixier se décida à envoyer un renfort au général Péchot ; mais craignant sans doute d'abandonner le village de Saint-Marcel qui constituait, pour lui, le point d'appui d'une ancienne ligne de bivouacs, il y maintint le 4e de ligne (second régiment de la 1re brigade), et préleva deux bataillons sur la 2e pour soutenir les troupes engagées sur la voie romaine.

C'est ainsi que le général Péchot reçut l'appoint du IIIe bataillon du 12e et du IIIe du 100e ; bataillons qu'il fit d'abord placer en réserve dans le bois, en arrière du talus de la voie romaine, auprès de la compagnie du génie divisionnaire.

Un peu plus tard cependant, comme la fusillade augmentait encore d'intensité au Sud du bois de Saint-Marcel, le général Tixier se décida à quitter son camp pour étendre sa droite au delà des batteries qui garnissaient depuis longtemps déjà la croupe 266. Le 4e régiment fut donc porté, en bataille, sur la longue croupe (255-264) qui s'étend au Nord-Est des bois de Tronville, tandis que les deux premiers bataillons du 12e et le Ier bataillon du 100e se formaient en réserve un peu plus en arrière. L'artillerie se trouvait dès lors solidement encadrée, de sorte que les trois compagnies du 9e bataillon de chasseurs, amenées par le commandant Mathelin, sur ces entrefaites, furent déployées en avant des batteries.

Opérations du 3e corps jusqu'à midi et demi. — D'ailleurs, la division Tixier se trouvait dès maintenant puissamment soutenue par d'importantes fractions du 3e corps.

En entendant, de la ferme de Bagneux, la canonnade tonner dans la direction du Sud-Ouest, en effet, le maréchal Lebœuf avait pris « les dispositions que pourraient nécessiter les circonstances en attendant les instructions du commandant en chef ». Malheureusement, ces circonstances n'étaient qu'assez vaguement définies pour le commandant du 3e corps qui venait simplement d'apprendre quelques instants auparavant que la marche était suspendue jusqu'à nouvel ordre, et qu'il devait se placer, dans le cas d'un engagement, en seconde ligne, derrière les 2e et 6e corps (1). D'ailleurs, le colonel d'Ornant, aide de camp du maréchal Lebœuf, avait été envoyé le 16 de grand matin au grand quartier général à Gravelotte pour demander des ordres et rentrait à 9 heures avec cette réponse : « Rester sur ses positions jusqu'à l'envoi de nouvelles instructions (2) ».

Le maréchal Lebœuf se contentait donc tout d'abord de prescrire aux divisions les plus proches (Aymard, Montaudon et de Clérembault) de se tenir prêtes à marcher au premier signal.

On se rappelle qu'à 9 heures du matin, la tête de la division Aymard était parvenue entre Vernéville et la ferme de Caulre. Vers 10 heures, alors qu'elle reçut les instructions du commandant du 3e corps, elle venait d'arriver à proximité de Saint-Marcel. La 1re brigade déboita à droite de la route et se forma sur deux lignes au Nord du village. Les trois batteries divisionnaires, qui

(1) Lettre du commandant en chef au maréchal Lebœuf, 16 août, 5 h. 15 du matin. Page 137.

(2) Lettre du colonel d'Ornant au maréchal Lebœuf, datée du 16 février 1872.

marchaient à la suite de la 1re brigade (1) furent immédiatement portées en avant : la 8e batterie (Vivenot), retenue par le commandant de l'artillerie du 3e corps, fut postée près et au Sud-Ouest de Saint-Marcel pour surveiller la vallée qui descend de cette localité vers les bois de Tronville. Les 9e et 10e batteries continuèrent leur marche vers le Sud et s'établirent, comme il a été déjà dit, auprès de la 8e batterie du 8e, à l'Ouest du bois de Saint-Marcel.

Quant à la 2e brigade, un peu attardée par une halte qu'elle fit à Vernéville, elle n'était pas réunie avant 11 heures auprès de la ferme de la Caulre ; là, elle se forma au Sud de la grande route sur une ligne de bataillons en masse (2).

Quand, vers 11 h. 30, la division La Font de Villiers se porta partiellement vers Vionville et Flavigny, une sorte de « trouée » parut se former sur « la ligne de bataille » à la gauche de la division Tixier, de sorte que le maréchal Bazaine crut devoir assurer immédiatement, à l'aide de nouvelles troupes, la continuité de la muraille à l'organisation de laquelle il consacrait toute son activité.

Il devait donc être plus de 11 h. 30, lorsque le commandant en chef arriva à grande allure aux environs de Saint-Marcel. « Il s'aboucha avec le maréchal Lebœuf, dit le général Zurlinden (3), et ordonna de faire faire à la division (4) une conversion pour la rapprocher de

---

(1) $\frac{8,\ 9,\ 10}{11}$.

(2) Avec l'escadron divisionnaire : $\frac{2}{10 \text{ Ch.}}$.

(3) Lettre du général Zurlinden, alors aide de camp du général de Berckheim, au Ministre de la guerre ; — datée du 2 février 1901

(4) La division Aymard.

l'ennemi et la placer face au Sud et à la route de Rezonville à Mars-la-Tour (1) ».

En outre, le commandant en chef paraît avoir prescrit qu'un bataillon fût dirigé sur Rezonville. Le IIe bataillon du 100e fut désigné pour remplir cette mission particulière, tandis que la division Aymard déboîtait vers la gauche pour se rapprocher du bois de Saint-Marcel.

La brigade Brauer traversa donc le village (2); le IIIe bataillon du 44e y resta en réserve ; le 11e bataillon de chasseurs et le le IIIe bataillon du 60e occupèrent les jardins et les vergers ; enfin les quatre derniers bataillons de la brigade (3) se formèrent en bataille sur la légère crête qui fait face au bois de Saint-Marcel.

Le général Sanglé-Ferrière, de son côté, avait reçu en même temps l'ordre de porter sa brigade dans la trouée qui sépare le bois de Saint-Marcel du bois Pierrot. Mais à peine le général était-il en marche en tête de ses troupes, qu'il s'aperçut qu'il n'était suivi que par quatre compagnies du IIe bataillon du 85e. Les quatre autres bataillons de la brigade avaient reçu, paraît-il, un contre-ordre les dirigeant vers l'aile droite de la division

(1) « J'allais appuyer le 4e corps avec la division Aymard, dit le maréchal Lebœuf, quand le maréchal Bazaine me la fit demander pour combler le vide qui s'était formé au centre du 6e corps. » (Enquête sur les capitulations; séance du 23 février 1872.) Il est à remarquer que la prescription du commandant en chef ne dut nullement surprendre le commandant du 3e corps, car ce dernier avait, comme on sait, été prévenu que « le danger était sur la gauche des 2e et 6e corps, du côté de Gorze. » (Lettre du maréchal Bazaine, datée de 5 h. 15 du matin.)

(2) Le maréchal Bazaine « marcha pendant quelque temps avec la division, dit encore le général Zurlinden, fit lui-même battre les tambours pour donner de l'entrain à la marche, puis il nous quitta au grand trot pour se porter vers la gauche de l'armée, en disant : « Je ne peux pas être partout à la fois..... »

(3) $\frac{\text{I, II}}{44}$, $\frac{\text{I, II}}{60}$.

Tixier. Le Ier bataillon du 85e et le 80e de ligne tout entier, passant par l'Est de Saint-Marcel, allèrent donc se former en une ligne de bataillons en colonne de divisions derrière le 4e régiment d'infanterie, c'est-à-dire auprès des bataillons du 12e et du 100e qui constituaient déjà la seconde ligne de la 1re division du 6e corps.

Quant au général Sanglé-Ferrière, il continua sa marche avec ses quatre compagnies, qu'il établit ultérieurement sur la voie romaine entre le bois de Saint-Marcel et le bois Pierrot auprès des 7e et 10e batteries du 4e qui venaient d'arriver en ce point.

La réserve d'artillerie du 3e corps, en effet, entrait en ligne, en même temps que la division Aymard prenait les dispositions qu'on vient de relater.

Dès 10 heures du matin, les batteries avaient été formées en bataille sur l'emplacement des bivouacs, c'est-à-dire à l'Est de Saint-Marcel. Quand le maréchal Bazaine fit appeler la division Aymard vers le Sud-Est, les deux batteries Lécrivain et Margot (1) reçurent la même mission que le général Sanglé-Ferrière, et se portèrent dans la clairière des bois de la voie romaine « pour soutenir la droite du maréchal Canrobert (2) ». La 10e batterie, arrivée la première, s'établit derrière le talus de la voie romaine, laissant ses caissons et la moitié des avant-trains à l'abri des bois. La 7e batterie rejoignit quelques minutes plus tard et s'installa à la gauche de la 10e mais « en dehors de la voie romaine ». Un peu après 11 h. 30, les deux batteries ouvraient le feu, tant sur l'infanterie prussienne qui se déployait alors sur la lisière orientale de Vionville (7e batterie), que sur

(1) $\frac{7,\ 10}{4}$.

(2) Rapport du général de Rochebouët, commandant l'artillerie du 3e corps; — daté du 25 août.

l'artillerie établie à l'Ouest du village (10e batterie) (1). Les batteries de la 6e division prussienne postées au Nord de la chaussée, répondirent aussitôt à ce feu et ne tardèrent pas, d'après l'historique du 4e régiment d'artillerie, à faire souffrir la batterie Lécrivain, moins bien abritée que la batterie Margot (2).

Les six autres batteries de la réserve furent maintenues, très en arrière, auprès de Saint-Marcel : les deux premières batteries à cheval du 17e furent placées sur le plateau au Nord-Est du village, faisant face à la plaine qui s'étend vers Mars-la-Tour ; de cette position « plus sûre » que celle du bivouac, « elles purent observer pendant la plus grande partie de la journée les différentes phases de la bataille » (3) ; les 3e et 4e batteries du 17e et les 11e et 12e du 11e traversèrent Saint-Marcel et se placèrent à l'Ouest de la localité aux abords du chemin conduisant à la ferme Greyère, c'est-à-dire auprès de la 8e du 11e ; malgré la distance très grande (3,000 mètres) à laquelle elles se trouvaient de l'adversaire, elles ouvrirent le feu (vers midi) sur l'artillerie du mamelon de Vionville (4).

---

(1) La 10e batterie ouvrit le feu à 2,000 mètres, distance un peu inférieure à celle à laquelle se trouvaient les batteries de la 6e division prussienne.

(2) Il est à noter cependant que les pertes totales de ces batteries ne furent pas très élevées :

7e batterie : 1 tué, 2 officiers et 5 hommes blessés, 10 chevaux hors de combat;

10e batterie : 1 tué, 5 blessés, 3 chevaux hors de combat.

Chaque batterie tira environ 900 coups de canon dans la journée.

(3) Historique des 1re, 2e, 3e, 4e batteries du 17e. (Man. de 1871.)

(4) Les deux batteries à cheval ne paraissent, d'après leurs Historiques, avoir obtenu aucun effet sur les batteries adverses. On ne possède aucun renseignement sur le tir des deux batteries de 12 $\left(\frac{11, 12}{11}\right)$.

Enfin, la division de cavalerie du 3e corps arrivait également sur ces entrefaites aux environs de Saint-Marcel (1).

Au reçu de l'ordre du maréchal Lebœuf de se tenir prêtes à marcher, les divisions de Clérembault et Nayral, toutes deux bivouaquées autour de Vernéville, avaient pris les armes. Mais c'est vers 11 heures du matin seulement qu'il leur fut prescrit de se rapprocher de Saint-Marcel. La division d'infanterie partit la première, passa entre les bois Doseuillons et de Bagneux et sa tête (2e brigade) arriva vers la Caulre aux environs de midi et demi. La division de cavalerie suivit d'abord la précédente, mais la dépassa bientôt en obliquant vers l'Ouest et se déploya, vers midi, par régiments en colonne serrée, sur la croupe qui sépare Saint-Marcel de la ferme d'Urcourt, surveillant ainsi la direction des bois de Tronville et entrant en liaison avec les premières fractions du 4e corps qui apparaissaient alors aux environs de Bruville.

On verra plus tard (2), en effet, que le général de Ladmirault, devançant son corps d'armée, était arrivé avant midi aux environs de Doncourt avec le 11e dragons et les deux batteries à cheval de la division de cavalerie Legrand (3).

Le commandant du 4e corps se porta alors person-

---

(1) On se rappelle qu'en passant à Gravelotte, dans la matinée, le 2e régiment de chasseurs avait été mis à la disposition du 6e corps. (Voir page 149.)

Trois escadrons du 10e chasseurs avaient été également détachés : le 2e à la division Aymard ; le 6e à la division Metman ; le 3e comme escorte du maréchal Lebœuf.

(2) La relation complète des mouvements du 4e corps trouvera sa place plus loin, alors qu'il sera question de son déploiement.

(3) $\frac{5,\ 6}{17}$.

nellement à l'Est de Bruville sur la crête où arrivait la cavalerie du 3e corps. Découvrant, en avant de lui, dans la direction du Sud, des cavaliers ennemis qui se montraient sur la croupe 274, au Nord-Ouest des bois de Tronville (1), il appela à lui les deux batteries à cheval qui, sous l'escorte du 11e dragons, ouvrirent le feu sur les escadrons prussiens; après un tir de trois coups par pièce, ceux-ci disparurent derrière la crête.

C'est alors que le général de Ladmirault se reporta au-devant de la division Legrand et de la brigade Bellecourt (de la 2e division), qui venaient de s'arrêter à Doncourt.

Les réserves d'infanterie et d'artillerie autour de Rezonville et de Gravelotte. — Dès l'ouverture du feu devant Vionville, le Maréchal commandant en chef n'avait cessé de montrer une grande préoccupation au sujet du principal danger auquel il se croyait exposé sur son aile gauche ou même sur ses derrières par les bois de Vionville, Saint-Arnould et des Ognons (2).

Dès le début de la bataille, c'est-à-dire vers 10 heures du matin, la brigade Marguenat (25e et 26e) de la division Levassor-Sorval avait franchi la route sur l'ordre du Maréchal, et s'était établie, face au bois des Ognons sur la large croupe qui sépare les deux ravins de Gorze et de Sainte-Catherine.

Un peu plus tard, vers 11 heures, la brigade Chanaleilles (28e et 70e) avait été rapprochée de Rezonville et se plaçait au Sud de la grande route et à hauteur des dernières maisons du village avec les deux batteries divisionnaires (3).

---

(1) Du *13e* régiment de dragons prussien.

(2) Voir la lettre au maréchal Lebœuf (*loc. cit.*).

(3) $\frac{7,\ 8}{18}$.

On a déjà vu (1) que le maréchal Bazaine s'était préoccupé également de renforcer, au moyen de fractions de l'artillerie de réserve du 2e corps, les batteries qui combattaient sur le front de la division Vergé et de la brigade Lapasset dans la direction du Sud, pendant que les autres unités de cette même artillerie étaient maintenues inactives près et au Sud-Ouest de Rezonville.

A cela, ne se bornèrent point les mesures prises par le Maréchal pour accumuler autour de Rezonville des forces considérables comme si tout l'intérêt de la bataille eût été concentré autour de ce seul point.

On se rappelle, en effet, que les six batteries à cheval du 18e régiment de la réserve générale de l'armée avaient quitté leurs bivouacs de Gravelotte et s'étaient ensuite formées, par ordre du Maréchal, auprès de Rezonville où elles furent rejointes quelques instants plus tard par les deux batteries du 13e régiment (2).

On sait aussi que ces deux dernières avaient été bientôt mises en batterie sur les croupes qui descendent vers Vionville et Flavigny, où elles tirèrent, de concert avec l'artillerie de la division Bataille, sur les batteries allemandes établies en face d'elles. Mais après un feu d'une demi-heure, « exposées au tir de pièces beaucoup plus nombreuses qui avaient réglé leur tir », elles durent se reporter plus en arrière pour se reformer à l'aide de leurs réserves (3).

Vers 11 h. 30, alors que les brigades Fauvart-Bastoul et Valazé pliaient sous la pression de la 5e divi-

---

(1) Voir page 216.

(2) Par suite des détachements fournis par la réserve générale tant à la place de Metz qu'aux divisions du 6e corps, le 13e régiment ne comptait plus que deux batteries (11e et 12e), et le 18e six (1re, 2e, 3e, 4e, 5e, 6e).

(3) Rapport du colonel Salvador, commandant le 13e régiment, daté du 18 août 1870.

sion prussienne, le colonel Toussaint, commandant le 18e régiment, reçut l'ordre de porter deux batteries à cheval au Sud de la route pour soutenir les batteries divisionnaires du général Vergé, dont l'une (la 12e) avait déjà été obligée de quitter la lutte, et dont les deux autres (5e et 6e) ne parvenaient à continuer le feu qu'au prix de perpétuels changements de positions. Cependant, les deux batteries désignées (5e et 6e) marchèrent directement vers le Sud et s'installèrent sur le terrain de combat de la brigade Lapasset; la 5e batterie se plaça sur le revers oriental de la croupe pour surveiller le ravin Sainte-Catherine, tandis que la 6e, postée sur le revers occidental, ouvrait le feu sur l'artillerie de la 5e division prussienne.

Un peu plus tard, vers midi, alors que la retraite du 2e corps devenait plus générale et la situation plus critique aux abords de la grande route, le colonel Toussaint, enlevant au galop les quatre batteries qui lui restaient, vint s'établir au Nord de la route sur la crête située un peu à l'Ouest de Rezonville. Mais les batteries de la réserve générale ne devaient rester que peu de temps en action sur ce point, car le colonel Toussaint reçut bientôt l'ordre du Maréchal (transmis par le général Canu) de porter trois de ses batteries (1re, 2e et 4e) au Sud-Est de Rezonville, auprès des 5e et 6e, c'est-à-dire auprès les troupes de la brigade Lapasset (1).

D'ailleurs, le Maréchal venait de modifier quelque peu, autour de cette localité qui attirait à peu près seule toute son attention, les dispositions qu'il avait prises pendant la première heure du combat.

La brigade Chanaleilles (28e et 70e), maintenue jusqu'ici au Sud-Est et à proximité de Rezonville, reçut

---

(1) Rapport du général Soleille au maréchal Bazaine, daté du 21 août; Historiques des batteries du 18e.

l'ordre de se porter au Nord de la grande route pour être mieux en mesure de recueillir les troupes de la division Bataille, en retraite, et de soutenir, au besoin, le 9e régiment, qu'on venait de déployer au delà du village, le long des fossés de la route.

L'autre brigade de la division Levassor-Sorval (brigade Marguenat) avait été également appelée auprès de Rezonville, où elle restait provisoirement en réserve au Sud de la route. Seul, un bataillon du 25e (le Ier) fut déployé sur la crête en avant de Rezonville, où il souffrit beaucoup du feu de l'artillerie ennemie ; les deux autres bataillons du 25e furent portés dans le ravin un peu plus au Sud. Le 26e resta près de Rezonville.

Enfin, le 9e régiment venait de se déployer sur la route conduisant à Vionville.

Sans doute inquiet de voir d'importantes fractions de la division Bataille se replier sur Rezonville (1), le maréchal Canrobert, en effet, avait prescrit au général Bisson de se porter en avant avec son régiment et ses deux batteries. Conduit par le général de division en personne, le régiment exécuta une marche en bataille de quelques centaines de mètres et gagna ainsi la crête qui coupe obliquement la route un peu à l'Ouest de Rezonville. Il était alors 11 h. 30, et déjà l'aile gauche de la 5e division prussienne avait pris pied sur les crêtes qui se dessinaient à 1500 ou 1800 mètres dans la direction du Sud (crête 314 ; chemin de Chambley à Rezonville); la brigade

---

(1) Dans son rapport sur la bataille (daté du 20 août), le maréchal Canrobert dit que « l'ennemi ayant voulu prononcer un mouvement offensif, le général Bisson se porta en avant..... » D'autre part, il résulte du rapport du commandant de la 2e division que le mouvement fut exécuté « par ordre du Maréchal ». Il est à noter que l'heure indiquée par ce dernier rapport (9 heures) est manifestement très erronée.

Fauvart-Bastoul était en pleine retraite, et les deux bataillons $\frac{F}{12}$ et $\frac{II}{52}$ s'avançaient sur Flavigny par le Sud. A peu près en même temps, également, le 94e exécutait sa marche en bataille vers le même point par le Nord. Le général Bisson crut sans doute devoir faire face au danger qui menaçait son flanc gauche et fit converser de ce côté le seul régiment dont il disposât de manière à se rabattre sur la route de Verdun. Arrivé à 100 mètres de la chaussée, le général fit déployer en tirailleurs trois compagnies du Ier bataillon et deux compagnies de chacun des autres, compagnies qui, toutes, s'installèrent dans le fossé de la route, où elles furent rejointes un peu plus tard par le reste du régiment, qu'on avait tout d'abord arrêté en terrain découvert.

Le 9e de ligne était donc dès lors déployé en bataille le long de la route de Verdun, ayant sa gauche à proximité du village de Rezonville. Bien qu'il fut soumis aux effets d'un feu violent d'artillerie et d'infanterie qui le prenait à la fois de front et de flanc, il put cependant, grâce à l'abri que lui procurait le fossé de la route, se maintenir sur sa position. Derrière lui, à 200 mètres environ, les deux batteries divisionnaires (1) s'étaient installées à mi-pente (2).

En entendant la canonnade dans la direction de Vionville, le général Bourbaki fit prendre immédiatement

(1) $\frac{9, 10}{13}$.

(2) Journal de marche de la division Bisson; Rapport du général Bisson, daté du 17 août; Historiques du 9e régiment et des 9e et 10e batteries du 13e.

les armes à tout son corps d'armée et « disposa ses troupes de façon à protéger les deux corps d'armée engagés et à battre, sur la gauche, le ravin d'Ars (1) ». En conséquence, ordre fut donné à la division Picard de se former au Sud de la route à hauteur de la Maison de Poste et de surveiller en même temps le bois des Ognons et le débouché du ravin de la Mance, tandis que la division Deligny, se porterait à l'Ouest de Gravelotte et surveillerait la droite du corps d'armée en faisant fouiller le bois de la Jurée.

La division Picard se déploya donc face au Sud-Ouest et au Sud, la 1re brigade appuyée à la route, la 2e brigade à la gauche de la 1re et refusant son aile gauche pour surveiller les débouchés du bois des Ognons et de la route d'Ars-sur-Moselle ; deux batteries (4e et 6e) s'établirent en arrière de la 1re brigade, une autre (3e) à l'aile gauche de la 2e et avec un escadron de Guides. Enfin, une compagnie par bataillon du 2e grenadiers et un bataillon (le IIe) du 3e grenadiers s'avancèrent jusqu'au bois des Ognons où ils pénètrent très avant (2).

La division Deligny, rassemblée au Sud de la route sur deux lignes de bataillons en masse (3), se porta au Nord de la chaussée et fit fouiller par deux bataillons du 2e voltigeurs le bois de la Jurée jusqu'à la lisière septentrionale (4).

Quant à la division de cavalerie de la Garde, elle se trouvait alors très morcelée : la 1re brigade (guides

(1) Note du général Bourbaki pour sa déposition devant le conseil d'enquête sur les capitulations.

(2) Rapport du général de La Croix, daté du 19 août.

(3) On se rappelle qu'en prévision du départ pour Verdun, le général avait fait appeler à lui la division de voltigeurs, restée pendant la nuit sur le plateau du Point-du-Jour. Cette division était massée en entier à l'Est de Gravelotte dès 8 heures du matin.

(4) Rapport du général Deligny, daté du 19 août.

et chasseurs) remplissait auprès des divisions d'infanterie le rôle de cavalerie divisionnaire ; la 2e brigade (lanciers et dragons), avait quitté Gravelotte de grand matin, escortant l'Empereur ; la 3e brigade, seule (carabiniers et cuirassiers), restait donc à la disposition du général Desvaux qui la fit monter à cheval à 10 h. 30 du matin et l'achemina ensuite dans la direction de Rezonville (1), où s'étaient déjà reformées les divisions Forton et Valabrègue, à la suite de leur échec du matin.

Situation générale des Allemands vers midi et demi. — Pendant que la *6e* division prussienne réussissait, ainsi qu'on l'a vu précédemment, à gagner le front qui, partant de Flavigny, passe par l'Abreuvoir et s'étend dans le vallon au Nord de Vionville jusqu'à quelques centaines de mètres de la voie romaine, la *9e* brigade était parvenue, non sans difficulté, à faire quelques progrès dans le bois de Saint-Arnould, à l'extrême droite du IIIe corps. Le IIe bataillon et les fusiliers du *8e* qui s'étaient engagés dans le bois de Saint-Arnould parvinrent à refouler peu à peu le Ier bataillon du 76e. Dans le bois de Vionville, le *3e* bataillon de chasseurs à pied et les deux premiers bataillons du *48e* continuaient également à progresser devant les troupes de la brigade Jolivet, dont les dernières fractions évacuaient la lisière septentrionale vers midi et demi pour se reporter plus en arrière sur la croupe 312.

Sur le mamelon 329, les quatre batteries de la *5e* divi-

---

(1) La division de cavalerie de la Garde était bivouaquée au Nord de la route, près de la Maison de Poste. La 3e brigade forma la colonne de pelotons, les carabiniers marchant en tête. En arrivant au Nord-Est de Rezonville, le général du Preuil fit placer les cuirassiers à la gauche et à hauteur des carabiniers.

sion avaient été renforcées par la batterie (1) du détachement du colonel de Lyncker et luttaient victorieusement contre les batteries établies au Sud de Rezonville et cependant supérieures en nombre (2).

Le faible détachement du colonel de Lyncker était, en effet, venu apporter un appui bien opportun à la *5*e division, restée sans aucune réserve.

Le détachement du Xe corps, laissé à Novéant, avait, comme on sait, reçu l'ordre de rallier le reste de sa brigade (*37*e) à Chambley. Mais quand le colonel de Lyncker voulut mettre son détachement en marche, il se heurta à la *5*e division et dut prendre la queue de la colonne. En arrivant à Gorze, la canonnade était fort vive dans la direction de Rezonville et le chef du détachement prit l'heureuse initiative d'abandonner sa direction primitive et de mettre ses troupes à la disposition du général Stulpnagel qui les utilisa immédiatement pour protéger le front de ses batteries (3).

A la gauche des batteries de la *5*e division, quatre bataillons (4), dont plusieurs avaient été déjà fortement éprouvés dans la matinée, se trouvaient groupés un peu en arrière de la crête, auprès de la croisée des

---

(1) $\frac{1}{10}$.

(2) Savoir : $\frac{5,\,6}{5}$, $\frac{7}{2}$, $\frac{6}{15}$, $\frac{11}{5}$, $\frac{5,\,6}{18}$, et quelques instants plus tard : $\frac{1,\,2,\,4}{18}$.

(3) Le détachement Lyncker comprenait : $\frac{\text{II et F}}{78}$, $\frac{1,\,3}{9^{e}\ \text{Drag.}}$, batterie $\frac{1}{10}$.

Deux compagnies du *78*e gagnèrent le bois de Vionville et combattirent auprès du *48*e.

(4) $\frac{\text{I, F}}{52}$, $\frac{\text{F}}{48}$, $\frac{\text{II}}{12}$.

chemins 314, tandis que les deux bataillons du *12*e et du *52*e qui avaient marché sur Flavigny (1), s'avançaient maintenant à l'Est de cette localité dans laquelle s'entassaient des fractions mélangées du *20*e et du *35*e.

La *6*e division, comme la *5*e, se trouvait à peu près complètement dépourvue de réserves d'infanterie. Aussi, le détachement que le colonel Lehmann amenait de Chambley (2) fut-il reçu avec bonheur par le général Alvensleben, qui dirigea immédiatement le IIe bataillon du *91*e vers le bois de Tronville et fit rassembler les autres à Tronville même (3).

« En dehors de ces renforts d'infanterie, encore bien faibles, dit l'*Historique du Grand État-Major prussien*, sur tout le front de bataille prussien, la cavalerie était toujours seule, pour le moment, à former la seconde ligne. »

Encore, cette cavalerie se trouvait-elle singulièrement morcelée sur la longue ligne qui s'étend des bois de Gaumont jusqu'au Nord du bois de Tronville. Seule, la *6*e division de cavalerie formait sur le revers méridional de la crête de Sainte-Marie avec trois escadrons de chacun des *9*e et *12*e dragons (régiments divisionnaires des *19*e et 5e divisions) une masse imposante de vingt-deux escadrons et demi (4) malheureusement réunie très en arrière de la ligne de combat, et peu en situation, par conséquent, d'intervenir dans la lutte avec rapidité et à propos.

(1) $\frac{F}{12}$, $\frac{II}{52}$.

(2) $\frac{I, II, III}{91}$, $\frac{I}{78}$, batterie $\frac{I}{10}$, deux escadrons de dragons.

(3) On a vu précédemment que la Ire batterie du *10*e s'était mise en batterie sur le mamelon 297, auprès du groupe Korber.

(4) Deux escadrons du *3*e hulans étaient restés sur la rive droite de

Dans le vallon de Flavigny, huit escadrons des *11*e et *17*e hussards (de la brigade Redern) et du *2*e dragons de la Garde se tenaient à l'affût, à courte distance de l'infanterie (1000 mètres de Flavigny), prêts à agir à la première occasion ; mais il est à remarquer que trois escadrons du *10*e hussards avaient été détachés vers le Nord pour couvrir le flanc gauche vers les bois de Tronville, faisant ainsi double emploi avec d'autres unités de cavalerie et en particulier avec le *13*e dragons.

En arrière de la ligne d'artillerie, dans le secteur compris entre le vallon de Flavigny et les bois de Tronville, on trouvait éparpillés cinq escadrons et demi n'ayant entre eux aucuns liens, savoir : quatre escadrons du *2*e dragons, et un et demi du *9*e dragons.

Enfin, très en arrière, au Nord-Ouest de Tronville cinq régiments des brigades Barby et Bredow restaient rassemblés à plus de 3 kilomètres du champ d'action de l'infanterie, ayant détaché un régiment (le *13*e dragons) au Nord des bois de Tronville « avec mission de surveiller les mouvements des masses françaises qui se montraient à Bruville et à Saint-Marcel ».

En résumé, le IIIe corps d'armée prussien avait engagé toute son infanterie et ne disposait plus, pour toute réserve, que d'une cavalerie, nombreuse il est vrai, mais peu avantageusement disposée, pour remplir, le cas échéant, le rôle qui pouvait lui incomber d'un moment à l'autre et qui allait lui incomber en effet.

---

la Moselle. Un escadron du 6e cuirassiers avait été détaché sur le flanc gauche des batteries de la crête Sainte-Marie, malgré la présence sur ce point de six escadrons de la brigade Redern. Enfin, les *9*e et *12*e régiments de dragons avaient laissé chacun un escadron auprès de l'infanterie de leur division.

En revanche, l'artillerie prussienne avait pu s'installer solidement sur les deux crêtes qui s'étendent en demi-cercle autour de Rezonville et formait, à ce moment de la journée, la base la plus sûre sur laquelle pût s'appuyer le général Alvensleben pour continuer la lutte.

La dix-huitième Monographie du grand état-major fait remarquer qu'à cette heure (midi et demi), le commandant du IIIe corps avait atteint son but : attirer et retenir autant que possible l'armée ennemie.

« Pendant que le 2e corps pliait, en partie désorganisé, dit-elle, le 6e corps et une division de la Garde entraient en ligne (1). Un nouveau corps ennemi, le 3e, étant signalé comme se dirigeant sur l'aile gauche, on pouvait admettre avec presque certitude, que l'armée du Rhin tout entière était présente. » — « Cependant, le général Alvensleben se maintint dans la ferme volonté d'attaquer, au moins avec son aile gauche, pour laisser supposer à l'ennemi qu'il était menacé par des forces supérieures. »

« Comme il se rendait parfaitement compte des vues du grand quartier général, l'assurance qu'il avait maintenant de se trouver en face de masses ennemies considérables, lui firent concevoir clairement, qu'en cas d'insuccès, il devait battre en retraite dans la direction de Verdun. »

D'autre part, le général Alvensleben s'exprime ainsi sur ce sujet (2) :

« Bazaine pouvait me battre, dit-il, mais il ne se fût pas si facilement débarrassé de moi. Si aucun renfort

---

(1) On verra plus loin que la division de la Garde n'apparut que beaucoup plus tard.

(2) Extrait de la 18e Monographie.

ne fût venu à mon secours, je pouvais, une fois en possession de la route, battre en retraite sur Verdun avec l'espérance que le Xe corps viendrait protéger mon mouvement en débouchant sur ma droite. »

« En cet instant critique (vers 1 heure, alors que le mouvement enveloppant des Français était très menaçant et que le Xe corps n'était point encore signalé) j'exprimai au général de Bulow, en personne, le désir qu'il prît, avec un groupe de batteries, une position de repli entre Mars-la-Tour et Ville-sur-Yron. Le général de Bulow me pria alors de surseoir à l'exécution d'un pareil ordre en raison de ce fait que l'artillerie, alors réunie, agissait avec une grande efficacité, et aussi pour éviter de porter atteinte à son moral ; puis, il m'assura que, dès que cela lui paraîtrait nécessaire, il provoquerait mes ordres et se tiendrait prêt à les exécuter. Dès lors, je me tins pour satisfait et, par bonheur, le mouvement prévu fut inutile. »

« D'ailleurs, j'appris bientôt la nouvelle de l'approche du Xe corps et dès lors, ma ligne de retraite était vers le Sud et non plus vers le Nord. »

On voit, par là, que la *résolution d'attaquer*, dont parle la 18e Monographie, ne fut pas prise par le général commandant le IIIe corps, sans qu'il passât par une série d'hésitations que la situation difficile dans laquelle il se trouvait ne pouvait manquer de faire naître en son esprit. Absolument indécis au sujet des secours qu'il était en droit d'attendre des corps voisins, il revint à son idée du matin de barrer simplement la route de Verdun aux forces françaises qui, sans nul doute, étaient beaucoup plus considérables qu'il ne le supposait au début du combat. Peut-être cependant eût-il été difficile au IIIe corps de rompre le combat à ce moment devant des forces supérieures, pour reporter la résistance sur la position de Ville-sur-Yron, — surtout en commençant par retirer de la lutte une partie des batteries, ainsi que se proposait de le faire le commandant du IIIe corps. Il est à remarquer, en outre, que la totalité de l'infanterie était alors engagée dans un combat violent, en un terrain presque partout découvert, et que c'eût été lui imposer une lourde tâche que de lui faire rompre l'engagement pour aller résister plus en arrière (1).

Vers le milieu de la journée, le IIIe corps était déployé sur une longue ligne de plus de six kilomètres d'étendue et avait poussé, avec toutes ses forces et sur tous les points à la fois, une offensive brutale, qui fait honneur à l'esprit d'entreprise de ses chefs et à l'ardeur de ses troupes, mais où l'on ne saurait découvrir les traces d'une direction se ménageant pour plus tard la possibilité de manœuvrer en retraite ; l'absence presque absolue de réserves d'infanterie, vers midi, en est une preuve convaincante.

Il est donc permis de supposer qu'après la prise de Vionville et de Flavigny, il était bien tard pour songer à rompre le combat et à reporter la résistance plus en arrière.

D'ailleurs, l'offensive du IIIe corps avait procuré aux Allemands ce résultat considérable d'attirer au combat une grande partie de l'armée française et, surtout, de faire croire à leur adversaire qu'il était assailli par des forces très importantes. Résultat d'ordre à la fois matériel et moral, qui pouvait être presque à coup sûr la source d'une grande victoire stratégique, pourvu que d'autres corps d'armée eussent été dirigés à temps vers

---

(1) Il est d'ailleurs intéressant de remarquer que cette idée de combat en retraite, dont parle le général Alvensleben dans ses *Mémoires*, est un des rares exemples que l'on puisse citer à l'actif du haut commandement des armées allemandes, où ce procédé de combat, paraît avoir été proscrit de parti pris.

le champ de bataille par le commandement supérieur. Cette dernière condition n'ayant été que très imparfaitement réalisée par la suite, le IIIe corps d'armée se trouva dans la situation d'une avant-garde qui se serait engagée à fond dans l'espérance d'être bientôt soutenue, mais à laquelle tout secours aurait fait subitement défaut.

Tel était à peu près le cas du général Alvensleben, qui eut au moins le grand mérite de ne pas désespérer du succès et qui s'engagea résolument, une fois sa décision prise, dans la seule voie qui fut réellement à sa disposition : « attaquer, pour laisser supposer à l'ennemi qu'il était menacé par des forces supérieures ». Voie pleine d'écueils, certainement, mais qu'allait bien aplanir la toute-puissance de l'effet moral — ainsi que l'apathie du haut commandement français.

VII. — Charges de la cavalerie française et contre-attaque de la cavalerie allemande. (Entre midi et demi et 1 heure).

Situation générale de l'armée française vers midi et demi. — On se rappelle qu'à la suite du mouvement de recul de la brigade de Sonnay, au Nord de la grande route, le 93e s'était déployé en première ligne, se reliant à sa droite, avec la brigade Péchot. Une longue ligne de six bataillons (1) s'étendait ainsi depuis la chaussée de Rezonville jusqu'à la lisière orientale du bois de Saint-Marcel sur un front d'environ 2 kilomètres, fusil-

---

(1) De la droite à la gauche : 1, 2, 3 $\frac{II}{10}$, $\frac{III}{10}$; 4, 5, 6 $\frac{II}{10}$, $\frac{I}{10}$; 1, 2, 3 $\frac{I}{93}$, $\frac{II}{93}$; 4, 5, 6 $\frac{I}{93}$; 4, 5, 6 $\frac{III}{93}$. Aux abords mêmes de la route se tenaient les trois compagnies du 23e ralliées par le lieutenant-colonel de Linière.

lant à bonne portée l'infanterie de la 6e division prussienne dont l'alignement général était tracé, pour l'instant, par le chemin conduisant de Flavigny à Saint-Marcel. En arrière de la ligne de combat française, treize batteries occupaient la crête du plateau 312, tandis que deux batteries de la réserve du 3e corps garnissaient la trouée qui sépare le bois Pierrot du bois de Saint-Marcel (1).

Au delà du bois de Saint-Marcel, les troupes d'infanterie déployées sur la crête 266-255 n'avaient pas encore été engagées (2). Seules, la 8e batterie du 8e et les 9e et 10e du 11e, canonnaient l'artillerie prussienne du mamelon de Vionville qui se trouvait ainsi battue de front et d'enfilade par le tir de neuf batteries (3).

Dans la plaine de Saint-Marcel, la division de cavalerie de Clérembault, la réserve d'artillerie du 3e corps et la division Aymard étaient rassemblées entre la voie romaine et la route d'Etain (4). La tête de la division

---

(1) De la droite à la gauche : $\frac{10}{4}$, $\frac{7}{4}$, $\frac{7}{8}$, $\frac{7}{14}$, $\frac{12}{8}$, $\frac{5}{8}$, $\frac{6}{14}$, $\frac{7}{5}$, $\frac{5}{14}$, $\frac{1, 2, 3, 4}{18}$, $\frac{9, 10}{13}$. Il est vrai que la 5e batterie du 14e revenue sur la crête vers 11 heures, paraît n'avoir pas tiré. Cette batterie ne consomma que quatorze projectiles pendant tout le cours de la journée.

(2) De la droite à la gauche : $\frac{\text{I, II, III}}{4}$, $\frac{1, 2, 3}{9 \text{ ch}}$. En réserve de la lige de combat de la division Tixier : $\frac{\text{I, II}}{12}$, $\frac{1}{100}$, $\frac{\text{III}}{100}$, $\frac{\text{III}}{12}$. Le IIe bataillon du 100e était en marche vers Rezonville.

(3) $\frac{8}{8}$, $\frac{9, 10}{11}$, $\frac{10}{4}$, $\frac{7}{4}$, $\frac{7}{8}$, $\frac{7}{14}$, $\frac{8}{12}$, $\frac{5}{8}$.

(4) Une partie des batteries de la réserve du 3e corps : $\left(\frac{3, 4}{17} \text{ et } \frac{11, 12}{11}\right)$ était en position de combat avec la 8e du 11e, près et au Sud-Ouest de Saint-Marcel, mais à une trop grande distance de l'artillerie ennemie (environ 3,000 mètres) pour agir efficacement sur elle.

Nayral atteignait la Caulre. Plus à droite encore, enfin, les deux batteries à cheval du 4e corps (1) venaient de faire faire demi-tour à la cavalerie prussienne qui s'était montrée un instant au Nord du bois de Tronville (2) et le général de Ladmirault mettait en marche sur Bruville la brigade Bellecourt et la division de cavalerie Legrand, toutes deux arrivées depuis quelque temps déjà à Doncourt.

Bien que deux régiments de la division La Font de Villiers (75e et 91e), eussent dû se retirer de la lutte sur la partie du champ de bataille qui s'étend au Nord de la grande route de Mars-la-Tour, l'aile gauche de la *6e* division prussienne se trouvait dans une situation difficile, non seulement parce qu'elle se heurtait à une vigoureuse résistance de la part des troupes directement engagées avec elle, mais parce que de nombreuses réserves françaises eussent été à même de déboucher presque immédiatement sur son flanc gauche et même sur ses derrières.

Sur toute la partie du champ de bataille qui s'étend au Sud de la grande route jusqu'au bois des Ognons, la situation était loin d'être aussi avantageuse pour l'armée française. De la ligne comprise entre le ravin de Gorze à hauteur des bois de Vionville, et la croisée des chemins 314 où la brigade Fauvart-Bastoul et la division Vergé avaient tout d'abord lutté sur une position de combat improvisée, la résistance avait été reportée, sous la poussée de la *5e* division prussienne, jusque sur la hauteur 311-312. Là, se trouvaient déployés, à midi et demi, les trois bataillons du 77e, dont l'aile gauche,

(1) $\frac{5,6}{17}$ escortées par le 11e dragons.

(2) *13e* dragons.

$\left(\frac{II}{77}\right.$ et fraction de $\left.\frac{III}{76}\right)$ était engagée, à grande distance, avec les fractions d'infanterie prussienne (*3* B. Ch.), qui garnissaient alors une partie de la lisière Nord du bois de Vionville. Plus à gauche, sur la croupe que suit le chemin de Rezonville à Gorze, deux bataillons de la brigade Lapasset (1) avaient fait face au Sud avec le IIIe bataillon du 55e et maintenaient, par des feux à longue portée (environ 1000 mètres), les deux bataillons prussiens (2) déployés sur la lisière Nord du bois de Saint-Arnould (3). L'aile gauche de la brigade mixte (4) occupait toujours la partie du bois des Ognons comprise entre la clairière et le ravin de Sainte-Catherine, mais elle n'avait pas encore trouvé l'occasion de tirer un coup de fusil. En seconde ligne enfin, le IIIe bataillon du 97e se trouvait seul en réserve auprès des batteries, les deux autres bataillons de ce régiment ayant été appelés, depuis longtemps déjà, aux abords de Rezonville par le maréchal Bazaine lui-même.

Sur toute la partie du champ de bataille s'étendant à l'Est du chemin de Chambley, l'artillerie française, bien que supérieure en nombre à celle de l'adversaire (5), ne parvenait pas à interrompre le tir des batteries de la

---

(1) $\frac{I \text{ et } III}{84}$.

(2) $\frac{II \text{ et } F}{8}$.

(3) La partie de cette lisière située à l'Est de la route est seule visible des hauteurs de la Maison-Blanche. Le IIe bataillon du *8*^{e} put donc rester à l'abri des feux de l'adversaire tant qu'il ne dépassa pas la lisière d'environ 150 mètres.

(4) $\frac{II}{84}$, une compagnie de $\frac{III}{84}$ et les détachements des 14e, 46e....

(5) De la droite à la gauche : $\frac{5}{5}$, $\frac{6}{5}$, $\frac{6}{18}$, $\frac{6}{15}$, $\frac{7}{2}$, $\frac{11}{5}$, $\frac{5}{18}$. Il est vrai que les deux batteries de gauche, placées sur le revers de la

5e division (1) qui seules, pour l'instant, soutenaient vigoureusement la lutte, au milieu d'une infanterie très épuisée par les efforts qu'elle avait faits pendant le cours de la matinée.

Entre la route de Mars-la-Tour et le chemin de Chambley, enfin, les événements paraissaient, au premier abord, prendre une tournure inquiétante. Les dernières fractions de la brigade Mangin se ralliaient à peine autour de Rezonville, que dès midi et quart le 94e régiment refluait en désordre vers l'Est, abandonnant le hameau de Flavigny que l'adversaire occupa peu de temps après. Bien que le 9e régiment se trouvât alors déployé dans les fossés de la grande route à l'Ouest de Rezonville, on ne disposait plus immédiatement sur la crête 299–308 que de forces d'infanterie insignifiantes pour résister à la poussée que l'adversaire semblait vouloir tenter de ce côté. Cinq batteries, il est vrai, étaient encore en position sur ce point (2), et joignaient leurs feux aux huit autres placées au Nord de la route (3), mais trois seuls bataillons (4) pouvaient alors, avec quelques fractions restées en ordre du 94e, battre les pentes découvertes qui s'étendent jusqu'à Flavigny.

---

croupe 308 ne pouvaient battre l'artillerie ennemie. Mais quelques instants plus tard, les 1re, 2e et 4e batteries du 18e allaient arriver sur la position de combat de la brigade Lapasset.

(1) $\frac{\text{II, 2, I, 1}}{3}$ et $\frac{1}{10}$ du détachement de Lyncker, dont l'infanterie arrivait auprès des batteries sur la croupe 329.

(2) De la droite à la gauche : $\frac{8}{5}$, $\frac{9}{5}$, $\frac{10}{15}$, $\frac{10}{5}$, $\frac{8}{17}$.

(3) $\frac{6}{14}$, $\frac{7}{5}$, $\frac{1, 2, 3, 4}{18}$, $\frac{9, 10}{13}$. Pour $\frac{5}{14}$, voir page 112, note 1.

(4) $\frac{\text{I}}{25}$ près de la chaussée ; $\frac{\text{I}}{77}$ aux abords du chemin de Chambley et 3 B. Ch. arrêté derrière la crête entre les deux précédents.

La situation était loin d'être réellement inquiétante cependant, car treize bataillons d'infanterie (1) et douze régiments de cavalerie (2) étaient encore disponibles auprès de Rezonville. Outre les bataillons de la division Levassor-Sorval, les deux bataillons du 97e, le 2e chasseurs et les divisions de cavalerie Forton et Valabrègue, groupés depuis longtemps autour de la localité, la 3e brigade de cavalerie de la Garde venait, en effet, d'arriver sur le point du champ de bataille où se ralliaient, en même temps, la plupart des troupes du 2e corps et où allait apparaître également le 3e lanciers, rappelé de sa position d'observation à l'aile gauche de la brigade Lapasset.

De son bivouac de la Maison de Poste, la 3e brigade de cavalerie de la Garde avait vu, vers 10 heures du matin, refluer sur elle des hommes débandés de la division Forton ; un peu plus tard, la canonnade augmentait d'intensité vers l'Ouest. Le général du Preuil fit sonner à cheval et bientôt, le commandant de la brigade fit rompre en colonne de pelotons le régiment de carabiniers, qui se trouva être prêt le premier. Les cuirassiers suivirent.

« D'ailleurs, dit le colonel Sainte-Chapelle, nous étions à cheval avant que la queue des carabiniers nous eût dépassés et nous rompions derrière eux en colonne de pelotons. Dès que toute la brigade fut dans cette formation, nous prîmes le trot, suivant à travers champs une direction parallèle à la route, au Nord de celle-ci. On arrêta dans cette formation au Nord-Est de Rezonville ».

« Quelques instants après, le général du Preuil faisait

---

(1) $\frac{\text{I, II}}{97}$, $\frac{\text{II, III}}{25}$, $\frac{\text{I, II, III}}{26}$, $\frac{\text{I, II, III}}{28}$, $\frac{\text{I, II, III}}{70}$.

(2) Quatre régiments de la division Forton ; 4 régiments de la division Valabrègue ; le 2e chasseurs ; le 3e lanciers ; les cuirassiers et les carabiniers de la Garde.

former les carabiniers en bataille au Nord de Rezonville et ordonnait aux cuirassiers de faire : « Tête de colonne à gauche » et de se former en bataille par : « Pelotons à droite » parallèlement au chemin de Rezonville à Gorze, entre Rezonville et la cote 308 (1). Nous étions depuis peu en ligne, nos cinq escadrons faisant face à l'Ouest, dans l'ordre naturel, quand nous fûmes salués par des obus prussiens tirés sous un très grand angle et qui ne nous firent pas grand mal. Notre horizon était borné par le plateau 311, mais nous vîmes bientôt des régiments d'infanterie du 2e corps surgir devant nous, marchant en retraite, en bon ordre d'ailleurs, et en s'arrêtant alternativement par échelons pour faire face à l'ennemi..... (2). »

Les deux premières batteries à cheval de la Garde s'étaient conformées au mouvement de la brigade de cavalerie, et avaient marché en colonne serrée, sur son flanc droit. Quand on s'arrêta, la 1re batterie prit position en avant des carabiniers et la 2e batterie se porta, avec les cuirassiers, au Sud de la route.

Les préliminaires de la charge des cuirassiers de la Garde. — Telle était la situation autour de Rezonville, peu de temps après que le Maréchal fut revenu des environs de Saint-Marcel.

Au Nord de la route, les 75e et 91e reprenaient leur

---

(1) D'après la déposition du général du Preuil (Procès Bazaine, page 297) et les *Notes personnelles* du commandant Barret (alors adjudant de service auprès du colonel Dupressoir), le général du Preuil aurait été appelé auprès du maréchal Bazaine alors qu'il était encore au Nord de la route avec toute sa brigade, et aurait emmené avec lui le régiment de cuirassiers, parce qu'au même instant un officier d'ordonnance du général Frossard serait venu demander au colonel Dupressoir « de passer au Sud de la route pour arrêter l'ennemi qui nous débordait sur notre gauche ».

(2) *Souvenirs personnels* du colonel Sainte-Chapelle.

place en arrière de la crête; les débris du 94e refluaient vers l'Est, et déjà une ligne d'infanterie ennemie en formation de combat avait dépassé Flavigny de plusieurs centaines de mètres (1).

Le Commandant en chef, fit aussitôt prescrire aux deux bataillons du 97e ainsi qu'à la brigade Chanaleilles de se rapprocher de la crête à l'Ouest de Rezonville. Mais en attendant que ce déploiement, dont il sera question plus loin, fut exécuté, le Maréchal fit appel à la cavalerie.....

Sans doute impressionné par la retraite du 2e corps et par le mouvement offensif des deux bataillons prussiens à l'Est de Flavigny, très certainement aussi influencé par le général Frossard qui réclamait avec insistance l'intervention de la cavalerie, le maréchal Bazaine aurait alors prescrit de lancer à l'attaque les escadrons les plus proches.

« Je demandai au Maréchal, dit le général Frossard (2), s'il ne pensait pas qu'une charge de cavalerie fût utile pour arrêter les mouvements de l'infanterie ennemie. Le Maréchal dit : « Oui, je crois que vous avez raison ; qu'avez-vous comme cavalerie ? — Le 3e lanciers, mais c'est un peu léger, fis-je observer au Maréchal. Puis j'ajoutai : Il nous faut quelque chose de plus ; le régiment de cuirassiers de la Garde pourrait nous appuyer. — Oui, dit le Maréchal, donnez des ordres au général du Preuil qui vous appuiera avec un régiment de cavalerie de la Garde. » Le commandant du 2e corps aurait alors transmis ses instructions au général du Preuil.....

En même temps, le 3e lanciers rappelé des berges qui dominent le ravin de Sainte-Catherine, se porta, en

(1) $\frac{F}{12}$ et $\frac{H}{52}$.

(2) Déposition du général Frossard au procès Bazaine, page 235.

colonne serrée, auprès de Rezonville, en défilant devant le front des cuirassiers de la Garde (1).

Si l'on s'en réfère au rapport officiel de la 3e brigade de cavalerie de la Garde, le général Frossard serait venu trouver le général du Preuil et lui aurait dit : « Général, prenez le commandement des lanciers (3e) et des cuirassiers, et chargez sur les batteries à fond de train aussi loin que possible..... » Puis, au même instant serait apparu le maréchal Bazaine, qui aurait ajouté : « Chargez, du Preuil ; c'est urgent, ne perdez pas de temps (2). »

D'après l'Historique de 1889 des cuirassiers de la Garde (3), les choses se seraient passées d'une manière quelque peu différente. Le général Frossard aurait abordé directement le colonel Dupressoir en lui demandant de charger, mais le commandant des cuirassiers aurait objecté qu'il ne pouvait engager son régiment sans l'assentiment du général de division. Le lieutenant d'état-major Davignon, stagiaire aux cuirassiers, fut donc dépêché auprès du général Desvaux, qui, sans répondre, l'emmena auprès du maréchal Bazaine. « Celui-ci, pensant en quelque sorte tout haut, dit l'Historique, prononça ces paroles : « Il faut absolument les arrêter; il faut sacrifier un régiment. » Il envoie aussitôt un officier de son état-major porter au 3e lanciers, placé en avant de Rezonville, près et au Sud de la grande route, l'ordre de charger l'infanterie allemande qui remonte de Flavigny, puis, se tournant vers le général Desvaux : « Les cuirassiers de la Garde, dit-il appuieront la charge du 3e lanciers. » Le lieutenant Davignon transmit aussitôt cet ordre au colonel Dupressoir..... ».

(1) D'après les *Souvenirs personnels* du colonel Sainte-Chapelle.

(2) Rapport du général du Preuil, daté du 18 août.

(3) Pour la rédaction duquel le général Davignon, alors stagiaire d'état-major au régiment, a fourni des renseignements.

Il est difficile, au milieu de ces versions différentes, sinon contradictoires, de rétablir les faits dans leur intégralité. On ne saurait mieux faire en cette circonstance, que de s'en rapporter à l'appréciation du colonel Sainte-Chapelle qui a pu rapprocher des versions qu'on vient d'exposer le récit que lui fit immédiatement après la guerre le lieutenant de Saint-James, alors officier d'ordonnance du général du Preuil.

« Le point sur lequel se trouvait le maréchal Bazaine et son état-major quand la brigade du Preuil s'est arrêtée au Nord-Est de Rezonville, pas plus que ceux où ont eu lieu les *conversations successives* avec les généraux Frossard, Desvaux, du Preuil, etc... n'ont été définis, que je sache, dit le colonel Sainte-Chapelle dans ses *Souvenirs personnels*. Les paroles citées par les documents relatés plus haut ont bien été tenues, mais *en plusieurs fois*, et aucun ordre ferme n'a été donné. Seul, le général Frossard insistait pour faire charger la cavalerie; les généraux Desvaux et du Preuil, trouvaient le moment mal choisi. Ces discussions ont eu lieu en présence du Maréchal qui ne répondit qu'évasivement, selon sa coutume. Le général Frossard est revenu plusieurs fois à la charge à des intervalles séparés par l'examen, fait à nouveau, de la marche des événements. De tous les généraux présents, il n'y avait qu'un vrai cavalier, le général du Preuil. Le général Desvaux avait été très brillant jadis.....; on le disait cependant encore homme de tête et de savoir. Le général du Preuil ne demandait qu'à marcher, mais il voulait réunir sa brigade et laisser avancer les Prussiens afin de pouvoir les aborder de plus près en surgissant inopinément de la crête 308-311, quand ils seraient à bonne portée. Énervé de tous ces atermoiements, il s'était, de sa personne, porté en avant de Rezonville, afin de voir ce qui se passait et de reconnaître son terrain. Se considérant comme autorisé à agir à sa guise par les conversations précédentes, il ne voulait charger qu'à bon escient. Tout à coup, il vit le 3e lanciers dessiner son mouvement. Je doute qu'on ait mis effectivement ce régiment sous son commandement, car il ne parut pas s'en préoccuper autrement qu'en disant : « Mais où vont-ils ? Ce n'est pas le moment. » Toutefois, il se rapprochait aussitôt du plateau 307 où il avait laissé les cuirassiers et les vit déjà embarqués au galop. Furieux alors de ce qu'un de ses régiments fût parti sans son ordre, il piqua sur le colonel à fond de train..... en se démenant pour faire arrêter les cuirassiers ; mais il ne réjoignit que le deuxième échelon sur le flanc duquel il chargea avec son état-major, jugeant le mouvement offensif trop avancé pour qu'il pût l'arrêter comme il en avait eu l'intention tout d'abord. »

Charges du 3e *lanciers et des cuirassiers de la Garde.* — Le 3e lanciers avait reçu, le premier, l'ordre de charger ; ordre qui fut transmis au colonel Thorel par le capitaine de La Pommeraye, de l'état-major du 2e corps, sans doute au moment où le régiment défilait devant les cuirassiers de la Garde.

Aussitôt après avoir démasqué les escadrons du colonel Dupressoir, en effet, les lanciers firent face à l'Ouest et descendirent au galop les pentes du vallon de Rezonville.

« Le terrain à parcourir était coupé de haies (1), dit M. Bergasse, alors sous-lieutenant au 3e lanciers, et dans cette marche au galop que nous faisions avant de prendre l'allure de la charge, ces accidents de terrain mettent un tel désordre dans nos rangs, que tous les

---

(1) Haies des jardins du village et plus particulièrement celles qui se trouvent à l'embranchement des chemins conduisant respectivement à Gorze et à Chambley.

escadrons et pelotons sont confondus dans un pêle-mêle général. Heureusement pour nous, un officier d'état-major vient arrêter ce mouvement manqué..... (1). »

Le colonel Thorel rallia alors ses escadrons en arrière de l'aile droite des cuirassiers et reçut presque immédiatement un nouvel ordre d'attaque (2).

Les 1er et 2e escadrons ayant à leur tête le colonel et le lieutenant-colonel s'élancèrent les premiers et furent suivis, à distance, par les deux autres placés sous le commandement du chef d'escadron Doridant.

La première division du régiment franchit ainsi la crête à l'Ouest de Rezonville, et apparut, dans un ordre parfait, cette fois, sur les pentes descendant vers Flavigny.

« Les deux escadrons conservent une grande cohésion ; les lances baissées présentent un alignement magnifique ; tout fait prévoir que rien ne résistera à cet ouragan discipliné (3). »

Malheureusement, aucun objectif précis ne paraît avoir été indiqué au colonel Thorel, qui, arrivé depuis quelques minutes seulement auprès de Rezonville n'avait certainement pu se mettre personnellement au courant de la situation, ni faire une reconnaissance, même rapide, du champ de bataille.

D'après le rapport du général du Preuil, confirmé

(1) Lettre de M. Bergasse, lieutenant démissionnaire, communiquée par le colonel Sainte-Chapelle.

(2) L'arrivée successive de ces ordres ou contre-ordres s'explique sans doute par ce fait que les états-majors du Maréchal, du général Frossard et du général Desvaux, se crurent obligés d'intervenir tous à la fois.

Peut-être le contre-ordre cité plus haut fut-il provoqué par le spectacle de la confusion qui s'était mise dans les rangs du 3e lanciers et qui rendait impossible, pour l'instant, la continuation du mouvement en avant.

(3) Historique du 15e dragons, ancien 3e lanciers.

par le lieutenant Bergasse, le régiment aurait reçu l'ordre de charger « des batteries prussiennes..... » ; mais sans qu'elles fussent, à ce qu'il paraît, autrement désignées.

En franchissant la crête de Rezonville, les lanciers avaient certainement pu découvrir à l'horizon les batteries de Vionville, mais arrivés à 400 mètres de l'ennemi, c'est-à-dire à la naissance du vallon 286, les deux escadrons se trouvèrent face à face avec « *un carré d'infanterie* », sans qu'il leur fut possible d'apercevoir, maintenant, aucune ligne d'artillerie. Ce « carré d'infanterie » n'était autre que les groupes formés par les fusiliers du *12*e et le IIe bataillon du *52*e.

En quittant les abords Sud de Flavigny, en effet, le capitaine Hildebrand avait longé la rive droite du ruisseau dans la direction de Rezonville, avec les 6e et 7e compagnies du *52*e tandis que la 12e compagnie du *12*e appuyait vers le Nord. Les 5e et 8e compagnies du *52*e suivirent derrière l'aile droite de leur demi-bataillon de tête, et les trois autres compagnies du *12*e remontèrent à la suite de la 12e les pentes de la croupe 291.

Au moment où les lanciers apparurent sur la crête de Rezonville, les 6e et 7e compagnies, précédées de tirailleurs, arrivaient à l'endroit où se trouve aujourd'hui la tombe 244, c'est-à-dire à 700 mètres de Flavigny, toujours suivies par les 5e et 8e compagnies placées en arrière de leur aile droite. Quant aux fusiliers du *12*e, ils avaient franchement obliqué vers la gauche et faisaient face à la grande route. Les 9e et 12e compagnies, qui formaient alors la ligne de combat, atteignaient l'espace compris entre les emplacements actuels des tombes 242 et 243 et se trouvaient, par conséquent, à 200 mètres environ en arrière de l'aile gauche du *52*e et face au Nord (1).

---

(1) *Geschichte der Infanterie-Regiments von Alvensleben Nr. 52,*

Cependant, les lanciers avaient pris le galop de charge au commandement de leur colonel.

« Malgré la rapidité de notre allure, dit le lieutenant Bergasse, les lances en arrêt avaient un alignement magnifique ; les chevaux bondissaient par-dessus les obstacles, et je certifie que rien n'aurait résisté à cet ouragan s'il avait été bien dirigé. Malheureusement, on s'est mis à crier au 1er escadron (1) « A droite, à droite ! » et la direction qui avait été d'abord bien prise, puisque nous avions le carré en face de nous, fut si maladroitement..... changée en route, qu'il n'y eut que les 3e et 4e pelotons du 2e escadron qui arrivèrent sur le coin gauche du carré (2) ; nous n'avons reçu qu'un feu d'ensemble à 60 mètres environ ; dans cette décharge meurtrière pour le 4e peloton et le 3e, que je commandais, j'ai perdu 17 chevaux et 12 hommes tués ou blessés. »

L'extrême gauche des lanciers paraît, en effet, avoir, seule, approché à courte distance des fusils prussiens, tandis que tout le reste de la ligne commandée par le colonel Thorel, appuyait de plus en plus vers la droite et venait finalement s'arrêter devant les fossés de la grande route. En fait, la charge avait donné dans le vide, tout en subissant les effets d'un feu d'enfilade, heureusement de courte durée.

Le colonel, qui venait d'avoir son cheval tué sous lui, rallia ses deux escadrons aux abords de la chaussée, où il aurait sans doute subi des pertes très importantes (3),

---

Berlin, 1899, et *Das Fusilier-Bataillon vom 12 Grenadier-Regiment und Seine Gegner am 16 August* 1870, H. Burck, Berlin, 1900. — Le croquis n° 4 représente les compagnies prussiennes telles quelles étaient disposées quelques minutes plus tard, au moment de l'abordage des cuirassiers, et non au moment de la charge des lanciers.

(1) Escadron de droite.

(2) C'est-à-dire probablement devant les 9e et 12e compagnies du *12e* qui faisaient alors face à la grande route ainsi qu'on vient de le dire.

(3) Pertes du 3e lanciers : 3 officiers, 34 hommes, 46 chevaux.

si, au même instant, les cuirassiers de la Garde n'eussent débouché de la crête de Rezonville (1).

Quelques instants après avoir transmis l'ordre de charger au colonel Thorel, en effet, le capitaine de La Pommeraye s'était porté auprès du colonel des cuirassiers, et lui avait demandé d'en faire autant. Le colonel Dupressoir, certainement prévenu déjà qu'il devait appuyer l'attaque des lanciers, commanda immédiatement : « Escadrons en avant ; escadron de droite, escadron de direction (2). »

« A ce moment, dit le colonel Sainte-Chapelle (3), un colloque s'engagea entre les chefs de pelotons et les capitaines, les uns demandant qu'on chargeât les pistolets, d'autres réclamant qu'on fit jeter l'avoine dont les chevaux étaient surchargés..... Quelques cavaliers eurent le temps de détacher les lanières qui fixaient le sac à distribution, qu'ils jetèrent sur place ; mais, obéissant aux commandements : « Sabre main, » puis : « Au galop, marche ! » le régiment partit de pied ferme à cette allure, les cinq escadrons de front. Nous fîmes 150 à 200 mètres, puis le régiment dut s'arrêter court devant des haies ou clôtures de jardins qui nous barraient le chemin (4). Il y eut un moment d'hésitation, puis le régiment fut mis en colonne de pelotons, face au

(1) Le colonel Thorel ramena ses deux escadrons auprès de Rezonville où il retrouva les 3e et 5e qui n'avaient suivi que de très loin le premier échelon et auxquels leur chef avait fait faire presque immédiatement demi-tour.

De Rezonville, le 3e lanciers gagna Gravelotte avec le 2e corps.

(2) La charge des cuirassiers suivit donc celle des lanciers à quelques minutes d'intervalle. Les premiers paraissent avoir abordé les compagnies Hildebrand au moment même où le colonel Thorel ralliait ses escadrons près de la grande route.

(3) *Souvenirs personnels, loc. cit.*

(4) C'étaient les mêmes obstacles que ceux qui avaient fait échouer la première tentative des lanciers et qui se trouvaient à quelques cen-

Sud par le commandement : « Pelotons à gauche. » Les 6e et 4e escadrons qui se trouvaient en tête, à la suite de ce mouvement, firent de nouveau face à l'Ouest par le mouvement de : « Pelotons à droite », qui les remit en bataille, quand ils trouvèrent le champ libre, et reprirent le galop. Les 3e et 2e escadrons exécutèrent le même mouvement dans le sillon tracé par les 6e et 4e, qui avaient gagné une avance considérable ; le 1er escadron en fit autant, à son tour, dans les mêmes conditions et le régiment se trouva ainsi disposé sur trois lignes, très espacées les unes derrière les autres (1). Nous gravîmes ainsi successivement la pente Est du plateau 308-311-312 sans avoir aperçu aucun ennemi pouvant servir d'objectif à notre attaque. Mais en arrivant sur la crête, nous vîmes, à environ 1500 mètres devant notre front le hameau de Flavigny en flammes et de nombreux groupes d'infanterie prussienne en marche sur plusieurs lignes venant à nous. Celle des tirailleurs qui précédaient ces groupes d'infanterie était alors à 600 ou 700 mètres au Nord-Est de Flavigny. A notre apparition sur la crête, tout le dispositif s'arrêta pour se grouper ; les tirailleurs,

---

taines de mètres devant le point où s'était arrêté précédemment le colonel Dupressoir avec tout son régiment.

(1) « Nul ne pensait à faire une attaque par échelons, plutôt qu'autre chose, dit plus loin le colonel Sainte-Chapelle, car personne n'a songé à désigner un objectif, à faire reconnaître le terrain, à constituer une réserve, ni à manœuvrer d'aucune façon. Nous sommes partis droit devant nous, sans but et sans direction, comme d'ailleurs on le faisait partout sur le champ de Mars où l'on n'avait qu'un objectif, « l'alignement ». Le hasard nous mena sur un terrain impraticable (clôtures de vergers) ; un nouveau hasard fit faire « pelotons à gauche » parce que le terrain était découvert de ce côté ; seul un officier supérieur fit acte d'initiative, le commandant Sahuqué, qui, voyant ses deux escadrons démasqués, les remit en bataille par « pelotons à droite » et reprit le galop à leur tête. Les autres escadrons exécutèrent le même mouvement parce qu'ils l'avaient vu faire, et personne ne protesta. »

qui marchaient très espacés, firent demi-tour et rejoignirent à toute vitesse les troupes qui se massaient en arrière. Quelques tirailleurs qui tenaient la droite de la ligne (en marchant à nous), craignant sans doute de ne pas pouvoir rejoindre, gagnèrent le ruisseau 287-272 qui borde le front Sud de Flavigny, s'y couchèrent et, faisant face au Nord, se trouvèrent disposés de manière à flanquer le groupe principal de leurs compagnies. »

Il s'agit des compagnies du capitaine Hildebrand, que l'apparition soudaine des cuirassiers mit quelque peu en émoi et dont la ligne de combat se replia précipitamment sur les soutiens, interrompant ainsi le feu pour quelques minutes.

Quant aux fusiliers du *12*e, devant lesquels venaient de tourbillonner les lanciers, ils ne furent pas moins surpris que les grenadiers du *52*e, en entendant subitement gronder l'ouragan d'une nouvelle charge de cavalerie qui débouchait « de la droite et de l'arrière ». « Ils prirent le pas de course et se pressèrent les uns contre les autres, dit Burk (1). » Un feldwebel commanda : « A droite ; marche, marche ! Feu rapide ! » et la 11e compagnie, restée jusqu'ici en réserve, conversa vivement vers l'Est et se porta à hauteur de la 12e, de sorte qu'un demi-bataillon des fusiliers prolongea vers la gauche les 6e et 7e compagnies du *52*e. La 9e compagnie paraît être restée sur place, mais elle put, par la suite, et à cause de la position dominante qu'elle occupait sur la croupe 291 tirer sur les cuirassiers par-dessus les autres (2). Quant à la 10e compagnie, elle resta beaucoup plus à gauche et en arrière, et n'intervint en rien dans cette courte lutte.

---

(1) *Das Fusilier-Bataillon vom 12. Grenadier-Regiment, loc. cit.*

(2) Mais sans doute sur le second échelon seulement, car le premier ne reçut une décharge de mousqueterie qu'à très courte distance, ainsi qu'on va le voir.

« De notre côté, poursuit le colonel Sainte-Chapelle, la vue d'un ennemi apparaissant bien en face de nous et dont la première ligne fuyait à toutes jambes, nous donna un vigoureux élan ; les cris de : « Chargez! » et de : « Vive l'Empereur! » éclataient spontanément, en même temps que toutes les lames de sabre s'élevaient au-dessus des casques. Le terrain, excellent d'ailleurs (chaumes coupés au ras du sol) se baissait en pente douce du côté de l'ennemi et nos chevaux partirent au galop allongé mais en conservant un alignement superbe (1). Jamais escadrons ne firent, à un jour d'inspection générale, un simulacre d'attaque plus correct. D'autre part, l'arrêt des lignes successives de l'infanterie adverse (renforts, soutiens et réserves) consécutif au demi-tour de leurs tirailleurs eut pour résultat d'interrompre leur feu ; rien n'arrêtait notre mouvement offensif.

« Nous vîmes des groupes se former devant nous (deux ou plusieurs?); celui qui se trouvait le plus à droite de la ligne ennemie, était exactement dans l'axe de direction de notre 4e escadron. Lancés au train de charge, nous voyions les fantassins prussiens grandir à nos yeux à chaque seconde, mais il était impossible de changer notre direction. Ce groupe (le plus au Sud) ayant un front sensiblement égal à celui d'un escadron, il en résulta que notre 6e escadron (celui de gauche du premier échelon) chargea dans le vide, longeant la rive

(1) D'après le colonel Sainte-Chapelle, la charge n'aurait été nullement gênée par des ustensiles de campement abandonnés par le 2e corps ainsi qu'on l'a dit quelques fois. « Les quelques objets laissés par des fractions du 2e corps en retraite, dit-il, se trouvaient échelonnés le long du ruisseau de Flavigny, et n'ont en rien gêné la marche de la première ligne. Il y avait notamment une voiture régimentaire abandonnée, à l'origine, ou à peu près, de la branche Sud du ruisseau; des tirailleurs prussiens s'étaient couchés dessous et tiraient sur la gauche du 6e escadron..... ».

droite du ruisseau de Flavigny, d'où sortaient des casques à pointes et des canons de fusils (ceux des tirailleurs qui n'avaient pu rallier leurs soutiens).

« Nous vîmes très distinctement le groupe principal de droite se former, puis apprêter l'arme et mettre en joue, aux commandements que nous entendions nettement, faits sur une note très aiguë, dans le haut de la voix, comme il est d'usage en Prusse. Le commandement : « Feu », que nous attendions avec quelque anxiété, fut suivi d'une salve, et, immédiatement, d'un feu rapide. *Nous étions alors à moins de* 100 *mètres* (1). A la première salve, quelques chevaux culbutèrent, mais la marche n'en fut pas ralentie, et l'effet utile ne dut pas être considérable. En revanche, la flamme et la fumée qui sortaient des fusils prussiens eurent pour résultat de voiler complètement l'objectif du 4e escadron. De plus, par un effet d'optique dû sans doute à la formation angulaire prise par nos adversaires, tout le feu semblait sortir du sommet d'un angle assez aigu ; il en résulta que le centre de l'escadron parut enfoncé comme par un coin, les deux ailes divergeant à droite et à gauche. »

(1) L'*Historique du Grand État-Major prussien* dit que les 6e et 7e compagnies du 52e commencèrent le feu à 250 pas. Le colonel Sainte-Chapelle insiste plus loin sur ce fait que le tir de mousqueterie commença à une distance beaucoup moindre :

« La question de la formation prise par l'infanterie prussienne n'a pu être fixée clairement, dit-il ; elle est discutée, même en Allemagne ; elle l'a été, devant moi, en 1882, par des officiers qui avaient pris part au combat de Flavigny. Parmi nous, tous ceux qui étaient aux escadrons de première ligne ont vu ces groupes s'arrêter et se masser, à notre apparition sur la crête 308-311. Le groupe qui occupait la droite de cette ligne formait certainement un angle, les hommes coude à coude et sur deux rangs au moins. Il se peut que les compagnies prussiennes qui nous ont paru juxtaposées fussent séparées par un léger intervalle que nous ne pouvions distinguer parce que les créneaux ainsi formés se

Toute l'aile droite du 4e escadron vint donc s'abattre sur les baïonnettes des 6e et 7e compagnies prussiennes devant lesquelles elle forma un monceau de cadavres, tandis que l'aile gauche était fusillée à bout portant par les 5e et 8e compagnies. Quelques hommes ayant à leur tête le maréchal des logis fourrier Sainte-Chapelle, parvinrent à pousser jusqu'à l'extrémité postérieure de la ligne oblique que formait le demi-bataillon de droite du capitaine Hildebrand. Le commandant Sahuqué, « qui avait très brillamment enlevé la première

---

trouvaient bouchés par des pelotons ou sections disposés en seconde ligne. Le croquis reproduit par l'Historique du *12e* grenadiers (Prinz Carl von Preussen) me paraît exact, à la condition que les deux compagnies du *52e* aient fait front, par un demi-à-droite, face au Sud-Est en se reliant à la compagnie de droite du *12e* : ce qui nous a donné l'impression très nette d'un carré d'infanterie (*). Ce sont ces compagnies du *52e* qui ont fusillé l'aile gauche du 4e escadron. Quant à la première salve, elle a été exécutée au commandement, j'en suis absolument certain et suis d'accord en cela avec l'Historique du *12e* grenadiers. D'après le récit du grand état-major : « Le capitaine Hildebrand avait déployé les 6e et 7e compagnies du *52e*; l'arme haute, elles laissent approcher la cavalerie française et quand celle-ci n'est plus qu'à 250 pas, elles la dispersent, impuissante, sous un feu rapide du plus meurtrier effet. Les escadrons filent à droite et à gauche du petit groupe d'infanterie prussienne, dont le second rang, faisant alors demi-tour, les fusille par derrière..... » Je suis certain que la première salve, — attendue par nous avec une émotion facile à comprendre, quand tous les fusils se furent abaissés au commandement, — a été tirée à très courte distance, *bien moins de 250 pas*. J'ai toujours cru que nous avions été tirés à moins de 50 mètres; en admettant que je me sois trompé de moitié, ce qui est beaucoup, ils nous auraient tirés au plus à 100 mètres..... »

(*) D'après la récente publication qu'on a déjà citée (*Das Fusiliers-Bataillon vom 12. Grenadier-Regiment.....*) les compagnies du *12e* et du *52e* présentaient, en effet, au moment de la charge, les dispositions générales indiquées par le colonel Sainte-Chapelle (voir le croquis no 4). Les 6e et 7e compagnies du *52e* étaient placées face à l'Est, à la droite des 11e et 12e du *12e*. Les 9e et 10e de ce dernier régiment étaient restées à 200 mètres plus en arrière. Enfin, les 5e et 6e du *52e* étaient en soutien derrière l'aile droite du dispositif, formant ainsi un échelon refusé.

ligne, et avait su communiquer son entrain à tous » fut tué. Tous les officiers du 4e escadron furent mis hors de combat : trois chefs de peloton, MM. Bonherbe, Lecler et Cornuéjouls tués, le quatrième, Faralicq, blessé grièvement ; de tout le cadre, le capitaine Thomas et le maréchal des logis chef Langlaude, tous deux blessés d'ailleurs, revinrent seuls à cheval. Après la charge, on ne put rallier qu'une vingtaine de chevaux du 4e escadron, qui fut ainsi presque anéanti dans son acte de sublime dévouement.

Le 6e escadron, placé à la gauche de la première ligne, avait entièrement donné dans le vide. Rejeté plus au Sud encore au moment de l'abordage par le mouvement divergent de l'aile gauche du 4e, il s'éloigna de plus en plus de son objectif non sans laisser un grand nombre de chevaux sur le terrain. Les deux capitaines étaient démontés ; le sous-lieutenant Bauvin, blessé. Le 6e escadron put néanmoins se rallier au Sud du ruisseau de Flavigny, sans doute parce qu'il se trouva presque immédiatement débarrassé de la fusillade que dirigeaient sur lui les 5e et 8e compagnies du 52e, lesquelles faisaient rapidement face à l'Est par une sorte de conversion à gauche, pour recevoir le second échelon des cuirassiers (1).

La seconde ligne, en effet, arrivait à son tour ayant à sa tête le commandant de Vergès et sur son flanc droit le général du Preuil accompagné de son état-major.

Dès le mouvement de rupture nécessité par la pré-

(1) Le colonel Sainte-Chapelle a très nettement observé ce mouvement de conversion. Il était tombé sous son cheval blessé, à quelques mètres du front des 5e et 8e compagnies prussiennes. « Dès que je fus relevé, dit-il, mon premier coup d'œil fut naturellement pour nos adversaires ; je constatai que toute la face du carré qui avait formé le crochet latéral droit par lequel notre gauche avait été fusillée s'était remise face en tête ; je ne voyais plus que des dos..... »

sence des haies au Sud de Rezonville, les escadrons du commandant de Vergès avaient laissé gagner une grande avance au commandant Sahuqué. Celui-ci avait d'ailleurs augmenté l'allure sur les pentes qui descendent vers Flavigny, tandis qu'en rejoignant le deuxième échelon du régiment, le général du Preuil avait, au contraire, fait ralentir le galop de ce dernier. Il en résulta que les 2e et 3e escadrons n'arrivèrent en présence de l'infanterie prussienne qu'alors que les 4e et 6e étaient déjà anéantis ou dispersés.

Découvrant devant eux la muraille formée par les morts et les blessés qui jonchaient le sol, les deux nouveaux escadrons appuyèrent instinctivement vers la droite et furent reçus, à 60 mètres par une décharge « qui abattit leurs deux rangs dans un pêle-mêle indescriptible ». Neuf officiers furent tués, blessés ou démontés ; le commandant de Vergès à la fois blessé et démonté se remit en selle sous le feu. Mais le désordre produit par la fusillade, avait complètement rompu l'élan de la charge et quelques hommes seuls paraissent avoir atteint les baïonnettes de l'adversaire.

Enfin, le 1er escadron, conduit par le colonel Dupressoir en personne, s'arrêta bientôt derrière le tourbillon formé par le second échelon. Bien, qu'assez peu éprouvé par le feu, son élan fut brisé, tant par l'obstacle matériel qui se dressait devant lui que par les nombreux chevaux démontés qui se rabattaient dans sa direction et mettaient le désordre dans ses rangs.

« Il ne restait plus qu'à se rallier, dit l'Historique des cuirassiers de la Garde ; les débris des cinq escadrons, 200 hommes à peine, arrivent au point de départ, harcelés par les 11e et 17e hussards prussiens, qui achèvent les blessés et courent sus aux hommes démontés » (1). Dès les premiers instants de la retraite,

(1) Les cuirassiers vinrent se reformer près de Rezonville (en arrière

le colonel Dupressoir fut démonté et blessé en même temps. Il put néanmoins remonter à cheval avec l'aide du lieutenant Davignon (1).

A peine le gros des cuirassiers avait-il dégagé le terrain, laissant derrière lui nombre d'hommes démontés, que deux régiments de hussards de la brigade Redern débouchaient à hauteur de Flavigny. Voici, en effet, ce qui s'était passé du côté allemand :

Contre-attaque de la brigade Redern. — Un peu après l'occupation de Vionville par l'infanterie de la 6e division prussienne, le général Alvensleben, constatant que les brigades Fauvart-Bastoul et Mangin se retiraient vers Rezonville, avait voulu faire poursuivre l'infanterie en retraite par la cavalerie. Il avait donc prescrit, dès 11 h. 45, à la 6e division de cavalerie, d'enfoncer les bataillons français qui se repliaient en terrain découvert. Malheureusement pour les Allemands, cette division de cavalerie, toujours rassemblée au Sud de la statue Sainte-Marie, était très éloignée du point — voisin de Vionville — où se tenait le commandant du IIIe corps. L'ordre en question mit donc un assez long temps à parvenir à destination, et l'instant où la division du grand-duc Guillaume se décida à s'ébranler fut encore considérablement reculé par suite de circons-

---

des carabiniers), où le général Desvaux reprit la haute direction de la 3e brigade. Un peu plus tard, cette brigade était portée au Sud de la route et se déployait — la gauche appuyée au bois des Ognons — pour soutenir au besoin la division de grenadiers qui débouchait (vers 1 h. 1/2) à hauteur du village.

(1) Les pertes des cuirassiers se chiffrent ainsi : 6 officiers tués (ou morts des suites de leurs blessures); 12 officiers blessés; 140 hommes tués ou disparus; 30 hommes blessés (état de pertes du 17 septembre 1870).

D'après l'Historique du régiment (Man. de 1871) : 208 chevaux disparus.

tances sur lesquelles la 18e Monographie n'a pu arriver à faire la lumière (1).

Les contre-attaques du 91e et du 94e, puis l'occupation définitive de Flavigny par l'infanterie prussienne, étaient déjà des faits accomplis que l'intervention de la cavalerie, prescrite et attendue par le général Alvensleben, ne s'était pas encore manifestée.

C'est sur ces entrefaites, c'est-à-dire après midi et demi, que le colonel de Caprivi, chef d'état-major du Xe corps, avait assisté, des environs de Vionville, aux charges successives des lanciers et des cuirassiers français.

A ce moment, les brigades Barby et Bredow, rassemblées au Nord de Tronville, étaient beaucoup trop éloignées pour qu'on pût songer à les employer aussi rapidement que le nécessitait la soudaine irruption de la cavalerie française. La brigade Redern, de son côté, ayant reçu la mission de couvrir les deux ailes de la *6e* division d'infanterie, était assez morcelée : le *10e* hussards était en réserve entre les bois de Tronville et la route; seuls, sept escadrons des *11e* et *17e* hussards se trouvaient alors groupés — avec le 2e escadron du *2e* dragons de la Garde — dans le vallon au Sud du cimetière, à 1700 mètres environ des compagnies Hildebrand.

Le colonel de Caprivi ne put donc disposer que de ces huit escadrons; sur son invitation, le général Redern les lança — de loin — sur les cuirassiers français.

Le lieutenant-colonel de Rauch prenant avec lui les 1er, 2e et 4e escadrons du *17e* hussards et le 2e escadron du *2e* dragons de la garde qu'il avait sous la main prit le galop en se dirigeant vers le Nord de Flavigny. Le

(1) On verra plus tard que la tentative de la *6e* division de cavalerie n'eut lieu que vers 1 heure, c'est-à-dire cinq quarts d'heure après l'expédition de l'ordre du commandant du IIIe corps.

lieutenant-colonel d'Eberstein le suivit avec le 11e hussards en obliquant vers la droite par les prairies du vallon 272 (1).

Les quatre premiers escadrons traversèrent en colonne de pelotons les intervalles de l'infanterie prussienne, déployée au Nord de Flavigny, puis se formèrent en bataille après l'avoir dépassée. Le 11e hussards, retardé par la nécessité de s'avancer dans des prairies marécageuses n'appuya la charge du reste de la brigade que de très loin et passa complètement en dehors de la zone que suivaient les derniers cuirassiers, lesquels d'ailleurs s'étaient presque tous rejetés vers la droite, c'est-à-dire vers la grande route. Les hussards du colonel d'Eberstein vinrent donc tomber sous le feu du Ier bataillon du 77e régiment qui occupait encore la crête 311. Sans insister davantage, après une longue course qui les avait passablement désunis, les hussards du 11e régiment firent demi-tour et regagnèrent leur point de départ.

Pendant ce temps, le lieutenant-colonel de Rauch s'était élancé sur les traces des cuirassiers français, qui se repliaient alors vers Rezonville, mais il tombait bientôt sous le feu du 3e bataillon de chasseurs à pied resté sur la crête (2), en même temps que sous celui de

(1) Sauf quelques fractions de l'aile gauche, qui se joignirent aux escadrons du lieutenant-colonel de Rauch.

(2) D'après l'Historique du 3e bataillon de chasseurs (1875), ce bataillon s'était replié avec le 32e de la position de son ancien bivouac jusque sur la crête à l'Ouest de Rezonville. Il fusilla les hussards Redern et resta en position jusqu'à 4 heures du soir. On ne possède sur les faits et gestes de ce bataillon, non plus que sur ceux du 32e, de renseignements bien précis. Ce dernier régiment paraît s'être retiré de bonne heure jusqu'à Rezonville et ne semble pas avoir pris part à la fusillade contre les hussards prussiens, mais le 3e bataillon de chasseurs était certainement encore en position au moment du bond en avant de l'artillerie allemande et de la tentative de la 6e division de cavalerie

la 3e batterie du 18e, toujours en position au Nord de la grande route.

Seuls les cuirassiers démontés furent atteints par les escadrons prussiens « alors très égaillés sur un grand front et sur une grande profondeur » ainsi qu'a pu l'observer le colonel Sainte-Chapelle, de la place où il était tombé, heureusement indemne de toute blessure. Ils arrivèrent ainsi, en échangeant quelques coups de sabre avec des cuirassiers à pied, jusqu'à la naissance du vallon de Flavigny, c'est-à-dire à quelques centaines de mètres de la crête 290-308. Là, le lieutenant-colonel de Rauch s'élança à la tête d'une vingtaine de hussards du 1er escadron, sur la 2e batterie à cheval de la Garde que le Maréchal commandant en chef amenait en personne et qu'il s'occupait à placer lui-même sur le terrain (1).

La batterie Donop, en effet, avait débouché de Rezonville, au moment où les cuirassiers refluaient vers l'Est. Lorsque la colonne des pièces arriva sur les pentes, un peu en avant de la 10e batterie du 15e, le Maréchal prescrivit au lieutenant d'Esparbès, qui marchait en tête, de se mettre en batterie. Mais comme l'allure avait été prise très rapide au sortir de Rezonville, les trois pièces de gauche, un peu retardées d'ailleurs par un encombrement dans les rues du village, avaient perdu leur distance. Les trois pièces de droite seules séparèrent donc les trains sur l'emplacement choisi par le Maréchal. A cet instant même les hussards du lieutenant-colonel de Rauch surgissaient du fond du vallon. Le lieutenant d'Esparbès eut à peine le temps de faire tirer trois coups à mitraille, que déjà les cavaliers ennemis, lancés à toute vitesse, traversaient la batterie. Quelques-uns d'entre eux s'arrêtèrent au milieu des pièces et engagèrent un combat à l'arme blanche avec les servants qui

(1) Aux environs de la tombe 250.

avaient mis le sabre à la main ; le lieutenant d'Esparbès fut tué et en un instant 6 hommes et 10 chevaux furent mis hors de combat. Le plus grand nombre des hussards, emballés par leurs chevaux, entraînèrent avec eux deux avant-trains et les chevaux des servants qui refluèrent ainsi en désordre sur la 10e batterie du 15e et sur la 10e du 5e. Le troisième avant-train, entouré par l'ennemi, eut plusieurs chevaux tués et resta sur place, de sorte que les pièces tombèrent, — pour quelques minutes, — au pouvoir des hussards.

L'irruption des débris de la batterie de la Garde, poursuivis par les cavaliers prussiens, mit un certain désordre dans les rangs de la 10e batterie du 15e qui se retira sur le plateau au Nord-Est de Rezonville, mais la 10e batterie du 5e conserva sa position (1).

Tous ces événements s'étaient déroulés en un très court espace de temps, pendant lequel le capitaine Donop, accompagné du général Desvaux, avait rejoint le lieu du combat avec la demi-batterie de gauche. Comme le temps pressait, il voulut faire mettre ses trois pièces en batterie par demi-tour des voitures. Ce mouvement s'exécutait précisément à l'instant où les hussards les atteignaient à toute allure, de sorte que les chevaux d'attelage, emballés à leur tour, furent entraînés vers l'arrière sans qu'il fût possible de séparer les trains (2).

Lorsque le Maréchal avait vu arriver les hussards du Brunswick, il avait mis le sabre à la main ainsi que les quelques officiers qui l'accompagnaient et avait attendu la charge de pied ferme (3). Mais il fut bientôt

---

(1) Elle se retira un peu plus tard pour se réapprovisionner.

(2) La 2e batterie à cheval rejoignit la 1re au Nord-Est de Rezonville. Ces deux batteries furent portées ultérieurement sur le revers oriental de la croupe 308 pour surveiller le ravin Sainte-Catherine.

(3) L'état-major du Maréchal était resté près de la grande route (cote 299). Des deux escadrons d'escorte, l'un, le 5e du 5e hussards,

entraîné avec le personnel de la batterie Donop et galopa vers l'arrière côte à côte avec quelques cavaliers ennemis. Arrivé à proximité du 5e escadron du 5e hussards, il lui cria : « En avant, les hussards ! » Ceux-ci s'élancèrent, sabrant les cavaliers, d'ailleurs assez dispersés, qui poursuivaient le commandant en chef, et les forcèrent à faire demi-tour (1). Le commandant de l'escadron, capitaine des Courtis, restait aux mains de l'ennemi ; deux autres officiers et seize hommes furent mis hors de combat (2).

Presque en même temps, l'autre escadron d'escorte du Maréchal (1er du 2e chasseurs) intervenait à son tour un peu plus au Nord. « Au milieu du désordre causé par notre artillerie qui se retirait au galop, dit l'Historique de l'escadron, nous ne reconnûmes le danger couru par notre état-major, qu'en voyant arriver sur nous les hussards de Brunswick, sur lesquels nous chargeons aussitôt. Surpris de cette rencontre à laquelle ils ne semblent pas s'attendre, les cavaliers prussiens ne tiennent pas, et après un court combat à l'arme blanche, le 1er escadron du 2e chasseurs les met en fuite après leur avoir démonté un certain nombre de cavaliers et pris deux chevaux..... La mêlée fut meurtrière, et coûta à nos hussards trois officiers et vingt hommes hors de combat. »

Le 3e escadron du 4e chasseurs, enfin (escorte du général Frossard), apparut également sur la crête et s'élança à la suite des fuyards parmi lesquels il fit quelques prisonniers (3).

était à 300 mètres de la route, c'est-à-dire près de la 10e batterie du 15e ; l'autre, le 1er du 2e chasseurs, était sur le bord même de la chaussée, près de l'état-major.

(1) Le 5e escadron du 5e hussards avait détaché 30 cavaliers dans différentes escortes et ne comptait, sur les rangs, que 75 sabres.

(2) État de pertes du 1er septembre 1870.

(3) Au milieu du désordre produit par l'irruption de la cavalerie

L'*Historique du Grand État-Major prussien* passe très rapidement sur cet épisode du combat et laisse supposer que les hussards se replièrent devant les escadrons français « qui s'ébranlaient de divers côtés ». En fait, il se trouva que trois escadrons d'escorte abordèrent successivement, mais dans un très court espace de temps et sur des points différents, les cavaliers ennemis déjà épuisés par une longue course et très éparpillés. Cette contre-attaque, conduite vigoureusement et prononcée au moment opportun, infligea aux escadrons du lieutenant-colonel de Rauch un échec réel et les força à regagner précipitamment leur point de départ (1).

Mouvement en avant de l'artillerie allemande. — Cependant le général de Bulow mettait à profit, avec beaucoup d'à-propos, le temps d'arrêt produit dans la lutte d'artillerie par les charges de cavalerie qui venaient de se succéder très rapidement aux environs de midi 45, pour rapprocher ses batteries de l'adversaire.

La 2e batterie à cheval du *10e* régiment s'avança la première et s'installa tout d'abord au Sud et près de Vionville. Mais n'ayant, de ce point, que des vues très limitées et prêtant le flanc aux batteries de la division

---

prussienne, le Maréchal et les officiers de son état-major prirent des directions différentes. Le général Jarras dit qu'il rejoignit le commandant en chef une heure plus tard, à l'entrée Ouest de Rezonville (*Souvenirs*). C'est là, en effet, que le capitaine Fix, de l'état-major général, le retrouva « occupé à diriger les feux d'une batterie..... » (*Souvenirs d'un officier d'état-major.*)

(1) Lorsque la place fut évacuée par la cavalerie ennemie, quelques hommes du 3e bataillon de chasseurs à pied ramenèrent à bras les trois pièces de la batterie Donop et en firent, un peu plus tard, la remise à la 4e batterie du 18e. Celle-ci, ignorant la batterie à laquelle appartenaient les pièces, les versa quelques jours après à l'arsenal. C'est là que le capitaine Donop en reprit possession le 20 août.

La Font de Villiers, le colonel de Becke lui prescrivit de gagner le Nord de la grande route où elle se mit en batterie un peu en arrière de l'aile gauche du *64*e régiment (Ier bataillon).

Un peu plus tard, les trois batteries à cheval du colonel de Dresky (1) se portaient en avant, dépassaient quelque peu le chemin de Gorze à Flavigny et s'installaient à la croisée des chemins 317 et sur les pentes qui descendent vers le Nord-Ouest. Les 6e et IIIe du *3*e régiment suivaient le mouvement et venaient se former à la gauche des trois batteries à cheval.

Sur ces entrefaites le colonel de Becke faisait avancer également les deux batteries restées sur la hauteur du cimetière (2) et les plaçait un peu au delà du bois de l'Abreuvoir en arrière de la ligne d'infanterie formée par les compagnies des *35*e, *64*e et *20*e régiments et à hauteur de la 3e batterie à cheval du *10*e.

Les batteries du major Korber, renforcées comme on sait par la batterie du détachement Lehmann (3), et toujours soumises au feu violent et meurtrier de l'artillerie du 6e corps déployée au Nord de la route, restèrent sur place à l'Ouest de Vionville.

Enfin, les cinq batteries de la *5*e division (y compris la batterie du détachement de Lyncker) (4), un peu moins menacées depuis la retraite de la brigade Jolivet sur la hauteur 311-312, pouvaient prendre une meilleure

---

(1) $\frac{1\text{ c}, 2\text{ c}, 3\text{ c}}{3}$.

(2) $\frac{4, \text{IV}}{3}$.

(3) $\frac{\text{I}}{10}$.

(4) $\frac{1}{10}$.

position par une demi-conversion à droite suivie d'une marche en avant de quelques centaines de pas (1).

Sur les vingt et une batteries alors engagées, quinze s'étaient donc avancées presque à hauteur de la ligne de combat de l'infanterie à laquelle elle prêtait dès lors un appui très efficace.

La situation générale du IIIe corps d'armée n'en eût pas moins été très difficile devant un adversaire moins passif, car l'infanterie, très éprouvée, n'était plus capable que de se défendre sur place (2), et l'artillerie, si elle était encore en état de lutter, ne pouvait plus, après l'effort qu'elle venait de faire, se déplacer aisément par suite des pertes en chevaux qu'elle avait subies. A ce moment de la journée, le corps du général Alvensleben pouvait donc être considéré comme immobilisé sur les positions qu'il avait conquises et hors d'état, non seulement d'attaquer, mais même d'entreprendre un combat en retraite avec quelques chances de succès.

Tentative de la 6e division de cavalerie. — Il était alors 1 heure de l'après-midi, et c'est seulement à ce moment que la 6e division de cavalerie passa à l'exécution de l'ordre que le général Alvensleben lui avait fait expédier des environs de Vionville à 11 h. 45 (3).

La cavalerie du grand-duc Guillaume avait donc montré en cette occasion une lenteur que l'*Historique du Grand État-Major* n'a pu expliquer, puisqu'il se borne à légitimer un retard de cinq quarts d'heure, en invoquant, pour le commandement, la nécessité de trans-

---

(1) *Die Thätigkeit des generals von Bulow* (*loc. cit.*).

(2) La 18e Monographie fait remarquer (page 558) que l'artillerie ne pouvait même plus compter sur l'appui de l'infanterie dans un cas pressant.

(3) Voir page 309.

mettre un ordre à une distance de trois kilomètres et, pour la cavalerie, l'obligation de gravir les pentes de la hauteur Sainte-Marie.

La division du grand-duc Guillaume ne déboucha donc de la crête Sainte-Marie que vers 1 heure, dans la formation même où elle se trouvait rassemblée un instant auparavant dans le voisinage du bois Brûlé (1).

La brigade Rauch (*3*e et *16*e hussards) marchait la première en ligne de colonnes. En arrière et à gauche, la brigade Gruter formait deux échelons successifs (*15*e hulans en ligne de colonnes, puis trois escadrons du *6*e cuirassiers en masse avec deux escadrons du *3*e hulans) (2).

A peine cette masse très dense apparut-elle sur la crête, qu'elle fut assaillie par le feu de l'artillerie établie sur la crête de Rezonville (3). Gênée par les batteries d'artillerie placées en avant d'elle et par les six escadrons des *9*e et *12*e dragons, — qu'un noble sentiment poussa à prendre part à la charge et qui vinrent se rallier au premier échelon, — une partie seulement de la division parvint à se déployer. Un tel resserrement se produisit bientôt entre ces escadrons convergeant tous vers le clocher de Rezonville que la plupart d'entre eux n'arrivèrent point à se former en bataille, et se virent même dans l'obligation de resserrer la masse jusqu'au botte à botte.

---

(1) On a déjà fait remarquer que le gros de la *6*e division de cavalerie était rassemblé près du fond du ravin, c'est-à-dire à 700 ou 800 mètres en arrière de la crête et à 2 kilomètres de la ligne de combat de l'infanterie.

(2) *Historique du Grand-État-Major prussien* et Historiques des *3*e et *15*e hulans. D'après ces ouvrages, le *3*e hulans aurait été placé à l'aile gauche de la deuxième ligne de la brigade Gruter, tandis que l'Historique du *6*e cuirassiers prétend que c'est ce régiment qui occupait cette place.

(3) Distances variant de 2,500 à 2,800 mètres.

Presque au début du mouvement, le général de Rauch et le colonel de Ziethen, du *3*e hussards, restèrent sur le terrain. La brigade de hussards continua cependant sa marche sous le commandement du colonel de Schmidt du *16*e régiment, mais arrivée à hauteur de l'infanterie prussienne, c'est-à-dire aux abords du chemin de Flavigny à Gorze, elle tomba sous les feux à longue portée des fractions d'infanterie du 2e corps qui garnissait encore la crête de Rezonville, c'est-à-dire sous ceux du 3e bataillon de chasseurs et du Ier bataillon du 77e (1) (2).

Le colonel de Schmidt arrêta ses deux régiments pour y remettre un peu d'ordre ; il parvint à faire reprendre les intervalles mais il dut faire demi-tour pour se replier ensuite jusque derrière Flavigny, avec les *9*e et *12*e dragons.

De son côté, le *15*e hulans était parvenu jusqu'à hauteur du hameau quand il fut traversé par les derniers fuyards du *17*e hussards, poursuivis par le 1er escadron du 2e chasseurs.

Après un court engagement avec quelques chasseurs français, le *15*e hulans plia et se retira, en même temps que le *6*e cuirassiers, sous la protection des deux escadrons de réserve de la division (escadrons du *3*e hulans).

Si donc on excepte les faibles fractions du *15*e hulans qui se trouvèrent inopinément au contact avec quelques chasseurs français, une masse de cavalerie

---

(1) A 1 heure de l'après-midi, aucune fraction de la division des grenadiers de la Garde n'était encore arrivée sur la crête à l'Ouest de Rezonville, ainsi qu'on l'a souvent écrit.

(2) Des fossés de la grande route, le 9e régiment d'infanterie ne pouvait intervenir par ses feux, à cause de la distance. Il rétrogradait d'ailleurs à ce moment même vers Rezonville, ainsi qu'on le verra bientôt.

allemande ne comptant pas moins de 23 escadrons, venait d'échouer dans sa tentative sans parvenir à atteindre son objectif.

L'Historique du Grand État-Major prussien et plus tard la 18e Monographie expliquent cet insuccès et le demi-tour de la cavalerie allemande par la violence et l'efficacité des feux de mousqueterie que les grenadiers de la Garde dirigèrent sur elle de la crête de Rezonville. « Lorsque vers 1 heure, dit le premier de ces ouvrages, la 6e division de cavalerie..... s'ébranlait sur le plateau, elle avait donc devant elle non plus des groupes de fuyards (1) mais des *troupes fraîches*, en ordre serré. »

En ce qui concerne ce dernier point, il est à remarquer qu'à ce moment même, les grenadiers du général Picard quittaient à peine leur position à hauteur de la Maison de Poste, sur un ordre du commandant en chef qui ne parvint, — au plus tôt, — au général Bourbaki qu'à 12 h. 45. Ce sont donc précisément des fractions appartenant aux *fuyards* dont parle l'Historique allemand — c'est-à-dire le 3e bataillon de chasseurs et le Ier bataillon du 77e déployés, en bon ordre d'ailleurs, sur la crête de Rezonville (2), — qui auraient accablé les escadrons prussiens, sous un feu très meurtrier et leur aurait infligé « *des pertes importantes* » (3).

En réalité, il est permis de se demander si les pertes subies, à ce moment de la journée, eurent une influence primordiale sur la conduite que tinrent en cette occasion *tous* les régiments de cavalerie qui avaient franchi la crête. Les Relations officielles allemandes n'ont sans

---

(1) Infanterie du 2e corps.

(2) Ainsi que le Ier bataillon du 25e, nouvellement arrivé à proximité de la grande route, mais très éloigné de la cavalerie allemande.

(3) *Einzelschriften*. Heft 18.

doute pu éclaircir complètement cette question puisqu'elles n'indiquent pas le chiffre de ces pertes, lesquelles se trouvent ainsi confondues avec celles que la 6e division de cavalerie subit à 8 heures du soir près de Rezonville. D'après le major von Kœller (1) la brigade de hussards paraît avoir, seule, été assez éprouvée; le 3e hussards aurait perdu 80 hommes et le 16e un moins grand nombre. Mais on peut remarquer que les trois escadrons du 6e cuirassiers — qui ne prirent qu'une faible part à la charge du soir, — ne perdirent, en tout, que 1 officier et 6 hommes; les 9e et 12e dragons, qui cependant vinrent se joindre au premier échelon de la division, n'accusent respectivement, pour toute la journée, que 10 et 13 hommes hors de combat.

Il est donc permis de supposer que les véritables motifs, — ou tout au moins les plus importants, — qui provoquèrent le demi-tour de la cavalerie allemande proviennent de ce que son déploiement n'ayant pas été exécuté à couvert, il fallut y procéder en vue de l'ennemi, sous son feu, et, par surcroît, au milieu de batteries d'artillerie qui gênèrent considérablement la manœuvre. Il en résulta, sans doute, une lenteur, un resserrement et par suite un désordre, qui ne purent manquer de faire une fâcheuse impression sur l'esprit de tous, de sorte que quand la fusillade devint plus vive et que les fuyards de la brigade Redern refluèrent sur les quelques escadrons enfin formés pour la charge, tous s'arrêtèrent et suivirent l'exemple des hussards du colonel de Schmidt, qui avaient dû suspendre leur marche pour ouvrir les intervalles mais furent incapables de reprendre leur élan rompu.

---

(1) *Die Reiterei in der Schlacht bei Vionville und Mars-la-Tour.* — Berlin, 1873.

VIII. — Suite de la bataille sur le plateau de Rezonville. — L'artillerie française vers 2 heures. — Charge Bredow.

Déploiement de la Garde. — On se rappelle que vers midi, la brigade Chanaleilles s'était reportée au Nord de la grande route, pendant que le Ier bataillon du 25e était appelé sur la crête à quelques centaines de mètres à l'Ouest de Rezonville et que le reste de la brigade Marguenat était maintenu en réserve près du village.

Sans doute vivement impressionné par la charge de la brigade Redern le commandant en chef faisait appeler aussitôt le 70e de ligne. Vers 1 heure, ce régiment faisait donc son apparition sur la crête 299, tandis que le 9e de ligne rétrogradait, des fossés de la grande route, vers le même point. Les deux premiers bataillons du 70e se déployèrent au Nord de la chaussée et le IIIe au Sud.

Pendant le cours des actions de cavalerie dont il vient d'être question (charges des lanciers, des cuirassiers et de la brigade Redern), le 9e régiment s'était trouvé réduit à l'inaction tant par la présence des escadrons français (lanciers et cuirassiers), qui tourbillonnaient devant lui, que par la forme du terrain qui dérobait à ses vues une grande partie des fonds de Flavigny. Pris d'enfilade par les batteries de Vionville et par l'infanterie voisine de la grande route, le Ier bataillon, puis successivement tous les autres, durent abandonner une position aussi désavantageuse au point de vue du couvert qu'elle fournissait, qu'au point de vue de l'action qu'elle permettait d'avoir dans la lutte. Le 9e de ligne se replia donc vers le Nord-Est et vint se reformer tout d'abord sur la crête où arrivait le 70e.

En même temps, les deux batteries de la division

Bisson (1), également prises d'écharpe par l'artillerie adverse, avaient dû se retirer jusque sur l'emplacement laissé libre par les 1re, 2e et 4e batteries du 18e pour se soustraire à un tir réglé et violent qui les eût désorganisées en un instant.

Mais l'entassement des troupes fut alors tel aux abords de la grande route que le général Bisson dut faire évacuer la place par le 9e et le conduire auprès de l'emplacement de son ancien bivouac au Nord de Rezonville (2).

Pendant qu'une infanterie fraîche s'installait ainsi à l'Ouest de Rezonville mais à trop grande distance de la 6e division de cavalerie pour pouvoir tirer sur elle, les troupes du 2e corps continuaient à refluer dans la direction de Gravelotte, au milieu d'un certain désordre qu'avait d'ailleurs augmenté la retraite du 3e lanciers.

C'est sur ces entrefaites, qu'un officier d'ordonnance du Maréchal, rencontrant le commandant en chef de la Garde, lui dit : « Mon général, assurez la retraite, le Maréchal est prisonnier ! » « J'ajoutai foi à la nouvelle, dit le général Bourbaki, tout en comprenant, à l'animation de l'officier, qu'elle pouvait être exagérée » (3).

Quoi qu'il en soit, le commandant de la Garde crut prudent de prescrire au régiment de zouaves d'avancer jusque sur les escarpements qui bordent à l'Est le ravin

---

(1) $\frac{9,\ 10}{13}$.

(2) Le régiment avait perdu tous ses officiers supérieurs. Le lieutenant-colonel Pavet de Courteilles, qui commandait le régiment, fut blessé une première fois à la joue. Continuant néanmoins à donner des ordres avec le plus grand calme, il fut atteint une seconde fois par une balle qui lui fracassa la cheville. Le lieutenant-colonel Pavet de Courteilles mourut douze jours plus tard des suites de ses blessures.

(3) *Notes* du général Bourbaki.

de Sainte-Catherine pour le placer, à cheval sur la route, face à Rezonville.

Mais, le général Bourbaki recevait, presque immédiatement *après* cet incident, l'ordre du Commandant en chef de faire occuper la crête même de Rezonville par la division des grenadiers. Il était alors 12 h. 45 (1).

La division Picard se mit en marche peu d'instants après, précédée des zouaves qui se rendaient déjà à la position qu'on venait de leur indiquer sur les berges orientales du ravin Sainte-Catherine. En vertu des nouveaux ordres qui venaient d'arriver, ce régiment continua, sans s'arrêter, sa route vers Rezonville et vint se former au Nord-Est du village, en arrière du 28ᵉ. Les deux bataillons, bien qu'exposés aux coups longs de l'artillerie ennemie qui leur fit subir quelques pertes, restèrent sur place.

Le 1ᵉʳ régiment de grenadiers arrivait à Rezonville peu de temps après les zouaves. Le général Jeanningros, commandant la 1ʳᵉ brigade, posta le Iᵉʳ bataillon sur la crête 299 et lui fit occuper l'espace qu'il trouva libre au Sud-Ouest de la localité et à la gauche du Iᵉʳ bataillon du 25ᵉ; le IIᵉ bataillon fut posté sur la lisière occi-

---

(1) C'est l'heure donnée par le général Bourbaki. Elle paraît devoir être un peu reculée d'ailleurs, car l'ordre en question ne fut reçu qu'*après* l'avis (erroné) de la prise du Maréchal par les cavaliers de la brigade Redern, lesquels atteignirent la crête de Rezonville à 12 h. 45 au plus tôt. Quoi qu'il en soit, il est probable que le Maréchal expédia l'ordre de faire avancer les grenadiers un peu avant le moment où les hussards prussiens prononcèrent leur attaque. On peut donc admettre que le général Bourbaki reçut cet ordre entre midi 45 et 1 heure. Il est à remarquer qu'en cet instant la division de grenadiers était encore tout entière sur le plateau de la Maison de Poste, c'est-à-dire à 3 kilomètres de la crête 299-308. Elle n'était donc certainement pas arrivée sur cette crête quand eut lieu — à 1 heure — la tentative de la 6ᵉ division de cavalerie allemande, ainsi qu'on l'a fait remarquer plus haut.

dentale du village, et le IIIe bataillon resta dans l'intérieur même de la localité.

Les 4e et 6e batteries divisionnaires avaient suivi les zouaves et s'étaient arrêtées avec eux sur le plateau au Nord-Est de Rezonville.

Presque en même temps, les 3e et 4e batteries à cheval de la Garde, qui avaient reçu l'ordre de se conformer au mouvement de la division Picard, débouchèrent sur le même terrain. Elles avaient d'abord rompu au trot à travers champs en colonne par section ; mais retardées au passage du ravin Sainte-Catherine qu'elles ne purent franchir qu'avec difficulté, elles se trouvèrent ainsi avoir perdu l'avance qu'elles avaient prise tout d'abord sur l'infanterie. Arrivées sur la crête 303 où les 4e et 6e batteries montées venaient de se placer, elles se déployèrent vers la gauche, face au Sud-Ouest, la 3e batterie à droite appuyée à la route, la 4e batterie à gauche de la précédente. De là, on découvrait, par-dessus le mamelon 311-312, toujours occupé par la brigade Jolivet, la longue crête 329-317 où l'on voyait les batteries ennemies se profiler sur l'horizon.

A peine la 3e batterie était-elle en position, qu'elle se trouva en but à un tir très rapidement réglé; les projectiles toutefois s'enfonçaient dans le sol sans éclater, de sorte que pendant la première phase de la lutte les pertes se réduisirent à deux ou trois hommes hors de combat pour les deux batteries — d'ailleurs en partie masquées par la crête, contrairement aux errements généralement suivis alors. Le feu des batteries de la Garde fut d'abord ouvert à 1800 mètres, avec l'évent de 1500 ; par suite, les obus « devaient éclater bien en avant de l'objectif, lequel était situé à 2,800 mètres » (1). D'après l'Historique de 1871, cependant, la distance de

(1) Historique du régiment à cheval de la Garde (de 1875).

tir paraît avoir été portée bientôt à 2,500 mètres. « Le capitaine commandant de la 3e batterie, dit cet Historique, fit d'abord faire un feu à volonté pour occuper les hommes dont la plupart étaient engagés pour la première fois. Puis, une fois la ligne déployée et les coups répartis sur une ligne plus considérable, toutes les pièces firent un feu rapide à commandement (1) ».

Les 5e et 6e batteries à cheval avaient quitté Gravelotte en même temps que les 3e et 4e, mais elles furent arrêtées sur la rive gauche du ravin de Sainte-Catherine et s'établirent sur le contrefort situé à 500 mètres au Sud de la grande route pour surveiller le rentrant du bois de Saint-Arnould. Elles eurent l'occasion de tirer quelques coups contre les deux bataillons du *8e* qui cherchaient à déboucher de ce bois (2).

Sur les huit batteries de la Garde, déjà acheminées du plateau de Gravelotte vers le champ de bataille (3), quatre seulement (4) se trouvaient donc à peine en mesure, — à cause de leur position très éloignée — de prendre part à la lutte engagée avec l'artillerie allemande. Les quatre autres (5) étaient maintenues en

---

(1) Les 3e et 4e batteries à cheval restèrent au combat jusqu'à la nuit, ainsi qu'on le verra plus loin.

Pertes totales de la journée : 3e batterie, 5 hommes, 12 chevaux, environ 500 coups tirés ; 4e batterie, 3 hommes, 9 chevaux, environ 500 coups tirés.

(2) Elles restèrent sur cet emplacement jusque vers 5 heures du soir, c'est-à-dire jusqu'au moment où le maréchal Bazaine amena, pour les remplacer, la batterie de mitrailleuses de la division Montaudon $\left(\frac{8}{4}\right)$.

(3) $\frac{1\text{ c, }2\text{ c}}{\text{G}}$, $\frac{4,\ 6}{\text{G}}$, $\frac{3\text{ c, }4\text{ c}}{\text{G}}$, $\frac{5\text{ c, }6\text{ c}}{\text{G}}$.

(4) $\frac{4,\ 6}{\text{G}}$, $\frac{3\text{ c, }4\text{ c}}{\text{G}}$.

(5) $\frac{5\text{ c, }6\text{ c}}{\text{G}}$ et $\frac{1\text{ c, }2\text{ c}}{\text{G}}$, alors postées, comme on sait, sur le revers

observation, sur des emplacements d'où elles n'auraient pu intervenir que d'une manière plus imparfaite encore.

Pendant que la réserve d'artillerie de la Garde se déployait ainsi qu'on vient de le dire, la brigade de La Croix apparaissait aux environs de Rezonville, suivie de la 3e batterie montée.

La 2e brigade de grenadiers, avait, en effet, suivi la 1re. Elle approchait de Rezonville, quand le général Frossard, rencontrant le général de La Croix, pria celui-ci de venir à son secours, bien qu'en fait, l'offensive allemande qui avait, un instant, paru devoir déboucher de Flavigny, fut définitivement suspendue.

Quoi qu'il en soit, et avec l'assentiment du général Picard, le commandant de la 2e brigade de la Garde prit la tête du 2e grenadiers et la guida vers la gauche de la brigade Jeanningros. Mais à peine le mouvement était-il commencé que le général Picard retint le IIIe bataillon de ce régiment et le Ier du 3e grenadiers (1). Le général de La Croix ne disposa donc plus, pour l'instant, que des Ier et IIe bataillons du 2e grenadiers.

Ces deux bataillons, formés en bataille et couverts chacun par une ligne de tirailleurs, gravirent les pentes du mamelon 311 et se déployèrent sur la crête 311-312, c'est-à-dire sur l'emplacement encore occupé par le 77e. Les tirailleurs dépassèrent cette crête « sous une grêle continue de mitraille » pendant que les deux bataillons ouvraient le feu, de la crête même, c'est-à-dire à grande distance, sur l'artillerie adverse déployée au Sud-Est de

---

oriental du plateau 307-308 pour surveiller le ravin de Sainte-Catherine.

(1) Le Ier bataillon du 3e grenadiers était seul présent. Le IIe bataillon, chargé de fouiller le bois des Ognons dans la matinée, ne rejoignit qu'un peu plus tard. Le IIIe bataillon escortait, comme on sait, les bagages du quartier impérial.

Flavigny (1). Malheureusement la distance de tir dépassait celle du fusil Chassepot, et le feu de l'infanterie resta à peu près impuissant contre les pièces allemandes (2); au bout de peu d'instants, — c'est-à-dire vers 2 heures, — les tirailleurs du 2e grenadiers rétrogradèrent jusque sur la crête même.

Le IIIe bataillon du 2e grenadiers restait auprès de Rezonville, tandis que le Ier du 3e, — rejoint un peu plus tard par le IIe, — se rassemblait en arrière (3).

La 3e batterie montée avait suivi la brigade de La Croix et venait s'établir sur la crête 308-299 entre les batteries du 2e corps et de la réserve générale : position qu'elle ne put conserver que peu de temps ainsi qu'on le verra plus loin.

Cependant, la brigade Jolivet, très vivement engagée depuis le matin avait déjà beaucoup souffert et se trouvait, depuis son mouvement de recul jusque sur le plateau découvert qui domine au Nord la lisière du bois de Vionville, d'autant plus exposée au tir de l'artillerie de la 5e division prussienne, qu'elle venait d'être elle-même privée de son artillerie, qui s'était repliée vers Rezonville (4).

Après l'arrivée des deux bataillons du 2e grenadiers,

---

(1) Sans doute sur les deux batteries à cheval de la croisée des routes 317 $\left(\frac{1\text{ c, }3\text{ c}}{3}\right)$.

(2) Le 2e grenadiers constata cette impuissance et ne parvint pas à rectifier sa hausse (Rapport du général de La Croix.) Celle-ci n'était, en effet, graduée que jusqu'à 1200 mètres, tandis que la distance de l'objectif était d'environ 1400.

(3) Le Ier bataillon avait été d'abord arrêté auprès des zouaves; quand le IIe bataillon arriva à hauteur de Rezonville, le Ier bataillon alla le rejoindre.

(4) $\frac{5,\ 6}{5}$. La 12e s'était retirée de la lutte depuis longtemps déjà.

le général Jolivet dut prescrire la retraite qui s'effectua lentement et par échelons dans la direction de Rezonville, sous la protection des deux bataillons du 25e que le colonel Gibon amenait en cet instant même au combat (1).

Dès leur arrivée sur la hauteur 312, ces deux bataillons, détachèrent en avant deux compagnies de tirailleurs qui ouvrirent le feu, à 800 ou 900 mètres, sur les compagnies prussiennes embusquées sur la lisière du bois de Vionville ; les autres compagnies se déployèrent sur la crête même, mais restèrent tout d'abord inactives, masquées qu'elles étaient par les tirailleurs de la brigade Jolivet encore en position un peu en avant d'elles. Quand ceux-ci eurent évacué la ligne de combat, les deux bataillons du colonel Gibon, se déployèrent en bataille et rejoignirent leur propre ligne de tirailleurs, ayant à leur droite les deux bataillons du 2e grenadiers, et à leur gauche, les troupes de la brigade Lapasset avec lesquelles étaient venues se fondre quelques fractions du IIIe bataillon du 76e et qui continuaient à lutter à hauteur de la Maison-Blanche, contre les compagnies prussiennes de la lisière du bois Saint-Arnould. Mais bientôt (un peu après 2 heures), les Ier et IIe bataillons du 3e grenadiers furent dirigés sur la croupe de la Maison-Blanche par ordre du général Bourbaki. Malheureusement, ces deux bataillons s'avancèrent en ordre déployé par les hauteurs découvertes que suit le chemin de Gorze à Rezonville. Pris d'écharpe par l'artillerie de la 5e division prussienne, ils subirent des pertes importantes avant d'avoir atteint les environs de la Maison-Blanche; de là ils ouvrirent le feu sur la lisière du bois de Saint-Arnould, donnant alors un

---

(1) La brigade Jolivet rejoignit sa division près de Rezonville et se retira ensuite vers Gravelotte, à la suite du 2e corps.

appui efficace aux bataillons de la brigade Lapasset engagés sur ce point (1).

Dès lors, la ligne de combat de la défense se trouvait être rétablie — ou renforcée suivant les points — depuis la grande route jusqu'au bois des Ognons. Le 3e bataillon de chasseurs, quelques fractions du 76e, le IIIe bataillon du 55e et la brigade Lapasset venaient en effet de recevoir, en l'espace d'une heure, l'appui de onze bataillons de troupes fraîches (2). En outre, treize autres bataillons n'ayant pas encore paru au feu se trouvaient, d'ores et déjà, rassemblés autour de Rezonville (3).

L'artillerie française (jusqu'à 2 heures). — Depuis midi et demi, la retraite définitive des troupes du 2e corps, l'irruption de la cavalerie en avant de Flavigny et l'intervention personnelle du commandant en chef qui ne pouvait résister à son penchant bien accusé de déplacer des batteries sans raison apparente, avaient amené d'importants changements dans la situation de l'artillerie sur toute la partie du champ de bataille qui s'étend du bois des Ognons à la voie romaine et plus particulièrement auprès de Rezonville où le maréchal Bazaine déployait toute son activité.

A l'exception de la 3e batterie montée de la Garde qui vint s'installer, comme on l'a dit précédemment, sur la crête au Sud-Ouest de Rezonville, toutes les autres batteries du corps Bourbaki avaient pris position en seconde ligne et ne pouvaient, par conséquent, prêter qu'un

(1) $\frac{\text{I, III}}{84}$, $\frac{\text{III}}{97}$, plus $\frac{\text{III}}{55}$ et des fractions de $\frac{\text{III}}{76}$.

(2) $\frac{\text{I, II, III}}{70}$, $\frac{\text{I}}{23}$, $\frac{\text{I}}{1\text{ Gr}}$, $\frac{\text{I, II}}{2\text{ Gr}}$, $\frac{\text{II, III}}{25}$, $\frac{\text{I, II}}{3\text{ Gr}}$.

(3) $\frac{\text{I, II, III}}{26}$, $\frac{\text{I. II. III}}{28}$, $\frac{\text{I, II}}{97}$, $\frac{\text{II. III}}{1\text{ Gr}}$, $\frac{\text{III}}{2\text{ Gr}}$, $\frac{\text{I, II}}{\text{Z}}$.

appui peu efficace à celles des 2e et 6e corps et à celles de la réserve générale.

Sur la croupe 308, c'est-à-dire sur le terrain d'où la brigade Lapasset maintenait sur la lisière du bois de Saint-Arnould l'infanterie du 8e régiment prussien, la 7e batterie du 2e, la 6e du 15e et les 5e et 6e du 18e n'avaient pas quitté leurs positions ; mais la 11e batterie du 5e avait rejoint sa réserve auprès de Rezonville *pour se réapprovisionner* et fut ultérieurement envoyée sur un autre point du champ de bataille avec la seconde batterie de son groupe.

On sait déjà que les 1re, 2e et 4e batteries du 18e, avaient reçu l'ordre du commandant en chef, un peu avant midi et demi, de se porter sur la croupe de la Maison-Blanche. Mais elles n'y restèrent que quelques instants, car, le Maréchal, sans doute vivement impressionné par la charge des hussards Redern, prescrivit aussitôt après au général Canu de les ramener au Sud-Ouest de Rezonville.

C'est peut être pour remplacer ces trois batteries que les deux batteries de la division Levassor-Sorval (1) se portèrent en avant, — vers 1 heure, — et s'établirent sur la croupe 307 pour tirer, — à 3,000 mètres, — sur l'artillerie voisine du bois de Vionville.

Vers 2 heures, et en tenant compte des six batteries à cheval de la Garde dont il a été précédemment question, douze batteries étaient donc échelonnées entre le bois des Ognons, la croupe 308 et la grande route, soit pour contre-battre les sept batteries allemandes qui se profilaient, — à une distance considérable pour certaines d'entre elles, — sur la crête 317-329, soit pour tirer sur l'infanterie adverse déployée sur la lisière du bois, soit

(1) $\frac{7,\ 8}{18}$.

simplement, enfin, pour *surveiller* les débouchés de ces bois (1).

Sur la crête 299-311, d'où les vues s'étendent sur la plaine de Flavigny, les deux batteries placées en arrière de la batterie Donop de la Garde, s'étaient repliées successivement à la suite de la charge Redern : la 10e batterie du 15e entraînée la première alla se reformer au Nord-Est de Rezonville où elle fut rejointe un peu plus tard par les 4e et 6e batteries montées de la Garde ; la 10e batterie du 5e alla *se réapprovisionner à sa réserve* où elle retrouva l'autre batterie de son groupe, la 11e, qui était venue en faire autant ainsi qu'on vient de le voir.

Les deux batteries les plus voisines de la route (8e et 9e du 5e), arrêtées à quelques centaines de mètres en avant de la crête, avaient gardé leur position jusqu'à près de 1 heure de l'après-midi (2).

A ce moment, la 9e batterie reçut l'ordre de rallier la division Bataille à laquelle elle appartenait. Mais à peine avait-elle commencé son mouvement qu'elle fut arrêtée

---

(1) En première ligne, à hauteur de la croupe 308 : $\frac{6}{18}$, $\frac{6}{15}$, $\frac{7}{2}$, $\frac{5}{18}$, $\frac{1\text{ c}, 2\text{ c}}{G}$; en raison de leur position sur le revers de la croupe 308, les trois dernières batteries ne paraissent pas avoir été en situation de tirer sur l'artillerie ennemie.

En seconde ligne : $\frac{7, 8}{18}$ sur la croupe 307 ; $\frac{3\text{ c}, 4\text{ c}}{G}$ près de la grande route ; $\frac{5\text{ c}, 6\text{ c}}{G}$ au Nord du bois des Ognons. Les quatre premières de ces six batteries tirèrent seules sur l'artillerie allemande.

(2) Ni le rapport du commandant Collangettes, ni l'Historique des batteries ne parlent de la charge de la 6e division de cavalerie. Il est vrai que la charge Redern, elle-même, ne paraît pas avoir attiré autrement leur attention, sans doute à cause de la rapidité avec laquelle les cavaliers défilèrent vers la gauche et sortirent du champ d'action des batteries.

par le général Frossard qui la fit remettre en batterie, sans doute auprès de la 8e et un peu en arrière de la crête.

A l'extrême gauche de la position, c'est-à-dire dans le voisinage du chemin conduisant à Chambley, les trois batteries du 18e (1re, 2e et 4e) s'établissaient à leur tour auprès de la 8e batterie du 17e. A ce moment, l'artillerie allemande venait de se porter en avant et occupait maintenant la hauteur 317 et les pentes descendant vers Flavigny. Aussi, le feu prit-il dès l'abord une grande intensité. Les 1re et 4e batteries, un peu mieux protégées que la 2e, purent soutenir la lutte; mais cette dernière se trouva presque immédiatement accablée par un tir très supérieur. « L'emplacement était extrêmement périlleux, dit l'Historique de la batterie, l'ennemi ayant dirigé son feu depuis le matin sur ce point, devait facilement régler son tir. Le colonel en fit l'observation et se fit répéter l'ordre de se porter à la position indiquée ; ce qui était prévu arriva: les projectiles venaient tous éclater dans la batterie et causaient de tels ravages qu'au bout de 10 minutes, 21 hommes dont 3 chefs de pièces et 29 chevaux étaient tués ou blessés. Au moment de la mise en batterie, un coffre sauta tout d'abord ; le chef de pièce, un brigadier et cinq chevaux étaient frappés ; la pièce n'était plus en état de faire feu. La retraite était reconnue nécessaire. Elle se fit en bon ordre... »

Heureusement, la 3e batterie montée de la Garde apparut bientôt à la droite des deux batteries restantes du 18e (1) et trois autres batteries, appartenant au 2e corps, revenaient prendre position un peu plus au Nord :

La 5e batterie, en effet, puis les 10e et 11e du 5e, rentraienten action au Sud-Ouest de Rezonville, après s'être réapprovisionnées auprès de leurs réserves.

(1) Voir page 328.

Dès lors, c'est-à-dire vers 2 heures, 9 batteries (1) s'étendaient de la grande route au chemin de Chambley et contre-battaient les 8 batteries allemandes échelonnées un peu en avant du chemin de Gorze à Saint-Marcel (2).

Au Nord de la chaussée de Mars-la-Tour, et jusqu'au bois de Saint-Marcel, c'est-à-dire sur la partie du champ de bataille où le commandant en chef n'intervint pas personnellement, aucune modification dans la ligne d'artillerie n'était survenue depuis le départ des trois batteries du 18e et depuis le recul, — jusque sur la crête, — des deux batteries de la division Bisson (3).

Mais un peu au delà du bois de Saint-Marcel, la 8e batterie du 8e continuait, seule, à tirer sur l'artillerie du major Korber, les 9e et 10e batteries du 11e, « ayant dû se retirer après deux heures de feu » (4).

Il en résulte que, dès 2 heures, 12 batteries françaises (5), toutes déjà au feu depuis de longues heures, furent à même de diriger un feu continu, — et efficace

---

(1) $\frac{8,\,9}{5}$, $\frac{10,\,11}{5}$, $\frac{5}{5}$, $\frac{3}{G}$, $\frac{8}{17}$, $\frac{1,\,4}{18}$.

(2) $\frac{3c,\,1c}{3}$, $\frac{2c,\,6,\,III}{3}$, $\frac{4,\,IV}{3}$, $\frac{3c}{10}$. Il est à remarquer que sur leur position de la hauteur 317, les 1re et 3e batteries à cheval du *3e* étaient en but au tir des batteries françaises établies soit au Sud-Ouest de Rezonville, soit sur la croupe 307, à l'Est de la même localité.

(3) $\frac{9,\,10}{13}$.

(4) Rapport du lieutenant-colonel Maucourant, commandant l'artillerie de la 4e division du 3e corps.

Ces deux batteries ne prirent plus part à la lutte. La 9e batterie n'avait cependant subi aucune perte. La 11e n'avait que deux hommes et 5 chevaux hors de combat. Elles n'avaient tiré, à elles deux que 694 coups, c'est-à-dire un peu plus du tiers de l'approvisionnement des batteries de combat.

(5) $\frac{8}{8}$, $\frac{10,\,7}{4}$, $\frac{7}{8}$, $\frac{7}{14}$, $\frac{12}{8}$, $\frac{5}{8}$, $\frac{6}{14}$, $\frac{7}{5}$, $\frac{3}{18}$, $\frac{9,\,10}{13}$. La 5e batterie du 14e était présente mais ne tira pas pour une cause restée ignorée

ainsi qu'on le verra bientôt, — soit sur les 5 batteries allemandes établies à l'Est de Vionville (1), soit sur les 6 autres postées sur le mamelon 297 (2). Enfin, aux environs de Saint-Marcel, et par conséquent à une grande distance de l'artillerie ennemie (2,500 à 3,000 mètres) 6 batteries (3) étaient maintenant en position de combat, par suite de l'arrivée en ligne de l'une des batteries de la division Nayral (4).

En outre, les batteries disponibles aux environs de Saint-Marcel et de Bruville étaient nombreuses. Deux batteries de la division Nayral étaient réunies près du premier de ces villages (5); les deux premières batteries à cheval du 17e étaient toujours en observation au Nord-Est du même point; les trois batteries de la division Montaudon atteignaient vers 2 heures la ferme de Villers-au-Bois (6). A l'extrême droite française, 9 batteries du 4e corps étaient réunies entre Bruville et Urcourt et 7 d'entre elles allaient bientôt prendre position sur la crête au Nord des bois de Tronville et battre d'enfilade l'artillerie du mamelon de Vionville, déjà très éprouvée par le tir du 6e corps (7).

---

(1) $\frac{4,\ \mathrm{IV}}{3}$, $\frac{3\ \mathrm{c}}{10}$, $\frac{2\ \mathrm{c}}{10}$, $\frac{3}{3}$.

(2) $\frac{1\ \mathrm{c}}{10}$, $\frac{\mathrm{I}}{10}$, $\frac{1\ \mathrm{c}}{4}$, $\frac{\mathrm{VI},\ \mathrm{V}\ 5}{3}$.

(3) $\frac{3,\ 4}{17}$, $\frac{11,\ 12}{11}$, $\frac{8}{11}$, $\frac{9}{4}$.

(4) La 9e batterie du 4e se mit seule en batterie, les autres $\left(\frac{11,\ 12}{4}\right)$ restant en réserve auprès du village.

(5) $\frac{11,\ 12}{4}$.

(6) $\frac{5,\ 6,\ 8}{4}$. On ne tient pas compte des 9e et 10e batteries du 11e, qui venaient de se retirer, bien que ces deux batteries n'eussent subi que des pertes, infimes pour l'une et nulles pour l'autre.

(7) On se borne pour l'instant à signaler l'apparition du 4e corps

Près de Rezonville enfin, les 4e et 6e batteries de la Garde étaient les seules batteries qui, de ce côté, n'eussent pas encore été engagées ou déployées sur la ligne de combat.

Si donc on envisage la situation d'ensemble des artilleries opposées vers 2 heures de l'après-midi, on constate que 39 batteries françaises se trouvaient alors *en position de combat* (tandis que l'adversaire n'en possédait encore que 21, toutes engagées dès leur arrivée sur le champ de bataille), et qu'à très courte distance en arrière, c'est-à-dire dans le voisinage de Rezonville, de Villers-aux-Bois, de Saint-Marcel et de Bruville, 18 autres batteries *absolument intactes* étaient à la disposition immédiate du commandement (1).

En laissant de côté pour l'instant le défectueux emploi qu'on fit des batteries disponibles, il n'en reste pas moins établi qu'à l'heure actuelle, l'artillerie française déjà engagée, avait une supériorité numérique écrasante.

à l'extrême droite française. Les opérations du corps du général de Ladmirault seront relatées ultérieurement.

(1) En outre, sept autres batteries ayant plus ou moins pris part à la lutte stationnaient également autour de Rezonville, savoir :

$\frac{6}{5}$; pertes : 3 hommes, 8 chevaux, 1170 obus ;

$\frac{12}{5}$; pertes : 7 hommes, 5 chevaux ; 549 boîtes à balles ;

$\frac{7}{17}$; pertes : 2 hommes, 20 chevaux ; 900 obus ;

$\frac{2}{18}$; pertes : 21 hommes, 29 chevaux ; quelques obus ;

$\frac{7}{20}$; pertes : inconnues jusqu'à cette heure ; pour la journée entière : 6 hommes ; 760 obus ;

$\frac{8}{20}$; pertes : inconnues jusqu'à cette heure; provenant en

Elle n'obtint point cependant sur l'ensemble du champ de bataille le résultat qu'on aurait été en droit d'attendre d'une telle disproportion de forces, puisque, sauf de rares exceptions, la très grande majorité des pièces prussiennes n'abandonnèrent pas la lutte de toute la journée. On recherchera plus tard les causes multiples d'un tel fait, mais on doit faire observer dès maintenant qu'on ne saurait en conclure que le tir des nombreuses batteries françaises eût été réellement inefficace au point de vue matériel, puisque les batteries allemandes se trouvaient d'ores et déjà très endommagées et que beaucoup d'entre elles étaient alors à peu près incapables de changer de position, tandis qu'en général et sauf exception, le personnel et les chevaux du parti opposé n'avaient été que peu éprouvés (1).

---

grande partie de la charge Bredow ainsi que celles de la batterie précédente : 45 hommes ; 400 obus ;

$\frac{5}{14}$; pertes 6 hommes, 3 chevaux ; 14 obus.

Enfin cinq batteries étaient auprès de Gravelotte :

$\frac{1, 2, 5}{G}$: intactes ;

$\frac{11}{13}$ déjà engagée ; pertes totales de la journée : 11 hommes, 14 chevaux, 378 obus ;

$\frac{12}{13}$ déjà engagée ; pertes totales de la journée : 20 hommes, 23 chevaux ; 147 obus.

(1) Sans vouloir anticiper sur une étude comparative qui sera résumée ultérieurement, on peut, cependant, faire pressentir que la suprématie prise par l'artillerie allemande à Rezonville fut loin d'être uniquement due à ses effets destructeurs sur l'artillerie française, lesquels furent très inférieurs — par batterie — à ceux que leur infligea leur adversaire. Seulement, une direction supérieure énergique et toujours guidée par la poursuite d'un but précis ; un commandement tactique et technique convenablement organisé par groupes; un jeu ration-

La gauche du IIIe corps, cependant, allait bientôt donner au commandement prussien de sérieuses inquiétudes, et ceci, surtout à cause du tir des batteries du lieutenant-colonel de Montluisant et du lieutenant-colonel Jamet (1) qui se trouvaient précisément être les seules qui, engagées dès le début, n'eussent point encore changé de position et se tinssent toujours inébranlables au combat (2).

Combat de la 6e division prussienne (jusqu'à 2 heures). — A l'aile droite de la 6e division, les fractions d'infanterie très éprouvées et fort mélangées qui s'étendaient de Flavigny à la grande route, avaient profité de l'instant de répit procuré par les charges de cavalerie, pour remettre un peu d'ordre dans leurs rangs et rétablir la liaison entre elles (3).

Les deux bataillons de la 5e division (4), qui avaient reçu la charge des cuirassiers de la Garde, avaient pu gagner du terrain vers le Nord et parvenaient même un instant jusque dans le voisinage de la route lorsque le 9e de ligne se fut retiré. Mais une fusillade intense du 70e et du Ier bataillon du 25e, ainsi que de

---

nellement conçu et assez correctement exécuté des réserves en hommes, chevaux et munitions; et enfin le sentiment, exagéré, en fait, de la puissance de son matériel, donnèrent aux batteries prussiennes une capacité de résistance qui les maintint au combat jusqu'à la chute du jour et leur permit, par conséquent, d'intervenir en masse contre l'adversaire dès que l'occasion s'en présentait. Toutes choses qui, du côté français, se trouvaient exactement renversées.

(1) Sauf $\frac{5}{14}$.

(2) Fait intéressant à constater pour les conclusions qu'on en pourra tirer par son rapprochement avec l'instabilité des batteries près et au Sud de Rezonville.

(3) *Historique du Grand État-Major prussien* et 18e Monographie.

(4) $\frac{F}{12}$, $\frac{II}{52}$.

l'aile gauche du 93e, mit hors de combat presque tous les officiers prussiens (1) et obligea les deux bataillons à se replier sur Flavigny.

Désormais, tout le terrain qui s'étendait au Sud de la route était dégagé de troupes françaises aussi bien que de troupes allemandes et cinq compagnies du *35*e (2) formèrent, avec les deux bataillons de la *5*e division dont il vient d'être question, la garnison du hameau de Flavigny.

Le 93e, déployé sur une longue ligne mince au Nord de la grande route constituait le seul adversaire d'infanterie auquel eut affaire pour le moment le centre de la *6*e division.

Les Ier et IIIe bataillons du *20*e appelés de ce côté au secours de la ligne de combat, obliquèrent franchement, des abords de Flavigny, vers la route qu'ils parvinrent à dépasser quelque peu ; à leur gauche, le *64*e, au milieu duquel s'étaient engagées, sur l'ordre du commandant du IIIe corps, deux compagnies du détachement Lehmann (3), avait également appuyé vers le Nord et « rétablissait ainsi la liaison avec le *24*e engagé dans un combat acharné » (4). Enfin, cinq compagnies du *35*e (5), quittant le hameau de Flavigny, progressaient vers le Nord et s'établissaient dans les fossés de la grande route, à la droite des deux bataillons du *20*e.

L'apparition de nouvelles troupes prussiennes aux abords du chemin de terre qui, de Vionville conduit au

(1) C'est là que fut tué le capitaine Hildebrand.

(2) $\frac{3,\ 6,\ 9,\ 10,\ 12}{35}$.

(3) $\frac{6,\ 7}{91}$.

(4) *Einzelschriften. Heft* 18.

(5) $\frac{1,\ 2,\ 4,\ 7,\ 11}{35}$.

plateau 312, paraît avoir fâcheusement impressionné le IIe bataillon du 93e qui se trouvait ainsi fusillé de front et de flanc. Ce bataillon se replia donc quelque peu vers l'arrière, sans doute en faisant face à la nouvelle direction dangereuse.

Au Nord de Vionville, le *24e* régiment continuait à lutter, aux côtés du IIe bataillon du *20e*, contre l'aile droite du 93e prolongée, du côté de la voie romaine, par le 10e de ligne. Mais « après une lutte de plusieurs heures, la situation sur ce point n'avait fait qu'empirer » (1).

D'ailleurs, le général Alvensleben avait été prévenu un peu avant 12 h. 30, de l'approche de forces importantes dans les directions de Saint-Marcel et de Bruville (2). « Devant cette menace d'enveloppement, dit la 18e Monographie, le général Alvensleben se vit obligé de recourir aux réserves d'infanterie maintenues jusque-là en arrière. » Or, la seule réserve dont disposât le commandant du IIIe corps d'armée était constituée par le reste de la demi-brigade Lehmann laissée jusque-là près de Tronville (3). Ce furent donc ces deux bataillons et demi qui reçurent la mission d'occuper les bois de Tronville « mais sans engager le combat jusqu'à nouvel ordre ».

Cependant, on apprit quelques instants plus tard, que la *20e* division était en marche vers Tronville et qu'elle

---

(1) *Historique du Grand État-Major prussien.*

(2) C'était, d'une part, le 3e corps français, ainsi qu'on l'a vu déjà, et d'autre part le 4e corps, ainsi qu'il sera dit plus tard.

(3) $\frac{I}{78}$, $\frac{F}{91}$, $\frac{3,\ 4}{91}$, c'est-à-dire deux bataillons et demi. On sait que $\frac{II}{91}$ était déjà engagé, partie en avant de Vionville avec le *20e* (6e et 7e compagnies) et partie dans les bois de Tronville (5e et 8e compagnies).

atteindrait sans doute ce point vers 3 heures. Cette importante nouvelle, en même temps qu'elle modifia quelque peu les idées du général en chef sur la direction à choisir pour une retraite dont il continuait à envisager l'éventualité, le rendit moins circonspect dans l'emploi de la faible et dernière réserve d'infanterie qu'il eût entre les mains : le colonel Lehmann reçut donc l'ordre de pousser jusqu'aux lisières Nord et Est du bois de Tronville. Cependant, l'épaisseur du fourré rendit la marche de l'infanterie très pénible et très lente, de sorte que c'est seulement vers 1 h. 30 qu'elle arriva sur la lisière septentrionale avec deux de ses bataillons (1) tandis que deux compagnies occupaient la pointe Nord-Est du bois (2).

Mais à ce moment, l'aile gauche de la 6e division d'infanterie avait dû rétrograder devant la fusillade intense que leur faisaient subir la division La Font de Villiers et la brigade Péchot. Les bataillons de gauche de cette longue ligne furent même rejetés sur la lisière du bois de Tronville où ils continuèrent, d'ailleurs, à être pris d'enfilade par la 8e batterie du 8e installée à l'Ouest du bois de Saint-Marcel puis par les deux premiers bataillons du 12e qui venaient de se déployer à la droite de cette dernière.

Le colonel Lehmann, cependant, tenta de rétablir le combat par une action offensive ; les deux compagnies du 91e (3e et 4e) qui arrivaient à la pointe Nord-Est du bois essayèrent d'en déboucher ; mais elles durent regagner précipitamment leur couvert sous un feu des plus intenses.

---

(1) $\frac{\text{I}}{78}$ et $\frac{\text{F}}{91}$.

(2) $\frac{3,\ 4}{91}$.

Les bataillons qui occupaient la lisière septentrionale du bois de Tronville, ne s'y maintenaient qu'avec la plus grande peine sous le feu des tirailleurs du 4e régiment et sous celui des batteries du 3e corps postées au Sud-Ouest de Saint-Marcel. Ils durent même, un peu plus tard, rétrograder dans l'intérieur du taillis en attendant l'arrivée de la 20e division (1).

L'aile gauche allemande se trouvait donc alors réduite à défendre sur place les positions sur lesquelles elle venait d'être rejetée.

Au Nord-Est de Vionville, elle avait dû reculer jusqu'à 300 ou 400 mètres du village, tandis que les fractions plus rapprochées de la voie romaine avaient cherché un refuge sur la lisière orientale du bois de Tronville.

C'était là un important succès qui aurait pu faire présager la réussite d'une nouvelle entreprise au cas où on l'eût tentée avec les réserves du 3e corps, lesquelles venaient encore de s'augmenter de la division Nayral, maintenant réunie autour de Saint-Marcel.

Malheureusement, aucune pensée de ce genre ne paraît avoir germé dans l'esprit du haut commandement, occupé ailleurs. Le commandant du 6e corps, d'autre part, avait déjà déployé toutes les troupes dont il disposait sur cette partie du champ de bataille, et celui du 3e, ayant reçu du maréchal Bazaine l'ordre de constituer la réserve des 2e et 6e, eût sans doute cru outrepasser ses droits en profitant d'une occasion qui nécessitait une intervention énergique de sa part.

A défaut d'action offensive, il eût été à souhaiter que l'infanterie qui venait de voir reculer devant elle la longue ligne des bataillons de la 6e division prussienne, eût au moins gardé ses positions. Malheureusement, le 93e avait déjà subi de très grosses pertes. Déployé

(1) *Einzelschriften. Heft* 18.

sur des pentes absolument découvertes et exposé au tir de l'artillerie ennemie, il ne put, maintenant que son adversaire s'était dérobé, continuer à stationner sous le feu (1). Il se replia donc jusque derrière la crête 312, et l'artillerie du 6e corps se trouva ainsi absolument découverte sur son front.

Après avoir dirigé le détachement du Xe corps sur le bois de Tronville, — c'est-à-dire un peu après midi et demi, — le général Avensleben s'était porté, personnellement, vers le village du même nom, tant pour se renseigner plus complètement au sujet de l'arrivée des troupes françaises dans la région Saint-Marcel, Bruville, que pour apprécier les mesures à prendre et les dispositions adoptées par la 5e division de cavalerie.

« Là, dit la 18e Monographie, il se rencontra pour la seconde fois avec le général de Rheinbaben, qui était sur le point de porter les brigades Barby et Bredow dans la région au Nord du bois de Tronville, afin, ainsi qu'il le déclara, de couvrir l'aile gauche et de voir ensuite ce qu'il y aurait de mieux à faire. Le général Alvensleben, ne prescrivit ni ne défendit ce mouvement, car, ainsi qu'il l'a écrit lui-même, la 5e division de cavalerie allait être rejointe par le Xe corps et il n'y avait plus, dès lors, aucun motif d'intervenir dans le domaine du commandement du général de Rheinbaben. »

La brigade Barby (*4e* cuirassiers, *13e* hulans et *19e* dragons) partit la première, — vers 1 heure, — et, passant par l'Ouest des bois, vint appuyer le *13e* dragons (de la brigade Bredow) qui, de la croupe 274 observait

(1) Pertes du 93e : 29 officiers et 644 hommes ; officiers 43 p. 100, hommes de troupe 36 p. 100. Il est vrai que le 93e fut atteint un peu plus tard par la charge Bredow qui dispersa un assez grand nombre d'hommes. Mais les pertes en officiers indiquent que le régiment avait déjà beaucoup souffert du feu.

encore la direction de Doncourt, bien qu'il eût été une première fois, forcé de regagner le ravin sous la canonnade des deux batteries à cheval amenées à hauteur de Bruville par le général de Ladmirault (1).

Cependant, le général Alvensleben, sans doute pris d'inquiétude en voyant dégarnir presque complètement de cavalerie, les environs de Tronville, se ravisa et exposa au général de Rheinbaben, qu'il importait de maintenir sur place, une partie au moins de sa cavalerie. La brigade Bredow (huit escadrons des *7*e cuirassiers et *16*e hulans) fut donc arrêtée au Nord-Ouest du village, au moment où elle se mettait en marche pour suivre la brigade Barby vers le Nord. Le général Alvensleben regagna ensuite les environs de Vionville.

Il était plus de 1 heure lorsque la brigade Barby rejoignit le *13*e dragons sur la croupe 274, et à ce moment arrivait sur le même point la 1re batterie à cheval de la Garde (2).

Pendant que la cavalerie prussienne se réunissait en nombre sur le revers de la croupe 270-274, la brigade Bellecourt du 4e corps atteignait elle-même Bruville. Le 5e bataillon de chasseurs qui tenait la tête pénétrait dans la localité vers 1 heure et l'occupait tout d'abord, pendant que la brigade Bellecourt, venant de Doncourt, recevait l'ordre d'obliquer vers la gauche pour se rapprocher des troupes du 3e corps et entrer en liaison avec la division Tixier.

Mais bientôt, le 5e bataillon de chasseurs fut porté en

---

(1) Voir page 274.

(2) On verra plus tard que la brigade de dragons de la Garde, venant de Saint-Hilaire, débouchait vers 1 heure de Mars-la-Tour avec la batterie à cheval $\left(\frac{1\ c}{G}\right)$. D'après la 25e Monographie le général de Brandebourg qui la commandait, dirigea aussitôt sa batterie vers le point sur lequel marchait, à ce moment même, la brigade Barby.

avant et la 3e compagnie, déployée sur la crête 259, découvrit devant elle des cavaliers qui s'avançaient vers Bruville et appartenaient probablement au *13e* dragons prussien. Croyant d'abord avoir affaire à de la cavalerie française, elle les laissa s'approcher, puis reconnaissant son erreur, elle ouvrit un feu rapide qui fit immédiatement faire demi-tour aux vedettes ennemies (1). C'est sans doute un peu après cette fusillade que la batterie de mitrailleuses Saint-Germain (2) tira quelques coups sur des patrouilles qu'on apercevait encore aux environs du Poirier du Bois-Dessus (3).

Pendant que les vedettes prussiennes étaient ainsi accueillies par le 5e bataillon de chasseurs, la brigade Bellecourt se déployait dans le ravin au Sud-Est de Bruville. Il était alors 1 h. 30. A ce moment, la réserve d'artillerie du 3e corps, établie au Sud-Ouest du village, tirait sur l'infanterie du détachement Lehmann qui apparaissait sur la lisière du bois de Tronville. Quand elle aperçut les escadrons du général Barby qui s'avançaient dans le vallon au Nord de ces bois, elle dirigea immédiatement son feu sur eux. « Dès les premiers coups, dit l'Historique de la 4e batterie du 17e (4), il se produisit une confusion extrême dans ces troupes, qui se rejetèrent aussitôt vers les bois. On activa le tir et on put leur envoyer quelques projectiles qui leur firent exécuter une retraite désordonnée. »

---

(1) Rapport du commandant Carré, commandant le 5e bataillon de chasseurs.

(2) $\frac{5}{1}$.

(3) Rapport du général de Ladmirault. Près d'une bande boisée qui existait en 1870 dans le voisinage de la cote 257.

(4) Cette batterie venait de faire un demi-à-droite pour tirer sur les parcelles avancées du bois de Tronville, sans doute occupées par des tirailleurs du 1er bataillon du *78e*.

Quant à la 1re batterie à cheval de la Garde prussienne elle dut faire demi-tour également et reprit un instant position à l'Ouest des bois de Tronville pour tirer quelques coups de canon contre l'artillerie du 3e corps. En même temps, la cavalerie prussienne se rassemblait à l'abri de ces mêmes bois, pour se replier un peu plus tard vers Tronville (1), tandis que la batterie à cheval ralliait les dragons de la Garde à Mars-la-Tour (2).

Charge de la brigade Bredow. — Revenu dans les environs de Vionville, le général Alvensleben avait pu constater le mouvement de recul de l'infanterie déployée au Nord de la route (3). « Le feu de l'artillerie ennemie était toujours aussi insupportable sur la ligne : voie romaine, Rezonville, que celui de l'artillerie du 3e corps maintenant engagée au complet (4) sur notre flanc gauche (5). » Dans ces conditions, la possession de Vionville, parut menacée.

« Le IIIe corps prussien, dit encore la 18e Monographie, avait certainement réussi, par son impétueux élan et sa courageuse attitude, à attirer sur lui quatre corps d'armée ennemis et à leur faire faire front.

---

(1) Il semble que la brigade Barby dut s'arrêter un certain temps à l'Ouest du bois de Tronville, car elle n'était certainement pas revenue auprès de la brigade Bredow quand celle-ci reçut du colonel Voigts-Rhetz l'ordre de charger. Il est vraisemblable que le mouvement de recul de la brigade Barby, et du *10e* hussards rassemblé près de la grande route, fut provoqué par le déploiement de la brigade Bellecourt sur la crête 270. A ce moment, la brigade Bredow était certainement déjà en mouvement vers l'Est.

(2) *Einzelschriften. Heft* 25.

(3) $\frac{F}{24}$, $\frac{I}{24}$, $\frac{II}{20}$, $\frac{5,\ 8}{91}$, $\frac{II}{24}$

(4) « Au complet » constitue une inexactitude, puisque huit batteries du 3e corps étaient seules en action à ce moment. (Voir pages 334 et 335.)

(5) *Einzelschriften. Heft 18.*

Mais il était à peine 2 heures et la journée était encore longue. Comme soutien le plus proche, on ne pouvait pas compter avant une heure, au plus tôt, sur la 20e division d'infanterie, et, soudain, le feu de l'artillerie de la voie romaine reprit avec une plus grande violence qui paraissait indiquer un nouvel effort, tandis que des nuages de poussière décelaient l'approche de renforts ennemis.

« Vionville devait être gardé à tout prix ; il fallait donner de l'air à la 6e division d'infanterie, et pour cela renouveler l'attaque afin d'empêcher l'adversaire de s'apercevoir de sa supériorité numérique. »

Pour cette nouvelle attaque, la cavalerie seule était disponible.

« L'ascendant que le IIIe corps d'armée avait pris jusqu'ici sur l'ennemi, dit le général Alvensleben, paraissait menacé par les préparatifs d'offensive qu'on remarquait contre la 6e division. Il n'était pas encore 2 heures. On a déjà fait remarquer qu'il paraissait indifférent que l'ennemi fut arrêté dans sa marche un peu plus ou un peu moins à l'Ouest; en conséquence, un mouvement de retraite éventuel avait été étudié et préparé. Mais, à la réflexion, il était insupportable (1) d'abandonner à l'ennemi le champ de bataille avec nos blessés. Dans un tel combat, il ne peut plus être question de manœuvres et l'on est soumis aux hasards de la lutte. D'ailleurs, abandonner l'ascendant moral eût été courir, pour l'issue de la bataille, un gros risque devant lequel d'autres, plus faibles, ne comptaient pas. Je résolus donc de prononcer une nouvelle attaque avec la cavalerie, car la 6e division d'infanterie n'était plus en état de le faire à cause de la lassitude des hommes et des

(1) Peut-être pourrait-on ajouter : et plus inexécutable encore que vers midi et demi.

pertes importantes qu'elle avait subies. J'ordonnai au colonel Voigts-Rhetz de faire charger la brigade Bredow dans ce but (1). »

« Je me portai donc, dit le colonel Voigts-Rhetz, à l'Ouest de Vionville et au Sud du bois de Tronville où se trouvait la brigade de cavalerie et je rejoignis le général Bredow qui se tenait, avec deux officiers, dans un pli de terrain d'où l'on ne pouvait apercevoir les batteries françaises. Comme je lui faisais part de la mission qu'on lui confiait, le général fit remarquer que le bois qui s'étendait devant nous était occupé par les Français. Je lui répondis que ce bois était tenu par notre infanterie, qu'il n'y avait aucun danger à craindre de ce côté et que si on le contournait en le longeant vers la gauche on pouvait arriver jusque sur le flanc des batteries ennemies. (Un pli de terrain conduisait jusqu'aux batteries.) J'ajoutai, que la volonté expresse du général Alvensleben était qu'on attaquât, et que d'ailleurs, la période de crise que traversait alors le combat exigeait une rapide décision. »

Malgré l'assurance qu'il venait de recevoir au sujet de l'occupation des bois de Tronville par l'infanterie allemande, le commandant de la 12e brigade de cavalerie persista cependant à y détacher deux escadrons et eut recours, pour les désigner, à un procédé qui, paraît-il, retarda sensiblement l'attaque si impatiemment attendue par le commandant du IIIe corps.

« Il s'écoula un temps relativement considérable avant qu'il se passât quelque chose, dit le général Alvensleben. Le général Bredow s'était arrêté pour tirer au sort les numéros de deux escadrons qu'il détacha

(1) Le général de Rheinbaben avait accompagné la brigade Barby. C'est pour cette raison que le chef d'état-major du IIIe corps fut adressé directement au général Bredow.

d'une manière tout à fait malheureuse... (1). Le colonel Voigts-Rhetz, qui s'était éloigné, constata la longueur des préparatifs de la brigade, et revint sur ses pas pour faire observer *qu'il n'y avait pas de temps à perdre...* » (2).

Ce n'est donc qu'après un assez long retard que le général Bredow, rappelé à l'observation des ordres du général Alvensleben par le chef d'état-major du IIIe corps, amena enfin les six escadrons qui lui restaient, dans l'angle formé par les deux routes de Mars-la-Tour et de Tronville (3).

Formée en ligne de masses, la brigade gagna la gauche des batteries du major Korber et se jeta dans le fond du vallon 270 au Nord-Ouest de Vionville.

En apparaissant sur la crête 287, la cavalerie prussienne avait certainement pu être aperçue par l'artillerie postée à l'Ouest du bois de Saint-Marcel et par celle du plateau 312, mais elle dut disparaître très rapidement dans le vallon 270 (4), de sorte que les batteries qui combattaient sur le front de la division La Font de Villiers n'eurent pas le temps de diriger spécialement leur tir sur elle (5).

Dès qu'ils eurent atteint le fond du vallon 270, les

---

(1) Le sort désigna le 3e escadron du 7e cuirassiers et le 1er du 16e hulans.

(2) Citation extraite de la 18e Monographie.

(3) Un peloton manquait au 7e cuirassiers, qui n'en comprenait ainsi que onze.

(4) Du plateau 312, on n'aperçoit qu'une mince bande de la crête 287 au delà du contrefort 286, qui se développe exactement au Nord de Vionville.

(5) Les rapports et historiques des batteries de la division Tixier ne signalent pas l'apparition de la cavalerie à ce moment; mais le commandant de l'artillerie de la division La Font de Villers l'aperçut certainement; il prit immédiatement des dispositions qu'on indiquera plus loin.

escadrons prussiens disparurent de la façon la plus complète aux vues des troupes françaises (1). Arrivé là, le général Bredow, — sans doute pour suivre l'itinéraire que lui avait si heureusement indiqué le colonel Voigts-Rhetz (2), — fit faire « pelotons à gauche » et s'avança ainsi au trot, en colonne d'escadrons dans un couloir où l'on se trouvait presque absolument à l'abri et où n'arrivaient que quelques projectiles égarés. D'après l'Historique du *16*e hulans (3), la brigade aurait gagné environ 1500 pas vers le Nord, ce qui laisse supposer que le régiment de tête (7e cuirassiers), dépassa la petite croupe 272, dont les pentes, sur le vallon, se terminent par un talus très raide bordé d'arbres et par quelques buissons, tandis que le *16*e hulans était encore au Sud de ce point.

C'est alors que le général Bredow, — un peu avant que sa tête de colonne arrivât à des haies qui barraient complètement le fond du vallon (4) et peut-être aussi au moment où quelques fractions du 4e de ligne étaient en mesure de découvrir la colonne, — reforma sa brigade en ligne de masses par le mouvement de « pelotons à droite ».

Si l'indication de distance donnée par l'Historique du *16*e hulans est exacte, ce régiment se serait ainsi trouvé, face à l'Est, à l'entrée du petit vallon 260-271,

---

(1) Même à celles des fractions de la division Tixier, qui occupaient la croupe 264, à l'Ouest du bois de Saint-Marcel $\left(4^e \text{ et } \frac{\text{I, II}}{12}\right)$.

(2) Il est à remarquer que, si la brigade eût été portée droit devant elle sur les batteries Montluisant, elle fût venue donner dans la ligne d'infanterie de la *6*e division prussienne.

(3) *Aufzeichnungen aus der Geschichte des Altmarkischen Ulanen-Regiments Nr. 16*. Berlin, 1882.

(4) Aux environs de la cote 255. De ce point, on n'aperçoit qu'une petite partie de la crête 264, alors occupée par le 4e de ligne.

tandis que le 7e cuirassiers aurait suivi le vallon parallèle à ce dernier et situé au delà de la croupe 272 (1).

Des indications absolument précises manquent sur le cheminement exact que suivirent, à partir de cet instant, les deux régiments prussiens. On peut cependant remarquer que les emplacements des batteries françaises atteintes par la charge paraissent indiquer que celle-ci aborda le plateau 312, sur une zone sensiblement plus éloignée de la voie romaine que ne l'indique, d'une manière d'ailleurs assez vague, le plan 5 A joint à l'Historique officiel allemand. De son point de départ dans le vallon 260, l'itinéraire du centre de la brigade allemande aurait donc été dirigé, à peu près sur la cote 312, en s'abaissant, par conséquent, très légèrement vers le Sud (2).

En gagnant quelques centaines de mètres vers l'Est, le *16e* hulans eut à franchir la petite croupe 272-276 et apparut certainement pendant un instant à quelques fractions du 10e de ligne déployées sur la voie romaine et aux batteries de la cote 312 (3). Le 7e cuirassiers, au contraire, était beaucoup mieux abrité. D'ailleurs, les six escadrons ne tardèrent pas à s'enfoncer tous dans la large dépression masquée, au Nord, par l'importante croupe 280, de sorte qu'arrivée à une centaine de mètres au delà des cotes 276 et 280, la brigade entière était

---

(1) Ceci est d'ailleurs conforme aux indications du plan 5 A de l'*Historique du Grand État-Major prussien*.

(2) La figure de la page 563 de l'*Historique du Grand État-Major prussien* semble d'ailleurs donner raison à cette thèse. Il faut en outre remarquer qu'il ne s'agit que de l'ensemble de l'itinéraire, car ce dernier a pu présenter une forme quelque peu sinueuse.

(3) Le rapport du général Péchot ni l'Historique du 10e de ligne ne signalent le fait, qui paraît être passé inaperçu. L'artillerie n'eut certainement pas le temps, pendant cette courte apparition, de tirer sur la cavalerie.

complètement hors des vues de tous les points, quels qu'ils soient, de la ligne de bataille française.

C'est pendant le court trajet qu'on venait ainsi de parcourir, que le général Bredow donna l'ordre du déploiement.

Si l'on s'en rapporte à l'Historique du *16*e hulans, qui seul donne des renseignements assez circonstanciés sur ce sujet, l'ordre d'ouvrir la masse aurait été donné à 1800 pas de l'ennemi, c'est-à-dire à peu près à hauteur de la cote 271. A ce moment, les hulans étaient encore en vue des batteries du lieutenant-colonel de Montluisant et de quelques portions du 10e de ligne, mais les cuirassiers étaient déjà, comme on vient de le dire, dérobés aux vues de leur adversaire. Le passage de la ligne de colonnes à la formation en bataille, — manœuvre qui suivit immédiatement la précédente, — s'acheva donc vraisemblablement dans des conditions de défilement aussi favorables que possible.

A peine le déploiement du *7*e cuirassiers était-il terminé, que le commandement « au galop ! » se fit entendre. A cet instant, le *16*e hulans n'avait pas complètement terminé sa manœuvre, de sorte qu'il ne prit le galop que quelques secondes plus tard et perdit ainsi une distance de 100 à 150 pas. Les deux régiments s'avancèrent donc vers l'Est légèrement échelonnés l'un sur l'autre sans subir de pertes sensibles (1). Peut-être,

(1) L'Historique du *16*e hulans dit que l'artillerie française avait dirigé son tir sur la brigade dès le moment où celle-ci traversa la grande route et qu'au moment du déploiement en bataille, le feu prit une intensité considérable. Il est possible, en effet, que la brigade Bredow ait reçu des projectiles en passant à hauteur des batteries Korber, sur lesquelles les batteries du 6e corps tiraient depuis longtemps déjà. Mais le fait de la recrudescence du feu, à partir du déploiement en bataille, est certainement erroné. D'ailleurs, l'Historique du *7*e cuirassiers soutient la thèse exactement inverse de celle

cependant, l'extrême gauche des cuirassiers apparut-elle sur la croupe 290, aux vues de l'infanterie de la voie romaine, car les deux derniers pelotons de ce régiment se placèrent en seconde ligne, sans doute pour se dérober au feu de flanc qui les menaçait (1). A l'aile opposée de la brigade, un peloton de hulans fut chargé d'observer et de couvrir le flanc droit, mais conserva sa place de bataille.

Pendant toute cette première partie de la marche en avant, l'adversaire était hors de vue et l'Historique du *16*e hulans avoue lui-même qu'en raison de la forme ondulée du terrain, les pertes devenaient relativement faibles. On n'apercevait l'infanterie française sur aucun point et bien qu'on reçût quelques balles (2), le major de Dollen, commandant le *16*e hulans fit à haute voix cette remarque caractéristique : « Dans tout cela, je ne

---

du *16*e hulans : « L'artillerie française, dit-il, était si vivement prise à partie par les batteries du major Korber que la brigade réussit à parcourir une distance d'au moins 1500 pas et à arriver jusque sur la première batterie ennemie sans pertes sensibles..... » On verra d'ailleurs plus loin que les deux seules batteries françaises $\left(\frac{5}{8} \text{ et } \frac{12}{8}\right)$ qui eussent été à même de canonner la cavalerie prussienne, — quand celle-ci commença à devenir visible après avoir dépassé de 200 ou 300 mètres le chemin de Flavigny à Saint-Marcel, — furent précisément à ce moment masquées par une batterie à cheval $\left(\frac{7}{20}\right)$ qui se déployait en avant d'elles.

(1) Ce n'est d'ailleurs là qu'une simple supposition, car l'Historique du 7e cuirassiers ne parle pas de ces deux pelotons, dont la position en seconde ligne est seulement indiquée, mais sans explication, d'un côté par l'*Historique du Grand Etat-Major prussien*, et de l'autre par l'ouvrage du major Kaehler (*Die Reiterei in der Schlacht bei Vionville und Mars-la-Tour*).

(2) Elles provenaient peut-être d'un tir que dirigèrent, par instants, quelques faibles fractions d'infanterie de la voie romaine sur l'extrême gauche des cuirassiers.

vois pas du tout l'ennemi que nous devons attaquer ! ». Tout à coup cependant, les hulans, dont la droite s'élevait maintenant sur la croupe 299 306, débouchèrent en face d'une ligne d'infanterie qui les reçut par un feu rapide, tandis que les batteries voisines tiraient à mitraille et que d'autres groupes d'infanterie postés du côté de la voie romaine fusillaient d'écharpe la brigade de cavalerie. C'étaient les 3e, 4e et 6e compagnies du 9e bataillon de chasseurs placés en soutien de l'artillerie, les batteries des divisions La Font de Villiers et Tixier, puis les compagnies du 75e déployées au Sud du bois Pierrot, qui toutes ouvraient le feu, malheureusement trop tard, sur un assaillant qu'elles avaient laissé approcher à courte distance sans en éventer l'approche ou tout au moins sans avoir eu le temps de s'avancer jusque sur la crête militaire pour battre le long glacis qui eût cependant constitué un excellent champ de tir.

Voici, en effet, ce qui s'était passé, du côté français pendant les instants qui précédèrent la charge de la cavalerie prussienne.

On se rappelle qu'après avoir rejeté l'infanterie allemande vers Vionville et jusque sur la lisière du bois de Tronville, le 93e s'était reformé *en entier* en arrière de la crête occupée par l'artillerie du 6e corps, de sorte que celle-ci était restée complètement découverte sur son front. Seules les 3e, 4e et 6e compagnies du 9e bataillon de chasseurs à pied avaient conservé leurs emplacements auprès des batteries, mais dans une situation qui ne leur permettait pas de découvrir les pentes situées en avant d'elles.

Quant au 75e de ligne, il avait, — après son relèvement par le 93e, — reporté sur la crête voisine de la voie romaine, son 1er bataillon et les deux compagnies restantes du IIIe.

Vers 2 heures de l'après-midi, les batteries du 6e corps, bien qu'elles fussent parvenues à incommoder sérieusement l'artillerie allemande et qu'elles eussent ainsi provoqué la décision de faire charger la brigade Bredow, avaient elles-mêmes beaucoup souffert du feu de l'adversaire. Les 5e et 12e batteries du 8e, installées au saillant du plateau 312 avaient été particulièrement éprouvées (1). Aussi, le lieutenant-colonel de Montluisant chargea-t-il le commandant Vignotti d'aller chercher du secours vers l'arrière. Cet officier s'adressa au général de Forton qui avait fait former sa division, face au Sud le long de la voie romaine, et disposait des deux batteries à cheval du commandant Clerc, placées à la gauche des escadrons (2).

« Le général commandant la 3e division de réserve de cavalerie, dit le commandant Vignotti, appréciant aussitôt la gravité des circonstances, d'après l'exposé rapide que j'eus l'honneur de lui présenter, n'hésita pas à mettre à ma disposition une de ses batteries, me confiant le soin de la conduire et de la placer moi-même à l'endroit le plus menacé (3). »

Pendant que la 7e batterie du 20e — suivie à quelque distance par la 8e — s'acheminait vers le plateau 312,

(1) Pertes totales pour la journée : 5e batterie du 8e : 1 officier, 21 hommes, 25 chevaux; coups tirés : 450. 12e batterie du 8e : 1 officier, 29 hommes, 6 chevaux; coups tirés : 550.

(2) $\frac{7,\ 8}{20}$.

(3) Rapport du commandant Vignotti.

Ce rapport commet sur ce point une erreur manifeste. Les batteries de la division Forton $\left(\frac{7,\ 8}{20}\right)$ furent toutes deux mises, en fait, à sa disposition comme cela résulte des rapports du général de Forton et du commandant Clerc. L'erreur provient sans doute de ce qu'une seule batterie $\left(\frac{7}{20}\right)$ partit tout d'abord avec le commandant Vignotti; mais la seconde $\left(\frac{8}{20}\right)$ suivit à courte distance.

le commandant de l'artillerie de la 3e division d'infanterie du 6e corps observait, du mamelon 312, une masse d'escadrons débouchant au Sud des bois de Tronville. D'après le rapport du lieutenant-colonel Jamet, « ces mouvements de l'ennemi faisaient craindre une charge de cavalerie vers l'angle du bois auquel s'appuyait la droite de la ligne » c'est-à-dire vers le bois de Saint-Marcel. Bien qu'il ne crut pas son artillerie spécialement menacée, le lieutenant-colonel Jamet voulut avec raison se mettre en mesure de canonner la cavalerie ennemie qui apparaissait sur cette partie du champ de bataille, et, dans ce but, appela à lui, — c'est-à-dire sur le mamelon 312, — la 6e batterie du 14e, qui, de la crête 306 où elle était installée jusqu'ici ne pouvait intervenir dans la direction du bois de Tronville. Cette batterie, accompagnée d'une section de la 7e batterie du 14e (1), se porta vivement en avant et arriva à la gauche des batteries Montluisant au moment même où la 7e batterie du 20e, s'arrêtait à quelque distance en avant de la 5e batterie du 8e, pour séparer les trains.

C'est à cet instant précis que les escadrons du général Bredow, surgirent à courte distance et s'élancèrent au galop allongé sur les batteries françaises.

La première batterie atteinte fut celle qu'amenait le commandant Clerc sous la conduite du commandant Vignotti. A peine cette batterie eut-elle le temps de tirer quelques coups avec les premières pièces prêtes que déjà les cavaliers ennemis l'envahissaient, malgré le désordre qu'avait produit dans leurs rangs une décharge faite à bout portant. Nombre de cuirassiers et de hulans

---

(1) Cette section, séparée de la portion principale de sa batterie (placée plus au Nord depuis le commencement de la lutte), était restée auprès de la 6e batterie.

s'arrêtèrent au milieu des pièces et engagèrent une lutte meurtrière avec les servants (1).

La 8e batterie du 20e arrivait sur ces entrefaites un un peu plus au Nord, mais ne parvenait à mettre que trois pièces en batterie ; les autres, non encore séparées de leurs trains, se replièrent immédiatement vers l'arrière.

La gauche seule de la brigade Bredow, c'est-à-dire le 7e cuirassiers et un peloton et demi du 16e hulans, vint ainsi se heurter tout d'abord à deux batteries françaises, au moment même où celles-ci allaient s'installer sur leur nouvelle position (2). La plus grande partie des hulans continua sa course en défilant à la gauche des batteries sous le feu des trois compagnies du 9e bataillon de chasseurs postées un peu plus en arrière. Mais la distance à parcourir était si faible que l'infanterie surprise n'eut pas le temps de rompre l'élan des cavaliers. En un instant, les chasseurs à pied furent traversés ; quelques-uns se replièrent vers les bois ; d'autres refluèrent vers Rezonville sur la batterie Grimard (3) qui dut abandonner définitivement, cette

---

(1) La 7e batterie du 20e se trouvait à hauteur du point de contact des deux régiments de la brigade Bredow et fut envahie à la fois par des hulans et par des cuirassiers.

(2) D'après l'état détaillé des pertes, daté du 1er septembre, le groupe du commandant Clerc perdit 6 officiers, 51 hommes et 69 chevaux.

Sur les 49 blessés (5 officiers et 44 hommes), il y en eut 17 par le sabre, 11 par la lance, 6 par le feu de l'infanterie, 2 par le feu de l'artillerie, 6 par contusions ; 7 blessures sont de nature inconnue.

Le lieutenant Marquet, de la 7e batterie, fut tué ; le sous-lieutenant Tocanier fut blessé de six coups de sabre et d'un coup de feu ; 9 hommes reçurent de trois à sept blessures ; l'un fut atteint de sept coups de lance.

Il faut se rappeler qu'un peloton et demi de hulans toucha seul les batteries, qui eurent surtout affaire aux cuirassiers.

(3) $\frac{5}{14}$.

fois, la position d'observation qu'elle gardait en arrière de la crête; la plupart, enfin, restèrent sur place et fusillèrent les hulans, tandis que la 6e batterie du 14e qui arrivait à proximité et venait à peine de séparer les trains, était elle-même traversée par la charge en subissant, de ce fait, des pertes sensibles.

Quant aux batteries du lieutenant-colonel de Montluisant, elles ne purent intervenir en aucune manière dans la lutte.

La 7e batterie du 8e, voisine de la voie romaine, n'eut pas le temps de tirer un coup de canon (1), et, de ce côté, les compagnies du 75e déployées sur la crête purent, seules, exécuter quelques salves sur les cuirassiers prussiens pendant le peu d'instants où ceux-ci furent en vue assez loin vers la gauche. La 12e batterie, placée un peu en dehors de la zone de la charge fut aussi surprise et se trouva d'ailleurs masquée par les batteries du commandant Clerc; elle dut se replier précipitamment vers la voie romaine (2). La 5e batterie, enfin, également gênée par les pièces du 20e, fut, de ce fait, complètement réduite à l'impuissance, et fut traversée à plein galop par les hulans, sans subir cependant des pertes sensibles. Malheureusement, elle fut atteinte pendant un instant par le feu de mousqueterie que les chasseurs du 9e bataillon dirigeaient sur la cavalerie ennemie; feu que le commandant Vignotti eût quelque peine à faire cesser.

---

(1) Cette batterie fit demi-tour sur place pour pouvoir canonner la cavalerie prussienne, qui continuait sa course vers l'Est. Mais elle fut aussitôt masquée par les escadrons du général de Forton.

(2) Les deux sections de la 7e batterie du 14e, placées un peu plus au Nord que la 12e du 8e, venaient de s'avancer sur les pentes et paraissent avoir tiré quelques coups de canon — probablement sur l'extrême droite des hulans, laquelle apparut la première sur la croupe 299-306.

Bien que passablement désunis, les cavaliers du général Bredow, entraînés par le galop de leurs montures, continuèrent pour la plupart leur course vers Rezonville. Ils franchirent la crête et vinrent enfoncer la ligne de bataille du 93e concurremment avec bon nombre de voitures et de chevaux démontés des batteries françaises. Le IIe bataillon, plus particulièrement abordé par les débris de l'artillerie en retraite, fut très éprouvé. La garde du drapeau fut dispersée ; le drapeau fut lui-même brisé et l'aigle resta seule entre les mains de l'officier qui le portait (1). Il en résulta une confusion extrême au milieu de laquelle la voix des officiers se fit difficilement entendre. Toute la droite du régiment (2) reflua vers la voie romaine, tandis que les six compagnies de gauche (3), ralliées par le colonel, restaient sur leurs emplacements et occupaient peu d'instants après la crête 306 face à la route de Mars-la-Tour.

La cavalerie ennemie cependant poussait encore plus loin sa mémorable charge, avec une énergie à laquelle on doit rendre hommage.

Dès le moment où elle avait franchi la crête du plateau 312, elle était apparue à la vue du général de Forton resté personnellement (4) auprès de sa division sur la lisière Sud du bois Pierrot.

Cette cavalerie « était alors complètement désunie, dit le commandant de la 3e division de cavalerie et le désordre

---

(1) La hampe fut relevée quelques minutes plus tard par le chasseur Mangin, du 5e régiment de chasseurs à cheval.

(2) 1, 2, 3 $\frac{I}{93}$, $\frac{II}{93}$ et 1, 2, 3 $\frac{III}{93}$.

(3) 4, 5, 6 $\frac{I}{93}$, 4, 5, 6 $\frac{III}{93}$.

(4) La 3e division de cavalerie s'était formée vers 1 heure, et par ordre du maréchal Bazaine, le long de la voie romaine. La brigade Murat occupait la droite sur la lisière du bois Pierrot (9e dragons à droite, ce qui restait du 1er dragons — environ un demi-régiment

était assez grand dans ses rangs pour que, vue de la distance où je me trouvais, elle présentât l'aspect d'une sorte de goum. C'est dans cet état, que la cavalerie ennemie arriva à hauteur de la droite de ma division présentant son flanc gauche à environ 400 ou 500 mètres et ayant à défiler devant mes régiments en bataille. Je lançai immédiatement la brigade Murat..... (1) ».

Les deux régiments de dragons s'ébranlèrent droit devant eux et prirent le galop de charge. Mais ayant à joindre un ennemi qui défilait devant leur front, ils exécutèrent naturellement une sorte de conversion à gauche qui s'accentua de plus en plus pour aboutir à une poursuite directe sur les talons de la cavalerie prussienne. « Déjà hors d'haleine par cette longue course, décimée par le feu de l'ennemi, et sans réserve sur leurs derrières (2) » les cavaliers Bredow, auxquels les dragons Murat taillaient des croupières, vinrent se heurter de front aux régiments quelque peu épars, il est vrai, de la division Valabrègue.

Sur un signal du commandant de la cavalerie du 2e corps, la brigade de dragons, seule rassemblée entre Rezonville et le bois Leprince, s'élança sur les cuirassiers prussiens, tandis qu'un instant plus tard, le 5e régiment de chasseurs à cheval se précipita avec le plus grand entrain sur les hulans (3). « Entourés de tous

---

à gauche). La brigade de Gramont était formée sur deux lignes (7e cuirassiers en tête, 10e en arrière), vis-à-vis de la trouée conduisant à Villers-aux-Bois.

(1) Rapport du général de Forton (daté du 24 octobre). Une grande partie des escadrons paraît n'avoir pas attendu l'ordre du général, pour mettre le sabre à la main et s'élancer au galop.

(2) *Historique du Grand État-Major prussien.*

(3) Le 2e régiment de chasseurs à cheval, alors réuni près du bois de Villers, assista à la charge sans y prendre une part active. Le 4e chasseurs, placé à l'extrême droite de la division Valabrègue, près du bois Leprince, n'intervint pas non plus.

côtés par la cavalerie adverse, dit la Relation allemande, il s'agissait maintenant (pour les débris de la brigade Bredow) de s'ouvrir un chemin pour la retraite. » Toute cette masse de cavalerie tourbillonna sur elle-même pendant quelques minutes en se rejetant peu à peu vers Rezonville pour reprendre ensuite sa course dans la direction de Vionville toujours poursuivie par les dragons et les chasseurs français (1). Après cette sorte de demi-tour sur place, la cavalerie prussienne défila donc à nouveau devant le général de Forton resté avec la brigade de cuirassiers près la pointe Sud-Est du bois Pierrot. D'un mot : « Allons le 7e ! » le général lança le régiment de cuirassiers qui formait la première ligne de la brigade de Gramont; puis il le fit appuyer presque de suite par le 1er escadron du 10e cuirassiers, conservant les trois derniers escadrons de ce régiment comme réserve.

La masse confuse que formait alors la cavalerie ennemie fut abordée une seconde fois et ne put chercher son salut que dans l'accélération de sa fuite. La poursuite, toutefois, ne fut pas conduite très loin ; les vingt-cinq escadrons français qui venaient tous de converger vers un étroit espace, se resserrèrent grandement et éprouvèrent, de ce fait, un ralentissement d'allures qui permit aux cavaliers ennemis de se dégager de leur étreinte. Ceux-ci, toutefois, n'étaient pas encore hors de danger, car il leur fallut défiler de nouveau sur le flanc droit des nombreuses troupes d'infanterie rassemblées au Nord de Rezonville et traverser les bataillons déployés sur la crête 302-306 :

Ce fut d'abord le Ier bataillon du 9e régiment qui ouvrit un feu violent sur le 7e cuirassiers et sur le

(1) Déposition du général de Forton. Enquête sur les capitulations. (Séance du 28 mars 1872.)

*16*e hulans dont la charge passa à 200 mètres sur sa droite.

Puis des fractions du 94e et du 91e dirigèrent également leur tir sur les cavaliers en fuite, ainsi que la 7e batterie du 20e restée pour quelques instants encore en position à la pointe du plateau 312 (1).

Des débris de la brigade Bredow parvinrent cependant à se rallier derrière Flavigny. « Mais des trois escadrons que chacun de ses régiments avait envoyés à la charge, on ne parvenait tout d'abord à en reformer qu'un seul, car cette audacieuse attaque leur avait coûté la moitié de leur effectif en hommes et en chevaux (2) (3) ».

Après la charge, le général de Forton fit sonner le ralliement, puis il prescrivit à sa division de reprendre la position qu'elle occupait, adossée aux bois Pierrot (4).

---

(1) La 7e batterie du 20e ne se retira qu'après avoir tiré sur les débris de la cavalerie allemande. La 3e batterie du 18e fut traversé par quelques cavaliers au moment où, écrasée sous le feu de l'artillerie adverse, elle se retirait un peu au delà de la crête. Quant aux batteries plus rapprochées de Rezonville $\left(\frac{9,\ 10}{13}\right)$, elles furent envahies par la masse confuse des poursuivis et des poursuivants, et toutes deux amenèrent les avant-trains, puis se retirèrent.

(2) *Historique du Grand-Etat-Major prussien.*

(3) En voyant la charge Bredow revenir à la débandade, le général Redern avait fait avancer le *11*e hussards entre Vionville et Flavigny, mais ce régiment n'eut pas à intervenir.

(4) Un peu plus tard, c'est-à-dire vers 3 h. 30, la division fut déployée en arrière des batteries du 6e corps. Mais presque immédiatement, un officier du grand quartier général vint prescrire au général de Forton « de se porter du côté de Gravelotte pour appuyer un mouvement du maréchal Lebœuf ». (Il s'agissait de la division Montaudon appelée en effet de Villers sur Gravelotte.) La division vint, mettre pied à terre à égale distance de Rezonville et de Gravelotte dans le fond du ravin de Sainte-Catherine, alors à sec. Elle y resta

De son côté, la division de cavalerie du 2e corps se ralliait sur le terrain qu'elle occupait depuis le matin, c'est-à-dire au Nord-Est de Rezonville.

Quant aux troupes d'infanterie et d'artillerie qui combattaient précédemment sur le plateau 312, elles avaient été singulièrement morcelées, mélangées, ou disloquées.

Les douze batteries présentes au moment de la charge sur la crête s'étendant de Rezonville à la voie romaine (1), quittèrent toutes leurs positions de combat. Seules, les 7e et 12e batteries du 8e, qui n'avaient d'ailleurs pas été atteintes par la charge, se remirent en batterie presque immédiatement face au Sud, après avoir reculé jusqu'auprès des bois. Les dix autres se replièrent sur leurs

---

deux heures et revint, — entre 5 et 6 heures, — reprendre sa position primitive près des bois de Villers. (Rapport du général de Forton du 18 août. — Déposition du même officier général : Enquête sur les capitulations, séance du 28 mars 1872. — Relation du commandant Le Flem (*loc. cit.*)

Pertes totales de la 3e division de cavalerie.

1er dragons : 7 officiers blessés; 5 hommes tués, 15 blessés, 4 disparus.

9e dragons : 6 officiers blessés; 13 hommes blessés, 30 disparus.

7e cuirassiers : 4 officiers blessés; 1 hommes tué, 16 blessés, 2 disparus.

10e cuirassiers : 1 officier blessé; 1 homme tué, 7 blessés, 2 disparus.

Par nature de blessures (pour les tués et les blessés) :

	Sabre.	Lance.	Fusil.	Obus.	Contᵒⁿ.	Inc.
1er dragons	9	»	6	12	»	»
9e dragons	6	2	2	4	1	4
7e cuirassiers	2	10	6	3	»	»
10e cuirassiers	3	»	4	2	»	»

(1) Non compris les deux batteries à cheval du 3e corps $\left(\frac{7,\ 10}{4}\right)$ postées entre les bois Pierrot et de Saint-Marcel.

réserves « pour se réapprovisionner » et ne reprirent plus part à la lutte de tout le reste de la journée (1).

Le 75e régiment d'infanterie, enfin, ainsi que les douze compagnies du 93e dont il a déjà été parlé, s'acculèrent au bois Pierrot où ils restèrent jusqu'au soir il est vrai, mais sans combattre à nouveau ; six compagnies du 93e restèrent seules sur la crête 306 à la droite du 70e.

L'héroïque charge de la cavalerie allemande avait donc bien réellement atteint le premier but que se proposait le commandant du IIIe corps prussien. Le terrain qu'elle venait de parcourir était momentanément abandonné par la plus grande partie des troupes d'infanterie

(1) Pertes des batteries :

	Hommes.	Chevaux.	Projectiles.	
7/8	2	5	550	se remet en batterie.
12/8	29	6	550	id.
5/8	21	25	450	se retire définitivement.
5/14	6	3	14	id.
6/14	24	24	1100	id.
7/14	16	8	880	id.
7/20	51	69	760	id.
8/20			400	id.
7/5	2	6	937	id.
3/18	12	25	?	id.
9/13	14	11	76	id.
10/13	18	12	218	id.

française qui l'occupaient, et l'artillerie précédemment déployée au Nord de la grande route était presque entièrement dispersée (1).

Dès lors, « la grande batterie de la voie romaine » qui, depuis le commencement de la bataille, gênait considérablement la *6*e division prussienne et n'avait pas peu contribué à repousser son aile gauche jusqu'aux bois de Tronville, était désorganisée, et l'infanterie allemande, très menacée quelques instants plus tôt, put gagner un peu de terrain aux abords de la grande route (2). Enfin, et d'une manière générale, l'accalmie qui suivit l'action vigoureuse de la brigade Bredow, rehaussa le moral des troupes prussiennes par le sentiment qu'elles éprouvèrent d'avoir évité un danger menaçant et d'être sorties d'une période de crise qui eût pu se terminer d'une manière fâcheuse pour elles avant l'arrivée des renforts attendus et signalés.

Il paraît toutefois fort douteux que la charge Bredow ait eu une influence quelconque sur les projets du maréchal Bazaine, comme on l'a souvent prétendu, en se basant sur l'existence d'un ordre qu'aurait reçu, vers 3 heures, le maréchal Canrobert de conserver une attitude purement défensive. On ne retrouve aucun document original ni aucun témoignage démontrant qu'un tel ordre ait été donné par le commandant en chef.

---

(1) Il n'est pas question ici des batteries $\left(\frac{7,\ 4}{10}\right)$ installées dans la clairière séparant les bois Pierrot et de Saint-Marcel; ces batteries n'éprouvèrent aucun dommage de la charge Bredow et restèrent en position.

(2) $\frac{\text{I et F}}{20}$ soutenus à gauche par quelques fractions du *64*e, et à droite par $\frac{6,\ 7}{91}$ et des fractions du *35*e, s'avancèrent un peu plus au Nord de la route. Le ralentissement de l'action avait d'ailleurs permis au *64*e de se replier derrière Vionville pour se refaire et constituer une réserve, dont le commandant du IIIe corps avait le plus grand besoin.

Il semble toutefois que l'impression morale produite par la charge sur l'esprit de tous, aussi bien que le désordre matériel résultant du passage des cavaliers prussiens, fut la cause principale pour laquelle le combat ne se rétablit que très lentement et avec assez peu d'entrain sur cette partie du champ de bataille. C'était un résultat positif et très important pour le IIIe corps. Mais on ne saurait conclure de ce fait que la charge de la cavalerie allemande mit un terme à des projets d'offensive émanant directement du commandant du 6e corps. Pas plus que pour le commandant en chef, en effet, on ne retrouve trace de tels projets à ce moment de la bataille (1). Si d'ailleurs on considère que le maréchal Canrobert ne disposait plus réellement, entre Rezonville et la voie romaine, que de troupes ayant déjà été engagées et ayant toutes subi des pertes très importantes (2), on ne doit pas s'étonner, en se reportant aux habitudes d'alors, que le commandant du 6e corps n'ait point formé le dessein de passer à l'offensive. Si donc tout se passa dans la réalité comme si le but d'ordre général que visait le commandant du IIIe corps eût été atteint, rien ne permet de croire que ce résultat fut la conséquence effective de l'impression produite sur le haut commandement français par la vigoureuse entreprise de la cavalerie allemande.

---

(1) Dans son rapport, le commandant du 6e corps dit, il est vrai : « Vers 2 heures, au moment où, sur toute la ligne, nous prenions l'offensive..... » Mais cette affirmation est en contradiction trop formelle avec les faits tels qu'ils résultent de tous les autres documents pour qu'elle puisse être admise. Loin de prendre l'offensive, le 6e corps retirait, à ce moment, ses dernières troupes du combat.

(2) Le 9e régiment et ceux de la division La Font de Villiers. La division Levassor-Sorval était déjà partiellement engagée et se trouvait d'ailleurs accaparée par le maréchal Bazaine.

IX. — Arrivée de la division Montaudon. — Situation sur le plateau de Rezonville vers 3 heures. — Entrée en ligne de la division de voltigeurs. — Le commandement de la IIe armée. — Suite de la bataille autour de Rezonville (jusqu'à 5 heures).

La division Montaudon, bivouaquée entre Chantrenne et Montigny-la-Grange, avait pris les armes dès les premiers coups de canon, c'est-à-dire vers 9 h. 30 du matin ; mais elle ne s'était mise en marche qu'au reçu de l'ordre du commandant du 3e corps lui prescrivant de gagner Saint-Marcel ; il était alors à peu près midi.

Marchant en trois colonnes (les deux brigades à travers champs, l'artillerie sur le chemin de Chantrenne à Saint-Marcel), la division arriva à Bagneux ; elle fut alors rejointe par un officier du grand quartier général lui ordonnant, de la part du maréchal Bazaine, de s'arrêter à la gauche de la division Nayral et de « couvrir les bois en arrière de Rezonville ».

Le général Montaudon fit donc déposer les sacs près de la ferme de Bagneux et gagna ensuite les environs de Villers, où il arriva un peu après 2 heures (1). Le 95e régiment occupa immédiatement le bois Pierrot ; le

---

(1) Les divisions Montaudon et Nayral, plus cinq bataillons de la division Aymard, se trouvaient donc réunis entre Saint-Marcel et Villers. On se rappelle en effet, que, parmi les troupes de la division Aymard, quatre bataillons $\left(\frac{\text{I, II, III}}{80}, \frac{\text{I}}{85}\right)$ avaient été dirigés vers l'aile droite de la division Tixier ; le IIe bataillon du 85e, qui allait être bientôt rejoint par le IIIe, occupait la voie romaine entre les bois Pierrot et de Saint-Marcel ; le 11e bataillon de chasseurs et le IIIe bataillon du 60e avaient continué leur marche sur Rezonville, conformément aux prescriptions du maréchal Bazaine. Le IIIe bataillon du 44e resté à Saint-Marcel avec les deux premiers bataillons de chacun des 44e et 60e régiments postés au Nord de la trouée des bois de la voie romaine, constituaient donc les seules fractions immédiatement disponibles de la 4e division.

81e jeta un bataillon sur la lisière Ouest du bois Leprince et maintint les deux autres à Villers ; le 18e bataillon de chasseurs, la 1re brigade et l'artillerie divisionnaire, enfin, restèrent en réserve à proximité de la localité.

Les réserves immédiatement disponibles appartenant au 3e corps venaient donc de s'augmenter d'une division entière, au moment même où l'adversaire tentait avec sa cavalerie l'effort que l'on sait, sur le centre du 6e corps. Ces réserves, rassemblées à bonne portée de la ligne de combat, comprenaient 31 bataillons qui, chose curieuse, allaient être en partie envoyés à Gravelotte par le commandant en chef, juste au moment où le commandant de la Garde rappelait lui-même la 1re division de ce point, pour soutenir les troupes déjà engagées autour de Rezonville.

Situation sur le plateau de Rezonville vers 3 heures. — Mais, avant d'en arriver à l'entrée en ligne des voltigeurs de la Garde, qui ne furent appelés que vers 3 heures et n'apparurent à hauteur de Rezonville qu'une heure plus tard, il est nécessaire d'examiner les événements qui s'étaient déroulés à l'aile gauche française entre 2 heures et 3 heures, événements qui avaient particulièrement et profondément modifié la situation de l'artillerie sur cette partie du champ de bataille.

On sait déjà qu'à la suite de l'irruption des cuirassiers et des hulans prussiens dans la zone comprise entre la voie romaine et la grande route, 10 batteries sur 12 avaient définitivement abandonné la lutte. Seules, les 7e et 12e batteries du 8e se remirent en position face au Sud, après avoir reculé jusque près de la voie romaine, puis *appelèrent à elles leurs réserves* pour se reconstituer sur place (1). Comme les douze compagnies de droite du

(1) Historique du 8e régiment (man. de 1871).

93e (1), ainsi que des fractions du 9e bataillon de chasseurs, s'étaient également repliées vers les bois auprès du 75e, le plateau 312 se trouvait, dès lors, à peu près complètement dégarni de troupes. Pour combler le vide de près d'un kilomètre qui s'était ainsi produit à la droite du 70e et des six compagnies de gauche du 93e (2), on eut recours aux bataillons de zouaves de la Garde qui venaient précisément d'être amenés à hauteur du village de Rezonville, puis on les fit appuyer, un peu plus tard, par les 4e et 6e batteries de la division Picard.

Les deux bataillons, « alignés comme à la parade » et séparés par un intervalle de cinquante pas, défilèrent derrière le 70e, gagnèrent environ un kilomètre au Nord-Ouest de Rezonville, puis, conversant à gauche, ils atteignirent la crête 306-312, sur laquelle il se jetèrent à terre pour se soustraire au feu de l'artillerie prussienne qui les assaillit dès leur apparition. Le IIe bataillon se couvrit immédiatement par deux compagnies de tirailleurs (3), qui, sans doute gênées par la forme arrondie de la croupe 300, n'eurent pas, de leur première position, l'occasion de tirer plus de quelques cartouches.

Il était à peu près 3 heures quand les deux batteries arrivèrent à leur tour et s'établirent sur la crête, en arrière des zouaves. Mais, à peine avaient-elles tiré six à huit coups par pièce, « qu'elles reçurent l'ordre de se reporter à 1500 mètres en arrière, les zouaves suivant le mouvement (4) »..... Il est impossible de déterminer très exactement les motifs qui provoquèrent cet ordre

---

(1) 1, 2, 3 $\frac{I}{93}$, $\frac{II}{93}$; 1, 2, 3 $\frac{III}{93}$.

(2) 4, 5, 6 $\frac{I}{93}$; 4, 5, 6 $\frac{III}{93}$.

(3) Les 2e et 6e compagnies.

(4) Historique du régiment monté de la Garde.

de retraite. Dans ses Rapports sur la bataille, le général Picard indique seulement que les batteries furent « prises d'écharpe par l'artillerie ennemie » et qu'elles se replièrent avec les zouaves « à l'arrivée d'un corps français venant de la droite ». Il s'agit peut-être de la division Montaudon qui débouchait, en effet, au Sud de Villers-aux-Bois, non pas pour venir, comme le pensait le général Picard, au secours du 6e corps, mais bien pour gagner Gravelotte.

Quoi qu'il en soit, cette tentative infructueuse des zouaves laissait la division La Font de Villiers dans la situation où elle se trouvait une demi-heure auparavant.

Seule, une nouvelle batterie apparut auprès des deux batteries que le lieutenant-colonel de Montluisant était parvenu à maintenir au combat (1). La 5e batterie du 18e, en effet, venait d'être ramenée, sur l'ordre du général Canu, de la croupe 308, aux abords de Rezonville, lorsque, sur la demande du maréchal Canrobert, elle fut mise à la disposition du 6e corps, puis, conduite tout d'abord dans le voisinage de la voie romaine ; elle s'établit un peu en arrière de la crête 307-312, et ouvrit le feu sur l'artillerie ennemie voisine de Vionville.

Au Sud de la grande route, la longue ligne de neuf batteries qui s'étendaient, à 2 heures, jusque sur la hauteur 311, se trouvait réduite, une heure plus tard, à trois batteries seulement. Des six batteries du 2e corps (2), en effet, les 5e et 8e du 5e continuaient seules à soutenir la lutte, tandis que les 10e et 11e disparaissaient, défini-

(1) $\frac{7,\ 12}{8}$.

(2) $\frac{8}{5}$, $\frac{9}{5}$, $\frac{11}{5}$, $\frac{10}{5}$, $\frac{5}{5}$, $\frac{8}{17}$.

tivement (1), et que les 9e du 5e et 8e du 17e se retiraient « pour se réapprovisionner » auprès de leurs réserves (2).

Les 1er et 4e batteries du 18e, en position dans le voisinage du chemin conduisant à Chambley, abandonnaient également la lutte sans qu'il soit possible de dégager d'une manière certaine quel était le motif de cette retraite générale, car la 4e batterie seule paraît avoir subi des pertes importantes (3).

Quant à la 3e batterie montée de la Garde, qui s'était installée à découvert, un peu avant 2 heures, sur les pentes descendant vers Flavigny, elle n'avait pu rester longtemps sur cette position et s'était repliée en arrière de Rezonville pour rechercher, au Nord de la route et près du bataillon de zouaves (4), un emplacement moins dangereux. Mais à peine arrivait-elle en ce point qu'un officier d'ordonnance du général Bourbaki lui apporta l'ordre de retourner au Sud-Ouest du village. Elle revint donc se placer sur la crête 308-302 entre les batteries du 2e corps et celles de la réserve générale. De là, elle ouvrit le feu sur les batteries allemandes du mamelon de Vionville. Mais comme, d'après l'Historique, la distance de tir était trop grande pour qu'on pût obtenir un résultat efficace (5), la batterie se serait

(1) Pertes : $\frac{10}{5}$, 10 hommes, 6 chevaux, 840 obus ; $\frac{11}{5}$, 12 hommes, 8 chevaux, 550 obus.

(2) $\frac{9}{5}$ et $\frac{8}{17}$.

(3) D'après l'Historique du 18e, la 1re batterie, bien protégée par le terrain, eut un tir très efficace et ne subit que peu de pertes ; cependant les « batteries voisines auraient éprouvé des pertes plus importantes, ce qui aurait motivé la retraite de toutes. La 4e batterie, en effet, laissa sur le terrain 2 officiers, 20 hommes et 41 chevaux. La 1re batterie n'eut que 6 hommes blessés et 7 chevaux hors de combat.

(4) C'est-à-dire sur la crête au Nord-Est du village.

(5) L'Historique du régiment monté estime cette distance à 2,800 mètres. Elle était en réalité de plus de 3,000 mètres.

portée de 500 mètres plus en avant et aurait alors recommencé un tir qui, cette fois, semblait précis. Il est à remarquer que, si cette indication est exacte, la batterie de la Garde se fût trouvée alors à 1000 ou 1200 mètres de la ligne de bouches à feu allemande déployée au Sud-Est de Flavigny et n'eût pas manqué d'être assaillie par un feu très violent (1). Quoi qu'il en soit, elle ne resta certainement que peu de temps dans une telle situation, et se replia, vers 3 heures, en arrière de la crête, attendant une nouvelle occasion de rentrer en ligne.

Cependant, une nouvelle batterie (2), appartenant à la division Montaudon, ayant été dirigée de Villers-aux-Bois sur Rezonville, venait d'arriver sur la crête 302-308, d'où elle ouvrait le feu, — pour quelques instants seulement comme on le verra bientôt, — sur l'artillerie allemande déployée à hauteur de Flavigny.

Vers 3 heures, trois batteries françaises restaient donc seules en position entre la grande route et le chemin de Chambley.

Sur la croupe de la Maison-Blanche, la situation de l'artillerie était devenue plus précaire encore.

La 5e batterie du 18e s'était retirée, ainsi qu'il a été dit déjà. La 6e batterie du même régiment, plus exposée que la précédente par suite de sa position sur le revers occidental de la croupe, « fut assaillie par une foule de projectiles dont la plupart éclatèrent dans la batterie en y occasionnant des pertes sensibles (3) ». Le général Canu lui prescrivit de se retirer ainsi qu'à la 5e (4).

---

(1) Pertes totales de $\frac{3}{G}$: 8 hommes, 18 chevaux; 677 obus.

(2) $\frac{8}{4}$.

(3) Historique de la 6e batterie du 18e.

(4) La 6e batterie ne prit plus part à la lutte. Pertes : 1 officier, 11 hommes, 19 chevaux.

CROQUIS SCHÉMATIQUE DES MOUVEMENTS DE L'ARTILLERIE

Entre 2 heures et 3 heures.

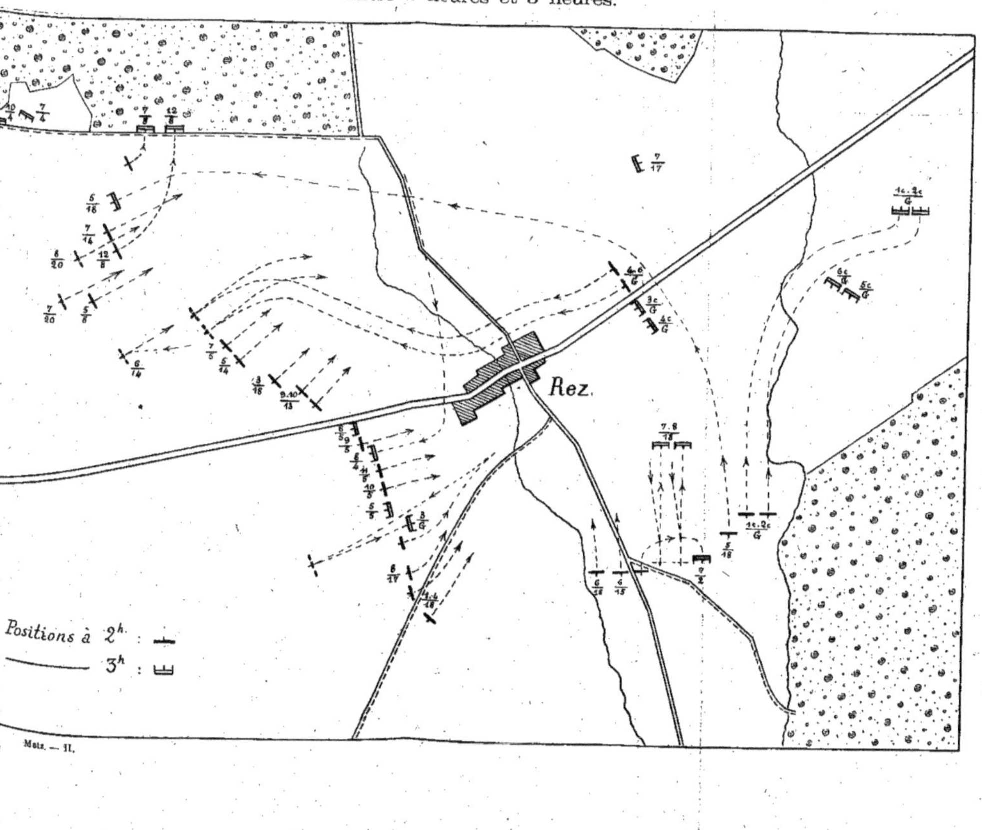

La batterie voisine (6e du 15e) avait déjà perdu deux officiers et s'était vue dans l'obligation de changer plusieurs fois de position. Vers 3 heures, elle regagnait Rezonville pour se réorganiser près de sa réserve.

La 7e batterie du 2e, impuissante à soutenir la lutte avec l'artillerie de la 5e division prussienne, n'abandonna cependant pas le combat, et se contenta d'appuyer vers sa gauche pour se défiler sur le revers oriental de la croupe. Là, elle s'attaqua vigoureusement aux bataillons du 8e régiment prussien qui tentaient, — en vain, — de progresser au delà de la lisière du bois de Saint-Arnould. Elle se trouva soutenue un instant par les 7e et 8e batteries du 18e qui s'étaient avancées de la croupe 307 jusque sur la hauteur 308 et firent également feu sur l'infanterie ennemie du bois de Saint-Arnould. Mais à peine les deux batteries de la division Levassor-Sorval avaient-elles tiré une vingtaine de coups, que l'artillerie ennemie concentra brusquement son tir sur elles ; elles reculèrent d'abord d'une centaine de mètres en laissant en arrière deux pièces et deux caissons dont les attelages ou les avant-trains avaient été détruits. Après avoir ramené les bouches à feu un instant abandonnées, les deux batteries regagnèrent leur ancienne position sur la croupe 307, d'où elles reprirent leur tir (1).

Quant aux deux premières batteries à cheval de la Garde qui, de leur position, ne pouvaient que difficilement tirer sur la lisière des bois, elles ne lancèrent que quelques obus contre l'infanterie ennemie, et celle-ci ayant paru « perdre du terrain », elles rejoignirent, sur le plateau de la Maison de Poste, la brigade de

(1) Pertes : $\frac{7}{18}$, 5 hommes, 8 chevaux ; 120 obus ; $\frac{8}{18}$, 1 officier, 16 chevaux ; 360 obus environ.

cavalerie à laquelle elles étaient précédemment attachées (1).

Vers 3 heures de l'après-midi, la batterie de la brigade Lapasset se trouvait donc être la seule qui fut encore en première ligne, sur tout le front qui s'étend du chemin de Chambley au bois des Ognons. Encore avait-elle été obligée de se soustraire aux vues de l'artillerie ennemie, qui n'avait plus dès lors devant elle, — mais à une distance considérable, — que les deux batteries de la division Lavassor-Sorval, sur la croupe 307, et les 3e et 4e batteries à cheval de la Garde toujours en position à l'Est de Rezonville.

Entre 2 heures et 3 heures, il se produisit donc, sur toute la partie du champ de bataille comprise entre la voie romaine et le bois des Ognons, une véritable débâcle parmi les batteries françaises, dont plusieurs éprouvèrent successivement, et en quelques instants, des échecs réellement sérieux, mais dont la plupart changèrent de position de leur propre initiative ou se retirèrent sans motifs absolument pressants et en vertu d'ordres, — souvent contradictoires — émanant de tous les échelons de la hiérarchie.

Il n'est donc pas étonnant que, dans une telle occurrence, l'offensive que tenta le général Lapasset entre 2 heures et 3 heures ne produisit qu'un assez mince résultat.

On se rappelle, en effet, qu'un peu après 2 heures, les deux premiers bataillons du 3e grenadiers avaient été rapprochés de la brigade Lapasset (2).

Le commandant de la brigade mixte, se sentant encore,

(1) En arrière des 5e et 6e batteries à cheval de la Garde, toujours en position de surveillance au Nord du bois des Ognons.

(2) Voir page 329.

à ce moment, soutenu par une artillerie nombreuse, crut pouvoir profiter de l'occasion pour gagner du terrain vers la lisière des bois de Saint-Arnould occupée par les deux bataillons du *8*e régiment et par quelques fractions du *3*e bataillon de chasseurs à pied.

Après avoir rassemblé les trois bataillons dont il disposait (1), le général Lapasset entraîna ses troupes, d'un vigoureux élan vers les bois. Précédée d'une épaisse ligne de tirailleurs qui poussa jusqu'à 400 mètres de la lisière, l'infanterie progressant de part et d'autre du chemin de Gorze, n'eut d'abord à subir que le feu de fractions ennemies peu importantes embusquées à très courte distance en avant du bois. Mais pendant que le combat s'engageait ainsi, l'artillerie française abandonnait successivement, mais rapidement, ses positions ; de sorte que les batteries allemandes couvrirent de projectiles l'infanterie de la Maison-Blanche. D'ailleurs, les deux bataillons prussiens, entièrement déployés maintenant, ouvrirent un feu rapide qui ajouta ses effets à ceux de l'artillerie ; les tirailleurs français durent se coucher à terre, et les compagnies qui suivaient en ordre serré ne purent continuer à s'avancer. Peu après, le feu de l'adversaire, très meurtrier sur ce terrain complètement nu, obligea les tirailleurs à se replier successivement sur leurs soutiens (2) et l'attaque dégénéra en une fusillade de pied ferme. La ligne de combat française n'en avait pas moins gagné plusieurs centaines de mètres vers le Sud, et s'appuyait maintenant à la saillie que fait le bois des Ognons sur la rive droite du ruisseau de Sainte-Catherine, tandis que le IIIe bataillon du 55e, qui avait

(1) $\frac{\text{I, III}}{84}$, $\frac{\text{III}}{97}$.

(2) Rapport du général Lapasset et *Geschichte des Leib-Grenadier-Regiments.*

suivi le mouvement par ordre du maréchal Bazaine, occupait la Maison-Blanche.

Du côté prussien, le feu se ralentit alors de plus en plus. Les cartouches commençaient d'ailleurs à manquer et certaines compagnies durent retourner en arrière pour se réapprovisionner (1). L'infanterie, presque épuisée par la lutte opiniâtre qu'elle soutenait depuis plusieurs heures, se contenta donc d'occuper la lisière des bois sans chercher, pour l'instant, à prononcer une attaque manifestement vouée à l'insuccès.

Il était alors environ 3 heures, et si l'artillerie française se trouvait à ce moment à peu près réduite à rien, celle de la 5e division éprouvait une pénurie de munitions plus grande encore que l'infanterie dont il vient d'être question. Quelques caissons seulement avaient pu être amenés jusqu'aux pièces sur un terrain difficile et encombré de blessés et de voitures de toute sorte. Certaines batteries, et en particulier la 1re du 3e régiment, n'avaient plus un seul coup dans leurs coffres. Vers 3 heures de l'après-midi, le commandant de l'artillerie rendit compte au commandant de la 5e division de la presque impossibilité où il se trouvait de soutenir le combat (2), mais il reçut du général de Stulpnagel la réponse suivante, qu'il est intéressant de reproduire intégralement, parce qu'elle montre l'inflexible volonté du commandement allemand de maintenir à tout prix ses pièces sur les positions de combat, en même temps qu'elle dépeint exactement la situation d'ensemble de la 5e division prussienne : « L'artillerie est, pour le moment,

(1) D'après le major Kunz. *Kriegsgeschichtliche Beispiele. Heft 8, und 9.*

(2) Il restait une moyenne de cinq coups par pièce. En outre, les pertes étaient grandes. Un très grand nombre de pièces n'avaient plus que deux chevaux d'attelage.

notre unique soutien; c'est à peine si l'on peut encore compter sur l'infanterie. Si l'artillerie se retire, l'infanterie ne pourra tenir et la bataille sera perdue. Si l'artillerie reste, la victoire sera au moins indécise. Il n'est pas indispensable que les batteries fassent un feu continu; quelques coups, de temps à autre, suffisent ; c'est seulement au moment d'une nouvelle attaque qu'il y aura lieu de faire un feu rapide et de le continuer jusqu'au dernier obus si c'est nécessaire. (1) »

Malheureusement, l'aile gauche de l'armée française, ne sut pas mettre à profit une circonstance aussi favorable pour elle. Si d'ailleurs on considère qu'à ce moment de la journée, c'est-à-dire vers 3 heures de l'après-midi, les seules troupes engagées sur la ligne de combat entre le bois des Ognons et le chemin de Rezonville-Chambley, se réduisaient à dix bataillons (2) dont plusieurs avaient été déjà fortement éprouvés ; si l'on observe en outre qu'à cette même heure, le front dont il est question restait presque absolument dépourvu de batteries, on ne peut faire remonter la responsabilité de l'inaction à laquelle on vient de faire allusion, qu'au commandement supérieur, qui, malgré l'attention persistante qu'il réservait presque exclusivement à ce qui se passait du côté des bois de Vionville et des Ognons, ne sut pas utiliser son artillerie, et se borna à réunir des forces importantes autour du village de Rezonville comme s'il ne s'agissait que de pourvoir à la défense de la lisière de la localité (3).

---

(1) *Beiheft Nr 4 zum Militär-Wochenblatt*, 1892. Cité par le major Kunz.

(2) $\frac{\text{I, II}}{\text{2 Gr}}$, $\frac{\text{II, III}}{\text{25}}$, entre ce chemin et le ravin de Gorze ; $\frac{\text{I, III}}{\text{84}}$, $\frac{\text{I, II}}{\text{3 Gr}}$, $\frac{\text{III}}{\text{97}}$, $\frac{\text{III}}{\text{76}}$, sur la croupe de la Maison-Blanche.

(3) Le colonel Grémion, commandant le 100e de ligne, avait amené

Sur toute la partie du champ de bataille qui s'étend au Sud de la grande route, le combat resta donc absolument stationnaire jusque vers 4 heures de l'après-midi, heure à laquelle apparurent les premières fractions de la division de voltigeurs appelées par le général Bourbaki, du plateau de Gravelotte, au secours des grenadiers.

Cette grande trêve fut mise à profit par l'artillerie prussienne pour se réapprovisionner auprès des colonnes de munitions arrivées sur ces entrefaites, et pour remplacer les hommes et les chevaux manquants au moyen des ressources des échelons (1). L'infanterie elle-même reçut des cartouches, de sorte que vers 4 heures du soir les troupes de la 5e division (infanterie et artillerie) se trouvaient, à nouveau, prêtes à reprendre la lutte.

Les réserves d'infanterie entre 3 heures et 5 heures. Arrivée à Rezonville de fractions de la division de voltigeurs et de la division Montaudon. — L'artillerie française de 3 heures à 5 heures. — Bien que les troupes prussiennes eussent déjà manifesté, vers 3 heures, une grande lassitude sur tout le front de combat, le général Bourbaki, peut-être impressionné par la disparition presque complète des batteries françaises et certainement préoccupé de la faiblesse des troupes de la division

---

à Rezonville le IIe bataillon de son régiment. A son arrivée, le maréchal Canrobert le chargea d'assurer la défense de la localité et plaça sous ses ordres directs un bataillon du 97e, un du 28e, un de grenadiers (sans doute le IIIe du 1er) et une compagnie du génie.

De 2 à 7 heures du soir le colonel Grémion fit travailler à l'organisation défensive de la localité.

Le 11e bataillon de chasseurs et le IIIe bataillon du 60e arrivaient également à Rezonville. Le premier s'installait derrière les maisons; le second près des zouaves.

(1) *Kriegsgeschichtliche Beispiele, loc. cit.*

Picard, engagées au Sud de Rezonville, se résolut à appeler à lui une partie de la division Deligny, laissée jusque-là en réserve autour de Gravelotte.

Le commandant de la 2e brigade de voltigeurs reçut donc, directement, l'ordre de se porter en avant avec trois de ses bataillons et l'artillerie divisionnaire (1) pour soutenir les grenadiers.

Mais, au moment même où ces prescriptions entraient en voie d'exécution, c'est-à-dire un peu après 3 heures, le maréchal Bazaine prescrivait au général Montaudon de se rendre à Gravelotte, puis quelques instants plus tard, de s'avancer sur la route d'Ars-sur-Moselle « pour arrêter les colonnes ennemies qui tentaient de déboucher par ces défilés (2) (3) (4) ».

La 2e brigade marchant en tête, la division atteignait Gravelotte vers 4 heures et s'était engagée déjà sur la route d'Ars, quand elle reçut un nouvel ordre du Maréchal commandant en chef, lui prescrivant de faire

---

(1) La batterie de mitrailleuses $\left(\frac{5}{G}\right)$ laissée en observation sur la route d'Ars paraît avoir été rappelée avant les deux autres. Elle arriva vers 3 h. 30 à Rezonville et s'installa immédiatement sur la crête au Sud-Ouest du village. Elle ne fut rejointe qu'un peu plus tard par les deux batteries de 4 $\left(\frac{1,\ 2}{G}\right)$ qui atteignirent le champ de bataille en même temps que les bataillons de voltigeurs amenés par le général Garnier.

(2) Note du maréchal Lebœuf sur la bataille de Rezonville.

(3) C'est à ce moment que la 3e division de cavalerie reçut l'ordre du commandant en chef de soutenir le mouvement de la division Montaudon et d'aller se former au Nord de la route dans le vallon situé à égale distance de Gravelotte et de Rezonville.

Un peu plus tard, la division Nayral, toujours massée au Sud de Saint-Marcel, était rapprochée de Villers-aux-Bois, sans doute pour remplacer la division Montaudon.

(4) La 8e batterie du 4e, installée comme on sait au Sud-Ouest de Rezonville, fut rappelée aussitôt et rejoignit sa division.

demi-tour en toute hâte et de longer le bois des Ognons, pour se rapprocher de Rezonville, où venaient cependant d'arriver les voltigeurs du général Garnier.

Vers 4 heures, en effet, les deux batteries de 4 de la 1re division de la Garde (1), dépassaient les trois bataillons du 3e voltigeurs, avec lesquels elles avaient marché depuis Gravelotte, gagnaient vivement la crête au Sud-Ouest de Rezonville et s'installaient à la gauche de la batterie de mitrailleuses déjà postée sur ce point (2).

Quelques instants plus tard, les voltigeurs se formaient en arrière des batteries, par bataillons déployés et échelonnés, la gauche en avant, en attendant qu'ils eussent l'occasion d'intervenir, mais non sans commencer à subir dès ce moment des pertes assez sensibles, provenant sans doute des coups longs destinés à l'artillerie.

Cependant, le commandant de la Garde avait encore une fois recours aux voltigeurs pour renforcer la brigade Lapasset. Vers 4 heures, le général Brincourt recevait à Gravelotte, l'ordre « de faire surveiller par un régiment le rentrant du ravin des Ognons, situé du côté du chemin de Gorze (3) ». Le 2e voltigeurs fut désigné à cet effet, et aussitôt conduit, par le général Brincourt en personne, sur la croupe de la Maison-Blanche. Dès son arrivée, il dut relever, à l'aide du Ier bataillon, le IIe bataillon du 3e grenadiers, déjà fort éprouvé par le feu de l'artillerie, et qui commençait d'ailleurs à manquer de cartouches. Le IIe bataillon de voltigeurs prit place à la gauche, sur les berges du ravin de Sainte-Catherine, tandis que le IIIe bataillon restait provisoirement en réserve.

On voit que le commandant de la Garde, suivant

---

(1) $\frac{1,\ 2}{G}$.

(2) $\frac{5}{G}$.

(3) Journal de marche de la Garde.

sans doute en cela les instructions du maréchal Bazaine, apportait tous ses soins à renforcer son aile gauche vis-à-vis des bois. C'est qu'en effet le combat avait repris une certaine intensité vers 4 heures, ainsi qu'on le verra bientôt en examinant la situation des troupes allemandes sur cette partie du champ de bataille.

Aussi, à partir de ce moment, sentit-on, du côté français, la pressante nécessité de reconstituer dans la direction du Sud une ligne d'artillerie susceptible de contre-battre les pièces de la 5e division prussienne dont le nombre augmentait d'instants en instants sur la longue crête 329-322-317.

La 3e batterie montée de la Garde fut rappelée la première de sa position au Sud-Ouest de Rezonville, pour aller renforcer l'unique batterie restée sur la croupe 308 (1). Les deux batteries de la division Levassor-Sorval (2) revinrent une seconde fois sur le même emplacement qu'elles avaient été obligées de quitter une heure auparavant. Les deux premières batteries à cheval de la Garde étaient également ramenées à leur précédente position sur le revers oriental de la croupe 308.

La croupe 311-312 se garnissait également de quelques pièces. La 4e batterie de la Garde y arrivait vers 4 h. 30, malheureusement trop tard pour soutenir la lutte du 2e grenadiers (3). La 6e batterie du même régiment arrivait à son tour un peu plus tard et s'installait

---

(1) $\frac{7}{2}$.

(2) $\frac{7,\ 8}{18}$.

(3) Cette batterie avait tenté, à la suite de l'offensive infructueuse des zouaves, de reprendre position au Nord de la grande route. Elle venait d'ouvrir le feu quand elle fut rappelée vers l'extrême gauche.

à la gauche de la précédente. La 5e batterie de mitrailleuses de la Garde, enfin, quittait sa position au Sud-Ouest de Rezonville et se postait aussi sur la crête 311.

Plus en arrière, c'est-à-dire à l'Est du village de Rezonville, les 3e et 4e batteries à cheval de la Garde étaient renforcées un peu avant 5 heures par les 5e et 6e du même régiment (1).

Vers 5 heures du soir, l'artillerie française, susceptible de s'opposer aux efforts de la 5e division prussienne, comprenait donc 13 batteries (2), dont 4 se trouvaient malheureusement trop éloignées des pièces prussiennes pour tirer sur elles avec quelque efficacité.

Entre le chemin de Chambley et la voie romaine, où le combat était heureusement resté assez peu intense, la situation de l'artillerie ne s'était pas beaucoup améliorée depuis 3 heures de l'après-midi.

Sur le bord même de la voie romaine, la batterie affectée à la brigade Péchot (3) avait appuyé vers l'Ouest pour soutenir le 4e corps (4), mais elle était revenue à son ancienne position vers 4 heures et avait été soutenue entre 4 et 5 heures par la 8e batterie du 11e embusquée sur la petite croupe 275.

Le lieutenant-colonel de Montluisant avait fait réapprovisionner sur place, — c'est-à-dire sur le bord de la voie

(1) Le maréchal Bazaine venait de les remplacer sur la croupe au Nord du bois des Ognons par la batterie de mitrailleuses de la division Montaudon $\left(\frac{8}{4}\right)$.

(2) $\frac{5}{G}$, $\frac{4}{G}$, $\frac{6}{G}$, $\frac{7}{2}$, $\frac{3}{G}$, $\frac{7,8}{18}$, $\frac{1c, 2c}{G}$, $\frac{3c}{G}$, $\frac{4c}{G}$, $\frac{5c}{G}$, $\frac{6c}{G}$.

(3) $\frac{8}{8}$.

(4) La 4e batterie du 17e, postée au Sud de Saint-Marcel, en avait déjà fait autant. La 3e batterie du 17e regagna son bivouac vers 4 heures, de sorte que les 11e et 12e du 11e restèrent seules en batterie au Sud-Ouest du village.

romaine, — les deux batteries qui lui restaient et les avait ramenées au combat : la 7e batterie du 8e sur son ancienne position, auprès de la 5e batterie du 18e arrivée depuis peu ; la 12e du 8e sur la crête 312-306, d'où elle put s'attaquer à la longue ligne de pièces dont le nombre augmentait d'heure en heure au Sud-Est de Flavigny. Un peu avant 5 heures, la 5e batterie du 18e s'avançait de quelques centaines de mètres vers le Sud et venait joindre son feu à la précédente.

Aux abords de la route enfin, la 8e batterie du 5e avait abandonné la lutte pour se retirer à Gravelotte auprès de sa division. La 9e batterie du 5e s'était remise en batterie auprès d'elle après s'être réapprovisionnée, mais elle quitta également le champ de bataille avant 5 heures. La 8e batterie du 17e, puis la 4e batterie à cheval de la Garde, enfin, avaient tenté de rentrer en ligne sur la même crête, mais vers 4 heures, toutes deux avaient été rappelées vers l'arrière.

A 5 heures, trois batteries restaient donc seules en position à la gauche du 1er régiment de grenadiers et en avant du 3e voltigeurs (1).

Entre la voie romaine et Rezonville, la situation de l'infanterie était restée à peu près stationnaire. Mais autour de ce dernier village, l'accumulation des bataillons était devenue très grande.

Outre les troupes dont il a déjà été question et qui constituaient la garnison même de la localité, sous le commandement du colonel Grémion (2), le Ier bataillon du 25e, manquant de munitions et durement éprouvé par le feu de l'artillerie, s'était replié sur le village, vers

---

(1) $\frac{3}{5}$, $\frac{1, 2}{G}$.

(2) $\frac{II}{100}$, un bataillon du 28e, un bataillon du 97e et un de grenadiers avec une compagnie du génie.

4 heures. Le Ier bataillon de zouaves avait été dirigé sur la croupe de la Maison-Blanche pour soutenir le 3e grenadiers, mais le IIe bataillon était resté auprès de Rezonville avec le 11e bataillon de chasseurs et le IIIe bataillon du 70e; le IIIe bataillon du 60e stationnait un peu plus en arrière et le régiment des guides était abrité en arrière des maisons. Le 85e régiment tout entier s'était réuni dans le vallon au Sud du village et bientôt, enfin, allait arriver à proximité l'une des brigades de la division Montaudon.

On se rappelle qu'après s'être engagé sur la route d'Ars, le commandant de la 1re division du 3e corps avait reçu contre-ordre du commandant en chef et avait été rappelé auprès de Rezonville.

Le général Montaudon prenait aussitôt la tête de la colonne et hâtait le pas vers le champ de bataille, quand le commandant en chef intervenant encore une fois, — mais à l'insu cette fois du commandant de la division, — fit maintenir provisoirement la 2e brigade avec le 18e bataillon de chasseurs au Sud de Gravelotte sur le chemin d'Ars et sur la lisière du bois des Ognons (1). La 1re brigade arriva donc seule au Sud-Ouest de Rezonville un peu avant 5 heures, et se forma sur la croupe 308, face au bois de Saint-Arnould (2).

Le 18e bataillon de chasseurs fut maintenu sur la route d'Ars. Le 81e occupa la lisière du bois des Ognons avec ses deux premiers bataillons et fut renforcé par trois compagnies du IIIe bataillon du 95e. Le IIIe bataillon du 81e et deux bataillons et demi du 95e restèrent en réserve sur le plateau de Gravelotte.

L'artillerie de la division suivit le mouvement de la

---

(1) Il est à remarquer qu'à ce moment le 4e voltigeurs était encore déployée au Sud de Gravelotte, face au ravin et à la route d'Ars.

(2) 51e et 62e, moins $\frac{\text{III}}{62}$ resté à la garde du convoi.

1re brigade vers Rezonville, mais la 8e batterie du 4e fut arrêtée par le maréchal Bazaine et placée par lui sur l'emplacement qu'occupaient les 5e et 6e batteries à cheval de la Garde, lesquelles furent, comme on sait, portées de l'autre côté du ravin de Sainte-Catherine sur la crête 303. Le 3e bataillon de chasseurs qui rejoignait Gravelotte fut placé en soutien de la batterie de mitrailleuses de même que la 3e brigade de cavalerie de la Garde.

Cette accumulation considérable de troupes autour de Rezonville et autour de Gravelotte, n'avait évidemment d'autre but, dans l'esprit du commandant en chef, que de parer à un mouvement enveloppant qu'il craignait, avant toutes choses, de voir se produire sur son flanc gauche ou même sur ses derrières. Peut-être, avait-il été avisé que des colonnes ennemies traversaient la Moselle en amont de Metz et s'engageaient dans les bois de la rive gauche. Il est à remarquer toutefois qu'il se préoccupait surtout de rassembler le plus de monde possible autour de Rezonville même en vue d'une opération ultérieure, probablement très mal définie, et ne songeait nullement à se renseigner au sujet des risques qu'il considérait comme étant des plus dangereux (1). Sur tous les points où le commandant en chef a imprimé des traces de son activité personnelle, on ne trouve que des dispositions décelant le parti pris de se maintenir sur la défensive la plus absolue. Ses vaillantes troupes cepen-

(1) Il est difficile de préciser les renseignements qui sont parvenus au maréchal Bazaine. On doit noter toutefois que le général Coffinières recevait, du commandant du fort de Saint-Quentin, une dépêche datée de 2 h. 19 du soir, et relatant « que des colonnes de troupes considérables avaient été vues en arrière d'Augny se dirigeant vers les bois de Jouy et vers la Moselle ». Il est possible que cet important compte rendu ait été transmis par le général Coffinières au commandant en chef.

dant arrivaient pleines d'ardeur au combat, et l'on verra bientôt que la plupart de celles qui apparurent sur la ligne de bataille prononcèrent, de leur propre mouvement, des offensives vigoureuses qui, mal coordonnées et nullement préparées, vinrent malheureusement se briser dès l'abord sous le feu d'une artillerie désormais maîtresse du champ de bataille.

Le quartier général de la IIe armée pendant l'après-midi du 16. — Le quartier général de la IIe armée avait reçu dans la matinée le compte rendu par lequel le général Alvensleben faisait connaître l'engagement du combat devant Vionville et annonçait que « l'ennemi se retirait sur Thionville » et que le IIIe corps « se portait en avant, l'aile gauche sur Jarny » (1).

La 18e Monographie exprime cette opinion que d'après le message du IIIe corps, le commandant de la IIe armée « n'était pas encore en état de modifier ses vues sur les mouvements de la fraction principale de l'armée ennemie », ce qui expliquerait comment on expédia, à midi, de Pont-à-Mousson, un ordre d'armée commençant par ces mots :

« Demain (17 août), la IIe armée continuera sa marche vers la Meuse ». . . . .

Une demi-heure plus tard cependant le prince Frédéric-Charles adressait au général Alvensleben l'ordre suivant, que le précédent ne pouvait guère laisser prévoir :

Pont-à-Mousson, 16 août, midi et demi.

« Tant que l'ennemi reculera devant le IIIe corps,

---

(1) Ce compte rendu est daté de la hauteur Sainte-Marie à 10 h. 30 du matin. Or l'*Historique du Grand État-Major* dit que ce compte rendu fut reçu à Pont-à-Mousson à 10 h. 30. Il y a là une anomalie que la 18e Monographie ne fait qu'atténuer en remarquant qu'en réalité la lettre du général Alvensleben fut expédiée *avant* 10 h. 30.

celui-ci devra le poursuivre avec son aile gauche, tout en se tenant en relation avec le Xe corps. Le IXe corps, qui sera demain matin près de Mars-la-Tour, assurera le flanc droit du côté de Metz et le soutiendra au besoin. *Le but de toute l'opération est de refouler l'ennemi au delà de la frontière belge ou de l'enfermer dans Thionville où l'on attendra la relève par la Ire armée.* »

En même temps, la prescription suivante était transmise verbalement au commandant du IXe corps :

16 août, midi et demi.

« Le IIIe corps poursuit, depuis ce matin 10 heures, des troupes ennemies qui se replient de Vionville sur Thionville. Ce corps a pour mission de les suivre jusqu'à ce qu'il les ait enfermées dans Thionville ou qu'il les ait repoussées au delà de la frontière belge.

« Il est important que le IXe corps occupe bientôt Mars-la-Tour et protège *dès aujourd'hui* le flanc droit du IIIe corps, du côté de Metz, et qu'il le soutienne également.

« On exécutera autant que possible l'ordre d'armée donné aujourd'hui pour le 17. Se tenir toujours en relation avec les IIIe et X^e corps. »

D'après la 18e Monographie, le général de Manstein ne reçut cet ordre qu'à 3 heures de l'après-midi à Selligny où il avait maintenu son quartier général malgré les instructions pressantes du grand quartier général lui prescrivant de rapprocher tout son corps d'armée de la Moselle et de la franchir si possible le jour même. Au reçu de l'ordre verbal du commandant de la IIe armée, le commandant du IXe corps dut se décider à prendre ses dispositions pour franchir la Moselle à Arry et Corny. Mais déjà une partie de son corps d'armée avait échappé à son action, comme on le verra plus loin, et put, grâce à l'initiative de chefs en sous-ordre, prendre une part active à la bataille et apporter à la 5e division un appui qui lui était si indispensable.

Vers 2 heures de l'après-midi, le commandant de la IIe armée adressait au grand quartier général le rapport suivant :

« Le rapport du IIIe corps, daté de Vionville 10 heures du matin, permet de conclure qu'un fort parti ennemi est harcelé et bat en retraite sur Thionville. Le IIIe corps a reçu la mission de le suivre avec son aile gauche et de le pousser soit dans la place de Thionville soit du côté de la frontière belge.... Je crois qu'il y a lieu de laisser les quatre autres corps de la IIe armée continuer tranquillement leur marche vers la Meuse. »

Ceci démontre suffisamment avec quelle persistance le commandant de la IIe armée s'attachait à cette idée que la plus grande partie de l'armée française était déjà en pleine retraite vers la Meuse, persistance qui l'aveuglait au point de l'empêcher de concevoir que les troupes engagées aux environs de Vionville et de Rezonville pussent être autre chose qu'une simple arrière-garde déjà en retraite vers Thionville sous la pression du IIIe corps.

Aussi, le Prince ne dut-il pas être peu surpris en recevant, un peu après 2 heures, un rapport du général de Kraatz, commandant la *20e* division, lui apprenant « que le IIIe corps se trouvait engagé au Nord de Gorze contre des forces ennemies supérieures, que le général de Rheinbaben s'y trouvait avec neuf régiments et quatre batteries et que la *19e* division était informée que la *20e* marchait vers le champ de bataille (1) ».

Le commandant de la IIe armée monta à cheval un peu avant 3 heures et se rendit aussitôt, par Novéant et

(1) Information adressée par le lieutenant-colonel de Caprivi.

Gorze, sur le champ de bataille où il arriva vers 4 h. 30 (sur la hauteur 329 à l'Ouest des bois de Vionville).

« Le Prince Frédéric-Charles, dit la 18e Monographie, reconnut que le combat était engagé contre des forces supérieures. Toutefois, la supériorité de l'ennemi n'était pas absolument évidente et le commandant en chef, qui ne rencontra qu'à 8 h. 30 du soir le général Alvensleben, ne paraît pas avoir été informé de la présence de toute l'armée ennemie. Après avoir envoyé plusieurs officiers d'état-major vers différents points du champ de bataille pour déterminer exactement la situation et chercher le général Alvensleben (1), le Prince ordonna au général de Stulpnagel de maintenir les positions conquises et approuva l'emploi à l'extrême droite, des fractions disponibles de la *16e* division d'infanterie et du *11e* régiment (du IXe corps), dont l'arrivée était annoncée par le général de Barnekow. »

La *16e* division d'infanterie (Barnekow), en effet, avait atteint Arry vers midi (2).

A ce moment, elle entendit une violente canonnade vers le Nord-Ouest et apprit qu'un combat très sérieux était engagé par le IIIe corps contre des forces supérieures. A la suite de demandes de secours réitérées que lui adressa la *5e* division, le général de Barnekow en référa à son commandant de corps d'armée qui l'autorisa à s'engager d'après sa propre inspiration. Il mit donc en

---

(1) « Le major Schmidt, de l'état-major de la IIe armée, rencontra vers 6 h. 30 du soir le commandant du IIIe corps sur la hauteur à l'Ouest de Vionville (c'est-à-dire après l'échec terrible que venait de subir la *38e* brigade prussienne). Le général Alvensleben fit répondre au commandant en chef qu'il lui était impossible de quitter sa place en ce moment. »

(2) Sauf la *31e* brigade (détachée précédemment sur Thionville avec la 6e batterie et un escadron du *9e* hussards) qui n'avait pas encore rejoint.

marche les troupes disponibles de sa division (1) et atteignit la ferme de Sainte-Catherine vers 3 h. 15 avec la tête de sa colonne. D'ailleurs, la brigade Rex était suivie par le *11*e régiment (de la *36*e brigade du IXe corps), que le colonel de Schönig, envoyé sur la Moselle pour couvrir le passage de Corny, prit « spontanément (2) » la résolution de conduire à la bataille.

Combat de la 5e division entre 3 et 5 heures. — Pendant que ces renforts d'infanterie, si ardemment désirés par les troupes prussiennes engagées depuis le matin dans un combat numériquement inégal, s'approchaient du champ de bataille, de nouvelles batteries étaient déjà venues renforcer les deux groupes installés, l'un sur le mamelon à l'Ouest du bois de Vionville, l'autre au Sud-Est de Flavigny.

Des quatre batteries de la *20*e division arrivées à hauteur de la ferme du Sauley, deux, les (3e et IIIe) s'étaient installées auprès des batteries du colonel de Dresky au Sud-Est de Flavigny ; un peu plus tard, les Ve et VIe de l'artillerie de corps du Xe corps encadraient les batteries de la *5*e division sur le mamelon 329.

On a vu, d'autre part, que les deux bataillons du colonel de Lyncker (3) avaient été maintenus à la garde des batteries du major Gallus, à l'exception de deux compagnies engagées dans le bois de Vionville avec les deux premiers bataillons du *48*e. Quand les deux bataillons de la 5e division laissés à Dornot et Corny furent

(1) *32*e brigade (Rex) : *40*e et *72*e régiments d'infanterie ; batteries $\frac{5,\ V,\ VI}{8}$.

(2) *Einzelschriften-Heft 18.*

(3) $\frac{II,\ III}{78}$.

arrivés sur le champ de bataille (1), le colonel de Lyncker crut pouvoir disposer de son détachement pour prononcer un mouvement offensif contre l'infanterie française (2) qui garnissait maintenant les pentes méridionales du mamelon 311-312 vis-à-vis du bois de Vionville et balayait de ses feux le vallon 289 ainsi que les batteries de la *5*e division auxquelles elle faisait subir des pertes sensibles (3). Mais le colonel de Lyncker ayant été grièvement blessé dès le début du mouvement en avant, ce dernier ne fut exécuté qu'avec fort peu d'ensemble, et fut arrêté dans le fond même du vallon 289 par un feu violent de l'infanterie française.

D'autre part, le général Schwerin, qui observait, de la gauche des batteries, la tentative infructueuse des bataillons de Lyncker, pensa sans doute que l'interdiction du commandant de la division de franchir la crête avait été levée, et lança à son tour contre les deux premiers bataillons du 2e grenadiers de la Garde les deux premiers bataillon du *12*e. Mais là aussi, l'attaque échoua rapidement devant le feu rapide des grenadiers qui força les tirailleurs du *12*e à se coucher à terre, à l'extrême gauche de ceux du *78*e.

C'est alors que les deux premiers bataillons du 2e grenadiers de la Garde, débouchant de la crête, s'élancèrent en avant contre l'infanterie ennemie ; la contre-attaque fut courte et énergique, et força la ligne prussienne à se

---

(1) $\frac{\text{I}}{8}$ arriva sur le mamelon 329 vers 3 h. 30 ; $\frac{\text{I}}{12}$ parvint au même point vers 3 h. 45. (*Kriegsgeschichtliche Beispiele, loc. cit.*).

(2) $\frac{\text{I, II}}{2\ \text{Gr}}$, $\frac{\text{II, III}}{25}$.

(3) Kunz fait remarquer avec raison que cette attaque du détachement de Lyncker était en contradiction avec l'ordre du général de Stulpnagel donné à midi et demi de se maintenir jusqu'à nouvel ordre sur une défensive absolue.

rejeter précipitamment en arrière; une partie des compagnies du *78*e et même du *48*e rentrèrent sous bois. Malheureusement, les deux bataillons de grenadiers durent remonter les pentes du vallon sous un feu très vif qui leur fit subir des pertes importantes et obligea le général Picard à les faire relever quelques instants plus tard par le IIIe bataillon du même régiment et par le IIIe bataillon du 3e voltigeurs.

C'est sur ces entrefaites, que le chef d'État-Major du VIIe corps, arrivé dès 3 h. 45 auprès du général de Stulpnagel pour lui annoncer l'approche de la *16*e division, rejoignit le général de Barnekow pour lui transmettre la prière du commandant de la *5*e division, de faire avancer le plus vite possible l'artillerie disponible à l'Ouest du bois de Vionville et de porter son infanterie, par le chemin de Gorze à Rezonville, dans les bois Saint-Arnould (1). Les trois batteries disponibles de la *16*e division (2) vinrent donc s'établir à la gauche de l'artillerie de la *5*e division, sur la crête 322, reliant ainsi les groupes du major Gallus et du colonel de Dresky en une seule ligne de pièces qui s'étendait de Flavigny au bois de Vionville et faisait converger ses feux sur toute la crête qui s'étend au Sud et au Sud-Ouest de Rezonville.

A peu près en même temps, c'est-à-dire vers

---

(1) Le général de Barnekow, arrêté près de la ferme Sainte-Catherine, se disposait à gagner avec ses neuf bataillons le bois des Chevaux et le bois des Ognons pour tomber « sur le flanc ou même sur les derrières de l'ennemi ». Sur la prière du général de Stulpnagel, le commandant de la *16*e. division renonça à un mouvement enveloppant aussi étendu et ne dirigea vers le bois des Ognons qu'un seul bataillon $\left(\frac{\text{II}}{72}\right)$.

(2) $\frac{5,\ \text{V},\ \text{VI}}{8}$.

4 h. 30 (1) le colonel de Block, commandant le *56*e régiment d'infanterie, débouchait sur le champ de bataille avec trois bataillons de la *20*e division (2) que le général de Kraatz, ainsi qu'on le verra bientôt, avait envoyés des environs de Chambley pour appuyer la division de Stulpnagel. Après avoir traversé les bois de Gaumont, ces bataillons, précédés d'une ligne de tirailleurs, — ceux du *56*e à gauche, celui du *79*e à droite, — dépassèrent la ligne d'artillerie et descendirent les pentes du vallon 289 sous un feu rapide très meurtrier des bataillons frais qui venaient de remplacer les deux premiers bataillons du 2e grenadiers (3). Les compagnies prussiennes parvinrent cependant à gagner le fond du ravin où toutes les fractions en ordre serré vinrent bientôt se fondre sur la ligne des tirailleurs pour chercher un abri au pied des pentes très raides qui remontaient vers les positions françaises (4).

Il était alors 5 heures du soir, et l'Historique allemand fait remarquer que bien que les dernières tentatives de l'armée prussienne n'eussent abouti à aucun résultat sérieux, « la physionomie du combat n'était pas devenue plus mauvaise sur la partie orientale du champ de bataille. La *16*e division d'infanterie, arrivée à Gorze vers 4 heures (5), commençait déjà (vers 5 heures), à

---

(1) L'*Historique du Grand État-Major prussien* fait ouvrir le feu aux batteries de la *16*e division entre 3 h. 30 et 4 heures. Le major Kunz paraît avoir prouvé qu'il y a là une erreur et que ces batteries ne prirent pas part à la lutte avant 4 h. 30.

(2) $\frac{\text{I, II}}{56}$, $\frac{\text{F}}{79}$.

(3) $\frac{\text{III}}{\text{2 Gr}}$, $\frac{\text{III}}{\text{3 V}}$.

(4) Le ravin 289 est très profond et étroitement encaissé par des pentes arrondies qui défilent complètement les fonds aux vues des troupes occupant le mamelon 311-312.

(5) Il faut sans doute entendre : *réunie à Gorze vers 4 heures ;* car il

donner dans le bois de Saint-Arnould et le général de Stulpnagel avait promis au commandant en chef de maintenir à tout prix les positions de la 5e division d'infanterie. Les choses en étaient là, quand le prince Frédéric-Charles se transportait, un peu après 5 heures, sur le mamelon au Sud-Ouest de Flavigny ».

X. — Marche d'approche du 4e corps. — Attaque et prise des bois de Tronville par des fractions des 3e, 4e et 6e corps.

Opérations du 4e corps depuis 9 *h.* 30 *du matin.* — On se rappelle que vers 9 heures du matin, c'est-à-dire au moment où la canonnade allait se faire entendre dans la direction de Vionville, les têtes de colonnes du 4e corps avaient déjà débouché sur le plateau Amanvillers, Saint-Privat (1) :

La 2e division avait d'abord suivi la division de cavalerie. Mais arrivée à Saulny, elle avait laissé filer le général Legrand par la grande route, et s'était engagée sur l'étroit chemin vicinal conduisant à Amanvillers par les bois de Saulny et la ferme Saint-Maurice (2) ;

Vers 9 heures, la tête de la 2e division (1re brigade avec la batterie de canons à balles) (3) avait dépassé Amanvillers et continuait sa route vers Doncourt par Vernéville et Anoux-la-Grange, tandis que la 2e brigade (avec les deux autres batteries divisionnaires) (4) faisait

---

paraît démontré par le major Kunz que le bataillon de tête de la brigade Rex arriva à Sainte-Catherine à 3 h. 15.

(1) Voir page 152.

(2) *La brigade Bellecourt,* par le colonel de Courson de la Villeneuve, alors lieutenant au 43e. Paris 1903.

(3) $\frac{5}{1}$.

(4) $\frac{6,\ 7}{1}$.

un détour par Jérusalem et Sainte-Marie-aux-Chênes pour éviter l'encombrement sur le chemin où venait de s'engager la brigade Bellecourt ;

A la même heure, l'artillerie de réserve débouchait des bois de Fèves, alors que la 1re division, rejetée très en arrière par les convois et le parc d'artillerie du corps d'armée, arrivait seulement à hauteur du village de Saulny ;

La 3e division, encore en partie enchevêtrée aux environs de Lessy avec les voitures de toutes sortes qui encombraient le chemin, ne put se mettre en marche que dans les premières heures de l'après-midi (vers 2 heures) (1) ;

Enfin, la division de cavalerie se portait lentement

---

(1) La division Lorencez, dont une partie était restée près du moulin de Longeau (le 33e régiment), ne put se rassembler aux environs du chalet Billaudel qu'assez tard dans la matinée. « Les hommes firent la soupe ; ils étaient tellement exténués par la fatigue causée par la marche de nuit, qu'on dut leur accorder quelques heures de repos..... » (Rapport du général Berger, commandant la 2e brigade.) De son côté, le général de Ladmirault, en entendant la canonnade, avait craint un instant que le général de Lorencez, auquel il avait ordonné de presser sa marche vers Doncourt, ne fut engagé contre des forces supérieures (Déposition du général de Ladmirault devant le conseil d'enquête. Séance du 23 février 1872) ; aussi envoya-t-il un officier de son état-major aux nouvelles, mais sans, à ce qu'il semble, le charger d'un ordre quelconque pour le général de Lorencez. L'officier d'état-major revint à 1 h. 30 auprès du commandant du 4e corps et lui rendit compte qu'un « cavalier » lui avait donné des nouvelles du général commandant la 3e division, lequel cherchait à rejoindre son corps d'armée, mais craignait de n'être pas dégagé de toute la journée. (Déposition du général de Ladmirault. *Loc. cit.*).

En fait, la division Lorencez ne se mit en marche qu'à 2 heures de l'après-midi, l'artillerie entre les deux brigades, et passa par Amanvillers, Habonville et Jouaville. Elle n'arriva à Doncourt qu'entre 6 et 7 heures du soir, puis se porta vers Bruville, qu'elle n'atteignit qu'à la tombée de la nuit pour y bivouaquer.

avec ses deux batteries à cheval (1) de Saint-Privat vers Sainte-Marie-aux-Chênes, en attendant la rentrée des patrouilles jetées vers le Nord dans la vallée de l'Orne et vers Briey (2).

Le général de Ladmirault, accompagné de son état-major, atteignait également Sainte-Marie-aux-Chênes, quand il entendit le canon, très loin sur sa gauche (3). C'est alors qu'il envoya un de ses officiers aux nouvelles vers le Sud-Est dans la crainte que la division Lorencez ne fut engagée seule contre des forces supérieures (4). Il fit en même temps donner l'ordre à la division de cavalerie de se porter sur Doncourt. Celle-ci venait de se déployer au Sud de Sainte-Marie, de part et d'autre du chemin conduisant à Saint-Ail, et avait envoyé de nouvelles reconnaissances vers les bois. Elle reprit donc sa marche vers le Sud ; la brigade de hussards se dirigeant lentement vers Jouaville, tandis que les dragons, accompagnés des deux batteries à cheval, s'avançaient jusqu'à Anoux-la-Grange et le bois Doseuillons. Les deux batteries étaient arrêtées près de ce bois, lorsque le général de Ladmirault, les faisant escorter par le 11e dragons, se porta vivement avec elles dans la direction de Mars-la-Tour (5).

Il était à peu près midi, quand le commandant du

---

(1) $\frac{5, 6}{17}$.

(2) D'après les *Notes* de M. le contrôleur général Longuet, ancien aide de camp du général Legrand, la division marcha très lentement et fit même de longues haltes sur le plateau de Saint-Privat, où elle était arrivée dès 6 heures du matin.

(3) Conseil d'enquête sur les capitulations. Déposition du général de Ladmirault.

(4) Voir la note 1, page 395.

(5) Le 3e dragons paraît alors avoir rejoint la brigade légère vers Jouaville.

4e corps arriva aux environs de Doncourt (1). « A ce moment, dit-il, je savais que le 2e corps était engagé, qu'il était soutenu par la Garde et que le 6e corps était également engagé à sa droite ; derrière, venait d'arriver une partie du 3e corps sous le commandement du maréchal Lebœuf (2) ».

De la crête à l'Est de Bruville, sur laquelle s'était porté le commandant du 4e corps et où venait d'arriver la division de cavalerie de Clérembault, le général de Ladmirault découvrit, en effet, sur sa gauche, les nombreux bataillons du 3e corps réunis entre la ferme de la Caulre et la voie romaine. Puis, dans la direction du Sud, il put observer des cavaliers ennemis apparaissant sur la crête 274, au Nord-Ouest des bois de Tronville (3). Appelant vivement à lui les deux batteries à cheval qu'il avait amenées, le général fit ouvrir le feu sur les escadrons prussiens qu'un tir de trois coups par pièce fit disparaître derrière la crête.

Il était alors midi. Le général se porta ensuite rapidement vers le Nord pour aller au-devant des têtes de colonnes qu'il attendait.

La brigade Bellecourt était arrivée près de Doncourt à 11 h. 30 (4). Là, le commandant de la brigade apprit que Jarny était occupé par de la cavalerie française (5). Il fit décharger les voitures, dresser les tentes et prescrivit de faire le café (6).

---

(1) Procès Bazaine, page 230.

(2) Conseil d'enquête sur les capitulations, *loc. cit.*

(3) C'était le *13e* régiment de dragons de la brigade Bredow.

(4) Rapport du général de Ladmirault. Journal de marche de la 2e division. Cette heure paraît d'ailleurs très admissible, car de Champenois à Doncourt, il y a 10 kilomètres, soit deux heures et demie de marche.

(5) Division du Barail et brigade de France.

(6) Historique de la brigade de Bellecourt par le colonel de Courson

D'un autre côté, le général de Ladmirault avait déjà fait presser le général Legrand d'arriver sur le champ de bataille. La division de cavalerie (1) faisait une nouvelle halte auprès de Jouaville lorsqu'on lui communiqua cette prescription du commandant de corps d'armée. Elle remonta aussitôt à cheval et arriva à Doncourt vers midi ; là, elle s'entendit renouveler le même ordre par le général Osmont, chef d'état-major du 4e corps. Le général Legrand faisait déjà déposer les charges quand survint le commandant du 4e corps. « Oubliant sans doute la mission confiée à sa cavalerie vers Briey, il témoigna assez vivement son mécontentement de la lenteur de la marche (2). »

Il remit alors en marche la brigade Bellecourt sur Bruville, tandis qu'il chargeait la division de cavalerie de couvrir son mouvement sur la droite.

Il était alors à peu près midi et demi (3). Sur ces entrefaites, les quatre batteries montées de la réserve du 4e corps (4) traversaient Doncourt venant de Jouaville, puis allaient se masser dans le vallon, près et à l'Est d'Urcourt (5).

---

de la Villeneuve, alors lieutenant au 43e de ligne; Rapport du colonel Lion, commandant le 13e; Historique du 5e bataillon de chasseurs.

(1) Réduite aux 2e et 7e hussards et 3e dragons.

(2) *Notes* de M. le contrôleur général Longuet, *loc. cit.*

(3) Dans sa déposition au Conseil d'enquête, le général de Ladmirault dit avoir laissé à sa cavalerie une demi-heure de repos. Elle ne repartit donc que vers midi et demi. A ce moment, la division de Clérembault était depuis longtemps déjà derrière la crête au Sud-Est d'Urcourt.

(4) $\frac{6,\ 9}{8}$, $\frac{11,\ 12}{1}$.

(5) De Saint-Privat, la réserve d'artillerie avait suivi la grande route jusqu'à Sainte-Marie et s'était engagée sur le mauvais chemin de Saint-Ail. Un peu avant d'arriver à Habonville, le bruit de la canonnade redoublant d'intensité, le colonel Soleille fit séparer les batteries de leurs réserves, puis les conduisit à Jouaville, Doncourt et Urcourt.

Il devait être environ 1 heure de l'après-midi quand le 5e bataillon de chasseurs, tête de colonne de la brigade Bellecourt, arriva à Bruville, qu'il occupa tout d'abord.

En partant de Doncourt, le général de Ladmirault avait prescrit au général Grenier « de prendre position à Bruville et d'attendre jusqu'à ce qu'il eût une brigade réunie » (1). La colonne formée par les 13e et 43e régiments dépassa donc Bruville et vint se former dans le vallon qui remonte vers Saint-Marcel pour se rapprocher de la division Tixier et se relier à elle. Pendant ce temps, arrivaient auprès de la 1re brigade les deux batteries de 4 de la division (2), batteries que le général Pradier avait fait déboîter de sa colonne et qu'il avait envoyées au trot vers Bruville. Enfin, la division de cavalerie gravissait les pentes situées à l'Ouest de ce village et prenait pied sur l'étroit plateau compris entre la même localité et le Fond de la Cuve pour surveiller la droite de la brigade Bellecourt, ainsi qu'elle en avait reçu l'ordre.

C'est sur ces entrefaites qu'apparurent au Sud du bois La Grange, la brigade de cavalerie de France et le 2e régiment de chasseurs d'Afrique (le seul qui restât sous les ordres du général du Barail avec les deux batteries à cheval de la 1re division de réserve de cavalerie) (3).

A son arrivée à Conflans (4), en effet, la brigade de

---

(1) Déposition du général de Ladmirault devant le Conseil d'enquête sur les capitulations. Séance du 28 février 1872.

(2) $\frac{6,\ 7}{1}$.

(3) $\frac{5,\ 6}{19}$.

(4) Où elle fut relevée par la brigade Margueritte. (Voir page 137.)

France avait établi son bivouac à 1500 ou 1800 mètres au delà du village et avait fait boire et manger les chevaux. Le général du Barail, qui avait accompagné l'empereur avec toute sa division, de Doncourt à Conflans, était resté en ce dernier point avec le 2e chasseurs d'Afrique et ses deux batteries à cheval, tandis que la brigade Margueritte continuait sur Verdun, pour escorter la voiture impériale.

Il était à peu près 10 heures du matin quand le général du Barail fut averti par ses reconnaissances qu'une forte canonnade se faisait entendre du côté de Mars-la-Tour. Le général de France, auquel l'Empereur avait simplement prescrit d'attendre, à Conflans, les ordres de son chef (le général Desvaux resté de sa personne à Gravelotte), se mit aussitôt à la disposition du général du Barail, et le chef de cette division de cavalerie improvisée (2e chasseurs d'Afrique, dragons et lanciers de la Garde, deux batteries à cheval : $\frac{5,\ 6}{19}$) fit monter à cheval, puis rompre en colonne à travers champs pour se rapprocher du champ de bataille. S'engageant alors sur le chemin qui mène à Friauville, la division traversa ce village, franchit l'Yron au pont de Droitaumont, puis vint se former par régiments en colonne serrée au Sud de la lisière du bois de La Grange. Il était alors environ une heure de l'après-midi.

Pendant que les chasseurs d'Afrique faisaient reconnaître par quelques patrouilles les directions de Ville-sur-Yron et de Mars-la-Tour, un faux renseignement, transmis par un officier des dragons de la Garde envoyé en reconnaissance, fit croire au général du Barail qu'il était menacé sur ses deux flancs et lui fit craindre d'être coupé du 4e corps. Il prescrivit alors à ses trois régiments de se replier à travers bois vers le Nord et aux deux batteries à cheval de chercher, aux abords de Jarny, une position qui leur permît de couvrir la retraite.

Peut-être ce renseignement erroné, ou du moins très exagéré, trouva-t-il sa source dans l'arrivée aux environs de Mars-la-Tour du *1*er régiment de dragons de la Garde prussienne (1) et dans le mouvement que fit juste à ce moment le général Barby pour renforcer, au Nord des bois de Tronville, le *13*e régiment de dragons déjà canonné une première fois par le général de Ladmirault, mais qui n'avait cependant pas encore quitté sa position d'observation sur la croupe 270-274.

Pendant que les bataillons du colonel Lehmann, en effet, progressaient à travers les bois de Tronville, ainsi qu'on l'a vu plus haut, le général de Rheinbaben se disposait à rejoindre le *13*e dragons à hauteur des bois, lorsque sur les observations du général Alvensleben, la brigade Barby seule exécuta ce mouvement (2).

Cependant, la présence des vedettes du *13*e dragons qui s'étendaient sur la crête 257-277 n'avait pas échappé au général de Ladmirault. Pendant que la brigade Bellecourt se massait au Sud-Est de Bruville, il prescrivit donc de tenir un bataillon prêt à agir contre la cavalerie qui paraissait s'étendre sur la droite de l'infanterie.

Comme à ce moment, le 5e bataillon de chasseurs venait d'être entièrement morcelé pour servir de soutien aux batteries divisionnaires (3), le IIe bataillon du 13e

---

(1) On verra plus loin que ce régiment, précédant la *38*e brigade, accourait de Saint-Hilaire avec une batterie à cheval $\left(\frac{1\ c}{G}\right)$. De Mars-la-Tour, les dragons prussiens gagnèrent le plateau de Ville-sur-Yron pendant que la batterie rejoignait la brigade Barby et le *13*e dragons sur la croupe 277 (au Nord du bois de Tronville).

(2) Voir page 344.

(3) La 3e compagnie fut affectée à la 5e batterie, les 5e et 4e compagnies aux 6e et 7e batteries. Les 1re, 2e et 6e étaient seules maintenues sous le commandement direct du chef de bataillon Carré.

recevait l'ordre du général Grenier d'occuper la lisière Ouest de Bruville pour couvrir, sur la droite, le rassemblement du reste de la brigade.

En exécution des prescriptions du commandant du 4e corps dont il vient d'être question, le IIe bataillon du 13e quitta donc le village et rejoignit immédiatement les tirailleurs qu'il venait d'envoyer sur la crête au Sud-Ouest de la localité ; là, il se forma en colonne à demi-distance, pour pouvoir prendre rapidement, si c'était nécessaire, la formation en carré. Mais son intervention sur ce point fut inutile, car déjà le commandant Carré avait porté la 2e compagnie du 5e bataillon de chasseurs sur la crête 259 et avait dispersé, en quelques instants, les patrouilles de la cavalerie ennemie qui se montraient à 700 ou 800 mètres de là, sur la crête 274. En même temps, la batterie de mitrailleuses Saint-Germain (1). vivement amenée auprès de la compagnie de chasseurs par ordre du général de Ladmirault, tira quelques boîtes à balles sur d'autres vedettes apparaissant plus à l'Ouest aux environs du Poirier du bois Dessus (2) et les fit également disparaître en arrière de la crête. Il devait alors être un peu plus de 1 h. 30, et c'est pendant que se déroulait ce court épisode du combat que la brigade Barby et la 1re batterie à cheval de la Garde prussienne cherchaient à s'avancer par le Nord des bois de Tronville et à canonner, depuis le revers méridional de la crête 274, les rassemblements du

(1) $\frac{5}{1}$.

(2) Le fait est passé sous silence par l'Historique de la 5e batterie ; mais il est relaté par le Rapport détaillé du général de Ladmirault et confirmé d'une part par le colonel de Courson de la Villeneuve (ancien lieutenant au 43e) et surtout par le général Saget, qui accompagnait le commandant du 4e corps et assista à la mise en batterie et au tir des mitrailleuses. (Récit verbal du général Saget.)

3e corps qu'on apercevait au Sud de Saint-Marcel. On sait déjà que la 4e batterie du 17e, qui venait de tirer sur l'infanterie du détachement Lehmann apparue depuis peu sur la lisière du bois de Tronville, dirigea alors son feu sur la brigade Barby et la força à rebrousser chemin en même temps que la 1re batterie à cheval de la Garde.

Mais sur ces entrefaites, la brigade Pradier arrivait à Bruville où les deux batteries de 4 qui l'accompagnaient l'avaient déjà précédée, ainsi qu'il a été dit plus haut (1). Dès lors, le commandant du 4e corps disposait d'une division d'infanterie tout entière, de neuf batteries (six de la réserve et trois de la 2e division) puis de la division de cavalerie Legrand. Comme il avait déjà expédié plusieurs officiers au général de Cissey et qu'il comptait le voir arriver vers 4 heures (2), il crut le moment venu d'entrer en ligne à la droite du 6e corps et donna au général Grenier l'ordre de porter la brigade Bellecourt en avant et de gagner la crête 270-274-277 sur laquelle il prescrivit en même temps à son artillerie de se déployer (3).

Les deux batteries de 4 de la réserve (4) paraissent

(1) La brigade Pradier avait traversé le hameau de Jérusalem, Sainte-Marie et s'était rabattue sur Doncourt. Avant d'arriver à Jouaville, on entendit une forte canonnade vers le Sud. Le général Pradier fit aussitôt descendre les sacs des servants et les fourrages des voitures d'artillerie. Les deux batteries partirent au trot pendant que l'infanterie gagnait rapidement Doncourt. Après l'avoir dépassé, l'infanterie déposa ses sacs et arriva à Bruville.

(2) D'après les *Souvenirs* du général Saget, qui avait assisté le matin à la mise en marche du corps d'armée et avait rendu compte au commandant du 4e corps que la division de Cissey pourrait avoir rejoint la 2e, au plus tard vers 4 heures.

(3) Croquis n° 5.

(4) $\frac{6,9}{8}$.

s'être portées en avant les premières. Elles traversèrent le ravin de Saint-Marcel à Bruville, obliquèrent fortement à droite et vinrent couronner la crête 274-277.

Les batteries de la 2e division semblent n'être arrivées que quelques instants plus tard ; les 5e et 6e batteries s'établirent près de la cote 277 ; la 7e batterie se porta beaucoup plus à l'Ouest, c'est-à-dire sur la crête 270.

Les deux batteries de 12 de la réserve, enfin, n'arrivèrent qu'ensuite et l'une après l'autre ; la batterie Gastine (1) prit position à la droite de la 5e batterie du 1er ; la batterie Florentin (2) ne fut appelée que plus tard (3) et s'installa à la droite de la précédente.

Quant aux deux batteries à cheval du 17e, elles rejoignirent la division de cavalerie au Sud-Ouest de Bruville.

Pendant que l'artillerie gagnait ses positions de combat, sous l'escorte des compagnies du 5e bataillon de chasseurs qui lui étaient affectées comme soutien, les deux régiments de la brigade se portaient en avant.

Le 43e, formé sur deux lignes, déployait les IIIe et Ier bataillons sur la crête 274, de part et d'autre du chemin de Bruville et plaçait le IIe bataillon en réserve à 300 mètres en arrière.

Les IIIe et Ier bataillons du 13e, également déployés en bataille, se placèrent sur la droite du 43e. Le IIe bataillon du 13e, enfin, s'était conformé au mouvement de la brigade, et était venu se former à 400 mètres

---

(1) $\frac{12}{1}$.

(2) $\frac{11}{1}$.

(3) Trois quarts d'heure après, si l'on s'en rapporte à l'Historique des batteries.

plus à droite, c'est-à-dire dans le voisinage de la route de Mars-la-Tour à Bruville (1).

Pendant le déploiement de la brigade Bellecourt, le général de Ladmirault s'était porté avec son état-major sur la crête 274. D'après les « Souvenirs » du général Saget qui accompagnait alors le commandant du 4e corps, on ne distinguait, à ce moment, aucune troupe importante ennemie dans la plaine qui se développait vers le Sud, jusqu'aux crêtes de Tronville. Le bois de Tronville, qui s'étendait en amphithéâtre dans la direction de Tronville paraissait, seul, occupé par de l'infanterie prussienne.

La plupart des batteries étaient déjà en position de combat en avant de la crête 274-277 et le 43e était déjà déployé à quelque distance en arrière, lorsque arriva le général Changarnier (2), qui se dirigea vers le général de Ladmirault.

Le lieutenant-colonel Guesle, alors capitaine au 43e de ligne, raconte ainsi l'entrevue à laquelle il assista (3) :

« Un général très âgé, à cheval, accompagné par un officier d'ordonnance, venant du côté de Saint-Marcel, longe la batterie (près du IIIe bataillon du 43e), et en interroge le capitaine, tout en se dirigeant de notre côté, lorsque surviennent les généraux de Ladmirault, Grenier et Bellecourt, ainsi que leurs états-majors..... Alors le général Changarnier, élevant la voix : « Eh bien,

---

(1) Devant le mouvement offensif de la division Grenier, les escadrons du général Barby et le *13e* dragons se repliaient vers Tronville pendant que la batterie à cheval de la Garde allait rejoindre sa brigade à Mars-la-Tour. En même temps le *10e* régiment de hussards (de la brigade Redern) se retirait, du Sud du bois de Tronville, vers Puxieux.

(2) Le général Changarnier assistait aux opérations et suivait l'état-major du maréchal Lebœuf.

(3) Citation extraite de l'ouvrage du colonel de Courson de la Villeneuve, *loc. cit.*

mon Général, est-ce que nous n'allons pas envoyer notre carte de visite ! » (Car notre batterie ne tirait toujours pas.) Ordre est aussitôt donné à la batterie de commencer le feu...... quelques coups de fusils nous sont répondus sans blesser personne, mais on entend siffler les balles partant de la lisière Est (1) du bois de Tronville ».....

Les deux batteries de 4 de la réserve (2) et les deux batteries de gauche de la 2e division (3) ouvrirent aussitôt le feu sur l'infanterie du détachement Lehmann, tandis que la batterie Gastine (4), seule arrivée pour l'instant, tira « quelques coups de canon sur le village de Vionville, traversé à ce moment par une colonne d'artillerie (5) (6). »

Mais pendant que le feu d'artillerie s'engageait ainsi sur le front de la brigade Bellecourt, la brigade Pradier entrait en ligne à l'extrême droite.

La 2e brigade de la 2e division, en effet, s'était formée après son arrivée à Bruville, à l'Ouest du village et à cheval sur le chemin conduisant à Ville-sur-Yron.

---

(1) Erreur d'orientation évidente, ainsi que le fait remarquer le colonel Courson de la Villeneuve. Il faut sans doute lire : *Nord*.

(2) $\frac{6,\ 9}{3}$.

(3) $\frac{5,\ 6}{1}$.

(4) $\frac{12}{1}$.

(5) Historique des 11e et 12e batteries du 1er régiment.

(6) D'après le Rapport du commandant Prenier, les deux batteries de 4 de la réserve ouvrirent le feu à 1400 mètres sur les bois garnis de tirailleurs ennemis. Si ce chiffre est exact, il faut en conclure que le tir fut dirigé très obliquement sur les compagnies prussiennes qui occupaient encore la pointe Nord-Est du bois de Tronville.

Quant à la 6e batterie du 1er (Erb) elle paraît avoir « fouillé d'abord le bois avec des obus à balles ». (Historique des batteries de la 2e division.)

Là, le général Pradier fut avisé par le général Montaigu que « trois régiments de cavalerie ennemie menaçaient de tourner la position (1) ». Le Ier bataillon du 64e (commandant Plan), fut donc porté, sous le commandement supérieur du lieutenant-colonel Caillard d'Aillière, sur la croupe au Sud de la ferme Sainte-Catherine de manière à surveiller le plateau de la ferme La Grange et à soutenir ainsi la division de cavalerie du 4e corps.

Les cinq autres bataillons de la 2e brigade reprenaient ensuite leur marche vers le Sud et gagnaient la droite de la brigade Bellecourt. Les IIe et IIIe bataillons du 64e se déployaient sur la croupe 239 au Sud-Est de la ferme Greyère ; les IIe et IIIe bataillons du 98e s'établissaient en seconde ligne derrière les précédents, tandis que le Ier bataillon du 98e allait occuper la ferme de Greyère mise en état de défense par la compagnie du génie divisionnaire (2).

Mais peu de temps après leur arrivée sur la croupe 239, les deux bataillons du 64e franchissaient le ravin qu'ils avaient devant eux et se déployaient sur la croupe opposée en appuyant leur droite au bois de la Velterène, pendant que les deux batteries à cheval de la division Legrand ouvraient le feu, des environs de Greyère sur la cavalerie du général de Brandebourg, alors en observation au Sud-Est de Ville-sur-Yron (3).

Les escadrons prussiens ne paraissent pas avoir eu à souffrir du feu de l'infanterie du 64e, mais ils furent forcés de rétrograder vers le Sud sous un feu d'artillerie

---

(1) Il s'agissait réellement, comme on sait, du *1*er régiment de dragons de la Garde et du 4e escadron du *2*e régiment de la même arme.

(2) Dès son arrivée à Greyère, le bataillon du 98e déploya une compagnie en tirailleurs en avant de la ferme.

(3) *1* Dr. G. et $\frac{4}{\textit{2}\ \text{Dr. G}}$.

assez vif et abandonnèrent complètement le plateau de Ville-sur-Yron. Il était alors à peu près 2 h. 30.

Sur ces entrefaites, le général du Barail s'était rendu compte de l'erreur qu'il avait commise sur la foi d'un renseignement erroné ou tout au moins trop pessimiste ; il avait donc ramené ses chasseurs d'Afrique vers le Sud. Suivi, à grande distance, par la brigade de France et les deux batteries à cheval précédemment envoyées vers Jarny (1), il avait franchi le Fond de la Cuve pour gagner les environs de Greyère.

A la suite du mouvement rétrograde de la cavalerie allemande vers le Sud, le général du Barail avait fait avancer le 2e chasseurs d'Afrique vers Mars-la-Tour et avait dirigé une patrouille sur cette localité.

Peu de temps après, le général Legrand franchissait lui-même le Fond de la Cuve en sens inverse avec sa division et rejoignait le général du Barail qui, de sa personne s'était porté sur la grande route de Jarny ; un escadron du 7e hussards fut alors envoyé en reconnaissance sur l'extrémité occidentale de Mars-la-Tour (2) (3).

---

(1) $\frac{5,\ 6}{19}$.

(2) *Notes* de M. le contrôleur général Longuet, ancien aide de camp du général Legrand. Renseignement confirmé par le Journal de marche de la 1re division de cavalerie, l'Historique du 5e bataillon de chasseurs, et l'observation faite un peu plus tard, de la corne occidentale du bois de Tronville, par le lieutenant de Courson de la Villeneuve du 43e.

(3) Les deux batteries à cheval $\left(\frac{5,\ 6}{17}\right)$ ne suivirent pas le mouvement de leur division de cavalerie. Les escadrons allemands ayant disparu vers le Sud, elles furent dirigées par le général Lafaille sur les positions occupées par les autres batteries de la réserve du 4e corps. La 5e batterie vint se placer à la gauche des deux batteries de 12. La 6e batterie se joignit à l'infanterie qui franchissait à ce moment le ravin et gagna la croupe 263, ainsi qu'il sera dit plus loin.

Le commandant de la 1re division de cavalerie fit alors prescrire au capitaine Chaulin, du 2e chasseurs d'Afrique, de se porter également en avant avec son escadron vers l'autre extrémité du village. Deux pelotons formés sur un rang, — et soutenus par les deux autres, — s'avancèrent donc jusqu'à 700 mètres des maisons, puis dirigèrent un feu d'ensemble sur les dragons de la Garde prussienne qui reculèrent alors précipitamment des abords de Mars-la-Tour, jusque dans le ravin situé à mi-distance entre cette localité et la ferme Mariaville, ainsi que la batterie à cheval qui leur était attachée (1). Cependant, le capitaine Chaulin faisait vivement soutenir ses deux premiers pelotons par le reste de l'escadron ; le lieutenant Plantier s'élançait au galop avec son peloton et parvenait jusqu'à l'extrémité orientale de Mars-la-Tour, en même temps que la reconnaissance du 2e hussards, dont il a été question plus haut, atteignait l'extrémité occidentale. Les vedettes prussiennes, laissées en observation dans le village, n'eurent pas le temps de se replier et furent prises.

Attaque des bois de Tronville. — Jusqu'ici, le commandant du 4e corps avait été laissé dans l'ignorance la plus complète au sujet des intentions du maréchal Bazaine (2), mais il avait pu juger par lui-même de la situation du 3e corps entre Saint-Marcel et les bois de Tronville et constater qu'une action de sa part dans la direction de Tronville ne risquait pas de rester isolée ni sans appui sur sa gauche (3).

---

(1) $\frac{1\ c}{G}$.

(2) Dans sa déposition au Conseil d'enquête sur les capitulations, le général de Ladmirault déclare n'avoir vu aucun officier de l'état-major général et n'avoir été renseigné que par les troupes voisines sur l'engagement des 2e et 3e corps.

(3) D'après les *Souvenirs* du général Gallimard, cités par le lieute-

D'ailleurs les reconnaissances que le 2e hussards et les chasseurs d'Afrique venaient de pousser jusqu'à Mars-la-Tour, l'avaient renseigné sur la faiblesse des effectifs dont l'ennemi disposait dans cette région. « Mes hussards vinrent me dire que les troupes ennemies arrivaient peu à peu ; qu'il n'y avait encore que deux ou trois escadrons (près de Mars-la-Tour), mais qu'ils occupaient Tronville et qu'on y avait même vu un peu d'infanterie (1). »

Bien qu'on puisse inférer de cette déclaration que le commandant en chef du 4e corps s'attendait à l'arrivée de renforts à l'aile gauche allemande, il n'en est pas moins vrai qu'il était certain de n'avoir devant lui, à l'heure actuelle, que des forces peu importantes, dont il pouvait avoir d'autant plus facilement raison que lui-même espérait voir arriver bientôt la division de Cissey.

D'ailleurs, il venait de constater que la cavalerie ennemie avait complètement dégagé les environs de Mars-la-Tour et que les généraux Legrand et du Barail s'étaient eux-mêmes avancés jusqu'auprès de cette localité. « A ce moment, dit le commandant du 4e corps, notre aile droite débordait complètement la gauche de l'ennemi, et nous pouvions concevoir l'espérance de la rejeter sur Vionville (2). »

Ces considérations provoquèrent la décision du général d'attaquer les bois de Tronville dont il fallait évidemment chasser tout d'abord les quelques compagnies ennemies qui l'occupaient encore avant de songer

---

nant-colonel Rousset, le général commandant du 4e corps aurait déclaré, vers 2 h. 30, au général Changarnier, que « s'il avait tout son monde » il tenterait de pousser jusqu'à Tronville.

(1) Conseil d'enquête sur les capitulations. (Séance du 23 février 1872.)

(2) Rapport détaillé du général de Ladmirault, daté du 3 septembre.

à prononcer un mouvement enveloppant sur l'aile gauche de l'armée allemande.

Il est à remarquer, toutefois, qu'on ne trouve nulle part la trace d'une entente préalable, — au sujet de la prise des bois de Tronville, — entre le général de Ladmirault et le commandant du 3e corps, dont quelques fractions occupaient déjà depuis longtemps, avec une partie de la division Tixier, la croupe qui s'étend à l'Ouest du bois de Saint-Marcel, et combattait depuis 1 h. 30 avec les bataillons du colonel Lehmann. Mais si cette entente n'eut réellement pas lieu, il faut sans doute en chercher la cause dans ce fait que l'arrivée de la brigade Bellecourt sur la crête 274-277, avait provoqué une recrudescence de la fusillade sur le front du 4e de ligne, et que de ce côté, l'infanterie française prononçait, à ce moment même, comme on va le voir bientôt, un mouvement offensif sur les bois de Tronville. En constatant le fait, le général de Ladmirault crut sans doute inutile d'assurer autrement, une coordination d'efforts qui paraissait se réaliser d'elle-même.

De son côté, le commandement allemand avait été informé de l'arrivée de nombreuses troupes aux environs de Bruville et du mouvement offensif qu'elles entamaient vers le Sud. Un officier d'état-major de la 5e division de cavalerie serait resté jusqu'au dernier moment sur la hauteur 274, et aurait rendu compte aux généraux Voigts-Rhetz et Rheinbaben « qu'un corps français de troupes fraîches s'avançait de la ligne Bruville—Saint-Marcel (1) ».

Mais à partir de cet instant, la cavalerie allemande, repliée au Sud de la grande route, paraît avoir conservé une attitude purement passive, que signale avec impar-

---

(1) *Einzelschriften,* Heft 25.

tialité la 25e Monographie, et dont le résultat fut de laisser ignorer au commandant du Xe corps ce qui se passait dans la région de Bruville et en particulier l'approche de la division de Cissey dont l'intervention décisive amena plus tard la débâcle de toute l'aile gauche allemande (1).

Il est juste d'ajouter qu'à l'exception des deux reconnaissances exécutées en même temps par le 2e chasseurs d'Afrique et par le 7e hussards sur un objectif unique et d'ailleurs très rapproché (Mars-la-Tour), aucune autre tentative ne paraît avoir été faite par la cavalerie française, ni pour éclairer le flanc droit du 4e corps vers Suzémont, ni pour surveiller les agissements de l'ennemi au Sud de la grande route de Verdun dans les directions de Tronville et de Puxieux.

Attaque du détachement Lehmann par des fractions des divisions Tixier et Aymard. — Un peu après 2 heures de l'après-midi, la marche en avant de la division Grenier vers la crête 274 avait, ainsi qu'on vient de l'indiquer, donné une impulsion nouvelle aux bataillons des 3e et 6e corps déployés au Nord-Est du bois de Tronville.

Déjà, l'aile gauche de la *6e* division d'infanterie prussienne avait été rejetée sur la lisière occidentale du bois de Tronville et le IIe bataillon du *24e* ne s'y maintenait plus qu'avec peine sous les feux convergents du 10e régiment, des compagnies du 9e bataillon de chasseurs (1re, 2e, 5e) et des deux premiers bataillons du 12e. Quant aux bataillons du colonel Lehmann, ils se trouvaient

(1) La 25e Monographie fait remarquer qu'après la reconnaissance du 2e chasseurs d'Afrique et la retraite des dragons de la Garde, aucune reconnaissance ne fut envoyée sur le plateau du bois La Grange, d'où l'on aurait cependant pu observer impunément le flanc du 4e corps et même ses derrières.

alors dans une situation difficile devant les cinq bataillons appartenant au 12e et au 4e de ligne, lorsque survint l'artillerie du 4e corps qui couvrit la lisière du bois de ses obus et de ses balles.

Le général Tixier donna alors l'ordre aux 4e et 12e régiments de se porter à l'attaque de l'infanterie prussienne. Les cinq bataillons s'ébranlèrent en même temps vers la lisière du bois.

Le 4e, déployé sur une seule ligne et précédé de ses tirailleurs, franchit la crête sur laquelle ceux-ci avaient seuls combattu jusqu'ici. A peine le régiment se montra-t-il à découvert qu'il subit des pertes sensibles; à 150 mètres du bois, c'est-à-dire au fond du vallon qui court parallèlement à la lisière, les tirailleurs s'arrêtent pour riposter aux fusiliers du *91*e et aux mousquetaires du *78*e; mais alors, le colonel Vincendon enleva les trois bataillons du 4e au pas de course, rejoignit ses tirailleurs, et parvint jusqu'à la lisière que l'infanterie du colonel Lehmann évacua précipitamment.

En même temps, la 8e batterie du 8e était appelée vers la droite, c'est-à-dire sans doute sur la croupe 255-264, et la 4e batterie à cheval du 17e était envoyée à 600 ou 700 mètres de son premier emplacement sur la croupe qui, des positions d'artillerie du 4e corps, se prolonge vers Saint-Marcel. De cette position dominante, la batterie put « fouiller le bois dans toute sa profondeur (1) ».

A la gauche du 4e de ligne, les Ier et IIe bataillons du 12e avaient déjà déployé quatre compagnies en tirailleurs. Dès qu'il reçut l'ordre d'attaquer, le colonel Lebrun porta ces bataillons jusqu'à la lisière du taillis, puis il entraîna deux compagnies du IIe bataillon jus-

---

(1) Historique de la 4e batterie du 17e.

qu'à la pointe Nord-Est du bois, d'où il délogea les deux compagnies du *91*e régiment prussien (1). Puis, combattant pied à pied, il s'enfonça peu à peu dans le fourré et atteignit, plus tard, la pointe Sud-Est du bois d'où il fusilla, à la distance de 1000 mètres environ, les batteries allemandes du mamelon de Vionville.

Pendant ce temps, le IIIe bataillon du 80e et les trois compagnies du 9e bataillon de chasseurs se portaient sur la voie romaine, entre les deux bois de Saint-Marcel et de Tronville, pour flanquer la lisière orientale de ce dernier. Mais de ce côté, les deux bataillons du *20*e et du *24*e régiments prussiens qui l'occupaient s'étaient déjà repliés à travers bois sous la menace des compagnies françaises débouchant, à travers le taillis, sur leur flanc gauche et sur leurs derrières ; de sorte que le IIIe bataillon du 80e n'eut pas l'occasion d'intervenir par ses feux et se trouva, en revanche, en but au tir de l'artillerie du major Korber qui lui fit subir des pertes importantes. La 3e compagnie de ce bataillon, moins bien couverte que les autres, laissa une vingtaine d'hommes sur le terrain (2). Le IIe bataillon du 80e avait, de son côté, lancé une compagnie jusqu'à la lisière pour soutenir le bataillon du 4e qui venait de s'y porter. Le Ier bataillon avait également détaché, à l'aile droite du 4e régiment, une compagnie qui se déployait en tirailleurs dans le bois.

La division Grenier franchit le ravin du bois de Tronville. — La division Tixier avait déjà pris pied dans le bois de Tronville, lorsque le général de Ladmirault se

---

(1) Dans son Rapport daté du 19 août, le général Tixier dit que les 4e et 12e régiments se portèrent résolument à l'attaque du bois, mais le Rapport du général Leroy de Days, du 19 août, dit que deux compagnies seulement s'y engagèrent.

(2) Pertes totales du 80e : 2 officiers, 42 hommes.

décida à franchir le profond ravin qui se trouvait devant lui (1). Il était alors 2 h. 45 (2).

Le IIIe bataillon du 13e franchit le premier le ravin du bois Dessus. Précédé des 5e et 6e compagnies déployées en tirailleurs, il s'élança au pas de charge, sous la conduite du colonel Lion, vers le saillant du bois qu'il occupa sans coup férir, ramassant seulement quelques isolés des bataillons Lehmann rejetés de ce côté. Puis, bientôt soutenu par le Ier bataillon du 13e formé en colonne par division, et par la 2e compagnie du 5e bataillon de chasseurs à pied, qui traversaient à leur tour le ravin et s'engageaient dans le bois, le IIIe bataillon déploya une section (formée des meilleurs tireurs) par compagnie, sur la lisière Sud d'où l'on enfile le couloir orienté vers le Sud-Est et séparant la parcelle Nord du bois de celle qui avoisine la grande route.

En même temps que le 13e de ligne descendait les pentes du ravin, le 43e s'était ébranlé à sa gauche. Les Ier et IIe bataillons du 43e s'avancèrent droit devant eux (3); le IIIe (4), qui avait reçu l'ordre de soutenir

(1) Certains ouvrages militaires appellent ce ravin le Fond de la Cuve, tandis que ce nom paraît devoir être réservé, d'après l'ancienne carte de l'état-major, au ravin qui descend de Mars-la-Tour sur Jarny. On désignera donc désormais le ravin qui court parallèlement à la route de Mars-la-Tour et à 800 mètres au Nord de celle-ci, sous le nom de *ravin du bois Dessus*, afin de pouvoir désigner sans confusion possible l'un ou l'autre de ces ravins. Le bois Dessus était un petit taillis situé immédiatement à l'Est de la cote 237 et dont il ne restait plus qu'une mince parcelle en 1870. C'est lui qui a donné son nom aux deux poiriers situés à 300 mètres à l'Est de la route de Bruville, lesquels existaient encore le jour de la bataille.

(2) Rapport détaillé du général de Ladmirault, daté du 3 septembre.

(3) Ces deux bataillons traversèrent le fond du ravin et restèrent provisoirement en réserve avec les 4e et 5e compagnies du 5e bataillon de chasseurs qui les avaient accompagnés.

(4) « Ordre est donné au colonel de Viville, dit le lieutenant-colonel

l'attaque du 13e vers le bois, obliqua vers le Sud-Est, pénétra à son tour dans le taillis et gagna la gauche du 13e. Il vint alors se heurter à quelques tirailleurs du détachement Lehmann qui se repliaient vers le Sud sous la pression du 4e de ligne.

A l'extrême droite de la brigade Bellecourt, le IIe bataillon du 13e avait également pris part au mouvement en avant en obliquant à gauche pour rallier les deux autres bataillons de son régiment ainsi qu'il en avait reçu l'ordre du colonel Lion.

Mais sur ces entrefaites, et pendant que ce bataillon descendait obliquement les pentes du ravin, plusieurs batteries quittaient les crêtes pour gagner également la croupe 257-263. Afin de ne point laisser cette artillerie sans soutien sur sa droite, le général de Ladmirault fit donner l'ordre au commandant Geoffroy de continuer sa marche directement vers le Sud, de sorte que le IIe bataillon du 13e gagna la croupe 257.

Après avoir lancé son infanterie de l'autre côté du ravin, le commandant du 4e corps avait, en effet, prescrit à quelques-unes de ses batteries d'appuyer le mouvement en avant.

Des deux batteries à cheval de la réserve (1) que le

Guesle, alors capitaine au IIIe bataillon du 43e, de chasser l'ennemi du bois et de l'occuper. Voici l'ordre textuel donné par le colonel de Viville au commandant Demonchy (commandant le IIIe bataillon), moi présent :

« Vous allez, avec votre bataillon, occuper ce côté du bois de Tronville.

« — Dois-je, l'ennemi chassé, me porter en avant ?

« — Non, vous occuperez la lisière opposée en vous garant des attaques de flanc. Il est probable que nous prolongerons votre ligne, mais restez dans le bois jusqu'à ce que je vous envoie de nouveaux ordres. »

(Citation extraite de l'ouvrage du colonel de Courson de la Villeneuve, *loc. cit.*)

(1) $\frac{5,\ 6}{17}$.

général Lafaille avait rappelées de l'extrême droite, l'une, la 5e, se porta sur la croupe 277 et s'établit à la gauche des batteries de 12 du commandant Lagrange, mais l'autre, la 6e, paraît avoir été arrêtée en route et envoyée immédiatement sur la croupe 263. Elle franchit, non sans peine le ravin du bois Dessus dont les pentes sont escarpées en cet endroit, et s'établit à hauteur de la pointe Nord-Ouest du bois de Tronville, d'où elle ouvrit tout d'abord le feu sur les escadrons du général Barby encore visibles très au loin dans la direction de Tronville. Les deux batteries de la 2e division (1), qui se trouvaient primitivement à l'extrême gauche de la ligne d'artillerie du 4e corps, franchirent également le ravin et vinrent prendre position aux abords mêmes de la pointe occidentale du bois, la 5e à droite et la 6e à gauche. Mais celle-ci, arrivée la dernière, manqua d'espace pour se mettre en batterie, de sorte que trois de ses pièces durent être portées un peu plus sur la gauche, c'est-à-dire en avant de la lisière occupée par les tirailleurs du IIIe bataillon du 13e (2).

Pendant que la brigade Bellecourt prenait pied au Sud du ravin, les fractions des divisions Aymard et

---

(1) $\frac{5,\ 6}{1}$.

(2) Le rapport sommaire de l'artillerie du 4e corps (daté du 18 août) dit que les deux batteries à cheval du 17e et la 5e du 1er franchirent le ravin..... Ceci paraît être une erreur, car l'Historique des trois batteries de la 2e division, — Historique rédigé par le capitaine Erb, qui commandait alors la 6e batterie du 1er, — est formel sur l'engagement, à hauteur du bois, des 5e et 6e batteries de son groupe. D'ailleurs, et d'après l'Historique du 17e, la 6e batterie de ce régiment semble avoir, seule, traversé le ravin. Quant à la 7e batterie du 1er (Prunot) « elle se plaça dès le début de l'action sur la crête 274, mais beaucoup plus à droite » et ne quitta son emplacement qu'après 5 heures du soir.

Tixier continuaient à progresser lentement à travers les taillis épais du bois de Tronville.

Malheureusement, la majeure partie du 4e de ligne se contentait d'occuper la lisière septentrionale qu'il venait de conquérir et s'en rapportait à ses seules compagnies de tirailleurs pour poursuivre à travers bois les troupes du colonel Lehmann.

Malgré l'intervention du IIIe bataillon du 43e qui obliqua d'ailleurs beaucoup trop vers l'Est, la marche n'en restait pas moins très lente et très pénible à travers cet épais taillis; peu à peu, la longue ligne mince des tirailleurs dépensa toute sa puissance offensive dans ce combat d'embuscade où elle n'était pas soutenue par des troupes venant de l'arrière. La ligne de combat du 4e de ligne parvint cependant, vers 4 heures, jusqu'à la lisière méridionale de la parcelle Nord, tandis que les compagnies du 12e et celles du IIIe bataillon du 43e qui avaient fortement obliqué vers la gauche, — atteignaient la lisière orientale (1). Mais toute l'infanterie française dut alors arrêter son mouvement offensif et se borner à engager la fusillade avec les quelques fractions du détachement Lehmann restées dans la parcelle qui avoisine immédiatement la grande route.

L'infanterie prussienne, à bout de forces, avait été obligée de reculer sous la protection des batteries du major Korker, qui cependant se trouvaient elles-mêmes dans une situation fort précaire sous le feu que dirigeaient sur elles les compagnies du 12e.

L'artillerie du 4e corps, d'ailleurs, n'avait pas tardé, après avoir vu disparaître à l'horizon les escadrons du général Barby, à diriger une partie de ses feux sur les batteries adverses qu'elle apercevait au delà du bois

(1) D'après les renseignements fournis au colonel de Courson de la Villeneuve par le lieutenant-colonel Guesle.

de Tronville. Prises à revers, les batteries du major Korber, déjà battues sur leur front et sur leur flanc gauche par les pièces du 6e et du 3e corps, durent replier leur aile gauche au Sud de la route (1).

Déjà, les deux batteries à cheval du Xe corps, engagées à l'Est de Vionville, avaient été obligées de se retirer plus en arrière (2). L'une d'elles (la 3e) avait repris position au milieu des batteries de la *6e* division (3), au Nord de la grande route.

Mais quand, au tir de revers des batteries du 4e corps, qui n'avait cependant qu'une efficacité médiocre (4), vint s'ajouter celui des fractions du 12e de ligne, qui occupaient, à 1000 mètres de là, la pointe Sud-Est du bois de Tronville, les deux batteries à cheval du Xe corps et les trois batteries montées de la *6e* division durent amener les avant-trains et se retirer à l'abri des vues au Sud-Ouest de Vionville.

---

(1) A cette heure de la journée, les derrières des batteries allemandes étaient encombrés d'échelons et de caissons isolés, dont les uns ne pouvaient plus se mouvoir faute d'attelages suffisants et dont les autres erraient à la recherche de leurs batteries.

Inquiet de la tournure que prenaient les événements dans la direction de Tronville, le général de Bulow prévoyait déjà la nécessité de refuser l'aile gauche de la ligne de bataille pour faire face au danger qui surgissait vers le Nord-Ouest. Constatant que la cohue des voitures de toute sorte qui avait envahi les derrières de l'artillerie rendrait toute manœuvre des batteries impossible, il prescrivit à tous les échelons de l'aile gauche et du centre de se replier sur Buxières. (*Die thatigkeit des generals Bulow;* d'après les souvenirs personnels du général.)

(2) $\frac{\text{2 c, 3 c}}{10}$.

(3) $\frac{\text{5, V, VI}}{3}$.

(4) *Die Thatigkeit des generals Bulow, loc. cit.* D'après les notes de l'adjudant-major Krulle, du 3e régiment d'artillerie.

Quant aux batteries du major Korber (1) placées au Sud de la route, elles venaient d'être rejointes par la 3e batterie légère du *3e*, qui s'était repliée sur Vionville en même temps que les bataillons du *24e* et du *64e*. Bien que toutes ces batteries eussent été moins exposées que celles du colonel Beck, tant à cause de la forme même du terrain que par le masque que leur procuraient les peupliers de la grande route, « leur situation n'en devenait pas moins de plus en plus grave (2) ». Bientôt, les deux batteries de gauche (3) durent faire un changement de front en arrière à gauche, tandis que les deux autres (4) continuaient à tirer vers le Nord et vers le Nord-Est.

« Pendant ce temps, dit l'*Historique du Grand État-Major prussien*, l'infanterie allemande avait évacué les bois de Tronville, sous la protection de ces batteries si courageusement tenaces. Les restes des quatre bataillons brandebourgeois se rassemblent à l'Est de Tronville (5)... Les bataillons, tout aussi maltraités, de la *37e* demi-brigade (détachement Lehmann), occupent Tronville et s'y organisent défensivement. Des fractions de cette demi-brigade se maintenaient encore dans la partie occidentale des bois (6), car l'assaillant ne poussait en force que sur la lisière orientale. »

Certaines fractions du 4e régiment n'en tentaient pas moins — mais en vain — de déboucher de la lisière méridionale et de débusquer les compagnies d'arrière-

---

(1) $\frac{1\,c}{4}$, $\frac{1c}{10}$ et $\frac{I}{10}$.

(2) *Historique du Grand État-Major prussien.*

(3) $\frac{1\,c}{4}$, $\frac{3}{3}$.

(4) $\frac{1\,c}{10}$, $\frac{I}{10}$.

(5) $\frac{I,\ II,\ III}{24}$ et $\frac{II}{20}$.

(6) Parcelle avoisinant la route.

garde du détachement Lehmann. Mais livrées à leurs seules forces — le reste des troupes fraîches du 4e ayant été maintenu à plus d'un kilomètre en arrière, sur la lisière Nord du bois — les quelques compagnies qui débouchèrent du taillis durent rétrograder vivement sous le feu des batteries de gauche du major Korber.

Il était près de 4 heures, et l'aile gauche allemande se trouvait directement menacée sur son flanc extérieur par une brigade entière renforcée d'une nombreuse artillerie (neuf batteries). Mais déjà de nouveaux bataillons prussiens apparaissaient dans la plaine, au Nord de Tronville. C'était la tête de la 20e division prussienne arrivée fort à propos de Thiaucourt pour rétablir les affaires de la gauche allemande très compromise.

Le général de Ladmirault paraît avoir eu, au moins pendant un certain temps, le projet de marcher offensivement contre les rassemblements ennemis qu'il apercevait auprès de Vionville et qui lui paraissaient devoir être pris facilement à revers. Mais il paraît aussi avoir été très vite décidé à n'entreprendre cette attaque qu'après avoir été rejoint par la division de Cissey (1).

Les Allemands, cependant, s'attendaient à être vigoureusement attaqués sur leur flanc gauche. « A 3 heures, dit la 25e Monographie, les divisions Grenier et Aymard, soutenues par une cavalerie et une artillerie considérables, avec une forte réserve, la division Nayral, allaient — à ce qu'il semblait — procéder à une attaque enveloppante contre l'aile gauche du IIIe corps. Le général Alvens-

---

(1) Je dis alors au général Grenier, qui est un homme sûr et solide : « Pouvez-vous occuper Tronville ? » — « Oui, me répondit-il, si vous me faites soutenir, mais il faut être soutenu. — » Or, je n'avais absolument rien que le 64e. « Quand de Cissey sera arrivé, lui dis-je, nous reprendrons notre attaque. Il est signalé, il n'est pas loin. » (Déposition du général de Ladmirault au Conseil d'enquête sur les capitulations.)

leben ne pouvait pas savoir que, pour les raisons les plus diverses, la marche en avant (1) allait aussitôt s'arrêter et il attendait avec une anxiété compréhensible l'entrée en ligne du Xe corps. »

Malheureusement — pour l'armée française — le commandant du 4e corps ne pouvait pas savoir non plus — ou plus exactement n'avait pas été prévenu en réalité — que le Xe corps allait à son tour apparaître sur le champ de bataille, débouchant successivement en deux colonnes, de la direction du Sud et de celle de l'Ouest... Il en résulta que la brusque apparition des têtes de colonnes de la 20e division impressionna défavorablement le commandant du 4e corps et le décida à se reporter au Nord du ravin du bois Dessus. Mais avant d'en arriver à la retraite de la brigade Bellecourt, il est nécessaire de faire un retour en arrière pour fixer la situation de la 20e division prussienne à ce moment de la journée.

XI. — Marche d'approche du Xe corps. — Attaque du bois de Tronville par la 20e division.

On se rappelle qu'à la suite des renseignements reçus dans l'après-midi du 15 août à l'état-major du Xe corps, — renseignements dont le plus important ne fut transmis ni au quartier général de la IIe armée, ni à celui du IIIe corps, — le général Voigts-Rhetz avait été conduit à s'écarter notablement des instructions contenues dans l'ordre de l'armée. Préoccupé, à juste titre, de ce qui pouvait se passer dans la région de Rezonville où on lui signalait « un grand campement de toutes armes », le commandant du Xe corps n'avait pu se résoudre à exécuter à la lettre une

(1) De la brigade Bellecourt.

prescription qui lui paraissait incompréhensible et au sujet de laquelle il avait manifesté une grande surprise (1). Il s'était donc contenté de diriger sur Saint-Hilaire la moitié de la *19*e division, et avait prescrit à la *20*e et à l'artillerie de corps de se rendre à Thiaucourt. Préoccupé surtout de soutenir la *5*e division de cavalerie qu'il avait chargée de pousser vers l'Est jusqu'à ce qu'elle eût rapporté des nouvelles positives sur la situation de l'ennemi, il avait ordonné aux détachements de Lyncker et Lehmann de se réunir à Chambley pour être en mesure d'appuyer le général de Rheinbaben si c'était nécessaire. D'ailleurs, le *13*e régiment de dragons, retenu à Thiaucourt pendant toute la journée du 15, avait été dirigé le soir même sur sa division près de Mars-la-Tour.

Si au moment où il prit ces dispositons, le général Voigts-Rhetz était loin de supposer que les corps français fussent encore tous réunis sous Metz, l'établissement de son ordre « à deux fins » pour le 16, paraît au moins montrer qu'il était alors fort hésitant entre le désir de se conformer aux prescriptions du prince Frédéric-Charles, et l'appréhension de laisser sur ses derrières uue fraction importante de l'armée du Rhin, pendant que le reste de cette armée se retirait peut-être « suivant la diagonale » vers le Nord-Ouest.

Si l'on s'en rapporte au récit que Caprivi fit à Fritz Hönig (2), le général Voigts-Rhetz n'aurait d'ailleurs cédé qu'à contre-cœur aux instances de son chef d'état-major pour que la *20*e division fût envoyée jusqu'à Thiaucourt et que le détachement Lehmann poussât jusqu'à Chambley. Bien que vivement préoccupé de la

---

(1) *Die Thatigkeit des Generalkommandos X. Armeekorps — von Lessing*, — et *Darstellung der Strategie, — Fritz Hönig*.
(2) *Darstellung der Strategie. — Fritz Hönig*.

situation de la 5e division de cavalerie, le commandant du Xe corps estimait que le détachement de Lyncker et les deux batteries à cheval constituaient un appui suffisant pour la cavalerie. D'autre part, la mission qu'il convenait de confier à cette dernière ne fut pas sans donner lieu à discussion : « Le général, plus persuadé que son chef d'état-major que le départ des Français avait déjà eu lieu, dit von Lessing, jugeait suffisant de faire explorer le terrain par de faibles fractions de la division de cavalerie, pour ne pas détourner le corps de la direction qui lui était assignée ; le lieutenant-colonel de Caprivi, au contraire, croyait que la division de cavalerie avait en face d'elle de grandes masses ennemies, et qu'il était nécessaire de faire avancer de gros détachements en les faisant appuyer par une partie du corps d'armée, même en détournant celui-ci de sa route (1) ».

Ce fut l'opinion du chef d'état-major qui prévalut, et l'ordre pour le 16, qu'on connaît, fut rédigé en conséquence.

On n'avait cependant qu'une confiance limitée, paraît-il, dans l'activité du commandant de la 5e division de cavalerie : « Rheinbaben n'était jamais décidé à marcher en avant, dit Caprivi (2). C'est pourquoi mon général faisait accompagner tous les jours sa cavalerie par un officier de l'état-major. » Aussi, le commandant du Xe corps avait-il fait le projet de se rendre en personne le lendemain matin, dans la direction de Mars-la-Tour.

D'après von Lessing (3), on aurait ensuite reçu à l'état-major du corps d'armée, — vers 1 heure du matin, — un compte rendu du colonel de Lyncker, faisant savoir que le IIIe corps franchissait la Moselle à Corny

(1) *Thatigkeit des Generalkommandos X. armeekorps* (*loc. cit.*).

(2) *Darstellung der Strategie. — Récit du lieutenant-colonel de Caprivi.*

(3) *Thatigkeit des Generalkommandos X. armeekorps* (*loc. cit.*).

et Vittonville ; que la 5e division tout entière arrivait à Novéant ; que des troupes françaises se retirant sur Verdun, avaient été aperçues près de Moulins, et qu'enfin un instituteur venant de Metz avait déclaré que l'armée française, forte de 50,000 hommes, avait quitté la place la veille au soir (14 août) et qu'elle s'était engagée sur la route de Gravelotte—Mars-la-Tour.

A la suite de ces renseignements, le commandant du Xe corps serait revenu à son opinion première, savoir : « que malgré les rapports de la 5e division de cavalerie, le départ des Français était déjà fort avancé et qu'il fallait plutôt chercher le point important du côté de Verdun que du côté de Metz ; du moins, renonça-t-il, au cours de cette réunion (avec Caprivi) à se porter le lendemain matin auprès de la 5e division de cavalerie, préférant marcher avec la colonne du général Schwarzkoppen (1)..... Mais le lieutenant-colonel de Caprivi persista dans sa manière de voir et demanda au général Voigts-Rhetz l'autorisation d'aller trouver lui-même le général de Rheinbaben avec les deux batteries à cheval (2)..... » ce que le commandant du Xe corps n'accorda qu'à regret.

Quoi qu'il en soit, le chef d'état-major quitta Thiaucourt dès 3 h. 30 du matin, avec 5 officiers d'état-major, deux batteries à cheval et un escadron du 2e dragons de la Garde.

---

(1) La colonne comprenait :
La brigade de dragons de la Garde : *1er* régiment de dragons ; 4e et 5e escadrons du *2e* dragons ; une batterie à cheval de la Garde $\frac{1\ c}{G}$; l'état-major de la *19e* division (général Schwarzkoppen) ; 3e escadron du *2e* régiment de dragons de la Garde ; la *38e* brigade (*16e* et *57e*) ; deux batteries montées $\left(\frac{2,\ \mathrm{II}}{10}\right)$; 2e et 3e compagnies du génie.

(2) *Thatigkeit des Generalkommandos X. armeekorps* (*loc. cit.*).

Départ de la demi-19e division et dispositions prises par le commandant du Xe corps. — La *38e* brigade précédée de la brigade de dragons de la Garde quitta Thiaucourt à 6 h. 15 (1); elle fit une halte vers 9 h. 30, entre Saint-Benoist et Woël et continua sa marche vers Saint-Hilaire bien qu'on entendit, à partir de ce moment, le bruit affaibli d'une canonnade vers l'Est.

La brigade de dragons de la Garde, qui avait une notable avance sur la colonne d'infanterie, arriva à 8 h. 30 à Saint-Hilaire et poussa son avant-garde à Marchéville et à Labeuville après avoir lancé des patrouilles vers Buzy et Warcq, c'est-à-dire sur la route d'Étain.

Pendant que la cavalerie terminait son installation au bivouac, la canonnade se fit entendre plus forte dans la direction de Mars-la-Tour et le général de Brandebourg qui commandait la brigade, laissant un escadron aux avant-postes (2), monta à cheval un peu avant 11 heures et marcha vers l'Est, par la grande route, avec le *1er* régiment de dragons et la batterie à cheval (3). Il arrivait vers 1 heure de l'après-midi à Mars-la-Tour et mettait sa batterie à la disposition du général Barby

(1) On adopte ici l'heure de départ donnée par la 25e Monographie comme étant la plus vraisemblable. Le départ fut retardé par suite des lenteurs dans la transmission des ordres. Seule la brigade de dragons de la Garde partit à l'heure indiquée (5 heures) de son bivouac au Sud-Est de Thiaucourt avec la 1re batterie à cheval de la Garde (Planitz).

(2) $\frac{5}{2\ \text{Dr G}}$.

(3) Il rendait compte de sa décision au général Wedell par une lettre datée de 10 h. 30.

Le 4e escadron du *2e* dragons allait suivre le *1er* régiment quand le général de Schwarzkoppen, survenant à cet instant, le retint provisoirement.

Cet escadron fut ensuite mis à la disposition du général de Brandebourg et rallia sa brigade près de Mars-la-Tour à 1 h. 30, où il annonça l'arrivée prochaine de la *38e* brigade.

qui rejoignait, sur ces entrefaites, le *13e* dragons, au Nord du bois de Tronville.

Le général Voigts-Rhetz avait tout d'abord marché entre la brigade de cavalerie et la colonne de la *19e* division.

« Le 16 août au matin, en partant de Thiaucourt, dit le major Gerhardt qui accompagnait alors le commandant du Xe corps (1), le général avait l'air morose. C'était tout à fait contre son habitude, et je craignis un instant qu'il ne fut indisposé. Je pris donc la liberté de lui demander ce qu'il avait. Le général me répondit qu'il se mordait les pouces d'avoir permis au lieutenant-colonel de Caprivi d'amener à la *5e* division de cavalerie le groupe de batteries à cheval, ce qui pourrait facilement le mettre, lui, Caprivi, dans l'embarras. J'eus beau lui représenter que ses inquiétudes étaient mal fondées, il finit par quitter la route pour s'enquérir de Caprivi, comme il disait. Cette résolution inattendue me surprit beaucoup. »

Le général, en effet, quitta la route à Woël, emmena avec lui deux pelotons de l'escadron de pointe de la *38e* brigade (2), et gagna Jonville « pour pouvoir examiner la route de Verdun et se trouver plus près de son chef d'état-major et de sa cavalerie », suivant l'expression de la 25e Monographie. C'est de ce point, qu'il entendit pour la première fois le canon tonner vers l'Est. Il était alors 10 heures du matin et, sans doute à cause du ralentissement qui survint à ce moment dans la lutte d'artillerie (3), le général ne crut pas devoir pousser

(1) Communication faite au colonel Cardinal von Widdern (*Krisis von Vionville*).

(2) $\frac{3}{2\ \text{Dr G}}$.

(3) Quelques batteries françaises étaient alors seules engagées, et,

plus loin. Mais vers 11 h. 30, la canonnade devint plus intense et le commandant du Xe corps reçut un compte rendu du colonel Lehmann, lui annonçant qu'il marchait au secours du IIIe corps engagé au Nord-Est de Chambley.

Dès lors, la situation apparut plus nette au général Voigts-Rhetz qui adressa aussitôt au général Schwarzkoppen, l'ordre de gagner Jonville et de se porter au secours du IIIe corps. Puis il se rendit aux environs de Tronville où il rencontra le général Alvensleben et un peu plus tard le colonel de Caprivi. Tous deux le mirent au courant de la situation et ce dernier lui apprit que dès le début de la bataille il avait prescrit en son nom au général de Kraatz de marcher au canon.

Marche de la 20e division et de l'artillerie de corps. — La 20e division, en effet, était arrivée à Thiaucourt et, bien qu'on eût entendu déjà le canon de Vionville, elle s'installait au bivouac, lorsqu'elle reçut la lettre du chef d'état-major du corps d'armée lui enjoignant de se porter vers le Nord. « En un clin d'œil, dit la Relation allemande, les troupes étaient en mouvement par Charey et Saint-Julien (1). »

---

dans les instants qui suivirent, une notable partie des batteries allemandes abandonna la lutte pour un temps.

(1) *Ordre de marche de la 20e division et de l'artillerie de corps :*

39e brigade. (WOYNA.)	*16e* régiment de dragons. Ier et IIe bataillons du *79e* régiment. 3e et IIIe batteries du *10e*. Ier et IIe bataillons du *56e*. Bataillon de fusiliers du *79e*.
Artillerie de corps.	5e et 6e batteries du *10e*. V^{e} et VIe batteries du *10e*.
40e brigade. (DIRINGSHOFEN.)	*17e* régiment. 4e et IVe batteries du *10e*. Ier bataillon et fusiliers du *92e*. *10e* bataillon de chasseurs.

Arrivé aux environs de Saint-Julien, le colonel de Goltz, commandant l'artillerie de corps, avait été autorisé à dépasser la colonne au trot avec ses deux batteries légères (1) et à suivre, vers le champ de bataille, le *16*ᵉ régiment de dragons qui venait déjà de prendre lui-même une certaine avance et se formait peu de temps après entre Puxieux et Tronville.

Il était à peu près 2 h. 30 quand la tête de la *39*ᵉ brigade atteignit Chambley. Mais déjà le général de Kraatz s'était porté dans la direction de Flavigny et avait reconnu que le centre du IIIᵉ corps était très dégarni d'infanterie. Il avait donc prescrit à la *39*ᵉ brigade de diriger trois bataillons sur ce point (2); ceux-ci déboîtèrent de la colonne en arrivant à Chambley et vinrent comme on l'a vu précédemment, s'engager à la gauche de la *5*ᵉ division d'infanterie.

De retour auprès de sa division alors parvenue à hauteur de la ferme du Saulcy, le commandant de la *20*ᵉ division détachait encore quatre batteries (3) dont on a déjà suivi la lutte entre le bois de Vionville et Flavigny.

En se rendant sur le champ de bataille, le général de Kraatz avait envoyé vers Tronville un des officiers de son état-major. Celui-ci annonça au colonel de Caprivi que la tête de colonne de la *20*ᵉ division parviendrait vraisemblablement à hauteur de Puxieux avant 3 heures (4). C'est sur ces entrefaites que le commandant du Xᵉ corps avait rejoint le colonel de Caprivi.

Mais bientôt, la division Grenier franchissait comme

---

(1) $\frac{5,\ 6}{10}$.

(2) $\frac{\mathrm{I,\ II}}{56}$, $\frac{\mathrm{F}}{79}$.

(3) $\frac{3,\ \mathrm{III,\ V,\ VI}}{10}$.

(4) *Einzelschriften*, Heft 25.

on sait le ravin du bois de Tronville tandis que la division Tixier prononçait son attaque contre le détachement Lehmann.

« Le général Voigts-Rhetz, s'attendant à ce que les Français poursuivissent leur attaque hors du bois, songea aussitôt à défendre Tronville ». Comme, à ce moment (1), les deux batteries légères de l'artillerie de corps (2) arrivaient près de cette localité, elles reçurent l'ordre de se tenir prêtes à repousser toute attaque débouchant du bois. A ce moment aussi, le *4*e régiment de cuirassiers, puis la brigade Barby et le *13*e dragons se massaient par ordre du commandant du Xe corps à l'Ouest de Tronville où le *16*e dragons venait d'arriver (3) (4).

Les bataillons Lehmann, chassés du bois par l'infanterie française (5) commençaient à se rassembler peu à peu autour du même village dont ils organisaient aussitôt la défense. Enfin, la colonne du général Schwarzkoppen recevait l'ordre de se rendre également à Tronville « près de l'aile gauche du Xe corps ».

« Le commandant du corps d'armée, dit la 25e Monographie, pouvait donc espérer se maintenir dans la forte position de Tronville, jusqu'à l'arrivée des colonnes qui se hâtaient vers le champ de bataille et qui avaient été invitées à accélérer leur marche. »

A ce moment de la journée, la situation générale des

---

(1) Vers 3 h. 15.

(2) $\frac{5,\ 6}{10}$.

(3) La brigade Barby et le *13*e dragons revenaient de la région au Nord-Ouest du bois de Tronville.

(4) Les décisions du général Voigts-Rhetz et les circonstances qui les ont motivées seront exposées plus complètement quand il s'agira de l'intervention de la *38*e brigade. On se borne ici à les indiquer sommairement pour pouvoir suivre l'entrée en ligne de la *20*e division.

(5) Moins quelques fractions restées dans la parcelle Nord.

batteries du IIIe corps commençait à donner de sérieuses inquiétudes au général de Bulow.

La canonnade dirigée par les batteries du 4e corps sur les pièces voisines de Vionville, surtout, paraît avoir défavorablement impressionné le commandant de l'artillerie du corps brandebourgeois.

« Si l'aile gauche du IIIe corps eût été rejetée plus loin, dit Hans Klæber (1), et si, en particulier, le village de Vionville eût été perdu, il eût été impossible à l'artillerie de Flavigny de conserver sa position face à l'Est. Elle eut alors été forcée de faire front vers le Nord en liaison avec l'aile gauche en retraite.

« Sur la portion du champ de bataille qu'aurait eu à franchir une grande partie des batteries, se trouvaient de nombreux échelons de voitures et des caissons de munitions isolés. Les uns ne pouvaient que remuer difficilement, par suite du nombre insuffisant d'attelages restants, et les autres erraient à la recherche des batteries auxquelles ils appartenaient. Dans ces dernières conditions, on ne pouvait faire aux chefs des échelons aucun reproche sérieux. Les circonstances stratégiques qui avaient occasionné, pour la plus grande partie des batteries, une conversion vers l'Est à partir de la chaussée Onville, Mars-la-Tour, leur étaient naturellement inconnues et, maintenant, ils faisaient face à la direction primitive de marche des Allemands. . . . .

« Dans cette situation, pour procurer à son artillerie l'espace nécessaire à une conversion urgente vers l'arrière et vers la gauche, pour pouvoir lui donner une nouvelle direction du tir, pour prévenir le désordre et enfin pour ne pas laisser les voitures tomber aux mains de l'ennemi, le général de Bulow donna l'ordre suivant : toutes les voitures, et surtout celles qui se trouvaient der-

---

(1) *Die Thatigkeit des Generals Bulow, loc. cit.*

rière le centre et derrière l'aile gauche de la ligne de bataille, se dirigeront vers la route dans la direction de Buxières (1).

« La gravité de l'heure présente n'échappait à personne et c'est avec angoisse que les officiers d'artillerie regardaient vers les hauteurs de la statue Sainte-Marie. Comment les canons pourraient-ils y être hissés ! Les attelages gisaient en grande partie morts ou blessés devant leurs avant-trains. Dans un mouvement de retraite, beaucoup de canons tomberaient infailliblement aux mains de l'ennemi. Malgré cette situation, dangereuse au plus haut point, le général de Bulow demeurait fermement décidé à rester inébranlable sur sa position jusqu'au dernier moment. C'était une de ces situations dans lesquelles, d'après les instructions alors en vigueur, la perte des canons ne pouvait être que très honorable.

« Enfin, après un moment de l'angoisse la plus anxieuse, accourut au galop, de Vionville, un cheval couvert d'écume et portant un officier d'ordonnance du général en chef. De loin, en agitant les bras très haut, cet officier cria : « Les têtes de colonnes du Xe corps sont tout près ! Encore une demi-heure à attendre ! » Et, en répétant son cri, il galopa derrière le front de l'artillerie vers la 5e division d'infanterie.

« Personne ne doutait plus de l'issue heureuse de la lutte, et avec une confiance exaltée, la résistance à l'ennemi en face de Rezonville continua (2). Tout à coup, le feu de revers et d'enfilade devint sensiblement plus faible. Le colonel von der Goltz, commandant l'artil-

---

(1) D'après les *Notes personnelles* du général de Bulow. (Note de l'auteur.)

(2) On doit d'ailleurs remarquer qu'à partir de 2 h. 30 le feu de l'artillerie française diminua très rapidement d'intensité et que vers 3 heures il n'y avait plus, sur le plateau de Rezonville, qu'un petit nombre de pièces en action. (Voir pages 370 et 371.)

lerie de corps du Xe corps, accourait de Saint-Julien en devançant l'artillerie de la *20*[e] division, avec les 5e et 6e batteries légères du *10*[e] régiment d'artillerie de campagne. »

Ces deux batteries, postées près de Tronville dès 3 heures, n'avaient pu tirer tout d'abord sur l'artillerie du général de Ladmirault à cause de la distance, mais quand les trois batteries françaises qui accompagnaient la brigade Bellecourt (1), furent installées, après avoir franchi le ravin, à hauteur du bois de Tronville, le colonel de Goltz fit ouvrir le feu sur elles, tandis que le major Korber en faisait autant quelques instants plus tard avec ses deux batteries de gauche (2).

Résolutions du commandant du Xe *corps.* — En raison de l'échec que venait de subir le détachement Lehmann et par suite de la situation pleine de menaces qui en résultait pour l'aile gauche allemande, le général Voigts-Rhetz ne crut plus pouvoir se borner à défendre, comme il se le proposait au début, la position de Tronville ; il se décida donc à assurer la protection du flanc gauche du IIIe corps, en se portant en avant pour reconquérir les bois de Tronville.

A ce sujet, la 25e Monographie fait observer que l'idée directrice du commandant du Xe corps, *toujours convaincu que l'ennemi battait en retraite sur Verdun,* était simplement de chercher à *retenir* le plus de forces possible devant lui pendant la journée du 16, afin que le gros de la IIe armée fût en mesure de les *attaquer* le

---

(1) $\frac{5,\ 6}{1}$, $\frac{6}{17}$.

(2) $\frac{1\ c}{4}$, $\frac{3}{3}$.

lendemain avec des forces supérieures. Malheureusement pour les Allemands, cette haute et louable pensée stratégique empêcha sans doute le commandant du Xe corps de se préoccuper de questions d'un ordre un peu moins élevé, questions qu'il était cependant indispensable d'envisager sous peine de s'exposer à aggraver une situation qui, dans son ensemble, n'était rien moins que bonne pour le IIIe corps.

Bien qu'il eût été avisé « par les observations du colonel de Caprivi et par le rapport du chef d'escadrons de Heister que l'ennemi fût très supérieur en nombre (1) », le général Voigts-Rhetz prescrivit cependant aux bataillons de la *20*e division de pousser de l'avant « dès leur arrivée » et d'occuper ensuite fortement les bois. Or, à ce moment même, la *38*e brigade n'était encore parvenue qu'aux environs de Suzémont, comme on le verra plus loin, et ne recevait que des instructions très peu précises, et tout à fait insuffisantes pour orienter le général de Schwarzkoppen en vue d'une action commune avec la *20*e division; faute grave que les troupes du Xe corps payèrent chèrement deux heures plus tard.

Cette restriction faite, on ne peut que regretter amèrement que ce même sentiment offensif auquel le général Voigts-Rhetz donnait un peu trop librement — ou plus exactement trop prématurément — carrière, n'ait point animé le commandement de l'aile droite française, — qui était, lui, depuis longtemps déjà dans une situation tout autre que les Allemands, et eût pu disposer immédiatement de plusieurs divisions (Grenier, Tixier, Nayral) massées au Sud de Bruville et de Saint-Marcel si, contrairement aux errements d'alors, les deux commandants de corps d'armée voisins se fussent quelque peu concertés entre eux.

---

(1) *Einzelschriften*, Heft 25.

Le maréchal Lebœuf, malheureusement, ne portait son attention que sur le front occupé par son corps d'armée; et, satisfait sans doute de la tournure que prenait le combat aux environs de la voie romaine où les tentatives de la 6e division avaient complètement échoué et où le bois de Tronville venait d'être conquis, il ne paraît pas avoir eu la pensée de profiter de ce succès pour agir offensivement (1).

Attaque des bois de Tronville. — En exécution des ordres du commandant du Xe corps, les deux premiers bataillons de la 20e division (2) débouchaient de Tronville à 3 h. 15 : le Ier bataillon du 79e, laissant une compagnie à Tronville, puis, plus tard, une autre sur la grande route, déploya ses deux dernières compagnies sur la lisière Nord-Ouest du petit bois encore occupé par celles des fractions de l'arrière-garde du colonel Lehmann qui n'avaient pas battu en retraite ; là elles engagèrent le feu, à courte distance, avec deux compagnies que le IIe bataillon du 43e avait envoyées de ce côté, en avant des batteries, ainsi qu'avec la 4e compagnie du 5e bataillon de chasseurs que le commandant Carré avait amenée jusqu'à 300 mètres de la lisière.

---

(1) Il y a lieu de remarquer qu'à ce moment de la journée, c'est-à-dire entre 3 et 4 heures, le commandant du 3e corps n'avait pas encore été entravé dans son action par le maréchal Bazaine. Celui-ci avait bien envoyé au maréchal Lebœuf un des officiers de son état-major pour prescrire au 3e corps de ralentir son mouvement et d'attendre l'arrivée du 4e corps à sa droite, mais le capitaine Fix, chargé de cette mission un peu après la charge de la brigade Redern, ne parvint à joindre le commandant du 3e corps que très avant dans l'après-midi, à 4 h. 30. (Heure inscrite par le maréchal Lebœuf en personne sur le reçu qu'il délivra au capitaine Fix.) (*Souvenirs* du colonel Fix.)

(2) $\frac{\text{I, II}}{79}$.

Le IIe bataillon du *79*[e], obliquant plus à droite, marcha sur la partie occidentale de la même parcelle de bois avec trois de ses compagnies et détacha la quatrième sur la partie Sud-Est du grand bois à la gauche des batteries Korber; elle continua alors à progresser à travers le taillis et vint déboucher sur la lisière Nord-Est où elle se trouva face à face avec les deux compagnies du 12e qui, de la pointe opposée, fusillaient les batteries du mamelon de Vionville; de leur côté, les trois compagnies du IIe bataillon du *79*[e] qui venaient de pénétrer dans la parcelle Sud avaient poussé jusqu'au long couloir par lequel les batteries de la croupe 263 canonnaient à revers les batteries du major Korber. Bien que prises en flanc par un feu très vif que dirigeaient sur elles les 1re, 2e et 3e compagnies du IIe bataillon du 13e depuis la corne Nord-Ouest du bois, elles s'élancèrent au pas de course en terrain découvert et prirent pied en plusieurs points sur la lisière opposée. Devant cette brusque irruption, quelques fractions des compagnies du 4e régiment, disséminées et sans soutien, rentrèrent sous bois et se retirèrent lentement en combattant.

Pendant la marche en avant de l'infanterie, le colonel de Goltz avait amené ses deux batteries légères (1) jusqu'auprès de la grande route sous l'escorte des 4e et 5e escadrons du *4*[e] cuirassiers. Mais là, elles se trouvèrent en butte à une vive fusillade de la part de la 4e compagnie du 5e bataillon de chasseurs et des deux compagnies du IIe bataillon du 43e.

Retraite de la division Grenier. — L'artillerie du 4e corps déboîte vers la droite. — C'est sur ces entrefaites,

(1) $\frac{5,\ 6}{10}$.

et avant même que la *20*^e^ division prussienne eût poussé plus loin son offensive, que la brigade Bellecourt commença un mouvement de retraite qui « causa une impression instinctive d'étonnement à toutes les troupes, surtout au 13e et aux trois compagnies du 43e et du 5e bataillon de chasseurs, qui faisaient une si bonne besogne à l'Ouest du bois » (1).

Le général de Ladmirault venait lui-même de franchir le ravin lorsque, regardant Tronville, il aperçut « une armée de fantassins qui se disposaient à descendre vers Mars-la-Tour, de sorte que la position de la brigade Bellecourt eût été tout à fait désavantageuse, si elle eût attendu que ce mouvement fut fait (2) ». Peu d'instants après, le commandant du 4e corps assistait à la mise en batterie des pièces du colonel de Goltz aux abords de la grande route (3). Peut-être aussi, — mais ceci sous toutes réserves, — découvrit-il dans la direction de l'Ouest le nuage de poussière soulevé par la *38*e brigade qui se déployait alors à 4 kilomètres de là, un peu au Sud de la route et à l'Est de Suzémont (4).

Certainement inquiet de n'avoir encore reçu aucune

---

(1) *La brigade Bellecourt, loc. cit.*

(2) Procès Bazaine, page 231. Déposition du général de Ladmirault.

(3) Rapport détaillé du général de Ladmirault, du 3 septembre.

(4) Le général de Ladmirault ne signale nulle part d'une manière explicite l'approche, à ce moment, de la brigade Wedell. Il dit seulement dans sa déposition du procès Bazaine — après une allusion à la charge du général Legrand, qu'il ne met d'ailleurs pas à sa place dans l'ordre chronologique des faits, — qu'il vit une colonne d'infanterie en mouvement *qui allait le prendre en flanc.* Il est à noter que l'Historique du 64e signale également qu'au moment de repasser le ravin, « l'ennemi se portait en force sur sa droite. » Mais ce ne sont là que des indices trop faibles pour qu'on puisse affirmer que les colonnes de poussière de la *38*e brigade eussent été aperçues, dès cet instant, par le commandant du 4e corps. Peut-être la menace de flanc dont il parle n'était-elle, dans son esprit, que le résultat possible du mouve-

nouvelle de la division de Cissey, il ne crut pas prudent d'attendre l'attaque de l'adversaire avec un ravin profond à dos, et prescrivit « aux troupes engagées dans les bois de Vionville » (1) de se retirer sur la crête du bois Dessus, en même temps qu'il ordonnait aux batteries restées au Nord du bois de Tronville d'appuyer vers l'Ouest pour pouvoir agir plus efficacement contre l'attaque qu'il pensait devoir se produire entre Tronville et Mars-la-Tour.

Les deux batteries de 12 de la réserve (2) déboîtèrent donc vers leur droite en longeant la crête (3). Mais la 12e batterie ayant été seule arrêtée au moment voulu, c'est-à-dire avant d'arriver à la cote 270, la 11e continua vers l'Ouest et poussa jusqu'à 400 mètres du bois de Pins, c'est-à-dire jusque dans le voisinage de la route de Bruville à Mars-la-Tour. Toutes deux ouvrirent alors le feu sur les batteries du Xe corps établies à l'Est de Mars-la-Tour.

Les deux batteries de 4 de la réserve (4) suivirent le mouvement et furent arrêtées par le commandant Prenier à la gauche de la 12e batterie de 12, c'est-à-dire à peu près à hauteur de la pointe Nord-Ouest du bois de Tronville et en avant de l'emplacement qu'allait occuper

---

ment qu'il croyait voir se dessiner de Tronville vers Mars-la-Tour, à cause des nuages de poussière que soulevait une nombreuse cavalerie évoluant entre Tronville et Puxieux.

(1) Rapport détaillé du 3 septembre.

C'est à ce moment que, d'après le commandant Rousset, le général aurait prononcé cette phrase : « Je préfère avoir ce ravin devant moi que derrière. »

(2) $\frac{11, 12}{1}$.

(3) Voir le croquis schématique des mouvements de l'artillerie.

(4) $\frac{6, 9}{8}$.

CROQUIS SCHÉMATIQUE DES MOUVEMENTS DE L'ARTILLERIE DU 4e CORPS

Entre 2 h. 1/2 et 5 heures.

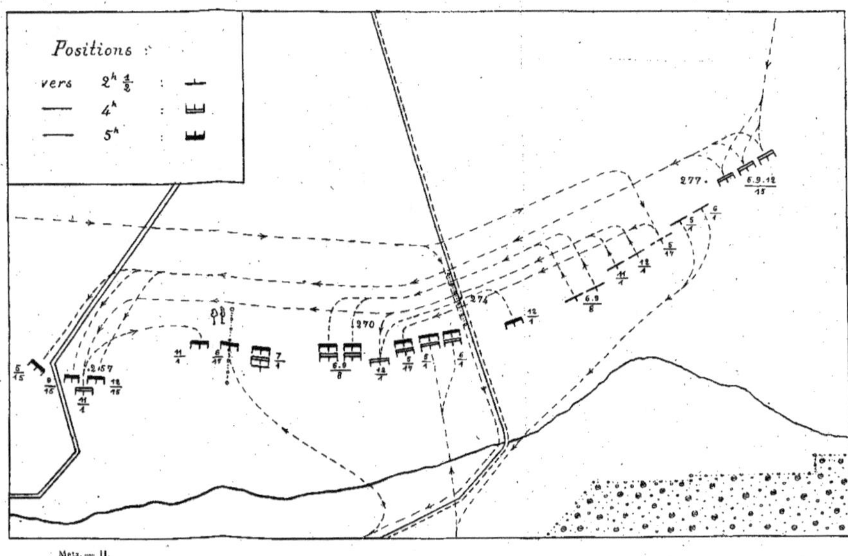

Metz. — II.

quelques instants plus tard le 43e régiment d'infanterie (1).

La 5e batterie du 17e suivait le mouvement et venait s'installer près du groupe du commandant Prenier. La 6e batterie du même régiment et les 5e et 6e du 1er, repassèrent le ravin ; mais tandis que la batterie à cheval Albenque (2) allait s'établir de part et d'autre de la haie voisine du Poirier du bois Dessus (3), les deux batteries de la division Grenier s'installèrent à la gauche de la nouvelle ligne d'artillerie dans le voisinage de la cote 274.

Pendant que s'exécutaient ces divers mouvements d'artillerie, l'infanterie de la brigade Bellecourt abandonnait successivement les positions de la croupe du Peuplier 261 ; à l'extrême droite, le IIe bataillon du 13e, se retirant droit derrière lui, repassa vivement le ravin et s'arrêta à mi-côte sur la berge septentrionale près de la route de Bruville. Là, il fit face en tête et se déploya pour protéger la retraite des bataillons qu'il avait à sa gauche, en conservant comme soutien deux compagnies en colonne de pelotons à demi-distance.

Le Ier bataillon et les quatre compagnies du IIe bataillon du 43e (4), restés en réserve derrière la corne Nord-Ouest du bois de Tronville se reportèrent en arrière de la crête 270. Enfin, les Ier et IIIe bataillons du 13e se reformèrent près de la cote 274 et laissèrent sur le

---

(1) Rapport du commandant de l'artillerie du 4e corps et Journal du lieutenant Palle.

(2) $\frac{6}{17}$.

(3) Et à l'emplacement sur lequel devait arriver un peu plus tard le 57e de ligne.

(4) Le IIIe bataillon du 43e restait engagé dans le bois de Tronville avec les tirailleurs des 4e et 12e de ligne.

rebord du plateau les 2e et 4e compagnies du IIIe bataillon déployées en tirailleurs avec les 2e, 3e et 5e compagnies du 5e bataillon de chasseurs à pied afin de protéger la ligne des pièces d'artillerie (1).

Quant à la 4e compagnie de chasseurs et aux deux compagnies du 43e qui combattaient avec elle devant la parcelle Sud du bois de Tronville, elles continuèrent, pendant longtemps encore, à fusiller les batteries du colonel de Goltz et les fractions du 79e qui apparaissaient maintenant sur la lisière du taillis. « Le colonel du 43e leur prescrivit deux fois de rentrer, dit le colonel de Courson de la Villeneuve (2). Le capitaine d'Adhémar qui commandait une de ces compagnies, crût même devoir rester dans sa position, étant donnés sa situation et les services qu'il croyait y rendre. Il rentra donc longtemps après les autres et ne rejoignit le régiment que lorsque, resté presque seul avec les deux compagnies du 43e, il fut obligé de céder le terrain à l'arrivée de la brigade Wedell. »

A l'extrême droite, c'est-à-dire au Nord de Mars-la-Tour, les deux bataillons du 64e repassèrent également le ravin pour venir reprendre leur ancienne position sur la crête 239, tandis que le lieutenant-colonel d'Aillière ramenait sur le même point le Ier bataillon, maintenu tout d'abord, comme on sait, à l'Ouest de Bruville.

Quant aux divisions de cavalerie Legrand et du Barail, elles étaient également rappelées des abords de Mars-la-Tour. Les chasseurs d'Afrique s'arrêtèrent sur les pentes à l'Ouest de la ferme Greyère, tandis que les trois

---

(1) La 3e compagnie du IIIe bataillon du 13e s'était jointe, par suite d'une erreur de direction, au IIe bataillon qui, le mouvement terminé, se replia jusque derrière la crête près de la route de Bruville. La 5e compagnie de chasseurs était restée sur la crête 274. Les 2e et 3e avaient suivi le mouvement des 5e et 6e batteries.

(2) *La brigade Bellecourt, loc. cit.*

régiments appartenant au 4e corps vinrent se placer, sur l'ordre du général de Ladmirault, derrière le centre de la division Grenier, c'est-à-dire sans doute à hauteur du Poirier du bois Dessus (1).

Développement de l'attaque de la 20e division. — Pendant que la division Grenier entamait son mouvement de recul, deux autres batteries de l'artillerie de corps (2) du Xe corps dépassaient leur infanterie et se joignaient aux 5e et 6e batteries au Sud de la route. Elles prenaient aussitôt part à la lutte de ces dernières contre l'artillerie du 4e corps.

A peu près au même instant, la tête de la *40e* brigade arrivait à Tronville. Le général de Kraatz chargea immédiatement le *17e* régiment d'appuyer les deux bataillons du *79e* et de déblayer les bois de Tronville. Le régiment pénétra, en effet, dans le taillis (3) et parvint à rejoindre le IIe bataillon du *79e* qui avait pu gagner déjà le bord Sud-Ouest du sorte de cul-de-sac que forme la lisière en cet endroit. Mais là, toutes les compagnies prussiennes engagèrent un feu violent d'infanterie avec les deux compagnies du 12e, et avec celles du IIIe bataillon du 43e et du IIIe bataillon du 4e qui tenaient toujours la lisière opposée.

L'infanterie prussienne ne put pousser plus loin pour l'instant, de sorte que l'infanterie française continua à occuper toute la partie Nord-Est du bois de Tronville.

Quant aux trois derniers bataillons de la *40e* brigade (4)

---

(1) D'après les *Notes* de M. le contrôleur général Longuet, *loc. cit.*

(2) $\frac{4,\ IV}{10}$.

(3) Chaque bataillon déploya deux compagnies sur la ligne de combat, les six autres compagnies suivant en demi-bataillons à intervalles de déploiement.

(4) $\frac{I,\ F}{92}$ et *10e* B ch.

il leur fut prescrit par le général de Kraatz de se réunir au Sud du bois pour y former une réserve qui allait, d'ailleurs, être renforcée sous peu par les fusiliers du 56e arrivant de Pont à-Mousson.

Entre temps, le major Korber, désormais débarrassé des batteries du 4e corps qui le prenaient à revers, avait cru pouvoir ramener face au Nord, ses batteries de gauche. Mais à peine étaient-elles revenues sur leur ancien emplacement qu'elles étaient, à nouveau, fusillées par les compagnies du 12e régiment établies au saillant du bois. Ce ne fut que plus tard, quand la 2e batterie à cheval, — qui avait dû se replier dans les circonstances qu'on connaît, — rentra en ligne et lorsqu'en même temps, les tirailleurs de la division Tixier durent abandonner la lisière du bois, que la sécurité de l'artillerie de Vionville fut enfin assurée.

Marche d'approche de la division de Cissey. — Pendant que se déroulaient les événements qu'on vient de relater, la division de Cissey arrivait aux environs de Doncourt.

On se rappelle que vers 9 heures, la tête de la 1re division du 4e corps atteignait Saulny, après une marche excessivement ralentie par la colonne des parcs et des convois qui marchait devant elle avec fort peu d'ordre et de régularité (1); la tête de colonne avait donc mis 1 h. 15 pour parcourir 3 kilomères.

Impatienté par les haltes continuelles qu'il fallait faire en montant la côte conduisant à Saint-Privat, le général profita de l'espèce de couloir qui borde la route en la séparant du bois de Fèves, pour y engager son infanterie en colonne par section à demi-distance, tandis que l'artillerie, laissée sur la chaussée parvenait à grand'-

(1) *Souvenirs inédits du général de Cissey.*

peine à doubler les voitures qui l'encombraient. Malgré la difficulté de marcher à travers champs, la tête de colonne parvint vers 11 heures au hameau de Jérusalem, où le commandant de la 1re division ordonna de s'arrêter pour faire le café (1). La brigade de tête seule (la 2e) était entièrement massée aux abords de Saint-Privat, quand vers 11 h. 30, la canonnade retentit vers le Sud-Ouest avec une grande violence (2). L'ordre du départ fut immédiatement donné par le général de Cissey, et la marche fut reprise dans la même formation que précédemment, l'artillerie marchant en colonne de demi-batterie (3). Le 20e bataillon de chasseurs, qui venait, en cet instant, d'arriver en tête de la brigade de queue (1re) fut remis en marche le premier, et dirigé vers Doncourt en détachant la 6e compagnie en flanc-garde mobile sur sa gauche. Passant à travers champs entre Habonville et Saint-Ail, la division arrivait à hauteur de Jouaville et faisait une halte quand survint le commandant Pesme, de l'état-major du 4e corps (4). Le général de Cissey fut alors confirmé dans sa première supposition qu'il s'agissait d'un engagement général. Après un repos d'un quart d'heure, la marche fut reprise vers Bruville où le général de Ladmirault pressait sa 1re division d'arriver.

---

(1) Marche à travers champs de 6 kilomètres en deux heures.

(2) Saint-Privat est à 13 kilomètres de Vionville et en est séparé par une région mamelonnée et très boisée, qui étouffa presque complètement le bruit de la canonnade pendant les premières heures de la lutte. Mais vers 11 h. 30, c'est-à-dire au moment où l'artillerie allemande venait d'être renforcée par sept nouvelles batteries, la canonnade redoubla d'intensité. Le même fait est signalé à la même heure par les troupes de la division Schwarzkoppen à Saint-Hilaire, ainsi qu'on le verra plus loin.

(3) Il est donc vraisemblable d'admettre que le départ eut lieu à 11 h. 45 au plus tôt.

(4) Le départ de Saint-Privat ayant eu lieu un peu avant midi, la

Il était près de 4 heures quand la tête de colonne arriva à hauteur de Butricourt et d'Urcourt (1). Là, le général de Cissey fit faire halte et fut rejoint quelques instants plus tard par le lieutenant-colonel Saget qui lui fit savoir que la division Grenier avait déjà commencé un mouvement enveloppant sur la gauche de l'ennemi et qu'on attendait avec impatience la 1re division pour prononcer une action décisive (2). Les trois batteries divisionnaires, qui avaient doublé la colonne au trot, furent alors dirigées vers la crête occupée par l'artillerie du 4e corps.

Elles arrivèrent vers la crête 277 au moment où la brigade Bellecourt repassait le ravin et où les autres batteries du 4e corps appuyaient vers l'Ouest. Elles se mirent cependant en batterie « pour boucher la trouée qui venait de se produire (3) » et ouvrirent le feu à 2,500 mètres sur l'artillerie ennemie embusquée sur la route de Mars-la-Tour.

Mais sur ces entrefaites, le général de Cissey, prévenu qu'il devait se porter au combat dans la direction du bois Poirier du bois Dessus, avait aussitôt réclamé ses batteries pour qu'elles vinssent appuyer directement l'attaque qu'il était chargé de prononcer. En consé-

---

division avait parcouru 7 kilomètres en deux heures et demie, soit un peu moins de 3 kilomètres à l'heure. Cette marche parut rapide aux troupes, mais il ne faut pas oublier qu'elle s'effectuait à travers champs par une chaleur accablante.

(1) Marche de 10 kilomètres en quatre heures. (En déduisant le temps de la halte faite à hauteur de Jouaville.) L'allure moyenne (2k,500 à l'heure) avait un peu diminué.

(2) *Souvenirs* du général de Cissey et *Souvenirs* du général Saget, alors sous-chef d'état-major du 4e corps. Le lieutenant-colonel Saget avait été envoyé au-devant de la division de Cissey avant le mouvement de retraite de la division Grenier.

(3) Rapport du lieutenant-colonel de Narp, commandant l'artillerie de la 1re division.

quence, le lieutenant-colonel de Narp défila derrière toute la longue ligne d'artillerie du 4e corps et vint s'établir sur la crête 257, dans le voisinage de la route de Bruville à Mars-la-Tour (3).

Pendant ce temps, le général de Cissey avait quitté Urcourt avec sa tête de colonne et passait par le Sud de Bruville. Mais avant qu'il put faire son apparition sur la ligne de combat, de graves événements allaient se dérouler devant Mars-la-Tour.

Situation générale de l'aile droite entre 4 h. 30 et 5 heures. — Après le mouvement de recul de la division Grenier, les bois de Tronville n'étaient donc plus occupés que par de faibles fractions d'infanterie française. Seules, quelques compagnies de la division Tixier (du 12e et du 4e) et le IIIe bataillon du 43e tenaient encore la parcelle Nord et tiraillaient avec deux bataillons prussiens (du 79e) dont la puissance offensive paraissait toutefois épuisée.

Au Nord et au Sud du bois, chacun des deux partis possédait plusieurs bataillons frais ; mais tandis que les réserves françaises (12e, 4e, 80e) conservaient une attitude purement passive, les réserves allemandes (17e régiment) pénétraient déjà dans le taillis et refoulaient peu à peu la ligne de combat opposée.

Sur la lisière occidentale des bois de Tronville et dans la plaine légèrement ondulée qui s'étend jusqu'à Mars-

(3) La batterie Florentin $\left(\frac{11}{1}\right)$ venait de se reporter auprès de la batterie Albenque $\left(\frac{6}{17}\right)$. La batterie Gastine $\left(\frac{12}{1}\right)$ avait également appuyé de 300 mètres vers sa gauche, sans doute pour prendre une position un peu plus élevée d'où elle put tirer sur de l'infanterie qui s'avançait entre Tronville et la grande route. (Historique des 11e et 12e batteries du 1er régiment.)

la-Tour, le terrain restait presque complètement libre. Trois compagnies de la brigade Bellecourt continuaient, seules, à fusiller les compagnies prussiennes embusquées dans la parcelle du bois avoisinant la route (1) ainsi que les quatre batteries maintenues au Sud de la chaussée de Vionville (2).

Des masses assez nombreuses de cavalerie stationnaient par régiments isolés dans la région comprise entre Tronville, Puxieux et Mars-la-Tour et paraissaient vouloir esquisser un mouvement vers le Nord-Ouest. Enfin apparaissaient au même moment, au delà de Mars-la-Tour, de nombreux bataillons qui, suivant l'expression du lieutenant Pallé, « semblaient déboucher sur le plateau comme s'ils avaient voulu regagner la frontière en traversant nos colonnes (3). » C'était, comme on le verra bientôt, la *38*e brigade prussienne revenant de Saint-Hilaire et répondant à l'appel du commandant du Xe corps.

Du côté français, on avait donc presque entièrement dégarni le terrain au Sud du ravin du bois Dessus, et devant la menace qui, venant de Tronville, avait paru devoir se diriger vers Mars-la-Tour, le commandant du 4e corps avait déplacé le centre de gravité de ses batteries et l'avait reporté plus à l'Ouest. Mais il est à remarquer que cette manœuvre avait placé la majeure partie des batteries dans une situation qui leur permettait bien plus de balayer la partie de la plaine la plus rapprochée du bois de Tronville que celle qui avoisine Mars-la-Tour, où la croupe élevée qui borde le ravin, au Sud, gênait considérablement le tir.

---

(1) $\frac{3,\ 4}{79}$.

(2) $\frac{5,\ 6}{10}$, $\frac{4,\ IV}{10}$.

(2) *Journal de campagne* du lieutenant Palle, *loc. cit.*

Les six bataillons de la brigade Pradier n'avaient pas encore été engagés et formaient l'extrême droite de la division Grenier; au centre se trouvait rassemblée la cavalerie du général Legrand ; à l'Est de la route de Bruville à Mars-la-Tour, les bataillons du général Bellecourt s'étaient également reformés à l'abri des vues et constituaient trois masses, savoir : près de la route précitée, sept compagnies (1); à l'extrême gauche neuf compagnies étaient réunies près de la cote 274 (2) ; au centre, étaient groupés les Ier et IIe bataillons du 43e régiment.

Dans le bois de Tronville, enfin, le mouvement de recul de l'infanterie française s'accentuait de plus en plus devant la poussée des bataillons de la *20*^e^ division, et bien que les compagnies du 12e, qui occupaient toujours la pointe du bois à l'extrême gauche, n'eussent pas encore quitté leur position, on pouvait considérer la plus grande partie des taillis comme tombée au pouvoir de l'adversaire.

XII. — Attaque de la 38e brigade. — Contre-attaque de la division de Cissey.

Marche de la 38e brigade sur Suzémont. — C'est après avoir fait une halte près de Wöel que le général de Schwarzkoppen entendit le canon tonner sur sa droite, et qu'il apprit que le commandant du Xe corps s'était

(1) $\frac{II}{13}$ et 3 $\frac{III}{13}$.

(2) $\frac{I}{13}$, 1, 5, 6 $\frac{III}{13}$. En outre, quelques compagnies avaient été laissées sur le rebord du plateau pour protéger l'artillerie et surveiller le ravin qu'elles avaient devant elles : 2, 4 $\frac{III}{13}$ à l'extrême gauche, $\frac{2, 3, 4, 5}{5 \text{ Ch}}$ devant les intervalles des batteries du commandant Prenier et de la 2e division.

dirigé vers Jonville avec deux pelotons de cavalerie. Il continua cependant sa marche sur Saint-Hilaire, et n'était pas éloigné de cette localité quand il reçut le compte rendu du général Brandebourg l'avisant qu'il se portait au canon avec la brigade de cavalerie de la Garde. Presque en même temps, un officier d'état-major lui communiquait une lettre du commandant de la IIe armée, prescrivant au commandant du Xe corps de pousser des reconnaissances de cavalerie vers la route d'Étain, principalement suivie par l'armée française en retraite (1).

Il était 11 h. 30 quand la tête de la demi-*19e* division atteignit Saint-Hilaire. Le IIe bataillon du *57e* et le reste du 3e escadron du *2e* dragons de la Garde, furent envoyés aux avant-postes sur la ligne Harville—Marchéville, face à l'Ouest (2), puis le reste de la colonne commença son installation au bivouac, et reçut l'ordre de faire la soupe « immédiatement et le plus vite possible (3) », tandis qu'on entendait la canonnade devenir plus intense.

Certains auteurs militaires, et plus particulièrement Fritz Hœnig, ont très vivement critiqué la conduite du général de Schwarzkoppen en cette circonstance et ont fait remarquer que, connaissant les dispositions prises par le commandant du Xe corps, c'est-à-dire la mission dévolue à la *5e* division de cavalerie et la réunion à Chambley des détachements Lyncker et Lehmann en

(1) On a vu que déjà le général Brandebourg avait été au-devant de ces prescriptions; mais le commandant de la *19e* division retint à Saint-Hilaire le seul escadron du *2e* dragons qui restait au général Brandebourg « pour assurer les missions de la cavalerie qui devenaient plus nombreuses ».

(2) Le 5e escadron du *2e* dragons était déjà aux avant-postes à Marchéville et Labeuville.

(3) *Einzelschriften, Heft* 25.

vue du soutien éventuel de cette dernière, il aurait dû penser que la canonnade dont il entendait l'intensité augmenter de minute en minute, était l'indice d'un engagement sérieux, et que, par conséquent, il était de son devoir de gagner immédiatement le champ de bataille.

Mais la 25e Monographie approuve l'argumentation présentée à ce sujet par von Scherff dans ses *Kriegslehren* et appuie avec lui sur ce fait que les vues du commandant du Xe corps légitimaient absolument la résolution du général de Schwarzkoppen, d'abord de continuer sa marche jusqu'à Saint-Hilaire, et ensuite de s'y maintenir jusqu'à l'arrivée d'ordres qu'il comptait d'ailleurs recevoir.

Les objections que von Scherff oppose à Fritz Hœnig se résument en ceci, que si *dans la réalité des faits* la prompte arrivée de la demi-*19e* division sur le champ de bataille eût été très désirable en effet, le général de Schwarzkoppen était en droit de considérer le cas où son intervention eût été inutile, soit parce que les troupes engagées n'avaient pas besoin de secours pour rejeter une grosse arrière-garde française sur Metz, soit parce qu'il arriverait trop tard à Mars-la-Tour pour pouvoir interdire à l'adversaire la route d'Étain.

En ce qui concerne une troisième hypothèse possible, et qui fût précisément celle qui se réalisa, savoir : que les troupes allemandes étaient engagées dans un combat numériquement inégal, le major plaide, — longuement, — les circonstances atténuantes en se basant sur ces motifs « qu'aucune allusion n'était faite, pas plus verbalement que dans l'ordre écrit du corps d'armée, à des forces vraisemblablement considérables qui, comme les 20,000 hommes environ de Rezonville déjà signalés, auraient pu rester dans la région de Metz en vue d'une marche vers l'Ouest (1) », et qu'en outre le commandant

(1) *Kriegslehren*, II.

de la *19*e division avait pris connaissance, en arrivant près de Saint-Hilaire, de la lettre adressée par le prince Frédéric-Charles au général Voigts-Rhetz, et indiquant que « la retraite de l'ennemi s'effectuait *principalement* par la route conduisant de Metz à Verdun *par Étain* (1) ». L'ancien chef d'état-major de la *19*e division ajoute enfin que le général de Schwarzkoppen avait bien réellement pris toutes les dispositions nécessaires pour maintenir, avec toute la cavalerie disponible, la liaison entre ses trois colonnes, ainsi qu'il résulte de l'ordre de la division pour le 16, ordre qui resta « manifestement ignoré de Fritz Hœnig ».

Bien que les conclusions des *Kriegslehren* ne paraissent pas devoir être contestées dans le fond, il semble que la longue argumentation à laquelle se livre l'auteur pour les établir aurait pu être ramenée à de plus justes proportions, par l'examen d'un texte qui met en pleine lumière une divergence importante entre les vues qu'entend s'attribuer le lieutenant-colonel de Caprivi, rédacteur de l'ordre de mouvement du Xe corps (2), et celles du commandant de la *19*e division.

Le major von Scherff, en effet, ne publie pas le texte de l'ordre de la division auquel il fait allusion, et se borne à y relever les prescriptions relatives aux liaisons établies entre les diverses fractions de la *19*e division, tandis qu'il passe sous silence les premiers paragraphes, qui ne sont nullement la reproduction de ceux de l'ordre « à deux fins » du corps d'armée et qui, dans leur simplicité, dépeignent très nettement la situation, telle que la concevait le général de Schwarzkoppen au départ de Thiaucourt, et expliquent aisément la conduite ultérieure de ce général.

---

(1) Voir page 125, note 1.

(2) Voir les déclarations du lieutenant-colonel de Caprivi publiées par Fritz Hönig (*Darstellung der Strategie*).

L'exemplaire original de cet ordre, reçu par le colonel de Lyncker et déposé aux archives françaises, débute ainsi (1) :

Thiaucourt, 16 août, 3 heures du matin.

« L'ennemi se retire de Metz sur Verdun. L'armée passera la Moselle et le *poursuivra*. La division de cavalerie de Rheinbaben et le Xe corps d'armée *agiront sur le flanc de l'ennemi en retraite, qui a campé, en partie, cette nuit à Rezonville* (2). »

---

(1) Cet ordre recueilli sur le champ de bataille par les troupes françaises était accompagné de l'ordre du général de Voigts-Rhetz pour le 16, ainsi qu'il a déjà été dit (*Revue* de septembre 1903).

(2) La suite de cet ordre est ainsi conçue :

« On prendra les dispositions suivantes :

« 1° Le colonel von Lyncker partira avec son détachement à 4 h. 30 du matin de Novéant et s'avancera par Gorze vers Chambley. Là, il rencontrera le colonel Lehmann et passera sous ses ordres. Il devra couvrir son flanc droit par de la cavalerie disposée sur une ligne parallèle à sa propre marche. Il prendra dans sa colonne les voitures de vivres, qui lui ont été envoyées.

« 2° Le colonel Lehmann avec quatre bataillons de la 37e brigade d'infanterie, deux escadrons, la 1re batterie de 6, quittera son bivouac à 4 h. 30 et s'avancera par Dommartin sur Chambley. Le général-major von Wedell fournira les deux escadrons de cette colonne. Le colonel Lehmann donnera la main au colonel Lyncker et servira de soutien au lieutenant général Rheinbaben dans sa marche contre Rezonville.

« Après sa réunion avec le colonel Lyncker, le colonel Lehmann agira d'après la marche des événements. Il pourra, suivant les circonstances et d'après les nouvelles qui lui viendront de la division de cavalerie, faire faire la soupe à Chambley et ensuite se mettre en route pour Doncourt aux Templiers. En tous cas il devra y arriver derrière la brigade Wedell qui s'établira près de Saint-Hilaire à 7 heures du soir au plus tard. Il restera en communication constante avec moi, qui me trouverai à sa gauche sur la grande route par Saint-Benoît à Doncourt et Saint-Hilaire. J'aurai avec moi la brigade de dragons de la Garde et le reste de ma division.

« 3° Les troupes du détachement Lehmann recevront du magasin

Il n'est pas sans intérêt de constater que le commandant de la *19*ᵉ division, sans doute renseigné à Thiaucourt sur la manière dont le commandant du Xᵉ corps envisagea, dans la soirée du 15, l'éventualité d'un mouvement rétrograde de l'armée française « suivant la

---

de réserve tout ce qui sera nécessaire pour compléter leurs voitures de vivres et s'aligner à trois jours. Le colonel Lehmann se fera suivre de ses voitures chargées de vivres jusqu'à Chambley sous l'escorte d'un hussard, qui se trouvera à 4 heures du matin à son bivouac derrière Thiaucourt.

« 4° Le reste de la division et la brigade des dragons de la Garde partiront à 5 heures du matin et marcheront par Saint-Benoît, Doncourt, jusqu'à Saint-Hilaire, poussant des reconnaissances de cavalerie jusqu'à Fresnes.

« Le général-major comte Brandebourg enverra à 4 heures un escadron à l'avant-garde du général-major de Wedell pour relever de leur service les deux escadrons du *9*ᵉ dragons, avant le départ. Il quittera son bivouac à 5 heures, passera au trot à côté de l'avant-garde Wedell, par Doncourt. Il poussera des reconnaissances sur Vigneulles, Hattonville sur sa gauche, puis sur Fresnes, Marchéville et Labeuville, cherchant à se relier avec le général-lieutenant Rheinbaben.

« Le général-major de Wedell quittera son bivouac à 5 heures et se portera jusqu'à Saint-Hilaire où il établira son bivouac en poussant des avant-postes vers la route Metz—Verdun. Au moyen de l'escadron des dragons de la Garde, mis à sa disposition, il devra se maintenir en communication avec le colonel Lehmann dans la direction de Chambley.

« 5° Les dragons de la Garde et l'avant-garde Wedell recevront tout ce qui leur sera nécessaire en vivres, de la colonne placée en arrière de Thiaucourt. L'assesseur Franz aura soin de faire vider au moins 40 voitures bien attelées, que le comte Brandebourg enverra sous la protection d'un petit détachement, au général Wedell, aussitôt qu'elles seront disponibles. Le reste de la colonne de vivres suivra à Doncourt.

« 6° Je marcherai à la tête de la brigade Wedell, où le comte Brandebourg et le colonel Lehmann m'adresseront leurs rapports.

« 7° Quartier général et bureau à Saint-Hilaire.

« 8° Thiaucourt restera gardé par les deux compagnies qui s'y trouvent; elles marcheront alors sur Doncourt.

« 9° L'ordre concernant le colonel Lyncker devra lui parvenir par voie sûre; le général-major de Wedell est chargé de ce soin.

diagonale », c'est-à-dire dans la direction générale du Nord-Ouest et, dans ce cas, sur la probabilité d'une rencontre (1), avait purement et simplement substitué aux termes pleins de réticences de l'ordre du corps d'armée, l'expression de cette idée précise, qu'il s'agissait de *poursuivre* l'armée française, dont *une partie* était encore à Rezonville dans la nuit du 15 au 16, et que la mission du Xe corps et de la *5*^{e} division de cavalerie consistait *à agir sur le flanc de l'ennemi en retraite.* »

Sans doute, le général de Schwarzkoppen dépassa ses droits en précisant ainsi un but qui avait été volontairement laissé dans l'ombre par le quartier général du corps d'armée, mais on ne saurait se dispenser de faire état de l'opinion exprimée par l'état-major de la *19*^{e} division dans un document authentique daté du matin même de la bataille. On doit d'ailleurs observer que cet état-major se laissa probablement aller à exposer, en les amplifiant quelque peu, l'opinion et les prévisions que le général en chef avait exprimées la veille au soir, tant à cause de la hâte avec laquelle il fallut rédiger (à 3 heures du matin) un ordre pour un mouvement qui était exécutoire dès 4 h. 30, qu'à cause du caractère sybillin du texte rédigé par le lieutenant-colonel de Caprivi.

Quoi qu'il en soit, il paraît hors de doute qu'au moment où le général de Schwarzkoppen arriva dans la région de Wöel, il ne put être autrement surpris d'en-

---

« 10° La compagnie de pionniers, le détachement sanitaire et l'ambulance légère marcheront avec la colonne Wedell ; le colonel Lehmann leur enverra des ordres. »

Mot de ralliement pour les 16-17 : *Munter darauf.*

Mot d'ordre : *Waldemar.*

(1) Opinion exprimée par le général de Voigts-Rhetz, dans la soirée du 15, avant qu'il n'eût reçu les renseignements du colonel de Lyncker. (D'après le récit fait par Caprivi à Fritz Hönig, *Darstellung der Strategie.....*).

tendre une canonnade lointaine vers l'Est, alors qu'il savait pertinemment que la *5*e division de cavalerie était chargée « de marcher contre Rezonville » où « une partie » de l'armée française avait passé la nuit.

Lorsque parvenu près de Saint-Hilaire, il prit connaissance de la lettre du prince Frédéric-Charles destinée au commandant du Xe corps, sa conviction que l'armée ennemie était déjà en retraite ne put être que confirmée et se trouva même précisée par cette indication que le mouvement rétrograde s'effectuait *principalement* par Étain.

La canonnade, il est vrai, augmenta tout à coup d'intensité ; mais peu d'instants après, — vers midi, — le commandant de la *19*e division reçut l'ordre de se porter vers l'Est, comme on le verra bientôt. C'est donc seulement pendant le court laps de temps qui précéda la réception de cet ordre qu'on pourrait reprocher au général de Schwarzkoppen de n'avoir pas pris de lui-même la décision de « marcher au canon ».

On doit cependant remarquer qu'avant de prendre une telle décision, il lui était au moins indispensable d'avoir quelques raisons de penser que son intervention serait nécessaire, et de posséder, en outre, des indications suffisantes pour faire choix d'une direction lui permettant d'apparaître sur le point convenable.

Or, il savait, par l'ordre du corps d'armée, que la *5*e division de cavalerie soutenue par les détachements Lehmann et de Lyncker opérait dans une région où se rendait également le IIIe corps tout entier ; il n'avait donc, jusque-là, aucun motif sérieux de penser que la *fraction* de l'armée française signalée à Rezonville, et qui était la seule dont on lui eût parlé, fût assez considérable pour mettre en péril les forces allemandes dirigées de ce côté. Le gros de l'armée française lui étant d'ailleurs, — et tout dernièrement encore, — signalé comme *en retraite* par le Nord-Ouest, il était en droit de se demander si la canonnade qu'il entendait n'était pas celle qu'on dirigeait sur une arrière-garde se retirant elle-même à la suite du gros qu'elle couvrait.

Enfin, — et cela aurait pu être pour le général de Schwarzkoppen le point important, — il convient de remarquer que la 38e brigade remplissait bien réellement les fonctions d'une avant-garde sur laquelle le commandant du Xe corps devait pouvoir compter dans la direction qu'il lui avait lui-même donnée et qu'elle n'aurait su, par conséquent, se porter à l'opposé de l'objectif qui lui avait été désigné, qu'en risquant de compromettre gravement les projets que le général de Voigts-Rhetz pouvait avoir fait à la suite de nouveaux renseignements.

A défaut d'une telle considération, qu'on ne doit prêter ici au commandant de la 19e division qu'à titre d'hypothèse, on peut observer avec plus d'assurance que le dessein que ce dernier attribuait à tort ou à raison au commandant du Xe corps, *d'agir sur le flanc de l'ennemi en retraite*, lui faisait une obligation de se tenir prêt à se porter rapidement vers la route d'Étain, pour joindre la colonne ennemie en retraite vers l'Ouest.

Il n'apparaît donc pas que, dans la circonstance présente, le général de Schwarzkoppen eût dû prendre immédiatement la décision de « marcher au canon » ainsi que le réclame Fritz Hönig avec tant d'insistance (1).

Le seul point sur lequel on soit en droit de s'étonner, à la suite de la lecture de l'ordre émané de l'état-major de la 19e division, est relatif au projet, dont il vient d'être question, *d'agir sur le flanc de l'ennemi en retraite*. Il est naturellement impossible ici d'expliquer avec certitude comment cette phrase fut introduite de toute pièce dans l'ordre de mouvemenl écrit le 16, à 3 heures du matin. On ne saurait faire, à ce sujet, que l'hypo-

(1) *Untersuchungen uber die Tactick der Zukunft.*

thèse présentée précédemment ; mais il est permis de remarquer, qu'en définitive, le général de Schwarzkoppen ne pouvait savoir, comme divisionnaire, que ce qu'on lui avait dit ou laissé entendre et que s'il eut le tort de prendre à la lettre ou de retenir un projet du commandant de corps d'armée qui ne fut que temporaire, une partie de la responsabilité incombe au rédacteur de l'ordre du Xe corps, qui n'a pas su, — ou voulu, — exposer nettement les motifs pour lesquels on avait adopté les dispositions indiquées.

Enfin, il paraît indéniable, ainsi que le fait remarquer Fritz Hönig, et comme l'admet également von Scherff, que le commandant de la *19*^e^ division commit la grave omission de ne faire aucune tentative pour se renseigner sur ce qui se passait vers l'Est, dès le moment où il entendit la canonnade.

On se rappelle (1) qu'avant même d'avoir entendu le canon de Vionville, le commandant du Xe corps, inquiet au sujet de la *5*^e^ division de cavalerie et surtout au sujet des faits et gestes de son chef d'état-major, avait rebroussé chemin vers l'Est « pour s'enquérir de Caprivi (2) » et s'était dirigé sur Jonville.

« Il n'avait alors nullement l'intention de quitter définitivement la colonne, dit le général von Lessing, car il se fit accompagner seulement du major Gerhardt et du capitaine von Alvensleben qui se trouvait près de lui, tandis que nous autres (les officiers de l'état-major du Xe corps) nous étions restés avec la colonne en route sur Saint-Hilaire (3) ».

---

(1) Voir page 428.

(2) Communication du major Gerhardt, qui accompagnait alors le général de Voigts-Rhetz. *Krisis von Vionville,* Cardinal von Widdern.

(3) *Die Thatigkeit des Generalkommandos X. Armeekorps am 15 und August 1870. V. Lessing.* Berlin 1902.

« Pour mieux s'orienter et pour avoir des vues plus étendues, dit le major Gerhardt, le général monta sur une hauteur située à côté de Jonville. Il n'y avait pas longtemps que nous y étions qu'on entendit le premier coup de canon. Je hasardai que cela pourrait bien être Caprivi qui se trouvait par là, mais le général, sans me répondre, continua à fouiller l'horizon. Enfin, il me dit : « Ce n'est pas Caprivi, mais le IIIe corps qui a rencontré les Français. » Aussitôt après, Voigts-Rhetz me dicta un ordre enjoignant aux troupes du Xe corps d'abandonner immédiatement leur itinéraire primitif pour marcher au canon. Je ne me rappelle pas l'heure exacte de l'envoi de cet ordre aux *19*e et *20*e divisions. Après l'avoir écrit sur mon calepin, il fallut en faire une double expédition, et cela demanda du temps. Dans l'intervalle, le commandant du corps d'armée avait continué sa route du côté où l'on entendait le canon..... »

Il semble toutefois que le commandant du Xe corps ait reçu sur la hauteur de Jonville où il venait d'arriver, un compte rendu du colonel Lehmann ainsi conçu (1) :

Chambley, 10 heures du matin.

« Le IIIe corps d'armée engagé dans un combat au Nord-Est. Direction de Chambley. La 5e division de cavalerie se porte sur Sponville. A 10 heures, le détachement Lyncker n'était pas encore à Chambley. Je me porte en avant dans la direction de l'aile gauche du IIIe corps. »

LEHMANN.

C'est alors que le général de Voigts-Rhetz aurait dicté au major Gerhardt l'ordre suivant :

---

(1) D'après Cardinal von Widdern. *Krisis von Vionville.*

Hauteur de Joinville, 16 août, 11 h. 30.

« Le IIIe corps est engagé au Nord-Est de Chambley. La *19e* division fera immédiatement un crochet à droite par Jonville pour le soutenir autant que possible..... (*illisible*) (1).

VOIGTS-RHETZ.

Le général de Schwarzkoppen reçut cet ordre à midi, à Saint-Hilaire.

Il envoya aussitôt des officiers de son état-major avec le 4e escadron du *2e* dragons de la Garde dans la direction de Mars-la-Tour pour entrer en liaison avec le général de Brandebourg ; puis, à midi 30, la *38e* brigade fut mise en marche vers l'Est sur le chemin conduisant à Metz et non point sur le chemin de Jonville, qu'un lieutenant du *9e* dragons venait de parcourir et signalait comme peu praticable (2). Quelques minutes avant le départ, en effet, cet officier apportait au général de Schwarzkoppen un message du colonel Lehmann, « faisant savoir que sa demi-brigade marchait sur Tronville et le bois de Tronville ; qu'elle formait l'aile gauche de la ligne de bataille allemande et qu'il avait grand besoin d'être soutenu, car des masses ennemies supérieures lui faisaient face (3) ».

---

(1) *Krisis von Vionville, loc. cit.*

(2) Ordre de marche de la *38e* brigade :

1er escadron du *2e* dragons de la Garde; bataillon de fusiliers du *16e* régiment ; 2e batterie légère; IIe bataillon du *16e*; Ier bataillon du *16e*; IIe batterie lourde; bataillon de fusiliers et Ier bataillon du *57e*; 2e et 3e compagnies du génie.

Le IIe bataillon du *57e* et le 1/2 3e escadron du *2e* dragons furent rappelés des avant-postes et maintenus à Saint-Hilaire pour garder les bagages.

(3) *Einzelschriften. Heft 25.* Ce compte rendu du colonel Lehmann n'était pas le même que celui dont il a été question plus haut, puisque,

Pendant que la *19*e division se mettait enfin en marche vers Mars-la-Tour, la *20*e se dirigeait, comme on sait, de Thiaucourt sur le même point, grâce aux mesures prises par le colonel de Caprivi, dont le rôle est ainsi résumé par Cardinal von Widdern :

« Le chef d'état-major du Xe corps eut, peu de temps après le commencement de la bataille, une entrevue avec le général commandant le IIIe corps, à qui il donna l'assurance que, dans les premières heures de l'après-midi, le IIIe corps serait soutenu par toutes les forces du Xe. Il lui dit du moins qu'en ce qui le concernait, il avait fait tout le nécessaire à cet effet. Caprivi avait accompagné la division de cavalerie Rheinbaben dans son mouvement par Tronville et Mars-la-Tour contre les divisions de cavalerie campées à Vionville (9 h. 30). Les quatre batteries de Rheinbaben, après avoir fait décamper par leur feu la cavalerie ennemie, se mirent une seconde fois en batterie sur la hauteur qui se trouve immédiatement à l'Ouest de Vionville, pour canonner l'infanterie du 2e corps français venant de Rezonville, afin de réoccuper Vionville et Flavigny. Le chef d'état-major du Xe corps se plaça alors au saillant Sud des bois de Tronville pour observer les préliminaires de la bataille qui s'engageait. Un peu après 10 heures, il envoya un officier d'ordonnance (de Willich) à Chambley pour aller chercher le colonel Lehmann. Une demi-

---

d'après la 25e Monographie, il serait parti de Tronville à 11 h. 30 du matin, alors que le précédent était daté de 10 heures. Chemin faisant, l'officier du 9e dragons qui le portait et qui marchait à une très vive allure, aurait cependant rencontré le général de Voigts-Rhetz près de Jonville. Ce dernier l'aurait alors chargé de dire au général de Schwarzkoppen « de venir vite au secours de l'aile gauche ».

Le commandant du Xe corps aurait donc fait réitérer au commandant de la *19*e division l'ordre de marcher au canon.

Cette thèse est admise par Cardinal von Widdern.

heure plus tard, on vint lui rendre compte que ce colonel accourait de sa propre initiative. Vers 10 h. 30, le chef d'état-major envoya un officier d'état-major (de Podbielski) à Thiaucourt (23 kilomètres), à la colonne du général de Kraatz (20e division et artillerie de corps) pour la prier d'accourir sur le champ de bataille. Un troisième officier (lieutenant de Neumeister) fut envoyé auprès du général commandant le Xe corps, qui se trouvait à la colonne du général de Schwarzkoppen, pour lui transmettre le rapport du chef d'état-major sur la situation de la bataille et sur les mesures prises jusqu'alors par Caprivi ; mais le général de Voigts-Rhetz s'était déjà transporté ailleurs. Vers midi, quand la bataille eut pris une tournure critique, Caprivi dépêcha le dernier de ses officiers (capitaine de Thauvenay) à Pont-à-Mousson (39 kilomètres) pour rendre compte de la situation à Sa Majesté le Roi, qui devait y arriver, ainsi qu'au commandant de la IIe armée, qui s'y trouvait déjà. Le prince Frédéric-Charles avait été déjà informé de la situation du IIIe corps et de l'engagement du Xe, par le général de Kraatz, qui lui en avait rendu compte, après avoir reçu les nouvelles apportées par le lieutenant de Podbielski.

« Ce renseignement important, le premier sur la bataille engagée à Vionville, fut donc fourni au Prince par le Xe et non par le IIIe corps (2 heures du soir). Il le surprit beaucoup et le détermina à accourir immédiatement de sa personne sur le champ de bataille (1). »

Cependant, et à peu près au moment où la colonne du général de Schwarzkoppen quittait Saint-Hilaire, le commandant du Xe corps arrivait à Tronville. « S'étant rendu compte, dit encore Cardinal von Widdern, de l'étendue et de la gravité de la lutte, et ignorant les mesures déjà prises par son chef d'état-major (2),

(1) *Krisis von Vionville, loc. cit.*

(2) Qu'il ne rencontra qu'à 2 heures.

il dépêcha le capitaine Alvensleben au général de Kraatz et le major Gerhardt au général de Schwarzkoppen, avec ordre à ces deux généraux de gagner le plus rapidement possible le champ de bataille..... »

C'était donc la troisième fois que le commandant du Xe corps appelait à lui la *19*[e] division, qui faisait hâte cependant, depuis qu'elle avait été mise en marche vers le champ de bataille.

Malheureusement le général de Schwarzkoppen n'était encore que très vaguement renseigné sur ce qui se passait autour de Vionville et de Mars-la-Tour, de sorte que peu s'en fallut qu'il n'engageât sa colonne dans une direction qui n'aurait certainement pas répondu au désir du commandant du Xe corps.

En arrivant à hauteur de la Tour-en-Wœvre, en effet, l'état-major de la *19*[e] division crut reconnaître nettement la situation respective des deux lignes d'artillerie opposées. Il lui sembla que les batteries françaises s'étendaient jusqu'auprès d'un bois au Nord-Est de Mars-la-Tour (1), — ce qui était vrai, en réalité, — et que les pièces allemandes avaient déjà franchi la route, en même temps que l'aile gauche prussienne s'avançait victorieusement vers le Nord, — ce qui était complètement erroné en fait.

Le général de Schwarzkoppen prit donc la résolution d'obliquer d'Hannonville-au-Passage vers Ville-sur-Yron pour joindre ensuite vers Bruville cette aile qu'il prévoyait devoir continuer sa marche vers le Nord (2).

Il rendit compte, à 2 h. 30, de cette décision au commandant du Xe corps, qui en reçut communication à 3 h. 15.

Mais le changement de direction n'était pas encore

---

(1) Batteries du 4e corps sur la crête 274-277.

(2) *Einzelschriften. Heft 25.*

commencé que le commandant de la *19*e division dût abandonner son projet.

Un officier d'ordonnance du général de Voigts-Rhetz, en effet, vint mettre le général de Schwarzkoppen au courant de la pénible situation dans laquelle se trouvait le IIIe corps ; des blessés firent savoir en même temps que le colonel Lehmann ne se maintenait qu'à grand'peine dans le bois de Tronville et qu'il était à craindre que l'adversaire ne franchit la chaussée ; des patrouilles de dragons signalèrent des mouvements de troupes importants au Sud-Est et au Nord-Est de Ville-sur-Yron (1). Un peu avant 3 heures, enfin, un officier du *10*e hussards apportait un nouvel ordre du commandant du Xe corps prescrivant à la demi-*19*e division de gagner Tronville par Puxieux « pour combattre à l'aile gauche allemande (2) ».

« Arrivé à Suzémont, dit le général de Schwarzkoppen dans son rapport sur la bataille, le commandant de la *19*e division apprit par de nouveaux renseignements, comme il a pu le constater de ses propres yeux, qu'en faisant un mouvement d'une si large envergure (par Ville-sur-Yron), il n'arriverait pas à entamer l'aile droite de l'ennemi et que, *pour le moment*, l'attaque directe par Mars-la-Tour était la bonne. »

Il faut, en effet, remarquer qu'à cet instant, c'est-à-dire vers 3 heures, une partie des batteries du 4e corps franchissait le ravin du bois Dessus et que si le général de Schwarzkoppen put observer, comme il le dit, les nuages de fumée des lignes d'artillerie opposées, il dut

---

(1) Le 5e escadron du *2*e dragons de la Garde fut aussitôt envoyé en reconnaissance vers Ville-sur-Yron.

(2) *Einzelschriften. Heft 25.* Cet officier rencontra le général de Schwarzkoppen, qui marchait *en tête de son gros*, un peu à l'Ouest de Suzémont.

abandonner l'idée qu'il s'était faite un peu auparavant sur la marche victorieuse de l'aile gauche allemande vers le Nord. Il ne crut pas cependant devoir se porter directement sur l'objectif que lui indiquait son chef, et la colonne prussienne continua sa marche vers Mars-la-Tour, puis s'engagea à travers champs au Sud de la route, après avoir dépassé Suzémont d'environ 1 kilomètre. C'est là, sur les pentes orientales du vallon qui traverse la route en cet endroit, que le général fit prendre une formation de rassemblement à ses cinq bataillons et demi pour se porter ensuite vers Puxieux, comme il en avait reçu l'ordre. Le rassemblement, commencé à 3 heures, fut achevé à 3 h. 30 (1); mais pendant ce temps, le bataillon de fusiliers du *16*e fut dirigé sur la ferme de Mariaville pour assurer la liaison avec les troupes réunies à Tronville.

Il était 3 h. 45, et le commandant de la *19*e division allait donner le signal du départ, quand survint un nouvel ordre du général de Voigts-Rhetz.

*Marche d'approche de la 38*e *brigade.* — Un peu avant 2 heures, en effet, le commandant du Xe corps avait rencontré le général Alvensleben aux environs de Tronville, et avait été mis au courant de la situation nouvelle dans laquelle se trouvait l'aile gauche du IIIe corps. On ne trouve aucun détail précis au sujet de cette entrevue, à laquelle n'assista pas le lieutenant-colonel de Caprivi, et dont le major Gerhardt n'entendit rien. Peut-être n'y eut-il aucun projet ferme d'arrêté en ce qui concerne l'emploi des troupes du Xe corps, encore assez éloignées.

Vers 2 heures le général de Voigts-Rhetz rencontra enfin le lieutenant-colonel de Caprivi, qui put alors rendre

(1) *Einzelschriften. Heft* 25.

compte verbalement à son chef des mesures qu'il avait déjà prises, et dont il a été question précédemment. C'est à ce moment que la *20*[e] division faisait connaître qu'elle arriverait sans doute vers 2 h. 45 à hauteur de Puxieux.

En attendant l'arrivée de ce renfort « très désirable », le commandant du Xe corps songea tout d'abord à assurer la défense de Tronville, car il lui semblait que l'adversaire dût, d'un moment à l'autre, sortir des bois où le détachement Lehmann se trouvait vivement pressé, comme on sait, par des fractions des divisions Aymard et Tixier.

C'est dans ce but que le *4*[e] cuirassiers et les fractions de la *5*[e] division de cavalerie, qui refluaient des environs du bois de Tronville, furent tout d'abord réunis près du village de ce nom. Puis, quand les débris du détachement Lehmann sortirent peu à peu du taillis, le commandant du Xe corps les fit rassembler en arrière de la localité pour assurer la défense éventuelle de cet important point d'appui. C'est alors qu'on adressa à la *19*[e] division l'ordre de hâter sa marche vers Tronville par Puxieux. « Le général de Voigts-Rhetz, dit la 25e Monographie, pouvait ainsi espérer se maintenir dans sa forte position de Tronville, jusqu'à l'arrivée des colonnes qui se hâtaient de se rendre sur le champ de bataille, et qui avaient été invitées à accélérer leur marche. »

On sait déjà que dès 3 heures le colonel von der Goltz était arrivé à Puxieux avec les deux batteries légères de l'artillerie de corps (1), et qu'il fut bientôt suivi par les premières fractions de la *20*[e] division d'infanterie. Un peu plus tard, et lorsque l'offensive qu'avait d'abord paru devoir prendre la brigade Bellecourt vers Tron-

(1) $\frac{5,\ 6}{10}$.

ville, eût été manifestement suspendue, le général de Voigts-Rhetz se décida à abandonner l'attitude défensive qu'il avait adoptée jusque-là et prescrivit au général de Kraatz d'attaquer immédiatement le bois de Tronville.

Si l'on s'en rapporte à Cardinal von Widdern (1), le commandant du Xe corps paraît avoir eu en même temps le dessein de laisser la colonne Schwarzkoppen venir jusqu'à Tronville, ainsi qu'il lui avait déjà prescrit de le faire, pour la garder sur ce point comme réserve. Mais, sur les représentations de son chef d'état-major, il aurait consenti à attribuer à la *19*^e division un rôle offensif, et lui aurait alors adressé l'ordre d'attaque suivant qui, malheureusement pour les Allemands, ne définissait que très vaguement la mission confiée au général de Schwarzkoppen et n'assurait nullement la coopération de ses efforts avec ceux que la *20*^e division dirigeait déjà sur le bois de Tronville :

Hauteur de Tronville, 3 h. 23.

« Rapport reçu à 3 h. 15 (2). Le général de Kraatz, près du champ de bataille, a rejoint la division de cavalerie à l'aile gauche. Attaquez l'aile droite ennemie qui presse vivement, pour dégager la nôtre. Je vous soutiendrai avec toute la cavalerie (3). Lehmann est engagé. »

Au reçu de cet ordre d'attaque, le général de Schwarz-

(1) *Krisis von Vionville, loc. cit.*

(2) Il s'agit du compte rendu adressé par le général commandant la *19*^e division à 2 h. 30.

(3) Ordre était en effet donné à la *5*^e division de cavalerie « de se rendre par Mars-la-Tour du côté de Jarny, pour envelopper l'aile droite ennemie ». (*Einzelschriften. Heft 25.*) On verra plus tard que cet ordre fut très tardivement exécuté.

koppen fit prévenir immédiatement le bataillon de fusiliers détaché à Mariaville d'avoir à rejoindre son régiment en se dirigeant vers Mars-la-Tour ; puis il fit charger les armes et les aumôniers adressèrent une allocution aux troupes (1).

A 4 heures, les quatre bataillons et demi et les deux batteries se mettaient en marche vers l'Est, dans l'espérance sans doute de rencontrer cette aile droite ennemie que le commandant du Xe corps indiquait comme objectif, mais sur l'emplacement de laquelle son ordre restait absolument muet.

Au moment où le général de Voigts-Rhetz prescrivit à la *38*[e] brigade d'attaquer, il découvrait certainement, des hauteurs de Tronville, la position alors occupée par la brigade Bellecourt et trois batteries du 4e corps, sur la croupe 257-263. Il paraît hors de doute, — et la 25e Monographie semble confirmer cette manière de voir, — que pour le commandant du Xe corps, l'aile droite ennemie ne fût autre chose que ces troupes avancées du 4e corps qui se trouvaient à l'Ouest du bois de Tronville et au Sud du ravin du bois Dessus. Il est difficile de déterminer sûrement quelle était l'idée que se formait à ce sujet le général de Schwarzkoppen, au moment même où il ébranla la *38*[e] brigade vers Mars-la-Tour, c'est-à-dire à 4 heures. Il est probable qu'à la suite des observations qu'il prétend avoir faites vers

(1) La 1/2 *19*[e] division était formée de la manière suivante :

En première ligne (de la droite à la gauche) $\frac{I}{16}$, $\frac{II}{16}$. En seconde ligne : $\frac{F}{57}$, $\frac{I}{57}$. Derrière la deuxième ligne : les deux compagnies du génie. A la droite de l'infanterie, les deux batteries en bataille. $\frac{F}{16}$ à la ferme de Mariaville. Le 5e escadron du *2*[e] dragons était en reconnaissance dans la région de Ville-sur-Yron.

3 heures des environs de Suzémont, ou bien à la suite de celles qu'il put faire du lieu de rassemblement de la brigade, les nuages de fumée le firent conclure à la présence de batteries françaises à hauteur de la pointe Nord-Ouest des bois de Tronville. Il se fût ainsi trouvé d'accord avec le commandant du Xe corps et avec la réalité des faits. Mais il est intéressant de remarquer, dès maintenant, qu'au moment même où le commandant de la *19*^{e} division s'ébranlait vers l'Est, et descendait avec sa troupe dans la dépression très accusée du terrain qui sépare Mariaville de la grande route, le gros des troupes avancées du 4e corps, et plus particulièrement les batteries, se retiraient sur la crête du Poirier du bois Dessus.

Ces faits importants, qui restèrent complètement ignorés du général de Schwarzkoppen, et dont il ne paraît pas qu'on ait tenu un compte suffisant dans les ardentes polémiques auxquelles a donné lieu, en Allemagne, le combat de Mars-la-Tour, permettront de se rendre clairement compte de la raison pour laquelle la brigade prussienne fut ultérieurement lancée à l'attaque dans une direction tout à fait anormale, en même temps qu'ils feront ressortir la grave omission commise par son chef supérieur lorsqu'il s'abstint de toute reconnaissance personnelle, ne se fit renseigner ni par ses officiers ni par sa cavalerie, et engagea précipitamment ses bataillons sans indication précise sur l'objectif qu'ils devaient atteindre.

En même temps que le commandant de la *19*^{e} division quittait sa position de rassemblement, il envoyait le major von Scherff auprès du général de Brandebourg, pour mettre ce dernier au courant de la situation, et le charger de couvrir le flanc gauche de l'infanterie en portant sa brigade de cavalerie à l'Ouest de Mars-la-Tour. Le commandant de la brigade de dragons de la Garde, qui avait dû, comme on sait, abandonner le plateau de Ville-sur-Yron devant le mouvement offensif des divisions de cavalerie du Barail et Legrand, avait réuni ses escadrons dans le ravin situé à 500 mètres environ au Nord de la ferme Mariaville (1).

Au reçu de l'ordre transmis par le major von Scherff, le général de Brandebourg dirigea aussitôt le 4e escadron du 2e dragons et la batterie à cheval vers le Nord, le long de la route de Jarny, et les suivit bientôt lui-même à distance avec le 1er dragons. Rien ne s'opposa tout d'abord au mouvement de la cavalerie allemande, car la division du général Legrand et le 2e chasseurs d'Afrique venaient, ainsi qu'il a déjà été dit, d'évacuer le terrain sur l'ordre du général de Ladmirault.

Mais bientôt, le général de Brandebourg fut invité par le général de Voigts-Rhetz à revenir auprès de Mars-la-Tour, pour protéger, sur leur flanc gauche, les batteries du Xe corps alors engagées au Sud de la chaussée de Vionville avec deux seuls escadrons de soutien (2).

Le 1er régiment de dragons fit donc demi-tour et gagna l'entrée orientale de Mars-la-Tour rencontrant, en chemin, la brigade Barby qui s'avançait, elle-même, — lentement, — vers le plateau de Ville-sur-Yron en exécution des ordres du général de Voigts-Rhetz dont il a déjà été question.

Quant à la batterie Planitz, elle continua à s'avancer vers le Nord avec le seul escadron d'escorte qui lui restait et ouvrit le feu à 4 h. 30, depuis le mamelon 250, sur les fractions du 4e corps qui apparaissaient aux

---

(1) Le 1er dragons de la Garde et $\frac{4}{2\,\text{Dr G}}$. La batterie Planitz $\left(\frac{1\,\text{c}}{\text{G}}\right)$ s'était retirée un peu plus en arrière.

(2) $\frac{3,\ 4}{4\,\text{Cr}}$.

environs de la ferme Greyère. On verra, plus tard, comment cette canonnade, partie d'un point très excentrique sur le flanc des positions françaises, accapara toute l'attention du général de Ladmirault et provoqua, par la suite, une grandiose mêlée de cavalerie sur le plateau de Ville-sur-Yron tandis que la partie décisive allait réellement se jouer, pour le 4e corps, sur les berges du ravin du bois Dessus avec la *38*e brigade allemande.

Celle-ci avait continué sa marche vers l'Est.

D'après le Rapport du général de Schwarzkoppen sur la bataille, c'est seulement pendant cette marche en formation massée, c'est-à-dire un peu après 4 heures, qu'on annonça que des patrouilles de dragons de la Garde avaient essuyé des coups de feu à Mars-la-Tour. Ce compte rendu tardif d'un fait qui s'était passé depuis longtemps déjà avec des fractions du 7e hussards et du 2e chasseurs d'Afrique et qui avait été suivi de la retraite, vers le Nord, de toute la cavalerie française, paraît avoir provoqué le déploiement des deux premiers bataillons du *16*e et leur changement de direction vers la gauche, de manière à atteindre directement la lisière occidentale du village que le commandant de la *19*e division pouvait croire encore occupée par l'adversaire.

Ce premier déploiement s'effectua dans le ravin situé à près d'un kilomètre au Nord de la ferme Mariaville. Le colonel Brixen, commandant le *16*e régiment, fit déployer deux compagnies de chacun de ses bataillons (1), les lança vers l'extrémité Ouest de Mars-la-Tour avec ordre de s'emparer du village et suivit personnellement la ligne de combat avec ses deux autres demi-bataillons à rangs serrés. Cette attaque d'un

---

(1) Chaque compagnie déploya un demi-peloton en tirailleurs.

village entièrement évacué par l'adversaire, réussit à souhait et la ligne de combat prussienne, progressant d'ailleurs par un cheminement complètement défilé aux vues du 4e corps, parvint jusqu'aux maisons de la localité sans que le commandement français, aussi mal renseigné que le commandement allemand, ait soupçonné le fait.

Pendant que le *16*e régiment s'avançait vers Mars-la-Tour, le reste de la *38*e brigade poursuivait sa marche *vers l'Est*. Les deux bataillons du *57*e et les deux compagnies de pionniers suivirent le vallon qui contourne le village à 500 mètres au Sud de la lisière, tandis que les deux batteries prenaient le trot *pour aller soutenir les batteries voisines de Vionville*, en exécution d'ordres supérieurs.

« Pendant notre déploiement, dit, dans ses *Souvenirs*, le major Schaumann, commandant les batteries de la *19*e division, arrivèrent d'abord....., puis le lieutenant Otto, qui était chargé de prescrire à Schwarzkoppen, d'envoyer aussitôt ses batteries sur la position de Vionville. Le général de Schwarzkoppen refusa d'abord carrément, puis se recueillit quelques instants et me donna l'ordre de me conformer le plus vite possible à ce qui était prescrit. Après un temps de trot de 1500 pas, il me sembla entendre qu'on sonnait *demi-tour* aux batteries qui me suivaient à 300 ou 400 pas..... Je vis faire le signal et les batteries repartir au trot..... (1). Revenu au point d'où j'étais parti, le général de

(1) D'après un récit du capitaine commandant la IIe batterie lourde, les deux batteries reçurent l'ordre de faire demi-tour au moment où elles eurent traversé le chemin de Mars-la-Tour à Tronville (*Einzelschriften. Heft 25.*) Le major Schaumann ne dut donc pas retourner *jusqu'au point d'où il était parti*, comme il le dit dans la phrase suivante, et rencontra sans doute, au Sud-Est de Mars-la-Tour, le commandant de la *19*e division, qui devançait les deux bataillons du *57*e.

Schwarzkoppen me cria : « Prenez rapidement position « avec les deux batteries dans la partie Nord de Mars-la- « Tour ; je vais, avec l'infanterie, me porter à l'attaque « par les deux côtés du village ». Et, comme je me « permettais de lui demander : « Mars-la-Tour est donc « déjà occupé par nos troupes ? », il me répondit : « Je « n'en sais rien. » Peu satisfait de cette réponse, je me portai, néanmoins, au trot avec mes batteries sur Mars-la-Tour, devançant au loin l'infanterie. Arrivé près des jardins, sur la lisière Sud, je rencontrai un parti de dragons de la Garde qui venait de traverser le village au retour d'une reconnaissance. »

Les deux batteries de la *19*^e^ division s'établirent ensuite sur la lisière Nord-Est et ouvrirent le feu, un peu avant 4 h. 45, sur l'artillerie du 4e corps. A ce moment même, les compagnies du colonel Brixen arrivaient auprès d'elles.

Traversant et longeant à la fois le village par les lisières septentrionale et méridionale, les huit compagnies du *16*^e^ arrivaient jusqu'à la lisière Est de Mars-la-Tour et l'occupaient sans avoir reçu, ni tiré un coup de fusil. Au même moment, les fusiliers du *16*^e^ régiment, qui s'étaient rabattus de la région de Puxieux vers le Nord, parvenaient jusque sur la chaussée, à quelques centaines de mètres à l'Est du village, tandis que les deux bataillons du *57*^e^, suivis des deux compagnies du génie, atteignaient la route conduisant à Buxières.

A partir de cet instant (4 h. 45) les événements allaient se précipiter.

Ordre d'attaque du commandant de la 19e *division.* — La 25e Monographie glisse très rapidement sur la nature exacte des ordres donnés par le général de Schwarzkoppen pour l'attaque, et cherche seulement à expliquer comment les faits qu'elle décrit peuvent s'accorder, dans une certaine mesure, avec la conception d'ailleurs incomplètement définie, qu'elle prête au commandement allemand sur la situation des Français à ce moment de la journée.

D'après le Grand État-Major prussien, l'adversaire n'ayant pas été trouvé à Mars-la-Tour, il en résultait *clairement* que l'aile droite du 4e corps était constituée par l'artillerie qui combattait *sur les hauteurs*, *au Nord-Est du village*. Bien que cette déduction se trouvât être complètement erronée en fait puisqu'une brigade d'infanterie entière s'étendait bien réellement jusqu'à la ferme Greyère, il serait intéressant de savoir à quel chef supérieur la 25e Monographie prête une telle conclusion.

Il paraît très admissible que le commandant du Xe corps, « qui depuis des heures était en observation sur les hauteurs culminantes de Tronville » (mais qui n'avait cependant pas profité de ce long laps de temps pour se faire renseigner par sa cavalerie ou par les officiers de son état-major), se soit contenté de déduire de ses observations personnelles, — d'ailleurs très sujettes à caution, — que la droite de son adversaire ne dépassait pas ces mêmes hauteurs situées au Nord-Est de Mars-la-Tour. Du point où se trouvait le général de Voigts-Rhetz, en effet, c'est-à-dire des hauteurs situées entre Tronville et la chaussée de Buxières, il est presque impossible, même par un temps clair, de distinguer nettement à une distance qui ne dépasse pourtant pas trois kilomètres, les deux crêtes qui se développent parallèlement de part et d'autre du ravin du bois Dessus. A la partie visible de la crête 274-270, succède, sans qu'on puisse s'en rendre compte aisément, la ligne de faîte de la croupe 257-253-251, qui se fond insensiblement avec la précédente et qui dérobe complètement aux vues toute la portion du terrain qui s'abaisse, du Poirier du bois Dessus, vers la ferme Greyère. Il n'est donc pas étonnant que le commandant du Xe corps n'ait pas soupçonné la présence de la brigade Pradier. Peut-être même ne s'aperçut-il pas de la retraite des trois batteries qui avaient accompagné la brigade Bellecourt, et qui, de la croupe 263 qu'elles abandonnaient, se profilaient exactement sur l'emplacement que vinrent occuper, précisément à ce moment, les autres batteries du 4e corps (dans le voisinage de la cote 270).

En ce qui concerne le général de Schwarzkoppen, la 25e Monographie fait observer qu'au moment où l'état-major de la *19e* division se trouvait au Sud-Est de Mars-la-Tour, c'est-à-dire entre 4 h. 30 et 4 h. 45, il fut avisé que des fractions de la *20e* division avaient réoccupé le bois de Tronville. Il put, en outre, constater *de visu* que d'autres masses de cette même division s'avançaient, de Tronville, vers le Nord. En ce qui touche les positions françaises, l'ouvrage du Grand État-Major prussien ajoute « que l'ennemi n'avait point osé *continuer* l'attaque prononcée une heure auparavant contre l'extrême gauche de la ligne de bataille allemande », mais il reste muet, pour l'instant, sur l'observation qui aurait pu être faite de la retraite de la brigade Bellecourt.

D'autre part, le major von Scherff, de l'état-major de la *19e* division, décrit ainsi, — « pour expliquer la conception de son chef » — la situation telle qu'elle se serait alors présentée :

« Le IIIe corps lutte activement vers l'Est ; son aile gauche est menacée d'être enveloppée par le Nord, et les bois de Tronville forment son point d'appui. Ce point est encore occupé par des fractions de la brigade Lehmann, secourues par des fractions de la *20e* division. Des hauteurs immédiatement situées au *Nord-Ouest des bois de Tronville* (1), l'ennemi est sur le point de renouveler son attaque et d'amener une décision favorable

---

(1) Dénomination vague qui paraît s'appliquer à la crête 270 sans qu'on puisse affirmer cependant qu'il ne s'agit pas de la croupe 263.

pour lui du combat sous bois par un mouvement tournant à plus grande envergure. Pour s'opposer à ce mouvement tournant, qui menace la lisière occidentale du bois, les batteries du Xe corps sont alignées le long de la route; à moins de 1500 pas derrière elles, on voit très nettement le gros de la division qui se porte, en formation de rassemblement, du Sud vers la chaussée. Si maintenant la brigade (la *38e*) s'avance dans la direction du Nord-Est, pendant que la brigade de la *20e* division se déploiera en marchant face au Nord, l'aile droite ennemie enveloppante sera tournée à son tour et sa retraite décidera de la journée. La protection de notre flanc gauche contre la cavalerie ennemie alors menaçante, — d'après la connaissance qu'on en avait, — devait rester confiée à la cavalerie se trouvant vers cette aile..... »

Dans son Rapport sur la bataille, le général de Schwarzkoppen paraît être d'accord, — sur un point, — avec les allégations postérieures de son ancien officier d'état-major. « Le soussigné, dit-il, partit, à ce moment important, de cette idée, qu'après cette lutte d'une heure qu'on avait entendue et qu'on avait observée de loin, *l'emploi sans restriction des dernières réserves devait faire pencher la balance de notre côté*, et que cet emploi était aussi nécessaire que justifié. On ne supposait pas, ajoute-t-il, qu'il y avait encore des forces considérables dont l'ennemi pouvait disposer au delà de ce qui constituait son aile droite visible. »

Le commandant de la *19e* division se bornait donc, au lendemain de la bataille, à justifier l'intervention immédiate de la *38e* brigade. Mais depuis cette époque, le major von Scherff a entrepris de légitimer, par des considérations tactiques quelque peu savantes, les dispositions adoptées par son chef dans des circonstances qui parurent certainement très pressantes au commandement allemand et qui l'empêchèrent sans doute de procéder à un examen complet de la situation, aussi bien que de se livrer à des réflexions dont les bases lui échappaient d'ailleurs, par l'absence de tout renseignement précis sur les positions réelles de l'adversaire.

Il est à remarquer, en effet, que le plaidoyer de l'ancien officier d'état-major de la *19*e division, s'appuie sur ce fait que les troupes du 4e corps paraissaient *être sur le point* de prononcer, *des hauteurs immédiatement situées au Nord-Ouest du bois de Tronville*, une attaque enveloppante sur ce bois lui-même.

Cette désignation de l'emplacement de l'adversaire manque de précision. Si le major von Scherff entend désigner par là des troupes qui se seraient encore trouvées sur la croupe 263, vers 4 h. 30, il ne peut s'agir que des trois compagnies de la brigade Bellecourt qui se retiraient elles-mêmes vers le Nord, et il serait alors difficile de comprendre comment ces faibles fractions en retraite ont pu paraître menaçantes et *sur le point* de prononcer un mouvement enveloppant sur le bois de Tronville.

Si au contraire l'ancien officier d'état-major de la *19*e division voulait viser la ligne de batteries qui, avec quelques compagnies de soutien, étaient effectivement alors sur la crête 270, il serait peu aisé de saisir les termes mêmes du Rapport du général de Schwarzkoppen que cite la 25e Monographie : « On comptait fermement, dit ce rapport, rencontrer encore les Français en deçà du grand ravin, près du saillant du bois de Tronville. » Pour légitimer cette manière de voir, il est vrai, l'ouvrage du Grand État-Major prussien ajoute (1) qu'à 4 h. 30, des fractions d'infanterie française se trouvaient encore au Sud du ravin du bois Dessus, et bien

(1) *Einzelschriften. Heft 25. Anlage Nr 10.*

qu'il fasse erreur dans la désigation des unités qu'il cite, le fait n'en paraît pas moins exact ; mais il est important de noter qu'il s'agissait seulement de quelques compagnies attardées (1) qui abandonnaient lentement leurs positions de combat. Au reste le mouvement rétrograde de l'infanterie n'échappa point aux batteries du major Schaumann, puisque le rapport de la 2e batterie légère relate que les premiers coups tirés par elle le furent « contre le flanc d'une colonne d'infanterie ennemie sortant du bois pour gagner la hauteur de l'autre côté ».

La question n'est donc pas définitivement tranchée de savoir si le général de Schwarzkoppen s'attendait à rencontrer sur la croupe 257-261-263 de *l'infanterie et de l'artillerie* françaises, ou bien si, au contraire, il attribuait aux batteries du 4e corps la position qu'elles avaient réellement sur la crête 270. Il paraît dans tous les cas fort douteux que ce soient des observations précises faites vers 4 h. 30 des environs de Mars-la-Tour qui l'aient incité à supposer que l'adversaire était en nombre assez considérable sur la croupe du Peuplier pour qu'il fut en mesure de prononcer un mouvement offensif enveloppant contre le bois de Tronville. Cette idée datait sans doute de fort loin et probablement du moment où le général de Schwarzkoppen observa, une heure auparavant, la position respective des nuages de fumée des lignes d'artillerie alors en présence.

Il n'est d'ailleurs pas sans intérêt de remarquer que, des abords Sud-Est de Mars-la-Tour, la longue croupe 263-257-251 masque complètement les positions occupées par le 4e corps à l'Ouest du chemin de Bruville et qu'à partir du Poirier du bois Dessus, la crête 270-274

---

(1) $\frac{4}{5\text{ ch}}$, 2 c $\frac{\text{II}}{43}$. Voir page 439.

ne paraît dépasser que de très peu la ligne de faîte 257-263. Il est même très difficile de distinguer nettement cette dernière ligne de faîte, de sorte que dans un examen sommaire la mince partie visible de la croupe septentrionale peut être très aisément confondue avec la croupe située à hauteur de la pointe Nord-Ouest du bois de Tronville (1).

Il ne serait donc pas très surprenant que le commandant de la *19*e division, ayant complètement négligé de se faire renseigner précédemment par un officier d'état-major ou par sa cavalerie, et se bornant uniquement à un rapide examen du terrain, fait dans un moment qui lui paraissait certainement fort pressant, ait cru que les batteries du 4e corps, qui se trouvaient sur la crête 270-274, fussent en position sur la croupe 257-263, ainsi que ses observations antérieures avaient pu le lui faire supposer.

Peut-être le major von Scherff ne partagea-t-il pas personnellement cette illusion, car, dans la citation que fait de lui la 25e Monographie, il ne spécifie pas expressément la présence de *batteries* françaises sur la croupe 263, et laisse plutôt supposer qu'on attribua à ces batteries la position qu'elles avaient en réalité au Nord du ravin. Mais comme il ne saurait contester la direction prise vers le Nord-Est par le centre de la brigade prussienne, — lui-même ayant indiqué le peuplier 261 comme point de repère de cette direction, au

(1) La raison de cette illusion provient surtout de ce que le terrain est presque absolument nu ; en outre, les lignes de séparation de cultures se trouvent, là comme partout, tracées d'après la direction générale des lignes de niveau, — lesquelles sont sensiblement parallèles sur les deux croupes ; — il en résulte que l'ensemble du terrain apparaît sous la forme de deux damiers superposés, mais orientés de la même manière, de sorte que ceux-ci se distinguent difficilement l'un de l'autre.

général Wedell et au colonel de Cranach (du *57*e); comme d'autre part, on ne pourrait s'expliquer que difficilement comment une semblable direction aurait pu amener les cinq bataillons prussiens sur la position occupée par les Français sur la crête 257-270-274, le major Scherff se trouve conduit, sans doute à son insu, à prêter à son adversaire d'alors un projet offensif qui l'aurait précisément fait tomber, — au moment opportun, — sous les coups de bataillons engagés sur une voie qui, sans cette hypothèse, paraîtrait tout à fait anormale.

On peut enfin remarquer que le même auteur laisse entendre que la *38*e brigade était à même, en s'avançant vers le Nord-Est et au moment où elle le fit en réalité, d'agir en liaison intime avec la *20*e division. La 25e Monographie dit, en effet, qu'on apercevait alors des fractions importantes de cette division en marche de Tronville vers les bois; mais on ne saurait oublier que les fractions dont il s'agit n'étaient constituées que par les derniers bataillons du général de Kraatz et que le commandant de la *19*e division avait été prévenu dès 4 h. 30 que le bois de Tronville était d'ores et déjà réoccupé par les fractions de tête de la *20*e.

Les circonstances qui ont accompagné l'engagement de la *38*e brigade ont donné lieu en Allemagne à de très nombreuses polémiques auxquelles ont surtout pris part des acteurs de ce drame émouvant. Mais en raison même de l'ardeur de la discussion, certains auteurs qui ont traité de ce sujet paraissent s'être souvent laissés entraîner, — certainement malgré eux, — à vouloir faire une reconstitution complète des faits d'après quelques souvenirs personnels d'une exactitude plus ou moins contestable (1). D'autres se sont plus particuliè-

(1) Ceci vise particulièrement les souvenirs de Fritz Hönig concer-

rement attachés à établir des liens logiques et rationnels entre les événements tels qu'ils leur parurent s'être déroulés, les ordres qui les provoquèrent et l'idée tactique qui aurait servi de base à ces derniers. Ce projet, très louable en lui-même et qui vise le premier but auquel doit tendre l'historien, ne manque pas de présenter déjà de très sérieuses difficultés lorsqu'il s'agit de périodes du combat où les péripéties de la lutte se développent assez lentement et avec un ordre relativement suffisant. En ce qui concerne la *38*ᵉ brigade, le problème devient très ardu, en raison même de la rapidité avec laquelle se sont succédé les diverses phases de la lutte, et surtout à cause de la difficulté qu'on éprouve à déterminer sûrement l'idée exacte, — s'il en eut une, — que le commandant de la *19*ᵉ division se faisait de la situation de son adversaire.

A ce point de vue, la lumière complète est loin d'être faite sur le combat de la *38*ᵉ brigade, et la 25ᵉ Monographie, qui parut cependant après les principaux ouvrages de von Scherff, Fritz Hœnig et Cardinal von Widdern, laisse encore bien des points dans l'ombre et offre en outre quelques contradictions entre les affirmations qu'elle présente et celles des auteurs qu'elle cite.

Il est donc permis de se demander si les longues discussions auxquelles on s'est livré au sujet des conceptions tactiques du général de Schwarzkoppen n'ont pas fait intervenir peu à peu une série de considérations auxquelles le commandant de la *19*ᵉ division ne songea nullement sur le moment, et si la vérité n'est pas en réalité beaucoup plus simple que ne l'indique le tableau qu'on a cherché à en faire depuis.

---

nant le point de direction donné pour l'attaque. Il semble que l'ancien adjudant-major du *57*ᵉ confondit le peuplier 261 avec le Poirier du bois Dessus, ce qui le conduisit à donner du déploiement de la *38*ᵉ brigade un tableau complètement erroné.

Pressé par l'ordre du général de Voigts-Rhetz, daté de 3 h. 23 ; absolument dépourvu de renseignements précis sur la situation exacte du 4e corps; pénétré de cette idée, — puisée dans des observations antérieures et lointaines, — que l'artillerie ennemie s'était avancée jusqu'à hauteur des bois de Tronville; trompé en outre, par un examen rapide et d'ailleurs difficile à faire dans les circonstances où se présentait le terrain, le commandant de la *19e* division n'a-t-il pas tout simplement, et sans autre réflexion, lancé sa brigade sur la croupe du peuplier 261 croyant atteindre ainsi la position occupée par l'infanterie et par l'artillerie de l'extrême droite française ?.....

Cette hypothèse, — simple, sinon savante, — paraît tout au moins conforme aux quelques indications fournies par les documents écrits au lendemain même de la bataille et explique en même temps la direction donnée à l'attaque prussienne, — direction qui n'a paru anormale que plus tard, alors qu'on connut la situation réelle des troupes françaises.

Quoi qu'il en soit, le général de Schwarzkoppen prescrivit à 4 h. 45, au commandant de la *38e* brigade, « de déployer ses cinq bataillons sur une seule ligne, l'aile gauche en avant, et *de se porter à la gauche de la pointe du bois de Tronville pour attaquer les batteries* (1) (2). »

Aussitôt, le *16e* régiment descendit dans le vallon parsemé de haies et de clôtures en fil de fer situé immédiatement au Nord-Est de Mars-la-Tour, et le *57e* s'avança par le Sud-Est du village en conversant légère-

(1) *Einzelschriften. Heft 25*. Voir page 471, la situation des troupes prussiennes à 4 h. 45.

(2) Cette phrase est assez ambiguë et a été diversement comprise. Elle laisse indécis sur la position des batteries qu'il s'agit d'attaquer et ne donne pas la solution du problème qu'on s'est posé précédemment.

ment à gauche. Puis, comme les difficultés de la marche, au milieu des obstacles du terrain, parurent avoir fait perdre à la troupe la direction indiquée, le major von Scherff « donna lui-même au général Wedell et au colonel de Cranach, commandant le *57*e, comme point de direction pour le bataillon central de la brigade, un arbre élevé (1), à gauche de la pointe du bois, *afin d'assurer par là l'enveloppement projeté de l'adversaire* (2) ».

Pendant que l'infanterie de la brigade prussienne s'ébranlait ainsi vers le saillant du bois de Tronville, les batteries du major Schaumann tiraient, d'une part sur les fractions d'infanterie française qui se retiraient de la lisière de ce bois vers le Nord, ainsi qu'il a déjà été dit; d'autre part, sur les batteries du 4e corps qui leur apparurent *dans la direction du Nord-Est*, c'est-à-dire sur celles de la cote 270.

Il est à remarquer que le feu des batteries allemandes paraît avoir été ouvert un peu avant 4 h. 45 et qu'à ce moment, les deux batteries à cheval (3) du général du Barail tiraient déjà, de la croupe 239 au Sud de Greyère, sur la batterie Planitz (4), alors en position sur le mamelon 250, près de la route de Jarny. Mais ces deux batteries échappèrent complètement aux vues de l'artillerie de la *19*e division.

Il est assez difficile de préciser le moment exact où les batteries de la division de Cissey prirent position sur la croupe 257 dans le voisinage de la route de Bruville. D'après l'Historique de la 5e batterie, il semble que le

---

(1) Peuplier 261.

(2) *Einzelschriften. Heft 25.*

(3) $\frac{5,\ 6}{19}$.

(4) $\frac{1\ c}{G}$.

groupe du commandant Putz arriva sur sa nouvelle position un peu avant que la batterie Planitz n'ouvrît le feu, c'est-à-dire un peu avant 4 h. 30. Quoique ce fait puisse être discuté pour d'autres raisons, il semble au moins admissible que les trois batteries de la 1re division fussent déjà en position lorsque le major Schaumann s'établit sur la lisière de Mars-la-Tour. Or, de l'emplacement occupé par les deux batteries allemandes, on découvre à peine le terrain voisin de la cote 257, et la fumée seule des pièces françaises eût pu déceler sûrement leur présence. Il n'est donc pas étonnant que, même si ces nuages de fumée furent aperçus par les artilleurs prussiens, leur attention ait été tout d'abord attirée par les autres batteries du 4e corps, un peu plus éloignées vers l'Est, il est vrai, mais aussi plus facilement visibles (1). Il est cependant assez curieux de constater que, d'après les rapports et les historiques qu'on possède, ce sont précisément ces dernières qui paraissent n'avoir prêté qu'une médiocre attention aux nouveaux arrivants, préoccupées qu'elles étaient, sans doute, par leur tir sur les batteries du Xe corps déjà installées aux abords de la grande route (2), et sur les dernières masses d'infanterie de la *20e* division, qui approchaient du bois de Tronville. L'une des batteries de la division de Cissey, cependant (3), tira sur les batteries Schaumann, dont la fumée devait se dessiner très nettement sur les maisons du village.

---

(1) D'après la 25e Monographie, le tir des pièces prussiennes fut tout d'abord dirigé sur les batteries *de la crête* 277. Il faut évidemment entendre par là les batteries de gauche du 4e corps qui étaient, en réalité, sur la crête 270-274.

(2) $\frac{5,\ 6}{10}$ et $\frac{4,\ IV}{10}$.

(3) $\frac{9}{15}$ et peut-être $\frac{12}{15}$.

En ce qui concerne l'infanterie de la division Grenier, il ne semble pas que la *38*e brigade prussienne ait produit sur elle une bien vive impression dès le moment de son arrivée sur la lisière Nord-Est de Mars-la-Tour. Le IIe bataillon du 13e, posté auprès de la route de Bruville, ne paraît avoir découvert l'infanterie ennemie que très tard, c'est-à-dire à l'instant où l'aile gauche du *16*e franchissait la crête 253-257. Plus à l'Est, les compagnies de chasseurs placées entre les batteries étaient hors de portée pour agir par leurs feux. Enfin, les termes mêmes du rapport, — très succinct il est vrai, — du lieutenant-colonel Verdier, et surtout ceux du rapport du général de Bellecourt, paraissent prouver que les deux premiers bataillons du 43e, déployés sur la crête 270, n'ont pris part à la lutte qu'au dernier moment « pour se jeter sur les têtes de colonnes prussiennes ». D'ailleurs, il est à noter que les rapports des généraux Grenier et de Bellecourt, aussi bien que ceux des commandants du 43e et du IIe bataillon du 13e, ne trahissent en aucune manière la surprise qu'ils auraient éprouvée en voyant déboucher brusquement de Mars-la-Tour même une infanterie nombreuse qui eût dû leur paraître très menaçante en raison de la direction excentrique dans laquelle elle apparaissait. L'Historique de la 6e batterie du 17e, établie au Poirier du bois Dessus, signale même ce fait caractéristique qu'elle ne vit l'infanterie ennemie qu'au moment où celle-ci *longeait le bord opposé du ravin;* cette batterie s'attendait si peu à une attaque, qu'elle hésita tout d'abord à tirer et qu'elle n'ouvrit le feu que lorsque ses doutes furent levés sur la nationalité de la troupe qui défilait devant elle

On ne saurait en conclure, cependant, qu'aucune des fractions du 4e corps déployées sur la crête du Poirier du bois Dessus n'aperçut les bataillons du *16*e régiment prussien, pendant les courts instants où ils débouchèrent de Mars-la-Tour pour se jeter dans la large dépression qui s'étend entre la chaussée de Vionville et la longue croupe 253-257-263; mais il paraît hors de doute que la nouvelle attaque d'infanterie ne fut découverte par la majorité des troupes françaises que plus tard, alors que le *57*ᵉ franchit la grande route et que déjà le *16*ᵉ atteignait la crête 253 (1).

Attaque de la 38ᵉ brigade. — Au moment où le colonel de Cranach reçut l'ordre d'attaque du général de Schwarzkoppen, ses deux bataillons étaient encore à 500 mètres environ au Sud-Est de Mars-la-Tour, c'est-à-dire sur le chemin conduisant à Tronville. Il prescrivit alors un léger changement de direction à gauche pour les placer face à leur objectif. Le Iᵉʳ bataillon du *57*ᵉ déploya deux de ses compagnies, et le bataillon de fusiliers se trouva en arrière de l'aile droite du précédent avec les deux compagnies de pionniers, auxquelles on indiqua comme point de direction la corne Nord-Ouest du bois de Tronville.

Pendant que le *57*ᵉ s'approchait de la grande route, le colonel Brixen avait dirigé deux compagnies (5ᵉ et 6ᵉ) du Iᵉʳ bataillon du *16*ᵉ au Nord de Mars-la-Tour, par le chemin de Bruville, et s'était ensuite rendu auprès des deux autres bataillons, alors passablement disloqués par

---

(1) Une reconnaissance attentive du terrain peut, d'ailleurs, expliquer aisément ce fait, car, des environs de la cote 257 où se trouvaient les bataillons et les batteries qui pouvaient être considérés comme chargés de surveiller les abords de Mars-la-Tour, il est à peine possible de découvrir le pied de la lisière du village. La chaussée est elle-même invisible, sauf sur un étroit espace voisin de la localité. Les compagnies du *16*ᵉ ont donc pu quitter la lisière et se jeter dans le vallon sans être découvertes. La gauche du *57*ᵉ a pu être aperçue seulement lorsqu'elle traversa l'étroite zone dont il vient d'être question, mais elle dut également disparaître très vite au Nord de la chaussée. Il faut, d'ailleurs, noter que les arbres de la route et plusieurs haies encore existantes aujourd'hui rendaient certainement les observations très incertaines.

la difficulté qu'ils éprouvaient à progresser dans la prairie coupée de clôtures en fil de fer. Après avoir fait remettre un peu d'ordre dans les rangs, chaque bataillon déploya ses compagnies du centre et conserva en seconde ligne les compagnies des ailes formées en demi-bataillons (1).

« Le colonel désigne alors la 2e compagnie comme compagnie de direction, lui fait faire *face au Nord-Est comme il était ordonné*, et *un peu avant* que le *57*e régiment n'arrive à sa hauteur, il commande : « En avant (2) ! »

Les 5e et 6e compagnies du *16*e, que le colonel Brixen avait dirigées vers le Nord, débouchèrent de Mars-la-Tour sans qu'il leur fut possible d'apercevoir un point quelconque de la ligne de bataille du 4e corps (3). Elles

---

(1) Les deux dernières compagnies du Ier bataillon (7e et 8e) vinrent se placer à la gauche des IIe et IIIe bataillons.

(2) La 25e Monographie affirme que le *16*e régiment n'avait qu'une avance de 200 pas sur le *57*e (c'est-à-dire probablement sur l'aile gauche de celui-ci, dont les bataillons étaient eux-mêmes échelonnés en arrière et vers la droite).

(3) Ces deux compagnies avaient traversé le village par la grande rue méridionale et en sortirent par la route de Bruville. En suivant cet itinéraire, une colonne pouvait atteindre le vallon du Lavoir sans se douter que la crête au Nord du ravin du bois Dessus fut occupée par des troupes françaises, et sans que, réciproquement, ces dernières, qui avaient absolument négligé de s'éclairer en quoi que ce fût, eussent pu en éventer l'approche. La voie réellement suivie par les deux compagnies prussiennes était très large et permettait de marcher en colonne par section. Une moindre précipitation dans le déploiement des troupes allemandes, alliée à une rapide reconnaissance faite par quelques officiers, aurait permis au commandant de la *19*e division d'amener toute son infanterie complètement à couvert jusque dans la large dépression comprise entre la grande route et la crête 253-257-263. Si donc le commandement allemand avait eu, dès l'abord, le projet de prononcer une attaque décisive sur le point où, contre ses intentions premières, elle se pro-

gravirent les pentes de la croupe que franchit le chemin de Bruville entre Mars-la-Tour et le ravin du bois Dessus. Complètement masquées aux vues de l'adversaire pendant la première partie de leur marche, elles furent toutes deux accueillies par une très vive fusillade des IIe et IIIe bataillons du 64e au moment où elles apparurent sur la crête ; en outre, la compagnie de droite était criblée de mitraille par les deux batteries de gauche de la division de Cissey (1).

Les deux bataillons du 64e, en effet, s'étaient déployés sur la crête opposée et exécutaient, à 900 ou 1000 mètres, un feu de mousqueterie du plus meurtrier effet auquel l'adversaire était dans l'impossibilité de répondre à cause de la faible portée de son arme. La 5e compagnie prussienne cependant, parvint à atteindre le point d'appui qui se présentait devant elle, c'est-à-dire le petit bois de la Velterène, tandis que la 6e, obliquant plus à droite, prenait pour point de direction le bouquet de sapin situé sur l'autre berge du ravin. Devant cette attaque, le colonel Léger (du 64e) avait prescrit, — trop tard, il est vrai, — d'occuper les deux bois qu'on vient de citer ; le IIIe bataillon, sous le commandement du chef de bataillon Le Mouël, se dirigea donc, précédé d'une ligne de tirailleurs, sur le bouquet de sapins, pendant que le colonel Léger entraîna lui-même le bataillon Lefebvre vers le bois de la Velterène. Mais la

---

duisit réellement, il lui eût été possible, — grâce à l'absence complète de toute mesure de sécurité chez les troupes françaises, — d'amener ses bataillons, par un cheminement absolument défilé, jusqu'à 800 mètres de la ligne d'artillerie du 4e corps.

(1) $\frac{9,\ 12}{15}$. La 5e batterie (de droite) avait fait face à l'Ouest et tirait sur la batterie Planitz $\left(\frac{1\ c}{G}\right)$, puis sur le *13e* dragons qui s'avançait en cet instant contre le 2e chasseurs d'Afrique.

5e compagnie prussienne était parvenue la première à occuper celui-ci et à en garnir les lisières Nord et Est. Pendant ce temps, la 6e compagnie prussienne, très éprouvée par la perte de 4 officiers et de 85 hommes, s'était arrêtée devant la contre-attaque du IIIe bataillon du 64e; fusillée presque à bout portant par les tirailleurs qui occupaient maintenant le bois de sapins, elle fit brusquement demi-tour et s'enfuit dans la direction de Mars-la-Tour, pour ne s'arrêter que dans le ravin du Lavoir.

En atteignant le bois de la Velterène, le commandant de la 5e compagnie prussienne avait demandé du secours à l'arrière ; mais, presque immédiatement, il avait dû céder devant l'attaque directe du colonel Léger et devant de nouvelles compagnies qui surgissaient du Fond de la Cuve sur son flanc gauche (1). Dès que le général Pradier, en effet, eut constaté l'arrivée de troupes ennemies sur la crête située au Nord de Mars-la-Tour, il prescrivit aux IIe et IIIe bataillons du 98e de se rapprocher de la ligne de combat et au IIe bataillon de diriger ses trois premières compagnies par le Fond de la Cuve pour appuyer la droite du 64e.

Pendant que le bataillon Lefebvre, du 64e, descendait les pentes au pas de charge et s'élançait à la baïonnette sur la compagnie prussienne, les trois compagnies du 98e dont il vient d'être question pénétraient donc également dans le bois de la Velterène.

Bien qu'on eût négligé d'occuper dès l'abord ce point d'appui, sa possession était donc désormais définiti-

---

(1) Il était alors à peu près 5 h. 30; et pendant que se déroulaient les événements qu'on vient de relater, d'autres événements très importants se passaient à 1500 mètres plus à l'Ouest. Comme la lutte des 5e et 6e compagnies du *16e* est restée sans aucun lien avec l'attaque du gros de la *38e* brigade, on préfère terminer de suite la relation de leur tentative infructueuse, pour n'avoir pas à y revenir.

vement acquise à la brigade Pradier. La faible compagnie prussienne, qui avait montré l'audace, — à laquelle un soldat ne peut que rendre hommage, — de pousser de l'avant, sans soutien, en terrain battu à la fois par le fusil et le canon, jusqu'à courte distance d'un adversaire très supérieur en nombre, dut se retirer précipitamment vers l'arrière en suivant la berge orientale du Fond de la Cuve. Son mouvement de recul, qui ne fut d'ailleurs inquiété que par des feux de mousqueterie, s'étendit jusqu'à proximité de Mars-la-Tour (1).

Là, la 5e compagnie fit face en arrière et se maintint dans sa position de repli jusqu'à la nuit.

Le IIe bataillon du 64e, en effet, avait bien poursuivi à travers bois les derniers tirailleurs de l'adversaire, mais il s'arrêta sur la lisière Sud, d'où il se contenta d'exécuter quelques feux d'ensemble sur les fuyards.

Pendant l'attaque des deux compagnies d'extrême gauche de la *38e* brigade, le lieutenant-colonel Schaumann, très mal orienté sans doute par le commandement supérieur, « s'était imaginé, — à tort, — que les *deux bataillons* de mousquetaires du *16e* régiment marchaient à l'attaque dans la direction du Nord (2). »

Après avoir inutilement tenté de se renseigner plus complètement par une reconnaissance rapide faite par l'un de ses adjoints, il se décida à diriger la IIe batterie vers la croupe qu'il avait vue franchir précédemment par les 5e et 6e compagnies du *16e* (3). Mais dès la sortie

---

(1) *Gefechtlage zwischen 5 3/4 und 6 1/4 Uhr nachmittags.* Plan 5.

(2) *Einzelschriften. Heft 25.*

(3) Il paraît difficile d'expliquer l'illusion du commandant Schaumann, car la suite du récit montre que sa décision ne fut prise qu'au moment où le gros de la *38e* brigade était déjà très avancé vers le Nord-Est, c'est-à-dire en avant même du front des deux batteries de la *19e* division.

du village, la batterie allemande se heurta aux fuyards de la 6e compagnie ; elle les dépassa cependant et se mit en batterie à 400 mètres plus au Nord « pour prendre en flanc l'artillerie ennemie ». A peine était-elle en position qu'elle était fusillée d'écharpe par les compagnies du 64e, restées sur la crête au Nord du bouquet de sapins ; la batterie tira seulement quelques obus et se replia sur la position qu'elle venait de quitter, près de la lisière même du village.

Pendant que cette attaque excentrique et infructueuse des deux compagnies de gauche du *16*e restait sans liaison d'aucune sorte avec celle que tentait dans une toute autre direction le reste de la brigade, le colonel Brixen s'était avancé vers le Nord-Est dans l'axe du chemin qui conduit au peuplier 261. A sa droite, le *57*e, échelonné vers le Sud, suivait le mouvement. Bien que le Ier bataillon de ce régiment fût en retard de 200 mètres à peu près sur l'aile droite du *16*e, ce fut lui qui, en franchissant la chaussée dans la partie visible qu'on a déjà signalée, reçut les premiers projectiles lancés par les batteries du 4e corps voisines du Poirier du bois Dessus.

Le *16*e régiment, au contraire, complètement masqué par la forme du terrain, put progresser à couvert jusqu'au moment où ses diverses fractions atteignirent, — successivement, — la ligne de faîte située au Sud du ravin. La 7e compagnie du *16*e, suivie par la 8e, ne tarda d'ailleurs pas à atteindre la crête 253-257, fit face à l'adversaire, qui surgissait inopinément sur sa gauche et ouvrit immédiatement un feu de mousqueterie qui ne dut produire, étant donnée la distance, aucun effet sur les batteries françaises. A la droite de cette compagnie, le Ier bataillon, qui avait alors deux compagnies sur la ligne de combat, continua à longer le chemin de Saint-Marcel, puis il atteignit, à son tour, la crête et « sans s'arrêter (1) », se précipita, en obliquant à gauche, vers le ravin pour y chercher un abri contre le feu très vif d'infanterie et d'artillerie que le IIe bataillon du 13e, le 43e et les batteries dirigeaient tout à coup sur lui. Le Ier bataillon du *16e* arrivait ainsi dans un couvert situé à 300 ou 400 mètres des positions françaises, « sans avoir tiré un coup de fusil (2) ».

Un peu plus à droite encore, les fusiliers du même régiment suivaient tout d'abord les abords Sud du chemin de Saint-Marcel et parvenaient ainsi jusque sur la croupe 257 ; mais ils obliquaient alors à gauche pour faire face, comme les autres fractions du régiment, à l'adversaire qui les prenait d'écharpe ; soumis à un feu très violent, ils s'enfoncèrent rapidement dans le profond ravin du bois Dessus, où leur marche fut d'ailleurs rendue très difficile par la présence des haies touffues qu'il fallut traverser. Pendant ce temps, les 7e et 8e compagnies avaient repris leur marche après un feu de courte durée et rejoignaient le Ier bataillon en se formant à sa gauche.

Jusqu'ici, cependant, les pertes du *16e* régiment avaient été relativement faibles (3).

De son côté, le *57e* avait continué « sans s'arrêter » son mouvement vers le Nord-Est « sous un feu d'artillerie et d'infanterie ennemie toujours grandissant » (4).

Il faut observer, en effet, que si le *16e* s'était trouvé dans d'excellentes conditions pour cheminer jusqu'à la crête du Peuplier, le *57e* et surtout l'aile droite de ce dernier avait dû franchir la mince croupe 256 qui court parallèlement à la grande route à 300 ou 400 mètres au

(1) *Einzelschriften. Heft 25.*
(2) *Ibid.*
(3) *Einzelschriften. Heft 25. Anlage Nr. 15.*
(4) *Einzelschriften. Heft 25.*

Nord de celle-ci, et qu'il était ainsi apparu une seconde fois, — au moins pendant quelques minutes, — aux batteries du 4e corps. Il paraît donc hors de doute que les bataillons de droite de la brigade prussienne aient été effectivement canonnés par l'artillerie française, bien qu'aucun rapport ou historique ne spécifie le fait d'une manière explicite en ce qui concerne le *57*e prussien. Mais il semble contestable que ce dernier ait été soumis à un feu d'artillerie « toujours grandissant », car, sauf pendant les quelques instants où le *57*e franchit la mince croupe dont il vient d'être question, il resta complètement défilé aux vues de l'artillerie et de l'infanterie françaises et ne redevint visible pour elles qu'au moment où il parvint jusqu'à une ligne qui court sensiblement de l'Est à l'Ouest et passe à 300 ou 400 mètres au Sud du peuplier 261. Si, d'autre part, on tient compte de ce fait important, et qu'on va relater dans un instant, que les batteries du 4e corps entamèrent successivement une retraite presque générale, dès le moment où la gauche du *16*e apparut sur la crête 253-257, et qu'à l'instant où le *57*e atteignit le plateau du peuplier 261, les batteries voisines de la cote 274 restaient seules en position, il semble bien plutôt que le régiment prussien ne subit qu'une canonnade d'intensité *décroissante*, tout en essuyant, peut-être, un feu de mousqueterie, dont les balles trop hautes, et tirées par le IIe bataillon du 13e, étaient sans doute destinées aux compagnies du *16*e déjà en vue sur la crête.

A 300 ou 400 mètres au Sud du peuplier 261, le feu de l'infanterie française devint d'une telle intensité que le Ier bataillon du *57*e, — comme précédemment les compagnies du *16*e, — obliqua « sans commandement (1) » vers le Nord pour faire face au

(1) *Einzelschriften. Heft 25.*

danger (1). Il recevait en même temps une vive, mais courte canonnade des batteries établies à la cote 274 (2). Le bataillon de fusiliers, qui jusque-là marchait en échelon refusé par rapport au Ier, éprouva la même tendance que celui-ci, de sorte qu'il se trouva bientôt formé en seconde ligne, face au Nord ; mais sous un feu très violent, les fractions encore en ordre serré, vinrent se fondre rapidement sur une épaisse ligne de tirailleurs. Le feu de l'adversaire devenait tellement insupportable que « spontanément, les tirailleurs de la 2e compagnie et toutes les autres fractions suivantes du *57*e régiment prirent le pas de course. Puis, quand elles eurent parcouru un certain espace dans un terrain d'ailleurs lourd, ces troupes épuisées se jetèrent à terre, incapables, pour l'instant, de continuer leur marche en avant. Pendant le cours des premiers bonds, les tirailleurs de la 2e compagnie n'avaient pu tirer, en raison du trop grand éloignement de l'ennemi, mais ils commencèrent le feu en arrivant un peu au delà de la crête près du peuplier 261 (3) ».

Sur ces entrefaites, les quatre batteries du Xe corps déployées le long de la route (4) parvenaient à s'établir plus au Nord et s'avançaient presque jusqu'à mi-distance entre la chaussée et le ravin, apportant ainsi un pré-

(1) Cependant, la moitié de la 1re compagnie (aile droite) continua directement sur la pointe Nord-Ouest du bois de Tronville qu'elle occupa.

(2) $\frac{5}{17}$, $\frac{5,\ 6}{1}$.

(3) *Einzelschriften. Heft 25*. Certains auteurs allemands et en particulier Fr. Hœnig, nient que la marche du *57*e se soit effectuée par « bonds successifs ». Par de nombreux témoignages, la 25e Monographie paraît avoir établi le contraire, mais seulement, il est vrai, pour la dernière période de l'attaque. (*Anlage Nr 20.*)

(4) $\frac{5,\ 6}{10}$, $\frac{4,\ IV}{10}$.

cieux soutien aux dix-huit compagnies arrivées successivement, soit sur la berge méridionale du ravin, soit, pour l'aile gauche, jusque dans le fond même de celui-ci.

A l'extrême droite de la brigade Wedell, enfin, les deux compagnies de pionniers, moins exposées que les bataillons du *16*e et du *57*e par suite du cheminement défilé qu'elles suivaient au fond d'un vallonnement nettement accusé, s'étaient jetées dans la corne Ouest du bois de Tronville. Elles y rejoignaient la demi-compagnie du *57*e égarée vers ce point, devenu tout à fait excentrique par suite de circonstances inopinées, mais qui avait cependant été désigné antérieurement comme objectif à l'aile droite de la brigade.

Il était alors près de 5 h. 30. La plus grande partie du *57*e était engagée sur la croupe du Peuplier dans une fusillade meurtrière avec l'infanterie de la brigade Bellecourt; plusieurs compagnies du *16*e gravissaient déjà les berges Nord du ravin, et six batteries (1) faisaient converger leurs feux sur les positions occupées par le 4e corps.

Mais avant de continuer la relation de la tentative audacieuse qui allait cependant si misérablement échouer, il est nécessaire de faire un retour en arrière et d'examiner ce qui s'était passé du côté français.

On a vu précédemment qu'après le mouvement de recul de la brigade Bellecourt sur la crête septentrionale du ravin du bois Dessus, on n'avait laissé que quelques compagnies du 5e bataillon de chasseurs dans l'intervalle des batteries (2). A l'extrême gauche, c'est-à-dire dans

---

(1) $\frac{2, II}{10}$, $\frac{5, 6}{10}$, $\frac{4, IV}{10}$.

(2) Les 2e, 3e et 5e compagnies.

le voisinage du chemin conduisant des bois de Tronville vers Bruville, deux compagnies du IIIe bataillon du 13e surveillaient la lisière des taillis et couvraient les Ier et IIIe bataillons placés en arrière de la crête ; à l'extrême droite, le IIe bataillon du 13e, auquel s'était jointe la 3e compagnie du IIIe bataillon, avait déployé quatre de ses compagnies en bataille et avait conservé les deux autres comme soutien en colonne par pelotons à demi-distance. Derrière le centre de la brigade, enfin, les deux premiers bataillons du 43e étaient rassemblés auprès des 1re et 6e compagnies du 5e bataillon de chasseurs.

Comme aucune autre mesure de sécurité n'avait été prise ; que non seulement on ne plaça sur la crête méridionale du ravin aucun avant-poste de combat, mais qu'on s'abstint même de s'éclairer vers Mars-la-Tour et la grande route depuis le retour de la cavalerie alors réunie tout entière en arrière des lignes d'infanterie, les troupes du 4e corps furent presque absolument surprises par l'attaque de la *38e* brigade.

C'est à peine si la canonnade du major Schaumann et l'apparition de quelques colonnes d'infanterie, assez vaguement observés aux abords même de Mars-la-Tour, provoquèrent le tir de quelques batteries et éveillèrent l'attention des quelques compagnies de chasseurs alors en observation sur la crête et, d'ailleurs, trop éloignées pour intervenir par leurs feux.

Le IIe bataillon du 13e conserva les dispositions qu'il avait prises et attendit simplement que l'infanterie ennemie arrivât à sa portée.

La 4e compagnie du 5e bataillon de chasseurs que conduisait personnellement le commandant Carré, combattait encore sur la croupe du Peuplier, aux côtés des deux compagnies du IIe bataillon du 43e, quand les bataillons prussiens débouchèrent de Mars-la-Tour. Ayant aperçu ce mouvement de troupes sur sa droite et presque à sa hauteur, le commandant Carré, qui n'avait aucun soutien de ce côté-ci du ravin, craignit, avec raison, d'être coupé du reste de sa brigade, et se replia, sur son ancienne position, avec les deux compagnies du 43e (1).

Les compagnies de chasseurs affectées à la garde des batteries (2e, 3e et 5e) ainsi que les 2e et 4e compagnies du IIIe bataillon du 13e se trouvaient dans une situation beaucoup trop excentrique pour qu'elle pussent s'intéresser à la canonnade qui venait d'éclater sur la lisière de Mars-la-Tour.

Les bataillons de la *38e* brigade purent donc déboucher du village et franchir la grande route sans que l'infanterie de la brigade Bellecourt prit de dispositions particulières pour repousser une attaque qu'elle paraît à peine avoir devinée, ou que, — du moins, — elle ne considéra comme sérieuse qu'à partir du moment où les compagnies ennemies apparurent à nouveau devant elle, mais à 700 ou 800 mètres à peine cette fois.

On ne saurait mieux se rendre compte de l'état de quiétude de l'infanterie française pendant cette première période de l'attaque prussienne, que par le tableau qu'en fait un témoin oculaire, alors lieutenant au 43e de ligne, et posté, avec son régiment, au centre même de la brigade (2) :

« Le 43e (deux bataillons moins deux compagnies) toujours inconscient de ce qui se passait sur son front, dit le colonel de Courson de la Villeneuve, et ne subissant pas le feu, restait au repos, déployé sur une ligne d'au moins 600 mètres. Sans doute, ce régiment aurait

---

(1) A ce moment, le IIIe bataillon du 43e combattait encore dans le bois de Tronville avec des fractions du 4e de ligne et se retirait lentement devant le retour offensif prononcé par la *20e* division.

(2) Le colonel de Courson de la Villeneuve. *La brigade Bellecourt à l'armée du Rhin, loc. cit.*

dû être en éveil, en entendant la fusillade (1) et la canonnade reprendre, intense, vers sa droite; mais il ne recevait ni balle, ni obus, et, fatigué, brûlé par la chaleur de ce jour, il attendait avec philosophie son tour de marcher. Placé dans une légère dépression, il était dans une telle sécurité que quelques hommes (malgré l'ordre de laisser les sacs à Doncourt, ils avaient emporté des ustensiles de campement) s'étaient mis, en arrière des faisceaux, et préparaient le café en faisant passer des gerbes de blé enflammées sous les marmites. Du reste, les deux bataillons n'avaient, jusque-là, subi aucune perte..... Tout à coup, l'alarme est donnée, au 43e, par deux ou trois soldats allemands, dans le rang même, qui ne peuvent s'empêcher, par émotion, de tirer, l'arme à la hanche, car la masse de la *38e* brigade s'avance en lignes de colonnes de compagnies, la baïonnette croisée, sans faire feu, dans un ordre admirable, au point que l'on voit très bien les intervalles de 6 ou 8 pas entre les compagnies.

« Le 43e saute sur les faisceaux. Il était temps! L'ennemi n'avait été aperçu qu'au moment où il descendait déjà dans le ravin..... »

Il n'est pas étonnant que, dans de telles conditions, les batteries du 4e corps aient éprouvé, presque toutes, l'impression qu'elles allaient être abordées par une infanterie qui surgissait à si courte distance sans qu'on pût lui interdire l'accès d'un profond ravin dans lequel elle allait se trouver désormais à l'abri du feu des pièces.

La plupart, cependant, continuèrent à tirer jusqu'au dernier moment. Autant qu'on peut s'en rendre compte,

---

(1) Le IIe bataillon du 13e ouvrit en effet le feu, comme on va le voir bientôt, avant que le 43e ne prît les armes et au moment où la gauche du *16e* apparaissait déjà sur la croupe 253.

les batteries montées de 4 de la réserve (1) paraissent s'être retirées les premières (sans doute avec la batterie de la 2e division qui se trouvait auprès d'elle) (2) quand elles virent les compagnies du *16e* franchir la crête opposée, puis gagner le ravin.

Les batteries de la division de Cissey tiraient sur l'artillerie du major Schaumann quand elles virent apparaître successivement les compagnies d'extrême-gauche du *16e* à l'Ouest de la route de Bruville, puis les bataillons du même régiment à l'Est de la même voie. La 5e batterie se retira jusque sur la croupe 258, et paraît avoir été rejointe ensuite par la 12e qui n'aurait amené les avant-trains qu'au moment où les premières fractions du *16e* se montraient déjà sur les berges Nord du ravin. La 9e batterie resta seule en position.

La 11e batterie du 1er semble avoir tiré sur le *57e* dès le moment où il franchit la chaussée de Mars-la-Tour, mais la 6e batterie du 17e n'aurait aperçu l'infanterie du *16e* qu'à l'instant où celle-ci apparut sur la crête opposée. Le capitaine Albenque fit tirer à mitraille dès qu'il eut reconnu la nationalité de la troupe sur laquelle il avait encore des doutes, et son feu força l'adversaire à prendre le pas gymnastique pour gagner le couvert du ravin. Dans l'impossibilité où il était alors de tirer, il ramena sa batterie vers l'arrière. Quant à la batterie Florentin $\left(\frac{11}{1}\right)$ elle tira également sur les compagnies du *16e*, sans parvenir, non plus, à les arrêter. Elle resta cependant bravement en position; mais quand les tirailleurs ennemis débouchèrent du

---

(1) $\frac{6,\ 9}{8}$.

(2) $\frac{7}{1}$.

ravin, à 200 mètres de ses pièces, force lui fut de se retirer pour laisser la place à l'infanterie.

A l'extrême gauche du 4e corps, les 5e et 6e batteries du 1er tiraient à mitraille sur le *57e* au moment où celui-ci apparut sur la croupe qu'elles occupaient elles-mêmes une heure auparavant. Les compagnies prussiennes, comme on sait, n'en continuèrent pas moins leur marche en conversant vers le Nord. Bien que les deux batteries en question ne fussent point, en réalité, directement menacées, elles se crurent, cependant, sous le coup d'une attaque imminente et se replièrent en se faisant accompagner par l'une des compagnies de soutien (1).

Les deux batteries voisines des précédentes (2), enfin, conservèrent leurs positions de combat.

On voit donc que sur les douze batteries présentes au moment où la *38e* brigade atteignit la crête méridionale du ravin, huit se retirèrent successivement, mais en un très court espace de temps, et que si l'on excepte les trois batteries réparties aux deux ailes de l'ancienne ligne d'artillerie du 4e corps, et trop éloignées désormais pour prendre part à la défense, aucune pièce ne se trouvait plus en mesure de faire feu sur la masse d'infanterie prussienne, maintenant concentrée sur un front très restreint. On doit d'ailleurs observer, avant de regretter trop vivement cette retraite précipitée des batteries françaises, que la situation périlleuse dans laquelle les avait mises l'insouciance de l'infanterie voisine, ne leur aurait pas permis d'intervenir, à si courte distance, contre un adversaire qui était parvenu, sur certains points, jusqu'à 200 mètres des pièces.

---

(1) $\frac{5}{5\ \text{Ch}}$.

(2) $\frac{5}{17}$, $\frac{12}{1}$.

Pendant que les compagnies de gauche du *16*e franchissaient la crête méridionale et se jetaient dans le ravin, le IIe bataillon du 13e et les deux premiers bataillons du 43e avaient enfin pris leurs dispositions pour repousser l'attaque.

Les bataillons du 43e rompirent vivement les faisceaux et s'élancèrent, aux cris de : « En avant ! », jusque sur la crête militaire, où ils furent rejoints par les deux compagnies laissées de l'autre côté du ravin et par la 4e compagnie du 5e bataillon de chasseurs, que ramenait le commandant Carré ; là, les deux bataillons, déployés sur une seule ligne, ouvrirent un feu d'une violence extrême sur l'adversaire, qui surgissait déjà du ravin. Plus à droite, le IIe bataillon du 13e avait ouvert le feu dès qu'il avait pu découvrir les compagnies prussiennes, mais sans parvenir à enrayer leur mouvement offensif, qui les conduisit jusqu'aux berges septentrionales.

Arrivée la première dans le ravin, la ligne de combat du Ier bataillon du *16*e régiment (3e et 2e compagnies) en avait escaladé les pentes Nord et s'était arrêtée sur le rebord du plateau, face à face avec la batterie Florentin $\left(\frac{11}{1}\right)$ qui dut alors amener les avant-trains ; les compagnies de soutien du bataillon cherchaient, pendant ce temps, à entrer en ligne par les ailes (4e et 1re). Mais la 1re compagnie se heurta aux compagnies de fusiliers qui, à leur tour, gravissaient à grand'peine une pente très raide et venaient se heurter à la longue ligne d'infanterie que le colonel de Viville, commandant le 43e, amenait vivement en cet instant ; les 10e et 11e compagnies, qui formaient la ligne de combat des fusiliers prussiens, furent sur ces entrefaites renforcées par des fractions des 9e et 12e, dont deux pelotons étaient arrêtés derrière la haie qui borde le chemin de Saint-Marcel et se mélangèrent complètement avec les compagnies du *57*e.

A la gauche du 16e, les 7e et 8e compagnies arrivaient un peu plus tard, se déployaient, très mélangées, à hauteur de leurs voisins, puis engageaient un feu à courte distance avec le bataillon du commandant Geoffroy. « Étroitement serrés, coude à coude, les hommes qui formaient la première ligne du 16e régiment étaient couchés sur la crête Nord du ravin ; en arrière, s'agenouillèrent ou restèrent debout les hommes qui n'avaient pas trouvé place au premier rang ; en bien des points, ceux-ci se trouvaient sur six rangs de profondeur et tiraient pardessus ceux qui étaient couchés. Aussi, la masse du régiment formait-elle une ligne épaisse de tirailleurs, et quatre sections seulement des 9e et 12e compagnies constituaient-elles, en arrière de la haie du chemin de Saint-Marcel, une bien faible réserve (1). »

Face à face avec le 16e régiment prussien, les deux bataillons du 43e entretenaient, presque à bout portant, une fusillade des plus intenses.

« En nous voyant surgir, dit le colonel de Courson de la Villeneuve, les bataillons allemands sont surpris ; ils restent silencieux et pressent le pas ; ils ne sont plus qu'à 100 mètres ! Aussitôt, nos soldats ouvrent d'eux-mêmes, avec un admirable sang-froid, un formidable feu à volonté sur l'ennemi qui est à 30 mètres, et dont on voit distinctement la pointe des baïonnettes. Nos deux bataillons sont tout déployés ; leurs feux convergent sur les colonnes prussiennes. Alors a lieu un drame inouï : La masse opposée s'effondre devant nous comme coupée par le ventre ; on entend distinctement les cris des blessés, la voix des officiers ; on voit leurs gestes de surprise ; on aperçoit les chefs agitant leur sabre pour entraîner leurs soldats, malgré la mort qui frappe à coups redoublés. Un officier, monté sur un cheval blanc,

(1) *Einzelschriften. Heft 25.*

passe au galop, agitant son sabre devant tout le front de la ligne allemande. Vains efforts! Le sol est couvert de cadavres et bientôt, nous voyons remonter toute cette masse vers le bois, en déroute complète, et emportée comme dans un tourbillon (1)..... »

Un événement décisif venait de se produire, en effet, par l'irruption soudaine de la division de Cissey sur le front de combat même du 43e.

Contre-attaque de la division de Cissey. — On sait qu'un peu avant le rappel de la brigade Bellecourt sur la crête du bois Dessus, le commandant du 4e corps avait envoyé son sous-chef d'état-major auprès du général de Cissey pour le presser d'arriver.

D'après les *Souvenirs* du général Saget, la tête de la 1re division était à hauteur d'Urcourt et de Butricourt lorsqu'il la rencontra. Il était alors à peu près 4 heures.

N'ayant aucune connaissance de l'approche de la 19e division et convaincu, par ses observations antérieures, que le 4e corps allait pouvoir, de ses positions alors débordantes, prononcer une attaque sur le flanc gauche des Allemands, le lieutenant-colonel Saget transmit au général de Cissey l'ordre du général de Ladmirault de hâter son mouvement, et le prévint qu'il allait être à même « de prendre l'ennemi à revers et que l'action de sa division allait être décisive ».

C'est à ce moment que les trois batteries divisionnaires furent envoyées sur la crête 277 (2). L'infanterie de la division fut ensuite remise en route, laissa Bruville sur sa droite, puis marcha sur le Poirier du bois Dessus que le sous-chef d'état-major du 4e corps avait désigné comme point de direction.

---

(1) *La brigade Bellecourt, loc. cit.*
(2) Voir page 444.

Arrivé sur le plateau au Sud de Bruville, le général de Cissey arrêta sa tête de colonne pour rassembler sa division. Le 20e bataillon de chasseurs, qui marchait le premier, se ploya en colonne de division, puis la 2e brigade, qui venait ensuite, commença à se former sur deux lignes de bataillons en masse, en laissant à sa gauche l'espace nécessaire à la 1re brigade (1).

A ce moment, c'est-à-dire à peu près à 5 heures, les batteries du 4e corps étaient seules en action, et l'attaque de l'infanterie de la *38e* brigade n'avait pas encore provoqué la fusillade des bataillons de la division Grenier.

C'est pendant que la colonne de la 1re division prenait peu à peu sa formation de rassemblement, que le IIe bataillon du 13e engageait brusquement un combat de mousqueterie qui devenait rapidement très violent et s'étendait bientôt au 43e de ligne.

La vive tournure que prenaient les événements devant le front de la division Grenier détermina le général de Cissey à se porter en ligne avant que la brigade Brayer eût achevé son ploiement. Un peu après 5 heures, la 1re brigade s'avançait donc rapidement en avant dans la direction du Poirier.

Mais à peine arrivait-elle à proximité de la crête, que les batteries qui se repliaient passèrent par les intervalles des bataillons. « Au moment où nous débouchons sur le plateau, dit l'Historique du 20e bataillon de chasseurs, des caissons traversent nos lignes au galop ; les conducteurs nous crient que nous arrivons à temps. Des chevaux morts, d'autres blessés jonchent le terrain ; en même temps, une grêle d'obus tombe sur le bataillon, qui se déploie néanmoins avec le plus grand sang-froid.

---

(1) Le 57e en première ligne ; le 73e en seconde. Le 57e, alors placé perpendiculairement à la route de Bruville, avait exactement en avant de son front la batterie de mitrailleuses $\left(\frac{12}{15}\right)$.

Au moment d'arriver sur la ligne de faîte, nous apercevons une ligne étincelante devant nous. « Ce sont des casques prussiens! » s'écrie-t-on, et le bataillon s'apprête à exécuter un feu de salve, lorsqu'on reconnaît l'erreur. C'était un carré d'infanterie de ligne (1) à genoux, dont nous apercevions les baïonnettes. Au même instant, une pluie de balles s'abat sur le bataillon; l'infanterie placée en avant de nous se replie sur nous et il en résulte une certaine confusion (2). Mais, enlevé par ses chefs, le bataillon se porte en avant, sans présenter une formation bien définie. C'est une colonne profonde, mêlée d'infanterie de ligne (43e), qui se sépare bientôt en deux tronçons. Pendant une vingtaine de minutes (?) une véritable nappe de plomb passe sur le bataillon qui, tantôt couché, tantôt debout, gagne toujours du terrain (3). »

Pendant que le 20e bataillon engageait la lutte aux côtés du 43e avec les compagnies de fusiliers du *16*^{e} régiment prussien, les 57e et 73e régiments, conduits par le général de Cissey accompagné de son état-major, conversaient légèrement à gauche vers la partie du front où la fusillade se faisait entendre plus intense, franchissaient la crête et lançaient leurs tirailleurs sur l'aile gauche des quelques compagnies prussiennes parvenues de ce côté-ci du ravin, se reliant ainsi au IIe bataillon du 13e qui prenait déjà celles-ci d'écharpe. Dès les premiers instants, le général de Cissey eut un cheval tué sous lui et le lieutenant-colonel de Place, son chef d'état-major, fut

---

(1) Les bataillons du 43e amenés par le colonel de Viville. Ces deux bataillons étaient en bataille et la formation indiquée ne peut être que le résultat d'une illusion.

(2) Le 43e resta sur le lieu du combat, ainsi qu'on le verra plus loin. Peut-être quelques fractions se replièrent-elles à l'arrivée des chasseurs.

(3) Historique du 20e bataillon de chasseurs.

blessé. Tous les officiers de l'état-major furent démontés en quelques minutes.

Mais bientôt, le 1er de ligne débouchait à la gauche du 20e bataillon de chasseurs, et venait prolonger la ligne de combat de la division au moment même où l'aile droite prussienne, c'est-à-dire quelques fractions du *57e*, franchissaient à leur tour le ravin (1).

Les fractions de la première ligne du *57e* régiment (demi-1re compagnie et 2e) arrêtées, comme on se le rappelle, sur le chemin de Saint-Marcel, dans le voisinage du Peuplier, furent, en effet, bientôt renforcées par quelques fractions des 9e et 12e compagnies du *16e* qui s'étaient mélangées à elles dans la confusion du combat, et tentèrent alors d'atteindre la berge méridionale du ravin. Après plusieurs tentatives infructueuses, sous un feu très violent, elles parvinrent enfin à traverser l'espace découvert qui les séparait du ravin ; elles s'y précipitèrent, dans leur hâte de trouver un abri ; mais, une fois arrivées à couvert elles s'y blottirent, épuisées ; une vingtaine d'hommes seulement, entraînés par le capitaine commandant la 2e compagnie, gravirent les pentes opposées et ouvrirent le feu contre la ligne française. Devant ce nouvel adversaire, le général Brayer fit avancer vivement le 1er régiment, dont la droite s'arrêta à une centaine de pas des tirailleurs ennemis, tandis que l'aile gauche, à laquelle s'était jointe la 2e compagnie du 5e bataillon de chasseurs, débordait, en raison de son étendue, l'extrême droite allemande. Alors engagée sur les pentes du ravin, cette aile extérieure du 1er de ligne

(1) Le 6e de ligne avait laissé son Ier bataillon à la garde du convoi près de Bruville. Les IIe et IIIe bataillons s'arrêtèrent sur la crête du Poirier pendant que le 1er de ligne était porté en avant par le général Brayer. Le 6e ne joua qu'un rôle très secondaire dans l'attaque. Il ne perdit que 7 officiers et 17 hommes.

se rabattit vers l'Ouest et fusilla à très courte distance le flanc des fractions les plus avancées du *57*ᵉ. Pendant ce temps, les 3ᵉ et 4ᵉ compagnies du *57*ᵉ avaient franchi à leur tour le chemin de Saint-Marcel et venaient rejoindre les trois compagnies et demie arrêtées dans le fond du ravin. Les 9ᵉ et 11ᵉ poussaient également jusque sur la berge méridionale, mais au même instant, les tirailleurs de la 2ᵉ compagnie se laissaient peu à peu glisser sur les pentes, et le moment n'était pas éloigné où toutes les fractions engagées du *57*ᵉ allaient être dispersées ou presque entièrement détruites par la vigoureuse contre-attaque du général de Cissey (1).

A l'extrême gauche de la ligne prussienne, la fusillade continuait avec une intensité inouïe.

« C'était au-dessus de nos têtes un bourdonnement et un sifflement incessants, dit un lieutenant du *16*ᵉ. Nous sommes aplatis contre le sol; sur une grande étendue, les hommes tirent aussi vite qu'ils peuvent. Quelques-unes de nos balles seulement n'ont pas dû porter, car à cette distance il était difficile de manquer le but (?), bien que la fumée le rendît invisible (2). »

De part et d'autre, quelques fractions isolées tentaient d'avancer encore. Mais à peine étaient-ils debout que les hommes s'abattaient à nouveau sur le sol. Le colonel Brixen, bien que blessé, commanda plusieurs fois : « En avant! » mais sans parvenir à entraîner autre chose qu'une faible portion de la ligne de combat, qui s'arrêta d'ailleurs après avoir fait quelques pas (2).

Du côté français le général de Cissey venait de donner le signal de l'assaut.

---

(1) Les 10ᵉ et 12ᵉ compagnies du *57*ᵉ s'étaient maintenues sur la croupe 257. Quelques fractions poussèrent jusqu'au ravin, qu'elles atteignirent au moment même où le reste du *57*ᵉ prenait la fuite.

(2) *Einzelschriften. Heft 25.*

La brigade Goldberg, déjà presque au contact de l'adversaire, montra un instant d'hésitation. Pendant qu'à une centaine de mètres devant elle le colonel Brixen s'épuisait en vains efforts pour lancer à l'assaut ses compagnies décimées, les compagnies françaises, durement éprouvées, paraissaient, de même, devenues sourdes à la voix de leurs chefs. C'est alors que le capitaine Le Roux, du 57e, adressant quelques paroles entraînantes à ses hommes, fit déboîter sa compagnie de la colonne serrée formée par son bataillon et s'élança sur l'adversaire (1).

En même temps, le 20e bataillon de chasseurs se précipita à la baïonnette sur l'ennemi, et toute la ligne française chassa alors devant elle les bandes désorganisées de la brigade Wedell. A l'extrême gauche, le général Brayer, déjà blessé cependant, mettait le sabre à la main et entraînait son régiment de première ligne sur le flanc de l'attaque prussienne. Quelques instants plus tard, le général tombait, pour ne plus se relever cette fois.

Devant cette attaque vigoureuse, et surtout, semble-t-il, à cause du double enveloppement produit par le IIe bataillon du 13e et par le 1er de ligne (2), les huit compagnies prussiennes qui, seules, étaient parvenues à atteindre la berge Nord du ravin, furent prises de panique et se débandèrent en refluant vers le Sud dans un désordre indescriptible.

Alors commença une poursuite dont les bataillons prussiens sortirent presque anéantis.

---

(1) Rapport du capitaine Le Roux, *loc. cit.*

Une fraction du IIe bataillon du 13e accompagna la brigade Goldberg à l'assaut et franchit le ravin avec elle.

(2) « A la 7e compagnie (c'est-à-dire celle de l'aile gauche), dit un lieutenant du *16e*, retentit le cri : « L'aile droite est prise en flanc ! » (*Einzelschriften. Heft 25.*) Ceci montre que le double enveloppement ne fut pas ignoré des troupes.

« La brigade, dit l'Historique du 20e bataillon de chasseurs, s'élança dans le ravin, y fit 400 prisonniers, remonta le versant opposé couvert de cadavres ennemis et s'établit le long de la crête, où elle était à couvert des obus venant de Mars-la-Tour, obus qui venaient éclater sur le versant opposé. »

« Une nuée de nouveaux ennemis (1), écrit un capitaine prussien, s'élance en tourbillons des hauteurs et entraîne avec elle les anciens (2). Derrière nous, plus un homme! Que faire? Nous restons debout. Celui qui peut encore tirer, tire, mais de nouvelles masses comblent les vides. Hardi et décidé, le vaillant adversaire se lance sur nos rangs clairsemés. Leurs officiers en avant, agitant leurs képis, tous criant, soufflant, tirant, ils se précipitent sur nous. Les débris de notre brave régiment retombent alors épuisés dans le ravin (3). »

C'est alors que le lieutenant Chabal, officier payeur du 57e, — et qui marchait avec le IIe bataillon, — se précipita sur le porte-drapeau, déjà blessé, du IIe bataillon du *16*e régiment, et lui arracha des mains, après une courte lutte, l'emblème dont il avait la garde.

Un grand nombre de prisonniers furent faits dans le fond du ravin.

Cependant, les trois régiments français qui avaient prononcé l'attaque (4), atteignaient la crête opposée du ravin et s'entassaient avec assez peu d'ordre sur un étroit espace à proximité du peuplier 261. Les deux

---

(1) Division de Cissey.

(2) $\frac{II}{13}$, $\frac{I, II}{43}$. En réalité, une fraction seulement de $\frac{II}{13}$ franchit le ravin.

(3) Citation extraite de la 25e Monographie.

(4) Plus le 20e bataillon de chasseurs à pied, une centaine d'hommes du IIe bataillon du 13e et la 3e compagnie du 5e bataillon de chasseurs à pied.

premiers bataillons du 43e restaient sur la crête du bois Dessus (1).

Sur ces entrefaites, les batteries du 4e corps rentraient presque toutes en ligne :

Les deux batteries de gauche de la 2e division reprirent leurs anciens emplacements sur le mamelon 274 et exécutèrent, aussitôt, un tir intermittent qui continua jusqu'à la nuit;

Les deux batteries de 4 de la réserve revinrent également sur la crête : la 6e batterie (Maringer), sur son ancienne position d'où elle contre-battit vivement les batteries du Xe corps qui venaient d'être obligées de reculer jusqu'à la route sous le feu de l'infanterie française (2) ; la 9e batterie (Masson) ne rentra en ligne qu'un peu plus tard et vint, sur l'ordre du commandant du 4e corps, rejoindre la batterie Florentin $\left(\frac{11}{1}\right)$ près du Poirier; mais elle n'y arrivait qu'à la nuit et ne pouvait tirer ;

Les batteries de 12 du commandant Ladrange étaient restées séparées; la batterie Gastine (12e) était tou-

---

(1) Voici à ce sujet ce que dit le colonel de Courson de la Villeneuve :

« Malheureureusement, le 43e ne s'est pas élancé, d'un bond, à la poursuite de l'ennemi ; il l'a à peine poursuivi de son feu ; il est resté sur les pentes Nord du ravin au lieu d'achever la déroute !..... On le voit, la poursuite n'eut pas lieu. En effet, le colonel de Viville, du 43e, était descendu isolément dans le ravin, noir de morts, pour voir ce qui s'y trouvait et, sans songer à profiter du succès en poursuivant l'ennemi, avait envoyé les médecins du régiment pour soigner les blessés..... » (*La brigade Bellecourt, loc. cit.*). C'est en remontant du ravin que le colonel de Viville fut atteint lui-même par une balle.

(2) $\frac{5,\ 6,\ 4,\ IV}{10}$. La 5e batterie s'était cependant maintenue un peu plus longtemps que les autres, à 500 mètres au Nord de la grande route.

jours près de celles de la 2e division; la batterie Florentin (11e) avait pu se réapprovisionner et revint près du Poirier d'où elle ne tira que quelques coups de canons sur les batteries Schaumann obligées de reculer précipitamment au delà de la grande route, au Sud-Est de Mars-la-Tour; enfin, les deux batteries à cheval du 4e corps rentrèrent également en ligne au moment où les débris de la *38*e brigade repassaient au Sud de la grande route; mais elles ne paraissent pas avoir eu l'occasion de tirer. Quant aux deux batteries de la 1re division qui s'étaient repliées au moment de l'attaque de la *38*e brigade, elles furent rappelées par le commandant de l'artillerie du 4e corps et réapparurent auprès de leur batterie de mitrailleuses. Elles se remirent en batterie au moment précis où les trois escadrons de la Garde prussienne, dont il va être bientôt question, débouchèrent de Mars-la-Tour (1).

Cependant, l'infanterie française, qui avait atteint la croupe 261, s'occupait à remettre un peu d'ordre dans ses rangs.

L'aile gauche était formée par le 1er régiment qui avait franchi le ravin très obliquement et se trouvait encore plus ou moins mélangé avec des compagnies du 20e bataillon de chasseurs.

Le centre et l'aile droite comprenaient le 57e et le 73e. A l'extrême droite enfin, le Ier bataillon du 6e, rappelé de Bruville, arrivait beaucoup plus tard à hauteur de la

(1) Pendant l'attaque de la *38*e brigade, les fractions de la *20*e division avaient fait quelques progrès dans les bois de Tronville; une compagnie du *79*e et des fractions du *10*e bataillon de chasseurs à pied atteignaient la lisière Nord, mais étaient toujours tenues en respect par quelques groupes appartenant au 4e régiment; l'aile droite allemande était encore maintenue dans le fourré par nos tirailleurs de la partie Nord-Est. Le IIIe bataillon du 43e rejoignait les deux premiers sur la croupe du bois Dessus.

brigade de Goldberg, tandis que les deux autres bataillons du même régiment restaient au Nord du ravin.

Tous ces bataillons formaient une masse encore assez confuse que les officiers s'occupaient à rallier, tandis que quelques compagnies du 20e bataillon de chasseurs et la 3e compagnie du 5e bataillon, — celle-ci à l'extrême droite, et faisant face à Mars-la-Tour, — s'étaient avancées jusque sur le chemin bordé de haies qui passe au pied du Peuplier.

Ces troupes avancées avaient d'abord poursuivi, de leurs feux, les bataillons de la brigade Wedell; mais comme les fuyards avait très rapidement disparu sur le revers de la croupe 257-263, l'infanterie déployée sur le chemin n'avait pas tardé à diriger son tir sur les batteries du colonel de Goltz, postées à moins de 1000 mètres en avant d'elles. C'est alors qu'après des pertes sanglantes, ces dernières durent reculer, par échelon, jusqu'au delà de la grande route.

Quant aux deux compagnies de pionniers restées dans la pointe Nord-Ouest du bois de Tronville, elles se maintinrent un instant sur la lisière, sans pouvoir tirer à cause de la faible portée de leur fusil, puis elles se retirèrent à travers bois dans la direction de Vionville.

Désormais, le terrain était libre devant la division de Cissey. Mais tant à cause du resserrement d'un grand nombre de compagnies appartenant à des bataillons différents, qu'à cause de la fatigue et de l'énervement moral provenant d'une lutte opiniâtre et très meurtrière, on se contenta de fusiller les derniers fuyards, sans plus.

La masse du *16*e régiment s'était retirée directement vers le Sud, tandis que le *57*e, continuant dans la direction qu'il avait prise tout d'abord pour échapper à l'attaque de flanc du 1er régiment, se retirait vers le Sud-Ouest. Il en résulta un croisement qui augmenta encore le désordre et la confusion des troupes prussiennes. « Cependant, dit la 25e Monographie, la troupe conservait encore, dans le désarroi de la retraite, une contenance admirable (1); mais le sentiment général était que si la cavalerie arrivait, tout le monde était perdu (2). »

La cavalerie française, occupée ailleurs, n'arriva pas, malheureusement, et malheureusement encore, ce fut la cavalerie allemande qui surgit devant les troupes de la division de Cissey; trois faibles escadrons, qui coupèrent court à toute idée de poursuite de la part des troupes victorieuses, si tant est que le commandement de ces troupes l'ait jamais eue.....

« Les états-majors du Xe corps et de la *19*^{e} division, dit la 25e Monographie, s'étaient tenus, pendant l'attaque de la brigade Wedell, sur la grande route entre Mars-la-Tour et Tronville. Peu de temps avant 5 h. 30, on remarqua tout d'abord, dans la région comprise entre le saillant du bois de Tronville et le grand Peuplier (3), des hommes qui revenaient isolément, bientôt suivis de groupes entiers. Quelques instants, on put croire que c'étaient des blessés qui revenaient, mais il fut bientôt hors de doute que tout au moins l'aile droite de la brigade Wedell avait été repoussée. Criant : « La cavalerie doit charger coûte que coûte », le général de Voigts-Rhetz envoya un officier de son état-major au général de Brandebourg, et un officier d'ordonnance de la *19*^{e} division au général de Rheinbaben pour leur porter des ordres dans ce sens. Il chargea le général de Schwarzkoppen de rassembler la brigade près de Tronville, et se dirigea

(1) Cette affirmation est loin d'être confirmée par le récit de Fritz Hönig.

(2) Pertes :

16e : 49 officiers; 1736 hommes;

57e : 23 officiers; 806 hommes;

2e et 3e compagnies de pionniers : 1 officier; 8 hommes.

(3) Peuplier 261.

lui-même avec son chef d'état-major vers cette ocalité (1). »

Le 1er régiment de dragons de la Garde prussienne était réuni en entier près et au Sud-Est de Mars-la-Tour quand lui parvint l'ordre de charger. « Sachant parfaitement que la charge avait peu de chance de succès, et qu'il s'agissait de sacrifier le régiment pour le salut de l'infanterie rudement pressée, le colonel d'Auerswald (du 1er dragons) se prépara à exécuter l'ordre (2). »

Il trouva cependant le temps de tirer au sort un escadron qu'il crut devoir laisser, malgré la gravité des circonstances, à la garde des deux étendards de la brigade. Puis, les trois escadrons restants se portèrent vers le Nord-Ouest, dans le vallon voisin de Mars-la-Tour, où les clôtures qui avaient déjà entravé la marche du 16e obligèrent la cavalerie à se fractionner par petits groupes. Quand ils eurent ainsi gagné avec peine les abords du chemin de Saint-Marcel, il fallut les reformer et leur faire faire front vers le Nord-Est.

Les deux escadrons de tête (3e et 5e) s'élancèrent alors au galop sur la masse d'infanterie de la croupe du Peuplier ; le 1er escadron suivait en échelon derrière l'aile droite, ayant auprès de lui le général de Brandebourg.

En se frayant un passage dans les prairies de Mars-la-Tour, les dragons de la Garde avaient dépassé les deux escadrons du 4e cuirassiers (4e et 5e) affectés, comme soutien, aux batteries du colonel de Goltz. Ces deux escadrons suivirent aussitôt ceux du général de

(1) *Einzelschriften. Heft 25.*

(2) *Einzelschriften. Heft 25.* D'après von Lessing, le général de Brandebourg aurait répondu, à la réception de l'ordre de charger, que « cela ne réussirait pas ». Venu auprès du général de Voigts-Rhetz, celui-ci lui aurait dit : « Oui, le régiment ne réussira pas ; mais, s'il arrête l'ennemi seulement dix minutes et se fait tuer jusqu'au dernier homme, il aura rempli sa mission. »

Brandebourg, puis les dépassèrent à leur tour pendant que ces derniers se reformaient pour la charge. Mais, mal orientés, les cuirassiers vinrent déboucher sur la croupe allongée qui sépare le chemin de Saint-Marcel du ravin.

Là, ils tombèrent sous le feu du IIe bataillon du 13e embusqué derrière la haie qui longe la berge opposée, sur le bord d'une carrière. Débouchant devant un ravin infranchissable pour eux, ils firent demi-tour après avoir laissé une trentaine d'hommes sur le terrain. La charge était donc manquée, faute d'avoir su choisir une zone d'approche convenable qui s'offrait cependant à eux, et que ne manquèrent pas de suivre les dragons de la Garde.

Ceux-ci, en effet, s'étaient engagés dans la dépression qui longe, au Nord, le chemin de Saint-Marcel et échappèrent ainsi, jusqu'au dernier moment, à la fusillade qui aurait pu, sans cela, les assaillir de flanc. En revanche, ils eussent pu être criblés de balles dès leur débouché sur le plateau 261, par l'infanterie qu'ils allaient charger, mais celle-ci, enveloppée de fumée, ne les aperçut pas tout d'abord, de sorte qu'au début les cavaliers Brandebourg ne reçurent que « quelques balles perdues (1) ».

Il est à remarquer, d'ailleurs, qu'à ce moment, les troupes chargées de couvrir le gros du rassemblement de la division de Cissey s'étaient instinctivement portées sur le chemin bordé de haies qui mène à Saint-Marcel. Les compagnies du 20e bataillon de chasseurs faisaient donc face au Sud, et se trouvaient ainsi directement menacées sur leur flanc droit et même leurs derrières par les dragons prussiens qu'elles ne virent point tout d'abord arriver.

Cependant, la 3e compagnie (Chédeville) du 5e ba-

(1) *Einzelschriften. Heft 25.*

taillon de chasseurs, qui tenait l'extrême droite de la ligne des tirailleurs et « couvrait le flanc de cette ligne », vit déboucher à l'improviste la cavalerie ennemie devant son front. Reçus par un feu très vif, les deux premiers escadrons (3e et 5e) arrivèrent néanmoins jusqu'aux baïonnettes françaises, puis furent assaillis de toutes parts par une fusillade intense (1). Cherchant à faire demi-tour, ils se jetèrent vers la gauche et tombèrent alors sur les compagnies du 57e et du 73e rassemblées à la naissance des pentes et tout d'abord invisibles. Accablés par un feu des plus violents, les deux escadrons prussiens ne purent que fuir en désordre vers Mars-la-Tour. Malheureusement pour eux, ils durent franchir, au retour, la croupe sur laquelle les cuirassiers venaient de se faire fusiller. Ils défilèrent ainsi devant le bataillon du commandant Geoffroy (2) qui fit aussitôt diriger sur eux un feu très meurtrier, puis ils disparurent dans le vallon du Lavoir.

Pendant cette charge héroïque des deux escadrons de tête, le 1er arrivait à la rescousse et profitait du désarroi jeté parmi la ligne de tirailleurs qui bordait le chemin pour la dépasser et pousser jusqu'à la gauche de la seconde ligne. Là, ils se trouvèrent face à face avec le 1er régiment d'infanterie (mélangé à des compagnies du 20e bataillon de chasseurs) qui, comme on se le rappelle, était resté face au Sud-Ouest à la suite de son attaque oblique. « Un escadron prussien se présenta intrépidement devant le 1er régiment d'infanterie, dit le général de Cissey, et chargea à fond. On le prit d'abord pour un escadron français ; mais on le reconnut promptement, et le colonel, prévenant sa troupe, le laissa

(1) Historique du 5e bataillon de chasseurs.

(2) $\frac{II}{13}$.

avancer jusqu'à 50 mètres et ordonna le feu. L'escadron presque entier fut abattu et les quelques cavaliers qui purent pénétrer dans nos rangs y furent tués (1). »

Le 1er escadron prussien, rejeté vers sa gauche, eut encore à traverser les groupes formés par les hommes du 57e et du 73e, puis il s'enfuit à la suite des deux autres escadrons.

Mais dans leur retraite éperdue, les débris des dragons de la Garde traversèrent également le terrain sur lequel venait d'échouer la tentative des deux escadrons de cuirassiers et eurent à subir, comme ceux-ci, la fusillade que le commandant Geoffroy dirigea sur eux des hauteurs opposées. Le brave régiment du colonel Auerswald, — resté lui-même sur le terrain du combat, — vint se rallier dans le ravin au Sud-Ouest de Mars-la-Tour, ayant perdu 120 hommes sur les 400 cavaliers des trois escadrons qui avaient laissé à celui du prince de Hohenzollern l'honneur de garder les étendards sur la lisière du village de Mars-la-Tour.

Cette charge vigoureusement conduite de trois faibles escadrons contre de nombreuses compagnies françaises, avait cependant produit le résultat désiré de permettre à l'infanterie de la 38e brigade de se dégager. Le colonel Auerswald avait su, par un cheminement habilement choisi, et grâce au masque de fumée qui entourait l'objectif d'un voile presque impénétrable, tomber à l'improviste sur le flanc des masses françaises, et produire ainsi sur elles un effet moral qui augmenta certainement encore le besoin instinctif qu'elles éprouvaient de se terrer à la suite du violent effort qu'elles venaient de produire.

En admettant que la confusion générale qui régnait alors dans ses rangs eût permis à cette masse d'infan-

---

(1) Rapport du général de Cissey, daté du 23 septembre.

terie de poursuivre elle-même le succès qu'elle venait de remporter, il est probable que l'impression produite sur elle par la charge des dragons de la Garde, l'eût détournée d'un tel projet, ou tout au moins en eût retardé l'exécution. Il paraît donc indéniable que le général de Brandebourg remporta un très réel succès *local*, d'une part en détournant le feu d'un adversaire menaçant, d'autre part en lui imposant, à la pointe de ses sabres, une réserve dont l'on pouvait craindre qu'il ne se départît.

On verra plus loin, toutefois, que rien n'eût été perdu pour le 4e corps, si le général de Ladmirault, qui n'avait pas assisté à la charge des dragons de la Garde et revenait un peu plus tard de la ferme de Greyère, *très satisfait* du résultat de l'engagement de cavalerie dont il va être maintenant question, eût su employer les bataillons dont il disposait encore au Nord du ravin, et s'il eût eu l'idée de pousser en avant ses nombreuses batteries, qui n'avaient encore éprouvé que des pertes insignifiantes. Malheureusement, là comme partout, le fait d'avoir victorieusement repoussé une attaque fut considéré comme le *summum* du but qu'on devait atteindre.....

XIII. — Charges de cavalerie du plateau de Ville-sur-Yron. Fin de la bataille à l'aile droite.

Situations des cavaleries opposées vers 4 h. 30 du soir. — On sait qu'au moment où le général de Schwarzkoppen avait quitté le ravin à l'Est de Suzémont pour marcher vers Mars-la-Tour, il avait fait prescrire au général de Brandebourg, des dragons de la Garde, de gagner, avec sa cavalerie (1), le plateau de Ville-sur-

---

(1) *1* Dr. G, $\frac{4}{2 \text{ Dr G}}$ et $\frac{1 c}{G}$.

Yron afin de couvrir le flanc gauche de la *38*e brigade; puis, qu'au moment où il s'acheminait vers cette région, le *1*er dragons fut rappelé par le commandant du Xe corps au Sud-Est de Mars-la-Tour pour soutenir les batteries du colonel de Goltz; la 1re batterie à cheval de la Garde arriva donc sous la seule escorte du 4e escadron du *2*e dragons sur le mamelon 250 dans le voisinage de la route de Jarny. Il était alors 4 h. 30.

De son côté, le général de Voigts-Rhetz avait prescrit, dès 3 h. 30, au général de Rheinbaben « de se rendre par Mars-la-Tour du côté de Jarny pour envelopper l'aile droite ennemie », aile sur laquelle il acheminait à la fois la *20*e division et la *38*e brigade.

Par suite de circonstances particulières que la 25e Monographie tente d'expliquer par le désir qu'aurait eu le commandant de la *5*e division de cavalerie de rassembler ses escadrons entre Puxieux et Tronville avant de se mettre en marche, il se produisit un retard considérable dans l'exécution de l'ordre du commandant du Xe corps.

Ce ne fut, en effet, qu'à 4 h. 30 que les premières fractions de la *5*e division s'ébranlèrent vers Mars-la-Tour.

Le *13*e dragons partit le premier. Les trois régiments de la brigade Barby (1) s'engagèrent à sa suite sur la route; à leur gauche, les 2e, 3e et 4e escadrons du *10*e hussards s'avançaient à travers champs, suivis, sur l'invitation du général de Rheinbaben, par le *16*e dragons.

A peu près à la même heure, sept régiments français

---

(1) *19*e Dr.; *13*e Hul.; $\frac{1,\ 3}{4 \text{ Cuir}}$. Les deux autres escadrons du *4*e cuirassiers étaient, comme on sait, en soutien des batteries légères du colonel de Goltz, à 1000 mètres au Sud-Est de Mars-la-Tour.

étaient dispersés en quatre masses sur le plateau qui s'étend au Nord des positions de combat du 4e corps. Trois régiments de la division Legrand avaient été rappelés, comme on sait, entre les deux brigades de la division Grenier, c'est-à-dire dans le voisinage du bois Dessus; le 11e dragons, de la même division, était resté beaucoup plus à l'Est, derrière l'aile gauche du 4e corps; le 2e chasseurs d'Afrique s'était massé, au retour de sa pointe vers Mars-la-Tour, sur la rive droite du Fond de la Cuve et près de la ferme Greyère. Les deux batteries à cheval de la 1re division de cavalerie étaient établies au Nord-Est de Mars-la-Tour et à 1500 mètres du village, c'est-à-dire sur la croupe 239. La brigade de France, enfin, était restée très au Nord, dans le voisinage de la ferme Sainte-Catherine.

Quant à la division de cavalerie du 3e corps qui, dans le courant de l'après-midi, avait franchi le ravin de Saint-Marcel à Bruville et avait « pris position » derrière l'aile gauche du 4e corps où « elle se trouvait gravement exposée sans pouvoir agir (1) », elle s'était repliée près et au Sud d'Urcourt, après s'être séparée de la 3e brigade (de Juniac) que le maréchal Lebœuf avait rappelée auprès de Saint-Marcel (2).

Charge du 2e chasseurs d'Afrique. — A 4 h. 30, c'est-à-dire au moment où l'infanterie de la *38e* brigade était sur le point d'atteindre le village de Mars-la-Tour, et bien que l'ordre eût été donné depuis une heure déjà à la cavalerie allemande de gagner le plateau de Ville-sur-Yron, il n'y avait donc encore, sur l'aile gauche de

(1) Rapport du général de Clérembault.

(2) Les deux premières brigades réunies au Sud d'Urcourt ne comprenaient plus que les 2e et 4e dragons, le 3e chasseurs et le 1er escadron du 10e chasseurs. Tous les autres escadrons de la 2e brigade étaient détachés comme il a déjà été dit.

l'infanterie du général de Schwarzkoppen, qu'un escadron et une batterie (1).

En arrivant sur le mamelon 250, cette batterie (Planitz) ouvrit le feu sur les quelques escadrons français qu'elle pouvait apercevoir à l'Est de la route de Mars-la-Tour à Bruville. Les deux batteries de droite de la division de Cissey ripostèrent bientôt.

Cependant, le général de Ladmirault, auquel on avait signalé antérieurement l'approche du 1er dragons de la Garde prussienne (retourné depuis à Mars-la-Tour), s'était rendu à la ferme Greyère pour surveiller personnellement le flanc droit de son corps d'armée. C'est de ce point qu'il assista à l'ouverture du feu de la batterie Planitz.

Celle-ci avait tout d'abord envoyé, sur la cavalerie du 4e corps, quelques obus qui prirent d'écharpe le 7e hussards (2).

Le général Legrand porta alors ses trois régiments plus en arrière, leur fit franchir la route de Bruville et les fit placer, face à l'Ouest, au delà de la croupe de la ferme Greyère (3).

La cavalerie française ayant disparu aux vues de la batterie allemande, celle-ci s'avança un peu plus vers le Nord en suivant la route et ouvrit à nouveau le feu quand elle aperçut quelques escadrons (4). Mais à ce moment, les deux batteries à cheval de la division du Barail se démasquèrent et tirèrent quelques obus sur la batterie Planitz, tandis que des fractions du 64e la fusillaient à grande distance.

---

(1) Non compris le 5e escadron du 2e dragons de la Garde, en exploration dans le voisinage de Ville-sur-Yron.

(2) *Notes* de M. le contrôleur général Longuet, *loc. cit.*

(3) 2e et 7e hussards en première ligne; 3e dragons en seconde ligne. La gauche de la division à 400 mètres de la ferme.

(4) Sans doute l'aile gauche de la division Legrand.

Inquiété par la présence de l'artillerie ennemie sur le flanc droit de son corps d'armée, craignant aussi de voir déboucher bientôt de ce côté des masses de cavalerie qu'on lui avait signalées, mais qu'il ne pouvait certainement pas, à ce moment, découvrir personnellement depuis la ferme de Greyère, le général de Ladmirault fit donner l'ordre au commandant de la 1re division de cavalerie de le débarrasser de la batterie allemande (1). Ce qui fut aussitôt exécuté.

« Le 2e chasseurs d'Afrique, dit le colonel de Chabot alors sous-lieutenant dans ce régiment, rompit en colonne de pelotons, passa par le pont de Greyère, franchit le ravin au galop, et se forma en colonne d'escadrons sans s'arrêter, face au Sud et à l'Ouest de la route de Mars-la-Tour. Les escadrons partirent à toute allure, les hommes criant comme des Arabes (2). »

En tête de ses chasseurs, le colonel de la Martinière avait commandé la charge, en s'écriant : « Aux canons ! »

En voyant arriver cette attaque impétueuse, quelques pièces ennemies eurent seules le temps de faire feu (3)

---

(1) Le capitaine de la Tour du Pin avait été chargé de prescrire à toute la cavalerie de passer sur le plateau de Ville-sur-Yron. Il rencontra d'abord le général du Barail auquel il transmit l'ordre d'enlever la batterie en le prévenant qu'il allait être soutenu. (Lettre du colonel de Chabot, alors lieutenant au 2e chasseurs d'Afrique.)

(2) Lettre du colonel de Chabot, *loc. cit.*

Il est à remarquer que le Journal de marche de la division fait, seul, mention d'un déploiement en fourrageurs, comme on l'a souvent écrit. Le Rapport du général du Barail, le Journal de marche de la brigade ni l'Historique du 2e chasseurs n'y font allusion.

A ce sujet, le colonel de Chabot ajoute : « Pour la charge, les escadrons sont partis en colonne d'escadrons à demi-distance, à peu près. On a pu croire à une charge en fourrageurs, par la désunion qui s'est produite à la suite d'une longue charge. »

(3) Historique du 2e chasseurs.

et toutes furent vivement remises sur leurs avant-trains bien que la batterie ait été traversée par les cavaliers du général du Barail et que quelques servants eussent abandonné leur poste de combat. Mais à peine les premiers escadrons eurent-ils dépassé les pièces, qu'ils se virent chargés à leur tour par le 4e escadron du 2e dragons de la Garde. Il en résulta pour les chasseurs, qui firent instinctivement face à leur nouvel adversaire, une sorte de conversion à droite qui produisit une certaine confusion dans les rangs des trois premiers escadrons, pendant que le quatrième restait un peu plus en arrière, dans la main du général de la Jaille qui l'avait gardé comme réserve.

Mais à ce moment même surgissait sur le terrain de l'action un nouveau régiment prussien. Le lieutenant-colonel du 2e dragons de la Garde, en effet, avait reconnu, avant même que la lutte ne fût engagée, qu'il aurait affaire à un adversaire très supérieur en nombre et était allé chercher du renfort vers l'arrière ; il demanda aux dragons du 13e, — arrivés à 5 heures à hauteur de Mars-la-Tour, — de venir à son secours. Ceux-ci prirent immédiatement le galop, se déployèrent en bataille et se précipitèrent sur la mêlée assez confuse que présentaient les chasseurs d'Afrique alors aux prises avec l'escadron d'escorte de la batterie allemande.

L'apparition d'une troupe fraîche et en ordre, fit refluer vers le Nord les escadrons français, qui se rallièrent cependant assez facilement, sous la protection de l'escadron de réserve que le général de la Jaille avait fait déployer en tirailleurs. La tentative de poursuite du 13e dragons fut donc arrêtée net par un feu de mousqueterie, qui se prolongea d'ailleurs pendant un assez long espace de temps.

Forcé de reculer à son tour, le régiment prussien vint se reformer, — avec l'escadron de la Garde, —

hors de portée des carabines et sur le plateau au Sud-Est de Ville-sur-Yron (1),

Pendant ce temps, la batterie allemande s'était vivement repliée jusqu'à Mars-la-Tour et le gros des chasseurs d'Afrique se reformait avec ordre dans le voisinage de la route et à hauteur de Ville-sur-Yron.

Alors se produisit une accalmie assez longue, pendant laquelle, de chaque côté, de nouveaux escadrons se préparèrent à la lutte.

Charges de la division Legrand et de la brigade de France. — Pendant que le 2e chasseurs d'Afrique s'élançait sur la batterie allemande, le capitaine de la Tour du Pin, avait rejoint, successivement, le général Legrand, puis le général de France et leur avait transmis l'ordre du général de Ladmirault.

Il était alors à peu près 5 heures, et, à l'exception du *13*e dragons prussien qui arrivait, en cet instant, près de Mars-la-Tour, tout le reste de la cavalerie ennemie était encore échelonné sur une grande profondeur au Sud de cette localité, échappant, par conséquent, complètement aux vues du commandant du 4e corps.

Bien que les termes du Rapport du général de Ladmirault ne soient pas très explicites sur ce point, il est donc à peu près certain que la « grosse masse de cavalerie venant de Mars-la-Tour » et « précédée d'une batterie »

---

(1) D'après le témoignage de M. le contrôleur général Longuet, ancien aide de camp du général Legrand, les chasseurs d'Afrique étaient encore très loin vers le Sud, quand la cavalerie du 4e corps se déploya à hauteur de la ferme la Grange. Ils tiraillaient à ce moment avec une cavalerie invisible de la position qu'occupait le général Legrand en tête de ses dragons et à l'Est de la ferme la Grange. Le *13*e dragons prussien ne pouvait donc se trouver qu'à une certaine distance au Sud de la route qui conduit à Ville-sur-Yron, car au Nord de cette route, le terrain forme un long glacis découvert qui s'étend jusqu'à la position sur laquelle se déploya la cavalerie du 4e corps.

qui provoqua l'ordre, donné à toute la cavalerie française avant 5 heures, de passer sur le plateau de Ville-sur-Yron, n'était autre, en réalité, que celle que formaient les cinq escadrons dirigés de ce côté par le général de Brandebourg et dont le commandant du 4e corps s'exagérait l'importance.

Au reçu de l'ordre dont il vient d'être question, le général Legrand fit rompre ses trois régiments en colonnes de pelotons, descendit dans le Fond de la Cuve, franchit le ruisseau, à sec en cet endroit, un peu en aval de la ferme Greyère et gagna le plateau opposé. La brigade Montaigu marchait en tête. Elle se forma en bataille par le mouvement de « pelotons à gauche » et face à la direction dans laquelle on apercevait encore les chasseurs d'Afrique tiraillant au loin avec la cavalerie allemande qu'on avait vue apparaître un instant auparavant dans le voisinage de la batterie ennemie (1).

Mais sur ces entrefaites, de nouveaux escadrons prussiens se montrèrent beaucoup plus à droite, dans le voisinage immédiat de Ville-sur-Yron, de sorte qu'en arrivant sur le plateau, le général Legrand, qui marchait en tête du 3e dragons, fit former les deux premiers escadrons de ce régiment, seuls arrivés pour le moment, en arrière des hussards, mais face à la nouvelle direction (2).

Quant à la brigade de France, elle s'était ébranlée peu de temps après les hussards Montaigu, et avait franchi en colonne par quatre le pont du chemin de Bruville à Ville-sur-Yron. Les lanciers tenaient la tête;

(1) Le 2e hussards à droite, le 7e à gauche et appuyé à la route de Jarny.

Chacun des deux régiments avait quatre escadrons présents.

(2) Les 3e et 4e escadrons du 3e dragons, attardés au passage du ravin, n'arrivèrent que plus tard, alors que le reste de la division avait déjà pris le galop.

ils se reformèrent en colonne de pelotons de l'autre côté du Fond de la Cuve, puis se déployèrent par le mouvement « à gauche en bataille », avant d'arriver à la ferme la Grange et face au Sud. Les dragons de la Garde suivaient avec un certain retard, provoqué par le passage du pont.

Pendant que la cavalerie française se déployait ainsi, les escadrons prussiens arrivaient successivement sur le plateau, non sans sans avoir été retardés, paraît-il, par « des haies, des fossés, et le sol défoncé de la prairie au Sud-Ouest de Mars-la-Tour (1) ».

Le *19*e dragons était arrivé au Sud de Ville-sur-Yron, suivi à plus d'un kilomètre par le *13*e hulans et les 1er et 3e escadrons du *4*e cuirassiers, tandis que les trois escadrons du *10*e hussards et le *16*e dragons formaient un autre groupe à un kilomètre plus en arrière encore (2).

Le général Barby aurait eu l'intention de charger de front avec le *19*e dragons, et de flanc avec le *13*e hulans et le *4*e cuirassiers. « Mais comme le déploiement de l'ennemi n'était pas encore terminé, il fit avancer le *19*e dragons avant que les hulans et les cuirassiers fussent près d'eux. Bien que ceux-ci eussent franchi au galop de longs espaces, ils ne réussirent pas à rattraper les dragons (3). »

---

(1) *Einzelschriften. Heft 25.*

(2). Le 5e escadron du *2*e dragons de la Garde était venu également au Sud de Ville-sur-Yron. Pendant la marche du *13*e hulans, le 3e escadron fut rappelé au Sud de Mars-la-Tour.

(3) D'après la 25e Monographie, le *19*e dragons ne serait arrivé *au Sud de Ville-sur-Yron* qu'à 5 h. 45. Bien que cette heure puisse paraître un peu tardive, il semble certain que ce régiment dépassa le *13*e dragons et s'arrêta près du village assez longtemps avant le moment de la charge, car ce fut lui auquel le général Legrand fit face, dès son arrivée, avec les deux premiers escadrons du 3e dragons.

Si l'on rapproche ces remarques, faites par la 25e Monographie, des indications fournies par le rapport du lieutenant Niel, aide de camp du général de Ladmirault, il paraît établi que non seulement le *19e* dragons apparut dans le voisinage immédiat de Ville-sur-Yron avant que le déploiement des escadrons français fût terminé, mais qu'il marqua sur ce point un temps d'arrêt, puisqu'il fut pris pour objectif par les dragons du général Legrand, dès le moment où ceux-ci se formèrent en bataille, c'est-à-dire sensiblement avant que la charge eût lieu.

Après avoir fait déployer ses hussards, le général de Montaigu s'était porté en avant pour reconnaître l'ennemi auquel il faisait face (c'est-à-dire en réalité le *13e* dragons). Il avait alors constaté que les escadrons prussiens qui se trouvaient devant lui avançaient lentement. Prévoyant qu'il allait être chargé dans cette direction, il avait invité les chasseurs d'Afrique à déblayer le terrain, et s'était reporté vivement auprès de sa brigade pour donner le signal de l'attaque afin de ne pas laisser l'initiative à l'adversaire (1).

C'est sur ces entrefaites que le général Legrand était arrivé lui-même sur le terrain avec les deux premiers escadrons du 3e dragons et avait rencontré le commandant de la 1re division de cavalerie.

Le général du Barail le renseigna sur la situation de la cavalerie ennemie, et lui fit observer que de nouveaux escadrons prussiens (2) étaient accourus au secours de ceux auquels il s'était heurté déjà avec ses chasseurs d'Afrique, qu'on ne pouvait plus compter les surprendre et qu'il était trop tard pour charger. Ce à quoi le

---

(1) Les chasseurs d'Afrique se reportèrent à l'Est de la route de Jarny, d'où ils assistèrent à la charge de la division Legrand et eurent l'occasion, comme on le verra plus loin, d'intervenir par leurs feux.

(2) Allusion probable à l'apparition du *19e* dragons.

général Legrand répondit : « J'ai l'ordre de charger. Je charge. »

D'ailleurs, le lieutenant Niel arrivait à ce moment même pour transmettre l'ordre du commandant du 4e corps d'attaquer, sans tarder, les masses de cavalerie qu'il avait pu personnellement observer, cette fois, depuis la ferme Greyère.

« Le général Legrand, dit son ancien aide de camp, M. le contrôleur général Longuet, ne voulait pas subir l'attaque, et quand un de ses colonels (1) lui demanda d'entamer l'action par la carabine : « Du tout! Au « sabre! » dit-il. Et sa brigade de hussards, qui était prête, s'élança aussitôt en avant, malheureusement à une allure trop rapide, au début, en raison de la distance à parcourir (2) (3). »

Le *13e* dragons prussien s'avançait au trot. Parvenu dans le voisinage du chemin conduisant à Ville-sur-Yron, c'est-à-dire en un point d'où l'on découvre entièrement le long glacis qui s'étend vers le Nord, le colonel de Brauchitsch, commandant le régiment, vit s'avancer sur lui la brigade de hussards Montaigu, qui, appuyée à la route, menaçait de déborder son flanc droit. Bien que la cavalerie française ne fût pas, à ce moment, éloignée de plus de 500 pas, le colonel prussien fit obliquer, par pelotons, son régiment vers la droite. Ce mouvement s'exécuta au trot, et ce ne fut qu'au dernier moment que, d'après la 25e Monographie, les escadrons furent redressés, puis lancés au galop.

Cependant, le 7e hussards avait éprouvé un instant

---

(1) Le colonel Carrelet du 2e hussards. Voir le Rapport de cet officier sur le combat du 16 août.

(2) « La charge a eu lieu à fond à 700 mètres, distance énorme, ce qui a contribué à éreinter les chevaux. » (Rapport du colonel Carrelet, commandant le 2e hussards.)

(3) *Notes* de M. le contrôleur général Longuet.

d'hésitation. Arrivé à 150 ou 200 pas de l'ennemi, on s'écria dans les rangs : « C'est la Garde ! » ce qui produisit un léger ralentissement d'allure (1). Mais on reconnut bientôt l'erreur et les quatre escadrons en bataille s'élancèrent à toute allure sur l'adversaire au commandement : « Chargez ! »

Pendant la marche oblique, l'escadron de gauche du *13*e dragons avait vu s'avancer sur lui le 2e hussards, qui menaçait de le déborder sur sa gauche si l'on continuait à appuyer vers la route de Jarny. Le capitaine de cet escadron le redressa donc avant que le colonel de Brauchitsch en eût donné l'ordre ; à sa gauche, le 4e escadron du *2*e dragons de la Garde en faisait autant. Bien que les cinq escadrons prussiens eussent ainsi présenté d'assez larges intervalles, le front qu'ils occupaient était très sensiblement moins étendu que celui des huit escadrons du général Montaigu, et ceux-ci, abordant leur adversaire à plein galop, pénétrèrent dans les intervalles et se rabattirent en même temps sur leur aile droite. Alors s'engagea une lutte à l'arme blanche au cours de laquelle le général de Montaigu, qui avait pénétré l'un des premiers dans les rangs ennemis, fut blessé et désarçonné (2).

A peu près au même moment où se produisait le choc qu'on vient de relater, l'aile gauche allemande se rencontrait beaucoup plus au Nord avec les dragons du général Legrand et les lanciers de la Garde.

Le *19*e dragons, en effet, avait repris son mouvement

---

(1) L'Historique du 7e hussards attribue cette erreur « à la tranquillité avec laquelle l'adversaire continuait sa marche de flanc ». (En réalité, marche oblique au trot.)

(2) Cette mêlée ne se termina, comme on le verra plus loin, qu'après l'intervention des derniers escadrons prussiens (du *10*e hussards et du *16*e dragons), et à une sonnerie de ralliement qui se fit entendre vers l'arrière.

en avant vers la masse de cavalerie qu'il apercevait aux environs de la ferme la Grange, pendant que le 13e hulans et les deux escadrons du 4e cuirassiers accéléraient leur allure pour essayer de les rejoindre.

Dès que le général Legrand et le général de France constatèrent le mouvement en avant des escadrons voisins de Ville-sur-Yron, ils donnèrent tous deux le signal de la charge; mais en raison de la moindre distance qu'ils avaient à parcourir, ce furent les deux escadrons du 3e dragons qui joignirent, les premiers, l'adversaire commun.

Le général Legrand, suivi par son état-major sur un rang, puis par ses dragons, s'élança l'épée haute. Mais il est à remarquer qu'après avoir traversé le chemin de Ville-sur-Yron, le 19e dragons s'engagea forcément dans une dépression du terrain, d'où il était impossible de découvrir ce qui se passait au delà de la crête qui, de la cote 234, descend vers le Nord-Ouest. Il en résulta pour lui, qu'arrivé sur cette crête et croyant seulement marcher contre les lanciers, il déboucha, tout à coup, à proximité des deux premiers escadrons du 3e dragons qui arrivaient de la droite.

Au moment du choc, le 19e dragons était encore au trot, mais formait une ligne bien unie (1). Les deux escadrons du général Legrand l'abordèrent franchement au galop, pendant que l'escadron de droite de la ligne prussienne conversait rapidement vers l'Est pour faire face aux 3e et 4e escadrons du 3e dragons que le colonel Bilhau amenait à la rescousse.

Mais à peine le général Legrand avait-il pénétré dans la mêlée où il trouva une mort glorieuse, que les lanciers de la Garde débouchaient à leur tour sur le lieu du combat.

---

(1) *Notes* de M. le contrôleur général Longuet, *loc. cit.*

Ceux-ci, comme on sait, s'étaient ébranlés, sur l'ordre du général de France, dès le moment où le *19*e dragons quittait, lui-même, les abords de Ville-sur-Yron. Les cinq escadrons, enlevés par le colonel Latheulade, s'élancèrent avec une vigueur et une impétuosité remarquables. A 100 pas de l'ennemi, le colonel commanda : « Chargez ! », puis le choc eut lieu et les lanciers pénétrèrent dans les intervalles des dragons prussiens, probablement désunis déjà par l'abordage, — d'une partie au moins de leur front, — avec les dragons du général Legrand (1). L'aile droite des lanciers déborda la ligne ennemie, pendant que l'escadron de droite du *19*e dragons se heurtait comme on vient de l'indiquer aux deux derniers escadrons du 3e dragons français. Ceux-ci abordèrent franchement leurs adversaires, traversèrent leurs rangs et vinrent, à leur tour, tomber au milieu de la mêlée des lanciers qu'ils assaillirent à coups de sabre croyant avoir affaire à des hulans prussiens (2).

On voit que, jusqu'ici, les attaques divergentes de la cavalerie française avaient donné lieu à deux abordages distincts, qui, tous deux, se transformèrent en mêlées plus ou moins confuses où la plupart jouaient du sabre et de la lance et où, malheureusement, bon nombre de cavaliers démontés usèrent de la carabine (3).

Il est difficile de fixer la durée de ce combat corps à

---

(1) D'après le Journal de marche de la brigade de France, les lanciers auraient essuyé, à 30 pas, une décharge de mousqueterie. Ce fait paraît très contestable. Plusieurs officiers présents au moment de la charge n'ont aucun souvenir d'un tel fait. Peut-être cette illusion provient-elle de ce que déjà des hommes démontés jouaient de la carabine dans la mêlée des hussards.

(2) La veste bleue des lanciers fut, paraît-il, la raison de cette triste méprise.

(3) Témoignage du lieutenant-colonel de Poumayrac, alors lieutenant aux lanciers de la Garde.

corps, l'estimation des témoins oculaires variant entre de très larges limites (1). On doit cependant remarquer qu'il se prolongea certainement pendant un temps assez long, puisque le dernier régiment de la cavalerie prussienne (le *16*ᵉ dragons) eut le temps d'apparaître sur le lieu de la lutte et d'intervenir, partie dans la mêlée des hussards Montaigu, partie dans celle des lanciers de la Garde.

Mais avant que cette intervention se produisît, de nouveaux escadrons en venaient aux mains entre Ville-sur-Yron et la ferme la Grange.

Le *13*ᵉ hulans (2) et les deux escadrons du *4*ᵉ cuirassiers, en effet, étaient enfin parvenus à proximité du *19*ᵉ dragons, formant ainsi un second échelon dont la présence n'avait pas échappé au général de France. Après avoir dépassé les jardins de Ville-sur-Yron, ces nouveaux escadrons gagnèrent la gauche du *19*ᵉ dragons, menaçant ainsi d'envelopper la droite des lanciers.

« Le régiment prussien placé à l'aile gauche en colonne avec distance et dont j'ai parlé plus haut, dit le général de France dans son rapport, se portait alors en avant au grand trot, se disposant à prendre les lanciers en flanc (3). Je prescrivis aux dragons de l'Impératrice de se précipiter sur lui ; ils venaient de se former également à gauche en bataille à peu près sur l'emplacement que les lanciers avaient occupé avant de charger. Les dragons, leur colonel en tête (Sautereau-Dupart), se ruèrent sur ce régiment avec le plus grand élan, le

---

(1) De 5 à 20 minutes..... !

(2) $\frac{1,\ 2,\ 4}{13\ \text{Hul}}$.

(3) Le 1ᵉʳ escadron du *13*ᵉ hulans et le 3ᵉ du *4*ᵉ cuirassiers obliquèrent à droite et tombèrent bien réellement sur l'aile droite des lanciers.

culbutèrent en le prenant en flanc, à l'instant où il faisait « pelotons à droite » pour envelopper les lanciers. »

En fait, les 2e et 4e escadrons du *13e* hulans avaient continué leur marche vers la ferme la Grange, suivis par le 1er escadron du *4e* cuirassiers. Quand ils arrivèrent à 600 mètres du premier échelon des dragons du colonel Sautereau-Dupart, celui-ci leur fit envoyer une décharge de mousqueterie « qui produisit beaucoup d'effet (1) ». Les deux adversaires s'élancèrent alors à la rencontre l'un de l'autre, l'escadron de gauche des hulans (4e) se rabattant « en colonne de pelotons » sur la droite des dragons ; les deux lignes se pénétrèrent et engagèrent une lutte au sabre qui ne dura que quelques instants (2).

Une partie des dragons de la Garde avait cependant traversé la ligne ennemie et tombait un peu plus loin sur le flanc des deux escadrons (3) qui venaient, comme on sait, de se rabattre sur les lanciers de la Garde.

Mais pendant la marche au galop des dragons du colonel Sautereau-Dupart, un nouvel escadron ennemi débouchait à leur droite vers la ferme la Grange. C'était le 5e escadron du *2e* dragons de la Garde, envoyé depuis longtemps déjà en reconnaissance par le général de Schwarzkoppen sur Ville-sur-Yron. Aussitôt, le second échelon des dragons de la Garde française avait fait face dans la nouvelle direction et s'était précipité sur l'adversaire qui formait l'extrême gauche allemande.

Pendant que les derniers coups se portaient ainsi aux abords même de la ferme la Grange, le troisième

---

(1) *Historique des dragons de l'Impératrice.* La 25e Monographie confirme le fait sans dire si cette décharge eut un effet appréciable.

(2) 10 minutes dit l'Historique des dragons de l'Impératrice. Pendant la mêlée, les hommes démontés se servaient de leur carabine.

(3) $\frac{1}{13 \text{ Hul}}$, $\frac{3}{4 \text{ Cuir}}$.

échelon de la cavalerie prussienne était lui-même entré en ligne beaucoup plus au Sud.

Quand les trois escadrons du *10*e hussards arrivèrent à proximité de la mêlée des hussards Montaigu, ceux-ci avaient déjà enveloppé l'aile droite du *13*e dragons. Le 2e escadron des nouveaux arrivants déboîta donc vivement vers la droite pour parer au danger, tandis que les 3e et 4e (auxquels se joignit presque aussitôt l'aile droite du *16*e dragons) se jetèrent sur la droite des hussards français.

Le reste du *16*e dragons, enfin, poursuivit sa marche vers le Nord et vint tomber au milieu de la mêlée du *19*e dragons avec les cavaliers du général Legrand et ceux du général de France.

Il est à remarquer que dans cette grandiose rencontre de cavalerie, ou 21 escadrons français (1) venaient se heurter à 22 escadrons allemands, les rencontres successives s'étaient très rapidement succédé les unes aux autres sur tout le front. Le contact de la brigade Montaigu avec le *13*e dragons eut probablement lieu le premier. Mais en raison même de la petite allure prise par le *13*e dragons avant la charge et de la hâte qu'avait le général Bredow d'intervenir au plus vite avec le *19*e dragons, déjà arrivé près de Ville-sur-Yron, l'engagement des lanciers de la Garde avait suivi de très près celui des hussards. On a déjà vu que le deuxième échelon de la brigade Bredow (*13*e hulans et *4*e cuirassiers) avait allongé l'allure pour rejoindre le *19*e dragons.

---

(1) Non compris les quatre escadrons du 2e chasseurs d'Afrique, qui ne prirent pas effectivement part aux dernières charges et se retirèrent près de la ferme Greyère après le combat. Les dragons de la Garde n'avaient que quatre escadrons présents, le 2e étant détaché comme escorte au quartier général de la Garde. Les 2e et 7e hussards n'avaient également que quatre escadrons.

Bien qu'il n'y fût pas parvenu *avant* l'instant de la rencontre du *19*e dragons et des lanciers, le dernier escadron de ces échelons (1), distant d'environ 1500 mètres de la tête de la brigade, ne dut arriver que quatre ou cinq minutes plus tard sur le théâtre de la lutte. A ce moment, la mêlée des hussards n'avait pas encore pris fin, et le dernier échelon des Prussiens (*10*e hussards et *16*e dragons) eût le temps d'intervenir à son tour.

En fait, les escadrons français disponibles sur le plateau de Ville-sur-Yron furent tous engagés, — successivement, mais dans un très court espace de temps, — avec les deux premiers échelons de la cavalerie allemande et avant que le troisième échelon fît son apparition. Partout, les escadrons opposés se traversèrent, puis se mélangèrent en deux masses principales séparées par un intervalle d'au moins 500 mètres et où la lutte corps à corps, — d'ailleurs relativement peu meurtrière, — aurait peut-être pu recevoir une décision par l'irruption soudaine d'une cavalerie fraîche agissant en une masse importante et produisant un effet de surprise. Malheureusement pour les Français, les nombreux escadrons dont on aurait pu disposer dans ce but, étaient encore trop éloignés comme on le verra bientôt. Quant aux Allemands, les sept derniers escadrons qui formaient leur troisième échelon et accouraient en hâte, se fractionnèrent dès l'abord et intervinrent sur trois points différents et très éloignés les uns des autres. Ils ne firent donc qu'alimenter le combat, sans produire d'effet décisif et se perdirent dans la cohue au milieu de laquelle ils tombèrent.

A défaut d'un brusque dénouement du combat, et bien que l'effectif en hommes penchât très nettement en

(1) $\frac{3}{4 \text{ Cuir}}$.

faveur des Allemands, peut-être pouvait-on espérer que la souplesse et l'agilité des cavaliers français décideraient d'une lutte dont l'issue ne reposait plus que sur la valeur individuelle des combattants.

Mais la sonnerie du ralliement se fit entendre!

« Par fatalité, dit le général de Gondrecourt dans son rapport, un trompette étranger à notre division sonna le ralliement, et nos cavaliers, tant du 4e corps que de la Garde, obéirent à cette sonnerie, ce qui causa un désordre dont l'ennemi, rudement atteint par notre premier choc, ne sut ou ne put pas profiter (1). »

Peut-être la masse confuse que formaient alors les cinq mille cavaliers français et allemands reflua-t-elle, un instant, tout entière vers le Nord, à la suite des tentatives individuelles faites par nos cavaliers pour se retirer du combat. Mais ce mouvement de recul fut, en tous cas, très limité, et si les escadrons français se dégagèrent les premiers à une sonnerie qu'ils prirent pour un ordre général, — et qui, à coup sûr, était survenue bien mal à propos, — les escadrons prussiens, tout aussi éprouvés que les nôtres, ne *repoussèrent* point l'adversaire à la pointe de leurs sabres et songèrent encore bien moins à les *poursuivre* (2).

Ces escadrons, complètement mélangés, se reformèrent

---

(1) *Rapport du général de Gondecourt*, daté du 18 août.

(2) La 25e Monographie est d'ailleurs très sobre de détails sur ce sujet et ne dit pas comment et par qui cette poursuite aurait été exécutée. Il est exact que les escadrons prussiens aient été fusillés par quelques chasseurs d'Afrique depuis la lisière des bois la Grange, où se trouvait le convoi de ce régiment avec son escorte. Mais l'extrême gauche allemande était, au moment de l'abordage avec les dragons de la Garde, à 800 mètres de cette lisière et n'avait pas besoin, par conséquent, de pousser bien loin pour recevoir des coups de fusil partis de cette lisière. En revanche certaines fractions du *10e* hussards prussien furent pousuivies jusque dans le voisinage de Mars-la-Tour par des fractions du 7e hussards français.

simplement sur le terrain du combat et se replièrent sur Mars-la-Tour sous la protection du *13*e régiment de dragons qui essuya alors quelques salves envoyées par les chasseurs d'Afrique (1).

Arrivée de la division de Clérembault. — Au moment où les deux adversaires se dégageaient de cette lutte corps à corps restée indécise, la division de Clérembault, accourue, — mais trop tard, — des environs de Bruville, franchissait le Fond de la Cuve au Nord de la ferme Greyère (2). La tête de la brigade de dragons arrivait la première sur le plateau et se déployait perpendiculairement à la route et au Sud de la lisière du bois la Grange. Près d'elle, refluaient des escadrons des lanciers de la Garde, du 3e dragons et du 2e hussards. En avant, à 800 mètres environ, des escadrons prussiens se ralliaient et se retiraient.

Cependant, le commandant de la brigade fit déployer en tirailleurs un peloton du 2e dragons et prescrivit au 4e dragons de se porter en avant. Malheureusement on avait éprouvé des difficultés sérieuses à traverser le ravin et le colonel Cornat (du 4e dragons) ne disposait encore à ce moment que de deux escadrons. Il les dirigea immédiatement vers le rassemblement ennemi qu'on découvrait à hauteur de Ville-sur-Yron. L'escadron de droite fut déployé en fourrageurs et lancé au galop, tandis que celui de gauche suivait comme soutien. Les fourrageurs poussèrent jusqu'aux fractions de

(1) Dès que le terrain fut dégagé par les escadrons français, les chasseurs d'Afrique, qui étaient en partie restés dans le voisinage de la route de Jarny, fusillèrent la cavalerie allemande.

(2) La brigade de Maubranches (2e et 4e dragons), marchait en tête ; quatre escadrons (trois du 3e chasseurs et un du 10e chasseurs) de la brigade Bruchard suivaient.

On sait que la brigade de Juniac avait été maintenue près de Saint-Marcel par le maréchal Lebœuf.

la cavalerie prussienne, qu'ils attaquèrent au sabre pendant qu'elle se ralliait (1).

Mais un seul escadron ne pouvait à lui seul obtenir un résultat sérieux, ni pour décider du combat, ni même pour inquiéter la retraite des masses allemandes. Le colonel Cornat rallia ses fourrageurs, se replia avec eux vers le Nord, puis revint encore une fois vers le Sud avec tout son régiment quand celui-ci eût été réuni en entier (2). Mais alors, la cavalerie allemande s'était complètement retirée vers Mars-la-Tour, et au moment où la nuit approchait, cette prise de possession d'un plateau complètement abandonné par l'ennemi restait purement platonique. D'ailleurs, le colonel Cornat se repliait bientôt sur le reste de sa brigade à une sonnerie de ralliement qu'il entendit dans le lointain (3).

Quant aux quatre escadrons de chasseurs du général de Bruchard, ils virent refluer sur eux, au moment où ils descendaient le ravin, « un mélange de cavaliers de toutes armes, y compris des lanciers de la Garde qu'on faillit charger parce qu'on les prit un instant pour des hulans ».

Quelque peu gênée dans sa marche, la brigade légère gagna cependant le plateau et vint s'adosser aux bois la Grange, d'où elle assista en simple spectatrice à l'insignifiante tentative des dragons.

L'escadron du 10e chasseurs fut placé « en flanc offensif » (!) à 200 mètres en avant de la gauche et le

(1) La 25e Monographie glisse très rapidement sur cet incident et dit seulement qu'un escadron et un peloton intervinrent dans la dernière phase de la lutte..... et que, pendant la retraite, un escadron ennemi suivit *à grande distance*.

(2) Journal de marche de la division de cavalerie et Rapport du colonel Cornat, du 17 août.

(3) Une autre sonnerie de ralliement qui, heureusement, cette fois, eut de moins graves conséquences que la première.

6e escadron du 3e chasseurs « fut poussé en avant pour reconnaître la position de l'ennemi ; mais celui-ci avait disparu..... ».

La brigade de dragons repassa d'ailleurs bientôt sur la rive droite du Fond de la Cuve et se forma en colonne serrée, puis fut rejointe un instant plus tard par les quatre escadrons du général de Bruchard. Toute la division regagna ensuite Saint-Marcel, où elle passa la nuit.

Ainsi se termina cette mémorable rencontre de cavalerie qui, comme le fait fort justement remarquer le général de Woyde, fut provoquée : « Du côté des Allemands, par les efforts parfaitement logiques que faisait le général de Voigts-Rhetz pour protéger autant que possible l'aile gauche de bataille allemande dans la situation critique où elle se trouvait ; et, du côté des Français, par les craintes non fondées qu'inspiraient au commandant du corps de l'aile droite des « masses énormes » qui paraissaient menacer son flanc droit (1). »

Bien que le commandant du Xe corps n'ait nullement eu l'idée qu'une charge immédiate fut possible sur le plateau de Ville-sur-Yron, les événements ont prouvé qu'il eût pu être dangereux d'y acheminer la nombreuse cavalerie qu'on y voulait fort justement réunir, avant de l'avoir préalablement groupée aux environs de Mars-la-Tour. Le croquis n° 8 fait très nettement ressortir qu'à 5 h. 30 du soir, c'est-à-dire au moment précis où l'action allait s'engager, les 22 escadrons prussiens se trouvaient échelonnés sur une profondeur d'au moins 3 kilomètres.

Que dans une telle occurrence, une masse de cavalerie française, réunie sous un commandement unique et animée d'un esprit nettement offensif eût débouché

(1) *Causes des succès et des revers en 1870.*

au-devant de ces régiments épars, et la cavalerie allemande était vraisemblablement balayée aux environs de Mars-la-Tour jusqu'à Puxieux et Tronville.

Malheureusement la cavalerie française ne formait point une masse, mais un groupement hétérogène de divisions, de brigades et de régiments placés sous des commandements différents.

D'autre part, elle perdit un temps précieux dans les préliminaires de la charge, et l'on ne peut que déplorer qu'il se fût écoulé un espace de temps aussi considérable entre la première attaque exécutée par les chasseurs d'Afrique et celle de la brigade Montaigu, — longue période pendant laquelle le général de Ladmirault dut faire réitérer l'ordre de charger et pendant laquelle aussi la cavalerie allemande eut le temps d'amener ses escadrons les plus éloignés.

La troupe était brave cependant, — comme elle le prouva quelques minutes plus tard, — et les chefs désireux de la conduire au combat; mais dans son insouciance, la cavalerie française avait cru remplir tous ses devoirs en poussant, dans le courant de l'après-midi, quelques reconnaissances jusqu'au village de Mars-la-Tour. Elle n'eut point l'idée d'entreprendre un véritable service d'exploration sur le flanc si largement ouvert d'un ennemi déjà en très mauvaise posture, et négligea de prendre les mesures de sécurité les plus élémentaires qui lui eussent permis, le cas échéant, de sortir rapidement de l'espèce de tanière où le commandement l'avait d'ailleurs rappelée lui-même, après sa pointe vers le Sud.

Enfin, on ne peut passer sous silence l'intervention tardive et inefficace de la division de cavalerie du 3e corps, qui, si elle se fût trouvée sous les ordres d'un chef supérieur dirigeant toutes les masses de cavalerie de l'aile droite, eût très certainement pu être présente au bon moment, et décider du succès par l'action, — qui n'eût manqué d'être efficace, — d'escadrons frais sur la cohue alors formée par les cavaliers allemands à bout de forces.

Ralliement et retraite de la cavalerie française. — Après s'être ralliés à hauteur de la ferme la Grange, — à l'exception d'isolés ayant déjà repassé le ravin, — les escadrons de la division Legrand et de la brigade de France franchirent le Fond de la Cuve et vinrent mettre pied à terre au Nord de la ferme Greyère.

Sur l'ordre du général de Gondrecourt, commandant provisoirement la cavalerie du 4e corps, chaque régiment envoya alors sur le lieu du combat un peloton pour relever les blessés (1).

Vers 7 heures du soir, la brigade de France partait pour Gravelotte où elle rejoignait sa division dans la nuit. Vers 10 heures du soir, les régiments Legrand et du Barail se rendaient à Doncourt où ils établissaient successivement leurs bivouacs à partir de 11 heures.

Fin de la bataille à l'aile droite. — Dès que le général de Voigts-Rhetz eut donné à la cavalerie l'ordre de charger coûte que coûte pour sauver les débris de la *38e* brigade qui refluaient vers la chaussée de Mars-la-Tour, le général de Schwarzkoppen envoya un officier d'ordonnance communiquer cet ordre au général Wedell à l'aile droite des fuyards. Lui-même se porta à la rencontre de l'aile gauche avec son chef d'état-major et ne parvint qu'avec la plus grande peine à orienter vers Tronville quelques groupes de cette cohue affolée. C'est alors que le major von Scherff fit appel au 3e escadron du *13e* hulans, pour chercher à former un barrage à la masse absolument désorganisée qui se disloquait peu à peu dans toutes les directions.

(1) *Notes* de M. le contrôleur Longuet, *loc. cit.*

Le major Schaumann recevait en même temps, sur la position qu'il avait prise au Sud-Est de Mars-la-Tour, un ordre écrit du général Wedell, lui prescrivant de se retirer *sur Thiaucourt* (1). Étonné d'une telle prescription, il alla trouver le commandant du Xe corps qui lui fit part de son désir de rassembler la *38*[e] brigade auprès de Tronville et non de la laisser filer jusqu'à Thiaucourt (2). L'ordre de retraite avait, en effet, été mal interprété et mal transmis par l'officier d'ordonnance envoyé auprès du général Wedell, puis avait été ensuite répété à diverses fractions des troupes (3), de sorte que bon nombre d'isolés disparurent vers le Sud et ne rallièrent leurs bataillons respectifs que dans la nuit ou même dans la matinée du lendemain.

Quoi qu'il en soit, la majeure partie de la brigade Wedell se rassembla peu à peu entre Puxieux et Tronville où refluaient déjà d'importantes fractions de la *20*[e] division.

Vers 5 heures du soir, l'attention du général Alvensleben avait été attirée par le violent combat qui se livrait au Nord de Mars-la-Tour. A 6 heures, il put remarquer que les bataillons de la *20*[e] division, maintenus en réserve entre la route de Mars-la-Tour et les bois de Tronville, rétrogradaient sur Tronville. Intervenant personnellement auprès du général de Voigts-Rhetz, il lui représenta la nécessité de maintenir à tout prix les troupes allemandes dans le bois, sous peine de découvrir complètement la gauche du IIIe corps. Il fut convenu entre les deux commandants de corps d'armée

(1) D'après Cardinal von Widdern, qui s'appuie lui-même sur les *Souvenirs de Schaumann.*

(2) Le major Schaumann resta en position jusqu'à la nuit et se retira ensuite sur Tronville.

(3) *Einzelschriften. Heft 25. Anlage Nr 35.*

que la retraite de la *20*e division « était le résultat d'un malentendu (1) », et le bois de Tronville fut solidement réoccupé par le général de Kraatz.

A la tombée de la nuit, le *10*e bataillon de chasseurs et les fusiliers du *56*e garnirent d'avant-postes la lisière Nord des bois. Entre ceux-ci et la route de Buxières, deux bataillons du *92*e établirent leur ligne de surveillance, face au Nord-Ouest, à mi-distance entre Tronville et Mars-la-Tour.

Le reste de la *20*e division bivouaquait à Tronville auprès de deux bataillons de la *6*e division (2). La *19*e division se réunissait un peu plus à l'Ouest vers Puxieux. Enfin, la *5*e division de cavalerie bivouaquait partie à Puxieux, partie à Xonville.

Dispositions prises par le général de Ladmirault. — « Le cruel sacrifice du *1*er régiment de dragons de la Garde, dit la 25e Monographie, n'avait pas été inutile. Le but, plus important que les pertes subies par l'ennemi, était atteint : le feu de l'adversaire avait été détourné de l'infanterie prussienne, et la charge avait permis à la 5e batterie légère de s'éloigner. Plus important encore était le résultat moral de la charge ; elle montra aux Français qu'ils n'étaient pas encore les maîtres du champ de bataille et ne pouvaient se livrer impunément à l'ivresse du triomphe ; elle contribua en outre à arrêter la marche en avant de l'ennemi, qui se retira peu à peu de l'autre côté du ravin pour remettre un peu d'ordre dans ses rangs. »

On a fait remarquer précédemment que les dragons de la Garde avaient effectivement remporté un succès très réel en forçant les bataillons groupés sur la croupe

---

(1) *Einzelschriften. Heft 18.*

(2) $\frac{\text{I, II}}{20}$.

261 à suspendre leur tir contre l'infanterie en retraite, et surtout en leur interdisant toute idée éventuelle de poursuite. Mais pour très réel qu'il soit, ce succès n'en était pas moins purement local, ainsi qu'on l'a déjà dit, et il semble qu'il ne soit possible de s'associer à l'affirmation de la 25e Monographie qu'à la condition que celle-ci vise uniquement les troupes réunies au Sud du ravin, et qu'elle se limite à rechercher la cause de leur passivité.

En ce qui concerne l'inaction du commandant du 4e corps, et l'abandon de la position conquise autour du peuplier 261 par la 1re division, il faut en rechercher la cause plus haut que dans l'impression produite par trois valeureux mais faibles escadrons.

Le général de Ladmirault, fort préoccupé de son flanc droit qu'il estimait très menacé par la cavalerie ennemie, s'était maintenu pendant toute la fin de la bataille sur la hauteur de la ferme Greyère.

Il n'avait donc été pour rien dans la vigoureuse contre-attaque de la division de Cissey, si ce n'est toutefois en la pressant d'arriver sur le champ de bataille en un point où il ne prévoyait pas encore que la division Grenier subirait plus tard une attaque de vive force, et où les Allemands furent eux-mêmes conduits contre leur propre volonté. C'est donc un double hasard, se compliquant encore d'une exacte coïncidence d'heure, qui mit brusquement face à face les bataillons de la 1re division et ceux du général Wedell.

Quand le général de Ladmirault eut appris le succès que venait de remporter la division de Cissey et qu'il eut assisté à la mêlée du plateau de Ville-sur-Yron, il remonta vers le centre de ses positions « rayonnant de satisfaction (1) ». A mesure qu'il s'avançait vers l'Est, il

(1) « Témoin du désordre qui s'était produit à la fin de l'action à

put constater que ses batteries étaient rentrées en ligne et tiraient maintenant sur l'artillerie allemande rejetée au Sud de la grande route ; les troupes de la division de Cissey étaient pelotonnées sous ses yeux de l'autre côté du ravin, avec assez peu d'ordre, il est vrai, mais complètement débarrassées maintenant de l'adversaire qu'elles venaient de rejeter définitivement vers le Sud. Suivant l'expression du lieutenant-colonel Saget, qui accompagnait alors le général de Ladmirault, le 4e corps « restait maître du champ de bataille (1) ».

Le général en chef n'était d'ailleurs pas le seul à envisager la situation sous un jour très favorable pour nos armes, car sur tout son parcours il fut salué par les acclamations des troupes restées au Nord du ravin, et pour lesquelles la charge des cavaliers de la Garde prussienne ne paraît avoir, par conséquent, produit d'autre impression que celle d'une tentative désespérée ayant finalement abouti à une défaite.

A ce moment, les troupes d'infanterie restées au Nord du ravin étaient encore nombreuses. A l'extrême gauche, deux bataillons du 13e avaient été peu ou point engagés (2).

---

laquelle il s'était mêlé en guidant le mouvement offensif de notre cavalerie, le capitaine de la Tour du Pin rejoignit le général de Ladmirault avec la conviction que nous venions d'éprouver un échec. Il le trouva *rayonnant de satisfaction*, car il venait de voir (ou d'apprendre) le succès de la division de Cissey contre l'infanterie allemande. Le général remontait vers le centre de notre position ; on lui présentait le drapeau du *16e* régiment de l'infanterie prussienne et nombre de prisonniers. De toutes parts l'ennemi se retirait vers le Sud. » (*Souvenirs inédits* du capitaine de la Tour du Pin, cités par le colonel Rousset.)

(1) *Souvenirs* du général Saget. Cette expression est également employée par le général de Cissey, qui ne paraît pas, par conséquent, avoir été très vivement impressionné par la charge des dragons prussiens.

(2) $\frac{\text{I, III}}{13}$.

Sur les pentes descendant vers le ravin, quelques compagnies du 5e bataillon de chasseurs étaient plus ou moins éparpillées.

Sur la crête du bois Dessus, cinq bataillons (1) étaient encore présents, dont deux (ceux du 6e) étaient absolument intacts.

A l'Ouest de la route de Bruville, enfin, trois bataillons et demi n'avaient pas encore vu le feu (2).

En résumé, et en ne tenant compte que des troupes qui n'avaient point souffert du tir de l'ennemi, on peut constater que le commandant du 4e corps disposait encore de sept bataillons et demi, qui, — s'ils étaient répartis sur un front assez étendu, — n'en constituaient pas moins une réserve importante avec laquelle on était en droit d'espérer compléter le succès très réel qu'on venait de remporter.

Peut-être, le général de Ladmirault caressa-t-il un instant ce projet, car après s'être rendu auprès des troupes du général de Cissey, il fit part à un officier des chasseurs d'Afrique, envoyé par le général du Barail, de son intention de *continuer le mouvement en avant sans interruption* (3).

Mais le commandant du 4e corps ne dut pas s'arrêter longtemps à cette idée, car, oubliant la présence des

---

(1) $\frac{\text{II}}{13}$, $\frac{\text{I, II}}{43}$, $\frac{\text{II, III}}{6}$.

(2) $\frac{\text{I}}{64}$, $\frac{\text{I}}{98}$, 1/2 $\frac{\text{II}}{98}$, $\frac{\text{III}}{98}$.

(3) « Je fus envoyé, dit le colonel de Chabot, pour dire au général de Ladmirault, de la part du général du Barail que le 2e chasseurs d'Afrique arrivait à sa disposition. Je crois me rappeler que je le trouvai sur le chemin de Mars-la-Tour à Saint-Marcel, près de la cote 237 ; il donna l'ordre au régiment de suivre en réserve et me dit qu'il continuait son mouvement en avant sans interruption et que tout allait bien de son côté. » (Lettre du colonel de Chabot, alors sous-lieutenant au 2e chasseurs d'Afrique.)

bataillons restés au Nord du ravin, il paraît n'avoir plus retenu que le fait, malheureusement exact, de l'absence de la division Lorencez.

« Je ne mets pas en doute, dit-il, que si, à ce moment, j'avais eu sous la main la division Lorencez, si fatalement engagée dans le ravin de Châtel, j'aurais pu pousser jusqu'à Tronville mon mouvement offensif, ce qui aurait changé la face des choses en dégageant la route de Mars-la-Tour (1)..... »

Le même sentiment était partagé par le général de Cissey qui s'exprime ainsi dans ses *Souvenirs inédits :* « Nous étions maîtres du champ de bataille. Il eût fallu faire occuper Mars-la-Tour par tout le 4ᵉ corps et une réserve. On interceptait ainsi la route de Paris et on empêchait les Prussiens de se renforcer pendant la nuit (?)..... Il eût fallu que la division Lorencez arrivât le soir même et passât, *en se déployant sur une seule ligne*, en avant de la division Grenier et de la mienne. Faute de cela, nous dûmes abandonner les hauteurs si glorieusement conquises et nous retirer sur nos premières positions afin de nous reformer. »

Certes, certaines fractions du 4ᵉ corps, et plus particulièrement trois régiments de la division de Cissey, avaient été assez fortement éprouvées ; après le court, mais très violent combat qu'elles venaient de conduire à bien, il n'eût peut-être pas été possible de leur demander immédiatement un nouvel effort. Mais, parmi celles de la division Grenier, le 43ᵉ et le IIᵉ bataillon du 13ᵉ étaient les seules qui eussent été sérieusement engagées, — et cela, d'ailleurs, — pendant un assez court laps de temps.

En ce qui concerne l'artillerie, on pouvait la considérer comme à peu près intacte. La batterie la plus

(1) Instruction du procès Bazaine. Interrogatoire n° 57.

éprouvée (1) n'avait, en effet, perdu que 10 hommes. Parmi les quatorze batteries présentes (2), dix n'avaient que 5 hommes ou au-dessous, hors de combat, et trois n'avaient subi aucune perte. Enfin, la batterie qui avait le plus tiré (3) était loin d'avoir épuisé les coffres de sa batterie de combat et presque toutes les autres n'en avaient même pas vidé la moitié.

Les règles d'une rigoureuse impartialité obligent donc à constater qu'après la catastrophe terrible qu'il venait d'infliger aux cinq bataillons et demi du général Wedell, le 4e corps disposait encore d'une artillerie très supérieure en nombre à celle que l'ennemi lui avait opposée sur cette partie du champ de bataille, et que, sans même faire appel aux dix-huit bataillons et demi qui s'étaient trouvés plus ou moins engagés déjà, il lui restait encore plus de sept bataillons frais pour donner la chasse à un adversaire décimé et complètement démoralisé.

Malheureusement, le fait d'avoir repoussé victorieusement une attaque fut considéré comme le seul succès auquel on fut en droit de prétendre, tant qu'on n'aurait pas réuni des forces écrasantes pour le compléter. Alors qu'il s'agissait seulement de donner le coup de grâce à un ennemi battu déjà, le commandement de l'aile droite française céda à la crainte de se compromettre et ne sut pas recueillir les fruits d'une victoire qui resta, pour ainsi dire, stérile.

Il est d'ailleurs juste d'ajouter que le commandant du 4e corps avait été laissé dans la plus complète

---

(1) $\frac{5}{1}$.

(2) Y compris les 5e et 6e du 19e.

(3) $\frac{6}{17}$.

ignorance des projets du Maréchal, et qu'il n'avait reçu de lui aucune indication de nature à le guider. Parvenu à Doncourt, comme il en avait reçu l'ordre, engagé par la force des choses à la gauche du 3e corps, il crut avoir rempli tout son devoir en résistant, sur la position qui s'imposait à lui, aux tentatives de l'adversaire. La vigoureuse contre-attaque de la division de Cissey ne fut même pas prévue par le général de Ladmirault dans la forme où elle se manifesta et encore bien moins dans les résultats qu'elle obtint. Appelée par lui, sur le lieu du combat, la 1re division eut la chance inespérée de surgir au moment opportun et sur le point voulu pour prononcer une attaque décisive contre des troupes numériquement inférieures et déjà décimées. L'ardeur de tous la conduisit sur l'autre bord du ravin, où elle s'arrêta aussitôt, en l'absence d'un chef supérieur qui n'apprit que plus tard ce qui s'était passé.

Le général de Cissey résume très simplement dans ses *Souvenirs* le double fait auquel on vient de faire allusion :

« Nous n'avons pas vu le Maréchal commandant en chef, dit-il, et pas un seul de ses officiers n'est venu pendant la bataille voir ce qui se passait de notre côté. Le général de Ladmirault, préoccupé de son mouvement tournant, n'est pas venu voir ma division, il se tenait à l'extrême droite avec la division Grenier. »

Chacun agissait donc pour son compte dans cette malheureuse bataille où se jouait, cependant, la liberté de notre armée, et il n'est pas surprenant qu'avec de tels errements la conception ait été si vague et la décision si hésitante à tous les degrés de la hiérarchie.

Quand, après le désastre qu'on venait d'infliger à la brigade Wedell sans l'avoir prémédité, il fallut prendre une décision pour sortir d'une situation qu'on n'avait pas prévue, ce fut l'opinion la plus timorée qui prévalut et la division victorieuse fut ramenée sur la crête du bois Dessus; puis, vers 11 heures du soir, les troupes du 4e corps furent ramenées aux environs de Doncourt, comme si l'étape ordonnée pour le 16 n'avait pas été troublée par une grande bataille (1).

XIV. — Fin de la bataille à l'aile gauche française.

On se rappelle que vers 5 heures du soir, le commandant en chef de l'armée française disposait, aux environs de Rezonville et devant la lisière des bois, de forces très considérables : la brigade Lapasset, la division Levassor-Sorval et la division de grenadiers de la Garde venaient d'être renforcées par d'importantes fractions de la division de voltigeurs et de la division Montaudon, rappelées successivement du plateau de Gravelotte au Sud de Rezonville (2); en outre, cinq bataillons de la division Aymard (3) et un bataillon de la division Tixier (4) étaient groupés près du village, au Nord duquel se tenaient encore le 9e régiment et d'importantes fractions de la division La Font de Villiers. Les deux divisions de cavalerie Forton et Valabrègue, enfin, étaient massées au Sud des bois Leprince et Pierrot.

Le 2e corps tout entier s'était reporté, à la suite de son échec du matin, jusqu'aux abords de Gravelotte, où stationnaient encore les fractions de la division de voltigeurs et de la division Montaudon que le maréchal avait

(1) La retraite du 4e corps sur Doncourt et son installation au bivouac seront relatées plus tard. Seules, quelques compagnies furent laissées à Greyère et sur la crête du Poirier.

(2) 2e et 3e voltigeurs; 51e et $\frac{\text{I, II}}{62}$.

(3) 11 B Ch, $\frac{\text{III}}{60}$, 85.

(4) $\frac{\text{II}}{100}$.

chargé de surveiller le débouché de la route d'Ars, la lisière du bois des Ognons et même la direction des bois de Bagneux (1).

On sait également (2) que le général de Barnekow, commandant la *16*e division prussienne était arrivé vers 3 h. 15 à la ferme Sainte-Catherine, et qu'il avait, sur la demande du général de Stulpnagel, dirigé ses trois batteries (3) sur le plateau 322 à l'Ouest du bois de Vionville et cinq des bataillons (4) dont il disposait immédiatement, par la côte Moussa, dans le bois Saint-Arnould (5). Le *11*e régiment suivait à distance (6).

Le combat entre 5 heures et 7 heures sur la croupe de la Maison-Blanche. — Il était près de 5 heures, quand les deux bataillons du *72*e rejoignirent, sur la lisière du bois de Saint-Arnould, les deux bataillons du *8*e qui ne s'y maintenaient plus qu'avec peine. Déployant ses deux bataillons côte à côte, le colonel du *72*e se porta immédiatement à l'attaque de la hauteur occupée par le 84e. Malgré la violence du feu de l'infanterie française, il parvint cependant jusqu'à proximité des tirailleurs du 84e régiment, qui reculèrent quelque peu et abandonnèrent un instant la Maison-Blanche. Mais ramenés vigoureusement en avant par le général Lapasset, les

(1) 1 V, 4 V, 3 Br $\frac{\text{D C}}{\text{G}}$, $\frac{8}{4}$, 2 c $\frac{\text{B Ch}}{\text{G}}$, 81, 95.

(2) Voir pages 389 et 392.

(3) $\frac{\text{5, V, VI}}{8}$.

(4) $\frac{\text{I, F}}{72}$ et $\frac{\text{I, II, III}}{40}$.

(5) Le dernier bataillon $\left(\frac{\text{II}}{72}\right)$ gagnait directement le bois des Ognons par le bois des Chevaux.

(6) Voir page 390.

bataillons français (1) rejetèrent la plus grande partie des deux bataillons du *72*e jusqu'au bois où ils furent recueillis par le *40*e régiment qui en atteignait la lisière en cet instant (5 h. 30) (2).

Le combat avait donc été très vivement rétabli sur cette partie du champ de bataille, grâce à la ténacité que le général Lapasset déployait depuis le matin et dont il allait bientôt donner de nouvelles preuves.

Malheureusement, sur les six batteries présentes au moment de l'attaque, deux s'étaient retirées pour ne plus reparaître, après avoir laissé deux caissons sur le terrain (3).

Cependant, le colonel du *40*e s'était aussitôt porté au delà de la lisière pour soutenir le *72*e. Devant ce retour offensif inattendu, les compagnies du 3e grenadiers et du 84e engagées sur la pente découverte qui descend vers les bois éprouvèrent un sentiment de trouble qui se traduisit par un léger mouvement de recul. La Maison-Blanche fut à nouveau abandonnée, de sorte que les quelques compagnies du *72*e, restées sur la ligne de combat parvinrent à l'occuper pendant que d'autres atteignaient, par le ravin de Sainte-Catherine, le saillant de la bande boisée qui en garnit le fond (4). En même temps, la 7e batterie du 2e reculait vers son ancien emplacement.

---

(1) $\frac{\text{I, III}}{84}$, $\frac{\text{I}}{3\text{ Gr}}$ et $\frac{\text{I}}{2\text{ V}}$.

(2) La 7e batterie du 2e accompagna le mouvement en avant de l'infanterie et dirigea son feu sur les fractions de l'assaillant qui s'avançaient par les pentes du ravin.

(3) $\frac{7,\ 8}{18}$. Pertes : 7e batterie, 5 hommes, 8 chevaux, 120 obus; 8e batterie : 9 hommes, 16 chevaux, 360 obus.

(4) Presque à hauteur de la Maison-Blanche.

Cependant, le succès des troupes prussiennes devait être de courte durée, car en voyant déboucher du bois les compagnies du *40*ᵉ, le commandant du Bessol avait fait aussitôt déployer les six compagnies de chasseurs de la Garde qu'il avait amenées sur la croupe 307, et avait fait exécuter des feux de salve sous la protection desquels l'infanterie du général Lapasset et les fractions du 3ᵉ grenadiers et du 2ᵉ voltigeurs se rallièrent très rapidement. Ramenées en avant par le général et appuyées par les chasseurs de la Garde, par le Iᵉʳ bataillon de zouaves et par les deux premiers bataillons du 3ᵉ grenadiers, elles criblèrent les compagnies prussiennes du *72*ᵉ d'un feu si intense, que ces dernières évacuèrent précipitamment la Maison-Blanche et la corne du bois située sur le revers oriental de la croupe (1). Il était alors 6 heures.

Mais pendant que se déroulaient ces événements, le *40*ᵉ régiment avait pu s'avancer lui-même vers le Nord sans avoir à subir de pertes trop considérables. Trois compagnies furent laissées en réserve sur la lisière du bois ; cinq sections seulement s'avancèrent à découvert par les abords du chemin de Rezonville, tandis que les quinze autres progressaient par les pentes du ravin, à l'Ouest de ce dernier (2) (3).

Dès que les premières compagnies du *40*ᵉ arrivèrent près des fractions du *72*ᵉ restées au combat, celles-ci se précipitèrent à nouveau sur la Maison-Blanche qu'elles venaient d'abandonner et qu'elles reprirent ; mais les tentatives des Allemands dirigées contre la corne du

(1) Les deux bataillons du *72*ᵉ engagés devant la Maison-Blanche perdirent 820 officiers et hommes de troupe ; les 1ʳᵉ et 2ᵉ compagnies du Iᵉʳ bataillon en perdirent respectivement 113 et 176.

(2) D'après Kunz, *Kriegsgeschichtliche Beispiele, Heft* 8 *und* 9.

(3) Les trois bataillons du *40*ᵉ ne perdirent que 111 officiers et hommes de troupe.

bois, d'une part, et par le ravin de Rezonville, d'autre part, échouèrent complètement.

D'ailleurs, le général Lapasset n'entendait pas laisser à l'adversaire le seul point d'appui situé au centre de ses positions de combat (1), et un nouveau bond en avant de toute la ligne française rejeta les bataillons prussiens tant dans les deux ravins de Gorze et de Sainte-Catherine que dans le bois de Saint-Arnould (6 h. 45).

Cependant, le colonel Rex, commandant la *32*e brigade, n'avait pas attendu que la série de ces échecs successifs des troupes prussiennes fût épuisée pour réclamer du secours. Dès 6 heures du soir, il avait prié le *11*e régiment, arrêté jusqu'à nouvel ordre sur la lisière Sud du bois de Saint-Arnould, de lui donner son appui. Cette demande, transmise au colonel de Schönig par le chef d'état-major du VIIIe corps, arriva à destination en même temps qu'un ordre du commandant de la *18*e division, prescrivant au *11*e régiment de rétrograder jusqu'à la Moselle, où il avait reçu, comme on se le rappelle, la mission de garder le passage de Corny. Entre l'ordre de son chef direct et l'invitation d'un collègue en danger, le colonel Schönig n'hésita pas et traversa, en toute hâte, le bois de Saint-Arnould, au sortir duquel il déploya son régiment entre la route et le ravin de Gorze, pendant que le *40*e refluait déjà vers les bois (6 h. 45).

Mais avant de relater cette nouvelle et dernière tentative à laquelle le général Lapasset réservait, par son inflexible ténacité, le même sort qu'aux précédentes, il est nécessaire de faire un retour en arrière pour examiner ce qui s'était passé depuis 5 heures au Sud et à l'Ouest

---

(1) Point d'appui bien faible, il est vrai. La Maison-Blanche était de dimension très réduite et n'avait qu'un étage. Elle n'en constituait pas moins le seul couvert du long et étroit glacis compris entre les deux ravins.

de Rezonville, c'est-à-dire entre le ravin de Gorze et la grande route de Mars-la-Tour.

Le combat au Sud et à l'Ouest de Rezonville. (Après 5 heures.) — Vers 5 heures du soir, une longue ligne de 108 bouches à feu prussiennes s'étendait du bois de Vionville au hameau de Flavigny. Mais il est à remarquer que les sept batteries postées au Nord du chemin de Chambley se trouvaient, par suite de leur position en contre-bas et de leurs vues relativement limitées, dans une situation moins favorable que celles de droite, dont le tir pouvait s'étendre jusqu'aux abords de Rezonville sur la croupe occupée par la brigade Lapasset, par la 1re brigade de la division Montaudon et par les batteries à cheval de la Garde. D'ailleurs, les batteries prussiennes de gauche, composées pour la plupart de batteries engagées depuis le matin et déjà très éprouvées, ne comptaient que deux batteries nouvellement arrivées sur le lieu du combat (1), tandis que celles de droite venaient de recevoir, depuis peu, l'appui de cinq batteries fraîches (2).

Si l'on considère, en outre, que, depuis 1 heure de l'après-midi, l'infanterie de la 6e division, qui combattait en avant de Vionville et de Flavigny, n'avait reçu aucun renfort, tandis que les bataillons du Xe et du VIIIe corps avaient tous été dirigés sur le front de combat de la 5e division, on comprendra aisément que la lutte fût devenue traînante aux abords de la grande route, tandis qu'au contraire, elle prit peu à peu une plus grande violence dans le secteur compris entre le chemin de Chambley et le bois des Ognons.

---

(1) $\frac{3,\ \mathrm{III}}{10}$.

(2) $\frac{\mathrm{V},\ \mathrm{VI}}{10}$, $\frac{5,\ \mathrm{V},\ \mathrm{VI}}{8}$.

Lorsque le général Picard dut faire relever les deux premiers bataillons du 2e grenadiers par le IIIe bataillon du même régiment et par le IIIe bataillon du 3e voltigeurs, à la suite de la contre-attaque prononcée contre l'offensive du général Schwerin (1), c'est-à-dire vers 4 h. 45, le 26e de ligne, resté jusque-là en réserve auprès de Rezonville, fut conduit par le général de Marguenat en personne auprès des IIe et IIIe bataillons du 25e sur la crête 312, non sans essuyer, au moins pendant la première partie de son parcours, « une pluie de projectiles (2) » que les troupes supportèrent avec le plus grand calme (3). Avant d'arriver sur la crête, le IIIe bataillon fut arrêté dans une position abritée pour servir de réserve et les deux autres déployèrent leurs tirailleurs à la gauche du bataillon du 2e grenadiers.

Mais à ce moment, la tentative que le colonel de Block venait de faire avec les trois bataillons de la *20*e division (4) avait déjà pris fin, de sorte que l'infanterie française déployée maintenant sur la crête 311-312, se trouva exposée à un violent feu d'artillerie, sans qu'elle put atteindre les compagnies prussiennes qui s'étaient blotties dans le profond ravin 289, après leur tentative infructueuse.

Vers 5 h. 30, et malgré le tir très vif que le 26e dirigeait à grande distance sur les batteries prussiennes, les pertes étaient déjà très élevées. Les deux premiers bataillons du 26e avaient environ 300 hommes hors de

---

(1) Avec $\frac{\text{I, II}}{12}$. Voir page 391.

(2) Rapport du colonel Hanrion, commandant le 26e.

(3) Les bataillons marchaient déployés et placés en colonne à distance de 40 pas.

(4) $\frac{\text{I, II}}{56}$, $\frac{\text{F}}{79}$. Voir page 390.

combat. A leur gauche, les deux bataillons du 25e étaient plus éprouvés encore (1).

D'ailleurs, les trois batteries de la Garde (2) commençaient elles-mêmes à être en mauvaise posture. Les 4e et 6e batteries, réclamées comme on sait par le général de La Croix pour soutenir directement son infanterie (3), ne disposaient plus, sur le terrain du combat, que d'un personnel assez réduit : la batterie Malcor (4e) avait perdu 1 officier, 29 hommes et 12 chevaux; tous les servants de la 6e pièce étaient hors de combat ; la batterie Robert (6e) était moins éprouvée (1 officier et 10 hommes), mais quatre chefs de pièce étaient blessés et 19 chevaux manquaient déjà. La 5e batterie enfin, avait perdu 1 officier, 10 hommes et 5 chevaux, mais bien que ses pertes ne fussent pas très élevées, le tir soutenu qu'elle exécutait depuis deux heures environ avait fortement encrassé ses mitrailleuses, et quatre d'entre elles étaient complètement hors d'état de continuer le feu.

Il était alors à peu près 5 h. 30, et les quatre bataillons du général de Marguenat, qui commençaient d'ailleurs à manquer de munitions à la suite d'un tir sans doute insuffisamment surveillé, durent rétrograder vers Rezonville en même temps que les trois batteries de la Garde. L'infanterie, ayant à parcourir un terrain balayé par les coups longs de l'artillerie prussienne, eut à subir de nouvelles pertes, tandis que les batteries, et en particulier celles de la division de grenadiers, durent ramener à bras plusieurs de leurs pièces jusque sur la grande route.

---

(1) Le IIIe bataillon du 26e fut engagé par la suite sur la crête 299-308, mais dans un combat peu violent. Or les pertes totales du 26e sont de 19 officiers et 340 hommes.

Pertes totales du 25e : 22 officiers et 429 hommes.

(2) $\frac{5}{G}$, $\frac{4,\ 6}{G}$

(3) C'est-à-dire le 2e grenadiers.

Bien que le IIIe bataillon du 2e grenadiers fut resté en position sur le mamelon 311, la ligne de combat française présentait alors une trouée de près d'un kilomètre qui s'étendait jusqu'à la croupe de la Maison-Blanche où le combat se développait maintenant avec une grande violence.

Entrée en ligne de la 1re brigade de la division Montaudon. — Le maréchal Bazaine crut donc parer au plus pressé en prescrivant au général Montaudon de déployer les cinq bataillons qu'il venait d'amener de Gravelotte et qui se trouvaient alors formés sur la croupe 308, en arrière du chemin de Rezonville à Gorze et face au Sud-Ouest (1) (2).

---

(1) C'est par erreur que le croquis n° 7 représente les cinq bataillons du 51e et du 62e face au Sud.

(2) Le combat de la 1re brigade de la division Montaudon est très difficile à reconstituer d'après les documents qu'on possède. Certains d'entre eux, même, paraissent au premier abord complètement incompréhensibles. Le Rapport du lieutenant-colonel Bréart, du 51e, en particulier, présente des impossibilités, — aujourd'hui manifestes, — qui n'ont cependant pas été sans faire sentir leur action sur les rédacteurs du Journal de marche et du second Rapport de la division (daté du 22 août). On peut cependant tirer quelques indications du Rapport du 51e, car il est assez aisé de se rendre compte d'une erreur initiale commise par son auteur sur l'emplacement du régiment près de Rezonville, erreur qui l'a conduit, en s'aidant d'une carte non tenue à jour (comme l'était en 1870 la carte au 1/80,000[e]), à désorienter complètement les directions de marche des trois bataillons.

Le lieutenant-colonel Bréart en effet place le 51e, non point sur la croupe 308, la droite vers Rezonville et en arrière du chemin conduisant à Gorze, où il était en réalité, mais « *en arrière du chemin de Rezonville à Chambley et adossé aux bois de Vionville et de Saint-Arnould* », c'est-à-dire sur la hauteur 311-317. Dès lors les attaques prussiennes débouchant réellement du bois de Saint-Arnould et qu'il avait bien, en effet, observées sur sa gauche, furent considérées par lui comme ayant débouché des bois de la Côte-Fuzée et de la Haie-Notre-Dame, qui sur l'édition de la carte d'état-major encore en usage

Autant qu'on peut en juger par le rapprochement des documents, — assez sommaires et, d'ailleurs, entachés d'erreurs importantes et manifestes, — relatifs à la division Montaudon avec ceux de la Garde et de la brigade Lapasset, il semble que le 51e de ligne déploya ses trois bataillons entre la crête 308-311 (certainement occupée par un bataillon et sans doute par le Ier) et le ravin de

---

en 1870, ne formaient qu'une seule masse boisée avec les taillis de Gaumont. Cette erreur une fois commise, le rédacteur du Rapport a certainement cherché à adapter le souvenir d'une *marche oblique vers la gauche* des trois bataillons du 51e, aux points de repère qu'il lisait sur la carte. Il en est résulté que le Ier bataillon fut censé avoir atteint, *par le Sud de Flavigny, le plateau dominant Vionville*, alors qu'il gagna réellement, *par le Sud de Rezonville, la hauteur* 311 *dominant Flavigny*, et que le IIIe bataillon fut signalé comme ayant marché vers Tantelainville (extrémité de la masse boisée dont il vient d'être question), alors qu'il se porta dans la direction du bois de Vionville.

Cette reconstitution — approximative — du déploiement du 51e trouve d'ailleurs une vérification partielle dans un incident que relate le Rapport du colonel Dumont, du 1er voltigeurs, puisqu'au moment de la charge des 3e et 4e escadrons du *3e* hulans (après 8 heures du soir), 150 hommes du 51e, ramenés par la cavalerie prussienne, se rallièrent sous la protection du Ier bataillon du 1er voltigeurs et se formèrent en carré avec lui. Ceci démontre qu'une fraction du 51e était bien réellement sur le mamelon 311 et très probablement un peu au Nord de cette cote, sur les pentes qui descendent vers Flavigny.

Quant au 62e (Ier et IIe bataillons) il paraît, d'après le Rapport du lieutenant-colonel Louis et d'après le Rapport du général Montaudon du 22 août, avoir fait face au Sud et s'être déployé, en avant des batteries de la cote 308, de part et d'autre des troupes du 3e grenadiers. Le IIe bataillon aurait été ainsi placé sur le revers oriental de la croupe de la Maison-Blanche, ce qui expliquerait pourquoi, au moment de la contre-attaque décisive qui eut lieu contre le *11e* régiment prussien entre 7 heures et 7 h. 30, le Ier bataillon chargea seul à la baïonnette en liaison avec l'aile gauche du 51e.

En ce qui concerne le moment du déploiement de la 1re brigade de la division Montaudon, l'heure de 5 h. 30 donnée par le Journal de marche peut être considérée comme à peu près exacte, car ce déploiement suivit certainement d'assez près l'arrivée des bataillons au Sud-Est

Gorze (à proximité duquel fut maintenu, — en seconde ligne, — le IIIe bataillon). Quant au 62e, ses deux premiers bataillons paraissent avoir été déployés immédiatement en avant des batteries de la croupe de la Maison-Blanche, face au Sud, et de part et d'autre des fractions du 3e grenadiers déjà stationnées sur ce point.

L'aile gauche des cinq bataillons du général Montaudon se fût ainsi trouvée maintenue en seconde ligne, tandis qu'au contraire l'aile droite (probablement les Ier et IIe bataillons du 51e) eût été portée jusque sur le mamelon 311, partie face à Flavigny, partie face à la grande batterie prussienne de la crête 317-329.

Il devait être alors près de 6 heures (1).

---

de Rezonville. Enfin, entre 7 heures et 7 h. 30 du soir eut lieu une contre-attaque à la baïonnette à l'aile gauche, contre le *11*^{e} régiment prussien, tandis qu'à l'aile droite le 51e (ou au moins une partie) s'avançait vers la grande batterie allemande.

(1) C'est sans doute pour remplacer les cinq bataillons des 51e et 62e sur la croupe 308 que le général Deligny reçut l'ordre d'amener sur ce point les bataillons de voltigeurs restés près de Gravelotte et que le général Clinchant dut quitter la lisière du bois des Ognons pour venir à Rezonville.

Le commandant de la 1re division de la Garde réunit les Ier et IIe bataillons du 4e voltigeurs aux trois bataillons du 1er et vint les former (probablement vers 6 h. 30) près et au Sud-Est de Rezonville, c'est-à-dire en avant des batteries à cheval de la Garde.

A peu près vers la même heure, sans doute, le général Clinchant amenait trois bataillons et demi $\left(\frac{\text{I, II}}{95}, \text{ 3 c } \frac{\text{III}}{95}, \frac{\text{III}}{81}\right)$ à Rezonville même, et les disposait partie sur la lisière Nord face au bois Pierrot, partie en réserve dans les jardins à l'Est de la localité. Le 18e bataillon de chasseurs continuait à surveiller la route d'Ars au Sud de Gravelotte; le Ier bataillon du 81e était laissé sur la lisière du bois des Ognons avec les trois compagnies du 95e; le IIe bataillon du 81e, enfin, restait au Nord de ces bois sur la croupe occupée par la batterie de mitrailleuses Barbe $\left(\frac{8}{4}\right)$.

Quant au IIIe bataillon du 4e voltigeurs, il avait été chargé depuis

Les deux batteries de 4 de la division avaient, comme on l'a vu précédemment, suivi la 1re brigade sur Rezonville. Mais, chemin faisant, la 6e batterie avait été arrêtée à hauteur de la batterie de mitrailleuses déjà en action au Nord du bois des Ognons, de sorte que la 5e vint s'installer, seule, en avant de Rezonville, c'est-à-dire sur le front de combat de la brigade Chanaleilles.

Bien que les rapports de la division Montaudon soient très sobres de détails sur les péripéties du combat, il paraît avéré que c'est peu de temps après son arrivée sur la crête 311-312 qu'une fraction du 51e (1) prononça, de concert avec l'infanterie déjà en position sur ce point (2), un bond en avant qui permit de fusiller les compagnies prussiennes entassées dans le fond du profond ravin 289 et qui produisit ainsi une véritable panique dans les rangs du *12e* et du *56e* (3).

L'infanterie française s'avança jusqu'à 200 mètres de l'ennemi, c'est-à-dire par conséquent jusque sur la crête militaire qui domine le ravin 289 d'une part, et jusque vers le léger col compris entre les cotes 311 et 309 sur le chemin de Chambley d'autre part. Peut-être se produisit-il, à ce moment, chez les troupes françaises et sous l'intense canonnade des pièces allemandes, un de ces mouvements de recul auquel fait allusion le Rapport sommaire du général Montaudon et que

longtemps de surveiller le ravin d'Ars au Sud-Est de Gravelotte. Mais, vers la fin de l'après-midi, il se retira près du village où il resta jusqu'au lendemain, sans avoir eu connaissance, peut-être, du mouvement des deux autres bataillons de son régiment vers Rezonville.

(1) Probablement $\frac{\text{II}}{51}$.

(2) $\frac{\text{III}}{\text{2 Gr.}}$ et $\frac{\text{III}}{\text{3 V}}$.

(3) D'après les rapports du *56e* régiment prussien. Voir : Kunz, *Kriegsgeschichtliche Beispiele. Heft 8 und 9*, et *Geschichte des Grenadier-Regiments Prinz Karl von Preussen, Nr. 12*.

relate aussi le major Kunz (1). La ligne de combat de l'assaillant fut, en tous cas, très vivement ralliée puis ramenée au combat (2), car, dès 6 h. 15, la plupart des fusiliers du *79*ᵉ reculèrent jusqu'aux bois de Vionville et se mélangèrent aux compagnies du *78*ᵉ déployées sur ce point. Les deux bataillons du *56*ᵉ avaient également reflué vers leurs batteries, — en même temps que des fractions du IIᵉ bataillon du *12*ᵉ qui les avaient antérieurement rejoints dans le fond du ravin, — puis s'étaient un instant arrêtés pour faire face à l'attaque. Mais le feu de l'infanterie française avait repris une telle violence, que la plus grande partie des compagnies du *56*ᵉ lâchèrent pied et se précipitèrent vers l'arrière en se rejetant sur la position occupée par le Iᵉʳ bataillon du *12*ᵉ; elles produisirent ainsi chez les hommes du *12*ᵉ une impression des plus démoralisantes (3), et toute cette masse débandée d'infanterie prussienne fut alors rassemblée en arrière de l'artillerie, sous les yeux mêmes du général de Stulpnagel (4).

Dès lors, la grande batterie allemande n'était plus couverte sur son front que par quelques fractions du *12*ᵉ et du *56*ᵉ restées dans le fond du ravin, et il se produisit, sur cette partie du champ de bataille, une accalmie de près d'une heure, qui ne devait être rompue que par l'arrivée des voltigeurs de la Garde.

Les cinq bataillons du général Montaudon, continuèrent, pendant ce temps, à occuper les positions sur lesquels on les avait primitivement déployés, positions

---

(1) *Kriegsgeschichtliche Beispiele. Heft 8 und 9.*

(2) Ainsi que l'indique également le général Montaudon dans son rapport sommaire.

(3) *Geschichte des Grenadiers-Regiments Prinz Karl von Preussen, Nr. 12.*

(4) *Kriegsgeschichtliche Beispiele. Heft 8 und 9.*

qu'ils n'évacuèrent d'ailleurs que longtemps après la fin de la bataille (1).

Plus au Nord, le combat restait également trainant. Les deux premières batteries montées de la Garde conservaient, il est vrai, leur position, mais la seule batterie du 2e corps encore en ligne (2) avait été rappelée par le général Vergé et s'était retirée vers 6 heures, à Gravelotte, après avoir consommé la plus grande partie de ses munitions (3). Dans le voisinage de la grande route, la 5e batterie du 4e s'était avancée au delà de l'alignement des batteries de la Garde et avait ouvert le feu sur l'infanterie prussienne (4). La 6e batterie du même régiment, arrêtée un instant auprès des mitrailleuses dont le maréchal Bazaine surveillait si activement le tir sur le bois des Ognons encore garni de troupes françaises (5), fut mise à la disposition du maréchal Canrobert, un peu avant 7 heures. Elle se porta alors au delà du village de Rezonville et s'établit sur la crête aux côtés des deux premières batteries montées de la Garde. Mais à ce moment, le tir des pièces prussiennes voisines de Flavigny devint très violent, et comme, d'autre part, les batteries de la Garde établies à l'Est de Rezonville, et dont il sera bientôt question, ouvrirent le feu « par-dessus les pièces » de la division Montaudon, la 5e batterie crut devoir amener les avant-trains et se

(1) Rapports du général Montaudon.

(2) $\frac{5}{5}$.

(3) Pertes : 7 hommes; 4 chevaux; 1037 obus.

(4) Sans doute, par conséquent, sur la garnison de Flavigny, qui était la seule qu'elle pût découvrir à ce moment.

(5) $\frac{\text{II}}{84}$ et 2 c $\frac{\text{B Ch}}{\text{G}}$.

retirer à hauteur de la ligne d'artillerie de la Garde (1).

Il ne restait donc plus, après 7 heures, que trois batteries présentes sur la crête située immédiatement à l'Ouest de Rezonville (2). Depuis longtemps déjà, le mamelon occupé par le 51e (311-312) était complètement dégarni de pièces d'artillerie, et sur la croupe de la Maison-Blanche, deux batteries seulement (3) soutenaient encore directement la lutte acharnée que le général Lapasset conduisait avec une remarquable énergie contre les attaques toujours renouvelées de la droite prussienne au Nord du bois de Saint-Arnould.

Déploiement des voltigeurs de la Garde. — Cependant, les cinq bataillons de voltigeurs amenés de Gravelotte par le général Deligny, étaient réunis depuis quelque temps déjà auprès de Rezonville (4).

Le général Bourbaki, constatant sans doute l'accalmie qui s'était produite vers le Sud-Ouest, sur le mamelon 311-312, et observant en même temps la vive fusillade des bataillons engagés sur la croupe de la Maison-Blanche, crut pouvoir en déduire « que l'armée prussienne réduisait sensiblement son front et qu'elle paraissait vouloir dissimuler sa retraite en la couvrant par un effort vigoureux (5) ».

Pour vaincre une résistance qui paraissait cependant

---

(1) Rapport du lieutenant-colonel Fourgous, commandant l'artillerie de la 1re division du 3e corps.

(2) $\frac{6}{4}$, $\frac{1,\ 2}{G}$. Encore, la 6e batterie du 4e ne tira-t-elle que peu de temps et se replia-t-elle à la suite de la 5e batterie du même régiment.

(3) $\frac{7}{2}$, $\frac{3}{G}$.

(4) $\frac{\text{I, II, III}}{1\ \text{V}}$ et $\frac{\text{I, II}}{4\ \text{V}}$. Voir note 1, page 558.

(5) Rapport du général Bourbaki, daté du 21 août.

CROQUIS SCHÉMATIQUE DES MOUVEMENTS DE L'ARTILLERIE
Entre 5 heures et 7 heures

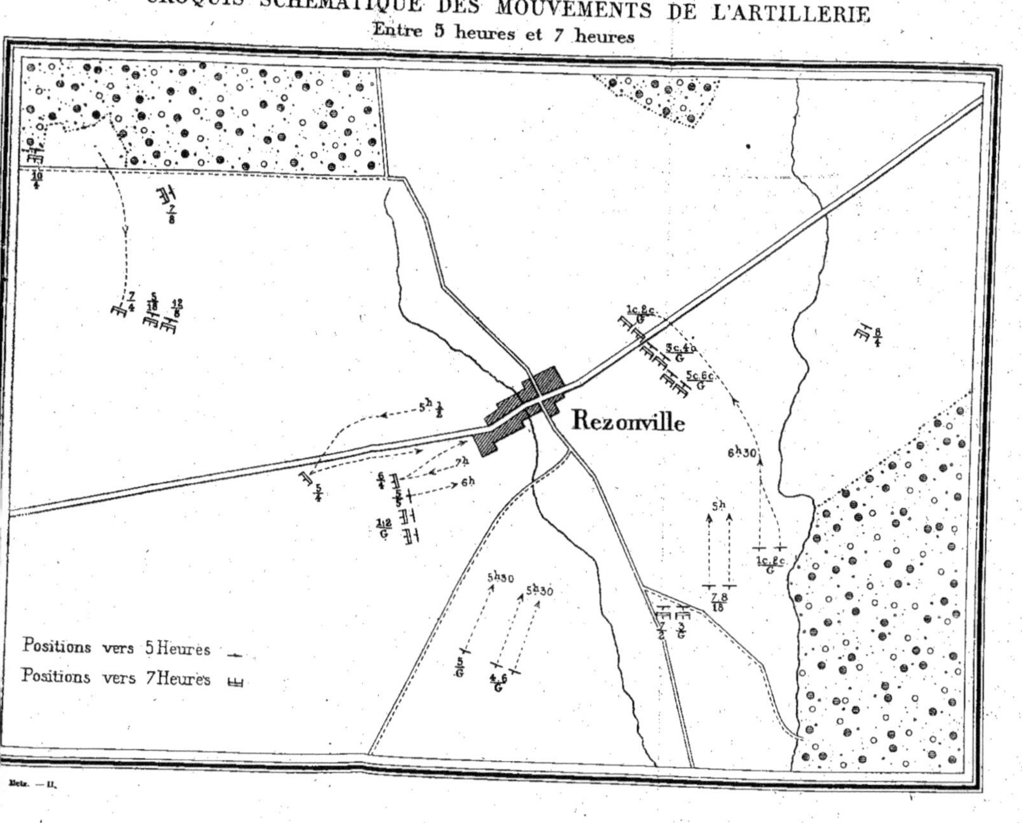

Metz. — II.

se prolonger et pour appuyer les troupes de première ligne (sans doute celles de la croupe de la Maison-Blanche) qui commençaient à faiblir et manquaient de cartouches (1), le commandant de la Garde prescrivit au général Pé de Arros, commandant l'artillerie de son corps d'armée, de réunir sous sa direction les batteries plus ou moins éparses situées sur la crête à 500 mètres à l'Est de Rezonville, et au général Deligny de porter en avant les bataillons qu'il venait d'amener de Gravelotte.

Le général Pé de Arros forma aussitôt une ligne de 54 pièces qui ouvrirent un « feu à volonté » sur l'infanterie prussienne se montrant au loin en avant des batteries allemandes; à peu près en même temps, les voltigeurs se portaient au pas de course vers le mamelon 311 (2).

---

(1) Rapport du général Deligny, daté du 19 août.

(2) Il est assez difficile de préciser d'une manière absolument certaine quelle était la composition exacte de cette batterie de 54 pièces, car les rapports et historiques présentent à ce sujet d'importantes contradictions. L'indication donnée par le rapport du général Pé de Arros au sujet de la 2e batterie du 5e est manifestement erronée, puisque cette batterie ne faisait pas partie de l'armée du Rhin. Il ne s'agit pas non plus de la 5e du 5e, restée seule du 2e corps aux environs de Rezonville, puisqu'elle paraît avoir rejoint directement la division Vergé dès 6 heures du soir. Il semble beaucoup plus probable que la batterie de la ligne dont il s'agit était la 5e du 4e, qui, dès les premiers instants du l'ouverture du feu de la grande batterie de la Garde, se retira à hauteur de cette dernière (Rapport du lieutenant-colonel Fourgous). Bien que l'Historique du régiment à cheval de la Garde se contredise lui-même, il paraît à peu près certain, à cause même des détails donnés sur les 1re et 2e batteries, que les six batteries de ce régiment firent toutes partie de la batterie de 54 pièces (les 1re et 2e vinrent se placer au Nord de la grande route et, par conséquent, à la droite des 3e, 4e, 5e et 6e). Il résulte à la fois de cette remarque et des renseignements qu'on possède sur les faits et gestes des batteries divisionnaires qu'aucune de ces dernières ne fut à ce moment réunie aux batteries à cheval. On ne

Vers 7 heures, en effet, c'est-à-dire au moment même où le *11*e régiment prussien prononçait son attaque contre la brigade Lapasset, ainsi qu'on le verra bientôt, la fusillade reprenait très vive sur le front occupé beaucoup plus à l'Ouest, par les fractions du 51e. Les débris des deux premiers bataillons du *56*e restés dans le fond du profond ravin 289, avaient, de nouveau, gravi les pentes situées en avant d'eux et avaient engagé un violent feu de mousqueterie avec le 51e et avec le IIIe bataillon du 2e grenadiers.

Presque en même temps, deux nouvelles batteries ennemies, appartenant à la *25*e division, faisaient leur apparition sur la crête déjà occupée par l'artillerie allemande à l'Ouest du bois de Vionville (1).

Le combat se rallumait donc subitement sur cette partie du champ de bataille, au moment où les voltigeurs du général Deligny se portaient en avant.

Mais avant que ceux-ci n'apparussent sur la ligne de combat, des fractions de l'infanterie du général Montaudon se précipitèrent en avant en même temps que le IIIe bataillon du 2e grenadiers. Devant cette vigoureuse contre-attaque, les faibles contingents du *56*e plièrent et se disloquèrent en deux fractions qui rétrogradèrent vivement sous un feu très meurtrier, l'une vers le Sud-Est jusque dans le ravin de Gorze où elle rallia des isolés des *72*e, *40*e et *11*e régiments, l'autre vers le Sud-Ouest, c'est-à-dire vers la position où le

---

peut donc retenir de l'Historique du régiment à cheval que l'indication relative *aux batteries de la réserve générale de la ligne;* cette indication vise peut-être les deux batteries de 12 affectées provisoirement à la division Bisson, lesquelles restèrent effectivement près de Rezonville jusqu'à la nuit, bien qu'on ne puisse affirmer qu'elles aient tiré à ce moment de la journée.

(1) $\frac{1, \text{I}}{\text{Hess.}}$.

colonel de Block avait déjà rassemblé, après son premier échec, la plus grande portion du *56*ᵉ.

L'infanterie française, cependant, s'élança à la suite des fuyards et descendit les pentes du ravin 289. A l'aile gauche, elle parvint jusqu'à courte distance de la lisière du bois de Vionville, bouscula les fractions des fusiliers du *79*ᵉ restées en avant de cette lisière et s'arrêta, finalement, devant le feu des bataillons du *18*ᵉ et du *78*ᵉ. A l'aile droite, elle poursuivit vivement les tirailleurs du *56*ᵉ qui rétrogradaient vers les batteries en entraînant avec eux les quelques fractions du *12*ᵉ restées sur la ligne de combat. Le IIIᵉ bataillon du 2ᵉ grenadiers, en particulier, franchit le fond du ravin et déboucha au pas gymnastique sur les pentes où l'infanterie ennemie se ralliait sous la protection des batteries. Mais alors les feux combinés de cette infanterie et de cette artillerie le força à s'arrêter en lui infligeant des pertes très sérieuses.

Les choses en étaient là, quand les voltigeurs débouchèrent sur la crête 311.

Ceux-ci, s'étaient avancés à vive allure depuis Rezonville.

En première ligne, marchaient les deux bataillons du 4ᵉ voltigeurs formés en bataille. Derrière eux, s'avançaient les trois bataillons du 1ᵉʳ voltigeurs par bataillons en masse. Dès les premiers instants de la marche, l'infanterie du général Deligny avait croisé, en franchissant le vallon au Sud de Rezonville, un certain nombre d'isolés du 84ᵉ et des grenadiers de la Garde (1) qui refluaient vers le village. Le IIIᵉ bataillon du 1ᵉʳ voltigeurs fut aussitôt dirigé vers le Sud, puis les quatre autres bataillons continuèrent à progresser sous un feu d'artillerie assez violent, mais dont les projectiles passaient trop haut pour être meurtriers.

---

(1) Sans doute du 3ᵉ grenadiers.

Le Ier bataillon du 4e voltigeurs continua droit devant lui et vint ainsi se déployer sur la crête 308 vers la droite du 51e (1), mais le IIe bataillon, sans doute attiré par la vive fusillade du ravin 289, obliqua vers la gauche, gravit les pentes qui s'élevaient devant lui et vint s'arrêter sur la crête du mamelon 311. Quant aux deux premiers bataillons du 1er voltigeurs, ils s'arrêtèrent sur le revers du plateau et restèrent provisoirement en réserve. Mais dès qu'ils furent arrivés sur ce point, les deux premiers bataillons du 3e voltigeurs qui y stationnaient depuis de longues heures déjà, s'avancèrent jusque sur la crête occupée par les batteries montées de la Garde (2) et par le IIIe bataillon du 26e en faisant porter, par ordre du général Bourbaki, le Ier bataillon jusque sur la grande route « afin d'appuyer la 1re brigade de grenadiers (3) ».

En fait — pour une raison qui n'est naturellement pas indiquée dans les rapports officiels mais dont il est facile de faire remonter l'origine à l'ignorance où se trouvait le commandement de la situation exacte du combat — l'intervention de la plus grande partie des voltigeurs de la Garde se produisit dans une direction où l'adversaire n'était nullement menaçant et où leur appui était, en fait, absolument inutile (4).

Aussi, les fractions du 51e qui venaient de prononcer,

---

(1) Ce bataillon paraît avoir été suivi par quatre compagnies des chasseurs de la Garde, sous le commandement du commandant du Bessol, soit à ce moment, soit un peu plus tard. Ces compagnies étaient, en tous cas, présentes sur la crête 308 au moment de la charge du 3e hulans, c'est-à-dire après 8 heures.

(2) $\frac{1,\ 2}{G}$.

(3) Historique du 3e voltigeurs. (Man. de 1871.)

(4) Sauf le IIe bataillon du 4e voltigeurs, qui, à la gauche, prit part à la fusillade dirigée contre la 5e division prussienne, et le IIIe bataillon du 1er, qui appuya la brigade Lapasset.

avec une partie du 2e grenadiers, le mouvement offensif dont il a été question il y a un instant, durent-elles rétrograder peu à peu jusque sur la crête 311-312 pour se soustraire à des feux d'infanterie et surtout d'artillerie qui leur faisaient subir des pertes importantes (1).

Fin du combat sur la croupe de la Maison-Blanche (*après 7 heures*). — On se rappelle que sur l'invitation du colonel Rex, le colonel de Schönig avait engagé les trois bataillons du *11*e sur le chemin de Rezonville et était arrivé, à 6 h. 45, sur la lisière du bois de Saint-Arnould. A ce moment même, une nouvelle contre-attaque du général Lapasset venait de rejeter les fractions avancées des *40*e et *72*e, tant dans les ravins de Gorze et de Sainte-Catherine que sur la lisière du taillis où parvenait le *11*e.

A l'exemple de ses prédécesseurs sur cette partie du champ de bataille, le colonel de Schönig se porta immédiatement à l'attaque de l'infanterie française insuffisamment soutenue désormais par deux batteries seulement (2).

Les deux bataillons du 84e, ceux du 3e grenadiers et du 2e voltigeurs ainsi que le IIIe du 97e, qui combattaient toujours autour de la Maison-Blanche, avaient subi de lourdes pertes, et se trouvaient alors quelque peu désunis à la suite des vigoureuses contre-attaques qu'ils venaient de prononcer coup sur coup. Mais dès qu'ils aperçurent de nouvelles compagnies prussiennes s'avancer vers eux, ils recommencèrent un feu violent qui infligea, dès le début, des pertes énormes à celles des

(1) Pertes du 51e : 25 officiers, 376 hommes; du 62e : 12 officiers, 197 hommes (pour deux bataillons); du 1er voltigeurs : 3 officiers, 28 hommes; du 3e voltigeurs : 3 officiers, 53 hommes; du 4e voltigeurs : 7 officiers, 94 hommes (pour deux bataillons).

(2) $\frac{7}{2}$, $\frac{3}{6}$.

fractions du *11*ᵉ qui se déployaient en terrain découvert, c'est-à-dire au Iᵉʳ bataillon. Celui-ci avait porté trois compagnies en tirailleurs de part et d'autre du chemin de Rezonville et « dès cet instant, dit le major Kunz, les pertes furent si gigantesques (1) » qu'il fallut jeter immédiatement sur la ligne de combat des fractions du IIᵉ bataillon, lequel suivait en seconde ligne, tandis que le IIIᵉ se jetait, vers la gauche, dans le ravin de Gorze.

L'offensive du colonel de Schönig avait, cependant, ranimé le courage des troupes prussiennes qui, très mélangées, garnissaient la lisière du taillis. Un groupe d'hommes appartenant aux *8*ᵉ, *40*ᵉ et *72*ᵉ régiments fut entraîné par un officier et s'élança en avant en prenant la droite du *11*ᵉ.

Sur l'étroite croupe qui sépare les deux ravins de Gorze et de Sainte-Catherine, l'infanterie prussienne ne formait plus alors, sous un feu des plus violents, qu'une masse très serrée qui continuait, néanmoins, à s'avancer bravement sans pouvoir encore répondre par le feu à un adversaire trop éloigné. Les fusiliers du *11*ᵉ paraissent avoir pu progresser plus aisément par les pentes du ravin de Gorze de sorte qu'ils rejoignirent bientôt les fractions du *40*ᵉ et du *72*ᵉ qui avaient été rejetées dans cette direction par la précédente contre-attaque du général Lapasset. De ce côté, les Allemands parvinrent jusqu'à une petite carrière située à quelques centaines de mètres au Sud de la Maison-Blanche, refoulèrent les fractions du Iᵉʳ bataillon du 84ᵉ qui combattaient dans le ravin, puis surgirent tout à coup sur le rebord du plateau et se trouvèrent face à face avec une partie du 3ᵉ grenadiers. Les deux adversaires s'abordèrent à la baïonnette et il en résulta, sur ce point, une mêlée où le colonel de Schönig tomba mortellement blessé. Surprises

---

1) *Kriegsgeschichtliche Beispiele. Heft 8 und 9.*

cependant par la brusque irruption de l'adversaire, quelques fractions des grenadiers commençaient à plier. « Le colonel Cousin (du 3e grenadiers), calme, sublime, prit le drapeau des mains du capitaine Besnard, et tous les officiers firent des efforts désespérés pour ramener leurs hommes (1). »

A ce moment même, d'ailleurs, un bataillon français (2) dirigea son feu sur la mêlée depuis le revers du mamelon 312, de sorte que les deux adversaires aux prises lâchèrent pied à peu près simultanément : les fusiliers prussiens refluant dans le ravin, tandis que les grenadiers se ralliaient un peu plus en arrière après avoir perdu leur colonel glorieusement blessé à leur tête.

Pendant ce temps, les deux premiers bataillons du *11e* avaient continué leur marche en avant, en suivant les abords de la route. Bien qu'ils eussent subi des pertes énormes et qu'ils fussent alors formés sur une seule ligne de tirailleurs sans soutiens (3), ils parvinrent cependant jusqu'à courte distance de la ligne de combat de la brigade Lapasset, qui, sans doute fâcheusement impressionnée par la retraite des grenadiers, paraît avoir fait un bond vers l'arrière, pour s'abriter sur le plateau 307 où un assez brusque changement de pente la dérobait aux vues du glacis de la Maison-Blanche.

Si, à ce moment, la situation des troupes prussiennes était pleine de périls par suite de l'épuisement rapide qui résultait des pertes considérables qu'elles venaient de subir (4), celle de la ligne de combat française ne manquait pas non plus d'être assez précaire. Déjà, la

---

(1) Rapport du lieutenant-colonel d'Argeuton, commandant provisoirement le 3e grenadiers, daté du 17 août.

(2) Sans doute le IIIe bataillon du 1er voltigeurs.

(3) *Kriegsgeschichtliche Beispiele. Heft 8 und 9.*

(4) Pertes du *11e* : 41 officiers et 1119 hommes, sur un effectif de 2,550 fusils présents. (D'après Kunz.)

7e batterie du 2e, complètement à bout de munitions, venait de se retirer (1). Il ne restait donc plus, sur le lieu du combat, que la 3e batterie de la Garde; celle-ci n'avait pas tardé à recevoir les balles de l'infanterie prussienne et avait dû reculer d'une quarantaine de mètres pour profiter d'un léger défilement de terrain; mais gênée par la ligne de tirailleurs qui se repliait déjà sur ses pièces, elle avait été forcé d'interrompre son feu.

Quant aux quelques bataillons du général Lapasset, qui combattaient avec une inébranlable ténacité depuis près de sept heures déjà sur la croupe de la Maison-Blanche, ils commençaient à être à bout de forces et de munitions. Peut-être allaient-ils se trouver dans l'obligation de céder encore du terrain, quand, heureusement, de nouvelles troupes fraîches entrèrent en ligne.

C'étaient le Ier bataillon du 62e, le Ier bataillon des zouaves, et probablement aussi le IIIe bataillon du 51e qui se portaient vivement en avant, à peu près en même temps que l'aile droite du 51e, appuyée par les voltigeurs de la Garde, prononçait beaucoup plus à droite le mouvement offensif dont il a déjà été question.

Il n'y avait qu'un instant que les fusiliers du *11e* venaient de sombrer dans la catastrophe dont on vient de parler, de sorte que le flanc gauche des deux premiers bataillons du colonel de Schönig fut complètement découvert et se trouva soumis à la fois à un feu de front excessivement intense et à un feu de flanc très impressionnant parti des hauteurs 312.

« Il eût été bon, dit le major Kunz (2), de garder le

(1) Cette batterie avait tiré tous les projectiles de ses coffres, plus ceux de quatre caissons appartenant à des batteries de la Garde, soit près de 1800 coups.

(2) *Kriegsgeschichtliche Beispiele. Heft 8 und 9.*

sol conquis, si, à ce moment, des troupes fraîches fussent arrivées aux Prussiens pour suppléer aux pertes formidables des Silésiens (*11*e). Malheureusement, aussi loin que la vue pouvait s'étendre, on ne voyait pas un homme de renfort, et c'est ainsi que la dernière et la plus vigoureuse des attaques prussiennes sur la hauteur de la Maison-Blanche échoua, comme les autres, contre la position des Français. Aussi, les Silésiens durent-ils battre en retraite, partie sur la crête elle-même, partie le long des bords des deux ravins. Le commandement français n'avait pas l'intention de poursuivre énergiquement les Prussiens qui battaient en retraite ; la poursuite fut simplement continuée par le feu rapide. Mais sous l'impression du moment, de nombreux Français, ivres de victoire, poursuivirent les Silésiens en faisant feu. Il s'agissait alors pour les Prussiens de mettre une digue à ce débordement de fleuve, et cela se fit principalement par des détachements d'autres régiments prussiens. »

Quelques fractions du *8*e, en effet, postées sur la hauteur 296, protégèrent par leurs feux la retraite des débris du *11*e qui s'écoulèrent par les deux côtés et refluèrent jusqu'aux bois, complètement désemparés. D'autres fractions du *40*e et du *72*e, embusquées sur la lisière des taillis, prêtèrent également l'appui de leurs feux aux Silésiens, mais le combat diminua très rapidement d'intensité sur cette partie du champ de bataille, où grâce à la belle défense que fit le général Lapasset pendant tout le courant de l'après-midi, les positions françaises restaient intactes.

Fin de la bataille dans le bois des Ognons. — A l'extrême droite prussienne, c'est-à-dire dans le bois des Ognons, le IIe bataillon du *72*e avait progressé très péniblement au milieu d'épais taillis. Vers 7 heures seulement, il arrivait sur la lisière occidentale du bois, vis-à-vis des hauteurs de la Maison-Blanche, après avoir tiraillé pendant quelques instants avec le IIe bataillon du 84e. De là, il ouvrait le feu sur les troupes occupant la croupe de la Maison-Blanche, mais sans parvenir toutefois à sauver le *11*e régiment du complet échec que lui infligea l'infanterie française.

Enfin, plus à l'Est encore, c'est-à-dire entre la plaine de Geai et Gravelotte, des fractions de la *25*e division prussienne apparaissaient au moment où la nuit gagnait le champ de bataille.

D'après la 18e Monographie, le général de Manstein avait reçu vers 3 heures l'ordre verbal du prince Frédéric-Charles lui prescrivant d'occuper le plus tôt possible Mars-la-Tour et de protéger « dès aujourd'hui » le flanc droit du IIIe corps « qui poursuivait depuis le matin des troupes ennemies se repliant sur Thionville (1) ». Mais en passant à Arry, où la *18*e division était arrivée vers midi (2), l'officier porteur de l'ordre du prince Frédéric-Charles avait mis au courant des intentions du commandant de la IIe armée, le prince Louis de Hesse, qui prit immédiatement ses dispositions. La *50*e brigade, bivouaquée plus en arrière vers Lorry, reçut l'ordre de venir jusqu'au pont de la Moselle, tandis que la *49*e brigade (de Wittich), précédée d'un escadron de cavalerie, se mettait en marche sur Gorze avec trois escadrons du *1*er régiment de cavalerie hessoise et trois batteries (3). En passant à Arry et Corny,

(1) Au moment de la réception de ce nouvel ordre, le *11*e régiment était déjà parti pour Corny.

(2) Il s'agit probablement de l'heure d'arrivée de l'état-major de la division, car, dans son *Journal*, le général de Wittich dit avoir reçu à 2 heures seulement l'ordre de continuer la marche sur Corny. (Il était alors, ainsi qu'on l'a déjà fait remarquer, arrêté à Fey, où sa brigade devait cantonner.)

(3) $\frac{\text{I, II}}{\textit{1}\text{ hess.}}$, $\frac{\text{I, II}}{\textit{2}\text{ hess.}}$, *1* cav. hess., $\frac{\text{1, I, II}}{\text{Hess.}}$.

le commandant de la *49*e brigade fit déposer les sacs, puis il poursuivit sa marche sur Gorze après avoir mis un temps considérable à franchir la Moselle sur le pont suspendu (1). La tête de la brigade arriva près de Gorze à peu près au moment où le *11*e régiment quittait cette localité pour gagner le bois Saint-Arnould (2).

« On entendit alors, dit le général de Wittich, par delà les hauteurs boisées (bois des Chevaux), le feu des mitrailleuses que nous prîmes d'abord pour des salves d'infanterie. Je dirigeai les quatre bataillons dans la direction où l'on entendait ce bruit de mitrailleuses, d'autant plus que je venais d'être averti que la droite prussienne avait besoin d'être renforcée en infanterie (3). »

L'escadron formant la pointe d'avant-garde de la *25*e division venait, en effet, de transmettre à la *49*e brigade la pressante prière du chef d'état-major du VIIIe corps de secourir l'aile droite de la ligne de combat.

Le général de Wittich, traversant le ruisseau de Gorze avec la tête de sa brigade, gagna le bois des Chevaux par un chemin assez praticable, quoique fort étroit, et déboucha à 7 h. 15 sur la plaine de Geai, où il se rencontra avec le IIe bataillon du *72*e ramené en arrière à la suite du court combat de feu qu'il avait livré quelques instants auparavant sur la lisière Ouest du bois des

---

Le bataillon de chasseurs de la *49*e brigade, coupé par des convois, ne rejoignait que dans la nuit.

(1) L'*Historique du Grand État-Major prussien* dit que le général de Wittich se mit en marche à 4 h. 30. Kunz prétend que la *49*e brigade ne quitta les abords de la Moselle qu'à 5 h. 15.

(2) Le *1*er régiment de cavalerie hessoise et deux batteries de la *25*e division (Ire et IIe) traversaient Gorze et gagnaient le plateau 329, où les deux batteries renforçaient (à 7 heures) les batteries de la *5*e division.

(3) *Aus Meinem Tagebuch* 1870-1871, General von Wittich.

Ognons. Dépassant la grande clairière, occupée par le 84e, le *1er* régiment d'infanterie hessoise s'avança par de mauvais chemins vers la lisière Nord, puis se divisa en deux colonnes, obliquant, l'une vers Rezonville, l'autre directement vers l'Ouest, pendant que le *2e* régiment restait en réserve au point de bifurcation.

Arrivées à 150 pas de la lisière du bois, quelques compagnies du *1er* régiment essuyèrent une violente décharge de mousqueterie. Les uns s'arrêtèrent pour se blottir à terre, d'autres reculèrent précipitamment jusqu'à la plaine de Geai, pendant que d'autres, vivement entrainées par le général de Wittich en personne, cherchaient à gagner du terrain. La tête de la *49e* brigade venait, en effet, de se heurter aux fractions de la 2e brigade de la division Montaudon chargées de surveiller la lisière Nord du bois des Ognons (1).

A ce moment, le 18e bataillon de chasseurs (de la 1re brigade) occupait la route qui descend de Gravelotte dans le ravin d'Ars. A sa droite et vers le point culminant du plateau, le Ier bataillon du 81e était déployé sur la lisière du bois, avec trois compagnies du IIIe bataillon du 95e. Enfin, un peu plus à droite, entre les bois et la maison de Poste, le IIe bataillon du 81e servait de soutien à la batterie de mitrailleuses de la division Montaudon, et venait d'envoyer trois de ses compagnies sur la lisière pour prolonger la ligne du Ier bataillon (2). Quand les compagnies de tête du général de Wittich débouchèrent à la nuit tombante devant le IIe bataillon du 81e, celui-ci ouvrit un feu rapide à très courte distance (80 pas, dit le commandant

(1) On a vu que trois bataillons et demi de cette brigade avaient été dirigés sur le village de Rezonville par le maréchal Bazaine.

(2) La 12e batterie du 5e régiment vint rejoindre la 8e batterie du 4e « et tira au hasard jusqu'à la nuit ». (Historique du 5e régiment.)

de la *49*e brigade), feu qui arrêta net les progrès des troupes prussiennes d'ailleurs très gênées par la difficulté de se diriger et de se soutenir mutuellement au milieu de fourrés épais et obscurs (1).

Bien que la fusillade eût attiré le *2*e régiment hessois, la tentative de la *49*e brigade avorta complètement. La fusillade cessa bientôt des deux côtés, et avec l'assentiment du prince Louis de Hesse et du général de Manstein, arrivés tous deux sur le lieu du combat, la *49*e brigade, laissant quelques grand'gardes dans les bois, se rassembla peu à peu sur la plaine de Geai où elle fut rejointe, dans le courant de la nuit, par le reste de la *25*e division.

Fin de la bataille au Sud-Ouest de Rezonville. — Si l'on jette un coup d'œil d'ensemble sur les diverses péripéties de la lutte qu'on vient de décrire et qui se développe sur la lisière des bois au Sud de Rezonville, on ne peut qu'être frappé de la stérilité des efforts successifs tentés par les Allemands au fur et à mesure de l'arrivée des renforts, stérilité qui n'a pas seulement pour cause l'énergique résistance des troupes françaises, mais qu'on doit attribuer en partie au manque presque absolu d'entente entre les chefs prussiens.

Depuis la tentative du colonel de Lyncker jusqu'à celle du colonel de Schönig, toutes les attaques se succèdent sans accord préalable, sans liaison entre elles, et sans préparation aucune.

D'ailleurs, il est intéressant de remarquer que le commandement supérieur paraît ne plus exister sur cette portion du champ de bataille, où tous les efforts successifs tentés par des colonels le furent en dehors de la volonté du prince Frédéric-Charles et même contraire-

---

(1) *Aus Meinem Tagebuch; loc. cit.*

ment aux ordres que ce dernier avait donnés au commandant de la 5e division, lors de son arrivée sur le champ de bataille.

On ne peut, à ce sujet, que se ranger à l'opinion suivante exprimée par la 18e Monographie :

« Les renforts amenés à l'aile droite allemande crurent que le meilleur soutien à donner à la 5e division était d'engager l'action immédiatement. Ils commirent la même faute que les Français à Spicheren et à Vionville ; les quatre régiments prussiens attaquèrent isolément les fortes positions ennemies. Ils entraînèrent dans leur ardeur impétueuse des fractions de la 5e division, mais leurs efforts demeurèrent vains. »

Puis le Grand État-Major prussien ajoute :

« Cette attaque impétueuse, toute de dévouement mais riche en victimes, ne laissa pas de produire une impression profonde sur les chefs et les troupes ennemis.

« Mais elle ne répondait ni aux enseignements de la tactique, ni à la situation, ni à la pensée générale qui avait réglé les mouvements d'armée des jours précédents. »

Le maréchal de Moltke dit, dans son *Histoire de la Guerre de 1870* : « Avec l'aide du Xe corps, on pouvait, dans l'après-midi, terminer la bataille sur la défensive, mais seulement grâce aux vigoureuses contre-attaques de la cavalerie et à l'endurance infatigable de l'artillerie. Il était tout indiqué de ne pas tenter de nouvelles attaques contre un ennemi bien supérieur en nombre, et puisqu'on ne pouvait plus espérer de soutiens, de ne pas remettre en question les résultats si chèrement obtenus. »

Mais, chose curieuse, ces attaques infructueuses, et d'ailleurs proscrites par le commandant de la IIe armée, allaient cependant conduire celui-ci à tenter un nouvel effort désespéré contre les positions françaises et le faire ainsi tomber lui-même sous le coup des critiques que formula plus tard le maréchal de Moltke.

« Les attaques isolées de l'aile droite allemande, dit en effet la 18e Monographie, qui n'étaient pas conformes aux ordres donnés par le prince Frédéric-Charles, et dont l'insuccès avait été constaté par le Prince lui-même, amenèrent celui-ci, bien qu'il fût tard, à montrer aux Français, par une attaque générale du centre et de l'aile gauche de notre ligne de bataille, que les Allemands se considéraient comme les maîtres du champ de bataille. Quand les positions de l'aile droite parurent assurées par l'arrivée de quatre bataillons, quatre escadrons et trois batteries de la 25e division, le prince Frédéric-Charles donna vers 7 heures au Xe corps, à la 6e division d'infanterie, à la 6e division de cavalerie et aux lignes d'artillerie du centre l'ordre d'avancer. »

Noble pensée du chef qui veut affirmer malgré tout « la ferme volonté de sortir vainqueur d'une lutte encore indécise », mais aussi, singulière erreur d'appréciation sur la situation des troupes qu'il commandait et sur les efforts qu'on était encore en droit d'en attendre devant un adversaire qui, à défaut d'esprit offensif, donnait des preuves manifestes de sa ténacité et de sa grande supériorité numérique.

Quoi qu'il en soit, plusieurs batteries allemandes entamèrent le mouvement en avant.

Au moment où l'ordre du prince Frédéric-Charles parvint au colonel de Dresky, le général de Bulow venait de se rendre auprès du général Alvensleben (aux environs de Vionville), « pour s'entendre avec lui au sujet du retrait de l'infanterie dès que les batteries ne pourraient plus voir à cause de l'obscurité (1) ».

« Avant de partir, il avait renouvelé l'ordre exprès,

(1) *Die Thatigkeit des Generals v. Bulow.* D'après les notes personnelles du général de Bulow.

donné quelques instants auparavant, de ne porter, en aucun cas, les batteries plus en avant. Le général de Bulow ne fut donc pas peu surpris, à peine arrivé auprès du général Alvensleben, de voir plusieurs batteries se détacher du centre de la ligne, faire à la hâte un bond en avant de quelques centaines de pas, et ouvrir un feu violent. Enveloppé par une demi-obscurité et par une épaisse nappe de fumée, le général ne pouvait distinguer sur quel but on tirait. Furieux, il galopa vivement pour rejoindre le colonel de Dresky et lui demander le motif de son intervention, malgré ses instructions formelles. Il apprit alors que Son Altesse Royale, qui était sur le champ de bataille depuis 4 h. 30, avait ordonné ce mouvement en avant de l'artillerie (1). »

Le colonel de Dresky avait donc fait avancer « de quelques centaines de pas » celles de ses batteries qui pouvaient encore se mouvoir (2), tandis que plus à droite, les deux batteries hessoises (3), arrivées depuis peu sur le champ de bataille, parvenaient à gagner, à la faveur de la nuit, les pentes qui, du mamelon 312, descendent vers le bois de Vionville (4).

Plus au Nord, entre Flavigny et la route, deux batteries du IIIe corps (5) essayaient également de se porter en avant pendant qu'au delà de cette même route quelques fractions du *35e* et des Ier et IIIe bataillons du *20e* esquissaient un mouvement offensif vers Rezonzille.

---

(1) *Die Thatigkeit des Generals v. Bulow*; *loc. cit.*

(2) $\frac{1\,c,\ 2\,c,\ 3\,c}{3}$, $\frac{6}{3}$, $\frac{3,\ III}{10}$.

(3) $\frac{1,\ II}{\text{Hess.}}$.

(4) Toutes les autres batteries prussiennes restèrent en place parce qu'elles étaient incapables de se mouvoir, faute d'attelages.

(5) $\frac{4,\ IV}{3}$.

Mais sur ce point, les troupes françaises étaient encore nombreuses et solidement installées. Le général Picard venait de remettre un peu d'ordre parmi les bataillons quelque peu désunis et mélangés par une longue lutte; le IIe bataillon de zouaves était déployé à droite et à gauche de la route sur la crête 299; à leur gauche, se tenaient deux bataillons du 1er grenadiers, puis ceux des 3e et 4e voltigeurs plus ou moins mélangés comme on sait avec un bataillon du 26e, un bataillon du 51e et quelques compagnies des chasseurs de la Garde. Un peu en arrière de la crête et près de la lisière de Rezonville les deux régiments de la brigade Chanaleilles (28e et 70e) restaient en réserve, bien que quelques compagnies fussent mélangées à celles du 1er grenadiers; un peu plus au Sud, les Ier et IIe bataillons du 1er voltigeurs étaient également en réserve. Enfin, au Nord de la grande route, c'est-à-dire à la droite des troupes précédentes, les 93e et 94e régiments (de la brigade Colin) avaient maintenu quelques tirailleurs sur la crête même. Le IIIe bataillon du 81e venait également de s'établir au Nord de la grande route et était bientôt rejoint par le 85e de ligne tout entier qui se plaça à sa droite.

Malheureusement, les deux batteries de 4 de la division de voltigeurs venaient de se retirer du combat (1), de sorte que l'infanterie française n'était plus soutenue, que de très loin, par la ligne de bouches à feu placée à l'Est de Rezonville, sous le commandement du général Pé de Arros.

Quand l'infanterie prussienne commença, très timidement d'ailleurs, son mouvement sur Rezonville, les zouaves, les grenadiers du 1er régiment et quelques compagnies du 70e et du 93e, l'accueillirent par un feu

(1) $\frac{1, 2}{G}$.

rapide qui la força bientôt à s'arrêter ainsi que les deux batteries qui l'accompagnaient (1).

Plus au Sud, les batteries prussiennes qui s'étaient avancées sans aucun soutien d'infanterie, et qui, au reste, ne disposaient plus que de quelques projectiles par pièces (2), furent bientôt assaillies par des feux très meurtriers d'artillerie venus du Nord-Est, c'est-à-dire de la grande batterie installée par le général Pé de Arros à l'Est de Rezonville. Elles quittèrent alors, une à une, leurs nouveaux emplacements pour reprendre les anciens, et certaines furent même forcées, pour se dégager, de tirer à mitraille contre l'infanterie qui se glissait vers elles dans l'obscurité (3).

C'est sur ces entrefaites, c'est-à-dire vers 8 heures du soir, que les deux brigades de la *6*e division de cavalerie, appelées par le commandant de la IIe armée, s'ébranlèrent dans la direction de Rezonville.

La brigade Grüter (4), restée au Sud de Flavigny à la suite de la tentative infructueuse du milieu de la journée, avait reçu l'ordre de marcher directement sur Rezonville. Précédés d'une sorte d'avant-garde formée des 3e et 4e escadrons du *3*e hulans en ligne de colonnes, les *6*e cuirassiers et *15*e hulans marchèrent à 200 mètres en arrière, formés en une seule ligne de colonnes. Le *12*e régiment de dragons (de la *5*e division d'infanterie) suivait derrière l'aile droite du *15*e hulans. « La nuit tombait déjà rapidement, dit l'Historique allemand ; on n'avait plus, en quelque sorte, pour se guider vers les

---

(1) $\frac{4,\ IV}{3}$.

(2) D'après le major Hoffbauer. *La bataille de Vionville.*

(3) *Thatigkeit des Generals v. Bulow* (*loc. cit.*).

(4) $\frac{3,\ 4}{3\ Hl.}$, *15* Hl. et $\frac{1,\ 2,\ 3}{6\ Cr.}$.

points d'attaque que les éclairs des pièces et de la mousqueterie ennemie. » Le général Grüter dépassait personnellement les escadrons du *3*e hulans pour reconnaître le point d'attaque, quand des coups de feu partirent sur sa droite du mamelon 311. Le général fit aussitôt faire face de ce côté aux deux escadrons d'avant-garde. C'est sans doute à ce moment qu'une fraction du Ier bataillon du 51e se replia vers la crête, où elle fut recueillie par le Ier bataillon du 1er voltigeurs qui se portait précisément en avant et qui forma aussitôt le carré. Mais devant l'apparition des voltigeurs, le général Grüter n'avait pas cru devoir insister; il redressa donc ses escadrons par le mouvement de « pelotons à gauche » et s'élança à leur tête sur une autre masse d'infanterie qu'il aperçut dans la direction de Rezonville. Les deux escadrons durent alors défiler devant les chasseurs de la Garde et les bataillons des 3e et 4e voltigeurs. Les chasseurs du commandant du Bessol ouvrirent le feu à 100 mètres sur les cavaliers prussiens; le Ier bataillon du 4e voltigeurs fit avancer vivement une section qui fusilla également les hulans, de sorte que ceux-ci firent demi-tour, entraînant dans leur retraite le reste de la brigade Grüter, dont le chef venait d'être mis hors de combat.

De son côté, la brigade Rauch (commandée maintenant par le colonel Schmidt) (1) avait été chargée de flanquer la *6*e division d'infanterie qui devait s'avancer, comme on vient de le dire, par la chaussée de Rezonville. Formée en ligne de colonnes (2), la brigade franchit la route, puis obliqua à droite, traversa la ligne

---

(1) *3*e et *16*e hussards.

(2) Le *9*e dragons (régiment de la *19*e division d'infanterie) suivait la brigade.

d'infanterie prussienne et s'élança au galop sur la crête qu'elle avait devant elle. Malgré le feu de l'infanterie française, d'ailleurs très mal ajusté à cause des ténèbres, les cavaliers prussiens dépassèrent la ligne des tirailleurs des 70e, 91e, 93e et 94e régiments et se trouvèrent alors entourés de toutes parts par nos bataillons. Les deux premiers bataillons du 91e se formèrent en carrés au milieu d'une cohue où les cavaliers allemands et les fantassins français ne se distinguaient plus les uns des autres. En quelques instants, les hussards prussiens eurent évacué la place et gagnèrent Vionville.

Seules quelques fractions s'aventurèrent, d'ailleurs fort timidement jusqu'auprès de la seconde ligne d'infanterie réunie près de Rezonville.

Quant au Xe corps, il était dans l'impossibilité la plus absolue, à la suite de la catastrophe de Mars-la-Tour, de se conformer aux ordres du prince Frédéric-Charles. Tout ce que put faire le général de Kraatz, quand la fusillade redoubla, vers 8 heures, dans la direction de Rezonville, fut d'appuyer vers Vionville avec le Ier bataillon du *17e* et les fusiliers du *92e*, puis d'amener la 4e batterie du *10e* sur la hauteur 297. Un escadron du *16e* dragons essaya bien de s'avancer dans la direction de Rezonville, mais la fusillade de l'infanterie française le contraignit presque aussitôt à la retraite.

Après la cessation du feu, la *5e* division campa entre Flavigny et Gorze; la *6e* division d'infanterie s'installa, partie près de Vionville, partie près de Tronville et de la ferme du Saulcy. La *6e* division de cavalerie resta entre les divisions précédentes et auprès de l'artillerie de corps du général de Bulow. Quant au Xe corps, il se réunit, entre Puxieux et la ferme du Saulcy, avec la *11e* brigade de cavalerie. Les deux autres brigades de la *5e* division de cavalerie rétrogradèrent, avec les escadrons du général de Brandebourg, jusqu'à Xonville et Lachaussée.

Enfin, les bivouacs allemands furent couverts par une ligne d'avant-postes traversant le bois des Ognons à hauteur des lisières des bois de Saint-Arnould et de Vionville, et suivant, à peu près, en avant de Flavigny et de Vionville, la dernière ligne de combat du IIIe corps. Enfin, le Xe corps couvrit sa position de rassemblement par une ligne de grand'gardes partant du bois de Tronville et s'étendant jusqu'à mi-distance entre Mars-la-Tour et Puxieux.

Vers 8 h. 30 du soir, le général Alvensleben s'était présenté au commandant de la IIe armée qui lui « exprima ses inquiétudes au sujet d'une attaque, que l'ennemi, ayant reçu des renforts, recommencerait le 17, et demanda où les choses en étaient au IIIe corps ». Le commandant du IIIe corps parvint, paraît-il, à calmer les craintes du Prince en lui représentant que toutes les mesures avaient été prises pour permettre aux troupes de se refaire, et surtout de remplacer les munitions..... Peut-être le commandant de la IIe armée eût-il regagné Gorze avec moins de tranquille assurance s'il eût connu la situation réelle du Xe corps.

Quoi qu'il en soit, il est exact de dire, comme le fait la 18e Monographie, que le IIIe corps avait maintenu jusqu'au soir les positions qu'il avait enlevées à l'ennemi vers midi et qu'il bivouaqua sur le champ de bataille, là où il avait combattu.

XV. — Situation de l'armée française après la bataille.

A l'extrême droite de l'armée française, *le 4e corps* était resté jusqu'à la nuit noire sur les positions où il avait si vaillamment combattu, pendant que les troupes allemandes du Xe corps, très durement éprouvées, se repliaient aux environs de Tronville pour remettre un peu d'ordre dans leurs unités, car certaines d'entre elles étaient absolument disloquées.

La division de Cissey s'était reformée sur la crète du bois Dessus, entre le chemin conduisant de Bruville à Mars-la-Tour et la cote 274. La plupart des batteries du corps d'armée (celles de la 2e division et de la réserve d'artillerie) avaient repris position sur la crête même, ayant derrière elles les deux régiments de la brigade Bellecourt. La brigade Pradier avait conservé les emplacements qu'elle avait occupés dès le début de l'attaque de la *38*e brigade prussienne : deux bataillons du 64e (IIe, IIIe) se trouvaient encore dans le bois de la Valterène avec trois compagnies du IIe bataillon du 98e. Le Ier bataillon de ce dernier régiment tenait toujours la ferme Greyère, et le reste de la brigade était formé sur la crête entre la ferme et le bois de la Valterène.

Un peu au Nord de Greyère, dans la vallée qui aboutit au Fond de la Cuve, la division de cavalerie Legrand était rassemblée auprès des chasseurs d'Afrique de la division du Barail (1).

Enfin, la division Lorencez, arrivée comme on sait vers 6 heures à Doncourt, s'était portée à hauteur de Bruville où elle s'était arrêtée — trop tard pour être engagée comme l'entendait le général de Ladmirault.

Cependant, vers 11 heures du soir (2), le commandant du 4e corps crut devoir replier jusqu'auprès de Doncourt ses troupes de première ligne, « dont les positions lui paraissaient un peu trop étendues (3) ».

---

(1) La brigade de cavalerie de France était partie pour Rezonville, où elle rejoignit dans la nuit le reste de la division de cavalerie de la Garde.

(2) Heure approximative, déduite de l'heure à laquelle la division Grenier commença son mouvement de retraite.

(3) Rapport du général de Ladmirault, daté du 3 septembre.

Vers 11 h. 30 (1), la division Grenier se retira la première pour venir bivouaquer auprès de Doncourt, où elle avait laissé ses sacs (2). Un peu plus tard, la division de Cissey en faisait autant et venait s'installer au Nord de Butricourt (3), laissant le IIe bataillon du 73e sur la crête du bois Dessus.

La division de cavalerie du 4e corps s'était repliée dès le début du mouvement de retraite et avait gagné, près de Doncourt, l'emplacement où elle avait déchargé ses chevaux dans la journée. Les chasseurs d'Afrique du général du Barail se retiraient également un peu plus tard et venaient camper auprès du même village, mais les deux batteries à cheval de la 1re division de cavalerie, laissées sans ordres, restaient à l'Ouest de Bruville où elles passaient la nuit.

La réserve d'artillerie du corps d'armée paraît n'avoir pas reçu d'instructions très précises : les deux batteries de 4 du commandant Prémer (4), séparées l'une de l'autre au cours de leur dernière mise en batterie sur la crête, s'étaient repliées successivement; puis « errant dans la plaine sans indications », elles vinrent former le parc au Nord de Bruville. Les 5e et 6e batteries à cheval du 17e régiment prirent la direction de Saint-Marcel et s'arrêtèrent près du village. Enfin les deux batteries de 12 du commandant Ladrange (5), probablement restées en position les dernières, furent dirigées, à

(1) Rapport du général de Bellecourt.

(2) Une compagnie du Ier bataillon du 98e restait à Greyère.

(3) D'après le Journal de marche de la 1re division, le mouvement, commencé après 1 heure du matin, n'aurait été terminé qu'à 3 h. 30.

(4) $\frac{6, 9}{8}$.

(5) $\frac{11, 12}{1}$.

11 heures, sur le village de Doncourt où elles installèrent leur parc vers 2 heures du matin.

Quant à la division Lorencez, elle resta, comme on l'a dit, à hauteur de Bruville, couvrant ainsi dans la direction du Sud le reste du 4e corps.

La 1re brigade avait formé les faisceaux sur la longue croupe qui s'étend au Sud d'Urcourt, entre Saint-Marcel et Bruville, ayant derrière elle et près de Bruville deux batteries divisionnaires (1) ; la 2e brigade avait traversé Bruville vers 7 h. 30 et avait pris position sur la croupe Sainte-Catherine, face à l'Ouest (2); mais dans la soirée, le 54e régiment resta seul sur cet emplacement, le 65e ayant reçu l'ordre, vers 10 h. 30, de se reporter au Nord-Est de Doncourt avec la 10e batterie, sans doute pour garder les sacs et les voitures que la division avait laissés sur ce point avant de marcher sur Bruville (3).

Quelle qu'ait pu être l'urgence, — ou même seulement la nécessité — du mouvement de retraite que crut devoir ordonner le général de Ladmirault, laissé d'ailleurs sans la moindre indication du commandement supérieur, il n'en est pas moins vrai que le 4e corps se trouvait ainsi, dès cet instant, bien rassemblé dans la main de son chef et dans un ordre parfait.

Cette dernière circonstance était d'ailleurs loin d'être réalisée au même degré pour le reste de l'armée française, dont les troupes formaient, — surtout dans la région qui avoisine les villages de Rezonville et de Gravelotte, — un amas assez confus de bataillons,

---

(1) $\frac{8, 9}{1}$.

(2) Ceci résulte implicitement du rapport du général Berger sur la journée du 17 août.

(3) Historiques du 65e régiment d'infanterie et des batteries de la division Lorencez.

d'escadrons et de batteries, parmi lesquels quelques divisions seulement restèrent groupées sous les ordres immédiats de leurs chefs.

Le *3e corps* était cependant, à ce point de vue, moins mal partagé que le 6e, car deux de ses divisions (1) étaient restées à peu près réunies avec la réserve d'artillerie et la division de cavalerie dans la région de Saint-Marcel et de Villers-aux-Bois ; le maréchal Lebœuf, toutefois, ignorait où se trouvaient ses deux autres divisions, car, à 8 h. 30 du soir, il écrivait au maréchal Bazaine :

« De mon côté et du côté du général de Ladmirault, nous sommes maîtres du terrain et nous bivouaquons sur celui que nous avons conquis. La division Nayral bivouaque en seconde ligne derrière la division Tixier du 6e corps. La division Aymard bivouaque à la gauche de la division Tixier, de manière à garnir le centre. La division Montaudon que, vers 2 heures, j'ai envoyée à Gravelotte, doit y être encore. Après son départ, j'ai appris qu'elle avait laissé ses sacs au parc d'artillerie (2). Je regrette vivement cette disposition en raison de laquelle je prie Votre Excellence de la renvoyer aussitôt qu'elle le pourra. Quand à la division Metman, je suis fort étonné qu'elle ne soit pas arrivée, bien que j'aie envoyé plusieurs officiers au-devant d'elle. Peut-être, Votre Excellence en a-t-elle disposé ? Je la prierais, dans ce cas, de vouloir bien me le faire savoir..... »

En réalité, les emplacements des diverses fractions du 3e corps étaient les suivants :

Au Sud-Est de Saint-Marcel, la division Nayral était établie face au Sud et avait laissé sur la voie romaine

(1) 2e et 4e divisions.
(2) Près de la ferme de Bagneux.

quatre compagnies du 69ᵉ, deux du 90ᵉ et plusieurs du 41ᵉ ; derrière elle, et sur le bord du chemin, la réserve d'artillerie était tout entière réunie à l'Est de Saint-Marcel ; la division de cavalerie était formée au Nord-Ouest de la localité.

La division Aymard avait seulement cinq bataillons (1) groupés auprès des batteries divisionnaires à l'Ouest de Villers-aux-Bois ; le IIIᵉ bataillon du 44ᵉ avait été établi aux avant-postes, dans la trouée qui sépare les bois de Villers et de Saint-Marcel (2) ; quant à la brigade Sanglé-Ferrières, déjà très morcelée pendant le cours de la bataille, elle se trouvait répartie beaucoup plus au Sud, entre Villers-aux-Bois et la grande route de Mars-la-Tour ; le 85ᵉ, ayant derrière lui le 11ᵉ bataillon de chasseurs, avait été disposé sur le revers oriental du plateau 312, pour surveiller par de petits postes le terrain découvert qui descend jusqu'à Vionville ; le 80ᵉ était resté un peu au Sud de Villers, position où il avait été rappelé à la suite du redoublement de la canonnade qui s'était produit vers 7 heures du soir ; les deux compagnies (3) qu'il avait tout d'abord placées sur la lisière Sud du bois de Villers furent ensuite et successivement renforcées par deux autres compagnies (4) qui, toutes, constituèrent ainsi comme une seconde ligne de grand'-gardes rendue parfaitement inutile par la présence, en avant d'elle, du 85ᵉ régiment.

---

(1) $\frac{\text{I, II, III}}{60}$, $\frac{\text{I, II}}{44}$.

(2) Journée du 17 août, croquis nº 1. — Sur la lisière Sud du bois Pierrot, *lire* $\frac{\text{III}}{44}$ *au lieu de* $\frac{\text{I}}{44}$.

(3) 1, 5 $\frac{\text{II}}{80}$.

(4) 3 $\frac{\text{I}}{80}$, puis 4 $\frac{\text{I}}{80}$.

La division Montaudon qui, pendant la fin de la journée, avait reçu des ordres directs du commandant en chef, se trouvait répartie à peu près sur tous les points du champ de bataille : la 1re brigade (51e et 62e) restée jusqu'à 1 heure du matin sur le terrain où elle avait combattu, avait été ramenée par le général Montaudon auprès du village de Gravelotte ; les deux bataillons et demi du 95e, qui avaient occupé Rezonville dans la soirée, bivouaquaient à l'entrée du village ; le IIIe bataillon du 81e restait toute la nuit à la gauche du 85e sur la crête qu'il était venu occuper à la chute du jour, au Nord-Ouest de Rezonville ; le 18e bataillon de chasseurs continuait à surveiller le débouché de la vallée d'Ars, à l'extrême gauche de l'armée ; les deux premiers bataillons du 81e, avec trois compagnies du IIIe bataillon du 95e, restaient sur la lisière Nord du bois des Ognons ; enfin, deux des batteries du lieutenant-colonel Fourgous s'étaient retirées un peu à l'Est de Rezonville (1), tandis que la batterie de mitrailleuses Barbe (2) passait la nuit sur l'emplacement que le Maréchal commandant en chef lui avait choisi avec tant de soin au Nord du bois des Ognons.

Quant à la division Metman, arrivée très tard à Gravelotte, elle s'était déployée à hauteur de la Maison de Poste et en demi-cercle autour du village (3).

Quoi qu'il en soit, la dissémination du 3e corps était

---

(1) $\frac{5,\ 6}{4}$.

(2) $\frac{8}{4}$.

(3) La division Metman, à laquelle le maréchal Lebœuf avait envoyé « officier sur officier » pour la presser d'arriver sur le champ de bataille (*Notes* du maréchal Lebœuf sur la journée du 16 août), n'avait quitté les environs du Ban-Saint-Martin que vers 1 heure de l'après-

loin d'atteindre celle du 6e, chez lequel aucune division, à l'exception de la 1re, ne présentait une formation régulière.

La division Tixier, qui avait combattu sur place toute la journée, continuait à occuper la lisière du bois de Saint-Marcel, le long de la voie romaine, avec le 10e régiment et deux bataillons du 100e (Ier et IIIe). Le 9e bataillon de chasseurs était également resté sur ses positions de combat à la droite du 100e, c'est-à-dire sur la croupe qui descend du bois de Saint-Marcel vers l'Ouest (1). A la nuit tombante, la compagnie du génie avait construit une tranchée-abri barrant le chemin conduisant à Vionville, tranchée dans laquelle on installa une grand'garde du 10e régiment. De même, le IIIe bataillon du 100e, placé en première ligne sur la lisière du bois, s'était fait couvrir par un épaulement derrière lequel il passa la nuit. Quant au IIe bataillon du 100e, il demeura à Rezonville où il avait combattu avec des fractions du 28e. La nuit venue, les 4e et 12e régiments de la division Tixier, déployés comme on se le rappelle au Nord des bois de Tronville, s'étaient repliés au Sud-Est de Saint-Marcel, à peu près à l'emplacement de leurs bivouacs de la veille. Enfin, l'artillerie du lieutenant-colonel de Montluisant se trouvait complètement disloquée : les 5e et 7e batteries du 8e bivouaquaient auprès de la Maison de Poste ; la 12e batterie n'avait pu les rejoindre et, après avoir combattu au Nord-Ouest de Rezonville vers la fin de la journée, elle s'était retirée près de Villers-aux-Bois au milieu des

---

midi. Passant par Plappeville et Lorry, elle parvenait jusqu'auprès d'Amanvillers, puis redescendait jusqu'à Châtel pour se rendre à Saint-Hubert et à Gravelotte, où sa tête arrivait vers 8 heures du soir.

(1) Au moins trois compagnies (1, 2, 5) de ce bataillon. Les autres compagnies se sont probablement jointes à l'artillerie de la division, dont elles constituaient le soutien depuis le matin.

troupes de la division Aymard; la 8e batterie enfin, affectée provisoirement à la brigade Péchot, reprenait son bivouac de la veille auprès de Saint-Marcel.

La division La Font de Villiers était fractionnée en trois groupes fort éloignés les uns des autres : à mi-distance entre Gravelotte et Rezonville et à hauteur du bois Leprince, un premier groupe était constitué par le 75e, des fractions des deux régiments de la brigade Colin (93e et 94e) et par l'artillerie de la division (1); deux autres groupes s'étaient ralliés au Nord de Rezonville; ils comprenaient le 91e régiment et des fractions des 93e et 94e.

Le 9e régiment (de la division Bisson), réuni déjà depuis de longues heures au Nord de Rezonville, s'était replié, au moment de l'attaque de la 6e division de cavalerie prussienne, à quelques centaines de mètres plus à l'Est. Il bivouaqua sur ce point, à l'exception d'un bataillon qui, dans son mouvement de retraite avait été entraîné jusqu'auprès de Gravelotte.

La division Levassor-Sorval formait quatre groupes distincts : le 25e régiment, relevé l'un des premiers dans la lutte que soutenait la division autour de Rezonville, s'était replié lentement jusque sur le plateau de la Maison de Poste; l'artillerie, des fractions du 70e et les deux premiers bataillons du 26e avaient gagné leurs bivouacs de la veille, à quelques centaines de mètres au Nord-Est de Rezonville; d'autres fractions du 70e passaient la nuit sur leur position de combat, au Nord-Ouest de la même localité et près de la grande route; le 28e régiment enfin, reçut l'ordre, à la nuit close, de se barricader dans le village où se trouvait déjà le IIe ba-

---

(1) Journée du 17 août. — Croquis n° 1. A 700 mètres à l'Ouest de la Maison de Poste, *lire* : $\frac{5,\ 6,\ 7}{14}$, *au lieu de* : $\frac{5,\ 6,\ 7,\ 12}{8}$.

taillon du 100e avec l'escadron d'escorte du maréchal Canrobert; le colonel Lamothe fit donc prendre les armes à son régiment et passa la nuit à compléter l'organisation défensive des maisons et des murs de clôture (1).

Le 2e chasseurs, qui était resté toute la journée autour de Rezonville, reprenait son bivouac du matin dans la prairie au Nord et près de la lisière du village (2).

La *Garde impériale*, à l'exception de sa division de cavalerie et de quelques bataillons, était restée sur ses positions de combat autour de Rezonville jusqu'à la nuit noire. Les troupes de la 1re division ne quittèrent ces positions qu'à partir de 9 heures du soir, puis se retirèrent à quelques centaines de mètres plus en arrière, — au Sud de Rezonville, — en se couvrant « très soigneusement » par des grand'gardes. Seul, le IIIe bataillon du 4e voltigeurs passait la nuit près de Gravelotte.

La 2e division était un peu plus morcelée que la 1re, mais la brigade Jeanningros (zouaves et 1er grenadiers) passait cependant la nuit déployée sur la crête à l'Ouest de Rezonville, après avoir formé les faisceaux sur la ligne même d'où elle avait fusillé, dans l'obscurité naissante, les cavaliers de la 6e division de cavalerie prussienne. Le 2e grenadiers s'était reformé près et au Nord-Est de Rezonville, dans le voisinage du régiment des guides; le 3e grenadiers avait été reprendre son bivouac du matin auprès de Gravelotte.

Les batteries de la réserve d'artillerie et de la 2e divi-

(1) Rapport du colonel Hanrion, du 70e, et Historiques des corps de troupe de la division.

(2) A l'exception du 2e escadron (escorte du général Levassor-Sorval), qui passa la nuit dans un verger de la Maison de Poste. (Historique du 2e régiment de chasseurs.)

sion avaient formé leur parc sur la crête à l'Est de Rezonville.

Les deux régiments de la brigade de cavalerie légère étaient restés, comme il vient d'être dit, auprès des divisions d'infanterie auxquelles ils étaient respectivement affectés. Après la brillante charge des cuirassiers, le général Desvaux avait réuni les deux régiments de la brigade du Preuil (cuirassiers et carabiniers) et les avait conduits auprès de la Maison de Poste, où la nuit vint les trouver. De son côté, le général de France avait quitté à la nuit tombante le Fond de la Cuve, et s'était remis en marche à tout hasard dans la direction de Gravelotte en suivant, en sens inverse, l'itinéraire du matin, c'est-à-dire la route de Doncourt, la Malmaison. Arrivé vers 10 h. 30 du soir à Gravelotte, le général de France fit installer le bivouac sur l'emplacement qu'il occupait le matin même. Mais sur l'ordre du maréchal Bazaine, qui destinait cet emplacement à la division Metman, dont les dernières troupes arrivaient dans cet instant, « les dragons et les lanciers durent s'établir un peu plus loin », c'est-à-dire auprès de la 3e brigade.

A l'exception de la brigade Lapasset, qui combattit jusqu'à la nuit auprès de la Maison-Blanche, le *2e corps* était parvenu à réunir auprès de Gravelotte ses bataillons plus ou moins mélangés par la retraite qu'on connaît.

Les cinq batteries de la réserve d'artillerie (1) étaient parquées auprès de Gravelotte, où elles avaient pu se ravitailler le soir même au parc du 2e corps (2).

La division Fauvart-Bastoul, ayant sa 1re brigade (8e et 23e) en première ligne, était installée sur le plateau

(1) La 7e batterie du 17e ne rejoignit que le lendemain matin.

(2) Rapport du général Gagneur, commandant l'artillerie du 2e corps.

au Sud du village avec la mission de surveiller le débouché de la vallée d'Ars (1).

Le 23e régiment, placé près du chemin d'Ars, faisait observer les bois qui bordent le ruisseau de la Mance, tandis que le 8e, campé plus à droite, poussait ses tirailleurs jusqu'aux premières pentes du ravin et jusqu'à la lisière du bois des Ognons, se reliant ainsi aux fractions de la division Montaudon qui occupaient elles-mêmes le taillis.

Plus à l'Ouest, les troupes du général Vergé (2) étaient également disposées face au Sud et continuaient à surveiller pendant toute la nuit le bois des Ognons, dans lequel le 76e avait pénétré (au moins en partie) à la droite des fractions de la division Montaudon dont il vient d'être question.

Quant à la brigade Lapasset, elle formait les faisceaux avec quatre de ses bataillons sur la croupe de la Maison-Blanche (3), tandis que les deux premiers bataillons du 97e passaient la nuit dans l'intérieur de Rezonville où de nombreuses troupes se trouvaient déjà entassées. La 7e batterie du 2e régiment avait rallié Gravelotte avec sa compagnie de soutien (4). Le 3e régiment de lanciers, stationné à l'entrée occidentale de Rezonville, y restait jusqu'au matin (5).

---

(1) On se rappelle que le 18e bataillon de chasseurs (division Montaudon) avait reçu la même mission et se trouvait sur le chemin d'Ars.

(2) Quelques fractions du IIIe bataillon du 76e étaient demeurées auprès du 84e régiment, de la brigade Lapasset, sur la croupe de la Maison-Blanche.

(3) Le général Lapasset reçut très avant dans la nuit l'ordre de rallier Rezonville. Il le fit avec les fractions qu'il avait sous la main (84e et $\frac{\text{III}}{97}$). Les deux autres bataillons du 97e restèrent à Rezonville.

(4) $\frac{2}{14\ \text{Ch.}}$.

(5) Rapport du général Lapasset et Historiques des corps de troupe.

A la nuit close, le 4e régiment de chasseurs de la division Valabrègue avait été poussé, sur la demande du maréchal Canrobert, dans la direction de Vionville pour surveiller l'adversaire, et avait vu défiler devant lui les hussards de la 6e division de cavalerie. A 9 heures du soir, alors que la fusillade avait cessé sur presque tous les points du champ de bataille, il se replia vers le Nord, et vint mettre pied à terre au Sud de Saint-Marcel et à proximité du 100e régiment de la division Tixier. Pendant ce temps, le général Valabrègue avait réuni ses trois autres régiments (5e chasseurs, 7e et 12e dragons) et la batterie à cheval qui lui était affectée $\left(\frac{7}{17}\right)$ à peu près sur le même emplacement où l'avait surpris la charge Bredow, c'est-à-dire entre les bois Leprince et Pierrot.

La *3e division de cavalerie* (de Forton) qui, à la nuit tombante, s'était déployée au Nord-Ouest de Rezonville devant la charge des hussards prussiens, s'était ensuite repliée vers Gravelotte en passant, en colonne de pelotons, au milieu des rassemblements de toute sorte qui encombraient déjà le terrain au Nord de la grande route. Même elle eut à essuyer quelques coups de feu partis du bois Leprince où d'assez nombreux isolés qui s'y étaient réfugiés crurent avoir affaire à de la cavalerie prussienne. Vers 9 h. 30 du soir, la division accompagnée de ses deux batteries, s'arrêta à l'Ouest de Gravelotte, à peu près à hauteur du bivouac de l'avant-veille, mais au Sud de la grande route.

Enfin, les huit batteries de la réserve générale d'artillerie (1), restées sous les ordres du général Canu,

---

(1) Les 5e, 6e et 8e batteries du 13e étaient toujours au fort Moselle et travaillaient à l'armement de la place.

Les 9e et 10e batteries étaient, comme on sait, affectées à la division

ralliaient à la nuit leur ancien bivouac près de Gravelotte.

En résumé, on voit que dans la nuit du 16 au 17, les troupes de l'armée française formaient trois grands groupes, dont un seul, celui de Doncourt, présentait un ordre aussi parfait qu'il est possible de l'espérer après une journée de bataille.

Dans la région de Saint-Marcel, c'est-à-dire au Nord de la voie romaine, le maréchal Lebœuf disposait encore de deux divisions d'infanterie (Nayral et Aymard), de sa division de cavalerie et de sa réserve d'artillerie, mais il ignorait où se trouvaient ses deux autres divisions, dont l'une (Montaudon) avait, en réalité, été éparpillée au hasard de l'inspiration du commandement en chef et dont l'autre (Metman) n'avait pas paru sur le champ de bataille. Entre Saint-Marcel et le bois de Tronville, la division Tixier était plus ou moins mélangée aux troupes du maréchal Lebœuf et se trouvait, en tous cas, complètement séparée du reste du 6e corps.

Enfin, un troisième groupe, — de beaucoup le plus considérable, — était réparti dans le large couloir que suit la grande route entre Gravelotte et Rezonville. Là, se trouvaient entassées, dans un rectangle d'environ quatre kilomètres de longueur sur deux de large, neuf divisions d'infanterie, trois divisions de cavalerie, deux réserves d'artillerie de corps d'armée et la réserve générale d'artillerie de l'armée (1).

Bisson; la 7e batterie, relevée au fort Bellecroix par une batterie de la division de Laveaucoupet, rejoignit Gravelotte dans la soirée.

Les 7e et 8e batteries du 18e étaient affectées à la division Levassor-Sorval.

(1) Sans compter de nombreuses voitures appartenant aux convois, et dont il sera parlé dans un chapitre spécial.

Autour de quelques masses à peu près homogènes et assez régulièrement ordonnées, telles que les divisions du 2e corps et celle des voltigeurs de la Garde (1), un nombre considérable de régiments, de bataillons et de batteries appartenant à quatre corps d'armée différents formaient un amas assez confus où les liens tactiques étaient fort distendus. Certaines unités comme la division Montaudon, qui, il est vrai, avait subi plus directement que les autres les effets de l'activité néfaste et brouillonne du commandant en chef, étaient éparpillées sur une profondeur d'au moins 4 kilomètres. Au 6e corps, il était impossible de trouver une brigade qui fût groupée en entier sous le commandement de son chef; de sorte que le maréchal Canrobert, dont les troupes étaient disséminées au hasard des péripéties de la lutte sur tout l'espace qui s'étend de Saint-Marcel à la Maison de Poste, était, en fait, dépossédé de son commandement, ou plus exactement, des moyens de l'exercer en vue d'une action immédiate.

Une pareille confusion n'était certainement pas faite pour inspirer aux commandements subordonnés, dont les attributions et les responsabilités tactiques se trouvaient ainsi singulièrement mal définies, l'initiative de mesures de sécurité qu'on négligeait d'ailleurs déjà de prendre, alors même que l'influence dissolvante d'une longue journée de lutte ne se faisait pas sentir. Les avant-postes installés à la tombée de la nuit furent donc très faiblement et surtout très irrégulièrement constitués. La division de voltigeurs, cependant, disposa ses grand'-gardes au Sud-Ouest de Rezonville, c'est-à-dire face à face avec les sentinelles de la 5e division d'infanterie prussienne. Aucun document ne permet d'affirmer que

(1) Les divisions de cavalerie et les réserves d'artillerie formaient également des groupes compacts.

la brigade Jeanningros (zouaves et 1er grenadiers) placée en bataille sur la crête à l'Ouest de Rezonville, ait fait surveiller d'une manière particulière les pentes découvertes qui descendent vers Vionville. Peut-être a-t-elle placé quelques grand'gardes en avant de ses faisceaux. Le 85e régiment, réuni sur le plateau 312, disposa, au delà de la crête et face à Vionville, une série de petits postes (1). Sur la lisière méridionale du bois Pierrot, quatre compagnies du 80e régiment formaient une ligne de surveillance placée à 400 ou 500 mètres *en arrière* du 85e. Dans l'intervalle qui sépare le bois précité du bois de Saint-Marcel, un bataillon du 44e et plusieurs compagnies du 41e, du 69e et du 90e reliaient les compagnies du 80e au 10e régiment installé tout entier sur la voie romaine et couvert lui-même par une grand'garde postée sur le chemin de Flavigny. A la droite du 10e et à l'Ouest du bois, un bataillon du 100e et trois compagnies du 9e bataillon de chasseurs faisaient face aux avant-postes de la *20e* division prussienne qui bordaient la lisière Nord du bois de Tronville. Mais, aucune liaison n'existait entre le 9e bataillon de chasseurs et le bataillon du 73e que la division de Cissey avait laissé sur la crête du bois Dessus et qui avait lui-même, très loin sur sa droite, une compagnie du 98e postée dans la ferme de Greyère.

Tel était le service de sécurité, — très précaire comme on le voit, — dont l'armée française s'entoura par l'effet de la seule initiative de quelques chefs en sous-ordre à la suite de la terrible lutte qu'elle venait de soutenir. Mais, tel était aussi l'état d'accablement de son adversaire, qu'en réalité rien n'était à craindre de sa part, bien qu'en avant de notre aile gauche, c'est-à-dire au Sud-Ouest de Rezonville, le IIIe corps bivouaquât à

(1) Récit du commandant Sergent, alors lieutenant au 85e de ligne.

portée de canon de nos propres camps. Les avant-postes des deux partis se développaient parallèlement et à très faible distance les uns des autres (moins d'un kilomètre) depuis la vallée d'Ars jusqu'au bois de Tronville. A partir de ce point, la faible ligne des grand'-gardes françaises restait marquée par les positions sur lesquelles le 4e corps avait infligé le rude échec que l'on sait aux troupes prussiennes. Celles-ci, à la suite de la véritable déroute qu'elles étaient cependant parvenues à enrayer au delà de Tronville, avaient refusé l'aile gauche de leur ligne de grand'gardes jusqu'à mi-distance entre Mars-la-Tour et Puxieux.

TABLEAUX DES PERTES A LA BATAILLE DE REZONVILLE

I. — Armée française.

Les pertes en officiers ont été relevées sur l'ouvrage de M. Martinien, des *Archives historiques* (édition de 1902), en tenant compte de quelques rectifications survenues depuis l'impression et indiquées par l'auteur. Les officiers morts des suites de leurs blessures sont compris parmi les tués. Les chevaux d'artillerie *disparus* ont été comptés avec les *tués*.

En ce qui concerne les hommes de troupe, il y a lieu de faire les remarques suivantes :

Une première série de tableaux récapitulatifs des pertes avait été établie par les états-majors des corps d'armée à la date du 20 ou du 21 août et au moyen de renseignements approximatifs fournis par les corps de troupe au lendemain des grandes batailles qu'on venait de livrer sur les plateaux de la rive gauche (1). Or ces renseignements étaient pour la plupart très erronés, car un grand nombre d'isolés n'avaient pu encore rejoindre leurs régiments au milieu de la confusion qui régna dans les rangs de l'armée pendant les mouvements de retraite du 17 et du 19 août.

Dans le courant de septembre, — alors que la période des grands combats fut terminée et que l'armée eût pris ses bivouacs autour de la place — on put procéder à un travail de rectification, et les corps de troupe fournirent de nouveaux états de pertes à l'aide desquels les états-majors des corps d'armée dressèrent, vers le 25 septembre, de nouveaux tableaux récapitulatifs (2). Ce sont ces derniers états de pertes et ces derniers tableaux récapitulatifs qui ont servi, — *après vérification et rectification des erreurs matérielles*, — à établir le présent tableau,

(1) Celui de la Garde n'a pas été retrouvé dans les Archives historiques.

(2) Celui du 2e corps n'a pas été retrouvé aux Archives historiques et ne paraît pas avoir été adressé au grand quartier général.

dont les chiffres diffèrent très sensiblement, comme on pourra le constater, pour certains corps d'armée, de ceux qu'indique le Journal de marche de l'armée du Rhin (*Revue* de septembre 1903, page 647).

Or, il est aisé de relever dans le travail d'ensemble fait au grand quartier général de l'armée de Metz, des erreurs très importantes, d'en retrouver les causes et d'expliquer ainsi les différences qu'on vient de signaler.

2e *corps.* — Le Journal de marche de l'armée du Rhin reproduit exactement les chiffres du tableau récapitulatif du 21 août (1). Ces chiffres doivent donc être entachés des mêmes erreurs que les états provisoires fournis par les régiments au lendemain même de la bataille. Or, ceux-ci, — et pour les raisons indiquées précédemment, — exagèrent souvent les pertes dans de très fortes proportions.

C'est ainsi que, d'après les états provisoires des régiments, les hommes tués, blessés et disparus auraient été de :

1re division	1,567
2e division	2,432
Brigade Lapasset	956
Division de cavalerie	56
Réserve d'artillerie	70
TOTAL	5,081

tandis qu'ils ne furent, d'après les états nominatifs du mois de septembre, — complétés pour quelques régiments à l'aide des matricules déposés aux archives administratives, — que de :

1re division	1,182
2e division	2,149
Brigade Lapasset	745
Division de cavalerie	66
Réserve d'artillerie	48
TOTAL	4,190

d'où une différence de 891 hommes.

3e *corps.* — Le grand quartier général a reproduit les chiffres du tableau récapitulatif du corps d'armée daté du 25 septembre ; mais ce tableau omet les pertes de la 1re brigade de cavalerie et relève inexactement quelques chiffres ; d'où une différence d'une quinzaine d'hommes avec ceux du présent tableau ; différence qui se trouve ainsi expliquée.

---

(1) Voir la note (2) de la page précédente.

4e corps. — Le grand quartier général a reproduit (malheureusement sans vérification préalable) les totaux du tableau récapitulatif établi dans le mois de septembre par l'état-major du 4e corps d'armée (1). Or ce tableau est entaché d'erreurs matérielles importantes. C'est ainsi que les pertes du 2e hussards (83 officiers et soldats) y sont portés deux fois. En outre, les pertes de la brigade Bellecourt qui y figurent sont celles du 18 et non du 16, d'où un chiffre trop élevé de 807 unités, et, au total, une majoration de 890 officiers et soldats.

Ce qui explique, à une douzaine d'unités près, la différence avec le présent tableau.

6e corps. — Bien que l'état-major du 6e corps ait établi un tableau récapitulatif à l'aide des états régimentaires du mois de septembre, le grand quartier général, — qui n'en a peut-être pas reçu communication, — a reproduit les chiffres contenus dans le tableau provisoire daté du 20 août, après avoir rectifié, mais incomplètement, le chiffre des centaines faussé par une erreur d'addition (4 à la place de 2, alors qu'il aurait fallu 3). En outre, le vérificateur a omis de corriger le chiffre des milliers, également erroné (4 au lieu de 5), de sorte que les pertes totales ont été portées de 5,258 hommes (tableau du 20 août) à 5,458 (J. M. de l'armée du Rhin), alors qu'une addition exacte des chiffres donne seulement 4,358.

Outre cette majoration accidentelle de 1100 hommes, le tableau du 20 août exagère beaucoup les pertes — comme tous les autres corps d'armée et pour les mêmes raisons. — Cette exagération est d'ailleurs mise en lumière par le tableau récapitulatif du mois de septembre, qui, malheureusement, fausse les résultats en sens inverse, par suite d'autres erreurs matérielles qu'il est aisé de relever par la comparaison avec les états fournis par les régiments (2).

En réalité, le chiffre de 3,464 hommes, donné par ce dernier tableau, doit être augmenté de 390. D'où un total de 3,854, qui s'accorde, à quatre unités près, avec celui du présent tableau.

Garde. — Les tableaux récapitulatifs de la Garde n'ont pas été retrouvés dans les Archives historiques; il est donc impossible de fixer la provenance des chiffres adoptés par le grand quartier général. On se

---

(1) Ce tableau ne porte pas de date, mais il a certainement été dressé après le 26 septembre puisqu'on y retrouve les mêmes chiffres que sur les états régimentaires dont les derniers ont été fournis le 25.

(2) C'est ainsi qu'au 94e, 33 hommes sont portés en moins; le 26e n'aurait perdu que 23 hommes, tandis que l'état détaillé, établi par le

bornera par suite à faire observer que les chiffres adoptés dans le présent tableau sont ceux des états régimentaires, — *nominatifs* pour la plupart, — établis les 30 août et 1er septembre, puis rectifiés par d'autres états régimentaires dressés les 17 et 18 septembre. Ils présentent donc autant de garantie d'exactitude que ceux qu'on a adoptés pour les autres corps d'armée.

Réserve de cavalerie. — Les chiffres du grand quartier général (21 officiers et 88 hommes) sont exactement ceux d'un état numérique visant seulement les quatre régiments de la 3e division de cavalerie.

On avait donc omis les pertes de l'artillerie de cette division (6 officiers et 51 hommes) et celles de la 1re division de cavalerie (5 officiers et 51 hommes). D'ailleurs, l'état numérique en question est très erroné, ainsi qu'il est permis de le constater par la comparaison avec un tableau *nominatif* très complet établi le 1er septembre par le chef d'état-major du général de Forton. C'est ce tableau, ainsi que l'état nominatif du 2e chasseurs d'Afrique, en date du 2 septembre, qui a été utilisé pour le présent travail.

En résumé, le tableau des pertes qui suit n'est autre chose que celui qu'aurait pu établir le grand quartier général pendant le mois de septembre 1870 :

1° Si l'on ne s'était pas contenté à cette époque d'utiliser, pour certains corps d'armée, les tableaux récapitulatifs très erronés établis en hâte immédiatement après les grandes batailles;

2° Si l'on n'avait pas reproduit, sans vérification ni contrôle, les indications de ceux des tableaux récapitulatifs du mois de septembre auxquels il eut recours et qui contenaient de très importantes erreurs matérielles.

Il est toutefois indispensable de remarquer que si, pour chaque régiment ou batterie, le total des pertes indiqué par le présent tableau se rapproche certainement beaucoup de la réalité, la répartition de ce total entre les différentes catégories de : *tués, blessés* et *disparus*, est, dans beaucoup de cas, très sujette à caution. En raison de l'abandon du champ de bataille dans la nuit ou dans la journée qui suivit la lutte, et surtout en raison des conditions dans lesquelles certains régiments ont

---

colonel le 19 septembre en accuse 340; au 28e, les tués et les disparus ont seuls été inscrits, et 53 blessés ont été omis; enfin, 19 hommes ont été portés au titre du 2e chasseurs d'Afrique, qui ne faisait cependant pas encore partie, le 16 août, du 6e corps. Il en résulte une erreur en moins de 390 hommes.

combattu, nombre de tués et de blessés sont restés sur le terrain et ont été portés ensuite comme disparus, à cause de l'ignorance où l'on était du véritable motif de leur absence. Certains corps, même, n'inscrivirent comme *tués* que ceux pour lesquels ils purent recueillir les assertions de trois témoins. D'autres ne portèrent comme blessés que ceux dont la présence fut constatée ultérieurement dans les ambulances françaises. On pourrait donc dire que, pour un certain nombre de régiments ou batteries, les chiffres des disparus ont été considérablement exagérés, s'il fallait comprendre uniquement dans cette catégorie les hommes valides tombés au pouvoir de l'ennemi ou ceux que les hasards des circonstances ont empêché de rentrer à Metz.

Il a cependant paru utile de reproduire le détail des pertes, fourni par les états du mois de septembre, car ce détail peut être considéré comme à peu près exact pour les régiments qui sont restés pendant de longues heures sur leurs positions de combat après la fin de la bataille et pour ceux qui n'ont pas éprouvé des pertes très importantes. En totalisant *a priori* pour tous les régiments les chiffres des tués, blessés et disparus, on se serait donc privé, pour certains d'entre eux que l'étude de la bataille permet de désigner aisément, de renseignements intéressants.

D'ailleurs, le fait important au point de vue tactique, et qui se trouve être certainement réalisé à quelques unités près par le tableau suivant, est que le total relatif à chaque régiment représente le nombre réel des combattants dont ce régiment fut privé pour la suite des opérations.

TABLEAU des pertes de l'Armée française (16 août).

	OFF.s			HOMMES DE TR.				CHEVx D'ARTie		MUNITIONS D'ARTie.	
	T.	Bl.	Totx.	T.	Bl.	Disp.	Totx.	T.	Bl.		
Grand Qr Génal.											
Escorte 1/2 ch.	»	»	»	»	1	»	1				
Escorte 5/5 huss.	2	1	3	»	7	9	16				
	2	1	3	»	8	9	17				
2e corps.											
Qr Gl.	»	1	1								
1re Divon.											
1re Br. E.-M.	»	(1) 2	2								(1) Gl Valazé.
1re Br. 3e B. Ch.	2	4	6	»	40	71	111				
1re Br. 32e	7	8	15	10	175	148	333				
1re Br. 55e	2	6	8	6	36	53	95				
2e Br. 76e	3	12	15	9	133	342	484				
2e Br. 77e	2	3	5	11	74	57	142				
Art. 5e (5e)	»	»	»	1	4	2	7	4	»	1037	
Art. 6e (5e)	»	1	1	1	2	»	3	2	4	1170	
Art. 12e m. (5e)	»	1	1	»	7	»	7	5	»	549	
Totx : 1re Don.	16	37	53	38	471	673	1182	11	4	2756	
2e Divon.											
Qr Gl.	»	(2) 1	1								(2) Gl Bataille.
1re Br. 12e B. Ch.	5	6	11	6	116	94	216				
1re Br. 8e	2	5	7	10	117	150	277				
1re Br. 23e	6	12	18	19	164	202	385				
2e Br. 66e	7	9	16	6	277	292	575				
2e Br. 67e	8	18	26	54	426	296	776				
Art. E.-M.	1	»	1								
Art. 7e (5e)	»	»	»	»	2	»	2	5	1	937	
Art. 8e (5e)	»	1	1	3	9	»	12	8	»	733	
Art. 9e (5e)	»	1	1	1	5	»	6	3	»	720	
Totx : 2e Don.	29	53	82	99	1116	1034	2249	16	1	2390	

	OFFrs			HOMMES DE TR.				CHEVx D'ARTie		MUNITIONS D'ARTie	
	T.	Bl.	Totx.	T.	Bl.	Disp.	Totx.	T.	Bl.		
Brigade Lapasset.											
2e comp. : 14e B. Ch.	»	2	2	3	41	»	44				
84e	5	16	21	41	130	33	204				
97e	12	9	21	49	286	101	436				
Détach. du 46e	1	1	2	»	3	6	9				
Art. $\frac{7}{2}$	»	1	1	2	7	8	17	9	14	(1) 1800	(1) A reçu 4 caissons de la Garde pendant le combat.
3e lanciers	»	3	3	»	15	20	35				
Totx : Br. Lapasset.	18	32	50	95	482	168	745	9	14	1800	
Divon de cavalerie.											
1re Br. 4e Ch.	»	1	1	2	2	»	4				
1re Br. 5e Ch.	2	10	12	2	44	1	47				
2e Br. 7e Dr.	»	3	3	1	8	»	9				
2e Br. 12e Dr.	»	1	1	»	3	3	6				
Totx : Don de Cie.	2	15	17	5	57	4	66				
Résve d'Artie.											
5e 10e	1	1	2	»	10	»	10	(2) 6	»	840	(2) Ou blessés.
5e 11e	»	1	1	»	12	»	12	8	»	550	
15e E.-M.	1	»	1	»	»	»	»	»	»		
15e 6e	»	2	2	3	5	»	8	16	15	900	
15e 10e	»	1	1	»	10	»	10	13	»	230	
17e E.-M.	»	1	1								
17e 7e	»	»	»	1	1	»	2	20	»	(3) 900	(3) Environ.
17e 8e	»	1	1	2	14	»	16	9	13	600	
Totx : Résve d'Artie.	2	7	9	6	52	»	58	100		4020	
Services administrat.	2	»	2	»	»	4	»	»	»	»	
Totx du 2e corps.	69	145	214	243	2178	1883	4304	155		10966	
	4518										

	OFF^rs			HOMMES DE TR.				CHEV^x D'ART^ie		MUNITIONS D'ART^ie
	T.	Bl.	Tot^x.	T.	Bl.	Disp.	Tot^x.	T.	Bl.	
3e corps.										
1re *Div*on.										
Qr Gl	»	1	1							
1re Br. E.-M.	»	1	1							
1re Br. 18e B. Ch.	»	»	»	»	1	»	1			
1re Br. 51e	11	14	25	40	257	79	376			
1re Br. 62e	5	7	12	9	150	38	197			
2e Br. 81e	»	2	2	3	3	»	6			
2e Br. 95e	»	»	»	»	16	»	16			
Art. 4e, 5e	»	1	1	»	5	»	5	3	4	840
Art. 4e, 6e	»	»	»	»	»	»	»	»	»	
Art. 4e, 8e	»	»	»	»	»	»	»	»	»	1020
Tot^x : 1re D^on.	16	26	42	52	432	117	601	3	4	1860
2e *Div*on.										
Qr Gl	»	1	1							
1re Br. 41e	»	»	»	»	1	1	2			
2e Br. 69e	»	»	»	1	2	1	4			
2e Br. 90e	»	»	»	1	10	3	14			
Art. 4, 9e	»	»	»	»	»	»	»	»	»	56
Art. 4, 11e	»	»	»	»	»	»	»	»	»	»
Art. 4, 12e	»	»	»	»	»	»	»	»	»	85
Tot^x : 2e D^on.	»	1	1	2	13	5	20	»	»	141
4e *Div*on.										
Qr Gl	»	1	1							
1re Br. 11e B. Ch.	»	»	»	2	5	»	7			
1re Br. 44e	»	»	»	3	13	2	18			
1re Br. 60e	»	1	1	2	5	1	8			
2e Br. 80e	»	2	2	5	36	1	42			
2e Br. 85e	»	1	1	2	20	1	23			
Art. 11e, 8e	»	»	»	1	2	»	3	2	»	244
Art. 11e, 9e	»	»	»	»	»	»	»	»	»	694
Art. 11e, 10e	»	»	»	»	2	»	2	2	3	
Tot^x : 4e D^on.	»	5	5	15	83	5	103	4	3	938

	OFFrs			HOMMES DE TR.				CHEVx D'ARTie		MUNITIONS D'ARTie.	
	T.	Bl.	Totx.	T.	Bl.	Disp.	Totx.	T.	Bl.		
Divon de Cavie.											
1re Br. 2e Ch.	1	1	2	»	1	»	1				
1re Br. 3e Ch.	»	»	»	»	1	»	1				
1re Br. 10e Ch.	»	»	»	»	1	»	1				
2e Br.. 2e Dr.	2	»	2	»	»	»	»				
2e Br.. 4e Dr.	»	»	»	1	4	3	8				
3e Br.. 5e Dr.	»	»	»	»	1	»	1				
TOTx : Don DE Cle.	3	1	4	1	8	3	12				
Résve d'Artie.											
7e... 4e........	»	2	2	1	5	»	6	(1) 10	»	(2) 900	(1) Ou blessés.
10e... 4e........	»	»	»	1	5	»	6	(1) 3	»	(2) 900	(2) Environ.
11e... 11e........	»	»	»	»	1	»	1	»	»	930	
12e... 11e........	»	»	»	»	4	»	4	»	»		
1er.... 17e........	»	»	»	»	»	»	»	»	»	150	
2e.... 17e........	»	»	»	»	»	»	»	»	»	30	
3e.... 17e........	»	»	»	1	7	»	8	2	8	151	
4e.... 17e........	»	»	»	»	3	»	3	2	6	159	
TOTx : Résve D'ARTie.	»	2	2	3	25	»	28	31		3220	
Services administrat.	»	»	»	»	»	1	1	»	»	»	
Totx du 3e corps.	19	35	54	73	561	131	765	45		6159	
	819										
4e corps.											
Qr Gl.	»	1	1								
1re Divon.											
Qr Gl.	»	2	2								
1re Br. E.-M.	(1) 2	»	2								(1) Gl Brayer.
1re Br. 20e Ch.	3	2	5	18	62	11	91				
1re Br. 1er........	5	11	16	19	135	22	176				
1re Br. 6e........	»	7	7	2	15	»	17				
2e Br.. 57e........	10	12	22	17	190	76	283				
2e Br.. 73e........	7	11	18	21	237	89	347				
A reporter...	27	45	72	77	639	198	914				

	OFFrs T.	OFFrs Bl.	OFFrs Totx.	HOMMES DE TR. T.	HOMMES DE TR. Bl.	HOMMES DE TR. Disp.	HOMMES DE TR. Totx.	CHEVx D'ARTie T.	CHEVx D'ARTie Bl.	MUNITIONS D'ARTie.
Report...	27	45	72	77	639	498	914			
Art... 5e (15e)	»	»	»	»	2	»	2	1	»	650
9e	1	»	1	»	»	»	»	1	»	373
12e	»	1	1	»	5	»	5	2	4	486
Gén... 9e 12e..	»	»	»	»	»	1	1	»	»	»
Totx : 1re Don.	28	46	74	77	646	499	922	4	4	1509
2e Divon.										
1re Br. 5e Ch.....	»	»	»	5	10	»	15			
13e........	1	5	6	13	72	9	94			
43e........	3	2	5	14	85	7	106			
2e Br.. 64e.......	»	2	2	3	18	7	28			
98e........	»	1	1	2	7	»	9			
Art... 5e (1er...)	»	»	»	1	10	»	11	»	3	279
6e	»	»	»	»	2	»	2	»	3	324
7e	»	»	»	»	1	1	2	»	»	330
Totx : 2e Don...	4	10	14	38	205	24	267	»	6	933
Divon de Cavie.										
Qr Gl.............	(1) 1	5	6							
1er Br. E.-M.	»	(2) 2	2							
2e Huss...	2	17	19	1	43	20	64			
7e Huss...	1	9	10	2	45	3	50			
2e Br.. 3e Dr.....	1	11	12	»	42	17	59			
11e Dr....	»	1	1	1	1	»	2			
Totx : Don DE Cie.	5	45	50	4	131	40	175			
Résve d'Artie.										
11e... (1er........)	»	»	»	»	3	»	3	(3) 7	»	317
12e...	»	»	»	»	8	»	8	8	1	600
6e.... (8e........)	»	»	»	»	1	»	1	1	5	200
9e....	»	»	»	»	5	»	5	3	7	?
15e.... (17e.......)	1	»	1	1	1	»	2	»	»	544
16e....	»	2	2	»	4	3	7	»	»	720
Totx : RÉSve D'ARTie.	1	2	3	1	22	3	26	32		(4) 2381
Services administrat.	5	»	5	»	»	24	24	»	»	»
Totx du 4e corps.	43	104	147	120	1004	290	1414	46		4823
				1561						

(1) Gl Legrand.

(2) Gl de Montaigu.

(3) Ou blessés.

(4) Sauf les projectiles tirés par $\frac{9}{8}$.

	OFF^rs			HOMMES DE TR.				CHEV^x D'ART^ie		MUNITIONS D'ART^ie.	
	T.	Bl.	Tot^x.	T.	Bl.	Disp.	Tot^x.	T.	Bl.		
6e corps.											
Qr Gl.	»	1	1								
1re *Divon.*											
1re Br. — 9e Ch.	»	»	»	7	67	2	76				
1re Br. — 4e	2	8	10	33	124	27	184				
1re Br. — 10e	2	2	4	20	81	23	124				
2e Br. — E.-M.	»	1	1	»	»	»	»				
2e Br. — 12e	»	1	1	»	31	14	45				
2e Br. — 100e	1	7	8	8	65	10	83				
Art. — 5e (8e)	»	1	1	3	6	12	21	25	»	450	
Art. — 7e (8e)	»	1	1	»	2	»	2	5	»	550	
Art. — 8e (8e)	»	»	»	»	2	»	2	1	1	250	
Art. — 12e (8e)	»	1	1	2	25	2	29	6	»	550	
Tot^x : 1re Don.	5	22	27	73	403	90	566	37	1	1800	
2e *Divon.*											
Qr Gl.	»	3	3								
1re Br. — E.-M.	»	1	1								
1re Br. — 9e	13	14	27	17	115	69	201				
Art. — 9e (13e)	»	»	»	1	3	10	14	11	»	76	
Art. — 10e (13e)	»	»	»	»	15	3	18	10	2	218	
Tot^x : 2e Don.	13	18	31	18	133	82	233	21	2	294	
3e *Divon.*											
1re Br. — E.-M.	»	(1)1	1								(1) Gl de Sonnay.
1re Br. — 75e	8	16	24	51	338	81	470				
1re Br. — 91e	3	12	15	30	254	83	367				
2e Br. — 93e	8	21	29	31	318	295	644				
2e Br. — 94e	10	14	24	31	119	336	486				
Art. — 5e (14e)	»	2	2	»	6	»	6	2	1	14	
Art. — 6e (14e)	1	»	1	»	18	6	24	20	4	(2)1100	(2) Environ.
Art. — 7e (14e)	»	1	1	2	14	»	16	8	»	880	
Tot^x : 3e Don.	30	67	97	145	1067	801	2013	30	5	1994	

	OFFrs			HOMMES DE TR.				CHEVx D'ARTie		MUNITIONS D'ARTie	
	T.	Bl.	Totx.	T.	Bl.	Disp.	Totx.	T.	Bl.		
4e Divon.											
1re Br. E.-M. . . .	(1)1	»	1								(1) Gl de Marguenat.
1re Br. 25e.	11	11	22	50	254	125	429				
1re Br. 26e.	3	16	19	23	246	71	340				
2e Br. 28e	»	6	6	6	59	22	87				
2e Br. 70e	4	10	14	24	62	82	168				
Art. 7e 18e . .	»	»	»	»	5	»	5	5	3	120	
Art. 8e 18e . .	»	1	1	1	8	»	9	12	4	360	
TOTx : 4e Don.	19	44	63	104	634	300	1038	17	7	480	
Totx du 6e corps.	67	152	219	340	2237	1273	3850	120		4568	
				4069							
Garde.											
Divon Voltigrs.											
1re Br. B. Ch.	2	8	10	7	148	34	189				
1re Br. 1er Voltig. .	2	1	3	4	24	»	28				
1re Br. 2e Voltig. .	4	9	13	12	144	12	168				
2e Br. 3e Voltig. . .	1	2	3	8	44	1	53				
2e Br. 4e Voltig. . .	2	5	7	4	78	12	94				
Art. E.-M.	»	1	1								
Art. 1er Rég. monté	»	»	»	2	6	»	8	6	5	360	
Art. 2e Rég. monté	»	»	»	2	3	»	5	5	»	360	
Art. 3e Rég. monté	»	1	1	1	9	»	10	2	3	1020	
TOTx : Don VOLTIGrs.	11	27	38	10	456	59	555	13	8	1740	
2e Divon Grenadrs.											
1re Br. Zouaves. . .	1	4	5	6	82	2	90				
1re Br. 1er Grenad.	4	11	15	19	142	20	181				
2e Br. 2e Grenad. .	7	20	27	32	413	91	536				
2e Br. 3e Grenad. .	9	17	26	21	277	159	457				
Art. 3e Rég. monté	»	»	»	2	6	»	8	8	10	677	
Art. 4e Rég. monté	»	1	1	1	30	»	31	4	8	410	
Art. 6e Rég. monté	»	1	1	4	11	»	15	(2)19	»	324	(2) Ou blessés.
TOTx : Don GRENADrs.	21	54	75	85	961	272	1318	49		1441	

	OFFrs			HOMMES DE TR.				CHEVx D'ARTie		MUNITIONS D'ARTie.	
	T.	Bl.	Totx.	T.	Bl.	Disp.	Totx.	T.	Bl.		
Divon Cavie Garde.											
1re Br. Guides....	»	2	2	3	8	»	11				
2e Br. Lanciers...	2	14	16	»	28	97	125				
2e Br. Dragons...	5	5	10	»	31	27	58				
3e Br.. Cuirassiers.	6	12	18	»	30	140	170				
3e Br.. Carabiniers	»	»	»	»	2	»	2				
TOTx : Don CAvie Gde.	13	33	46	3	99	264	366				
Résve d'Artie.											
1e c... Régiment à cheval..	»	»	»	1	1	»	2	»	»	(1) 3	(1) Quelques coups.
2e c... Régiment à cheval..	1	»	1	»	6	»	6	(3)10	»		
3e c... Régiment à cheval..	»	»	»	2	3	»	5	(3)12	»	(2)1000	(3) Ou blessés.
4e c... Régiment à cheval..	»	»	»	1	2	»	3	(3) 9	»		
5e c... Régiment à cheval..	»	1	1	5	8	»	13	(3)21	»	(2) 200	(2) Environ.
6e c... Régiment à cheval..	»	»	»	»	»	»	»	(3)12	»		
TOTx : RÉSve D'ARTie.	1	1	2	9	20	»	29	64		(4)1221	(4) Total donné par un rapport daté du 18 août.
Totx de la Garde	46	115	161	137	1536	595	2268	134		4372	
	2429										
Résve de caval.											
1re *Divon.*											
1re Br. 2e Ch. d'Af.	1	4	5	1	30	20	51				
Art... 5e 19e..	»	»	»	»	»	»	»	»	»	12	
Art... 6e 19e..	»	»	»	»	»	»	»	»	»	24	
TOTx : 1re Don.	1	4	5	1	30	20	51	»	»	36	
3e *Divon.*											
Qr Gl	»	1	1	»	(5) 1	»	1				(5) De la prévôté.
1re Br. 1er Dr.....	»	7	7	5	15	4	24				
1re Br. 9e Dr.....	»	6	6	»	13	30	43				
A reporter..	1	14	14	5	29	34	68				

	OFFrs			HOMMES DE TR.				CHEVx D'ARTie		MUNITIONS D'ARTie	
	T.	Bl.	Totx.	T.	Bl.	Disp.	Totx.	T.	Bl.		
Report....	1	14	14	5	29	34	68				
Br.. E.-M......	»	(1) 1	1								(1) Gl de Gramont.
7e cuirass..	»	4	4	1	16	2	19				
10e cuirass.	»	1	1	1	7	2	10				
rt... 8e } 20e..	1	3	4	»	44	7	51	36	7	760	
7e	»	2	2	»				25	1	400	
Totx : 3e Don.	1	25	26	7	96	45	148	61	8	1160	
Totx : Résve Cavalie.	2	29	31	8	126	65	199	61	8	1196	
	230							69			
Résve gale d'artie.											
R. E.-M.......											
13e.......	»	»	»	5	18	2	23	(2)14	»	378	(2) Ou blessés.
	»	»	»					(2)23	»	147	
18e.......	»	»	»	»	6	»	6	2	5	2363	
	»	»	»	2	19	»	21	(2)29	»		
	1	1	2	3	9	»	12	(2)25	»		
	1	1	2	13	7	»	20	(2)41	»		
	»	»	»	»	15	»	15	11	9		
	1	»	1	1	10	»	11	10	9		
Totx: Rve Gle d'Artie	3	2	5	24	84	2	110	178		2888	
	115										

	OFFrs			HOMMES DE TR.				CHEVx D'ARTie		MUNITIONS D'ARTie	
	T.	Bl.	Totx.	T.	Bl.	Disp.	Totx.	T.	Bl.		
Récapitulation générale.											
Grd Qer Gal (escorte)	2	1	3	»	8	9	17				
2e corps	69	145	214	243	2178	1883	4304	155		10966	
3e corps........	19	35	54	73	564	131	765	45		6159	
4e corps	43	104	147	120	1004	290	1414	46		(1) 4823	(1) Sauf les projectiles tirés par la 9e bie du 8e.
6e corps	67	152	219	340	2237	1273	3850	120		4568	
Garde...........	46	115	161	137	1536	595	2268	134		4372	
Résve de cavalie	2	29	31	8	126	65	499	69		1196	
Rve gle d'artie ..	3	2	5	24	84	2	110	178		2888	
Totx génerx.	251	583	834	945	7734	4248	12927	747		(1) 34972	

13761

II. — Armées allemandes (1).

	OFFrs.	HOMMES.	TOTx.
IIIe corps.			
Quartr général	2	»	2
5e Don	139	3,107	3,246
6e Don	159	3,412	3,571
Artie de corps	10	119	129
Abtheilung des colonnes	»	3	3
Totx	310	6,641	6,951
IXe corps.			
18e Don (fracton)	41	1,119	1,160
25e Don (fracton)	1	75	76
Totx	42	1,194	1,236
Xe corps.			
Quartr général	»	»	»
19e Don	133	3,634	3,767
20e Don	63	1,168	1,231
Artie de corps	6	143	149
Totx	202	4,945	5,147
5e Don de cavie	62	830	892
6e Don de cavie	20	274	294
Don de cavie de la Garde (fracton)	20	200	220
VIIIe corps.			
16e Don (fracton)	55	995	1,050
Totx généraux	**711**	**15,079**	**15,790**

(1) D'après l'*Historique du Grand État-Major prussien.*
Y compris les services administratifs et les colonnes de munitions.

www.ingramcontent.com/pod-product-compliance
Lightning Source LLC
LaVergne TN
LVHW011243110826
845149LV00001B/38

* 9 7 8 2 0 1 9 6 1 4 7 7 5 *